国家社会科学基金教育学一般课题"实习制度创新研究"（BJA190101）最终成果

武汉科技大学法学与经济学院资助出版

实习制度论衡

问清泓 宋晓波 问珊珊 王超玲 ◎ 著

中国财经出版传媒集团

经济科学出版社

Economic Science Press

·北 京·

图书在版编目（CIP）数据

实习制度论衡／问清泓等著．-- 北京 ： 经济科学
出版社，2024.11. -- ISBN 978 -7 -5218 -6497 -7

Ⅰ. G424.4

中国国家版本馆 CIP 数据核字第 2024PR8321 号

责任编辑：撒晓宇
责任校对：郑淑艳　刘　昕
责任印制：范　艳

实习制度论衡

问清泓　宋晓波　问珊珊　王超玲　著

经济科学出版社出版、发行　新华书店经销

社址：北京市海淀区阜成路甲 28 号　邮编：100142

总编部电话：010 - 88191217　发行部电话：010 - 88191522

网址：www.esp.com.cn

电子邮箱：esp@ esp.com.cn

天猫网店：经济科学出版社旗舰店

网址：http：//jjkxcbs.tmall.com

北京季蜂印刷有限公司印装

787×1092　16 开　37.25 印张　720000 字

2024 年 11 月第 1 版　2024 年 11 月第 1 次印刷

ISBN 978 -7 -5218 -6497 -7　定价：148.00 元

（图书出现印装问题，本社负责调换。电话：010 -88191545）

（版权所有　侵权必究　打击盗版　举报热线：010 -88191661

QQ：2242791300　营销中心电话：010 -88191537

电子邮箱：dbts@ esp.com.cn）

目 录

第一章 "实习难"问题解析

实习是学生将书本理论知识与实践结合起来的知行合一的认知与社会活动，实习不仅是教学的一个重要环节，也是学生踏入社会与劳动就业的第一步，实习的价值与作用已经得到了全社会的广泛认同，实习成为一个全社会非常熟悉的普遍概念，实习也成为一种普遍现象，几乎每一个从学校走出的学生（包括研究生、本科生、高职生、中职生等）都有自己不同的实习经历和实习感受，但是，这也直接导致实习不再是社会热点和焦点问题，普通而熟悉的现象往往容易造成"熟视无睹"或"视而不见"，从而使得实习的关注度与热度极低，理论研究也被严重边缘化，我国有关实习的理论研究严重匮乏，特别是有关实习制度的理论研究还不能为我国出台《实习法》提供强有力的理论支撑，而没有正式制度之《实习法》下的实习活动很难与法治社会兼容，也难以有效治理实习中的各种乱象。因此，加大对实习制度的理论研究意义重大。

在实习的普遍性和一般性特征下，我国现阶段的实习呈现的特征却是一种让人难以理解的"悖论"——"实习难"与"难实习"。

第一节 "实习难"现状

我国已经是世界上第一高教大国，实习问题也随之日益突出，其中最大的问题之一就是学生实习难与难实习。从经济学的角度就是实习供给与实习需求之间的不平衡问题，即实习需求大而供给小，供给侧与需求侧矛盾突出。

刘建平教授在一份有关实习的专门提案中认为：我国大学生实习问题突出，

"实习难"已经成为高等院校的"老大难"问题。这一结论的支撑点是对全国近20个省份将近千家用人单位的问卷调查，其中近80%的回答者认为"当前我国大学生实践能力培养的薄弱之处主要体现在校外实习环节"。"校外实习难"已成为我国高等教育部门，尤其是以工科为主的高等院校的"老大难"问题。[1]

全国人大代表、中国科学院院士、南京大学校长吕建特别关注大学生实习问题，2018年向全国人大提交了《关于完善大学生实习体制机制的建议》的提案，他认为：长期以来，大学生实习存在一定的虚化或弱化现象，实习岗位数量偏少，是其中一个重要原因。[2]

有研究指出实习难有"三难"：一是学生难以找到合适的实习单位，二是实习学生的权益难以保障，三是学校安排实习有困难。[3]

还有实证调查研究认为：由于大学生就业难度的不断加大，与求职类似，由于学生与企业之间的信息不对称，寻求实习岗位往往带有盲目性，找实习单位难，找到能与专业挂钩、真正得到锻炼的实习机会更是难上加难。[4]

我国目前的实习问题已经成为人才培养的瓶颈，实习难与难实习已经成为各个高校含各类职业技术学院与中职的共同难题，为了破解这一难题，首先需要明确实习难到底难在何处，然后才能有针对性地"对症下药"。笔者通过调查研究和分析已有的研究成果，采用法学研究惯用的法律关系主体研究法，将实习难的具体表象从主体的角度界定为三大方面：一是学校之难，二是实习单位之难，三是学生之难。下面分述之。

一、学校实习之难

实习之法律关系的主体首先是实习派遣单位——学校，实习难也就首先表现为学校之难。学校是学生实习的发起人，它既是学生实习的领导者，又是组织者和管理者；既是实习的控制者，还是实习的验收人；从法律责任的视角，学校还是实习关系的责任主体——共同责任人之一，属于准"共同雇主"，学校应当与实习单位共同承担实习关系中的法律责任即劳动法意义上的"共同雇主"责任。

---

[1] 刘建平、张凤宝：《关于解决工科大学生"校外实习难"问题的提案》，载《大学》（研究版）2015 年第 7 期。

[2] 徐岑、鹿伟：《南大校长为大学生实习"操心" 呼吁建立国家级实习基地》，载《现代快报》2018 年 3 月 18 日第 F7 版。

[3] 张桂林、蔡永鸿：《高等院校学生实习的制度缺陷与改革探析》，载《高等农业教育》2014 年第 10 期。

[4] 张玲：《实习难 信息沟通成瓶颈》，载《中国大学生就业》2007 年第 12 期。

（一）组织难

学校是实习活动或实习劳动的第一主体，因此，实习之难当然首先是学校之难，这也是实习之难的逻辑起点。笔者认为，学校实习之难从概念上梳理有三层基本内涵：一是横向之难，指不同类别学校之间的实习之难，我国学生实习的来源学校主要是各类普通高等院校、职业技术院校和中等职业学校，一般不包括普通教育之高中实习，各级各类学校实习之难既有共同点，也有不同点，即不同层次学校的实习之难还各有差异，比如一般省属普通院校难于部属重点院校；非"985"和非"211"院校难于"985"与"211"院校；非双一流大学（学科）难于双一流大学（学科）；二、三线城市院校难于一线城市院校；高职院校及中职学校难于普通高校。二是纵向之难，是指学校内部不同专业（研究生教育称之为学科）之间的实习之难，比如理工科学生实习难于文科，哲社类难于文管类，等等。三是跨境实习之难，指学生出国或出境实习之难，还包括跨地域之上跨之难，即安排学生到高一级别的城市实习难于往下一级别的城市，安排到发达地区的实习难于非发达地区；安排到大型知名企业实习难于中小企业；组织到国有企事业单位实习难于私营单位。

学校实习之难首先是实习组织难，即学校组织学生实习比较困难。由于我国各类高校的扩招，应当实习的学生数量也是不断增长，实习之供给与需求矛盾日益突出，尽管学校都在不断努力，但是仍然难以满足庞大的实习需求，有的学校不得不将集中实习压缩或分解为分散实习，由学生个人寻找实习接收单位，学校最后只要学生提供参与实习的证明即可，这样直接导致了大量"假实习"现象的泛滥。实习组织难还难在教学与实习的时间安排上。

（二）管理难

实习虽然是学生的社会实践活动，但是派遣学校是实习的第一责任主体，学校是实习的组织者和管理者，实习难还难在管理。实习管理难表现在两大方面：一是对实习带队教师管理难，二是对实习学生管理难。

从我国高校教师的考核体系上看，或是注重科研能力，或是注重教学能力，实习的成效考核不属于其中的任何一方，与学历资质、科研作品和教学成果相比较，实习几乎不存在任何考核比重，自然会受到一些教师的轻视。[1]

---

[1] 项久雨：《协同育人背景下高校学生实习的再定位》，载《人民论坛》2018年第24期。

对教师管理的难处主要表现在三大方面：第一，难在目标导向的偏差，在学校的目标导向上，我国目前的高等院校都将科研摆在了第一位，教学与实习根本不受重视，教师的考核、晋级、福利待遇等都与实习没有多大关系，教师们都不愿意带领学生实习，参与实习教师的积极性极其低下，必然导致实习带队教师严重不足，为实习管理带来巨大困难。第二，难在时间安排的矛盾，许多实习时间都集中安排在暑假，这对学生没有任何问题，也是化解实习与教学冲突不得已而为之的办法，但是，对教师则完全不同，假期是教师的法定休息日，学校在教师休息期间没有管理权限，教师对学校罔顾教师休息权的做法都极为反感，更遑论配合与管理；再加上暑假的炎热，深入实习单位参与实习管理的教师更是少见，去实习的教师也往往是"蜻蜓点水"，勿谈实习过程控制与管理。第三，难在与实习单位的沟通上，实习派遣学校将实习学生下派到各个实习单位后，几乎就完成了学校的使命，学生实习的过程管理也几乎不再过问，与实习单位的联络机制严重缺失，学校与企业之间缺乏沟通联络机制，学校无法从企业方面了解学生的实习状况，也无从得知企业对于学生在实习期间的评价。[①] 不仅实习派遣学校与实习企业是这样，实习学校与其他实习单位也是如此。

对实习学生管理难，主要表现三大方面：一是过程管理难，在学生分散在不同的实习单位，过程管理只能由实习单位完成，学校的参与度极低，难以实施有效的过程管理；跨境实习或跨地区的实习更加难以实施过程管理。二是绩效管理难，学生实习的最终绩效认定，只能仅仅依靠学生完成的实习报告，学校对学生的实习成绩考核并无制度性标准，随意性极大，甚至对一些虚假实习或虚假实习证明也是视而不见，照样承认其实习成绩。实习绩效管理难就难在理念和制度的严重缺失，必然导致实习绩效管理之难，现代人力资源管理的重要手段还难以进入学校之实习管理。实习绩效管理主要是指针对学校、医院和学生，通过制定实习管理目标和考核依据，组织落实、严格考核和反馈提升，最终达到既定目标的一系列过程。[②] 实习绩效管理之难，除了理念之难和制度之难外，还有一个不同于一般组织绩效管理的难点，学校实习绩效管理不像一般组织的绩效管理的模式是"组织—员工"之直接单一模式，而是增加了另外两方——实习带队教师与实习单位，属于比较复杂的"学校＋带队教师＋实习单位＋实习学生"四方模式，因此，实习绩效管理更加难于一般性的绩效管理。

---

① 张玲：《实习难，信息沟通成瓶颈》，载《中国大学生就业》2007 年第 12 期。
② 王秀杰、张伟、徐永超、韩慧、姜新峰：《绩效管理在某卫生职业学院实习医院管理中的实证研究》，载《齐齐哈尔医学院学报》2018 年第 13 期。

（三）经费难

学校实习经费严重不足，从横向比较：不同学校总体经费相差较大，导致实习经费的不同，一般的普通高校少于重点院校，非"985"或非"211"院校少于"985"或非"211"院校，非"双一流"院校少于"双一流"院校；非发达地区学校少于发达地区学校。从纵向比较，各学校内部的实习经费也是严重不足，我国目前普遍存在的问题是学校一般都将有限的经费投入到了科研和高端人才上，对教学的不够重视必然导致实习经费难。许多院校在引进高端人才上都非常舍得花钱，有的甚至花大钱"引而不进"许多"兼职"的高层次人才，而学校全职的普通教师的收入根本不能与之相比，此等做法直接导致了学校分配的不公平、不正义，严重影响了学校的发展，导致本身就非常有限的经费更加紧张，最终使得实习经费严重不足，制约了实习活动的开展和实习效果，培养合格人才的基本目标被掩埋。

我国有些省份为了弥补学校实习经费的不足，由政府直接给予一定的实习资助经费。我国高教大省湖北省对参加实习实训大学生，给予每人每月不低于500元的补贴。[①] 每个实习学生500元的补贴，仍然是杯水车薪，难以真正解决学校实习经费难的问题。

（四）基地难

实习基地是学生实习的最佳场地，实习基地是产学研结合、学校与社会合作（含校企合作）的产物，但是，随着实习学生数量的不断增长，实习基地短缺的现象日益突出，建立质量和数量都比较好的实习基地确实比较困难。

目前，我国各个高校重视实习的程度不够、企业及社会组织参与实习基地建设的积极性不高等诸多原因，造成了高校在校外实习基地建设方面存在建设数量不够和建设质量不高两大突出问题。[②]

实习学生数量的激增导致实习基地的岗位供给远低于专业实习的需求，优质实习基地仅仅能够容纳少量学生，多数的实习基地不能为学生提供专业对口的实习机

---

① 黄瑾、蒋中烨、廖天：《湖北今年高校毕业生43万人　实习每月补助不低于500元》，新浪湖北，http://hb.sina.com.cn/news/b/2019-07-05/detail-ihytcitk9801810.shtml，发布时间：2019年7月5日，访问时间：2019年7月6日。
② 徐银香、张兄武：《高校校外实习基地规范化建设与实习生权益保障》，载《实验技术与管理》2019年第4期。

会。多数高校无法统筹安排专业对口的校外实习，导致专业实习沦为空谈。[1]

工科实习基地建设难于文科实习基地，工科实习的重要环节是生产实习，生产实习难于一般的文科实习，生产实习需要深入企业生产第一线，实习学生必须到车间中去，势必影响企业的生产效率和技术保密，还非常容易造成安全事故，因此，许多生产企业都非常不愿意接收学生进行生产实习，使得工科实习基地的建设更加困难，有些工科院校还不得不向实习单位交纳一定的实习费用，以弥补生产实习对企业造成的不利影响。例如武汉某大学的化工专业的学生生产实习，就将非常有限的实习经费交给实习基地，以便完成生产实习任务。

生产实习的一个重要特征是要求学生亲自动手，而学生动手不仅影响了企业的生产效率，还会增加产品的不合格率，因而增加企业的生产成本；加上学生的不熟练操作，必然将会增加安全事故，在各级政府和企业都极为重视安全生产的背景下，很多企业抱着多一事不如少一事的心态，不愿意接待高校学生的生产实习。由于缺少生产实习基地，导致很多生产实习流于形式，生产实习的效果大打折扣。[2]

安徽省皖西学院依托不同的专业背景分别建立了不同级别的实习实践基地，但是这些实习基地大多是以高校为主体，建立实习基地的目的是审核评估或专业评估，这些实习基地存在一些普遍问题，如学校对实习基地建设并不重视，"重挂牌，轻建设"只注重实习基地数量的多少，忽略了实习基地的质量建设，实际发挥作用的实习基地数量少之又少，而且，部分实习基地的企业属于培训机构，缺少生产技能训练，达不到实习效果，严重制约了实习基地的发展。[3]

工科院校实习基地建设的难点是建设真正的生产实习基地，而生产实习基地的建设需要生产企业的积极配合，如何破解工科实习基地的难题，还有待深入研究。

二、实习单位之难

零点研究咨询集团的一份"零点调查"报告指出，目前我国仅有5%左右的企业为学生提供实习机会，而这些企业大部分为三资企业，且多数集中在北京、上海等大中城市。而占到全国企业总数的99%以上、吸纳75%以上从业人员的中小企业，却很少对大学生开放实习机会。[4] 这些实证调查数据表明了实习单位之难的现状。

---

① 童荣、周岭：《协同理念下高等教育专业实习基地建设探索》，载《中国成人教育》2017年第24期。
② 杨坤、杨红军、翟凤潇：《高校工科专业实习基地建设探索》，载《合作经济与科技》2015年第5期。
③ 徐华丽、吴树、金萍：《新工科背景下校企合作实习实践基地建设》，载《计算机时代》2019年第6期。
④ 朱海滔：《大学生实习难症结在哪儿》，载《山东劳动保障》2009年第8期。

实习单位是实习活动或实习劳动的不可或缺重要主体之一，当前实习之难不能将责任完全划归为实习单位的责任，实习单位之所以不愿意接受实习学生，从客观上直接造成了实习难的局面，但是，实习单位也确有自己的难处。实习单位之难主要表现在以下几个方面：第一，管理之难；第二，效益之难；第三，经费之难；第四，制度之难。

（一）管理之难

由于实习学生的法定身份仍然是学生，而不是实习单位的真正员工，更不属于劳动法意义上的劳动者，即使是顶岗实习的学生，其身份也不属于真正的劳动者；也无论实习学生是否付出了劳动，其劳动的结果目前都属于无偿劳动的范畴，即便是有的实习单位向实习学生支付了一些劳动报酬，这也属于一种自愿性的行为，实习单位并无法律上的强制义务，这就导致了实习单位对实习学生之管理权限的问题，实习单位对本单位的员工享有天然的管理权，而对实习学生则没有。用人单位（实习单位）的劳动规章制度也不能适用于实习学生，除非实习单位颁布了专门的实习规章制度或实习纪律，对实习学生的管理难以有合法或正当的管理制度，对实习学生也难以有一定的违规违纪之惩戒权。实习单位对实习学生只是享有间接的管理权，只能通过带队教师间接地管理学生，而在实习中带队教师也是不确定的，许多带队教师常常是难觅踪影，即便是有所谓"双师型"职业实习的，企业的指导师也是徒有虚名，在我国目前还缺乏《实习法》且实习制度严重缺失的背景下，实习学生的管理几乎依靠学生的自律。

契约精神与契约制度是法治社会的应有要义，而我国目前实行制度的缺失，绝大多数的实习活动根本就没有签到实习协议，即便是非常类似于一般员工劳动的顶岗实习也是难有劳动合同或劳务合同或雇用合同，即便是长时间的实习，如医师或护士之实习往往是 1 年以上的实习[①]，也仍然是勿谈合同，更勿论契约制度与契约制度。没有实习契约的实习难以形成有效的管理，没有实习制度的"制度管人"，仍然是落后而随意的"人治"窠臼。

云南省高职院校的一项实证调查数据显示，从实习学生与实习单位之间签订顶岗实习协议来看，签订了顶岗实习协议的被调查者仅占 26%，而没有签订实习协议的被调查者占 74%；实习学生与实习派遣学校签订顶岗实习协议被调查者占 50.7%，而没有签订协议的被调查者占 49.3%。超出 2/3 的被调查者没有签订实习

---

① 2005 年《国务院关于大力推进职业教育改革与发展的决定》第三条明确规定了实习时间："中等职业学校在校学生最后一年要到企业等用人单位顶岗实习，高等职业院校学生实习实训时间不少于半年。"

协议，从实证调查数据来看，大部分学校、实习单位和学生没有签订实习协议。①

实习协议难签订，主要表现在签订三方实习协议的比例非常低，据有关实证调查分析：实习没有签订实习协议的占调查对象的78%，另外，即使有实习协议，其实习协议内容不规范、不完整等问题也非常突出。②

2014年4～7月，国家社科基金课题"政府有效介入下的职业教育校企合作长效机制研究"课题组，对全国18个省份的应届毕业生顶岗实习情况进行了分层随机抽样在线调查，抽取了32所中高职学校的1 762名学生，调查显示：77.4%的学生与实习单位签订了实习合同或协议，其中，32.8%的学生是由校方与实习单位签订了实习合同或协议，44.6%的学生自己与实习单位签订了实习合同或协议。有15.4%的学生未与实习单位签订实习合同或协议，7.2%的学生根本不清楚是否与实习单位签订过实习合同，这22.6%的学生应成为关注重点。③

这些实证一定程度上说明实习协议签订率较低，虽然我国目前还没有《实习法》，但是，顶岗实习是国家（教育部）强制要求签订实习协议的实习类别之一④，在已经明文规定强制要求签订实习协议的情况下，实习协议的签订率还是这样低下，由此可以推定，其他没有进行强制要求的普通高校和实习类别之实习协议的签订状况。

（二）效益之难

许多实习单位特别是企业不愿意接受实习的重要原因是实习影响了单位的工作效益。

企业原本就是以效益为重，以追求利益最大化为基本目标，这是企业的本来属性，无可厚非，但是，企业招收学生实习，就会影响企业正常秩序，增加企业的生产成本，降低企业效益。另外，对实习学生还要派专门的管理者和指导员工，也势必增加企业的管理成本。实习企业还要安排实习学生的衣食住行，有的企业还要向实习生支付一定的劳动报酬或实习补助，如果有实习生发生安全事故，还要支付不少的费用，等等。这些都会增加企业的运行成本，直接影响企业的效益。如果实习单位是大中型企业还可以承受，但是如果是中小微企业就将是一笔额外的负担。因

① 吴艳：《高职院校顶岗实习法律问题现状调查报告》，载《交通职业教育》2015年第3期。
② 徐银香、张兄武：《高校校外实习基地规范化建设与实习生权益保障》，载《实验技术与管理》2019年第4期。
③ 邓东京、易素红、欧阳河、邓少鸿：《18省调查报告显示：顶岗实习，怎一个难字了得》，载《中国教育报》2015年1月19日第6版。
④ 教育部2016年4月12日发布实施的《职业学校学生实习管理规定》第十二条明确规定："学生参加跟岗实习、顶岗实习前，职业学校、实习单位、学生三方应签订实习协议。协议文本由当事方各执一份。未按规定签订实习协议的，不得安排学生实习。"此条第二款特别规定强调了"无协议不实习"。

此，企业不愿意接受实习，暂不论企业社会责任之大道理，企业效益之难实为根本动因。

大学生不能像有经验的人员那样很快找到位置进入角色，而要经历一个逐步适应的过程，企业要安排指导人员带着实习生一起工作，这无疑增加了生产成本。[1]

北京西门子人力资源部招聘顾问吴笛说："一方面我们本着给大学生提供接触社会、接触企业的机会，另一方面我们也希望来实习的学生对于公司的日常工作和项目运转能有较大的支持作用。但是要达到后者这样的目的，找到一个非常合适的实习学生其实并不是一件容易的事情。"[2]

实习单位如果是事业单位，虽然实习对单位效益的影响明显弱于企业，但是，对事业单位的效益也是有影响的，需要安排专门的管理者和指导师，有的还要支付一定的劳动报酬或实习补助，等等。这些都和企业一样，导致实习单位效益之难。

实习单位如果是医院，情况将更为复杂，医院虽然不是企业，但是医院也是非常讲究经济效益的特殊事业单位，特别是社会效益的影响更加重要。实习对医院的社会效益主要表现为对病人的生命安全和医患关系的影响上，病人的生命安全是医院的头等大事，医院的任何人员包括实习学生都不得影响此事。医院的实习生即医学实习主要包括两大类：实习医师和实习护士（实习护生），他们直接接触病人，虽然不直接"把脉就诊"，只能做一些基础性和辅助性的工作，但是，在病人眼中可不分什么实习不实习，穿着"白大褂"就是医院的正式员工，就有责任为患者看好病、服好务，因此，实习医师或实习护士（实习护生）比其他实习学生更加困难，是实习学生中责任最为重大的群体，更是对实习单位效益影响最大的实习主体，实习医院接受实习的困难也就最大最难。

为了解决医院实习之难，实现医—学—研有机结合，我国许多医科大学或设有医学或医药专业类别的高校，都有自己的专门实习基地——附属医院，为医学实习带来了便利，已经构建起了比较成熟的医学实践教学范式和实习模式。但是，由于各个地方的附属医院的属性、名声、影响、效益等不同，附属医院千差万别，这些都直接关联到了实习医院的实习之难各不相同，例如，地方附属医院难于中央，县市级附属医院难于直辖市或省会城市，低级别医院难于高级别如三乙难于三甲等；名气小的高校附属医院难于名气大，非重点院校的附属医院难于重点院校，等等。这些都构成了医院实习之难的具体表象。

---

① 马晓红：《大学生实习难的原因分析及对策》，载《职业时空》2007年第12期。
② 张玲：《实习难，信息沟通成瓶颈》，载《中国大学生就业》2007年第12期。

（三）经费之难

实习单位之难还表现在经费困难上，实习单位的经费都是有限的，而投入实习的经费更加紧张，经费的困难必然导致许多单位都不愿意接收实习学生，实习单位与实习派遣学校经费之难，成为实习中的"老大难"问题。宏观上，实习经费是实习制度构建的经济基础，按照马克思主义基本原理，经济基础决定上层建筑，没有充分的实习经费，就难以构建实习制度，也难以破解我国实习之难。微观上，实习经费的短缺，必然影响实习的积极性，必然影响实习的效果，必然导致实习派遣的困难，导致实习单位支付实习报酬或实习补助之难、购买社会保险之难、安全事故赔偿之难，最终导致实习学生对实习满意之难，还进一步影响就业而导致就业之难。

（四）制度之难

我国目前的实习制度构建严重匮乏，其表现的制度之难主要有以下三大方面：首先，国家层面的统一立法缺失，《实习法》或《实习条例》一直没有出台，加上《工资法》《集体合同法》的缺失，我国实习制度及其理论研究仍然还是"空中楼阁"。其次，学校实习制度的混乱，学校的管理还是比较规范的，几乎各个学校都有自己的实习制度，主要是学校实习规章制度或实习纪律，但是，由于没有国家层面的统一实习制度的牵引，学校的实习规章制度"五花八门"，有的甚至涉嫌违法或违规，亟待修正。最后，实习单位之有关实习的制度（实习单位之实习规章制度或实习纪律）严重缺失，除了少数比较规范的大企业外，鲜有实习规章制度或实习纪律，实习单位之实习制度的严重空白已经成为我国实习制度构建的瓶颈。

实习制度之难难在观念和价值判断上。实习单位本来接受实习都属于一种自愿性的行为，并无国家的强制性要求，即使是已经与实习派遣学校达成了"校企合作"的产学研基地或校外实习基地，也仍然是"纯属自愿"的私下关系，实习规章制度或实习纪律完全是可有可无的，这与各个单位特别是企业一般都有内部劳动规则即劳动规章制度形成巨大的反差。实习制度之难不是实习单位制定之难，而是观念与价值判断上的原因。

实习制度之难还难在实习单位之制度执行上。任何制度的生命力都在于执行上，正如亚圣孟子所言"徒法不足以自行"。按照一般法理，用人单位都天然享有对本单位员工之管理权、指挥权和惩戒权，此即用人单位之劳动规章制度或劳动纪律之执行权，但是，对于实习单位的实习生来说，则难以将其纳入本单位员工的范畴，即便是较长时间实习的学生或顶岗实习生，也是如此。实习生之违规违纪的惩戒权问题还是理论研究和立法的盲点，更遑论实习单位实习制度之执行权或执行力问题。在法治社会中，任何权力和权利都应当具有合法性和正当性，实习单位之惩戒权也应当毫不例外，在我国目前还没有统一的《实习法》的背景下，实习单位对实习生之惩戒的合法性与正当性就难以生成和证成，造成实习制度执行之难。

实习制度之难还难在救济上。按照一般法理"有权利有救济""无救济无权利"，任何制度的执行，都应当有完善与畅通的救济途径，实习单位之实习制度的执行也是如此。由于我国实习制度的缺失，实习争议处理制度也随之空白，实习争议如何处理？实习争议的法律属性、争议界定、处理程序等都还没有法定规定，直接造成实习争议处理之难。实习争议处理之难必将导致实习权利救济之困。权利救济是当事人双方都享有的权利，并非专属某一方，实习之权利救济也是这样，救济并非仅仅针对实习学生，实习单位同样也应当享有救济权。由于实习学生还没有正式踏入社会，其法定身份还是在校学生，对学生的管理权和惩戒权都属于学校（学生违法犯罪除外），实习单位并不享有这些权利，更勿论权利救济，因此，实习单位之权利救济更加难以实现，其后果是"用脚投票"——不接受实习，权利救济之难循环造成了实习之难。

三、实习学生之难

实习学生是实习活动的重要主体，实习学生简称实习生，其来源包括各级各类学校（普通高校、职业技术院校、中职学校等），实习生在实习中占主导地位，实习之难当然包含实习学生之难。实习学生之难，难在客观上和主观上两大方面：第一，客观上，实习单位难寻、专业对口难、提高实践能力难、权益保障难，等等；第二，主观上，实习难以达到学生的心理预期，实习满足感主体上偏差。

（一）客观上实习学生之难

实习学生很难找到实习单位，实习难是就业难的重要推手，因为许多用人单位在考察和选聘大学生就业时，非常看重学生的实践能力，而学生实践能力的最重要的考核指标就是实习经历，实习经历的考察更加注重大公司如世界五百强的实习。

智联招聘网的一项调查报告表明，有57％的企业在招聘毕业生时，首先要看学生的实习经历和实习表现。在人力资源部门眼中，实习经历丰富的学生是

"性价比"相对较高的学生。有更多的实习经历,就意味着将会获得更大的求职砝码。①

有记者通过采访北京林业大学学生的经历,认为随着我国大学生就业难度的不断加大,出于应对人才招聘市场中日趋激烈的就业竞争压力和用人单位开出的日渐提高的工作经验要求的聘任条件,更多的大学生对于在校期间的实习是高度重视的,但是,与求职类似,由于学生与企业之间的信息不对称,寻求实习岗位往往带有很大的盲目性,找实习单位难,找到能与专业对口或挂钩、真正得到实践锻炼的实习机会更是难上加难。②

(二) 专业对口难——"打杂式"实习

文科的实习机会要比工科和医科的容易一点,文科生的实习范围要比工科和医科大,社区、街道办事处、公共服务场所如机场火车站地铁站等都可以是文科生的实习场所,文科生的实习范围虽然比较广阔,但是,真正专业对口的实习也是比较难找,"打酱油"和"打杂式"实习已经成为文科生不得不面对的实习现实。

有记者专门采访新闻实习的实习学生,学生确实认为实习单位难寻,并且实习专业基本上难以对口。正在一家中央媒体实习的武汉学院新闻学大二学生告诉记者,他们系有 300 多人,每年能够被学校推荐,或者自己找关系去实习的人数不超过 20 人,他说:"实习前,学校会统一下发企业的通讯录,让学生自己去投简历、联系,但这些公司大多是新兴的小型民营企业,好多都专业不对口。"③

曾经在相当长的时间里,人们将实习归结为八个字——"端茶""倒水""拖地""擦灰"。这种总结虽然有点偏颇,但是却非常形象地总结出了实习内容的尴尬现状。不少大学生都认为,这种缺乏针对性和科学性的实习,就是白白浪费时间,还不如不实习。④

《中国大学生就业》的特约记者王宏梅曾经专门就大学生实习之事采访北京高校毕业生就业指导中心刘永印,刘永印认为:每年暑假实习高峰到来之时,大学生纷纷走出校门寻找实习机会,但是只有少数幸运儿能进到国际化的公司,更多的大学生不幸沦为被人诟病的"打杂"。⑤

许多实习学生面对来之不易的实习机会,实习期还没有结束,许多人便中途退

---

① ④ 朱海滔:《大学生实习难症结在哪儿》,载《山东劳动保障》2009 年第 8 期。
② 张玲:《实习难,信息沟通成瓶颈》,载《中国大学生就业》2007 年第 12 期。
③ 王莹、廖君、仇逸:《大学生找对口单位实习难:某校一个系三百人每年实习 20 人》,澎湃网,https://www.thepaper.cn/newsDetail_forward_1748933,发布时间:2017 年 8 月 1 日,访问时间:2019 年 7 月 11 日。
⑤ 王宏梅:《校企联合培养 提高学生实习效度——访北京高校毕业生就业指导中心实习创业部主任刘永印》,载《中国大学生就业》2007 年第 12 期。

出了，其原因就是"打杂式"实习，其实习内容就是接打电话、整理文件、跑腿之类的简单工作，让实习学生对实习彻底失去了信心。①

大学生进入企业实习，到实习单位后才发现自己就像一个"打杂"的，实习工作不外乎点外卖、装订文件等，似乎学不到真本事；而实习单位却认为因为实习生眼高手低，吃不了苦，才不敢轻易把重要的任务交给实习生。企业安排实习生"打杂"，主要原因是：一是实习生的能力暂时有限，还不能承担重任；二是企业内部的实习培训制度不完善，实习生进入企业后，并没有专门的人进行业务上的指导，导致一些实习生无所事事；三是与企业的固有观念有关，一些企业领导认为，实习生打杂是正常的。②

北京市高校毕业生就业指导中心实习创业部主任刘永印老师认为，打杂并非坏事，学生刚入职场是需要"打杂"锻炼的。由于实习生不可能刚实习就做专业性很强的工作，而只能从基础性的一般工作干起，不能认为干基础和具体的工作就是打杂式实习；但是打杂也要有一个时限，如果从实习开始到实习结束都在打杂，则是一个不成功的实习；如果能将打杂的工作干好，逐渐领悟职业感觉，再提升就容易了，如果连基础性工作都干不好，就不会有太多向上发展的机会。③

如果以积极的眼光去看待这些实习打杂工作，你会发现打杂并非一无是处，打杂也隐藏着非常丰富的职场知识，也可以成为锻炼能力，积累工作经验的机会。实习单位不敢轻易把专业性强的工作交给实习生，是因为担心实习给单位带来不必要的损失。简单工作中也可以展示你的工作态度和能力，如果实习单位还比较正规，"打杂"的工作也应该坚持，当你不再一味地消极抱怨，就会发现一个完全不同的实习，收获也将更多。④

北京交通大学的专家蔡红建教授也指出：学习专业知识是实习，端水倒茶、与人沟通、培养职业精神，也是实习，是学习社会知识。实习就是当徒弟，要想"出徒"，虽比不上西天取经要历经八十一难，也是需要从基本的打水扫地待人接物做起。⑤

武汉大学的专家项久雨教授也比较认同"打杂式"实习。他认为那些常常当成毫无意义的琐事如会议接待、材料递送、资料抄写等，其实，最基础最琐碎的工作恰恰最能锻炼学生的实际工作能力，也是企业最看重员工基本素质。他还认

①④ 王圣宇：《对实习"打杂"的再认识》，载《中国大学生就业》2012 年第 9 期。
② 《实习生为什么会被安排成"打杂"的?》，搜狐网，http://www.sohu.com/a/119844106_465287，发布时间：2016 年 11 月 24 日，访问时间：2019 年 7 月 7 日。
③ 王宏梅：《校企联合培养 提高学生实习效度——访北京高校毕业生就业指导中心实习创业部主任刘永印》，载《中国大学生就业》2007 年第 12 期。
⑤ 蔡红建：《大学生实习切勿眼高手低》，载《人民论坛》2018 年第 24 期。

为：最细微的细节决定了做事能力的精准度，最烦琐的琐事决定了做事态度的坚持力。①

实习工作多半都是打杂，归根结底只有一个原因，因为实习学生没有得到企业的信任，企业觉得实习生的能力不足以胜任"有挑战性的"工作，所以安排实习生当助手打杂，而让其他人去创造更大的价值。这样的实习也有四个好处：可以提高实习生的社会属性，试错成本较低，积攒人脉，可能转正。②

目前"打酱油"或"打杂式"实习已经不仅仅是针对文科实习学生，工科实习也开始蔓延。虽然，社会、学校和实习单位并不完全否定"打酱油"或"打杂式"实习，但是学生们却还是普遍的不满意，毕竟实习之专业对口更加有利于理论与实践的结合，也更加能够体现实习的真正价值，因此，笔者认为，"打酱油"或"打杂式"还是敷衍成分太多，实习意义和价值都不大，短时间如一两天的打杂还说得过去，长时间的"打酱油"或"打杂式"实习还是应当缓行。

（三）权益保障难

实习生权益是泛指实习学生在实习期间依法享有的所有权益的总和。③ 学生实习生权益包括学生受教育权、劳动权和职业伤害保障权等不同性质的权利和利益体系。④

大中专生实习是他们开始成为社会人的第一步，理所当然享有公民应当享有的一切权益，但是由于我国实习活动或实习劳动缺乏法律的明确规定，使得学生实习权的形成和构架比较困难，实习权还没有进入法律的视野，有关实习权的理论研究也还是非常薄弱，学理上和立法上的滞后性必然使得实习权益保障处于比较难的尴尬境地，进而影响到广大实习学生的权益保障，从而成为实习难的一大动因。

目前学生实习之权益保障，在没有直接的实习法的背景下，只能比照我国劳动法、《中华人民共和国劳动合同法》和《中华人民共和国社会保险法》。但是，首先一个难题就是实习的法律属性界定问题，实习活动从社会关系上看，实习就是一种劳动，属于社会劳动关系；但从劳动法律关系的角度看，则并没有这样简单，尤其是我国目前劳动法律关系调整的复杂性如劳动关系之"二分法"调整模式，学生与

---

① 项久雨：《协同育人背景下高校学生实习的再定位》，载《人民论坛》2018 年第 24 期。
② 《打杂式的实习，我们究竟是为了什么？》，搜狐网，http://www.sohu.com/a/251616626_670360，发布时间：2018 年 9 月 3 日，访问时间：2019 年 7 月 7 日。
③ 李文康：《高校学生实习权探析与立法研究》，载《西南农业大学学报》（社会科学版）2011 年第 12 期。
④ 徐银香、张兄武：《"责任共担"视野下实习生权益保障问题的调查分析》，载《高等工程教育研究》2017 年第 6 期。

实习单位构成的劳动关系到底属于"二分法"中的哪一种即实习劳动关系是狭义之劳动法语境下的劳动关系,还是属于民法意义上的劳务关系或雇佣关系或合作关系?等等。这些争论都直接增加了实习劳动关系认定的难度和不确定性,加上我国目前的社会保险是与劳动关系紧密"捆绑"的,即只有狭义劳动关系(劳动法语境下的体制内劳动关系)才有强制性的社会保险,因此,实习劳动关系的类归直接影响到实习之社会保险关系的构成。

笔者认为,在还没有出台实习法的前提下,实习劳动暂时只能比照或参照劳动法包括《劳动合同法》,实习单位的权益保障也主要是其劳动权益的保障,实习学生的权益主要应当包括参与权、劳动报酬权、休息权和社会保险权,实习学生权益保障难也可分为与之对应的参与难、获取实习报酬难、休息权保障难和实习保险难。参与难已经分析,这里重点分析后三者。

1. 实习报酬获取难

我国目前的学生实习,基本上都没有实习之劳动报酬一说,绝大部分的实习都属于无偿性的免费劳动,实习劳动甚至还成为一些单位预备劳动力或廉价劳动力。即便是少数实习单位给实习学生发一点补助,也纯粹属于自愿性或人道主义行为,并非实习单位之强制性法定义务,实习学生要想获得正常的劳动报酬更是难上加难。

一些实习单位将大学生当成免费劳动力或廉价劳动力来使用的情况时有发生,随着高校扩招和就业压力的增大,大学生实习成为一件头疼事,不少实习生抱怨成了"廉价劳动力"甚至"免费劳动力"。[①]

即使学生找到了实习,实习学生免费劳动的情况非常普遍。南京大学校长、全国人大代表吕建认为:学生实习过程实际上也是一种职业劳动过程,应当依法享有相应的劳动权利和权益。但从已有实证调查研究结果看,实习生劳动权益受损的现象非常严重。吕建说,有统计显示,学生实习劳动没有报酬的占44%,有少许报酬的占38%,有一定报酬的占10%;加班加点未获得报酬现象更加严重,周末、节假日加班未得到报酬补偿的占54%。[②]

在实习类别中,顶岗实习是一种最接近劳动法意义上的劳动实习,其顶岗实习学生之劳动报酬获取权应当是没有任何疑义的,况且我国还有明确的法规专门规定了此权利。2016年4月12日发布实施的《职业学校学生实习管理规定》明确规定了顶岗实习之劳动报酬条款"原则上不低于本单位相同岗位试用期工资标

---

① 刘武俊:《别把实习生当成免费劳动力》,载《中国青年报》2010年3月3日第2版。
② 徐岑、鹿伟:《南大校长为大学生实习"操心"呼吁建立国家级实习基地》,载《现代快报》2018年3月18日第F7版。

准的 80%"。^① 此即顶岗实习劳动报酬的最低标准规定，具有法律强制性，但是，实践中的执行情况还是不够理想，仍然有一些单位没有支付实习报酬。有 18 个省的顶岗实习调查报告指出：绝大部多数实习单位给实习生提供实习工资。学生实习期间月平均工资为 1 718.18 元，其中东部地区的月平均工资略高于中部和西部地区，月工资区间处于 1 001~2 000 元的人数占 65.7%。调查中没有实习劳动报酬的分布情况是：东部地区不发实习工资的占 9.9%，中部地区为 11.9%，西部地区占 21.8%，各地平均数为 13%。^② 可见，顶岗实习单位不给实习生提供实习报酬的比例还不小，反映了实习报酬之难，其他没有强制性规定必须发实习报酬的实习类别可想而知。

有劳动有报酬是人类劳动的基本法则，我国宪法还明确规定了劳动者享有获取劳动报酬的基本权利，劳动法与劳动合同法更加明确规定了劳动报酬条款和最低工资保障制度，因此，实习学生同样享有实习劳动报酬是有法律依据的，即使我国目前还没有实习法，但是，实习学生享有劳动报酬权是没有法律障碍的，任何实习单位都应当履行这一基本义务。

2. 休息权落实难

休息权是劳动者享有的基本权利，实习活动也属于劳动，因此，实习学生也应当享有实习休息权，任何人和单位都无权剥夺实习学生的休息权。

我国一般劳动者的休息权状况比较差，加班加点现象非常突出，职工带薪休假制度被严重边缘化，尤为甚者是企业单位，劳动者休息权基本为空谈，2019 年喧嚣尘上的"996"大讨论^③，反映了我国目前许多用人单位对休息权的基本态度，折射出了劳动者休息权之难。笔者认为"996"本身就属于明显的违反行为，应当坚决反对，并应当追究其法律责任，其基本理由是"996"工作时间明显违反了《中华人民共和国劳动法》（以下简称《劳动法》）和《中华人民共和国劳动合同法》（以下简称《劳动合同法》）之有关劳动时间和休息权的规定，其违法性早已是没有任何疑义的，其法律问题丝毫不容怀疑，再讨论工作时间问题没有意义。"996"之所以为网络所极度关注，只能说明一些人或用人单位对法律的漠视，也从侧面反映了劳动者休息权落实之难、保障之难。

2014 年我国一份有关 18 个省的顶岗实习调查报告指出：加班情况在实习单位

---

① 《职业学校学生实习管理规定》第十七条规定："接收学生顶岗实习的实习单位，应参考本单位相同岗位的报酬标准和顶岗实习学生的工作量、工作强度、工作时间等因素，合理确定顶岗实习报酬，原则上不低于本单位相同岗位试用期工资标准的 80%，并按照实习协议约定，以货币形式及时、足额支付给学生。"

② 邓东京、易素红、欧阳河、邓少鸿：《18 省调查报告显示：顶岗实习，怎一个难字了得》，载《中国教育报》2015 年 1 月 19 日第 6 版。

③ 所谓"996"即是"996 工作制"，是指早上 9 点上班，晚上 9 点下班，一周工作 6 天的工作制度，代表了我国目前新时代下互联网企业盛行的加班文化或加班制度。

比较常见，其比率达到 50.1%，其中周末加班占 19.7%、加夜班占 11.4%、日均加班两小时以上的占 19.1%。①

一份 2016 年以在苏州高校和在苏州工作的毕业生为调查对象的问卷调查，共发放问卷 500 份，收回 478 份，回收率为 95.67%，有效问卷 469 份，占总回收问卷的 98.2%。其实证调查报告显示：实习单位加班加点现象严重。实习学生在周末、节假日正常休息休假的占 22%，偶然加班的占 52%，经常加班的占 26%；工作日正常休息的仅仅占 18%，偶然超时工作的占 48%，经常超时工作的占 34%。大部分加班都是没有与实习学生进行协商的，周末、节假日加班没有与实习学生协商的占一半以上，高达 56%，工作日超时没有协商的更高，达到了 77%。② 江苏作为高教大省，其调查报告应当具有很强的代表性，这些表明实习学生的休息权确实难以有效保障。

在普通劳动者之休息权都难以保障的大前提下，学生实习之实习休息权就成为了"无本之木"；在普通正式劳动者都不休息的前提下，实习学生而去休息，情理上很难说得过去，加上实习单位本身就非常难寻，实习学生之休息权保障更是难上加难；在一些企业或老板极力推崇"996"所谓奋斗文化之环境下，正式员工都难以享有真正的休息权，实习学生更加没有资格论及，否则，实习学生只能走人。

3. 实习保险难

实习学生在实习过程中与一般普通职业劳动者一样，都面临职业伤害的风险，因此，实习学生也应当依法享有相应的职业伤害保障权益，此权益包括职业伤害保险权、职业伤害治疗权和职业伤害赔偿权等。实习学生的意外伤害保险购买比例非常低，伤害治疗、赔偿推诿情况也是严重，84% 的实习学生在实习中没有意外伤害保险。③

2014 年我国一份有关 18 个省的顶岗实习调查报告指出：51.1% 的实习单位为实习生购买了工伤保险、意外伤害保险、医疗保险或商业保险，其中实习单位为实习生购买了工伤保险的人数为 301 人，占 17.1%；购买了意外伤害保险的人数为 294 人，占 16.7%；购买了医疗保险的人数为 242 人，占 13.7%；购买了商业保险的人数为 64 人，占 3.6%。此调查中也发现，有 48.9% 的实习学生并不清楚实习单位是否为其购买相关保险。④

2016 年我国江苏省的一份有关实习的调查报告指出：为实习学生购买意外伤害

---

① ④ 邓东京、易素红、欧阳河、邓少鸿：《18 省调查报告显示：顶岗实习，怎一个难字了得》，载《中国教育报》2015 年 1 月 19 日第 6 版。
② 徐银香、张兄武：《"责任共担"视野下实习生权益保障问题的调查分析》，载《高等工程教育研究》2017 年第 6 期。
③ 徐银香、张兄武：《高校校外实习基地规范化建设与实习生权益保障》，载《实验技术与管理》2019 年第 4 期。

保险的比例非常低，有高达84%的实习学生没有购买意外伤害保险，仅仅只有16%的购买了意外伤害保险，其中56%的是由学校购买的，44%的是由实习单位购买的。根据现行法律，实习学生不符合工伤保险之要求，因此，不能根据工伤保险法进行救济，而购买社会保险（即实习生意外伤害保险）就成为有效化解实习学生职业伤害风险的重要方式。[①]

如果将以上两份比较权威的调查报告合并分析，为实习学生购买了保险的比例为51.1%＋16%之平均值为34%，即实习学生有相关职业保险的比例为34%，而66%的实习学生没有实习保险，可见，我国实习保险的购买水平仍然处于比较低的位置，体现了实习学生之实习保险之难。

（四）主观上实习满足感难

按照哲学基本原理，在主观与客观的关系上，客观决定主观，主观影响客观。实习之客观上的诸多困难，必然决定实习学生对实习的主观感觉极其不佳，实习满足感严重缺失。我国目前实习现状是困难重重，实习秩序极为混乱，其有效治理的任务非常艰巨，身处这样的实习环境，再加上大学生就业之难，而实习又是就业的必需准备阶段，实习难与就业难之叠加，必然对广大学生产生全方位的负面影响，极易造成不良情绪的困扰与蔓延，极不利于大学生的成长与成才，对我国高等教育与职业教育的发展与改革都会带来较大的消极影响。

从心理学的角度来看实习学生的心理情绪，情况非常糟糕。更为严重的问题是除了学生实习感觉影响自身情绪外，整个社会、学校对学生的主观情绪几乎无人过问和关注，即使是比较重视大学生心理问题的少数高校，也很难专门重视实习学生之实习心理情绪，导致实习满足感与情绪影响似乎就是一道不足论道的"伪命题"，实习心理情绪管理与控制还是极其边缘与前沿的空白地带，实习派遣学校与实习单位的漠视实习心理情绪的基本态度，往往又会不断加深实习不良情绪的负面性与影响力，成为实习学生主观上满足感下降的重要外因，在内因与外因之双重压迫下，实习学生需要承担的心理压力之大就无须赘言。

关于实习学生主观上对自己的实习的满足感，有实证调查报告指出专门：实习学生对自己实习平均满意度为66.5%，其中非常满意的仅仅占18.6%，比较满意的占47.9%。基本满意的占23.3%。[②] 虽然这份实习调查报告主要针对的实习学生为

① 徐银香、张兄武：《"责任共担"视野下实习生权益保障问题的调查分析》，载《高等工程教育研究》2017年第6期。
② 邓东京、易素红、欧阳河、邓少鸿：《18省调查报告显示：顶岗实习，怎一个难字了得》，载《中国教育报》2015年1月19日第6版。

高职院校含中职学校，但是也能够比较充分地说明实习学生对实习满意度的一般情况。

从另外一份实习调查报告分析结果看，很多实习都非常难以达到实习预期效果，学生对实习效果满意度不高，受访者对实习效果满意的仅仅占 8%，比较满意占19%，一般满意的占 46%，不满意占 27%，有近 3/4 的实习学生认为实习效果一般甚至不满意。①

以上两份实习调查报告应当可以有力说明我国目前实习学生对实习的主观感受和心理情绪之概况，实习学生主观之难，其本质映射出了学校之难与实习单位之难，共同构成实习三方之难，在客观上与主观上共同作用于实习学生，"想不难都不行"。

第二节 "实习难" 的成因

实习难的表现已经非常复杂，其形成原因也同样难以梳理。面对纷繁的成因，笔者对实习难的原因分析仍然以实习关系的主体为研究的逻辑起点和切入点，但是，与前文不同的是，增加了政府这一新的实习关系的主体，于是，实习难的成因包括政府、学校、实习学生和实习学生四大方面。

一、政府原因

笔者这里所指的实习关系中政府，属于广义上的政府，包括各级人民政府及其所属的有关部门如人力资源和社会保障部门、劳动行政管理或监察部门、税务部门、民政部门等，还包括政府直接授权部门，如人才中介机构、人才招聘或培训机构等。

政府及其部门应当在实习关系调整中发挥"工具箱"作用，其对实习关系调控的失位，必然导致实习之难；其对实习关系的调控，必然有各种有效工具矫正实习

---

① 徐银香、张兄武：《"责任共担"视野下实习生权益保障问题的调查分析》，载《高等工程教育研究》2017年第 6 期。

关系中各种偏差。

中央政府在实习关系中地位和作用非常重大，居于实习管理的最高层，引领着地方政府及其部门或授权部门的实习工作，其基本职责是对实习关系进行宏观上和总体上的顶层制度设计如颁布有关实习的法律法规和政策，特别重要的职责是制定和修订实习法或实习促进法（单行立法或分散立法），并监督检查实习法律法规和政策的落实执行情况。

由于我国目前还没有单行的《实习法》或《实习促进法》，国家层面的实习法规也比较缺乏，有关实习的分散立法也是非常少有。目前主要是 2016 年 4 月 12 日发布实施的《职业学校学生实习管理规定》，以前的《中等职业学校学生实习管理办法》即行废除。2022 年发布了新修订版《职业学校学生实习管理规定》。由于《实习法》或《实习促进法》的空缺，缺乏统一的中央正式实习制度就直接导致了我国实习关系的调整的非法治化，实习制度非法治化再导致实习制度的非定型化和非契约化，成为实习之难的总根源，进而造成实习治理之难的恶性循环。

浙江工业大学法学院张友连教授认为：保护实习学生的合法权益，各级政府应当承担义不容辞的责任。保障实习学生的合法权益，政府首先是通过修改、完善相关法律法规，建立起保障实习学生合法权益的法律制度体系；构建完善的实习法律制度保障体系，彻底解决实习难以成为提升高校人才培养质量中亟须解决的重要问题。[1]

造成我国高校学生实习难的原因是多方面的，但实习法律保障的缺失是其中最为直接的因素之一。[2]

对全国 22 个省市数百所高校和用人单位的问卷调查显示：78.9% 的调查对象（高校和用人单位）认为，影响用人单位接收学生实习的关键因素是"缺乏企业接收学生实习的法律法规"。林蕙青认为："由于缺乏专门的法律法规和相关政策保障，企事业单位接收大学生实习的积极性不高，实习实训难以成为影响高校人才培养的瓶颈问题，长期得不到有效解决。"针对此问题，林蕙青表示，应当尽快启动大学生实习有关法律法规的研究制定工作，出台国家层面的"大学生实习条例"。[3]

政府在实习关系中的主要职责，除了制定、修改实习法或实习促进法之外，还

---

[1] 徐银香、张兄武：《"责任共担"视野下实习生权益保障问题的调查分析》，载《高等工程教育研究》2017 年第 6 期。

[2] 张友连：《高校学生实习法律保障体系的构建——类型化视角的分析》，载《中国高教研究》2019 年第 2 期。

[3] 教育部副部长林蕙青：《实习实训难已成为影响高校人才培养的瓶颈》，搜狐网，http://www.sohu.com/a/225148857_362042，发布时间：2018 年 3 月 8 日，访问时间：2019 年 7 月 9 日。

有一个重要的职责就是"实习促进"①，此政府之实习促进，应当与"就业促进"相提并论，"实习促进"成为"就业促进"的预备或"准"阶段，没有"实习促进"就没有真正的"就业促进"。同理，"实习促进"不力必然是实习难与就业难的重要诱因，有效治理实习难与就业难，不能离开政府之"实习促进"。政府部门的实习促进还表现在引领、指导和监督下级政府部门的实习促进，还表现在对学校和实习单位的实习促进上，政府部门有义务有职责督促学校和实习单位之具体的实习促进，让中央的实习促进"落地生根"，并"开花结果"。这样构成的立法三维实习促进网，才有可能实现实习难之综合整治与治理。

社会组织参与实习关系的热情和积极性不高，已经成为制约学生实习工作发展的另一个重要因素。大学生实习涉及教育、财政、人社、税务、司法等多部门的互动协作，政府的主要职责是在其中发挥统领全局的作用，积极引领实习单位及其他社会组织承担相应的社会责任。②

政府及其部门之实习促进义务与责任，还表现在对整个社会大环境的整体把控、管理与监督上。社会法基本原理要求，国家政府应当根据社会发展状况，积极采取措施干预社会生活，以促进个人经济文化等社会权的实现。③ 实习之良好的舆论氛围、舆论引导与舆论监督，都需要政府部门的介入，介入得有效就有可能有效化解各种实习之矛盾。

专门负责学生实习指导工作的老师认为，实习难的首要根本原因是社会大环境对大学生实习不够重视。他认为，虽然近几年国家对大学生实习工作有一些重要举措，比如政府有关部门积极出台了《高校毕业见习制度》《企业支付实习生报酬税前扣除管理办法》，从而有力推进了大学生实习工作，但是，由于参与实习的企业总量少、实习生管理模式不成熟，仍然还存在很多问题。总之，实习体系不完整，政策执行和完善不够，造成了实习难。④

实习并不仅仅是大学生和高校自己的事情，各级政府和社会都有责任和义务为实习单位和实习学生之间搭建起好的实习平台。⑤

国家层面的教育主管部门应当从实际出发，合理调整顶层设计，加强调控指导，

---

① "实习促进"一词为笔者之愚创，立法、学界和实践中并无此说。"实习促进"并非笔者突发奇想，实为笔者受"就业促进"之启发而成。我国"促进"类立法模式还是比较成熟的，已有的"促进"类主要立法有《就业促进法》《中小企业促进法》《清洁生产促进法》《民办教育促进法》《农业机械化促进法》《循环经济促进法》《电影产业促进法》，等等，因此，笔者认为，我国制定《实习促进法》是有较大可行性的新方案。

②③ 张友连：《高校学生实习法律保障体系的构建——类型化视角的分析》，载《中国高教研究》2019 年第 2 期。

④ 王宏梅：《校企联合培养 提高学生实习效度——访北京高校毕业生就业指导中心实习创业部主任刘永印》，载《中国大学生就业》2007 年第 12 期。

⑤ 马晓红：《大学生实习难的原因分析及对策》，载《职业时空》2007 年第 12 期。

加大投入力度，规范实习制度规定，引导学校及大学生正确对待和实施实习活动。①

我国目前，政府对高校学生实习工作基本上处于"监管缺位状态"，实习工作主要是学校与实习单位或实习学生与实习单位之间的关系；国家和地方政府对企业接受学生实习的支持政策不够健全，支撑力度不够大。②

国家应当从法律层面明确大学生实习的法律地位和实习生身份，明确高校、实习单位和学生三方在实习期间的责、权、利，这是实习学生权益的根本保证。国家还出台鼓励和支持高校校外实习基地建设的原则性政策文件，各相关部委和地方政府还应当出台激励企业等社会组织建设高校校外实习基地的相关政策。各级政府还要组织和沟通社会组织参与校外实习基地建设的交流平台。③

二、学校原因

学校是实习关系的核心，实习派遣学校在"实习学生—派遣学校—实习单位"之复杂实习关系体系中处于中心和主动地位，实习派遣学校是实习学生与实习单位的沟通桥梁，其在实习关系中的地位和作用特别巨大。实习派遣学校必须面对不同的实习关系主体，协调、沟通和处理好各个不同实习主体之间的关系。既要面对庞大的学生群体，还要面对实习教师或辅导员，还要对培育和发展大量的实习基地。

实习派遣学校既要事先针对不同的实习类别分别做好实习的计划，还要进行实习前的各种实习培训，还要有条不紊地将数量庞大、专学科业各异的学生组织安排到各个不同地区不同地位性质的各种实习单位或实习基地，还要派遣实习带队教师跟随实习，实习过程的控制与监管更加难办，最后，学校还要对各种各样的实习进行绩效评估，完成对实习学生的实习考核。如此复杂的实习活动过程，真是一个难字了得。

学校既要完成实习计划，进行实习培训，最终还要检验实习效果，又要寻找和培育接受愿意实习的单位，构建良好的实习平台。然而，在我国高教改革不断深入的今天，高校学生规模和实习范围已经远远超过学校的承受能力。④

---

① 徐建辉：《合力破解大学生实习难》，载《云南日报》2017 年 8 月 4 日第 9 版。
② 徐银香、张兄武：《"责任共担"视野下实习生权益保障问题的调查分析》，载《高等工程教育研究》2017 年第 6 期。
③ 徐银香、张兄武：《高校校外实习基地规范化建设与实习生权益保障》，载《实验技术与管理》2019 年第 4 期。
④ 张桂林、蔡永鸿：《高等院校学生实习的制度缺陷与改革探析》，载《高等农业教育》2014 年第 10 期。

就目前大学生实习难问题，北京市教科院吴岩认为，从教育自身来说，我国的高校毕业生从 20 世纪 90 年代初的 300 多万人到现在超过 2 500 万人，数量增加了 7 倍，中国高等教育已经从精英化进入大众化教育阶段，大学生人数剧增是实习难、就业难的原因之一。[①]

相对于学校来说，"实习难"的涵义远比单个学生的实习难要宽泛得多。实习派遣学校除了要帮助本校的学生找到合适的实习单位，学校还要关注更多方面的问题，如实习协议、实习经费、实习安全、实习保险、实习补助、实习救济等，关系到实习学生的事和问题都不是小问题，即"学生问题无小事"，每一个实习问题都有难题。北京师范大学就业指导中心赵强说出了学校对于实习难的关注点："实习难从学校的角度，不仅仅难在如何提供给学生真实有效的实习信息，还难在如何保证学生在实习期间的安全，在实习单位的工作有效，在实习过程中确实能学到东西，以及保证实习期间的各项权利，包括能否获取经济上的补偿等。这些都是我们以后要下大力气去做的事情。"[②]

伴随着我国高等教育的多年之不断扩招，实习学生的数量更是膨胀迅猛，而相对而言，实习单位的数量非常难以跟上实习学生的数量要求，即便是有大量实习基地的学校，也难以应对。加上国家非常重视职业技术教育，2019 年实施职业技术教育扩招，如此带来的"叠加效应"必将影响到实习关系中来，实习难问题将更加严重。按照质量与数量的一般关系原理，数量影响质量，质量反作用于数量，实习学生数量之庞大，必然影响实习质量。比照经济学之供给侧与需求侧的关系，实习之供给远远难以满足需求之巨大，实习供给之难首先就是学校实习派遣与实习过程管理之难，实习供给侧之实习单位之难最终也将成为学校之难。因此，学校实习之难造成原因有三：一是学校自身的原因，二是实习单位含实习基地带来的原因，三是实习学生带来的原因。如此这样，实习之难最终还是学校之难。

三、实习单位的原因

（一）用人单位的观念或企业文化的影响

用人单位是实习关系的重要主体之一，其不愿意接受实习学生已经成为当下我

---

① 王洋、孙长缨：《大学生实习 三方共赢的长效机制》，载《中国大学生就业》2007 年第 12 期。
② 张玲：《实习难，信息沟通成瓶颈》，载《中国大学生就业》2007 年第 12 期。

国的一种比较普遍的现象，是实习难的重要推手。在没有法律规范的强制性要求下，各个单位就没有接受实习的法定义务，接受不接受实习学生纯粹是单位的自愿性行为，政府、社会、学校和学生根本没有要求实习的权利。由于实习对公共服务性组织影响不大，它们还比较愿意接受实习学生，而企业则不同，它们以追求利益最大化为基本观念和价值目标，实习对企业的影响比较大，它们一般都没有太高的积极性接受实习学生，这是造成实习单位难找的重要原因。

企业之价值观和企业文化对实习都还存在着不同程度的偏见，实用主义人才观是企业的主流趋势，谁都想劳动者一进来就应当是"熟练工"，立马就能够为企业创造价值，多数企业对职业培训、人才储备不感兴趣，对实习学生更是认为不会给企业带来什么好处，反倒容易带来各种各样的麻烦，最好的办法就是拒实习于门外，因此，造成实习之难。

有企业认为，实习学生培训成本高，而其创造的价值少，有时候还会影响企业的正常工作，公司最大的追求在于盈利，完全没有义务和责任为学校无偿培养人才。[①]

大多企业用人观念是能够拿来就用，不愿意付出太多的培养成本，因为他们还没有意识到通过实习同样可以选拔人才。一些知名的国际化的大公司，其重要的成功之道就是非常注重人才的培养，只有自己选拔培养出来的人才才是可靠的。[②]

企业之价值观和企业文化对实习之偏见，不仅仅表现在直接不接受实习学生上，还表现在即使接受了实习学生，也是将实习学生视为"打杂"人员，或是将实习学生视为"廉价劳动力"，这样的观念也间接造成了实习难，因为这样的实习往往是没有可持续性的，实习学生最终也会"用脚投票"，成为实习学生的实习之难的重要诱因之一。

一些企业即使勉强招收了实习学生，但是，这是企业一种临时性的"人情恩惠"，而根本没有将实习当成一种企业制度，企业也并没有想好让实习生具体干什么。[③] 一些企业的固有观念认为，实习生打杂是正常的。事实上，企业招聘实习生有许多好处。实习学生的薪资要求更低，通过实习培训，可以提前找寻有能力、适合企业的毕业生，为企业储备优秀人才；实习生也更加具有可塑性和发展潜力，从实习生培养起来的员工对企业更忠诚；同时企业也可以借招聘实习生，让更多的人

---

① 王洋、孙长缨：《大学生实习　三方共赢的长效机制》，载《中国大学生就业》2007年第12期。
② 王宏梅：《校企联合培养　提高学生实习效度——访北京高校毕业生就业指导中心实习创业部主任刘永印》，载《中国大学生就业》2007年第12期。
③ 马晓红：《大学生实习难的原因分析及对策》，载《职业时空》2007年第12期。

了解企业的文化和理念，增加企业社会声誉。因此，出色的企业并不会让实习学生一直"打杂"。①

企业应当树立与地方高校合作共建实习基地的意识，这样不仅可以帮助地方高校培养合格的应用型人才，而且还可以方便企业引进优秀人才，节约聘任和再培训成本。企业作为教育的最大受益者，享受一定的权利就应该履行一定的义务，企业享受着各种学校的人才供给，企业就应当转变观念，树立与高校的合作意识，企业应当积极地接受实习生到相应的岗位进行实践活动。②

新浪公司的实习工作搞得非常成功，有效保证了企业的可持续发展。2003年，新浪公司结合校园招聘，开始实施实习生计划。在这个过程中逐步让学生了解所实习公司的状况，同时不断促进双方的沟通。为了与大学保持良好的关系，吸收优秀人才，新浪与很多大专院校结成长期合作关系，在这个建立"工作伙伴"的过程中，新浪公司就会真正找到潜在的候选人。其人力总监段东认为，企业接受实习学生并非单纯在为学校培养人才，同时也是为企业自己培养人才。③

新浪公司的经验告诉我们，一个优秀的企业，其企业价值观和企业文化并不排斥学生实习，而是将实习纳入企业的价值观和企业文化，并构建自己企业独特的实习文化，而后建立自己的实习制度或实习生制度。

（二）企业社会责任意识不高的影响

企业社会责任并不是一个新话题，但是，在实习关系中企业社会责任却是一个有意义的命题。企业社会责任直接影响到了实习，是实习难之实习单位的重要原因之一。

武汉大学的项久雨教授认为：由于一些企业缺乏各方协同育人的理念，这些企业没有认识到也不愿意承认育人也是企业的社会责任之一，仅仅将自己定位为高校毕业生的使用者，在协同育人合作过程中缺乏主动性和自觉性。④

现实中，一些企业认为自己没有义务接受学生实习，同时还认为接受实习是一种额外负担，实习学生不但不能给企业带来好处，反而会给企业增加许多麻烦，特别是安全问题，企业责任非常重大。即便是一些企业接受了实习，常常也是出于道义上的原因，部分企业为了追求经济利益，或招聘实习生当作廉价劳动力，或为节

---

① 《实习生为什么会被安排"打杂"的?》，搜狐网，http://www.sohu.com/a/119844106_465287，发布时间：2016年11月24日，访问时间：2019年7月10日。
② 古翠凤、梁韦娟：《试论应用型高校校内外实习基地建设》，载《职教管理》2018年第12期。
③ 王洋、孙长缨：《大学生实习 三方共赢的长效机制》，载《中国大学生就业》2007年第12期。
④ 项久雨：《协同育人背景下高校学生实习的再定位》，载《人民论坛》2018年第24期。

约开支，甚至克扣、拖欠、拒付实习劳动报酬。大多数企业没有稳定的接收大学生实习的计划。[①] 一些企业社会责任感不强，接受实习学生积极性不高，直接导致了实习单位难寻之"实习难"。

（三）实习单位效益和经费的原因

实习单位都有自己效益和经费的考量，接受实习势必对其产生直接和间接的影响，加上国家层面的实习补贴或税收减免非常不到位，因此，许多单位都不愿意接受实习，直接造成实习单位难寻。实习单位中最为主要的实习关系主体是企业和医院，而这两大类实习单位的效益与经费都是非常重要的价值目标和导向，特别是企业其最大的价值目标和追求就是利益最大化，实习必然给企业带来效益和经费的额外支出；即使是社会公益性质的实习接受医院，也要追求医院的效益，由于数量巨大的实习医师和实习护士（实习护生），加之医学实习的时间比较长，一般最少也要1年，再加上国家财政对医院拨款之差额性，医院自筹性经费比例非常高，出于医院自身效益和经费的原因，医院接受实习的积极性也不高，因此造成医学实习之难。

实证研究已经表明，实习单位由于费用上的顾虑。按照我国目前实习的一般性惯例，接纳实习学生的实习单位都拿出一定的经费，以解决必要的实习条件、增加必要的实习材料，还要给予一定数量的实习学生有关吃、住、行等生活补助等，对接受实习的企业来说，这都是额外负担。另外，由于实习一般都集中在中小规模的民营、私营企事业单位，负担问题就更加突出。[②]

国家教育主管部门的领导，时任全国政协委员、教育部副部长林蕙青也公开承认实习经费的短缺和相关实习财税优惠政策的缺失，是实习难的重要诱因。林蕙青认为，企业不愿接收实习的一个重要原因就是：我国缺少专项资金保障和相关财税优惠政策。"企业接收学生实习，无论从工资还是培训上，都是有成本的。而一旦企业的付出得不到补偿，接收学生实习积极性就不高。"林蕙青表示，2016年度《中国工程教育质量报告》显示，用人单位普遍认为，阻碍企业参与高校人才培养的重要因素是"国家缺少相关的鼓励政策"。[③]

从2014年开始，全国政协委员、天津大学原党委书记刘建平，连续3年在全国

---

① 徐银香、张兄武：《"责任共担"视野下实习生权益保障问题的调查分析》，载《高等工程教育研究》2017年第6期。
② 张桂林、蔡永鸿：《高等院校学生实习的制度缺陷与改革探析》，载《高等农业教育》2014年第10期。
③ 教育部副部长林蕙青：《实习实训难已成为影响高校人才培养的瓶颈》，搜狐网，http://www.sohu.com/a/225148857_362042，发布时间：2018年3月8日，访问时间：2019年7月11日。

两会上呼吁关注大学生"实习难"。刘建平认为缺乏激励企业接收学生实习的保障措施是造成实习难的一个重要原因。刘建平建议：应当在国家教育财政支出中专门设立一项"大学生实习补贴"专项资金，以便分担企业成本，解除企业后顾之忧。[①]

如何克服企业实习经费短缺问题，激发企业接收实习的积极性？全国人大代表、中国科学院院士、南京大学校长吕建认为，可以通过税收优惠的方法予以激励。"企业的确要考虑经营、成本等多方面因素。那么国家就需要用财政补贴、财政优惠和财政贴息等形式，分担企业接收学生实习实践的成本，鼓励企业积极接收实习生。"[②]

四、实习学生的原因

（一）实习心理因由

学生对实习单位选择的心理预期是：愿意"往上走"而不愿意"往下走"。都愿意往大城市、大单位（大企业、大医院）去，愿意往发达地区去，愿意往东部地区去，都愿意到实习工资或实习补助高的单位；都不愿意往基层去实习。

这些实习心理预期与就业择业基本一致，其本身就是"人往高处走"的一般常态，无可厚非。但是，这样只能人为造成与加剧实习单位难寻的不利局面。毕竟实习还不是就业，实习的目的是将理论知识与实践结合起来，不断提升自己的实践水平，实习虽然对就业大有帮助，但是实习不是为了就业，不能将择业心态叠加到实习上，不能让就业难的心态影响到实习中来。"将实习作为自己进入社会的助推器本无可厚非，但许多大学生把实习当成'快速路'，把实习过程当成找工作的过程，致使强烈的功利心冲淡了最初的实习目的。"[③]

学生寻找实习单位，必须端正实习心态，端正实习心态首先就要矫正实习目的。北京交通大学的著名专家蔡红建指出：大学生实习是学校教学工作的重要组成部分，是深化课堂教学的重要环节，是学生获取、掌握知识的重要途径，通过实习能将所学知识融会贯通，提高观察问题、分析问题和解决问题的实际能力，发现自己的不

① 王莹、廖君、仇逸：《大学生找对口单位实习难：某校一个系三百人每年实习 20 人》，澎湃网，https：//www.thepaper.cn/newsDetail_forward_1748933，发布时间：2017 年 8 月 1 日，访问时间：2019 年 7 月 11 日。
② 徐岑、鹿伟：《南大校长为大学生实习"操心"呼吁建立国家级实习基地》，载《现代快报》2018 年 3 月 18 日第 F7 版。
③ 项久雨：《协同育人背景下高校学生实习的再定位》，载《人民论坛》2018 年第 24 期。

足和潜力。①

武汉大学的项久雨教授认为：实习学生自身对待实习的态度与投入存在偏颇之处是我国当前存在的一些大学生实习乱象的重要原因之一。②

项久雨教授还特别针对不同实习心态的学生开出了治理实习心态不端的"良方"：对于"功利化实习"的学生而言，学校要引导他们明白"收获"比"资历"更重要；对于"自视甚高"的学生而言，要引导他们"实干"比"等待"更重要；对于"轻视实习"的学生，要引导他们知晓"锻炼"比"辛苦"重要。③

在实习学生的心理因由方面，除了上面直接的实习心理影响外，还有一种心态影响比较明显，就是就业心态的影响。在实习学生之心态中，往往将实习与就业关联在一起，实习学生都非常希望实习能够为将来的就业打下良好的基础，甚至有相当一部分的实习学生盼望能够留在好的实习单位，其主要包括大城市的实习单位、大型知名企业如世界 500 强企业、上一级的国家机关、三甲医院等，如此一来，将实习单位与就业单位"挂钩"，完全偏离了实习的基本性质与实习目标，正如被广泛诟病的实习学生"眼高手低"现象，必然导致心态之失望而归，对实习不再感兴趣，有许多学生甚至"征途退场"。

关于高校大学生就业心理规划与就业指导或创业指导，我国目前就有一种非常流行的观点与做法是：以就业心理引导为契机，将实习单位的选择纳入大学生职业生涯规划的范畴，并有一种观点认为实习单位的选择是高校学生职业生涯规划的立足点和基础。

有人认为：就业心理直接影响着实习单位的选择，会加强学生对实习单位选择的积极思维，逐步扩大和加深大学生对就业前景的认知度，这是高校职业生涯规划开展的立足点，具有积极的影响，并对高校毕业生就业前景心理定位的准确性提升奠定坚实的基础。④ 就业心理确实对实习单位的选择有较大的影响，但是这种影响并不一定就是积极意义上的影响，高校职业生涯规划不能忽略就业心理对实习的消极影响，应当将实习心理从就业心理中剥离出来，毕竟实习不是就业，二者的差异非常较大，在高校学生职业生涯规划和就业创业指导中，将二者混为一谈或者是将二者关联在一起，都是非常典型的"误导"和"误人子弟"，对实习也是非常有害的"偏见"，应当彻底摒弃这样的思维模式和方法，正确引导、规划和管理大学生实习工作，也才有可能正确引导学生的实习心理，端正实习态度，矫正

① 蔡红建：《大学生实习切勿眼高手低》，载《人民论坛》2018 年第 24 期。
②③ 项久雨：《协同育人背景下高校学生实习的再定位》，载《人民论坛》2018 年第 24 期。
④ 苏隆中、赵鸿韬、冯利：《生涯规划视角下高校毕业生实习单位选择研究》，载《黑龙江高教研究》2015 年第 5 期。

实习不良心态。

（二）实习心理契约因由

借用现代管理理论之雇用"心理契约"的视角分析，实习"心理契约"与雇用心理契约比较类似，因为实习关系中同样涉及准雇主（实习单位）与准雇员（实习学生），二者的关系直接影响并制约实习学生的心理期望，实习"心理契约"的失衡也是造成实习之难的原因之一。实习学生的实习心理状态，在实习学生多种实习心理预期难以满足的情形下，非常容易造成学生对实习单位、实习过程和实习效果的心理抵触情绪，这种抵触情绪的蔓延势必造成实习之缺位、实习之失控、实习之形式化或虚无化。

莱温森（Levinso，1962）等通过实证研究，证实了雇主与雇员之间存在着一种心理契约，其在《组织心理学》中界定了雇用心理契约的概念："心理契约是在雇佣关系中，组织与员工事先约定好的内隐的没说出来的各自对双方所怀有的各种期望。"①

心理契约与经济契约相对应，是双方对雇佣关系中关乎彼此权责义利的一种主观心理约定，是无形和非正式的。心理契约既包含经济契约的全部内容，也包含经济契约所没有或不能明确表达的相互期望。②

国内学者李原认为：心理契约是指组织与员工彼此之间所感知到的彼此为对方承担的责任，心理契约包括员工对于"组织为员工承担的责任"和"员工为组织承担的责任"的感知。③

《台州日报》记者张莉贝、卢珍珍，通过电话采访、网上询问等实践方式，对100位有过实习经历的台州籍大学生（包括已经毕业的）进行了采访调查，其调查统计分析显示，有80%的受访者表示实习与其心理设想存在差距，62%遭遇了"被晾在一边，没事可做"，38%的实习学生虽然有事做，但也有一部分觉得不如意；特别是95%的受访者对实习质量的期望几乎一样——都非常排斥平淡无味的实习过程。④ 从这些实证调查中，基本可以看出许多实习学生对实习心理预期都不满意，

---

① Levinson H., Price C. R., Manden K. J., et al. *Men*, *Management and Mental Health* ［M］. Cambridge：Harvard University Press，1962：118－126. 转引自：李恺、万芳坤：《乡村振兴背景下乡村教师工作满意度研究——基于心理契约的视角》，载《华中农业大学学报》（社会科学版）201 年第 4 期。

② Robinsson S. L.，Morrison E. W. Psychological Contracts and OCB：The Effect of Unfulfilled Obligations on Civic Virtue Behavior ［J］. *Journal of Organizational Behavior*，1995（3）：289－298. 转引自：李恺、万芳坤：《乡村振兴背景下乡村教师工作满意度研究——基于心理契约的视角》，载《华中农业大学学报》（社会科学版）2019 年第 4 期。

③ 李原、郭德俊：《员工心理契约的结构及其内部关系研究》，载《社会学研究》2001 年第 5 期。

④ 孟巍：《基于企业社会责任的实习绩效管理模式探索》，载《中国集体经济》2011 年第 3 期。

实习学生之心理契约比较失衡，从而导致实习学生之实习之困。

　　心理契约对调整实习学生心态，对理顺实习单位、高校和实习学生三者都具有非常大的影响和作用。积极的心理契约可以帮助实习学生转换角色，合理定位，积极参与实习活动。实习学生对实习单位和实习工作都抱有一定的心理期望，盼望实习能够得到实习单位的承认或适当回报，让实习付出有意义；相反，如果心理契约被违背，就会产生强烈的消极情感反应。[①] 心理契约的失衡而导致学生实习的消极影响，只能使实习难上加难。

第三节　解决对策

一、树立正确实习观念

　　有效破解实习困局，首先是各个实习关系的参与主体应当从思想观念上反思与检讨，树立正确的实习观念。思想是实践的起点和基础，思想问题不解决，难以重视实习活动，更难以破解实习之难的现状。实习思想观念的转变，包括政府、社会、学校、实习单位和学生等多个主体。宏观上，只有多方达成共识，才能形成有效治理实习关系的强大合力；只有形成一个大的良好实习氛围和环境，才能共同构建实习文化；微观上，转变实习观念具体包括中央政府和地方政府、各类学校、各个单位特别是企业、学生自身的观念四大类别。

　　中央政府和地方政府都要转变对实习工作的认识，重视而不是漠视实习工作，中央政府转变观念就是要从国家层面的制度方面重视实习制度的创建，及时启动《实习法》或者《实习促进法》的立法程序，将实习制度建设上升为依法治国的战略部署，将实习法制纳入国家整个法治建设体系中来；中央政府之实习观念的转变，还应当重视并出台扶持实习的中央政策。地方政府观念的转变主要是重视并制定实习工作细则，出台扶持实习的地方政策；还要从社会舆情上重视实习问题，正确引导实习舆论。

---

① 孟巍：《基于企业社会责任的实习绩效管理模式探索》，载《中国集体经济》2011 年第 3 期。

实习参与或派遣学校转变观念非常重要，学校应当将实习工作视为学校的重要工作之一，将实习之绩效考核纳入学校的评价体系中，而不能是重科研轻教学、重结果轻过程、重就业轻实习、重派遣轻管理等；学校应当将实习工作纳入学校提升竞争力举措中来，转变学校只重科研获奖和论文、重视就业指标的完成而忽略实习考核。

学校不仅要高度重视实习学生的思想动态，还要重视实习带队教师的重要作用，应当将实习教师的待遇与其他高层次人才一样对待，将实习教师的考核晋级与科研工作指标一样对待，调动教师参与实习的积极性和主动性。

学校实习观念转变上，还体现在学校经费的划拨上，目前我国的许多高校都是将有限的经费重点投入到科研上，往往花巨资引进高层次人才。许多高校还特别重视国际学术交流和国际会议，而几乎完全忽略国际实习交流活动；经常往国外派遣教师访问学者和国际交流生，而少有派遣学生跨国实习。

学校在实习基地的建设上还需要转变"重数量轻质量""重挂牌轻建设""抓小放大"即重基层小单位而忽略上层大企业等观念，这些实习基地建设的不时观念直接影响了实习基地建设的发展，成为"实习难"的瓶颈。

学校实习观念的转变还应当包括在"产学研"上，目前许多学校的"校企合作""产学研"一体化，都比较偏重科研成果的转化和社会效益与经济效益，一般都非常忽略"学"之人才的培养，更不重视实习之合作与一体化建设。

实习单位转变观念主要包括：企业社会责任的加强、效益和经费的影响、学生安全的影响等。有些单位不愿意接受实习学生，首先就是单位领导观念上的问题，很多单位都将实习视为增加了单位的额外麻烦，企业多不将实习视为自己的社会责任，认为学生的培养与自己没有关系，企业追求利益最大化才是硬道理。实习单位对实习的过程管理也是不够重视，选配实习师往往只是为了应付，并无实质性实习指导，将实习学生视为旁观者对待，最后给个一般性的实习成绩就了事了。还有相当一部分实习单位没有尊重劳动的观念，将实习学生视为免费"廉价劳动力"，不给实习学生的劳动支付相应的劳动报酬或实习补助，也不给实习学生购买有关实习保险，严重挫伤了实习学生的积极性。

实习单位对实习观念的改变，还要增强法律意识，将履行实习义务和责任作为单位或企业的基本内涵或企业文化。将实习融入企业文化中，不仅有利于企业员工对实习指导或帮助，还有利于实习学生积极主动融入企业，将实习不再视为可有可无的走过场，即便是短时间的实习"打杂"，也是一种可以为企业创造一点价值的开始，实习学生的存在感将在良好的企业文化氛围中逐渐生成，为实习关系带来和谐与可持续性发展。

实习单位观念的转变，还表现在实习的价值体现也是企业人才可持续发展的需要，实习可以直接为企业储备和选拔人才打下良好基础，为企业节省人才招聘和储备成本，实习实际上也是用人单位对学生的一种最为直接的综合性"面试"，当然了，为了将实习视为企业选拔人才的预备阶段，实施人才储备，必然要求实习单位尽量要安排专业对口式的实习，要避免走过场的"打杂式"实习，专业对口才能真正锻炼、培育和检验学生的实践能力和后劲，为优秀拔尖年轻人才的脱颖而出搭建平台。因此，实习并不一定完全就是实习单位的负担，实习同样可以为实习单位提供新的竞争力，实习可以为实习单位的长远发展埋下"伏笔"。实习单位转变观念也应当成为单位特别是企业和医院之改革的重要内容之一。

实习学生之实习观念的转变，还将调动实习单位对实习资金投入的积极性和主动性，有了充裕的实习经费，就可以改善实习条件，更为重要的是可以解决实习学生的实习工资或实习补助，还可以为实习学生购买各种实习保险，这样不仅可以树立单位特别是企业和医院的良好社会现象，还真正提升了实习学生的实习满足感和实习幸福感，从而从实践中落实了新时代中国特色社会主义理论体系，是实习单位改善工作作风、反对形式主义、一切为人民的"落地"措施。

实习学生实习观念的转变同样不可忽略。实习学生的观念转变首先是学生总体思想的转变，宏观表象是端正实习态度，纠正错误实习观。学生要改变实习仅仅是为了完成学习计划而顺利毕业，要将实习视为自己走出学校踏入社会的第一步，人生第一步的开局非常重要，"万事开头难"，实习态度的转变才能调动实习学生积极主动参与实习的热情，态度的转变是有效改变实习中的不良现象如应付性实习和虚假实习的关键一步，所谓"态度决定一切"，实习学生的实习态度转变与纠正，将为实习学生具体的实习事宜确立方向与路径选择。

实习学生的实习观念的转变包括抽象层面下的具体表象：

一是改变轻视实习观。许多学生不够重视实习，而非常重视就业或考研，将有限的实习时间视为找工作、职业资格备考、考公务员、考研、出国留学准备等的有利时间，对学校安排的集中实习往往是不参与，要求自己搞分散实习，表面上为学校"分忧"而减轻了实习派遣压力，实则是学生轻视实习而不愿意实习的反映，例如，笔者曾经调查过武汉某综合性大学的法学专业的实习情况，许多大学生不愿意参与学校统一安排的法学毕业实习，而是名为自己实习，实则根本就没有参与，只要最后上交毕业实习报告即可，即使是有些学生的实习单位之鉴定和签章是虚假的，如此一来，实习之难表面上得到了"化解"，学校和实习带队教师也少了许多实习"麻烦"，最为严重的后果是误导了实习观念，让后来的许多大学生特别是文科生不再重视和积极参与实习活动，有的甚至将集中实习时间等同于休假时间或兼职时间，成为一些文科生的自由支配时间，其影响极其有害，还使得工科或医学之生产实习或医学实习学生"情何以堪"，从心理和实际中无形加大了工科或医学实习之难。

二是改变"功利化"实习观。实习并不是为了报酬，虽然实习单位应当尊重劳动和敬畏法律而支付实习报酬或实习补助，并购买实习保险，即便是顶岗实习，实习单位应当按照相关法规之规定给予实习学生"不低于相同岗位试用期工资的80%"，但是，实习学生仍然不能将获取实习报酬作为自己的实习主要目的和价值追求，因为实习单位给不给工资即实习报酬支付义务与实习学生该不该将实习报酬作为目标即劳动报酬获取权，是不同的范畴，从法理上看，义务与权利并不完全相同，从心理契约上看，"功利化"实习仅仅单向满足了实习学生的心理预期和追求，但也影响了实习单位的积极性和主动性，因此，"功利化"实习观不利于实习关系之和谐，应当改变。

三是改变"观望式"实习观。一些实习学生在实习中"自视清高""眼高手低"，在选择实习单位上，主观上出现了严重偏差，导致实习过程中也是"观望式"实习，"蜻蜓点水"般参与实习，难以放下身段而潜心实习。许多大学生特别是文科生不愿意接受学校组织安排的集中实习，更不愿意到下面（小城市或农村）、到基层、到小单位或小微企业去实习，使得学生的实习"偏好"严重人为地造成了实习之难，广大农村大有可为，基层实习也是天地广阔、"风景独好"，关键是大学生要转变观念。有着丰富实习指导经验的北京高校毕业生就业指导中心的刘永印认为：如果实习工作开始是打杂，慢慢有了职业感悟，就可以使实习学生逐渐找到感觉，肯定会带来良性发展，如果能将一些打杂工作干好，再往上提升就很容易了，如果连最为基础的都做不好，将难有太多向上发展的机会。[①] 还有著名专家也认为：实习中的基础性、烦琐性"打杂"式的工作如会议接待、材料递送、资料抄写等，常常被一些实习学生当成毫无意义的琐事，如果大学生实习只会"挑肥拣瘦"，眼高手低，就无法挖掘自己的能力，学校应当引导他们转换自己的角度定位，"一屋不扫何以扫天下"，"实干"比"等待"更为重要。[②]

四是改变将实习与就业相关联的实习观。实习虽然可以帮助或促进就业或创业，为就业或创业积累一定的实践经验和人脉，实习还可以为实习单位培育和储备人才，实习也可以创造一定的社会价值或社会财富，但是实习毕竟并不等同于就业或创业，将二者关联起来的观念将直接影响实习过程和实习效果，此种实习观应当纠正。矫正的主要主体首先是学校，许多学校是重就业创业，而轻视实习，表面上看似乎是

---

①　王宏梅：《校企联合培养　提高学生实习效度——访北京高校毕业生就业指导中心实习创业部主任刘永印》，载《中国大学生就业》2007 年第 12 期。

②　项久雨：《协同育人背景下高校学生实习的再定位》，载《人民论坛》2018 年第 24 期。

将就业与实习进行了区分，实则是没有建立正确的实习观念，或者是实习观念有偏差，特别是当下许多高校为了就业或创业，只是将实习简单纳入学生未来职业生涯规划和就业创业指导课上，对专门的实习指导和培训严重缺失，据笔者调查发现，许多高校只是在实习派遣时，才非常简单地进行一下"战前"之"实习动员"，大概交代一下实习注意事项，就将实习学生下派，基本缺失专门的实习培训，高校创业就业搞得热火朝天，而实习指导或培训备受冷落，少有专门的实习指导课。学校实习观念的偏离，必然直接影响学生的实习观，学生们误认为实习应当以就业或创业为导向，签订就业协议是学校的重要考核指标，而实习协议无足轻重、无碍大事，学校"唯就业论"（实则是"唯就业率"），完全忽略了实习的基本价值和功能，让学校和学生都陷入了"一切为了就业"、实习也要为就业服务的观念误区。

二、健全完善制度建设

（一）启动《实习法》立法程序

导致我国目前实习难的根本原因之一就是缺乏国家层面的实习制度，而法治社会之正式制度构建即为创建法律制度，法律制度才具有国家统一的强制力和执行力，也才能保证该制度的有效和有力实施，因此，解决我国目前实习难的制度性对策就是首先要出台《实习法》或《实习促进法》。

任何一种法律制度规范的立法，不外乎两种立法模式：一是分散立法模式，即法律规范分散在不同的法律文本中，由多个法律来调整某一行为。二是集中立法，出台单独的法律或单独的条例或实施细则。笔者认为，我国应当出台单独的《实习法》或《实习促进法》，这样既符合成文法立法体例，又有利于规制和调整实习关系，更加有利于我国法制体系的构建与完善。

我国目前出台《实习法》或《实习促进法》还有许多障碍亟待克服：

一是观念上的障碍。立法机关只有在转变传统观念而充分重视实习关系的前提下，才有可能启动立法程序。

二是理论上的障碍。立法程序的实时启动，并非易事，需要完成实习法的理论研究工作，实现时间和空间的双重"跨越"。有关理论研究的成熟并达成一定的共识，才能在理论指导下进行的实践检验活动，一般为立法试点性工作或某某改革试点，实习法的立法也是这样，并无其他捷径可寻，因此，为了及时推动实习法的立法启动工作，必须加大有关实习制度之理论研究的广度和深度，并逐渐达成共识，再开展实习立法试点工作，积累立法经验。

三是程序上的障碍。理论研究相当成熟后，才有可能进入立法启动程序。第一，需要社会上有相当影响力的人士及强大社会舆论的跟进，我国目前比较成熟而可行的路径是全国人大代表或政协委员提交有关实习立法的提案，为了加大实习立法的提案的影响力，最好是由多名人大代表或政协委员的联名签名，我国已经有全国人大代表多次提交过有关实习立法的提案。第二，设立多项国家级专项研究课题如国家社科基金研究课题，展开"实习法立法问题研究"理论研究，并提出比较可行的立法方案，在学术界首先进行论证和讨论。第三，实习法草案的提出，在专项实习法研究课题的基础上，由全国人大法律工作委员会提出或委托有关单位拿出实习法草案。第四，全国人大或全国人大常务委员会讨论实习法草案。第五，经过反复的讨论或修改之后，将实习法草案提交全国人大会议讨论，经过修改后，形成实习法之征求意见稿。第六，实习法之征求意见稿公开征求意见后，再次修改，最后提交全国人大会议讨论。第七，投票通过后，由国家主席发布主席令，最后颁布实习法。

四是地方立法障碍。实习法颁布之后，就需要及时制定几天实施细则或实施办法，以加强实习法律规范的可操作性。直辖市和省级人民政府还要制定具体的实施办法，这就需要地方政府启动有关实习制度的地方立法，地方立法也就需要克服许多相应的障碍。地方实习立法还有一个障碍需要克服：如果国家已经出台了《实习法》或《实习促进法》，那么地方立法应当与中央立法保持一致；如果没有《实习法》或《实习促进法》，地方立法可以先行启动，例如，我国广东省于 2010 年已经率先颁布了《广东省高等学校学生实习和毕业生就业见习条例》，此立法经验值得其他地方借鉴。因此，地方立法并不是说要等中央完成立法后，再启动地方立法，当然，地方实习立法的启动和完成，同样需要克服许多立法障碍。

（二）完善学校实习制度

学校应当建立比较完善的实习制度，在应然状态下，学校制定的实习制度应当依据《实习法》或《实习促进法》，不能与之矛盾，否则无效。我国面前还没有《实习法》或《实习促进法》，但是各个学校基本上都有自己的实习制度，主要问题是各校的实习制度都没有统一的制定依据，极不利于学校特别是现代大学制度的构建，不利于依法治校，因此，学校实习制度亟待建立健全。

大学实习制度包括以下三个层次：第一，在大学章程中规定实习问题，将实习制度纳入大学章程的范畴；第二，在大学章程框架下制定单独的学校实习制度；第三，学校各院系在学校实习制度下制定各专业的具体实习制度。

大学章程是教育部对每所大学的基本要求，各个大学都应当制定本校的大学章程，并在自己的官网上将其公开。大学章程是明确高等学校与政府管理部门与社会的关系，健全和完善学校内部管理制度，规范学校办学与管理行为，落实学校的法人地位和办学自主权的重要保障。[①]

大学章程的制度依据是教育部颁布的《高等学校章程制定暂行办法》（2012 年 1 月 1 日起施行），至此，各大学基本上都按照教育部的要求制定、上报、核准、备案的大学章程。《高等学校章程制定暂行办法》第三条规定："章程是高等学校依法自主办学、实施管理和履行公共职能的基本准则。高等学校应当以章程为依据，制定内部管理制度及规范性文件、实施办学和管理活动、开展社会合作。"《高等学校章程制定暂行办法》明确规定了高校学校章程的主要内容，还特别规定了学术委员会、学位评定委员会以及其他学术组织、教职工代表大会、学生代表大会等，但是，缺乏有关实习制度的直接规定，只能将实习制度"掩埋"在内部管理制度中，这足以表明对学校实习制度的不够重视，同时这也为后来绝大多数高校大学章程中都没有实习制度规定，埋下了伏笔。

我国的大学章程规划已经基本完成，有数据统计截至 2018 年底，全国上千所高校普遍制定了大学章程，教育部最后一份大学章程的核准书为 2017 年 2 月的第 113 号核准书，省属高校和教育行政部门核准的时间略滞后，如陕西、湖北等省教育厅公开的最后一份大学章程核准时间为 2017 年 5 月。可见，我国在 2018 年基本完成了大学章程的制定核准工作。[②]

在教育部的统一部署下，虽然各个大学基本上都颁布了大学章程，但是，也暴露出许多问题，遭到社会、教师和学生的广泛批判。我国大学章程的制定完全不是出于大学自身的治理需求，而是教育行政部门的要求，大学制定章程的活动不是大学为了完善管理而积极采取的主动行为；我国大学章程的制定主体不明确，将教育主管行政部门作为大学章程的最后核准机关，直接削弱了大学的办学自主权；大学章程没有完整反映高校内部真实的权力结构。[③] "已制定了章程的，大多面临形同虚设的尴尬境地。"[④]

章程是高校校内之最高"法"规范，其"该明处不明""该细处不细"，势必造成高校内部管理的"失序"乃至某些领域的"无序"。[⑤]

有人通过对我国 110 部高校章程文本的实证分析，得出一个结论：章程文本

① 湛中乐：《现代大学治理与大学章程》，载《中国高等教育》2011 年第 9 期。
② 徐铭勋：《新时代推进大学依法治校研究——基于大学章程实施现状调查》，载《中国高校科技》2019 年第 4 期。
③ 雷安军：《当前我国公立大学章程制定中所存在的三大问题》，载《黑龙江高教研究》2015 年第 10 期。
④ 湛中乐：《现代大学治理与大学章程》，载《中国高等教育》2011 年第 9 期。
⑤ 湛中乐、徐靖：《通过章程的现代大学治理》，载《法制与社会发展》2010 年第 3 期。

"千校一面"，缺乏针对性，各校章程存在内容高度雷同、缺乏创新性。①

笔者认为，我国大学章程最大的缺陷是：宏观上的原则性规定太多，微观上的可操作性很差；大学章程千篇一律，缺乏针对不同高校的制度设计；重学术轻教学、重科研轻培养等，而最大的遗漏是缺乏实习制度的规定，这也恰好印证了学校对实习的特别不重视。

我国大学"宪法"之大学章程都没有实习或实习制度原则性规定，几乎完全没有"实习"或"实习制度"一词，在大学章程框架下制定单独的学校实习制度就成了"无本之木"。《高等学校章程制定暂行办法》规定的"高等学校应当以章程为依据，制定内部管理制度及规范性文件"根本就难以落实。这就导致了在大学章程下制定单独的学校实习制度的障碍，使得学校实习制度丧失了基本的法理基础；同时还使得各院系在学校实习制度下制定各专业的具体实习制度更加困难，也必将造成实习关系管理的"失序"及"无序"。因此，建立和完善学校实习制度，首先，应当从大学章程中开始，应当在大学章程中增加单独的条款，抽象性地规定实习制度的基本原则；其次，在大学章程下，制定学校单独的实习制度或实习规章制度；最后，才是各院系针对具体专业设定的实习规章制度。三者缺一不可，共同构建起比较完善的实习制度。

我国目前，建立学校实习规章制度虽然还没有直接的法律依据和法律要求，但是，法规依据和要求还是有的。现行主要法规是 2007 年教育部、财政部联合印发的《职业学校学生实习管理规定》，该法规明确规定了职业学校必须建立实习规章制度，并且规定了实习规章制度的主要内容、违规违纪之处罚、救济程序和救济方式。

我国《职业学校学生实习管理规定》第十一条明确规定："职业学校应当会同实习单位制定学生实习工作具体管理办法和安全管理规定、实习学生安全及突发事件应急预案等制度性文件。"该规定明确规定了职业学校应当加强实习制度建设，职业学校之实习规章制度的内容主要包括学生实习工作具体管理办法、安全管理规定、实习学生安全及突发事件应急预案等。职业学校之实习规章制度的制定过程中，还应当充分征求、吸纳实习单位意见。

我国《职业学校学生实习管理规定》第三十条明确规定了实习处罚制度："职业学校应当会同实习单位对违反规章制度、实习纪律以及实习协议的学生，进行批评教育。学生违规情节严重的，经双方研究后，由职业学校给予纪律处分；给实习单位造成财产损失的，应当依法予以赔偿。"其对违规违纪实习学生的惩戒方式是：

---

① 余怡春：《现代大学章程现状研究——基于 110 部高校章程文本的 NVivo 分析》，载《宁波大学学报》（教育科学版）2018 年第 2 期。

批评教育、纪律处分和损害赔偿责任——给实习单位造成财产损失的，应当依法予以赔偿。

上述《职业学校学生实习管理规定》规定的有关实习制度的最大缺陷是：其适用范围太小，仅仅是针对"职业学校"，而将大量的普通高校排除在外，具有极大的不周延性；在没有的出台《实习法》或《实习促进法》的背景下，使得普通高校之实习规章制度的建立仍然是缺乏法律法规的直接规定，加之绝大多数的普通高校之大学章程也缺乏实习之规定，二者之叠加效应明显，共同导致与依法治校渐行渐远。

（三）建立单位实习规章制度

接受实习的单位即实习单位应当建立专门的实习规章制度，实习规章制度的适用对象主要包括两大类：实习学生和实习指导员工，即此规章制度并不仅仅是制度实习学生，还要针对带领学生的本单位员工，让参与实习的学生和指导员工在规定的制度下进行实习，保障实习活动的有序性，并通过权利和义务的设置，保障实习学生的正当权益。

由于我国目前还没有出台《实习法》或《实习促进法》，也没有国家层面的实习法规①，而且估计短期内还很难启动其立法程序，如果地方政府出台了有关实习的地方性法规，则辖区内的各个单位都要依据法规而制定本单位的实习规章制度。

实习单位实习规章制度的制定，在没有直接的法律或法规依据的情形下，必然导致各个实习单位制度实习规章制度的混乱与无序，这也从另外一面表明了单位实习规章制度的重要性和必要性。如果实习单位也没有实习规章制度，那么实习关系必将更加难以规范与调整，这同时也是我国目前"实习难"的一个重要原因，克服"实习难"问题应当"对症下药"，实习单位都应当及时制定实习规章制度，以弥补实习之法律法规之正式制度的缺漏。

实习单位之实习规章制度应当属于非正式制度的范畴，其属性与单位内部劳动规章制度或内部劳动规则的属性一样，应当都是一种自治性的内部管理规定。笔者认为，无论是实习派遣学校的实习制度，还是实习单位的实习规章制度，都可以将这两类实习制度或实习规章制度，认定为单位内部之规章制度的范畴，即实习制度是单位规章制度的一个有机组成部分，它们的关系是部分与整体的关系。

如果将实习规章制度界定为单位内部劳动规章制度的一个部分，则可以参照

---

① 我国现行之有关实习的法规是教育部 2016 年 4 月 12 日发布实施的《职业学校学生实习管理规定》，但是其适用范围非常有限，仅仅能够适用于"职业学校"，并不能够适用于所有的普通高校。

《劳动法》《劳动合同法》规定的单位内部规章制度之制定、修改程序，但是，这里就产生了一系列非常困惑的难题：《劳动法》《劳动合同法》可以适用实习关系调整吗？实习学生的法律身份是劳动者吗？如果实习学生不属于劳动法语境上的劳动者，如何适用《劳动法》《劳动合同法》？等等，笔者认为，可以先不考虑这些问题，只要实习单位之用人单位身份符合《劳动法》《劳动合同法》的适用范围如企业，就完全可以依据《劳动法》《劳动合同法》之有关劳动规章制度的法律规定，制定本单位的实习规章制度，因为毕竟法律已经授权了用人单位之自治权或管理权，只不过实习学生的身份比较特殊，与用人单位的一般劳动者有所不同。因此，笔者认为，无论是否有《实习法》或《实习促进法》，用人单位享有其内部劳动规章制度的制定权与实施权，都是没有法律障碍的，而接受了实习的用人单位也就相应地享有实习规章制度的制定权与实施权；如果实习单位并非劳动法意义上的用人单位，例如实习单位为国家政府机关或其派出单位，虽然不能适用《劳动合同法》，但是，其制定本单位的规章制度也具有正当性与合法性，只不过其规章制度的制定程序和备案还没有直接的适用法律，法律依据略显不足，只能等待未来《实习法》或《实习促进法》的明确授权，解决此问题。

实习单位的实习规章制度中还有一个难题亟待破解：实习单位是否享有对实习学生的惩戒权？

惩戒权还一直没有纳入法律的范畴，更没有纳入劳动法的范畴。惩戒权本身还不属于法律范畴，惩戒权也就缺乏法定的类型化，惩戒权之实施基础是用人单位的劳动规章制度或劳动纪律，即违规违纪才导致惩戒权的产生，我国现行劳动法虽然规定了用人单位之劳动规章制度的相关问题，但是，存在对其严重边缘化的问题①，进而导致依附于之的惩戒权更加游离于法律的边缘，使得惩戒权一直以来都属于"老大难"之未解难题。在实习关系调整中，实习单位是否享有对实习学生的违规违纪之惩戒权？此实习单位之惩戒权与原派遣学校之惩戒权的关系如何？行使实习惩戒权的方式、边界、救济等，都还没有法律的明确规定，必然导致实习单位行使惩戒权的严重虚化，必然导致实习单位有实习规章制度或实习纪律但并无实质上惩戒权的"怪相"，这样，没有惩戒权的实习规章制度就成了"空中楼阁"，实习单位最为有效的办法就是尽量不接受实习，进而必然导致并不断加剧"实习难"。因此，有效破解"实习难"，不能只是建立形式上的实习规章制度，更要注重实习惩戒权的设置，通过赋予实习单位之实习惩戒权，规范实习关系，维护实习单位秩序，减

---

① 现行立法对用人单位之劳动规章制度的严重边缘化，实则加大了用人单位之用工自主权，对保障劳动者权益极其不利，也违背了劳动法对劳动者之倾斜保护原则。笔者一贯认为，仅仅从劳动规章制度及其惩戒权上看，我国《劳动合同法》对劳动者倾斜保护或"单保护"严重不足。

少或避免实习给单位带来的不利影响，调动实习单位的积极性。

建立实习单位之实习规章制度还需要实习派遣学校与实习学生的参与，即实习单位、实习派遣学校、实习带队教师和实习学生四方共同制定实习规章制度，这也是实习规章制度与单位其他劳动规章制度的主要区别之一，同时也加大了实习单位之实习规章制度制定与实施难度。实习单位之实习规章制度应当参照学校有关实习的制度，制定本单位的实习规章制度。其内容上应当偏重于对实习学生的过程管理与控制，如出勤制度或条款、保密制度或条款、安全制度或条款、实习保险制度或条款、考核制度或条款、薪酬制度或条款、惩戒权制度或条款等。程序上，应当将实习规章制度同单位劳动规章制度一样上报给劳动行政主管部门备案，并将实习规章制度告知实习派遣学校、本单位员工和每一个实习学生，以实现正式制度之公开性与可预见性。

与实习学校之实习规章制度相比较，我国目前实习学校之实习规章制度还有法规可供参考，主要是《职业学校学生实习管理规定》，而实习单位之实习规章制度则完全没有法律法规依据，其制定和实施的正当性与合法性问题更加突出，也正是因为如此，许多实习单位都没有实习单位之实习规章制度，进而加剧了实习制度构建的严重缺失，成为实习难的一个重要诱因之一。克服实习难当然要对此"病症"而"下药"，即建立实习单位之实习规章制度应当"急行"。

三、新创建实习生制度

实习生制度是域外有关实习的重要制度，我国学界对之的理论研究非常匮乏。实习生制度还没有统一的界定，在少有的研究论文中，笔者发现：有的直接将"实习生制度"视为"大学生实习制度"，即将二者等同为一个概念；有的将"实习生制度"仅仅视为用人单位制定的人力资源管理制度。笔者认为，后者比较恰当，即从狭义上界定"实习生制度"比较好，"实习生制度"应当是用人单位或实习单位制定的有关实习的规章制度，而不应当包括其他实习制度如实习法律法规，"实习生制度"仅仅是用人单位或实习单位内部劳动规章制度之一种，其制定主体仅仅是用人单位或实习单位，并不包括政府及部门、实习派遣学校制定的有关实习的制度。因此，不能将"实习生制度"等同于"实习制度"或"大学生实习制度"，"实习生制度"的外延小于"实习制度"或"大学生实习制度"，"实习生制度"属于"实习制度"或"大学生实习制度"之一种。

笔者通过分析有关美国《纽约时报》之实习生制度的论文，发现其"实习生制度"是指《纽约时报》公司所建立的实习制度，属于用人单位或实习单位之规章制度的范畴之一。纽约时报公司下面的新闻部门、广播电台、网络部门以及营销部门都有各自的实习项目，每年都向社会公开提供实习机会。公司的理念是：尊重实习申请者的激情和他们的新观念。该公司的实习项目包括两大部分：一是常规实习；二是暑期实习，每年都向有志于新闻业的优秀大学生提供为期10周的实习机会，该暑期实习项目以奖学金的形式提供给最终遴选出来的申请者。[①] 在实习生制度的建设上，一些发达国家的媒体单位和高校的做法值得我们借鉴，例如美国《纽约时报》每年都主动向社会公开提供实习机会，让大学生到报社的各个部门去实习，另外，还推出"暑期实习项目"，为实习生提供实际锻炼机会。[②]

有一种比较普遍"引用"观点是，国外用人单位普遍实行的"实习生制度"，是一种对用人单位和实习生都有收益的人力资源制度安排。"大学生实习制度"主要是指用人单位有计划、有目的地为即将毕业的学生和大学毕业生提供"实习工作""尝试工作"的机会。它不是学校和企业之间一种简单的"对口实习"，而是涉及政府、学校、用人单位、大学生，乃至家庭的一种规范、系统的常规化制度行为。[③]

笔者认为，所谓的"实习生制度"是一种狭义的界定，应当属于用人单位或实习单位制定的有关学生实习的单位内部实习规章制度。域外"实习生制度"与我国实习单位的实习规章制度具有明显的不同，域外"实习生制度"的主要特征如下。

（1）实习主体的广泛性。

域外"实习生制度"的第一个特征是：实习主体的广泛性。按照一般法理，实习主体就是实习活动或实习关系或实习劳动关系的参与者，既包括实习的组织者实习派遣学校和实习接收单位简称实习单位，还包括实习生。而实习生包括两大类：参与实习的学生（在校实习学生）和非在校人员（已经毕业的学生），其实习人员并不仅仅是指在校学生，还包括已经毕业离校但是还未就业，或者是就业后准备"跳槽"的劳动者，具有广泛性的特征。实习单位也同样非常广泛，许多雇主即用人单位都非常自愿接受实习生，从而使得实习单位比较普遍，例如在美国，实习单位上至联邦中央政府如白宫都有大量的实习生，其他单位如企业、医院、报社、街道等，都是实习单位，并且实习单位的实习生制度也是同样普遍，可以说根本就不存在中国式的"实习难"问题。

---

① 李韧：《纽约时报的实习生制度——兼议我国媒体实习生制度的建设问题》，载《新闻记者》2006年第11期。
② 白青锋：《对新闻专业实习生制度的分析与思考》，载《新闻三昧》2008年第12期。
③ 林泽炎：《大学生实习制度的规范与完善》，载《中国大学生就业》2007年第12期。

域外"实习生制度"是雇主即用人单位普遍实施的内部规章制度，其制定主体为雇主即用人单位而不是政府部门，属于用人单位内部自治性规则的范畴，主要适用对象为实习生，但又不仅仅是学生，其"实习生"的界定范围与我国通常采用的"实习学生"并不完全一致，即"实习生"与"实习学生"不能等同，"实习生"的外延大于"实习学生"，"实习生"分为两大类：一是在校未毕业的实习学生；二是不在校即已经毕业的未正式参加工作的毕业生。我国目前在概念界定上并没有区分"实习生"与"实习学生"，往往将二者视为一个完全相同的概念，即实习生就是实习学生。

我国将实习生等同于实习学生，具有很大缺陷：一是将实习学生等同于实习生，逻辑上不周延，混淆了二者的区别；二是将实习对象狭义界定为在校的学生，凸显了实习对象的身份属性为学生，而不是劳动者或准劳动者，为实习学生之劳动权益人为设定了障碍，极不利于保障实习学生的劳动权益，因为实习学生的身份界定为学生；三是人为排除了非在校学生之实习者，这部分人属于已经毕业而不再具有学生身份，但是又还不是用人单位的正式员工（即正式雇员），这些非在校实习生已经不是学生身份，但又不属于正式劳动者（雇员），属于中间过渡阶段，其身份属于应当更加偏重劳动者，而不是学生。因此，笔者建议应当借鉴域外的"实习生制度"，将实习生与实习学生分别开来（见图1-1）。

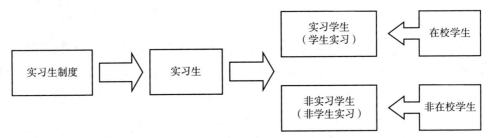

图1-1　实习学生与非实习学生

美国的实习生制度比较发达，美国联邦政府的实习生项目比较有名。其中的联邦职业实习生项目，主要就是为了聘用优秀人才而针对大学毕业生（不是在校大学生）的实习项目。实习生在联邦政府通用职位序列（GS）的5、7、9职位等级的职位上实习，如果表现良好，在两年的实习期满后可以直接转为永久性雇员。①

---

① The White House. *Executive Order* 13162 - *Federal Career Intern Program*［M］. July 6, 2000。转引自毛艾琳：《论实习生制度与我国公务员招考系统的优化——美国联邦政府的实习生制度及其启示》，载《北京劳动保障职业学院学报》2014年第3期。

美国从 1977 年开始实行的"总统管理实习生项目"每年招收一定数量的硕士研究生在职位序列（GS）第 9 职位上进行 2 年实习，期满后可以转为正式公务员。① 此类实习生项目是针对毕业大学生的实习，并不是关于在校大学生的实习，此类实习生即为非实习学生。"总统管理实习生项目"也有专门针对在校学生实习的项目即实习学生之实习，主要是"学生职业体验实习项目""学生短期教育项目""暑期实习生项目，志愿服务以及联邦实习生项目"，等等。②

奥巴马政府于 2010 年 12 月颁布了"招募雇用在校以及新近毕业学生"的行政命令。③ 从标题上就可以看出，美国政府实习生制度之实习生包括两大类实习主体：一是在校学生即实习学生；二是毕业学生即非在校实习学生。可见，美国实习生制度严格区分了"实习学生"与"实习生"，即区分了"在校实习"与"非在校实习"。

（2）实习内容的多样性。

域外"实习生制度"的第二个特征是：实习内容的多样性。实习内容的多样性包含两层含义：一是实习之属于社会经济关系的内容，为经济基础，此即我们经常所说的实习内容，具体是指实习生在实习单位应该做的事情，主要的针对主体是实习生；二是实习之法律关系的内容，为上层建筑，是对实习社会关系的法律调整，具体化为实习权利与义务，它包括实习中各个主体的权利与义务，并不仅仅是实习生。

按照一般法理，任何法律关系的重要部分就是内容，其基本要素是权利与义务。在实习法律关系中，权利和义务已经转化为各实习单位之"实习生制度"的具体实习生规范或实习规则。

美国"实习生制度"并不是一个统一的制度规范或法律制度，而是各个不同实习单位内部所制定并只能在本实习单位适用的规章制度，去法域属性为自治性的内部规则，实习过程的主导权由实习单位掌控，并不像我国实习的主动权为实习派遣学校。我国实习内容由学校统一制定，实习内容属于学校培训方案的一部分，实习考核完全由学校主导，实习单位没有多少话语权，至多也仅仅只能提供参考意见，实习内容从培养方案上看几乎千篇一律，实习个性化内容完全不能与"实习生制

---

① 毛艾琳：《论实习生制度与我国公务员招考系统的优化——美国联邦政府的实习生制度及其启示》，载《北京劳动保障职业学院学报》2014 年第 3 期。
② Clinton. J. The Role of Internships in Attracting Quality Talent to the Public Sector ［J］. *The Public Manager*, Spring, 2003：45 - 48。转引自毛艾琳：《论实习生制度与我国公务员招考系统的优化——美国联邦政府的实习生制度及其启示》，载《北京劳动保障职业学院学报》2014 年第 3 期。
③ The White House. Executive Order 13562 – Recruiting and Hiring Students and Recent Graduates. Dec 27, 2010. 转引自毛艾琳：《论实习生制度与我国公务员招考系统的优化——美国联邦政府的实习生制度及其启示》，载《北京劳动保障职业学院学报》2014 年第 3 期。

度"相比。

域外"实习生制度"之内容的多样性特征还主要表现在实习类型的多样化上。实习类型的多样化必然使得实习内容也随之多样化;相反,实习类型的单一,必然导致实习内容的单一。例如美国非常有名的"总统管理实习生项目",其实习类型比较丰富,有"学生职业体验实习项目""学生短期教育项目""暑期实习生项目""志愿服务以及联邦实习生项目",等等。①

世界名报美国《纽约时报》的实习内容也非常丰富,其公司的新闻部门、广播电台、网络部门以及营销部门都有自己各自不同的实习项目。《纽约时报》的"暑期实习项目"就有三大类别:一是詹姆斯·雷斯东采访报道奖学金实习计划,实习结束后,优秀者还可以获得 6 个月的延长实习期,并且有加入报社或下辖报社工作的机会;二是托马斯·摩根实习计划,主要实习内容涉及图表绘制、版面设计和摄影领域等;三是道·琼斯报纸基金编辑实习计划,由道·琼斯报纸基金选拔实习生从事编辑工作。②

我国实习类型和实习内容与域外"实习生制度"的最大区别是:我国的实习类型和实习内容之决定权基本在实习派遣学校,实习单位很少有话语权更无决定权,实习单位只能是被动地接受实习学生,形式上的"敷衍"成分非常严重,实习单位在实习关系或实习法律关系中处于附从地位,实习动因和动力都来源于"外部"即"外生实习动力",与此相对应,实习单位在实习中难有积极性与主动性,由此而产生"实习难"问题;而美国"实习生制度"则完全不同,实习单位对实习类型和实习内容享有充分的自主决定权,其实习动因和动力都来源于实习单位的"内部"即"内生实习动力",实习单位在实习关系或实习法律关系中居于主导地位,与此对应,实习单位在实习中具有相当高的积极性与主动性。

(3) 实习单位的主导性。

域外实行"实习生制度"的国家,在实习关系或实习劳动关系中,居于主导地位的主体是实习单位,而不是实习派遣学校,更不是政府行政管理部门(政府部门参与实习活动时的身份定位是实习单位,而不是管理者身份)。

我国在实习活动中居于主导地位的主体是学校,而不是实习单位。实习是学校教学中的一个重要环节,实习的对象基本上是在校的实习学生,而不包括域外"实习生制度"之实习生中的非在校学生的实习,既然实习属于教学环节,实习学生的

---

① Clinton J. The Role of Internships in Attracting Quality Talent to the Public Sector [J]. *The Public Manager*, Spring, 2003:45 - 48. 转引自毛艾琳:《论实习生制度与我国公务员招考系统的优化——美国联邦政府的实习生制度及其启示》,载《北京劳动保障职业学院学报》2014 年第 3 期。

② 李韧:《纽约时报的实习生制度——兼议我国媒体实习生制度的建设问题》,载《新闻记者》2006 年第 11 期。

身份也就相应地被定格在"学生"上，实习学生完全不属于劳动者，即使是实习时间较长的顶岗实习或生产实习，实习劳动也就完全不能适用劳动法或劳动合同法的调整，实习学生之实习权益保障问题也无从适用劳动者权益保障的法律法规，实习劳动也被相关单位特别是企业视为"廉价劳动力"或"免费劳动"。我国实习派遣学校的主导单位还体现在实习考核主要由学校完成，原因是实习成绩（学分）关系到学生是否可以毕业的问题，实习成绩的评分权在学校而不是实习单位，许多学校一般都是凭学生上交的实习报告给定成绩，虽然实习报告有实习单位的意见和签章，但是，往往流于形式而无实质上的客观实习考核，加上许多实习单位还没有专门的实习规章制度，更遑论"实习生制度"，实习单位缺乏主导地位而导致实习之形式正义特别严重，也导致许多学生不愿意参加学校组织的集中实习，进而"叠加"形成实习难的局面。

域外"实习生制度"充分体现了实习单位的主导地位，实习单位不再将实习视为负担，而是将实习视为选拔人才（包括公务员）的一个重要环节，将实习与就业有机联系在一起，实习单位的主导地位能够充分调动实习生的积极性，实习生的劳动也会被实习单位承认，实习报酬和实习保险等问题也不是问题，"实习难"就成了一个"伪命题"。

（4）实习单位的主动性。

域外实习生制度是实习单位普遍采取的实习管理制度，属于雇主之内部规章制度，它并不是国家或政府强制要求制定和实施，而是雇主特别是企业自觉的主动行为。虽然制定实习生制度属于雇主的意思自治，并非强制性义务，但是，许多雇主对实习生制度都有非常高的热情，从而使得实习生制度变成了一种普遍现象，很多单位都非常主动且乐意接受实习，很少出现"实习难"问题，不仅有效有序规制了实习关系，而且保障了实习单位和实习生的正当权益，实现了真正的"双赢"。

美国是实习生制度的发源地，其实习生制度比较成熟与发达。美国实习生制度已经成了企业和政府部门招聘人才的重要手段，也正是因为实习生制度为企业和政府部门招聘人才发挥了相当大的积极作用，实习单位建立实习生制度具有非常大的主动性。美国全国大学和雇主协会 2012 年发布的校企合作以及实习生项目调查报告显示，实习生制度已经成为美国企业之校园招募的重要组成部分。该调查结果表明，受调查的企业雇主将实习生转为正式雇员的占当年雇用新员工的 40%。这充分说明实习生制度在企业招募人才时，已扮演非常重要的角色。[1]

---

[1] 毛艾琳：《论实习生制度与我国公务员招考系统的优化——美国联邦政府的实习生制度及其启示》，载《北京劳动保障职业学院学报》2014 年第 3 期。

美国实习生制度不仅在企业中广泛实施并且取得了良好效果，美国政府部门也积极实施实习生制度。美国联邦政府的实习生制度非常有特色，已经成为各国公务员招聘人才的借鉴模式，美国联邦政府的实习生制度不仅覆盖范围广，而且实习生项目品种多样，可以满足不同的实习需求，通过这样的实习生制度，联邦政府就能够吸引大量优秀大学毕业生进入政府工作。[1] 美国白宫每年接受数百名来自公共管理或相关专业的研究生见习。[2]

美国政府及其部门积极主动地实行实习生制度，为在校学生和已经毕业未就业的人员提供多种多样的实习产品，极大地解决了实习单位问题，其示范效应非常明显，其他的实习单位更是积极主动地参与实习活动，完全不像我国目前将实习视为单位的负担，从而导致实习单位难寻；即便是有实习基地或校企合作基地，也多是流于形式，实习效果大打折扣，更罕见能够像美国那样许多单位都是积极主动参与实习活动，也少有真正将实习与就业有机结合起来的实习。因此，借鉴美国的实习生制度解决我国的"实习难"问题，应当是一条比较可行的捷径。

四、加大政策扶持力度

在我国目前实习单位之实习"内生动力"不足的情形下，加大"外生动力"也是迫不得已的一种路径，短期内也是治理实习难的比较可行的"良方"。按照哲学基本原理，外因可以促进和改变内因之变。我国实习的外因除了构建实习法律制度之外，就是加强政策支持力度，充分发挥中国特色社会主义的优势，从政策的角度引领和调整实习关系，应当可以受到"立竿见影"之奇效，尤其在实习法律法规欠缺的实然状态下，加大政策扶持力度，破解实习难之局面，是比较有效的策略。

法律与政策的关系问题，既是一个法理学抽象问题，又是一个现实性的具体问题。政策以其成本的低廉性和高度的灵活性，在法治社会中仍然具有强大的生命力，也是法治社会中不可或缺的重要组成部分和制度，政策与法律共同成为社会治理的制度框架。我国实习制度的构建与实习关系的治理与调整，同样需要实习政策的有力介入。

笔者一贯认为，劳动政策是劳动法的重要组成部分，尤其在成文法国家，由于法律之滞后性与僵硬性，特别需要劳动政策的及时跟进，以弥补法律之不足。劳动

---

① 毛艾琳：《论实习生制度与我国公务员招考系统的优化——美国联邦政府的实习生制度及其启示》，载《北京劳动保障职业学院学报》2014 年第 3 期。
② 吴志华：《美国公务员制度的改革与转型》，上海交通大学出版社 2006 年版，第 36 页。

关系是变化比较快的社会关系，特别是我国供给侧结构性改革、共享经济、互联网经济、5G 时代和人工智能等新时代背景下，新型劳动关系不断出现，劳动法很难及时应对，这也是比较正常的事情，完全不必大惊小怪，更不必惊慌失措，法律本身就是滞后于社会关系的，但是，我们也不能被动地无所作为，而制定及时有效的劳动政策实属大有可为。实习关系虽然不完全属于狭义劳动关系的范畴，但是，实习也是一种广义的劳动或劳动关系，有些时间比较上的实习如顶岗实习已经完全具备劳动法意义上的劳动关系构成要件，因此，笔者认为，应当将实习纳入劳动法的范畴，特别是在我国目前还没有出台《实习法》或《实习促进法》的情形下；将实习纳入劳动法的范畴，并不一定就是要立马修改劳动法，比较可行的方案是及时制定有关实习的国家政策。

我国已有实证研究报告指出：缺乏政策层面的激励和制度保障措施，是实习难的原因之一。我国目前既没有用于鼓励单位或企业接收大学生实习的专项资金，也没有专门的实习税收优惠政策。调查结果显示，87.2% 的被调查者认为"缺乏企业接收大学生实习的激励政策"是影响用人单位接收大学生实习的另一关键因素。[1]

德国是世界上实习法律制度比较发达的国家，非常完备的实习法律制度有效保障了实习各个主体的合法权益。在完备的法律制度下，有关扶持实习的政策也同样重要。国家施行了对实习单位特别是企业的税收减免政策，大大激励了企业参与实习的积极性和主动性。德国政府根据企业为大学生实习提供的实习岗位多少，制定了不同的税收减免的措施，如果企业提供的实习岗位越多，则企业得到的奖励越多。另外，德国政府还为提供了实习岗位的企业，支付经费补贴。政府补贴的实习经费的一个重要来源是企业本身，按照德国法律规定：企业每年都要向政府交纳职业培训基金，然后国家将其重新分配给承担了培训任务的企业，没有提供培训岗位的企业则没有培训基金；如果职业培训受到大学生的欢迎，培训企业可以获得全额的教育补助。[2]

对实习的政策扶持主要包括两大方面：一是中央政策的扶持，二是地方政策的扶持。

中央政策的扶持主要包括三大内容：一是从税收政策上的优惠，特别是对参与实习的企业给予税收减免政策；二是金融政策上的优惠，如从银行贷款、企业上市等给予实习单位适当的政策倾斜；三是财政政策上，增加专项实习经费。

---

[1] 刘建平、张凤宝：《关于解决工科大学生"校外实习难"问题的提案》，载《大学》（研究版）2015 年第 7 期。

[2] 赵明刚：《德国大学的实习制度探析》，载《教育评论》2010 年第 6 期。

（一）税收政策

我国中央政策已经在实习税收优惠政策方面，采取了一定的扶持措施。2006年，财政部、国家税务总局颁布了《关于企业支付学生实习报酬有关所得税政策问题的通知》，其已经明文规定：凡与中等职业学校和高等院校签订三年以上期限实习合作协议的企业，企业付给学生实习期间的报酬，可以在计算缴纳企业所得税时于税前扣除。此项政策的不足之处是减税内容仅仅是企业支付实习学生的报酬，缺乏其他方面的税收优惠，因为实习给企业增加的成本不仅是实习报酬，还有其他方面如人力资源管理成本、安排实习指导人员成本，还有实习之硬件投入成本如安排办公、住宿等，实习都会给实习单位增加成本，国家税收减免应当比较全面地考量。另外，还可以将实习单位企业纳入国家减轻企业负担的政策中，加大税收优惠力度，从企业成本上刺激企业参与实习的积极性。

（二）金融政策

国家政策扶持还应当在金融上予以适当倾斜，如可以增加银行有关实习的特别金融产品，加大贷款力度，对实习工作搞得好的企业还可以适当减低贷款利率和还款时间。按照市场经济的一般规律，资本的引导和激励对企业最为有效，完全契合了企业的逐利需求，因此，国家政策从资本上引导和激励企业参与实习，应当是对实习非常好的扶持手段。

（三）财政政策

财政政策对实习的扶持主要是针对事业单位的实习，其主要内容是加大财政经费的预算和拨款，从经费上解决实习派遣学校和事业单位实习资金不足的问题。实习经费应当实行专项预算、专项划拨和专项使用，并实行从中央、省市、学校、院系和实习学生的全程公开，保障实习单位和实习学生的知情权。我国目前许多高校都实行了二级管理制度，学校将二级单位（主要是学院）的经费实行总体"打包"，不再干预其经费具体预算分配情况，这样直接导致实习经费被"掩埋"，实习经费之专款专用根本不能实施，实习学生几乎很难知道经费的情况，更难以获得实习补助或少量补助。笔者本课题组的有关调研已经基本证明了此等实习经费问题，笔者最大的困惑是：为什么上面按照学生人数的实习拨款或实习补助，到了学校就变成了一个总数，所谓生均拨款也不再按照此数全额发给每一实习学生，许多实习学生根本就没有见到过实习补助，学校的"说辞"当然很多，学校与二级单位也是互相推诿,如学校说上面的经费已经"打包"在院里,由院里支配,院里却说并无专项实习经费或数额太少;即便是有一些实习经费,学校和院里要拿来联系实习单位或向实习单位支付一些实习经费,还有指导教师的经费、实习往返旅差费等,最后到实习学生手中几乎就没钱了。

以高教大省湖北省为例,湖北省人力资源和社会保障厅每年都给高校按照实习学生人数划拨专项实习补助,如 2018 年是每生 500 元。[①] 湖北省除了明确规定给实习学生的实习补助外,还特别规定了给实习单位的实习补贴标准,武汉市补贴金额按人次计算,按照每人每次补贴 600 元给予实习实训基地补贴,地市州的实习补贴更高,本科生一般都超过每人 1 000 元/月补贴,硕士研究生每人每月一般为 1 200 元,博士生每人每月一般为 1 500 元补贴。[②] 2018 年湖北省见习补贴标准的标准是:按照当地最低工资标准的 60% 确定,对见习人员见习期满留用率达到 50% 以上的见习单位,补贴标准按照当地最低工资标准的 80% 执行。2018 年湖北省省直管就业见习基地(武汉市中心城区)见习补贴资金是:2017 年 7 月 1 日至 2017 年 10 月 31 日参加就业见习活动的学生按照原最低工资标准 1 550 元/月执行;11 月 1 日以后参加就业见习的学生按照调整后最低工资标准 1 750 元/月执行,2018 年拟对马应龙药业集团股份有限公司等 23 家省直管基地拨付见习补贴资金 527.848 万元。[③] 由上可见,湖北省对实习(含见习)的财政资金支持力度还是比较大的。

但是据笔者的实际调查,某高校的一个比较大的医学院,长期以来就没有见到这样的专项实习经费,更没有向实习学生发放过实习补贴,并且绝大多数学生并不知晓实习补贴之事。因此,一方面,要有好的财政政策扶持实习,加大实习的专项

---

① 湖北省财政厅与省人力资源和社会保障厅颁布的《湖北省就业补助资金管理办法》明确规定了见习的财产补贴办法。其第十条规定:"享受就业见习补贴的人员范围为离校 2 年内未就业高校毕业生,艰苦边远地区、老工业基地、国家级贫困县可扩大至离校 2 年内未就业中职毕业生。对吸纳上述人员参加就业见习的单位,按当地最低工资标准的 60% 给予就业见习补贴,补贴期限不超过 6 个月,用于见习单位支付见习人员见习期间基本生活费、为见习人员办理人身意外伤害保险,以及对见习人员的指导管理费用。对见习人员见习期满留用率达到 50% 以上的单位,可适当提高见习补贴标准。"
湖北省人力资源和社会保障厅《关于做好大学生实习实训补贴有关工作的通知》"大学生实习实训补贴是指各地对在人社部门确定的实习实训基地参加实习实训的大学生给予每人每月不低于 500 元的补贴,并为其购买人身意外伤害保险。补贴对象为普通高等学校全日制在校生(含专科生、本科生、硕士研究生、博士研究生,含港澳台籍、外籍留学生;技师学院高级工班、预备技师班和特殊教育院校职业教育类毕业生可参照执行)在本地实习实训 10 个工作日及以上的。"
《湖北省高校毕业生就业见习管理办法》第十九条规定:"就业见习补贴标准按照当地最低工资标准的 60% 确定;对见习人员见习期满留用率达到 50% 以上的单位,补贴标准可按照当地最低工资标准的 80% 执行。"
② 湖北省发展和改革委员会:《2018 年各市州实习实训补贴标准》,湖北省人民政府,http://fgw.hubei.gov.cn/ywcs2016/jyc/zg_gzdt/bgs_wbwj/201902/t20190214_138662.shtml,发布时间:2019 年 1 月 14 日,访问时间:2019 年 7 月 24 日。
③ 湖北省人力资源和社会保障厅:《2018 年省直管就业见习基地见习补贴资金审核情况公示》,湖北省人民政府,http://rst.hubei.gov.cn/html/tzgg/20180829/29624.html,发布时间:2018 年 8 月 29 日,访问时间:2019 年 7 月 24 日。

财政拨款；另一方面，政策的"落地"非常关键，应当加大监督和处罚力度，让每一分实习经费都要真正用到实习上，让每一个实习学生都能够享受实习政策的好处，增强实习之物质上的"获得感"。

对实习的政策扶持除了上面所说的中央政策外，地方政策也同样不可或缺。

我国目前地方政策对实习扶持力度比较大的主要有广东省和北京市。广东省在全国率先出台了专门的地方规章《广东省高等学校学生实习和毕业生就业见习条例》，明确规定：对接受实习并支付了实习报酬、见习补贴的企业，实行税收优惠；除此之外，对实习基地、见习基地还直接减免行政事业性收费。① 广东省的减免税收的前提条件是企业必须是支付了实习报酬或见习补贴，这样既保障了企业的经济利益，又保障了实习学生或见习学生的实习权益。该条例还明确了实习经费之法律责任问题，② 对实习扶持是有奖励，也有惩罚，可以比较充分地保障实习资金的有效利用。

2019 年 7 月 12 日北京市发布了《北京市就业见习工作管理办法》。其最大亮点是有关见习待遇的规定，其第五章专门规定了"见习待遇"，将见习补贴直接规定为北京市最低工资标准："市级见习补贴标准为本市当年月最低工资"，不再是最低工资标准的 60%，而是 100%。大幅度提升了见习的补贴标准，由原来的每人每月 500 元，调整为今年城镇职工最低月工资标准，即每人每月 2 200 元。毕业 2 年内未就业的北京生源高校毕业生、中专毕业生及技工院校毕业生；本市 16～24 岁的登记失业人员以及转移就业登记的农村无业或务农劳动力，都可以申领见习补贴，见习时间是多少，就能领取多长时间的见习补贴。③

---

① 《广东省高等学校学生实习和毕业生就业见习条例》第五十三条规定："对企业接收学生和毕业生实习、见习并支付实习报酬、见习补贴的，按照国家规定给予税收优惠。对实习基地、见习基地依法减免有关行政事业性收费。"

② 《广东省高等学校学生实习和毕业生就业见习条例》第六十二条规定："单位和个人违反本条例规定，弄虚作假，骗取政府补贴、资助、补助的，由相关行政部门追回已发放的补贴、资助、补助，并取消其三年内获得相关补贴、资助、补助的资格；构成犯罪，依法追究刑事责任。"

③ 《北京市就业见习工作管理办法》第十三条规定："见习人员参加见习期间，享受见习补贴。市级见习补贴标准为本市当年月最低工资，主要用于见习人员生活补贴、带教人员补贴、重大疾病和人身意外伤害保险。其中，带教人员补贴标准为每人每月 200 元，重大疾病和人身意外伤害保险费标准为每人 150 元。以上资金由市级财政资金予以保障。在市级见习补贴标准的基础上，各区可按月为见习人员发放区级见习补贴，所需资金由区级财政资金予以保障。在市、区见习补贴标准的基础上，鼓励见习单位按月向见习人员发放补助，具体标准由见习单位结合物价水平、见习人员实际需要等因素与见习人员约定，并在见习协议中进行明确。市级见习补贴、区级见习补贴和见习单位补助的总额不得低于本市当年月最低工资。市级见习补贴标准随最低工资水平一并调整。"

第二章　实习类型化

第一节　实习概念界定

一、实习界定

实习是非常大众化的概念，它是学校教学的一个重要实践环节，是学生书本理论知识与实践结合之知行合一的尝试性劳动。实习制度的宏观目标是教育育人目标"立德树人"的具体化和实践化，职业教育更偏重"德技并修"。实习的本质为教学活动，其社会关系与法律关系亦都为教学关系，而不是劳动关系；实习学生的法定身份为学生，而不是劳动者或雇员。但是，实习也是一种实践性劳动，与劳动关系和劳动者身份具有不可分离的联系，从某种意义上说，实习也是一种特殊的劳动关系，实习学生也属于一种特殊的劳动者或雇员。

（一）实习的语义

关于实习的概念界定，众说纷纭，比较混乱。从实习概念的法定化视角，我国还没有完成实习概念与实习类型之法定化，原因是我国目前一直没有出台《实习法》或《实习条例》，现仅有的实习法为部门规章《职业学校学生实习管理规定》，该规则只能适用职业教育之实习；而体量最为庞大的普通教育（含普通高等教育）之实习，却连这样的实习部门规章也没有，更无从论及实习正式制度之构建及法定化问题。笔者对我国实习制度的研究也仅仅只能是学理研究，虽然不敢大言为今后出台实习法提供理论支撑，但是，至少可以起到抛砖引玉之功效。

实习从语义上可以界定为实践或实训与学习或练习之词的合成，其内涵是在实践中学习，实习之"习"即学习，复习和练习。① 在实践中练习书本理论知识。实习是指把学到的理论知识拿到实际工作中去运用和检验，以锻炼工作能力。②

《论语》中的"学而时习之，不亦说乎"，其中对"习"一种解释就是非指"复习"或"温习"，而是指"使用"与"实践"，即现代"实习"之意。明代王守仁的"知行合一"学说，其中也蕴含"实习"之义，亦成为理论与实践相结合的代名词。徐恩恕认为是"学过之后，还能在适当的时机来实践运用"。③ 笔者也认为"学而时习之"中的"习"至少包含了现代的"实践"与"实习"之意。

我国目前有关实习的法定概念或解释缺失，比较早且权威一点的只能算是 2007 年教育部、财政部联合印发《中等职业学校学生实习管理办法》第二条的规定："本办法所称学生实习，主要是指中等职业学校按照专业培养目标要求和教学计划的安排，组织在校学生到企业等用人单位进行的教学实习和顶岗实习，是中等职业学校专业教学的重要内容。中等职业学校三年级学生要到生产服务一线参加顶岗实习。"2016 年教育部等五部委联合颁布的《职业学校学生实习管理规定》第二条："本规定所指职业学校学生实习，是指实施全日制学历教育的中等职业学校和高等职业学校学生（以下简称职业学校）按照专业培养目标要求和人才培养方案安排，由职业学校安排或者经职业学校批准自行到企（事）业等单位（以下简称实习单位）进行专业技能培养的实践性教育教学活动，包括认识实习、跟岗实习和顶岗实习等形式。"2022 年新版《职业学校学生实习管理规定》第二条的规定是：职业学校学生实习是指实施全日制学历教育的中职学校、高职专科学校、高职本科学校学生按照专业培养目标要求和人才培养方案安排，由职业学校安排或者经职业学校批准自行到企（事）业等单位进行职业道德和技术技能培养的实践性教育教学活动，包括认识实习和岗位实习。此新规增加了"职业道德"目标要求，还将原"跟岗实习"和"顶岗实习"合并为了"岗位实习"，概念界定与分类更加科学。

实习的相关英文概念是"（of students or trainees）practise（what has been leart in class）；exercise one's skill in；do fieldwork"。实习生是"trainee"，实习医生是"intern"。④ 见习是"learn on the job；be on probation"。见习生是"probationer"，见

① 《现代汉语词典》（第6版），商务印书馆2012年版，第1395页。
② 《现代汉语词典》（第6版），商务印书馆2012年版，第1180页。
③ 徐恩恕：《〈论语〉伴我行》，吉林出版集团2017年版，第88页。
④ 《现代汉英词典》（新版），外语教学与研究出版社2001年版，第826页。

习医生是"intern"。[①]

（二）历史演进

我国实习及实习制度的正式起源，是有关技工学校"生产实习"的有关文件规定，后来扩大到一般职业院校和普通高等学校，实习类型也不再仅仅局限于生产实习。但是，一直以来都还没有形成相关的正式法律制度。

根据我国原国家劳动总局《关于加强技工学校生产实习教学工作的几点意见》是我国较早关于"生产实习"的正式规定："生产实习是技工学校的一门主课"，生产实习是技工学校教学的一个重要环节。该文件要求技工学校都要建立"校内实习工场"，以保证生产实习教学的顺利进行；对于不适于建立单独实习工场的技工学校，学校主管部门应积极安排有关工厂或车间承担学生的生产实习教学任务。后者就属于学生的"校外实习"。可见，我国较早的实习类型化即特指技工学校，这与现在的职业院校和普通高校之实习不同；另外，我国早期的实习类型化主要包括两大类：一是校内实习；二是校外实习，并且主要形式是校内实习，这与我国目前之实习主要是校外实习正好相反。

1989 年劳动部颁发的《关于加强职业技术培训师资队伍建设的意见》和《关于培养生产实习指导教师的实施办法》，这两个文件实施的目的是建设专业技术课与生产实习课一体化的新型师资队伍，具体规定了举办生产实习指导教师培训班和举办生产实习指导教师高级培训班的具体办法，其规定的实习类型（实习指导教师）也仅仅是"生产实习"，没有其他类型的实习。

后来 1990 年的《劳动部关于生产实习指导教师评聘技师问题的补充意见》，也仍然仅仅是针对生产实习。

2005 年国家劳动保障部颁发了《关于加强技工学校生产实习管理工作的通知》，该文件第一条仍然将实习界定为技工学校的教学环节，其实习类型仍然是指"生产实习"，其第三条规定"统筹安排学生基本技能、综合技能和生产实习教学。基本技能和综合技能训练一般在学校进行，生产性现场实习教学一般安排在最后一个学年，并要在保证学生已经掌握基本技能和综合技能要求的基本上进行"。此条提出了"生产性现场实习"一词，仍然属于生产实习的范畴。

综上可知，我国实习类别及实习制度的正式产生是从技工学校之教学过程中产生和发展起来的，其基本类型仅仅是"生产实习"的一种。我国实习及制度是国家对技工学校、中等专业学校、职业高中等实行的一种培训教育制度。目前这种实习

---

① 《现代汉英词典》（新版），外语教学与研究出版社 2001 年版，第 426 页。

培训的做法已经大大扩大了范围，"实习生主要是指大中专院校、职业教育机构、职业培训机构组织到企业实习的在校学生。"①

"生产实习"一直沿用至今，特别是许多普通高校仍然将之视为重要的实习类型，常常与认识实习和毕业实习，固化成为我国普通高校特别是工科院校的三大实习类型。职业院校几乎完全摒弃了生产实习，"法定"类型化为认识实习、跟岗实习和顶岗实习三大类型，其修订版改为了生产实习与岗位实习两大类别。具体规定如下：

2016 年，教育部、财政部、人力资源社会保障部、国家安全监管总局、中国保监会五部委制定了《职业学校学生实习管理规定》，这是唯一的关于职业教育的"实习大法"。其实习类型化为三大类型：认识实习、跟岗实习和顶岗实习，并分别对其进行了概念界定：职业学校学生"实习"是指实施全日制学历教育的中等职业学校和高等职业学校学生按照专业培养目标要求和人才培养方案安排，由职业学校安排或者经职业学校批准自行到企（事）业等单位进行专业技能培养的实践性教育教学活动；"认识实习"是指学生由职业学校组织到实习单位参观、观摩和体验，形成对实习单位和相关岗位的初步认识的活动；"跟岗实习"是指不具有独立操作能力、不能完全适应实习岗位要求的学生，由职业学校组织到实习单位的相应岗位，在专业人员指导下部分参与实际辅助工作的活动；"顶岗实习"指初步具备实践岗位独立工作能力的学生，到相应实习岗位，相对独立参与实际工作的活动。

2022 年 1 月，教育部、工业和信息化部、财政部、人力资源社会保障部、应急管理部、国务院国资委、市场监管总局、中国银保监会八部委联合印发了新修订的《职业学校学生实习管理规定》（以下简称《实习新规》），并且首次配发了《实习协议示范文本》，它是我国新时代最新的实习大"法"，是我国各类职业院校学生实习的正式制度规范；同时，它还可以为普通高校实习提供诸多参考范式。

《实习新规》对"实习"的界定增加了"职业道德"目标，将原来的"跟岗实习"与"顶岗实习"合并为了新的"岗位实习"，故此，我们目前职业教育实习的法定类型转化为认识实习和岗位实习两大基本类别，并分别进行了界定："认识实习"指学生由职业学校组织到实习单位参观、观摩和体验，形成对实习单位和相关岗位的初步认识的活动；"岗位实习"指具备一定实践岗位工作能力的学生，在专业人员指导下，辅助或相对独立参与实际工作的活动。

---

① 冯淑英：《劳动关系认定中的若干实务问题》，载《山东审判》2011 年第 3 期。

　　许多高校将实习分为认识实习、毕业实习和生产实习三大类别。总体上看，我国目前普通高等教育的实习类型化完全落后于职业教育，因此，从实习类型化方面，职业教育比普通教育搞得好，这也有力证明了那种认为职业教育一无是处的错误认识。

二、见习与就业见习

（一）见习

　　与实习最为紧密的概念是见习，所谓见习一般是指参观式或观摩式的实习活动，语义上比较权威的解释是：见习是初到工作岗位的人在现场实习。①

　　我国的见习制度的历史沿革分为两大阶段：一是早期（20 世纪 80 年代）的见习制度，其正式名称为"见习期"制度，而不是称为就业见习制度；二是现今就业见习制度，其起始元年为新世纪的 2005 年。可见，从历史视角和狭义上，我国就业见习制度、见习期制度是两种不同的制度，它们与劳动法之试用期制度更不相同。狭义的就业见习制度也必然包括见习期限，目前的政策规定一般为 1～12 月，但是，应当特别注意此"见习期限"虽然也是见习期，但是不同于彼"见习期"制度之见习期；更不同于劳动法之试用期，主要区别是试用期适用于劳动关系，而见习关系属于非劳动关系。

　　笔者将我国的见习及见习制度分为教学见习与就业见习两大基本类型，教学见习属于在校学生即应届生的见习，与认识实习基本等同；就业见习的范围远远大于教学见习，它主要包括已经毕业而未就业的学生即往届生，还包括其他未就业的社会青年。

　　就业见习又称为见习期制度，它是我国针对应届毕业生进行业务适应及考核的一种制度。②

　　见习及"见习期"制度起源于我国计划经济时代的固定工制度，是国家对大中专毕业生实行包分配制度的产物。其主要历史沿革如下：1981 年国家教委、计委和人事部联合颁布了《高等学校毕业生调配派遣办法》（2009 年废止）其第二十六条规定："毕业生到达工作岗位后，实行一年见习的制度。见习期满后，经所在单位

---

① 《现代汉语词典》（第6版），商务印书馆 2012 年版，第 636 页。
② 黎建飞：《中华人民共和国劳动合同法辅导读本》，中国法制出版社 2007 年版，第 159 页。

考核合格的转正定级。考核不合格的，可延长见习期半年到一年。延长见习期考核仍不合格的，按定级工资标准低一级待遇。"

1991 年国家人事部发布的《干部调配工作规定》、国家教委《高等学校毕业生分配制度改革方案》第十四条等都对见习期作了明文规定。

1996 年劳动部《对〈关于劳动用工管理有关问题的请示〉的复函》第四条规定："关于见习期与试用期。大中专、技校毕业生新分配到用人单位工作的，仍应按原规定执行为期一年的见习期制度，见习期内可以约定不超过半年的试用期。"

我国见习（期）制度的具体内容是：见习期限为 1 年；见习期期间实行见习工资；见习期内不能调动工作；期满经考核合格转正定级，不合格可延长见习期，以至低定工资一级。①

见习（期）制度的具体内容包括：用人单位招收应届毕业生后，可以安排应届毕业生见习，见习期限一般为 1 年。见习期间实行见习工资，不得调动工作。见习期满经考核合格方可办理转正手续，评定专业职称，聘任相应职务，确定工作岗位；不合格的，可延长见习期半年到 1 年，或者降低工资级别，表现特别不好的，可退回由学校重新分配。②

我国的见习及见习（期）制度起源于计划经济时代，现在仍然是学校教学制度的一个重要组成部分，与实习一起构成了我国学校（不仅仅是职业院校）的实习制度。

实践中，实习与见习二者往往联系在一起，由于我国目前还没有出台《实习法》或《实习促进法》，现行《中华人民共和国高等教育法》（以下简称《高等教育法》）没有实习与见习二词，实习与见习还一直没有法律上的界定，造成了实习与见习二者概念的混乱，亟待法律的明确界定。

《广东省高等学校学生实习和毕业生就业见习条例》将实习与见习的概念进行了严格区分。其第二条规定：实习是指高等学校按照专业培养目标和教学计划，组织学生到国家机关、企业事业单位、社会团体及其他社会组织进行与专业相关的实践性教学活动。并将见习的概念界定为毕业生就业见习，见习是指各级人民政府或者人民团体组织毕业后一年内尚未就业的毕业生到国家机关、企业事业单位、社会团体及其他社会组织进行的就业适应性训练。其见习的外延非常明确，仅仅是指"毕业后一年内尚未就业的毕业生"，并不包括在校学生的见习，这与我国高校一般

① 王林清、崔文举：《劳动合同试用期司法实务问题》，载《人民司法》2010 年第 23 期。
② 问清泓：《劳动合同法制度与实践研究》，湖北人民出版社 2011 年版，第 188～189 页。

所指的高校学生见习完全不同。《广东省高等学校学生实习和毕业生就业见习条例》之立法模式也是采用了实习与见习之二分法模式，分别规定了各自不同的制度规范和管理办法。此见习实则可以划归为"就业见习"。

北京市于 2019 年新颁布了关于见习的单独地方法规《北京市就业见习工作管理办法》，其见习的界定非常明确，也是同广东省一样将见习界定为非在校学生的见习，都是指已经离校的毕业生，但是与之不同的是北京市界定的见习外延比广东省的要宽广得多，不仅包含离校 2 年未就业的高校毕业生（广东省仅为 1 年），还包括有见习意愿的毕业生（包括中专、技校毕业生）、16～24 岁登记失业人员及转移就业登记的农村劳动力。①

2018 年湖北省新修订的《湖北省高校毕业生就业见习管理办法》明确规定：见习指见习人员按照有关政策规定，在见习单位提供的见习岗位进行一定期限的实践锻炼，积累工作经验、提升就业能力的就业促进活动。该办法界定的就业见习人员的范围为"毕业两年内离校未就业的普通高校毕业生"，还包括技师学院高级工班、预备技师班和特殊教育院校职业教育类毕业生和艰苦边远地区、老工业基地、国家级和省级贫困县离校未就业中职毕业生。湖北省所规定的见习仅仅是主要是指"毕业后二年内尚未就业的毕业生"，也并不包括在校学生的见习。

如何厘清见习与实习、教学见习②与就业见习的关系，还一直是理论研究的薄弱环节，更勿谈法律的明确界定。

（二）就业见习

见习与实习关系紧密，可以将见习视为广义的实习类型之一；另外，笔者还创新性地将见习类型化为教学见习与就业见习两大类型。前文的见习就属于教学见习，基本上可以与认识实习等同，只不过，教学见习更加偏重"见"即以"看"为主；认识实习除了"看"之外，还要适当"动手"。就业见习与教学见习区别明显，不可等同，就业见习更偏重"就业"，其主要目的是就业；教学见习偏重"学习"，其主要目的是教学。故此，见习是广义实习的一种，特别是认识实习与见习并无本质区别；见习再可类型化为教学见习与就业见习，二者区别明显。因后文有专门一章论述"就业见习制度"，在此不赘述。

---

① 《北京市就业见习工作管理办法》第十一条规定："见习人员应满足以下条件之一：（1）毕业 2 年内未就业的北京生源高校毕业生、中专毕业生及技工院校毕业生；（2）具有本市户籍的 16～24 岁登记失业人员；（3）具有本市户籍的 16～24 岁转移就业登记的农村无业或务农劳动力。"

② 教学见习为笔者抽语，它与就业见习相对应。

第二节　实习分类现状与缺陷

一、分类现状

我国有关实习的分类比较混乱，有不同的分类标准，按照时间长短可以分为毕业实习、认识实习和生产实习；按照实习地点可以分为校内实习、校外实习和海外实习；按照实习与实习单位之间联系的紧密程度，将大学生实习分为顶岗实习与非顶岗实习两大类。[①] 这种实习类型化的依据是教育部、财政部联合印发《职业学校学生实习管理办法》，我国目前的实习法定分类即为其所明确的实习种类为顶岗实习、认识实习和跟岗实习三种类型。

有人根据实习的目的不同将实习分为就业型实习、培训型实习和勤工俭学型实习三大类。[②]

依据实习是否享有劳动报酬，可以分为有薪实习与无薪实习（详见本书第六章"实习薪酬制度"）。法国和德国的成功经验并非"一刀切"地将所有实习全部纳入有薪实习的范畴，而是分层设计，让有薪实习与无薪实习并存，但是二者的分界线明确。对实习时间较长的，实行有薪实习；而时间较短的实习则为无薪实习。法国规定凡是超过 2 个月的实习，实习学生就应当享有实习劳动报酬权；2 个月以下的短期实习则为无薪实习；德国的分界时间为 3 个月，比法国长 1 个月。

美国是无薪实习的典型，只有符合法律或法院判定之"雇员"身份，实习生能够享有实习劳动报酬权。实习生是否具有雇员身份和工作定义，是决定有薪实习还是无薪实习之关键。美国《公平劳动标准法案》明确规定五类人员之最低工资豁免条款：送信员和见习者、实习生、学徒、全日制学生和有残疾的工人。

英国以实习学生身份为标准，将实习分为五类：工作者式实习、课程学习式实习、志愿者式实习、影子式工作实习和雇员类实习。英国无薪实习的实习类型有：

---

① 张友连：《高校学生实习法律保障体系的构建——类型化视角的分析》，载《中国高教研究》2019 年第 2 期。

② 冯淑英：《劳动关系认定中的若干实务问题》，载《山东审判》2011 年第 3 期。

企业体验实习（student internships）、学校工作实习（school work experience place-ments）、志愿者工作实习（voluntary workers）和影子式工作实习①（work shado-wing）。② 一般只有影子式工作实习和雇员类实习才实行有薪实习，其他三类基本上都是无薪实习，使得无薪实习与美国一样具有普遍性。

依据是否享有实习保障，可以分为有实习保险的实习与无实习保险的实习。因后文有专章论述"实习保险制度"，在此不赘言。

实习还可以分为现场实习和网络远程实习。网络远程实习一直处于极其边缘的地带，新冠疫情使得线上教学异常普遍，但是仍然没有使网络远程实习像线上教学那样异常繁荣，网络远程实习较为罕见。现场实习和网络远程实习其对应的通俗名称为线下实习与线上实习。笔者在 2019 年新冠疫情暴发之前，就已经在关注与研究网络远程实习。因后文有专论"网络远程实习制度"，在此不赘言。

概上，由于实习是一种极其普遍的教学实践活动，难以引起关注，可谓是"熟视无睹"的最好注解。无论是域外，还是国内，实习之理论研究极其匮乏，实习制度构建成为一个全球性的边缘化问题，立法也都是非常欠缺。在此大背景下，实习的类型化问题必然缺乏定型化与法定化，我国职业教育之实习立法及实习类型化比较成熟，而体量最为庞大的普通教育却不然，不仅理论研究严重匮乏，而且立法也完全缺失，更无从论及类型化及其制度构建。

二、分类缺陷

我国职业教育之实习的分类主要依据《职业学校学生实习管理办法》而为"三分"类型化：认识实习、跟岗实习和顶岗实习。2022 年的修订版即《实习新规》改为了"二分"类型化：认识实习与岗位实习。此类型化虽然比普通教育成熟得多，并已经基本法定化与定型化，但是，仍然还存在诸多缺陷。

第一，适用范围的狭窄性。顶岗实习、认识实习和跟岗实习仅仅是全日制学历教育的中等职业学校和高等职业学校的学生，还包括非全日制职业教育、高中后中等职业教育等教育类型学生的实习③。其适用对象不具有普遍性，不符合法律规范及其类型化之普遍性原理，从外延上已经将一般的普通高校实习排除在外，而普通

---

① 英国影子式工作实习类似于我国的认识实习或跟岗实习——笔者注。
② Service and Information of Departments and Policy of Gov. UK, Employment Rights and Pay for Interns, https：//www. gov. uk/employment – rights – for – interns. html, 2021 – 08 – 26.
③ 《职业学校学生实习管理办法》第三十八条规定："非全日制职业教育、高中后中等职业教育学生实习参照本规定执行。"

高校却是我国实习的主要对象，因此，如此有关实习的类型化极不周延，普通高校实习类型化只能是另外规定。

第二，概念内涵的职业性。顶岗实习、认识实习和跟岗实习的内涵在适用对象之职业院校的限制下，突出了三类实习的职业性特征，与一般普通高校实习是教学的一个重要环节，并不完全与职业关联等特征并不完全兼容，此类型化并不能从一般概念上界定实习的内涵，仅仅只能是我国职业院校之实习类型化。虽然《职业学校学生实习管理办法》规定了实习的功能定位是"实现职业教育培养目标，增强学生综合能力的基本环节，是教育教学的核心部分"，但是，职业院校实习的基本目标仍然是职业精神和职业技能的培养，即"将职业精神养成教育贯穿学生实习全过程，促进职业技能与职业精神高度融合，服务学生全面发展，提高技术技能人才培养质量和就业创业能力。"

第三，偏重实习的强制性。顶岗实习、认识实习和跟岗实习三类实习基本上都属于实习派遣学校之强制性要求，由学校集中统一组织安排实习，并不包括学生自愿性的分散式实习。按照《职业学校学生实习管理办法》的规定：顶岗实习一般由学校统一组织安排，如果学生自行联系顶岗实习单位，也必须由学生本人提出申请，并经学校同意；认识实习和跟岗实习学生不能够自行选择，应当由学校统一组织安排。而我国普通高校之实习既包括集中实习即由学校统一组织安排的具有强制性的实习，还包括分散实习即由学生自愿性的实习，因此，顶岗实习、认识实习和跟岗实习之三分类型化并不适合普通高校之实习。

第四，限制条件广泛化。顶岗实习、认识实习和跟岗实习三类实习对实习接收单位都有比较严格的限制条件，实习单位并无太多自主权，影响了实习单位的积极性。

现行对实习单位的限制条件主要有：一是实习计划的制订由职业学校和实习单位应根据专业人才培养方案共同制订。二是实习指导教师和实习单位指定的专门人员都要全程指导、共同管理学生实习。三是实习岗位应当专业对口或相近，"专业对口"是指学生实习岗位与教育部颁布的职业学校专业目录中专业对应的职业（工种）相符；"专业相近"是指学生实习岗位与教育部颁布的职业学校专业目录中专业所属的专业类对应的职业类别相符。四是顶岗实习单位接收学生的限制，实习单位接收顶岗实习学生的人数，应当同时符合两个条件：其一，同期在该单位顶岗实习学生总数不超过在岗职工总数的10%；其二，同期在该单位某一具体岗位顶岗实习的学生总数不超过该岗位在岗职工总人数的20%。五是实习时间的限制，顶岗实习一般为6个月。六是实习报酬限制，顶岗实习的实习单位应当支付实习报酬，实习报酬原则上不低于本单位相同岗位试用期工资标准的80%。实习报酬须按月足额发放，不得拖欠；报酬以货币方式发放，不得以代金券、实物等其他形式替代。七是实习保险的限制，实行"实习强制保险制度"，职业学校和实习单位都应当根据国家有关规定，为实习学生投保实习责任保险，范围应覆盖实习活动的全过程，包括学生实习期间遭受意外事故及由于被保险人疏忽或过失导致的学生人身伤亡，被保险人依法应承担的责任，以及相关法律费用等。职业学校可以与实习单位达成协议由实习单位支付投保经费。八是实习条件的限制，职业学校在组织未满 18 周岁的学生参加跟岗实习、顶岗实习的，应事前充分告知其监护人，在取得学生监护人签字的知情同意书后，方可组织实施。未满 18 周岁且自行选择顶岗实习的学生，向学校提交三方协议的同时，还应提交监护人签字的知情同意书。学生实习中皆不得出现本六种情况：不得安排、接收一年级在校学生顶岗实习；不得安排未满 16 周岁的学生跟岗实习、顶岗实习；不得安排未成年学生从事《未成年工特殊保护规定》中禁忌从事的劳动；不得安排实习的女学生从事《女职工劳动保护特殊规定》中禁忌从事的劳动；不得安排学生到酒吧、夜总会、歌厅、洗浴中心等营业性娱乐场所实习；不得通过中介机构或有偿代理组织、安排和管理学生实习工作。对于跟岗实习和顶岗实习，实习单位应遵守国家关于工作时间和休息休假的规定，一般情况下，不得安排学生从事高空、井下、放射性、有毒、易燃易爆以及其他具有较高安全风险的实习，不得安排学生在法定节假日实习，不得安排学生加班和夜班。学生到外地实习，应当统一安排住宿，实习单位一般应为实习学生提供统一住宿。

对实习单位设置一定的限制条件，当然具有正当性和必要性，不能一概否定。它是为了有效保障实习目标的实现，也是为了保障实习学生的正当权益，但是由于我国实习学生的数量特别庞大，实习供给严重不足，"实习难"首先表现在实习单位难寻，如果限制条件太多，必然加剧"实习难"问题。如何均衡实习各方主体的利益，实现多赢，还需要制度设计的缜密考量。

第五，实习契约碎片化。我国《职业学校学生实习管理办法》仅仅明确规定了两种实习类型必须签订实习协议，以契约化方式设置了此二类实习协议的法定实习权利和实习义务。

顶岗实习与跟岗实习必须签订三方协议，即"无协议不实习"。职业学校、实习单位和实习学生应当在实习正式开始前签订三方实习协议，协议文本一式三份，当事方各执一份；学生自行选择顶岗实习单位的，也须签订三方协议。认识实习并无签订实习协议的强制性要求，学校可根据实际情况决定是否签订。

实习协议必备条款主要包括八大内容：各方基本信息；实习的时间、地点、内容、要求与条件保障；实习期间的食宿和休假安排；实习期间劳动保护和劳动安全、卫生、职业病危害防护条件；责任保险与伤亡事故处理办法，对不属于保险赔付范围或者超出保险赔付额度部分的约定责任；实习考核方式；违约责任；顶岗实习的实习协议内容还应当包括实习报酬及支付方式。

实习协议之契约化规定仅限于顶岗实习与跟岗实习，其他实习类型都还没有签订实习协议的强制性规定；而实习协议中最为重要的条款是实习报酬问题，仅规定了一种实习类型即顶岗实习，其他实习类型也都还没有明确的实习报酬条款。这也是我国目前实习"异化"为无偿劳动或"廉价劳动"的重要原因之一，也是当前大学生不愿意积极主动地参与实习的原因之一。

中国政法大学社会法研究所副教授娄宇认为："一般来看，很多国家都会把'顶岗实习'作为劳动关系处理。2010 年，最高人民法院发布的公报中也有相同说法。"只要劳动内容符合建立劳动关系的特征，就应当认定为劳动关系。"不能完全以双方是否签订了劳动合同或者发放了劳动报酬作为判断标准。"[1] 但是，北京市中银律师事务所律师寇英杰认为，原则上实习生与实习单位之间不是劳动关系，不受劳动法、劳动合同法调整。实习生与实习单位之间存在普通的民事法律关系，受民法、合同法保护与调整。[2] 这两种观点的对立，反映了实习关系的复杂性与争议性。

我国目前实习契约之碎片化的一个重要表象是：实习协议与劳动合同不兼容；实习生身份与劳动法语境下的劳动者不兼容；实习劳动关系与劳动法语境下的劳动关系不兼容。这些问题在学界和实践界都还没有达成共识，争议巨大，进一步加剧了实习契约的碎片化。比较普遍的观点是实习关系不属于劳动关系，实习学生的身份应当为学生而不是劳动者。但是，也有观点认为，实习关系属于特殊的劳动关系，实习学生是特殊的劳动者即雇员。笔者认为后者更加合理。

第六，法律责任虚无化。任何法律和法规都应当有法律责任规定，法律责任与权利、义务共同构建起法律制度。法律责任就是法律关系主体因违反该法律或法律规范之规定的义务而应当承担的不利后果，它由国家强制机构保障执行。法律责任分为民事责任、行政责任和刑事责任三大责任体系，它们的构成要件各不相同，都具有非常强的明确性、可预见性和可操作性，而不是原则性的规定，法律责任通常为法律法规最后的单独一章。

我国目前由于还没有《实习法》或《实习促进法》，实习也因而缺乏统一的法定类型化，目前实习规范及其类型化只能依照《职业学校学生实习管理办法》，该规定的法律责任严重不足。

一是立法技术缺乏专业化。该法规没有单独设置法律责任，与立法之一般原理不符，即便是少有的法律责任规定也不成体系，仅仅只有三个法条（第二十六条、第二十七条和第三十条）。

---

[1][2] 宋书敏：《实习生岂是廉价劳动力》，载《检察日报》2018 年 6 月 2 日第 3 版。

二是责任主体不够全面。实习法律关系的主体一般包括派遣学校、实习单位和实习学生（包括非学生之社会成员），其法律责任的设置则也应当与之一一对应，不能缺少任何一方主体的法律责任，即便是对弱者进行"倾斜式"立法保护，也不能缺乏对弱者之法律责任的设置。我国《职业学校学生实习管理办法》法律责任规定仅仅只有职业学校、实习单位和违规的实习学生，缺乏违法之实习学生（实习生）之责任规定。职业学校的法律责任是：违反规定组织学生实习的职业学校，由职业学校主管部门责令改正；对拒不改正的，给予处分；造成重大事故的，应依法依规对相关责任人追究责任。实习单位的法律责任是：职业学校可根据情况调整实习安排，并根据实习协议要求实习单位承担相关责任。对实习学生之违规界定是：违反规章制度、实习纪律以及实习协议，处理方式是进行批评教育；违规情节严重的，由职业学校给予纪律处分；给实习单位造成财产损失的，应当依法予以赔偿。该实习法规还没有规定实习派遣学校之连带责任问题。

三是责任形式模糊不清。违规的职业学校仅仅只是由其主管部门"责令改正"，并无对实习学生之民事赔偿责任的规定；实习单位承担责任之"相关责任"到底是什么样的责任？也是非常模糊。刑事责任的设计也仅仅针对违法使用童工（未满16周岁）之犯罪行为，并无其他刑事责任的规定；且仅仅只能适用跟岗实习、顶岗实习两种实习类型。[①]

四是禁止规范"禁而不止"。该实习法规禁止性规定多，但是法律责任极少，凸显了教育法之"软法"弊端。为了有效保障实习学生的权益，该法规设置了许多禁止性规定，但是，绝大多数都没有相对应的法律责任规定，这就使得这些禁止性规定纯粹属于道德层面的规范，属于倡导性规范，严重缺失法律强制力，形同虚设。特别是有关实习之劳动报酬和实习保险条款，由于没有法律责任的设置，直接导致了实习报酬和实习保险的缺失，是无偿实习或"廉价实习"的重要推手。

第三节　国外实习类型化

国外实习类型化的主要特色是"实习生制度"和学徒制度（或现代学徒制度）。

[①] 《职业学校学生实习管理办法》第二十七条规定："对违反本规定安排、介绍或者接收未满16周岁学生跟岗实习、顶岗实习的，由人力资源社会保障行政部门依照《禁止使用童工规定》进行查处；构成犯罪的，依法追究刑事责任。"

其"实习生制度"本质上就是一种就业见习制度，几乎等同于我国目前的就业见习制度；学徒制度既是职业教育的一种基本形态，又可以称为广义的实习制度或广义的职业教育实践制度，而且现代学徒制度包括理论学习与实习两大过程，即学徒本身从狭义上看，学徒也有实习活动，因此，将学徒制度或现代学徒制度纳入广义的实习范畴或者职业教育之实习范畴，虽然可能还存在较大争议，但是，笔者一直坚持此观点。

一、实习生制度

实习生可以类型化为两大类：一是实习学生之简称，即在校的实习学生即应届学生；二是非在校的实习学生即往届生的实习。实习生制度类型化的特征是：

第一，"实习生"与"实习学生"的界分。"实习生"包括两大类：一是在校学生，二是非在校学生，前者为学校的实习属于教育教学性质的实习，后者属于非学校实习和非教学实习，而是专门针对已经从学校毕业但还没有就业的社会成员，包括未就业的毕业大学生。国外"实习生制度"之"实习生"与"实习学生"是两个不同的概念，"实习生"并不能等同于"实习学生"，实习生的范围要大于实习学生，实习生包括了实习学生。

第二，法律身份类型化不同。实习主体之一方实习参与者法律身份界定比较复杂，主要原因是实习参与者不仅是实习学生，还包括非实习学生之社会成员，主要是已经毕业但是还没有就业的往届生（我国对毕业生分为应届生与往届生），国外不管是在校学生还是非在校学生，统称为"实习生"。

国外实习生法律身份的界定一直还存在较大分歧，分歧的焦点是实习生是否属于劳动法的范畴，即实习生是不是"劳动者"？这是关于实习生权利义务设置、权益保障与救济的基本前提。

抛开争论，笔者总结的一般共识是：实习生如果是实习学生即在校学生，则一般不属于劳动法意义上的雇员（劳动者），特殊情况下如实习时间较长或劳动效果明显并获得了劳动报酬等也可以将其视为特色劳动者；如果是非在校学生，则一般认定为雇员（劳动者），与一般雇员并无实质性区别。

美国判例法关于实习生法律身份认定的经典案例不少，其实习生之法律身份的认定也是非常复杂，反反复复经历了不同的认定过程。

笔者将其肤浅概括为："学生身份（非雇员）—广义雇员身份—法定雇员身份—雇员与非雇员并存"四个不同的认定过程，其实习生身份不同类型化判例，值得我们反思与借鉴。

美国"赛达—西奈医疗中心案"［Cedars-Sinai Medical Center，223 N. L. R. B. 251（1976）］以及"圣克莱尔医院案"［St. Clare's Hospital & Health Center，229 N. L. R. B. 1000（1977）］，在这两个比较典型的案例中，委员会认为：医疗实习生、驻院医师和学习生（整体被称为内部员工）"主要是学生"，因此，他们不属于《国家劳动关系法》第二条（3）规定的员工。① 美国早期的这两个案例中都将实习生之法律身份界定为学生，而不属于劳动法调整的雇员。

"波士顿医疗中心案"［Boston Medical Center Corp. 330 N. L. R. B. 152（1999）］改变了上述立场，他们认为实习生和驻院医师为期一年的实习是驻院实践计划的一部分，也是参与医疗实践活动的必要方式，也是参加医师专业考试的必要条件。本案判定：尽管内部员工是学生，但是他们仍然属于员工。多数派认为《国家劳动关系法》第二条（3）规定的"员工"是广义的员工，而且也并没有排除"学生"，内部员工因为付出了劳动而获得劳动报酬，花费了许多时间照顾病人并提供了服务，因此，在公共医院里工作的实习生和驻院医师根据劳动法被认定为"雇员"。②

在上面"波士顿医疗中心案"一年之后，又有一例实习生判例产生，即2000年的"纽约大学案"［New York University，332 N. L. R. B. 1205（2000）］。此案中大学中的"学生助教"被认定为法定员工。此案与"波士顿医疗中心案"的判例一样，都推翻了委员会将正在进行职业培训中的人认定为"主要属于学生"而不是"员工"的做法。此判例还推翻了1974年的"斯坦福大学案"［Leland Stanford Junior University，214 N. L. R. B. 621（1974）］（认定物理研究助理不属于法定员工）。③

时间到了2004年，有关实习生法律身份认定的判例又有了新变化，实习生又被认定为非员工，返回到了之前的立场。此判例是"布朗大学案"［Brown University，342 N. L. R. B. 483（2004）］，在此案中，委员会断然宣称"研究生助理，包括布朗大学中的……和学校的关系主要是教育性的，而非经济性的"，而且"宣布联邦法的立场应当参照《国家劳动关系法》第二条（3）款的含义，认定研究生助教不是员工"。

这样，短时间内就出现了"波士顿医疗中心案"（1999年）、"纽约大学案"

① ［美］迈克尔·C. 哈珀、萨缪尔·艾斯托伊克、琼·弗林著，李坤刚、闫冬等译：《美国劳动法：案例、材料和问题》，商务印书馆2015年版，第178页。
② ［美］迈克尔·C. 哈珀、萨缪尔·艾斯托伊克、琼·弗林著，李坤刚、闫冬等译：《美国劳动法：案例、材料和问题》，商务印书馆2015年版，第179页。
③ ［美］迈克尔·C. 哈珀、萨缪尔·艾斯托伊克、琼·弗林著，李坤刚、闫冬等译：《美国劳动法：案例、材料和问题》，商务印书馆2015年版，第179~180页。

（2000 年）与"布朗大学案"（2004 年）相互矛盾的判例，让美国专家也是非常迷惑不解："布朗大学案"并没有撤销"波士顿医疗中心案"的判例，那么有没有调和这两个判例，或者，今后出现类似案例时，"布朗大学案"能不能依法优于"波士顿医疗中心案"而适用？①

在美国有关实习生身份的判例中，界定实习生法律身份困难之处还在于是否拥有劳动者即"雇员"身份，还要考量该个人之集体劳动权（即工会参与权和其他权利），特别是集体谈判权和罢工自由权。即使是"内部员工"（含实习学生和医疗实习生等）被认定为"雇员"身份，"布朗大学案"的研究生助理和"波士顿医疗中心案"中的实习生是否享有罢工自由权？也还存在较大分歧。有的人认为应当剥夺其参与集体谈判的权利。②

美国劳动者即雇员身份的认定比较复杂，并无统一的标准，即便是《国家劳动关系法》有关于员工的界定，但是使用起来也是难以甄别，特别是有关实习生之身份界定更加困难，这恰恰是判例法的一大特色，也是其弱点。

欧洲有关实习生法律身份的界定比较简单而明确。欧洲联盟法院认定"劳动者"主要有三项标准：一是提供服务，二是从属关系，三是获得报酬。③ 欧洲联盟法院一个有关实习生的典型判例是"卡尔·罗伯特·克兰曼"（Karl Robert Kranemann），本案涉及的主要问题是实习生（实习律师）之法律身份问题。④

欧洲联盟法院认为，"实习事实上可以被认为是与实际追求合适职业直接相关的实践准备，如果他们在实习期内作为受雇人员，且在从事真正的集体活动的条件下完成此任务，那么该活动就不会阻碍条约第 45 条的适用"⑤。这就将实习生（实习律师）纳入了"劳动者"的范畴。

法院还认为："就实习律师所从事的活动而言，根据相关参考意见，这些实习律师在课程学习中获得的法律知识必须运用到实践中，并在提供培训的雇主指导下为雇主的活动作出贡献，而实习律师在此期间以生活津贴的形式获得报酬。"此类劳动关系不能因为仅仅是雇主支付给劳动者只能满足其最低生活需要的津贴，而被排除在法律规定的"劳动者"范围之外。⑥

除了有关实习律师的规定外，有关教师的职业准备培训与类似行业的实习制度，都可以视为是实务准备工作的事实，直接与其真正从事的职业相关，这些工作都不

---

① ［美］迈克尔·C. 哈珀、萨缪尔·艾斯托伊克、琼·弗林著，李坤刚、闫冬等译：《美国劳动法：案例、材料和问题》，商务印书馆 2015 年版，第 179～180 页。

② ［美］迈克尔·C. 哈珀、萨缪尔·艾斯托伊克、琼·弗林著，李坤刚、闫冬等译：《美国劳动法：案例、材料和问题》，商务印书馆 2015 年版，第 183 页。

③④ ［比］罗杰·布兰潘著，付欣等译：《欧洲劳动法》（第二册），商务印书馆 2017 年版，第 30 页。

⑤⑥ ［比］罗杰·布兰潘著，付欣等译：《欧洲劳动法》（第二册），商务印书馆 2017 年版，第 31 页。

妨碍《欧洲联盟运行条约》第 45 条的适用（即为劳动者），其前提条件是该服务的提供是以"受雇的形式"所从事的工作。①

由上可见，在欧盟实习生只要满足了三大条件：提供了真实有效的工作或服务或经济活动；具有从属关系；获得了劳动报酬，即可认定实习生具有劳动者之法定身份。因此，在欧盟实习生是否具有劳动者身份，不能一概而论，而是要具体甄别。但是，其基本共识是：一般对实习生之劳动者身份界定是持肯定态度的。

日本有关实习生身份界定的判例也同样值得我们研究与借鉴。

日本实习类型化与许多国家一样，区分了在校学生实习与非在校学生的实习两大基本类别。这样不同的类别。其法律身份也不相同，前者基本属于学生身份为"接受教育训练者"，而非劳动者；后者通过日本最高裁判所的判例，主要针对非常普遍的"实习医生"之判例，确认了实习医生属于劳动者的范畴，而不是"教育训练者"。

日本"关西医科大学欠付工资案"，经过了一审、二审和三审，其核心问题可以归结为一点：该案之实习医生是不是"劳动者"，是否属于劳动法保护的范畴。② 本案的难度在于区分"劳动者"还是"接受教育训练者"，最终判决认定本案实习医生属于"劳动者"，与日本《最低工资法》和《劳动基准法》上的"劳动者"概念相同。这是最高裁判所判决中的第一次，极大丰富了有关劳动者属性的审判实践，将会对日本社会中大量存在的医院临床实习医生带来不可忽视的影响。③

"关西医科大学欠付工资案"中的实习医生，于 1998 年 3 月毕业于关西医科大学，同年 4 月 16 日参加国家医师资格考试并合格，同年 5 月 20 日获得了医师从业执照，同年 6 月 1 日开始在该大学附属医院进行临床实习。④

笔者认为，本判例最大的价值在于：在二审中对上诉方以劳动省另外一个有关实习生案例"商船大学等机械系学生进行工厂实习时原则上不属于劳动者"的指示为依据，而认为该实习医生也不属于劳动者的上诉理由所进行的反驳。这种审判实践中的对比反驳，将实习类型化之在校学生的实习（工厂实习）与非在校学生的实习（本案中的实习医生），进行了不同类别的二分法，从而类型化为学生身份与劳动者身份，即学生工厂实习之法律身份为学生，实习学生属于"教育训练者"；而非在校生之实习医生，则不同，实习医生属于"劳动者"。

工厂实习之法律身份为学生的原因是：在工厂实习是大学教育课程的一个环节；

---

① ［比］罗杰·布兰潘著，付欣等译：《欧洲劳动法》（第二册），商务印书馆 2017 年版，第 32 页。
②④　田思路、贾秀芬：《契约劳动的研究：日本的理论与实践》，法律出版社 2007 年版，第 202 页。
③　田思路、贾秀芬：《契约劳动的研究：日本的理论与实践》，法律出版社 2007 年版，第 206 页。

该实习是在与工厂一般劳动者明确区分的现场进行；即使是有时在生产线劳动也从事轻度辅助工作，但不是从事直接的生产活动；实习生的考勤以及实习情况最终由实习生所在的大学掌握和管理；实习生从工厂获得补助，每天只有 300～500 日元，与一般劳动者的收入或最低工资标准相比显著偏低，因此，不能将其看成是劳动报酬。因此，二审根据上述五大理由，认定这种在校学生的实习"是教育的一部分，接受实习的学生是受教育者，不能把他们看成劳动者"。①

虽然，日本劳动省有关文件一般将在校学生的实习认定为学生身份，但是，其文件同时指出，也不能"一刀切"式地认为在校学生的实习都不属于劳动者，应当考虑实习的目的、内容、方法等各有不同，根据各自实习的实际情况来判断是否属于劳动者。②

因此，从日本的有关判例和日本劳动省有关实习的文件来看，日本的实习生类型化不仅严格区分了在校学生的实习与非在校实习，"已经毕业并通过了国家医生资格考试的为提高医术和增加临床经验的实习医生的实习，与在校大学学生作为教学活动的一个环节进行的实习，其性质是完全不同的"③；还区分了在校学生实习原则上属于非劳动者身份，但是，有时也可以根据实习的具体情况，将其身份界定为劳动者。

上述日本有关实习者法律身份界定的判例及其审判中的法律依据既有成文法，又有劳动政策，这些都再次体现了日本劳动法的重要特征是"劳动成文法＋劳动判例法＋劳动政策"④，这种三位一体的劳动法立法与司法实践，既是日本劳动法发达的重要原因之一，也是日本劳动法发达的结果表象。我国不仅应当从宏观上反思并借鉴日本劳动法的经验，还应当从微观上仔细研读日本劳动法或劳动政策的细微规定如有关实习生的规定。

我国目前有关实习的制度（包括类型化等）规定，既无法律规定（法规也不全面，具有针对职业学校的《职业学校学生实习管理规定》），也没有具体判例，更缺乏灵活的中央政策规定。笔者认为，主要原因是我国有关实习的理论研究严重缺乏和严重滞后，实习制度研究长期被严重忽略，根本不能为立法或政策提供理论支撑。我国现行权威或核心劳动法或社会保障法教科书几乎完全没有实习制度或非常难寻

---

① ② 田思路、贾秀芬：《契约劳动的研究：日本的理论与实践》，法律出版社 2007 年版，第 204 页。

③ 田思路、贾秀芬：《契约劳动的研究：日本的理论与实践》，法律出版社 2007 年版，第 206 页。

④ 笔者在拙著《不当劳动论衡》第 92 页中就阐述过日本劳动法之独特的立法模式是"成文法（主导）＋判例法（辅助）"。另外，笔者一贯认为：世界上发达的劳动法一般都包括了劳动政策，劳动法与其他部门法的重要标志性区别就是"劳动政策与劳动立法天然不能也不可分离"；"劳动政策＋劳动立法"应当成为我国劳动法改革的重要路径之一——可参见笔者之《共享经济下劳动规章制度异变及规制》一文（载《社会科学研究》2018 年第 3 期）。

"实习"一词，笔者建议，我国实习制度应当首先"入书"，之后才有可能"入法"。因此，当务之急是加大实习制度的理论研究，借鉴和移植域外的成功经验，开创实习研究的新气象。

第三，权利与义务不同。属于在校学生的实习生，由于其法律身份仍然是学生，其权利义务基本上限制为学生和学习，一般不享有劳动法意义上的权利义务，特别劳动报酬或实习报酬不能与一般劳动者等同；而不属于在校学生的实习生，则由于其法律身份不再是学生，其劳动者身份明显，其权利义务与一般劳动者基本相同，特别劳动报酬或实习报酬一般不可或缺。

第四，权利救济上不同。实习学生由于其在校学生身份，学校为实习学生的第一管理者或第一责任主体，而实习单位仅仅为第二管理者或第二责任主体，实习学生的权益保障和救济也就相应地由学校和实习单位两大主体承担，类似于"共同雇主"或准"共同雇主"，实习学生的权利救济应当区分实习单位和学校；而非在校的实习生，实习单位是其唯一雇主或准雇主，实习权利的救济只能找实习单位，并无其他责任主体可寻。

而我国，几乎将实习生与实习学生完全等同，认为二者并无区别，认为实习生就是实习学生之简称。这些纯粹是望文生义，也是对国外实习制度的严重误读。因此，借鉴国外实习制度特别是"实习生制度"，首先应当区分其类型化差异，再按照不同类型设置不同的权利、义务、责任和救济。

二、现代学徒制

学徒制是一项非常古老的技能技术传授制度，可谓是人类社会最早的职业教育形态，也是人类教育的初级形式，为人类社会的发展起到了巨大推动作用。但是到了近代，由于人类普遍实行学校教育，尤其是大学教育发展非常迅猛，学徒制度逐渐退化与淡化。

笔者在十几年前就专门研究过学徒制度，并将学徒关系界定为传统劳动关系的重要特殊形态，基于其历史渊源及对现代学徒制发展的重要关系，笔者将其放在了学术专著《体面劳动调控论》的第一章"传统劳动关系调控——学徒合同制度"。该章对学徒的历史因应、价值判断、立法构想和学徒合同制度与和谐劳动关系进行了比较详细的解析。[①]

---

① 问清泓：《体面劳动调控论》，武汉大学出版社 2013 年版，第 1~45 页。

笔者一直认为，学徒制或现代学徒制的本质特征，可以视之为广义的实习类型之一。至少在职业教育领域内，学徒也是一种实习或特殊的实践活动，学徒属于非学校教育的范畴，它与职业教育之学校教育共同构成职业教育之"双翼"；二者都属于职业教育的范畴，都是就业前的职业培训或训练，都属于学校与用人单位之间教学实践与职业培训或训练；二者都是为了更好地掌握职业技术或职业技能，为今后就业和职业发展服务。基于此逻辑，完全可以将学徒视为广义的实习，同样都是实践活动，同样都是为了理论与实践结合之知行合一。

（一）我国学徒与学徒制度现状

我国学徒制度的历史非常悠久，但是其制度一般停留在民间的约定俗成中，至多算作是一种民间的非正式制度。[①] 我国学徒与学徒制度被漠视的现象非常突出，几乎完全成为民间行为，取代学徒制度的重要"替代物"是职业技术院校，它为职业院校提供了充足的生源。

我国无论是有关学徒制度的理论研究，还是现行立法，完全遗忘了学徒或学徒制度，学徒制度一直以来都不是理论热点和重点，更遑论建立学徒制度之法律制度，即学徒制度一直没有入法，民法或合同法都没有"学徒合同"的规定；学徒或学徒关系更没有纳入劳动法或劳动合同法的基本范畴，更没有学徒劳动合同之说。最大的立法遗憾是新时代《中华人民共和国民法典》（以下简称《民法典》）也没有将学徒关系或学徒合同纳入调整范畴。

我国现行劳动法教科书都没有专章阐述学徒制度，少有的关于学徒制度的研究也一般是在"职业培训"中非常简略地说明其为职业培训的主要形式之一[②]，仅将学徒视为职业培训类别之一，并没有将其作为劳动关系或劳动合同法中的重要制度，更没有将学徒合同或学徒制度与实习制度或见习制度结合起来的比较研究。

在我国目前有关学徒制度理论研究的现状是：不被重视并导致研究成果匮乏，不能够为学徒制度"入法"提供必要的理论支撑。笔者在多年前就呼吁应当重视学徒制度的理论研究并尽快启动相关立法程序。

令人感到些许欣慰的是我国教育部最近几年非常重视并看好"学徒制度"，不

[①] 问清泓：《体面劳动调控论》，武汉大学出版社 2013 年版，第 2 页。
[②] 王全兴主编的《劳动法学》（高等教育出版社 2004 年版），仅仅在该书第 16 章"职业培训"之第 2 节"职业培训的主要形式"中有关于"学徒培训"的论述，篇幅为不到 2 页。关怀、林嘉主编的《劳动法》（中国人民大学出版社 2016 年版），也仅在第 14 章"职业培训"之第 2 节"职业培训的分类"中涉及了"学徒培训"，该论述更加简略，只有 15 行字。林嘉主编的《劳动法和社会保障法》（中国人民大学出版社 2016 年版），仅仅在第 4 章"劳动就业"第 5 节"职业教育与培训"中将"学徒培训"列为职业培训的分类之一，篇幅仅仅只有"学徒培训"四个字。

断进行着"现代学徒制度"之实践试点工作，如此之教育制度改革，确实值得称赞，其学理价值远远高于实践意义，因为此等试验，打破了传统的从理论到实践的惯例，直接从实践中探索某一制度的可行性。教育部"现代学徒制度"构建思维方式的转变，表明社会改革不能等理论研究成熟之后，也不能等某制度"入法"后再施行，"先行先试"完全符合国家改革发展之大政方略，符合习近平新时代中国特色社会主义思想。

我国教育部有关"现代学徒制度"试点，始于 2015 年教育部颁布的第一批 165 家现代学徒制试点单位。三年之后，试点范围逐渐不断扩大，2018 年 8 月，教育部又公布了第三批现代学徒制试点单位，我国现代学徒制试点工作进入了新阶段。[①]

"现代学徒制度"试点改革将"倒逼"其理论研究，还将使得我国学徒制度的理论研究有了实践支撑，这样更有利于学徒制度的知行合一，使得理论与实践能够真正而有效地结合起来，更好地为我国职业教育高质量发展服务。

（二）德国现代学徒制

在国外，学徒制不但没有萎缩，相反，在法治社会中还得到了新的发展，成为许多国家重要的现代制度，完成了旧学徒制向现代学徒制的升级，并成为法治社会中的重要教育和职业培训制度，许多国家的立法都有正式的学徒法律制度，学徒制度已经成为法律制度的重要组成部分之一，特别是西方许多发达国家都将学徒制度直接纳入了劳动法的范畴，其劳动法典或劳动法中一般都有专门针对学徒制度的立法，成为其劳动法发达的重要标志之一。

国外的学徒制产生比较早，其制度比较发达，最大的特色是：不断将学徒制纳入现代职业教育的范畴，使之成为与发达的学校职业教育同等重要的另外一种不可或缺的非学校教育形态或学徒培训制度，它与学校职业教育组成了职业教育的"双翼"，为经济和科学技术发展作出了突出贡献。

传统学徒制度比较发达的英国，学徒制起源于 12 世纪，至伊丽莎白女王通过"学徒法"后，学徒制度更加完备。二战以后，英国政府在加强学校职业教育的同时，开始关注包括学徒制在内的企业内的职业教育。1962 年颁布《产业训练白皮书》，1964 年制定《产业训练法》，1973 年颁布《就业与训练法》。1991 年英国政府发表《21 世纪教育与培训》，指出要在 16～19 岁的青年推广高质量的职业技术教育，现代学徒制的内涵有了新延伸。1993 年制订了现代学徒计划，把学徒培训与国家职业资格制度结合起来。2001 年 3 月现代学徒咨询委员会成立，对现代学徒制进

---

① 郭雪松、李胜祺：《德国现代学徒制的制度建构与当代启示》，载《中国职业技术教育》2019 年第 3 期。

行进一步改革。2003 年 2 月，英国财政部和教育部又共同实施一项新的国家现代学徒计划。①

德国的学徒制已经有 100 多年的历史，也正因为学徒制，德国的青年失业率在欧洲最低，德国经济持续稳定发展，技术和产品的竞争力在国际上一直处于领先地位。"双元制"是德国职业教育主要的形式，也是德国学徒制度的新发展。②

德国学徒制是国外学徒制度与现代学徒制度的典型代表，也是实习制度类型化的"集大成者"。德国学徒制度的历史沿革经过了三个阶段：一是 19 世纪 80 年代的手工业学徒制阶段，这一时期手工业作坊是学徒工的主要培训基地；二是工业化学徒制阶段，一些大型制造业企业成立了专门的培训车间，大规模进行学徒培训，1908 年成立的德国技术学校委员会对学徒培训进行标准化管理，学徒制得到迅猛发展；三是现代学徒制阶段，即现代学徒制度，其起源于 20 世纪 30 年代，并通过 1969 年的《职业教育法》实现了法治化。德国现代学徒制度有两个典型特征：一是与现代教育紧密结合，将职业院校的常规教育与企业的实践培训紧密结合；二是学徒制度的法治化，德国颁布了一系列的法律来规制现代学徒制度，如 1981 年颁布了《职业教育促进法》，并修改完善了《职业教育法》。③

德国现代学徒制度的建立，即标志德国"双元制"职业教育模式的建立，现代学徒制度与"双元制"或"双元制"职教模式的概念一致。德国现代学徒制的更加简洁的提法就是"双元制"。④

德国现代学徒制度——"双元制"职业教育模式，经过多年发展，取得了世界公认的显著成效，极大推动了德国制造业的发展，是"德国制造"这一成功品牌的重要"功臣"。现代德国企业具有非常强大的世界竞争力，其重要原因之一就是德国发达的职业教育。⑤ 德国"双元制"为德国培养了大批的高素质技术人才，使得德国制造业领先全世界，西方国家称为"欧洲的师表"。⑥ 一种职业教育模式，一种实习制度，能够为社会和经济的发展产生如此巨大的影响，实属罕见，这是"制度是生产力""制度创造财富"的有力佐证，世界各国（包括我国）都在极力借鉴这一制度。

德国现代学徒制度的主要特征是"双元制"或称"二元制"特征，其"双元"的内涵非常丰富，并非简单的学校与企业或校企合作之"双元"。笔者创新性概之为七大"双元"：一是保护主体之"双元"，二是劳动待遇之"双元"，三是代表组

---

① 问清泓：《体面劳动调控论》，武汉大学出版社 2013 年版，第 3～4 页。
② 问清泓：《体面劳动调控论》，武汉大学出版社 2013 年版，第 5 页。
③④ 郭雪松、李胜祺：《德国现代学徒制的制度建构与当代启示》，载《中国职业技术教育》2019 年第 3 期。
⑤ 刘云芳：《德国职业教育分类实习模式探究》，载《科技资讯》2014 年第 7 期。
⑥ 汪玲：《德国双元制职教模式演变历程及欧洲化进程研究》，载《职教论坛》2018 年第 12 期。

织之"双元"，四是内外导师之"双元"，五是评估考核之"双元"，六是学业就业之"双元"，七是制度类型之"双元"。①

1. 保护主体之"双元"

德国现代学徒制度的构建始终以法治化为主线，以法律保护与救济为基本手段，而法律保护主体的主要特征是青少年特别保护与实习生或学徒生（学徒工）保护的有机融合。

第一个"双元"，是青少年保护与实习生或学徒生（学徒工）保护制度的兼容。在德国，实习生或学徒生（学徒工）不仅主要适用职业法如《职业教育法》《职业训练法》，还特别适用青少年保护法如《青少年劳动保护法》。笔者将之概述为法律保护的"双元"性，当然，在法治社会中，对法律关系主体的法律保护都是"多元"即多方面的，但是，德国的现代学徒制度的"双元"性特征，主要是指职业法和青少年保护法。德国法对青少年的劳动保护制度是世界上独一无二的，1976 年专门出台了单行法律《青少年劳动保护法》，其《青少年劳动保护法》的出台和实施，也是其劳动法发达的重要表象与标志之一，对许多国家（包括我国）都极具借鉴意义。德国《青少年劳动保护法》的宏观借鉴价值主要在于青少年劳动保护与实习生或学徒生（学徒工）劳动保护的兼容性；微观价值首先是关于"童工"与"学徒"的"双元"性规定：《青少年劳动保护法》第 5 条第 1 款明确禁止雇用年龄在 15 周岁以下的儿童以及还在完成全日制义务教育的青少年。德国全日制义务教育大多数是 9 年，这样就可能出现儿童在 15 周岁之前已经完成了义务教育，此时仍然属于法律禁止雇用的"童工"范畴，但是，《青少年劳动保护法》第 7 条进行了特别规定：可以建立"学徒关系"，其每天的劳动时间为 8 小时，每周工作 5 天；也可以建立劳动关系，但每天不能超过 7 小时，每周不得超过 35 小时。《青少年劳动保护法》第 5 条第 4 款还允许 15～18 周岁之间的青少年在学校假期期间工作，但是，每年不得超过 4 个星期。②

特别值得一提的是《青少年劳动保护法》还规定了：在完成全日制义务教育期间的中学毕业学生，可以进行企业实习工作，但是，实习期间每天工作不能超过 7 小时，每周不得超过 35 小时。由此还可见，在德国中学毕业生也是可以参加实习活动的，条件必须是已经完成了全日制义务教育。因此，笔者进一步推定德国的实习生的主体范围的广泛性，即实习生还包括中学毕业生，这与许多国家包括中国的实习学生一般都不包括中学毕业生完全不同，德国的实习生或实习学生的广泛类型化，

① 问清泓：《德国学徒制度"双元"内涵新解》，载《成人教育》2021 年第 9 期。
② ［德］沃尔夫冈·多伊普勒著，王倩译：《德国劳动法》（第 11 版），上海人民出版社 2016 年版，第 326 页。

值得反思与借鉴。

在德国无论是学徒关系，还是劳动关系，未满 18 周岁的青少年一周的工作时间都不能超过 40 小时；还明确规定"青少年不得上晚班"。《青少年劳动保护法》第 9 条关于劳动时间的规定非常重要。如果雇员某一天已经在职业学校上了至少 5 节课，而且每节课都有 45 分钟，那么雇主就不得要求雇员当天再来企业上班。1973 年 3 月 1 日之后，该规定对于成年的学徒不再使用。[①]

笔者由上还认为，德国法关于实习制度类型化规定，既有单独的法律分别规定实习制度和学徒制度，又有将实习与学徒统一在一起的立法即《青少年劳动保护法》；德国职业教育的"双元"制模式也不仅仅是职业教育或职业训练之法律规范，还有青少年劳动保护法定规则的青少年保护与实习生或学徒生（学徒工）保护的有机整合。德国法的"青少年""实习""学徒"三者相互关联的立法模式，既开创了立法的先河，又成为其"双元"制模式的重要内涵，其带给我们的启发与借鉴意义极其深远。

2. 劳动待遇之"双元"

德国"双元"制现代学徒制度的第二个"双元"，是学徒生或学徒工劳动待遇的"双元"性。其具体表现有二：一是最低工资保障的双重性，二是最低工资与培训补助或实习补助的双重性。

纵观世界许多国家和地区，一直困扰学徒制度和实习制度的一个共同未解"难题"是实习生和学徒生（工）的法定身份界定问题及其是否应当享有实习或学徒的劳动报酬权。许多国家和地区目前都排除实习生和学徒生（工）的劳动者或雇员的法定身份，进而闭谈实习或学徒的劳动报酬问题；即便是有些立法将实习生或学徒生（工）的身份定位为特殊劳动者或准劳动者，其劳动报酬也常常是特例，与一般劳动者差别极大，仅仅谓之"实习或学徒补助或津贴"，更无强制性支付标准，给付还是不给付与给付多少，完全由雇主单方面决定，属于雇主的"恩惠"而并非强制性义务和责任。

德国劳动法包括学徒制度发达之一就在于对实习生或学徒之劳动报酬权有非常明确的立法，并且具有可操作性。

德国劳动法之《最低工资法》第 22 条第 1 款规定：基于实习而工作的人原则上是《最低工资法》意义上的劳动者，所以，实习者应当获得最低工资。[②] 另外，德国法还规定：如果为了完成中学或者大学学业在企业中进行不超过 3 个月的实习

---

① ［德］沃尔夫冈·多伊普勒著，王倩译：《德国劳动法》（第 11 版），上海人民出版社 2016 年版，第 327 页。
② ［德］雷蒙德·瓦尔特曼著，沈建峰译：《德国劳动法》，法律出版社 2014 年版，第 312 页。

的实习生，不适用最低工资标准制度；相反，如果已经完成了培训或者学业，却仍然以"实习生"名义被雇用，并不妨碍最低工资请求。[①] 如果实习在职业教育或大学学习结束后开始，并且不传授附加技能、不提供特别专业性照顾或者对实践能力的学习并不明显突出，则即使是合同的名称为"实习"，也不妨碍认定劳动关系的存在；并且如果认定了劳动关系，就必须按照通常工资额度支付工资。[②]

有关学徒的劳动报酬主要由《职业教育法》规定，德国《职业教育法》第17条第1款明确规定了学徒享有月薪的权利，而且随着职业教育的进行，该月薪应当上涨，至少每年涨一次。[③]

可见，德国法有关实习劳动报酬的规定有两大特色：一是以实习时间长短为参照系确立是否适用最低工资标准，即超过3个月的实习，则适用最低工资标准制度；二是对实习劳动关系还进行了扩大解释，对名义上的实习或"假冒"实习都予以认定劳动关系，以便有效保障实习劳动者的合法劳动权益；三是学徒享有获得月工资的权利，且学徒工资至少每年上涨一次。

在德国，学徒生或实习生除了能够享有最低工资标准外，还一般享有学徒补助或实习补助，笔者概之为最低工资与补助即"工资 + 补贴"之"双元"性劳动待遇。

据到德国专门进行过德国"双元制"职业教育调研访问的学者报告，德国 BA-FIN 金融监管中心有一个部门负责"双元制"培训，经过严格选聘程序录取后的培训学员，学习期间是有工资的，第一年为税前 880 欧元/月，第二年税前 930 欧元/月，第三年为税前 980 欧元/月。[④] 学习或培训期间不但有工资，还因年限的增加而逐年递增。

德国双元制大学的学生入学前和企业签订合同，企业需要向学生每月支付补助金，根据专业以及企业不等，通常是 700 ~ 1 000 欧元/月。学生不仅在企业实习期间能得到这笔收入，在学校学习期间依然可以得到补助。固定的补助既保障了学生能够安心投入到学习和工作中，同时也密切了学生与企业之间的关系。[⑤]

据国外相关统计，德国企业平均每年为学徒培训投入 1.5 万欧元，其中的 46% 是发给学徒生的补助，而投资的 76% 会通过学徒的生产劳动得到补偿。[⑥] 可见，在

---

① ［德］沃尔夫冈·多伊普勒著，王倩译：《德国劳动法》（第11版），上海人民出版社2016年版，第237页。
② ［德］雷蒙德·瓦尔特曼著，沈建峰译：《德国劳动法》，法律出版社2014年版，第313页。
③ ［德］雷蒙德·瓦尔特曼著，沈建峰译：《德国劳动法》，法律出版社2014年版，第311页。
④ 王晓岩、孙敬平：《德国双元制教育模式对我国高校会计专业建设的影响》，载《黑河学院学报》2019年第6期。
⑤ 许齐良：《德国双元制大学模式对高校推进产教融合的启示》，载《改革与开放》2019年第9期。
⑥ ［德］托马斯·霍赫莱特纳：《德国：领先的现代学徒教育模式》，载《光明日报》2015年10月13日。

德国现代学徒制度中，企业的投入是巨大的，且直接发给学徒生或学徒工的补助占了将近一半，学徒们的补助是非常可观的收入。

德国学徒劳动报酬"工资＋补贴"之"双元"性，不仅有利于保障实习生或学徒的劳动报酬权，还有利于有效调动学生的积极性和主动性。德国的经验对破解我国目前"实习难"（含"学徒难"）的"实习报酬难"和"实习参与难"，将大有裨益。

3. 代表组织之"双元"

德国现代学徒制度的第三个"双元"，是代表组织之"双元"，既有学徒的代表组织——学徒代表组织，又有雇主的代表组织——企业委员会。学徒代表组织属于"劳方"代表组织；而"企业委员会"属于雇主组织，其称呼或曰"企业职工委员会"或曰"工厂委员会"①。

德国的企业组织非常发达，不仅有世界上普遍的工会组织，德国还有与工会组织并存的企业委员会（有的称之为企业职工委员会或工厂委员会），企业委员会为德国所独有，在"劳资共决"、调处劳动关系和解决劳资纠纷中发挥着非常重要的作用，为德国和谐劳动关系的组织保障。德国本土劳动法学专家都对企业委员会的组织构建给予了高度评价，德国著名劳动法学家沃尔夫冈·多伊普勒说：工会与企业职工委员会并存，这不是理所当然的事情；在英国、瑞典和美国，人们都很难想象这种情形；在中国也没有类似现象。② 德国另外一名著名劳动法学家曼弗雷德·魏斯认为：德国企业组织体系的企业委员会和职工委员会可能是德国劳动法最重要的特征，它对个别劳动法和集体劳动法的所有方面都有意义。③

德国有名的独立于工会组织的雇员代表组织——企业委员会，必须与学徒代表或青少年雇员代表结合起来。笔者称之为企业委员会代表人员的"双元"化，从企业组织方面反映了德国现代学徒制度的"双元"特征。

德国1972年的《企业组织法》开始只规定了"青少年雇员代表"，由于经常会出现学徒年龄大于18周岁的情况，所以该规定在1988年改成了"青少年雇员与学徒代表"，它代表的是未满18周岁的青少年雇员和"未满25周岁的学徒"。④ 根据

---

① 沈建峰翻译的《德国劳动法》称为"工厂组织法"和"工厂委员会"；倪斐翻译的《德国劳动法与劳资关系》称为"企业组织法"和"企业委员会"；张国文翻译的德国《劳动法》称为"企业委员会法"和"企业委员会"；王倩译的《德国劳动法》则称为"企业组织法"和"企业职工委员会"。德国本国著名劳动法学家曼弗雷德·魏斯教授认为"私营部门"为"企业委员会"，而"公共部门"属于"职员委员会"（参见曼弗雷德·魏斯、马琳·施米特著，倪斐译：《德国劳动法与劳资关系》，商务印书馆2012年版，第248页）。笔者认为，这些基本上都是翻译者译文名称上的不同，实际上都是指与工会组织并存的企业内部的雇员组织，名称上用"企业组织法"和"企业委员会"更好。
② ［德］沃尔夫冈·多伊普勒，王倩译：《德国劳动法》（第11版），上海人民出版社2016年版，第63页。
③ ［德］曼弗雷德·魏斯、马琳·施米特著，倪斐译：《德国劳动法与劳资关系》，商务印书馆2012年版，第249页。
④ ［德］沃尔夫冈·多伊普勒著，王倩译：《德国劳动法》（第11版），上海人民出版社2016年版，第124页。

《工厂组织法》（即《企业组织法》——笔者语）第 60 条第 1 款的规定：如果工厂一般情况下雇用至少 5 名未满 18 周岁的劳动者或者 5 名为职业培训目的而雇用未满 25 周岁的劳动者时，应当选出青年和学徒代表机构。[①]

德国《企业组织法》非常详尽地规定了青少年雇员与学徒代表和企业职工委员会（即企业委员会——笔者语）的相互关系及权利义务。《企业组织法》第 80 条第 5 项规定了青少年雇员与学徒代表组织的选举由企业职工委员会负责发起及任命；青少年雇员与学徒的境遇和条件的改善，该代表组织的"直接对话伙伴是企业职工委员会"，而不是"雇主"；法律赋予青少年雇员与学徒代表的权限之主张对象也只能是企业职工委员会而非雇主：《企业组织法》第 67 条第 1 款第 1 条规定，青少年雇员与学徒代表可以派一名代表参加企业所有的企业职工委员会会议，《企业组织法》第 67 条第 1 款第 2 句还特别规定，如果企业职工委员会讨论的事项对青少年雇员或者学徒造成的影响特别大，"整个青少年雇员与学徒代表组织都可以参加会议"，该事项主要包括职业培训问题，或者特别服务于青少年雇员或者学徒的福利设施问题，还包括对青少年雇员或者学徒的解雇问题。[②]

"解雇保护"是德国劳动法的重要制度之一，对青少年雇员或者学徒的解雇同样适用该制度。按照《企业组织法》第 103 条第 1 款的规定，决定是否同意该解雇的最终决定权还是企业职工委员会，因此，如果某青少年雇员与学徒代表的成员同企业职工委员会的多数人不和，那么其失去工作的危险性就更大。[③]

由上可见，德国现代学徒制度之学徒的代表组织与青少年雇员代表组织已经全面"植入"到企业正式组织机构体系中，这种学徒组织与企业组织的"双元"类型化与建构模式，加上还有工会组织，这些都从组织体系上保障了学徒生或学徒工的各项合法权益，且这种制度都是以法律（主要是《企业组织法》）为基础而构建的正式法律制度，充分展示了德国学徒制度的法制化与法治化特征。

德国学徒组织机构之"双元"化，也还存在不足，主要是实习与学徒之类型化问题，即独立的学徒制度排除了广义的实习范畴，忽略了学徒与学徒制度之本质特征仍然是广义的实习范畴。笔者认为应当将学徒组织纳入实习的总体框架下设计，将实习制度作为包括并统领学徒制度的系统制度，在企业组织治理体系中，笔者建议将学徒代表组织"拓展"为"实习生代表组织"或称为"实习代表委员会"，"实习代表委员会"可作为"学校实习委员会"或"企业实习委员会"的下辖机

---

① ［德］雷蒙德·瓦尔特曼著，沈建峰译：《德国劳动法》，法律出版社 2014 年版，第 552 页。
② ［德］沃尔夫冈·多伊普勒著，王倩译：《德国劳动法》（第 11 版），上海人民出版社 2016 年版，第 124～125 页。
③ ［德］沃尔夫冈·多伊普勒著，王倩译：《德国劳动法》（第 11 版），上海人民出版社 2016 年版，第 126 页。

构，专门负责实习（含学徒）工作。今后我国现代学徒制度包括实习制度的构建，应当充分思量和借鉴德国学徒制度的组织机构"双元"性特征，既要在实习派遣学校建立专门的实习治理机构即"学校实习委员会"，还应当在实习接收企业建立"企业实习委员会"，以期能够破解我国目前"实习难"的"组织机构之难"。

4. 内外导师之"双元"

德国现代学徒制度第四个"双元"，是实习生或学徒生校内教师与企业导师二者并列的"双师"制度。

"双师"指职业学校教师和企业指导教师之"双元"，企业指导教师称为培训师。学校教师与企业培训师各司其职。校内教师进行理论与实践一体化教学，以培养学生的系统能力；企业培训师则进行实践与理论一体化教学，从实践出发，主要培养学生的实践动手能力；双元之师资以实践需要为基本目标，以就业为导向，保障了培养质量。①

学校教师"双元"性还体现在学校教师之专职教师与兼职教师"二元"并存。专职教师资格取得非常严格；另外，德国的职教师资除具备学历和资历并享受国家公务员待遇外，还必须经过两年以上的工厂实践才具备职校教师资格；如果是实训教师，还必须经过"师傅"考试并取得师傅资格。兼职教师主要是由企业提供，多是企业管理人员或高技术人才，这些兼职教师拥有丰富的理论知识和实践经验，是学徒教育的重要师资力量。②

企业指导教师（培训师）同学校教师一样，也具有"双元"性，是全职与兼职两种培训师并存。例如，德国戴姆勒奔驰公司采用的是全职培训师，其全部工作职责就是负责培训；而一些建筑公司的培训师通常为兼职，既要带徒弟，还有企业其他工作。③ 企业指导教师（培训师）之"双元"性，同学校教师之专职与兼职一样，有效扩大了职业教育之师资来源，并有力保障了职业教育师资队伍之数量和质量之基本要求。

德国高等院校中能够成为"双元制"教师，既有高学历要求，还有企业工作经验的要求。"双元制"课程的教师都具有博士学位，而且要求必须具有 5 年以上的企业工作经验，以便更好地将理论与实践结合起来。④

中国国际交流协会组织的"高职院校领导海外培训项目 2013 年德国研修班"

---

① 谢芳：《德国双元制师资培养对我国职业院校教师队伍建设的借鉴意义》，载《长春教育学院学报》2019年第 11 期。
② 汪玲：《德国双元制职教模式演变历程及欧洲化进程研究》，载《职教论坛》2018 年第 12 期。
③ 张巾帼：《德国职业院校见习教师的培养》，载《职业技术教育》2014 年第 30 期。
④ 王晓岩、孙敬平：《德国双元制教育模式对我国高校会计专业建设的影响》，载《黑河学院学报》2019 年第 6 期。

的研修报告中特别介绍了研修团对德国"双元制"师资的考察情况。研修团特地到德国卡尔斯鲁尔见习教师学院和艾斯林根教师进修学院进行了研修。他们首先发现德国职业院校师资"门槛"非常高，大学毕业生要成为职业院校教师必须经过四关：第一关是大学要取得两个专业的学位；第二关是见习教师阶段，必须边学习边实践18个月，还必须通过两次国家考试；第三是企业工作阶段，必须在相关企业进行42周实践工作；第四关是实习试用阶段，受聘到职业院校先要试用半年，通过严格考核后才能成为正式教师。企业指导教师即企业培训师之遴选与聘任条件也同样严格，其至少要在一线工作两年；还要求是技术能手；还要通过行会的专门资格考试。①

德国巴符州的职业院校教师资格"门槛"也非常高：一是入职前的高等教育必须选择两个专业；4~5年的大学期间包括10周的职业学校实习和42周的企业实践；还要专修教育学课程；最后通过第一次国家级考试，获得硕士学位。二是教师见习培训，见习期为18个月，见习培训须在见习教师进修学院和职业学校交替进行，通过教师资格考试即第二次国家级考试合格后，才有资格当教师。②

德国职业教师除了入校资格限制外，还要在入职后，进行职后培训。主要有三种方式：一是经常性的校本培训和区域性培训；二是进修培训，各州都有教师进修学院，见习教师学院和教师进修学院的培训师，大多是具有一线经验的优秀教师；三是各州都聘请了大量兼职督导师，指导其他教师的工作。③为了搞好教师全员进修培训，德国各州都设立了专门的教授进修学院。巴符州和其他州一样，都有专门的教师进修学院，负责教师培训工作。④

德国现代学徒制度校内教师与企业导师之"双元"性，除了反映在上面两类教师各自的准入机制外，还体现为二者的交流与合作。

实证考察研究再次表明德国校内外两类导师的沟通联系也非常及时和到位。一方面，企业培训与学校教育在内容上具有一致性，并非各自为政，教学内容、教学进程等都由国家培训大纲明确规定；另一方面，校内教师与企业导师经常对学生的个性、学习、表现等都能及时沟通与商量对策，以便保证教学内容的衔接和方法有效。⑤校内外两类导师的沟通充分展现了职业教育导师"双元"性的有机统一，有效避免了二者"各自为政""互不往来"的弊端，这对我国目前实习包括学徒的师资队伍建设提供了参鉴经验。

---

① ③ ⑤　熊发涯：《借鉴德国先进经验深化职业教育改革——高职院校领导海外培训项目2013德国研修报告》，载《黄冈职业技术学院学报》2014年第2期。

②　汤晓华、张巾帼、徐红岩：《德国巴符州职业院校教师见习培养和第二次国家考试探析》，载《中国职业技术教育》2015年第27期。

④　熊发涯：《德国职业院校教师进修方式对我国高职教师培训质量提升的启示》，载《中国培训》2015年第15期。

德国现代学徒制度师资之"双元"性，还反映在职业院校教师身份上"双元"性。一方面，职业院校教师属于教育系统之教师身份；另一方面，教师的身份还属于国家公务员身份，有的州属于国家雇员身份。德国教师之国家公务员身份，不仅有效提高了教师的社会地位，还从报酬福利上予以了非常高的经济地位，如此之双重待遇使得德国教师成为最受欢迎的职业之一，与律师和医师一起成为职业排名前三位。在此大背景下，德国职业教育之师资力量非常雄厚，几乎不存在类似我国目前职业教育之师资困境，更无"实习难"之"实习师资之难"现象。

德国教师身份"双元"性还有一个重要表象：见习教师与正式教师之"双元"性。德国教师身份之取得非常不易，并非直接可以获得正式教师资格。

见习之"第一关"是集中培训。见习教师首先必须经过教师进修学院的专门集中培训4周，其资格条件是必须通过了第一次国考即大学毕业考取硕士，此4周培训内容涵盖面非常广泛；接下来是两个阶段的学习：一是半年学习，其中2天在职业学校见习，3天在见习教师进修学院学习；二是1年时间的学习，每半年培训师至少要听见习教师授课2次，并将其授课优劣反馈给职业学校校长。

见习教师"第二关"是第二次国考。见习教师完成集中培训任务后，还必须参加国考，其考试模块比较多，包括法律法规1分、论文1.5分、教育心理学1分、三次试讲4.5分、专业教学法2分、校长评价3分，共计13分。如果不能通过，则不能享有教师资格。

见习教师"第三关"是试用期。见习教师国考通过后，也不能立即获得教师资格，还要经过为期2年的试用期考核，考核结果由试用学校校长直接评判，如果试用期不合格，同样不能取得教师资格。[1]

德国教师身份上"双元"性，得到了公认的好评，特别引起了我国赴德国实地考察人员的极大关注。德国职业院校教师任务比较繁重，但他们工作却非常开心。其原因是在待遇上，德国教师属于国家公务员，报酬福利甚至还高于公务员，教师的工作条件都比较优越。[2]

德国教师身份上"双元"性，不仅有效保障了职业教育含学徒培训之师资数量，还能够广聚社会特别是企业英才加入职业教育行列，从质量上保障了职业教育发展水平。正如访问并调研过德国多所大学和机构之"双元制"教育模式的学者所言，德国高校能够吸引企业高端人才到学校任教，其原因之一就是德国教师的公务

---

① 张巾帼：《德国职业院校见习教师的培养》，载《职业技术教育》2014年第30期。

② 熊发涯：《借鉴德国先进经验深化职业教育改革——高职院校领导海外培训项目2013德国研修报告》，载《黄冈职业技术学院学报》2014年第2期。

员身份，教师的社会地位和薪资待遇都非常高。[1]

类比于德国，我国目前整体上，教师之社会地位和经济地位都不高，无论是普通教育（含中小学）还是职业教育，教师数量和质量都严重不足，国家所谓予以教师之公务员待遇（仅仅是"比照"公务员）一直都难以"落地"。教师队伍也不稳定，大量教师改行而流向其他职业，而相反，罕见其他职业流入学校当教师的，更勿谈像德国那样之社会精英都愿意加入教师行列。另外，由于我国目前普通教育特别是普通高等教育一直是"正统"与"主流"；相反，职业教育含高等职业教育一直还是"非正统"与"非主流"之"次等"教育，职业教育含高等职业教育师资力量也不能与普通教育特别是普通高等教育相提并论，职业教育教师更加缺乏，严重制约了我国职业教育包括实习与学徒的发展与壮大，参鉴德国有关教师之经验实有必要。参鉴德国教师选拔经验，还有一个难题亟待破解之悖论，即我国目前由于教师待遇问题之制约，学校特别是职业学校普遍存在教师数量之严重不足，如果再像德国那样实行非常严格的教师准入制度，将会出现教师更加缺乏，无异于"雪上加霜"，因此，我国短期之内还不能实行严格的教师准入机制，相反，暂时还应当"放松"，但是随之而来的问题是师资队伍的水平又如何保证，特别是职业院校教师和普通高校之实习指导教师本身已经严重缺乏，教师准入机制到底应当如何设计，将更加困难，此中国方案还道阻且长，有待深入反思。

5. 评估考核之"双元"

德国"双元"制模式第五个"双元"内涵是学习或培训之学与考、学与证的"双元"性。

（1）评估考核主体的"双元"性。学徒教育或培训由派遣学校与接收单位共同进行，评估与考核计划、考核制度都由学校与学徒培训单位或实习单位二者共同设计与实施，但是，评估考核主体的"双元"性并不意味着二者地位相同，而是企业居于主导地位即以企业为主、学校为辅，该"双元"性实则是"主与辅"之二元。

（2）评估考核过程的"双元"性。该过程管控又分为入训前和入训后之二元，不仅对学徒对象要进行入训前的评估考核，择优录取；还要在入训后进行考核，以评估教育或培训效果。该"双元"即为准入选拔与学习考核之"双元"性。德国的学徒准入机制是其职业教育或培训之特色制度，也是职业教育或培训包括学徒教育质量保障之前提。

许多国家或地区都设定有比较严格的学徒准入机制，笔者将学徒准入机制概括

---

[1] 王晓岩、孙敬平：《德国双元制教育模式对我国高校会计专业建设的影响》，载《黑河学院学报》2019 年第 6 期。

为两大基本类型：一种是学徒注册制度，另一种是学徒选拔制度。

实行学徒注册制度的国家或地区主要是美国和我国香港地区。加拿大也是实施学徒注册制度的国家，"注册学徒培训在加拿大已经很完善"①。学徒注册制度都由法律法规明确规定，具有法定性的学徒注册条件限制。实行学徒选拔制度的国家主要是德国，德国实行比较严格的学徒选拔制度，必须经过严格的选拔程序，才有可能当上一名学徒。

德国学徒的准入制度非常特别和罕见，是世界上少有的设有学徒准入门槛的国家或地区，其学徒选拔严格，比学徒注册制度要求更高。

德国学徒选拔制度并不像学徒注册制度那样主要由国家层面强制推行，由接受学徒的企业享有话语权，选拔之制度性构建属于企业劳动内部劳动规章制度的一种，并无国家层面的统一要求。

在德国，学徒的选拔要经过严格的学徒面试程序。每位学徒申请人都会被邀请参加面试，公司还向学生提供实习机会，以便为在校学生提供职业指导和经验，并有可能确定合适的学徒人选，这使得公司可以评估应聘者的能力，对于外部申请者来说，在公司实习的动机是面试中的主要问题之一。②

德国布莱梅大学的菲利普·格罗曼（Philipp Grollmann）和费利克斯·劳纳（Felix Rauner）说：如果企业认为学生学习成绩太差，没有发展潜力，难以达到学徒培养的目标，则不会雇用未能通过测试的学生当企业正式学徒。③

德国学生想要顺利地成为企业的正式学徒，必须在学校学习时就要付出相当大的努力，扎扎实实地学好理论知识，为达到企业学徒选拔的条件而努力准备。正因为德国有这种非常严格的学徒选拔制度，才能够有效引导学生进行分流和努力学习。学生不论是选择接受高等教育，还是选择接受学徒教育，都必须努力学习，珍惜在学校学习的机会，为自身谋得更好的出路。④

在德国，进入企业进行学徒学习与训练，并不是由派遣学校确定，而是要经过企业的选拔，合格的学生才能够进入企业进行学习与培训。德国企业学徒选拔制度非常严格，企业考虑到培训成本、培训效果和培训质量，严把学徒入口关。企业往往非常关注学生在职业院校学习期间的表现，并通过一系列的测试选拔学徒生；通

---

① Karl Skof. Trends in Registered Apprenticeship Training in Canada［2008 - 12 - 01］. https：//www150. statcan. gc. ca/n1/pub/81 - 004 - x/2006002/9250 - eng. htm.
② Philipp Grollmann and Felix Rauner. Exploring innovative Apprenticeship：Quality and Costs. *Education & Training*，2007，49（6），pp. 437.
③ Philipp Grollmann and Felix Rauner. Exploring Innovative Apprenticeship：Quality and Costs. *Education & Training*，2007，49（6），pp. 431 - 446.
④ 郭雪松、李胜祺：《德国现代学徒制的制度建构与当代启示》，载《中国职业技术教育》2019 年第 3 期。

过了测试的学生还必须接受 1 ~ 3 个月的试用期，然后才会成为企业的正式学徒。[①] 企业认为学习成绩太差的学生没有发展潜力，难以达到学徒培养的目标，因此不会雇用未能通过测试的学生。[②]

（3）学习与职业资格的"双元"性。学徒之教育或培训由接收单位负责进行全过程的管控，包括了准入前的严格选拔制度，学习过程及其考核也属于接收单位之职责与权限，但是，学徒完成学业即培训后的职业资格认定却与该接收单位无关，此即德国学徒制度之学习或培训与职业资格的"双元"性，此"双元"属于各自独立的二元。

德国学徒职业技能资格的考核与认定由社会第三方机构进行，与学校和企业都没有直接关联。如此可以充分保障职业资格认证之公正性与公平性，彰显了法治社会之基本要义。

德国的职业技能评价制度也同样严格，是一种第三方评价制度，即由学校与企业之外的专门考核委员会进行。对于企业而言，专门的考核委员会属于"外设机构"，具体的考核内容由法律规定，考核程序也非常详细，而且由于全国此类考核机构都采用相同的组织结构，因而不论在何处见习，职业培训的标准至少在原则上是相同的，这也是德国培训体制享有盛誉的主要原因之一。[③]

学徒派遣学校和学徒接收单位（包括企业雇用）都没有直接话语权，更无决定权。第三方职业技能评价组织由多方主体组成专门考试委员会，其成员包括企业雇主、企业员工和学校教师代表，多方主体的参与才能够保证认证的公开、公平和公正。学徒共有三次参加认证考核的机会，一次预考，两次正式考核，依据正式考核的成绩颁发技能资格证书，如果两次正式都不能通过，则终身不能重学同一职业。[④]

德国严格的职业技能评价制度及资格证考核制度，既有力保障了学徒培训或学习的质量，又为学徒生今后的职业规划与就业增加了厚实的"砝码"。职业资格证因其具有非常高的社会认可度，而成为企业选聘人员和安排职位与薪酬的重要参考指标。德国学徒制度的学习或培训之"学与考""学与证"的"双元"化，为学徒提供了有效的"出口"，也极大调动了参与学徒学习或培训的积极性与主动性，使得学生参与学徒学习或培训变成了"自觉"行为。而反观我国，学徒或实习活动基

---

① ④ 郭雪松、李胜祺：《德国现代学徒制的制度建构与当代启示》，载《中国职业技术教育》2019 年第 3 期。

② Grollmann P. , Rauner F. Exploring Innovative Apprenticeship: Quality and Costs. *Education & Training*, 2007, 49（6）：431 - 446. 转引自：郭雪松、李胜祺：《德国现代学徒制的制度建构与当代启示》，载《中国职业技术教育》2019 年第 3 期。

③ ［德］曼弗雷德·魏斯、马琳·施米特著，倪斐译：《德国劳动法与劳资关系》，商务印书馆 2012 年版，第 70 页。

本上都是"走过场"，效果非常差，也极其缺乏社会认可度，不仅学校和企业没有太高的积极性，而且学生们也没有主动性，不仅造成"实习或学徒难""难实习或难学徒"之被动局面，还直接影响到广大学生的就业和职业发展。德国现代学徒制度之此类"双元"化成功经验应当引起我们的深层反思。

6. 学业就业之"双元"

德国"双元"制第六个"双元"，是学业与就业之"双元"化。学业为第一直接目标，而就业为第一间接目标。笔者概之为德国学徒制度直接与间接之"双元"。

学业是指学徒（生）或实习生之基本目标任务是完成学业，毕竟学徒或实习活动都属于理论与实践相结合之教育教学之重要环节，不论是职业技术教育，还是普通高等教育，顺利完成学业都是学生们最为直接的首要目标，但不是唯一目标；而就业就是学业之外的另一个最为实际的目标追求，也可以称为首要的间接目标，至于知行合一、提高专业技术水平和实践能力、崇尚劳动与劳动精神、培育工匠与工匠精神、职业训练或职业培训等都属于被包含在就业之间接目标下的子目标。

学业与就业"双元"化，还包括学生身份（学徒或实习生）与正式劳动者（雇员）身份极其转化；此"双元"身份与转化还映射在契约形式上，概之为合同形式之"双元"性，即为固定期限合同（学徒或实习合同）与无固定期限劳动合同之"双元"极其转化。

学徒生或学徒工的学习目标不仅是要按照计划完成学业，即顺利毕业，还要与就业和职业发展进行有效"对接"。"对接"的主要方式除了前文所述的职业资格证外（理论上的就业可能性），就属于学徒生或学徒工之被企业正式雇用，而按照德国劳动法（也是发达国家劳动法）一般原理，正式劳动者一般都应当签订无固定期限劳动合同（也叫不定期劳动合同），而不再是原来的有固定期限的学徒合同或实习合同（学徒合同或实习合同因为其都属于"临时性"劳动而属于固定期限劳动合同），不像我国一般劳动合同普遍是固定期限劳动合同而非无固定期限劳动合同。由此，学徒合同、实习合同或协议就与劳动合同出现了有序"对接"，进而，实现了学业与就业之"双元"性目标和合同形式之"双元"化及其转换。

根据德国《职业培训法》第 21 条规定，签订的学徒合同往往都是有固定期限的合同（根据行业的不同，学徒期为 2 ~ 3 年不等）；此学徒合同随着学徒身份的结束而终止。如果学徒未能通过考核，合同将自动延期到下次考核，但是只能延期一次。[1] 德国与其他许多国家和地区一样，将固定期限劳动合同（也称定期劳动合同）

---

[1] ［德］曼弗雷德·魏斯、马琳·施米特著，倪斐译：《德国劳动法与劳资关系》，商务印书馆 2012 年版，第 70 ~ 71 页。

限制在范围非常狭小的"三性"（临时性、季节性和替代性）工作内，而普遍化与常态化之劳动合同则为无固定期限劳动合同。学徒合同或实习合同则都属于非常态之"三性"合同的范畴。

德国青少年雇员与学徒代表紧密关联（笔者前文已述），在学徒通过结业考试之后，该培训关系就自动终止。在此之后，是否接受某个学徒为正式雇员，完成由雇主决定。为了适当改变这种不利局面，1974 年《企业组织法》新增加了第 78a条，特别规定了：原则上学徒代表在完成培训后应该被接受为"正式员工"。《企业组织法》第 78a 条第 1 款规定：如果雇主不准备与某青少年雇员与学徒代表"签订无固定期限劳动合同"，应当在其培训关系结束三个月之前通知他们。不管雇主有没有尽到这个义务，青少年雇员与学徒代表都有权在培训结束前三个月内书面要求雇主"继续雇用自己"，如果该主张被接受，则其与雇主之间依法成立了无固定期限的劳动合同关系。① 德国也同许多发达国家的劳动法一样，正式劳动者（雇员）之劳动合同应当为无固定期限劳动合同而不是固定期限劳动合同，因此，在学徒或实习生已经被正式雇用时，则只能够签订无固定期限劳动合同，此时也就意味着学徒或实习合同之彻底终结。

据统计，在德国的 210 万家企业中，有 21.3% 的企业都开展了现代学徒制培训活动，其中多数是中型和大型企业。在这些企业中有高达 66% 的学徒，在培训后直接被企业雇用。② 德国现代"双元"学徒制度之所以非常成功，学徒就业率（原培训单位之雇用）之高，是其主要原因之一，也是德国职业教育或培训中，学业与就业之"双元"性极其优势的再现。

类比于德国，我国目前普通教育和职业教育都还一直存在着学业与就业之矛盾冲突，二者难以兼容与兼顾，学徒或实习之职业与就业导向仍然只是倡导性口号，在学徒或实习活动中统筹学业与就业仍然困难。因此，参借德国学徒"双元"制，应当特别学习其将学徒学业转换为就业之成功模式；另外，还要特别注意将其拓展到广义的实习范畴，我国目前普通高校毕业生之实习需求特别大，故而，我国只能走自己的路，适当借鉴而非照搬他人经验，构建起中国式实习与学徒制度。

7. 制度类型之"双元"

德国"双元"制第七个特征是制度类型之"双元"，即学徒制度与实习制度之二元。

德国现代学徒制度"双元"贡献还在于其提供了"双元"性制度构建。一方

---

① ［德］沃尔夫冈·多伊普勒著，王倩译：《德国劳动法》（第 11 版），上海人民出版社 2016 年版，第 126 页。
② ［德］托马斯·霍赫莱特纳：《德国：领先的现代学徒教育模式》，载《光明日报》2015 年 10 月 13 日第15 版。

面，"双元"性制度包括学徒制度与实习制度之二元，不仅是对学徒关系，还对构建包含学徒制度之广义实习制度具有参鉴价值；另一方面，"双元"性制度还包括职业教育与普通教育（特别是普通高等教育）之二元，德国"双元"制不仅是一种成功的职业教育制度，也对普通教育制度特别是普通高等教育的实践教学提供了路径选择。

德国现代学徒制度是传统手工业时期的学徒制度与现代工业时期的有机融合。传统文化与制度更加具有本土化特色，更加符合本国国情，也更加易于为广大群众所接受；另外，制度的长期传承，可以不断去伪存真，不断矫正理论与实践的矛盾与冲突，例如德国的《职业教育法》就经过了不断修改与完善，成为德国学徒制度的基本法律。还比如德国的"企业委员会制度"和"劳资共决制度"也是这样，经过长期的实践，实现制度的传承与发展，形成有效的制度范式，使之都成为世界上劳动关系立法和调整的典范。

德国制度类型"双元"化还体现在实习制度与学徒制度二者的交叉与融合。一是性质上的一致性，实习制度是在校学生即非毕业生（我国称为"应届生"）或非在校学生即已经毕业的学生（我国称为"往届生"）将书本理论知识与社会实践结合起来的重要环节；学徒制度也是这样，也是在实践中学习理论知识和实践技能，二者都属于社会实践活动。二是形式上的同一性，实习的主要形式是校外实习，校外实习基地是实习生的主要实践场所；学徒也是如此，校外学徒基地是学徒生的"主战场"。三是分类上的相似性，实习生不仅仅是指在校学生即实习学生，还包括非在校学生如社会青少年；学徒生也是如此，既有在校学生，也还有非在校学生如社会青少年。四是法律关系的同属性，实习生与学徒生或学徒工之实践劳动，都不属于严格意义上由劳动法或劳动合同法调整的劳动关系；即便是将其纳入劳动法的范畴，也认为其属于一种特殊的劳动关系或准劳动关系；学徒合同或实习合同一般也都界定为教育教学协议（我国为三方协议），而难以类型化为劳动合同，正如德国劳动法专家曼弗雷德·魏斯所言"严格地说，学徒与雇主之间签订的合同不是劳动合同"[①]；学徒或实习生基本属于学生之法定身份，少数国家和地区被视为特殊劳动者或雇员身份。这些都映射出学徒制度与实习制度"双元"性特征，也是学徒与实习制度中法律关系及法定身份界定中的难题；如何将学徒纳入广义实习规范而统筹进行实习制度设计，仍然是一个新课题。

任何制度都是有利有弊，世界上不存在无任何瑕疵的制度，德国"双元"制也

---

① ［德］曼弗雷德·魏斯、马琳·施米特著，倪斐译：《德国劳动法与劳资关系》，商务印书馆 2012 年版，第 71 页。

不例外。笔者认为其制度瑕疵主要是凸显了职业教育（主要是学徒教育或培训），而忽略了普通教育特别是普通高等教育之实践环节即实习，亦即还没有将职业教育与普通高等教育实践活动有机融合与贯通，概言之，学徒制度与实习制度之二元结构几乎各自独立而难以融通。笔者认为此即德国学徒"双元"制度最大不足之处，这也是笔者行文时将制度类型之"双元"放在最后的因由。

兴利除弊的有效路径是以广义实习制度整合与统筹学徒制度，即将职业教育实践活动如学徒，与普通教育特别是普通高等教育之实践环节即实习（狭义实习）融通起来，以包含学徒与见习之广义实习范畴统揽实践教育教学全局，重塑并构建涵盖所有理论与实践"知行合一"的广义实习制度。尤其我国目前普通高等教育实习需求特别大，"实习难"问题非常突出；而相反的情形是职业教育仍然属于"次等"和非主流教育，无论是体量还是数量根本不能与普通高等教育相比，我们在理论研究及为立法提供支撑时，特别是为我国今后出台《实习法》或《实习促进法》提供参考路径时，应当特别注意不能因小失大，故此，借鉴德国"双元"制度经验时，应当充分考量我国的国情。

综上，德国现代学徒制度"双元"性独具特色，为世界各国和地区构建现代学徒制度和实习制度提供了成功范例。我国研究与借鉴德国的成功经验，也有"双元"价值追求和目标任务：一是现代学徒制度构建，二是实习制度构建；一方面是为了职业教育，另一方面关系到普通高等教育。我们的优势与契机是学徒与实习制度都还没有"入法"，"白纸"更利于作"好画"与"新画"。①

---

① 问清泓：《德国学徒制度"双元"内涵新解》，载《成人教育》2021 年第 9 期。

第三章 实习契约制度[*]

第一节 契约与契约精神概览

一、契约概述

契约是一个历史悠久的概念，契约并非仅仅是法律和法学之词，更是道德或伦理之语。在当今现代社会中契约也不仅仅是法制范畴，还是一个道德范畴，也是一种心理范畴。契约制度经过长期的发展与演变，已经呈现出多学科交叉与融合态势，其形态表象具有多样性，既有法律契约，又有道德或伦理契约；既有民商事契约，还有社会契约；既有制度性契约，也有心理契约；既有个人契约，又有国家或政府契约。

契约概念的法律界定一般等同于合同和协议，我国大陆用合同与协议一说，我国台湾地区仍然沿用契约，我国香港谓之合约。虽然契约、协议、合同和合约四种概念在表象上几乎等同，但是，还存在一定的区别。特别是契约还具有更深层次的丰富内涵，并不仅仅是指合同或协议，契约更代表着一种高层次的精神追求和精神依托，即契约精神。因此，契约升华为契约精神，是人类社会的发展的一般规律，

---

* 契约、协议和合同三者一般可以通用，笔者原本是用"合同"一词即实习合同制度，但是，因我国现行实习规范采用的都是"协议"之说，笔者认为用"协议"既不规范，也不正式，还与我国现行立法体例特别是《民法典》相悖，应当坚决摒弃，故此，笔者用"契约"一词，既可代替"协议"，又包括了实习合同，还包括了广义的特殊实习合同即职业教育之学徒合同，亦特别涵盖了合同之内涵与内核——契约精神。

契约精神也就成为法治社会的基本价值取向和追求目标。

关于契约最经典的论述是英国梅因的论述：“所有社会进步的运动，到此为止，是一个从身份到契约的运动。”① 其高度概括的从“身份”到“去身份”之契约和契约精神的发展规律，已经成为人类的共同价值取向和追求，更是法治社会不可或缺的基本理念，任何社会治理和制度构建都不能离开契约精神。

国外对于契约的界定，古罗马的查士丁尼认为，“契约是由双方意思一致而产生相互间法律关系的一种约定”。②

中华文化源远流长博大精深，契约与合同都是中国古已有之的概念。在我国古代，契约一词分开成“契”和“约”，类似于经济分开为“经”和“济”。早在西周，就有动产关系的契约，当时并不叫契约，而是称“约”或“约剂”。《荀子·君道》曰：“合符节、别契券者，所以为信也”。汉代刘熙在《释名·释书契》中对“契”定义是“契，刻也。刻识其数也。”《辽史·仪卫志三》有“自大贺氏用兵，则合契而动。”此“契”为军队之“虎符”含义，而“约”为约定、约束等义。《史记·高祖本纪》记载了汉高祖刘邦有名的“约法三章”之典故。

由上可知，我国古代“契”为订立之意，“约”为履行与遵守。“契约”之内涵主要包括：契约是缔约者协商一致的结果；契约涵盖了经济、法律、军事等多个方面；契约关系中主体地位平等；缔约者应当积极履行约定义务。③

中国古代契约与合同并不是同一的概念，合同仅仅是契约演变过程中出现的一种表现形式。严格地说，合同是验证契约的一种标记，犹如今天的押缝标志，它本身并不是当事人之间的协议。④

我国现代《大百科全书·法学》对于“契约”的解释是“即合同”；而在“合同”词条中又将合同解释为“又称契约”。⑤ 也许正是基于这种认识，我国现有法典中，并没有契约一词，以合同而代之。⑥ 我国又将契约分为民事契约和社会契约两大基本类别，二者主体状态、缔约目的、实现方式和违约后果不同。⑦

在西方，社会契约论与理性、自然法、天赋人权、人民主权等观念一道，构成了资产阶级的政治法律思想体系。社会契约论为自由平等提供了基本依据，为西方民主政治奠定了理论根基，也为反抗封建专制统治吹响了战斗号角。⑧ 其最为有名

---

① ［英］梅因著，沈景一译：《古代法》，商务印书馆 1984 年版，第 97 页。
② ［意］查士丁尼著，张企泰译：《法学总论》，商务印书馆 1997 年版，第 159 页。
③ 陈律：《法治视野下的契约精神辨析》，载《湖北经济学院学报》（人文社科版）2018 年第 12 期。
④ 贺卫方：《“契约”与“合同”的辨析》，载《法学研究》1992 年第 2 期。
⑤ 《大百科全书·法学》，中国大百科全书出版社 1984 年版，第 464 页。
⑥⑦ 卓泽渊：《法治的意识基础：契约精神与宪政精神》，载《江苏行政学院学报》2004 年第 5 期。
⑧ 汤唯：《中外视角：社会契约与宪政精神——再读卢梭的〈社会契约论〉》，载《华东政法学院学报》2004 年第 3 期。

代表的是卢梭的《社会契约论》。

社会契约包含人民主权、社会民主、权力制约、法治观念等基本精神，依据西方社会契约论这种学说，国家和政府都是人民缔结契约的产物，人类历史上是否真有这样的契约值得怀疑，但是其主权在民、人民主权、社会民主、权力制约和法的统治学说则价值非常高，人民具有相对于国家和政府的崇高地位，则是没有任何争议的命题。①

制度契约②包括正式制度契约和非正式制度契约（惯例和约定俗成的约定）。制度契约主要包括法律规定的合同制度和道德伦理方面的规则如公序良俗原则，还包括二者的交叉与融合。许多法律制度上的契约规范，同时也是道德伦理之契约规范。比如诚信原则和公序良俗原则，既是法律制度的基本契约理念，又同时是道德伦理的重要契约规范。制度契约之正式制度即为法律规范，其可以分为公法意义上的规范，此即为社会契约规范；还包括私法意义平等民事主体签订的民事契约，此即为私法约定性规范，基本形态就是协议或合同。

心理契约是指与制度契约相对应的非正式契约，是心理上的内在契约。心理契约是阿基里斯（Argyris）最早在研究企业与员工关系时提出的概念，他在《理解组织行为》一书中阐述，员工与管理人员之间除了正式契约约定内容以外还有内隐的相互理解与信任③，即"心理的工作契约"。组织行为学家沙因则认为心理契约为"每一组织成员与其组织之间一直都存在的一组不成文的期望"④。这些非正式契约是组织成员与组织之间的隐形规定，契约的责任与承诺完全依靠双方内在感受与心理期望而达成，在某种程度上有超过正式契约的效能。⑤心理契约表达了人们的愿望、意向以及契约主体所受到的约束和激励，各方的相互满足是心理契约所能够达成的最佳耦合。⑥现有关于心理契约的研究认为心理契约是个人与其组织之间的一种社会交换关系，这种社会交换关系是一种自愿的行为，并期望对方以这种或那种方式来回应这些行为。当雇员感知到组织对其承诺与实际存在差异时，则就会出现心理契约的违背，因为这种差异代表了社会交换关系中的不平衡和分配不公。⑦

---

① 卓泽渊：《法治的意识基础：契约精神与宪政精神》，载《江苏行政学院学报》2004 年第 5 期。
② 制度契约是笔者拙见，学界并无此说。
③ Argyris C. *Understanding Organizational Behavior*. Homewood Illinois：Dorse Press，1960. 转引自：郑文力、张翠：《基于心理契约视角的"导师—研究生"关系构建研究》，载《研究生教育研究》2019 年第 5 期。
④ Schein E. H. Organizational psycholony. 3rded. Englewood Cliffs，New Jersy：Prentice-Hall 1980. 转引自：郑文力、张翠：《基于心理契约视角的"导师—研究生"关系构建研究》，载《研究生教育研究》2019 年第 5 期。
⑤ 郑文力、张翠：《基于心理契约视角的"导师—研究生"关系构建研究》，载《研究生教育研究》2019 年第 5 期。
⑥ 申未津：《心理契约：德育提升的支点》，载《教育研究》2003 年第 9 期。
⑦ 张高旗、徐云飞、赵曙明：《心理契约违背、劳资冲突与员工离职意向关系的实证研究：整合型组织文化的调节作用》，载《商业经济与管理》2019 年第 9 期。

笔者认为，心理契约与制度契约相对应，属于非正式契约，更不是法律意义上的契约，它是个人与组织之间的一种心理上的默契和心理上的预期，从行为学和经济学的角度看，心理契约具有正向性和负向性，对个人与组织之和谐具有重要意义。

二、契约精神内涵界定

（一）一般契约精神的内涵

1. 宏观上

契约是一种平等协商达成一致意见的外在具体表现形式，即便是所谓的心理契约也在心理预期和满足后直接影响人的外在行为，而契约精神属于抽象的价值观和价值追求，属于精神层面的理念和思想范畴。契约是主观与客观的统一，而契约精神则纯粹是人的主观认知。契约必须以契约精神为内核，契约精神是契约存在的价值基础，好的契约必然符合契约精神，不好的契约也必然缺乏契约精神。

精神包括两大方面的含义：一方面，它是内在理性与外在气质的统一；另一方面，精神往往又与心灵、灵魂等词同义，是主体的意识和心理自在状态。[①] 契约精神是一种契约自由的理念及由此派生的契约关系与内在的原则，主要包含自由、平等、守信等要素。[②]

契约精神的内涵非常丰富，它涉及人们的世界观、历史观和价值观，契约精神既是精神层面的抽象理念，也是制度层面的灵魂。契约精神的外在表象不仅是法律规范，还应当包括道德伦理规范。契约是对人们之间行为的一种规范方式，而契约精神是由契约关系所衍生出来而蕴含平等、自由、权利、义务、诚信等因素的调整人们之间关系的伦理原则、规则，所以将契约精神纳入伦理范畴更合理。[③]

笔者认为，契约精神不能仅仅是指道德层面（伦理），还应当包括法律规范层面的内容。虽然法律规范与道德规范并不对立，一些法律规范也来源于道德规范，但是，法律与道德比较还是具有明显的区别。同样，在人类社会的治理体系中，法律和道德（即法治与德治）都不可或缺。党的第十八届四中全会通过的《中共中央关于全面推进依法治国若干重大问题的决定》明确了新时代我国法治与德治的基本

---

① 樊浩：《中国伦理精神的历史建构》，江苏人民出版社 1992 年版，第 29 页。
② 庞渤：《"差序格局"、"公""私"观念与契约精神——对中国契约精神研究的反思》，载《社会科学家》2018 年第 10 期。
③ 李军海、姜桂宁：《大学生契约精神论纲》，载《山东青年政治学院学报》2018 年第 2 期。

原则："坚持依法治国和以德治国相结合"，还进一步详细阐述了二者的关系："国家和社会治理需要法律和道德共同发挥作用。必须坚持一手抓法治、一手抓德治，大力弘扬社会主义核心价值观，弘扬中华传统美德，培育社会公德、职业道德、家庭美德、个人品德，既重视发挥法律的规范作用，又重视发挥道德的教化作用，以法治体现道德理念、强化法律对道德建设的促进作用，以道德滋养法治精神、强化道德对法治文化的支撑作用，实现法律和道德相辅相成、法治和德治相得益彰。"因此，契约精神不仅应当是道德规范的范畴，还应当属于法律规范体系的基本范畴，二者相得益彰，缺一不可。

契约精神不仅是法律部门的治理良方，也是党和国家治理的基本方略。始终坚持中国共产党的坚强领导，是新时代中国特色社会主义建设的基本前提和保障，而我国早已经将契约精神纳入了国家方略，对全面建设社会主义法治国家具有重要的战略意义，也是我国制度契约的最高国家政策依据。

党的第十八届四中全会通过的《中共中央关于全面推进依法治国若干重大问题的决定》中将"弘扬中华优秀传统文化，增强法治的道德底蕴，强化规则意识，倡导契约精神，弘扬公序良俗"作为了全社会树立法治意识的重要内容之一，其中明确提出了"倡导契约精神"，将契约精神纳入了国家基本方略，这是党中央对契约精神的高度重视，具有战略性的全局引领作用。

《中央宣传部、司法部关于在公民中开展法治宣传教育的第七个五年规划（2016~2020年)》即"七五"普法规划明确规定了"强化规则意识，倡导契约精神，弘扬公序良俗，引导人们自觉履行法定义务、社会责任、家庭责任"。此文件对我国全社会普遍形成崇尚契约精神之观念具有重要意义。

2016年教育部、司法部和全国普法办联合制定的《青少年法治教育大纲》再次明确了青少年契约精神之目标："法治教育要与道德教育相结合，注重以法治精神和法律规范弘扬社会主义核心价值观，以良法善治传导正确的价值导向，把法律的约束力量、底线意识与道德教育的感化力量、提升精神紧密结合，使青少年理解法治的道德底蕴，牢固树立规则意识、诚信观念、契约精神，尊崇公序良俗，实现法治的育人功能。"此文件对青少年培养与树立契约精神具有意义，对大学生之契约精神和实习契约精神都具有重要指导意义。

我国的社会主义核心价值观，也是对契约精神的科学诠释，是契约精神全面而系统的高度概括。社会主义核心价值观不仅是我国社会主义道德建设的基本目标，同时，也是我国法治建设的价值目标。社会主义核心价值观同社会主义法治建设之间相辅相成，社会主义核心价值观入法入规是践行社会主义核心价值观的必然要求和重要手段。

2016 年 12 月 25 日中共中央办公厅、国务院办公厅印发并实施的《关于进一步把社会主义核心价值观融入法治建设的指导意见》中特别强调了"契约"和"契约精神"："不断完善社会主义市场经济法律制度，加快形成保护产权、维护契约、统一市场、平等交换、公平竞争、有效监管的体制机制，促进社会诚信建设。推进民法典编纂工作，健全民事基本法律制度，强化全社会的契约精神"；另外，还将契约精神融入社会主义核心价值观之法治精神中："强化规则意识，倡导契约精神，弘扬公序良俗，引导人们自觉履行法定义务、社会责任、家庭责任，努力形成中华儿女互有责任的良好风尚"。2018 年中共中央印发了《社会主义核心价值观融入法治建设立法修法规划》，再次重申："以保护产权、维护契约、统一市场、平等交换、公平竞争等为基本导向，完善社会主义市场经济法律制度。"

《社会主义核心价值观融入法治建设立法修法规划》是我国今后立法修法的理论和实践纲领。[1] 党中央和国务院高度重视契约与契约精神并非偶然，因为契约精神的缺失会严重制约小康社会的全面建成、改革的全面深化以及依法治国的全面推进。[2] 从党和国家的最高政策上，契约与契约精神同社会主义核心价值观、法治建设应当融为一体，共同构建社会善治良治之道德与法治精神。

2. 微观上

契约精神之内涵除了上面的道德和法律即法治与德治两大基本宏观内容外，还包括微观上的具体内容。契约精神的具体内涵极其丰富，几乎涵盖法律和道德规范的所有价值目标和追求。

契约精神的内涵并非固定不变的，它是随社会发展而体现出不同的理念和具体形态。

现今契约精神的含义已经完全突破了契约的原始内涵，扩展为多元化的含义。早有研究者认为："契约精神来自商品经济（或市场经济）所派生的契约关系及其内在原则，是基于商品交换关系的一般要求而焕发出的一种平等、自由和人权的民主精神。"[3]

我国的社会主义法治也需要发扬光大契约和契约精神，正如马新福教授很早的论述，我国社会主义法治作为新型的现代法制，同样充分体现着市场经济（或商品经济）关系的内在要求，亦即由契约关系所表达的平等、自由和人权的民主精神，因此，社会主义法治必须弘扬契约精神。[4] 有人将契约精神归纳为八大方面的具体表现：主体意识、权利意识、平等观念、自由观念、民主思想、法治思想、和谐理

---

① 王怡：《社会主义核心价值观如何入法——一个立法学的分析框架》，载《法学》2019 年第 9 期。
② 刘俊海：《论新时代的契约精神》，载《扬州大学学报》（人文社会科学版）2018 年第 4 期。
③④　马新福："社会主义法治必须弘扬契约精神"，载《中国法学》1995 年第 1 期。

念和宽容理念。① 契约精神博大精深，内在地包括主体精神（独立意识、自主意识、自利意识和权利意识）、自由精神、平等精神、互利精神、诚信精神、和谐精神、法治精神等精神要素，且每一种要素都有其法律表达。② 契约精神的三大核心内容是：契约自由、契约公平与契约严守。③

下文主要从法律的角度阐述契约精神的主要具体内涵。

（1）平等精神。平等权是公民的基本宪法性权利，是基本人权的重要内容。人人生而平等，在法律面前人人平等。平等精神是契约精神的逻辑原点和前提条件，也是公民一切社会活动的基础。平等不仅要求形式上的平等，还包括实证上的平等，平等不仅是法律关系构建的前提，而且也是契约订立、履行的过程和结果。

梅因概述的从身份到契约的运动规律，就是从不平等的身份到平等身份的运动，而契约就是"去身份"的平等精神的体现，契约也就是平等的契约精神。

西方契约理论的代表人物之一霍布斯非常重视平等的重要性，他认为平等是自由表达意志，是放弃个人权利的前提，因此也是契约必须信守的前提条件。霍布斯之"大致平等"观点认为：如果没有大致平等，意志表达可能是被迫的，那么契约也就可能不被称为契约，而只是一种胁迫的结果。霍布斯将这种平等作为社会契约的先决条件。④

平等与等级特权、行政隶属等存在明显上下或命令服从关系相对应，反映了主体之间无差别属性的状态，应然状态之平等是指人作为独立主体存在的无差异性，而实然状态是指人与人彼此之间以对平等地位的认同和尊重为逻辑出发点，构成各种不同的社会关系，享有无差别的权利和承担无差别的义务。⑤

（2）自由精神。许多学者都认为契约自由是契约精神的首要因素。"契约自由是契约精神的第一要素，是合同法的灵魂，是市场经济的主旋律。"⑥

法学家一般认为罗马法最早概括且全面反映了契约自由原则，并对后世西方的法律制度有着广泛而深远的影响。⑦ "契约具有世俗特性，它隐含了平等、自由、功利和理性的原则。"⑧

无论是从平等到自由，还是从自由到平等，都表明了自由与平等之不可分离的社会契约理论，并且自由与平等的理念，不仅是国家和社会契约的前提，也是民事

---

① ⑤　李步云、肖海军：《契约精神与宪政》，载《法制与社会发展》2005 年第 3 期。

②　李璐君：《契约精神与司法文明》，载《法学论坛》2018 年第 6 期。

③　刘俊海：《区分三类契约关系，精准弘扬契约精神》，载《检察日报》2019 年 10 月 9 日第 7 版。

④ ⑦ ⑧　苏力：《从契约理论到社会契约理论——一种国家学说的知识考古学》，载《中国社会科学》1996 年第 3 期。

⑥　刘俊海：《论新时代的契约精神》，载《扬州大学学报》（人文社会科学版）2018 年第 4 期。

契约的基础条件，自由与平等都是契约与契约精神的价值目标和追求。但是，任何自由都是有限制的自由，没有绝对的自由和绝对的平等，自由都是在不违背国家宪政精神下的自由，契约精神之契约自由也是有限制的自由，是符合宪政精神下的个人自由。

基尔克在《德意志私法论》书中将私法分为个人法和团体法，认为个人法是从主体的自由出发，规范个人相互平等对立的关系法律；团体法将人视为拥有社会意志的整体成员的一分子，从对主体的约束出发，规范有组织的全体成员的法律。许多人非常认同将私法分为个人法和团体法，个人法是以主体自由来界定其范围，团体法则主要是强调团体成员的约束或对自由的限制。团体在保护成员个人权利和集体权利的同时团体法承认和促进成员的自由和权利，同时强调团体成员的约束和自由的限制，其约束或限制既包括团体自治规范的自我限制，也包括国家施加的外部约束。[①] 笔者认为，无论是个人法和团体法，抑或社会法，即无论是私法交易之契约精神，还是社会契约，契约精神都是其基本内核，并且契约自由精神都从来不是无限制或无国家约束的，自由都是有限制的自由。

还有学者认为，在现代社会，任何人的自由都有其限度，团体法意义上股东意志自由也不例外，其股东契约自由的实质就是股东意思自治与公司团体自治及公司法规制三者之间的关系。他们还认为将对股东契约自由的"限制"转换为"抑制"一词更好，这样才能更好地体现对股权转让自由的束缚，"抑制"是从"私法自治"以及"契约自由"角度进行的概念限定；而"限制"无法包含"强制"。"限制"多是对范围的收缩控制，"抑制"体现为一种对行为的控制，表现为压制或遏止，更能表彰语境下对契约自由约束的本质。[②] 无论是"限制"还是"抑制"，都表明了契约自由精神是有一定限度的契约自由，现代契约自由精神既不是个人自由主义，也不是团体自由主义。

（3）诚信精神。诚信精神即为诚信原则，诚信原则既是基本的道德规范，也是法律规范的最大原则，海商法里还有特别的最大诚信原则。

中华文明源远流长博大精深，《论语·为政》曰"人而无信，不知其可也"，《道德经》："信者我亦信之，不信者吾亦信之，德信。"《道德经》第六十三章还有："夫轻诺必寡信，多易必多难。"商鞅的"立木为信"使得变法成功，奠定了秦一统天下的基础，更是家喻户晓。诚信是为人之本，也是国家统治之道。

在中国传统伦理道德里，"诚信"是契约精神最直接的外部表现形式，"诚"和

---

① 叶林：《私法权利的转型——一个团体法视角的观察》，载《法学家》2010 年第 4 期。
② 冯果、段丙华："公司法中的契约自由——以股权处分抑制条款为视角"，载《中国社会科学》2017 年第 3 期。

"信"之间彼此共生而相互促进。"诚"表现出我国古人对于天地、鬼神、先人的敬畏和对规则、秩序的尊重和敬畏。儒家思想中的"诚"是天道和自然的合一；"信"产生于古人对于自然、神灵的敬畏与恐惧，违反契约将会受到神灵的惩罚，"信"表现在个人遵守约定、敬畏法律，也体现了统治者严格执行政令、言出必行的权威。[①]

诚信原则起源于古罗马法，但从立法层面，诚信原则最早是 1804 年的《法国民法典》正式确认，并为后世民法普遍认可，逐渐成为一项"帝王规则"。[②] 在民法领域中诚信原则被奉为"帝王条款"甚至被视为"君临全法域之基本原则"。[③] 诚信原则主要通过积极引导的方式而不是通过消极禁止的方式来实现其弘扬社会公德、维护秩序的功能；诚信原则一般通过设定行为人所应当履行的义务，来调整交易行为。[④]

诚信原则是民法的"帝王条款"，这已经是毫无争议的基本共识，同时，诚信原则还是其他许多原则的衍生来源。正如王利民教授的概括，在诚信原则的基础上产生了许多新的规则，如合同正义原则、禁止暴利原则、禁止滥用权利原则、缔约过失责任规则、当事人应承担附随义务的规则等。[⑤]

由公民的个人诚信到法人诚信、政府诚信、司法诚信、政党和社会组织诚信，整个国家和社会的诚信体系在契约精神的基础上才能够建立起来。[⑥]契约精神之诚信精神的基本内涵应当包括微观层面的公民个人的诚实信用，还应当包括国家和社会宏观层面上的诚实信用，即国家和社会都应当遵从诚实信用，不仅民商事活动之个人契约要诚实信用，国家和社会之社会契约也要普遍遵循诚实信用的原则。

（4）法治精神。契约精神不仅是道德规范的实质内核，也是法律规范的基本要义，特别是契约精神之宪政精神更是国家和社会治理的基本原则。法治契约精神不仅体现在民事契约中，还体现在行政法律规范和刑事法律规范中，从立法到执法和守法都必须遵循契约精神。契约精神产生于商品交换，市场经济就是法治经济，契约精神是维护市场经济交易安全和市场秩序的基本思想理念，同时，契约精神也是国家和社会宏观宪政精神的具体化，法治社会之治理体系和制度都离不开契约精神，契约精神在法治社会中就是一种法治精神。

有学者将法治思想的主要内容概括为四大方面：人们对正义之法的渴望、对至理之法的认同、对至威之法的服从、对至信之法的信赖，而这四大方面的具体化就

---

① 陈律：《法治视野下的契约精神辨析》，载《湖北经济学院学报》（人文社科版）2018 年第 12 期。
② 王利明：《论公序良俗原则与诚实信用原则的界分》，载《江汉论坛》2019 年第 3 期。
③⑥ 李璐君：《契约精神与司法文明》，载《法学论坛》2018 年第 6 期。
④⑤ 王利明：《民法基本原则：诚实信用和公序良俗》，载《北京日报》2019 年 5 月 6 日第 14 版。

是契约当事人对公平利益的期待、对合理条款的认可、对合同义务的履行、对有效合同的信守等契约精神。[①]

社会主义法制与法治都需要契约精神，这早已经是一种基本共识，毋庸置疑。现代法制与商品经济所蕴含的契约精神有着内在联系，可以说，契约精神是现代法制的灵魂。[②]

我国社会主义法制作为新型的现代法制，充分体现着市场经济或商品经济关系的内在要求，亦即由契约关系之平等、自由和人权的民主精神，因此，社会主义法制必须弘扬契约精神。[③]"在弘扬契约精神方面，法治是基础，道德是关键。"[④]

法治精神与人治相对应，强调依法办事，按照制度规定行事，我国社会主义法制的基本目标是党的十一届三中全会提出的"有法可依、有法必依、执法必严、违法必究"的社会主义法治建设 16 字方针。党的十八大报告中明确提出了提出新的 16 字方针"科学立法、严格执法、公正司法、全民守法"，这就非常全面地概括了我国法制建设的全过程，从公权力之立法、执法到司法，从国家公权力到公民个人，都应当遵循法制，树立法治精神。党的十八大之新 16 字方针，科学诠释了我国法治精神不仅仅体现在国家公权力机关，还包括全社会和公民个人之崇尚法律和敬畏法律，及严格守法之基本要义。正如刘俊海教授所说：契约严守是契约精神中的第三大支柱（另外两个是契约自由和契约正义），"新时代应当追求守约践诺的契约严守精神"。[⑤]

"契约严守"不仅是法治社会对国家和社会的基本要求，即国家和社会都应当严格遵守法律和合同，更是公民个人"全民守法"和诚实信用的外在表象，既是法治社会的基本原则之一，也是公民崇法敬法之契约精神的重要表征，只有崇法和敬法，才能真正守法，实现严守契约的价值追求。

严守契约是契约精神的灵魂，是社会和个人诚实信用的底线和红线。契约严守强调合同的神圣性，当事人必须诚信守约和完全履约，禁止反言即反对失信失约，言而无信。契约严守精神是契约自由与契约正义的保障，没有契约严守精神，契约自由与契约正义都将无法实现而沦为空谈。体现契约自由与契约正义的合同如果得不到认真履行，就会沦为一张废纸。[⑥]

严守契约之契约精神对公民个人来讲，并不仅仅是针对个人合同，也应当包括对国家和社会的承诺和应尽之义务，即公民应当严格遵守社会契约并积极履行义务；同时，严守契约之契约精神也是公民对国家法律的敬畏和严守，是整个社会法治精

---

① 李步云、肖海军：《契约精神与宪政》，载《法制与社会发展》2005 年第 3 期。
②③ 马新福：《社会主义法治必须弘扬契约精神》，载《中国法学》1995 年第 1 期。
④⑤⑥ 刘俊海："论新时代的契约精神"，载《扬州大学学报》（人文社会科学版）2018 年第 4 期。

神的具体化，只有人人崇法、敬法和严格守法，才能构建国家和社会的法治体系和治理体系，而现代法治社会也必然要求每一个公民都崇法、敬法和守法。因此，从市民社会之个人的视角，法治精神之微观层面就是公民个体之契约精神，按照哲学的观点，部分与整体具有辩证的关系，无数个部分的契约精神构成整体的契约精神。

（二）特殊契约精神——实习契约精神的内涵

实习契约精神是指学生实习（主要是大学生）活动中各方参与主体在道德和法律上应当崇尚和遵循的价值观念和精神追求，它既包括道德伦理规范，还包括法律规范；实习契约精神的主体既包括实习学生，还有参与实习活动的其他主体，主要是国家政府、实习派遣学校、实习单位和实习学生的家长等。实习契约精神是实习契约制度的内核，实习契约制度是实习契约精神的外在形态。

笔者认为，实习契约精神除了上面所论述的一般契约精神的基本内涵外，即实习契约精神包括平等精神、自由精神、诚信精神和法治精神，法治精神中还包括严守精神，还应当包括实习活动中所独有的契约精神：劳动精神和工匠精神两大部分。

1. 劳动精神

劳动是人类社会最为原始、最为基础的活动，是人类本身和人类社会发展进化的根本，劳动创造了一切。因此，劳动是整个社会的基本价值目标和追求的逻辑起点，劳动中形成的劳动精神与劳动本身一样都是人类社会不可或缺的世界观、价值观和人生观之重要内容之一。契约精神离不开劳动和劳动精神，契约精神可以说就是劳动精神的高度抽象和概括，劳动精神也是契约精神的一个重要表象，崇尚劳动、尊重劳动、热爱劳动以及尊重劳动者等是劳动精神的基本要义。

实习活动虽然还只是大学生走向社会从事劳动的第一步，它与真正意义的劳动还有一定的区别，但这个"第一步"是非常关键的一步，关系到国家和社会未来劳动者的精神面貌，即劳动的第一步，更是劳动精神培育与养成的第一步，即实习活动对实习学生之劳动观念与劳动契约精神的形成都是关键的"第一步"。

劳动早已经被纳入了国家的教育方针，即"德智体美劳"五大基本内容，这足以表明国家对劳动和劳动教育的高度重视。但是，我国目前应试教育仍然难以改变，劳动教育仍然没有真正"落地"，无论是中小学生，还是大学生，其劳动教育长期以来都还只是空谈，并无实质性的要求和评估考核机制，劳动精神与劳动契约精神仍然难以在道德伦理和法律规范上占有自己应有的"阵地"，实习之劳动精神还是一个非常陌生的概念，实习与劳动或劳动精神似乎就是毫无关联的"伪命题"，更罔论实习劳动精神的理论研究和实际运用价值。

学界对劳动精神的理论研究极其匮乏，与契约精神的其他内涵如自由平等精神、诚实信用精神、法治精神、严守精神等相比较，劳动精神还一直没有此"命题"存在，实习之劳动精神或实习劳动契约精神更是笔者之"独创"和"杜撰"，不仅缺乏理论基础和理论支撑，还因笔者"人微言轻"而被忽略不计，更勿论引起一些"共鸣"与"反响"。

笔者认为，劳动精神的"初心"与契约精神是完全一致的，劳动精神就是整个契约精神体系中的一个重要部分，但是，理论界几乎没有在契约精神中论及劳动精神的，无论是道德伦理层面，还是法律规范层面，都还没有将劳动精神或劳动原则提炼成抽象的精神观念和原则。实习劳动精神也应当纳入实习契约精神的基本范畴，并在构建实习契约制度中予以充分体现。

劳动精神的内涵主要包括以下五个层面。

一是道德伦理层面，一个人的世界观价值观和人生观都应当崇尚劳动、尊重劳动、热爱劳动，并尊重社会各个阶层的劳动者，平等对待处于不同地位的劳动者。

二是法律层面，劳动精神要求每一个劳动者都有严格遵守法律法规的规定，在劳动和劳动关系中严守法制，特别要遵守劳动法和劳动合同法之法定公法性规范，此即为社会契约精神之严守精神在劳动和劳动关系中的具体化。

三是契约层面即私法意义上的约定规范，劳动精神要求劳动关系（广义）的双方当事人都要严格遵守劳动协议或劳动合同或雇用合同或劳务合同之约定，诚实信用地全面履行自己的约定义务和责任，此即为私法之契约严守精神。实习劳动精神也完全是这样，实习关系的各方主体都应当从道德伦理层面和法律法规层面体现实习社会契约和实习个人私法契约之严守精神。即便是实习时间较短的实习（如认识实习），虽然还不属于真正劳动法意义上的劳动或劳动关系，但是，也应当参照劳动法或劳动合同法，规制和治理实习活动，严守精神的培养仍然不能忽略。

四是政策层面，劳动精神的载体并不仅仅是道德层面和法律层面，还应当包括政策层面。政策也是法治社会中公法意义上的社会契约的不可或缺的重要部分，劳动政策以其较高的灵活性和非常强的可操作性，成为法治社会中调整和治理劳动关系的重要手段，劳动政策与劳动法律法规共同构建起了劳动法之基本规范，成为世界上劳动法的一般性原理，不论大陆法系还是判例法系，劳动政策都是劳动法制的重要内容，我国也不例外。党中央和国务院一直都非常重视劳动关系，中央层面的劳动政策一直引领和指导着中国特色社会主义之和谐劳动关系的建设。

2018 年 9 月全国教育大会中再次明确提出要在学生中弘扬劳动精神，应当教育引导学生崇尚劳动、尊重劳动，应当教育学生懂得劳动最光荣、劳动最崇高、劳动最伟大、劳动最美丽的道理，长大后能够辛勤劳动、诚实劳动、创造性劳动。这些论断，不仅是对教育工作的基本要求，还是新时代广大学生的精神追求，实习学生更加应当牢记总书记的教导，将崇尚劳动和尊重劳动视为自己的历史使命。

2019 年 11 月 26 日，中央全面深化改革委员会第十一次会议审议通过了《关于全面加强新时代大中小学劳动教育的意见》，要求坚持立德树人，把劳动教育纳入人才培养全过程，贯通大中小各学段，贯穿家庭、学校、社会各方面，促进学生形成正确的世界观、人生观、价值观。该意见将我国劳动教育改革的基本理念和目标提升到了国家改革的高度，再次显示了党中央对大中小学劳动教育的高度重视。此文件精神也应当成为我国新时代大学教育改革的指导性纲领，也应当成为我国当今大学加强劳动教育的政策依据，也是大学将实习活动纳入劳动教育的有利契机和切入点，各普通高校和职业院校都应当不折不扣地贯彻执行；另外，将实习活动真正纳入实习之劳动教育也是广大大学生的义务，更是实习单位的义务和社会责任，实习活动的各方主体都应当严格遵循。因此，从国家政策之劳动教育方面，应当将实习活动视为大学（实习派遣学校）、实习学生和实习单位共同的义务和责任，都是劳动精神的体现，从精神层面上，这与契约精神，特别是契约严守精神完全一致，都是构建实习契约精神和契约制度之新的时代要求。

五是勤工助学方面。勤工助学的历史称呼是勤工俭学，在台湾地区称为工读或工读生，香港则称为半工半读或半工读。"俭"改为"助"具有重要意义，揭示了勤工助学的价值目标，明确了勤工的最终目的是"助"学，而不是劳动报酬。它也是大学生劳动精神的重要内涵之一，从广义上讲，勤工助学也属于大学生实习的一种，也是一种社会实践活动和劳动活动，只不过勤工助学是大学生自发的行为，是大学生在不影响学业的情况下，利用自己的休息时间，发挥自己的业务专长，参与社会实践活动，其目的与狭义的实习不同，直接目的是获取劳动报酬，帮助完成学业，而实习是教学的实践环节，其目的是理论与实践相结合而提升业务水平和实践能力。从效果上，勤工助学体现了大学生直接参与社会劳动的劳动精神，也是培养大学生劳动精神的有效途径之一。与一般狭义的由学校统一安排的实习相比，勤工助学更加具有主动性和灵活性，是大学生内在的主动需求，不存在一般实习活动之被动性和严重的形式化，勤工助学更能够发挥大学生的内在积极性，因此，从劳动精神的角度，勤工助学比一般的实习活动更能调动大学生的劳动积极性和劳动热情，是大学生崇尚劳动和尊重劳动的实际行动，也是大学生走向社会从事劳动的起步，是大学生亲身体验劳动创造价值和劳动创造财富的第一课。

勤工助学并非少数大学生"挣钱"之小事，其劳动意义和契约精神非常重大，全社会都应当充分理解和大力支持大学生的勤工助学活动。

首先，从理念上改变对勤工助学的偏颇认识，不能对勤工助学和勤工助学学生有歧视性的观点和行为，不能认为勤工助学不利于学习或耽误学习，劳动最光荣之价值观也不能停留在理想状态，勤工助学恰恰是其具体表象，用自己的劳动养活自己是劳动最光荣的实践践行，勤工助学最能够说明大学生自食其力之劳动观念，因此，全社会不但要摒弃和排除对大学生勤工助学的误解，还应当树立大力弘扬和推广勤工助学之正气，用正确的观念指导和影响勤工助学的实践活动。

其次，国家政府和企业，包括学校都应当为勤工助学提供各种有利条件，创设和提供大量的勤工助学岗位，并且严格遵循劳动法之有关规定，带头遵循契约之严守精神，及时足额支付勤工助学大学生的劳动报酬，各个单位都应当切实保障勤工助学大学生的合法权益，公安机关和司法机关也应当严厉打击侵犯勤工助学学生权益的案件，为勤工助学保驾护航。

最后，各大学应当及时补上勤工助学之短板，不能再让勤工助学又立于大学劳动教育之外，应当让勤工助学正式走向前台，成为弘扬和培育大学生劳动精神的新思路，创新大学劳动教育模式，将勤工助学和实习或学徒活动一并纳入大学的学分体系中，可以将勤工助学作为大学生的劳动实践学分，从学校人才培养体制和机制上"倒逼"大学生积极主动地参与勤工助学活动，制度和机制的引导比单一的教育说教更为有效，勤工助学可以说是弘扬和培养大学生劳动精神的有效路径之一。

习近平总书记要求广大青年将所有知识转化为能力，都必须躬身实践，要坚持知行合一，注重在实践中学真知、悟真谛，加强磨练、增长本领。[①] 大学生是时代青年的集中代表，广大大学生应当牢记总书记的谆谆教导，将劳动精神作为躬身实践和知行合一的价值判断和目标追求，并将实习或学徒活动与勤工助学活动都视为时代青年在劳动实践中学真知、悟真谛和长本领的具体行动。

2. 工匠精神

工匠精神实则属于劳动精神之一种，但是，笔者为了凸显其重要作用，还是将其从劳动精神中单列出来。工匠精神与劳动精神的关系可以界定为：工匠精神是一种特殊的劳动精神，二者是整体与局部的关系。

工匠精神是一个历史性的命题，中国古代就非常看重工匠精神，也是中华民族的这一优良传统文化精神之一，造就了灿烂的中华文明。工匠精神根植于中华文明之中，随着时代的发展，工匠精神之价值诉求和内涵也在不断发展，成为我国新时代人才培养特别是运用型人才培养的重要价值判断和目标追求，特别是已经成为了劳动精神的高级形态之一，并普遍成为当下我国职业技术教育和职业技术院校的基本价值目标，与我国的职业技术教育"天然"地关联在一起了。工匠精神虽然属于

---

① 习近平：《在知识分子、劳动模范、青年代表座谈会上的讲话》，载《人民日报》2016年4月30日第2版。

精神层面的思想意识，但是，它深深影响着职业技术教育之人才培养的价值观，并引导着广大学生特别是职业院校学生的实际行动。

工匠精神虽然没有法律意义上的规范和法律制度的构建体系，即工匠精神还完全属于道德伦理层面的价值观，但是，它已经成为党和国家的政策性倡导规范，其精神层面的道德价值取向和影响力远远高于法律规范之底线或"红线"基准，也弥补了法律规范的不足，再次印证了德治和法治的辩证关系，即便是在强调法治精神的新时代，工匠精神之德治价值仍然不可或缺，将工匠精神纳入契约精神之劳动精神的范畴，具有重要的理论和实践意义。

工匠精神成为我国党和国家层面的战略方针，是2016年3月5日李克强在《政府工作报告》中提出："鼓励企业开展个性化定制、柔性化生产，培育精益求精的工匠精神，增品种、提品质、创品牌。"2016年3月29日李克强对第二届中国质量奖颁奖大会提出重要批示："弘扬工匠精神，勇攀质量高峰，打造更多消费者满意的知名品牌。"2016年5月11日国务院常务会提出："培育和弘扬精益求精的工匠精神，引导企业树立质量为先、信誉至上的经营理念。"2016年5月30日全国科技创新大会、两院院士大会、中国科协九大第二次全体会议提出：把创新精神、企业家精神和工匠精神结合起来，打通科技成果转化通道。要把创新精神、企业家精神和工匠精神协同起来，形成社会发展的强大动力。①

2016年底，中央经济工作会议进一步强调了工匠精神：着力振兴实体经济，要坚持创新驱动发展，扩大高质量产品和服务供给，要发扬"工匠精神"，加强品牌建设，培育更多"百年老店"。②

党的十九大报告中也明确指出："建设知识型、技能型、创新型劳动者大军，弘扬劳模精神和工匠精神，营造劳动光荣的社会风尚和精益求精的敬业风气。"

习近平总书记也非常重视工匠精神，如2016年4月26日，习近平总书记在安徽召开的知识分子、劳动模范、青年代表座谈会上的讲话中提出："无论从事什么劳动，都要干一行、爱一行、钻一行。在工厂车间，就要弘扬'工匠精神'，精心打磨每一个零部件，生产优质的产品。"③

这都从国家方略上说明了弘扬和培育工匠精神的巨大意义，我国的高等教育和

---

① 《读懂了"工匠精神"》，搜狐网，http://www.sohu.com/a/122071231_355753，发布时间：2016年12月20日，访问时间：2019年12月15日。

② 许红洲、韩霁、齐慧：《TCL李东生：用"工匠精神"锻造实业品质》，中国经济网，http://www.ce.cn/xwzx/gnsz/szyw/201612/19/t20161219_18815611.shtml，发布时间：2016年12月19日，访问时间：2019年12月15日。

③ 习近平：《在知识分子、劳动模范、青年代表座谈会上的讲话》，载《人民日报》2016年4月30日第2版。

职业技术教育都应当将大力弘扬和培育新时代的工匠精神,作为教育改革和发展的大政方针,作为加强学生劳动教育的重要举措,并有效"落地",不断"开花结果"。将实习活动作为学生之工匠精神培育的第一步,作为实习学生之劳动教育的第一步,都将是实习契约精神培育的关键一步。工匠精神还将是我国职业技术教育和职业技术院校的具体培育目标之一,紧密关系到为谁培育、培育什么人和如何培养人的教育大计。

（1）工匠精神的内涵。在弘扬和培育工匠精神中,除了思想观念的转变外,还要梳理和厘清工匠精神的具体内涵。

工匠精神是一个历史范畴,是人类共同的精神财富。随着时代的发展,其内涵也在不断变化。工匠精神经历千百年的发展变化,其精神实质一直存在,它代表了人类在职业领域共同的精神追求。工匠精神是生产者对产品品质精益求精、心无旁骛的追求。[1] 肖群忠和刘永春认为工匠精神是指工匠或所有人追求精益求精的态度与品质。[2]

苗圩认为,工匠精神包括精益求精、务实创新、踏实专注、恪守信誉等行为准则,工匠精神是对用户的诚信和对法律和规则的敬畏,体现了尊重契约精神、严守职业底线和严格执行工序标准。[3] 工匠精神的精髓是精益求精。[4] 工匠精神是从业人员的价值取向和行为追求,属于职业思维、职业态度和职业操守,具体包括尊师重道、爱岗敬业、精益求精和求实创新等内涵。[5] 工匠精神是指一种精益求精、追求品质、注重细节的工作原则和职业伦理,以及在这种过程中所形成的审美和精神境界。[6] 还有人认为,工匠精神倡导精益求精,是一种专业、执着、敬业、守规的职业精神,广义的工匠精神可以等同于企业内部管理中的职业精神。[7]李淑玲和陈功对工匠精神的组成因素进行了详细阐释,他们认为工匠精神包括匠心、匠品、匠艺、匠行和匠值五个基本因素。他们还认为虽然并不是每个人都能成为工匠,但是每个人都应当拥有工匠精神,全体劳动者都要弘扬爱岗敬业、尽职尽责、勤奋、精致、创新等工匠精神。[8] 张俊专门针对我国新时代的高职学生提出了,学生之工匠精神培育的基本内涵和目标是:树匠心、立匠德、砺匠技和成匠才。其中,树匠心包含专心专注和守正创新,立匠德为敬业乐业和甘于奉献,砺匠技包括精益求精和追求

①⑦　周民良：《建设制造强国应重视弘扬工匠精神》，载《经济纵横》2017年第1期。
②　肖群忠、刘永春：《工匠精神及其当代价值》，载《湖南社会科学》2015年第6期。
③④　苗圩：《弘扬工匠精神打造中国制造新名片》，载《智慧中国》2016年第9期。
⑤　李进：《工匠精神的当代价值及培育路径研究》，载《中国职业技术教育》2016年第27期。
⑥　张培培：《互联网时代工匠精神回归的内在逻辑》，载《浙江社会科学》2017年第1期。
⑧　李淑玲、陈功：《当代中国工匠精神解构》，载《成人教育》2019年第11期。

卓越，成匠才的追求是道技合一和止于至善。^① 该观点特别针对职业技术教育和职业技术院校的学生之工匠精神的培养路径，既比较全面地阐释了工匠精神的基本内涵，又结合了职业技术教育和学生的实践，工匠精神的培养路径比较可行和易于操作，不过，还缺乏将工匠精神与学生契约精神的融合研究，没有凸显实习或学徒活动中工匠精神培养问题。如果将树匠心、立匠德、砺匠技和成匠才纳入职业技术院校学生之实习或学徒活动中，就可以构建职业技术教育之工匠精神培养的较为完整的体系。

笔者认为，工匠精神的内涵不仅应当涵盖一般性的职业道德，还要包括特殊的专业技能追求；不仅是对专业技术人员的要求，还应当成为所有劳动者包括学生的共同价值观念；工匠精神也不仅仅是特定人员的价值观，还应当成为整个社会的价值观和职业观；工匠精神不仅是道德伦理规范和行为准则，还应当纳入法制的轨道，构建工匠精神之道德和法制的双重价值目标和价值追求。

（2）弘扬和培育工匠精神之路径。工匠精神既然这么有价值，就不能再纸上谈兵，我国的教育制度就应当切实有效地将其转变为实践行动。从国家高等教育和职业教育改革的宏观战略上，可以从以下两条路径进行探索。

第一，以职业技术院校为改革试验的"龙头"，先行先试。高职教育之培育工匠精神，是新时代赋予的历史使命，高职院校是培育工匠精神的主阵地，肩负着培育新时代工匠人才的重要职责。^② 高职院校的培养目标是培养应用型人才，而工匠精神恰恰能够高度契合高职院校的应用型人才培养目标。^③

职业技术院校和职业技术教育是培养和造就高技能人才的摇篮，与工匠精神之价值追求高度吻合，理应成为工匠精神培养的"主战场"，其在学生的工匠精神塑造上应当充分发挥积极带头作用，而其现代学徒制度的构建和实习活动正是契合工匠精神之最佳选择路径。工匠精神如此重要，但是，观念的普遍形成和广泛推广起来却并非易事，需要长期的逐渐积淀，特别是在世界上数量最为庞大的普通高等教育中培养工匠精神，毫无疑问将非常困难，但是，首先在数量偏少的职业技术院校中大力推崇工匠精神，进行先行试验还是比较可行的，待职业院校之工匠精神培育试点成功后，再全面推广。在学徒和实习活动中首先推崇工匠精神之价值观，应当是工匠精神之"落地"的具体而可行的路径之一。

第二，普通高校中工科院校和工科专业以"新工科"改革为契机，融入工匠精神。笔者认为，工匠精神不仅仅是职业技术教育和职业技术学院的价值目标和追求，

①② 张俊：《新时代高职学生工匠精神培育的目标维度和实现路径》，载《教育与职业》2019 年第 21 期。
③ 张秋霞、刘朋：《基于工匠精神的高职院校应用型人才培养》，载《教育与职业》2019 年第 22 期。

普通高校也应当将工匠精神纳入自己的教育目标，特别是理工科院校和理工科专业，更应当将工匠精神作为主要的教育目标之一，将对大学生之工匠精神的培育视为大学生契约精神的重要组成部分，并引导大学生在知行合一中培育，在实习活动中培育并提升自己的契约精神。

我国教育部于 2017 年正式推出"新工科"计划项目，并形成"复旦共识""天大行动""北京指南"等指导性实施意见。新工科是指科学、应用科学、工程科学和工程实践的多学科交叉与交融而形成的新兴工程学科或领域、新范式和新工科教育等综合概念。① 新工科作为高等教育改革的时代要求，其对人才培养要求上更加注重培养其工程实践能力、跨学科能力、工程伦理能力、创新能力、智能化应用能力。②

新工科的一个重要指标就是人才的培养，而人才之实践和运用能力非常关键，新工科人才培养首先是培养理念的转变，而工匠精神正好与新工科人才培养理念高度契合。因此，我国教育部新工科改革计划，应当将工匠精神及其具体化措施纳入新工科改革计划的重要价值理念，让产学研、校企合作与工匠精神从思想理念和实践行动中融为一体，实现新工科背景下大学生契约精神、劳动精神与工匠精神的有机融合。因此，在普通高校特别是工科院校或工科专业中借"新工科"改革之契机，大力推行工匠精神，也是比较可行的路径之一。

有人将新工科之人才培养划分为：就业创业型、交叉复合型和学术引领型三大类，而其中的就业创业型人才培养，需要融合校企合作和产教融合的创新发展模式，要更加注重实习实践环节，积极引导学生参与实习实训或开展课外实践活动，大力提升大学生的工程实践能力、创新创业能力。③ 可见，大学生实习实践活动在新工科之人才培养中具有重要地位，但是，笔者认为，实习活动也不仅仅是就业创业型人才培养之必需，另外两类交叉复合型和学术引领型人才的培养，同样，也应当加大实习实践活动。所有这些新工科之人才培养都需要大力加强学生实践能力的培养，而实习活动正是大学生实践能力提升之最为有效的实践路径，其中都需要工匠精神之弘扬与培育。

工匠精神和大国工匠的培养是国家整个教育体制的基本构架，不能认为其仅只是职业技术院校和职业技术教育的事情。只有将工匠精神同时纳入职业技术院校和普通高校特别是工科院校，实行"双管齐下"，才能在我国的整个高等教育体系中，

---

① 顾佩华：《新工科与新范式：概念、框架和实施路径》，载《高等工程教育研究》2017 年第 6 期。
② 孙英浩、谢慧：《新工科理念基本内涵及其特征》，载《黑龙江教育（理论与实践）》2019 年第 Z2 期。
③ 张海生、张瑜：《多学科交叉融合新工科人才培养的现实问题与发展策略》，载《重庆高教研究》2019 年第 6 期。

全面融入工匠精神，并担负起培养大国工匠的时代使命。

第三，打通职业技术教育与普通高等教育的双向流通渠道，鼓励广大学生走职业教育之路，走技能成才之路。我国目前的高等教育呈现出的不良局面是"重普通轻职教"，绝大多数人都希望考上普通高校，哪怕是多花钱读民办的独立院校（三本），也不愿意就读职业院校，职业院校的学生非常容易被社会歧视，这也是我国目前大学生就业难和实习难的主要原因之一。如何破解这些难题，首先，需要改变观念，不能唯文凭唯名校，要真才实学，无论是普通高等教育，还是职业技术教育，都需要掌握过硬的职业知识和技能水平，因为毕竟都是为了就业和职业发展。其次，打通职业技术教育与普通高等教育的流通渠道，努力实现职业教育与普通学历教育之间的无歧视的平等原则，职业院校的学生和普通高校的学生可以双向交流，真正实现二者同教育、同认可、同待遇，大力推动学历学位证书与职业资格证书的互通互认。搭建普通教育与职业教育的流动通道，实现职业教育与学历教育同认可、同待遇，并积极推动职业资格证书和学历证书、职称证书的互通互认，不断畅通技能型人才职业发展通道，鼓励更多的年轻人走技能成才之路。①

第四，将崇尚工匠精神纳入劳动精神的范畴，实现崇尚劳动与崇尚工匠精神的有机融合。培育新时代工匠精神是一个系统工程，培育真正的工匠精神，需要树立正确的导向，营造尊重劳动和崇尚技能的社会氛围，还需要清晰的职业前景。培育真正的工匠精神还必须在全社会推动形成"劳动光荣、技能宝贵、创造伟大"的时代风尚，并形成尊崇工匠、争做工匠和做好工匠的职业取向。② 由此可见，无论是职业技术院校还是普通高校，学生的职业规划和职业价值取向，都离不开劳动精神和工匠精神之有机融合，二者应当共同内化为学生的职业观。

第五，无论是职业技术院校还是普通高校都应当在实习活动或学徒活动中，大力弘扬和培育工匠精神，将工匠精神融入实习契约精神和实习契约制度的范畴，从精神层面和制度层面进行"软硬兼施"，让实习活动或学徒活动成为工匠精神和大国工匠培育之实践环节的第一步。这样不仅可以改变实习学生主观上的不利认识，还可以有效治理实习活动或学徒活动之严重的形式主义；既可以提升实习学生或学徒学生之契约精神，又能够有效加强实习或学徒的效果；既能够培养学生之一般性的抽象劳动精神，还可以弘扬和培育比较具体的工匠精神。

---

①② 苗圩：《弘扬工匠精神打造中国制造新名片》，载《智慧中国》2016 年第 9 期。

第二节　实习契约精神现状

契约精神虽然是一种主观心理上的精神追求和价值目标，但是，其外化于制度规制下的个人和社会各界的行为，因此，契约精神依托于制度而作用于社会各个法律关系的主体，制度是联结契约精神和行为的纽带，离开了制度而谈论契约精神，必将是"空中楼阁"。制度规范和规则是制度构建的基本要素，契约精神则隐含在制度规范和规则之中，引领和规范人们的行为。

我国为高教大国，高等学校在校学生数量为世界首位，实习学生是世界上数量最为庞大的实习主体，实习活动已经不仅仅是学校内部教学实践环节，还相当广泛地影响着整个社会，并直接关联着国家未来劳动力和劳动关系，与国家和社会的可持续发展关系重大，而契约精神是国家和社会治理与发展中不可或缺的精神力量，因此，我国大学生契约精神的培养非常重要，而大学生契约精神的培养首先体现在实习活动中，因为实习是大学生第一次将理论知识与社会实践的融合，是"知行合一"的开始，也是大学生走出校园迈向社会的第一步，实习中契约精神的培养意义重大，影响深远，是直接关系到为社会主义国家"培养什么人"的大事。

我国目前由于对大学生契约精神和实习契约精神的认识不够，导致现阶段大学生契约精神的缺失，实习契约精神还是一个非常陌生的新问题，实习形式主义现象严重，"实习难"现象普遍而难以破解，实习制度严重"碎片化"和实习统一法律制度缺失，实习协议的任意性和非定型化，都直接"吞噬"或"掩埋"了契约精神。

构建实习契约精神，只有首先从思想"高地"解决实习理念问题，进而指导和引导实习实践活动，才能构建有效的实习制度和理想的实习契约制度。实习契约精神之构建主体并不仅仅是实习学生，还包括政府和教育主管部门、实习派遣学校、实习单位等，实习关系的多方主体都应当以契约精神为主线，形成实习契约精神的全面化，以实习契约精神为实习治理的精神支柱，构建新时代法治中国下的实习契约制度。

由于整体上我国大学契约精神构建还存在许多缺陷，进而导致实习活动中契约精神严重不足，实习契约精神和契约制度的现状亟待研究，并探寻有效破解之策。实习契约精神和契约制度之构建，虽然主要问题在学校和学生，但是，政府和社会层面的外部影响因素也不能忽视。

一、国家实习契约精神现状

（一）统一实习制度缺失

我国党中央和国务院一直非常重视契约精神，在全社会倡导道德伦理的契约精神和法治社会之契约精神，已经成为我国的基本方略。中国共产党第十八届四中全会通过的《中共中央关于全面推进依法治国若干重大问题的决定》中明确提出了"倡导契约精神"，将契约精神纳入了国家和社会治理的大政方略，体现党中央对契约精神的高度重视。《中央宣传部、司法部关于在公民中开展法治宣传教育的第七个五年规划（2016～2020年)》即"七五"普法规划中也明确规定了"强化规则意识，倡导契约精神"。2016年教育部、司法部、全国普法办联合制定的《青少年法治教育大纲》再次明确了青少年契约精神目标："牢固树立规则意识、诚信观念、契约精神，尊崇公序良俗"。我国的社会主义核心价值观，也是对契约精神的科学诠释，是契约精神与价值观的高度融合。2016年中共中央办公厅、国务院办公厅印发并实施的《关于进一步把社会主义核心价值观融入法治建设的指导意见》中特别强调了"契约"和"契约精神"："推进民法典编纂工作，健全民事基本法律制度，强化全社会的契约精神"；另外，还将契约精神融入社会主义核心价值观之法治精神中："强化规则意识，倡导契约精神"。2018年中共中央印发了《社会主义核心价值观融入法治建设立法修法规划》再次重申："以保护产权、维护契约、统一市场、平等交换、公平竞争等为基本导向，完善社会主义市场经济法律制度。"

从我国的宏观层面上，契约精神和契约制度的构建已经有了道德和法治的双重价值目标和价值追求，这为我国微观层面的契约精神和契约制度的构建确立了目标和方向，具有重要的战略意义，也为我国大学治理包括实习治理指明了方向。但是，仅仅有宏观上的倡导还远远不够，微观上的"落地"还"道阻且长"。

国家和政府有关实习契约精神和契约制度的主要现状是：倡导性价值理念多于制度性安排，宣示性抽象伦理规范多于强制性法律规范，一言概之，我国统一的实习制度还一直没有形成，《实习法》或《实习促进法》立法程序一直还没有启动，使得实习活动缺乏法律制度规范，更使得实习契约精神和契约制度成为无源之水和无本之木。中央统一实习法律制度的缺失，导致了各地各校各单位实习规则的极度"碎片化"和混乱不堪。构建全面统一的实习法律制度，应当就是国家和政府层面之实习契约精神和契约制度的首要职责和义务，在正式法律实习制度出台后，国家和政府之实习契约精神和契约制度的主要职责和义务就应当转变为执法与治理监督，不断努力实现党的十八大报告中提出的"科学立法、严格执法、公正司法、全民守法"的法治观念和目标。

国家和政府实习契约精神和契约制度之职责和义务，还应当体现在对地方立法的引领和监督管理上。国家有关部委如教育部和人社部以及各地方有关部门都要依据中央实习立法，出台符合具体实际情况的部门或地方实习细则，从契约制度层面治理和规范实习活动，从而体现实习契约精神。

国家和政府还应当赋权、放权、指导和监督教育部及其下属教育部门的实习管理活动，在实习活动中实现政府职能"放管服"的微观转变，从而彰显国家和政府在实习活动中的社会契约及其社会契约精神。我国目前教育部和各地教育部门的实习管理非常边缘化，实习管理已经成为高等学校包括职业院校的薄弱环节。教育部还没有一部统一的有关实习的部门规章，目前仅有针对职业院校的《职业学校学生实习管理规定》，该规定将数量庞大的普通高校实习全部排除在外，从而使得我国目前体量最为庞大的实习学生"无章"可循，更遑论实习契约精神。这些都直接影响了实习契约精神和契约制度的构建。如何构建有效的实习管理制度，应当成为教育部和地方教育部门的工作重点和大学治理不可或缺的重要内容，教育行政管理部门应当担负起自己对实习活动的管理职责和义务。

（二）实习扶持资金不足

国家和政府实习契约精神和契约制度的职责和义务，除了立法层面外，还应当包括对实习的资金扶持。我国目前实习的资金扶持严重不足，实习经费严重短缺，制约了实习的有序和有效开展，造成了数量庞大的普通高校实习活动严重流于形式，"知行合一"的教育理念难以实现，"实习难"问题日益显现，使得实习契约精神严重丧失，更勿谈实习效果与合格人才的培养。

我国现行高校普遍存在"重科研轻教学"现象，而作为教学环节的实习活动也就一直不被重视，学校将有限的经费主要投入到科研之中，实习经费严重短缺。这一现象表面上看是各个学校内部之事，实则与国家和教育主管部门都有直接关联，因为国家和地方政府对实习的经费扶持力度都非常有限，加之实习经费的非专款专用或"打包"下拨，导致有限实习经费的挤占或挪用，常常缺失上级教育主管部门对实习经费的监督。

另外，由于我国目前各个高校属性差异，少有的高校为教育部直属院校，直属院校又分为所谓"985"院校、"211"院校和"双一流"院校或学科，多数为地方院校。国家财政对直属院校的拨款远远大于地方院校,地方院校的财政拨款严重不足,加上地方发展水平的差异,许多高校总体经费严重不足,必然导致实习经费的严重短缺。因此,我国目前数量庞大的非教育部直属院校的实习经费都普遍不足,经费歧视现象非常严重。国家有关高校经费的拨款存在严重的不公平与歧视问题,加剧了实习经费的非公平和不正义,直接破坏了高校之间的横向公平和正义,从而影响了实习契约精神之物质基础,不能让每一所学校和每一个实习学生感受和享受到社会的公平和平等待遇,国家和政府倡导的大学契约精神和实习契约精神首先在政府管理层面就没有实现,又何以引领和监督社会其他单位和个人遵循契约精神。管理者的歧视问题,不仅影响了其自身的契约精神,还直接关联到实习接收单位和实习学生,直接妨碍了大学契约精神的培养。

(三) 身份定位边界不清

国家和政府在实习关系中的身份界定具有双重性,其契约精神也相应地具有双重性。国家和政府除了作为管理者身份即行政主体身份,应当倡导、遵循契约精神和颁布、监督契约制度外,还有一个作为实习参与主体的一般民事关系身份,其身份属于实习法律关系主体的一般平等主体,不再是行政管理者的身份,而是与其他实习接收单位一样的平等身份。我国目前国家和政府在实习关系中的身份基本现状和问题是身份边界较为模糊,并且往往只能看见其行政管理者的主体身份,而少有平等的实习关系主体身份。

国家和政府在实习关系中扮演的主要角色还是管理者,此身份下的实习治理也一直非常薄弱。如前文所述没有制定统一的实习制度,实习经费的拨款歧视严重等,而国家和政府的另一个实习身份(即平等民事身份)更是稀缺,既严重缺乏相关的理论研究,又没有实践之成功范式可以参鉴,因此,导致我国目前国家和政府之实习身份界定的边界模糊不清,其实习关系中义务与职责分配无章可循,更难以企及实习契约精神的真正落实。

国家和政府之实习平等民事主体身份的基本表征是,与其他单位一样负有积极主动参与实习活动的社会责任,政府及其部门都应当积极主动支持实习活动,不但要大量接收实习学生,提供充实有效的实习岗位,还要管理好整个实习过程;不仅自己要积极主动参与实习活动,还要率先垂范,为其他单位作出表率,各地都要首先创建好政府及其部门的实习基地,引领各地的实习活动。

政府及其部门都要积极主动参与实习活动,除了自身直接提供实习岗位外,还要督促国家或其他公办企业单位积极参与实习活动,既要提供充裕有效的实习岗位,还要安排专门的工作人员负责实习工作,更要拿出专项资金支持实习活动。目前的这些现状都还非常欠缺，亟待改进。

我国目前有些地方政府及其部门已经与高校建立了一些实习基地，为实习提供了一些岗位，但是，这些都还不是出于制度性强制规定，而是一种自愿行为，不属于政府行为。其问题主要是普遍性和强制性不够，即使提供了一些实习岗位，也一般都是"打杂式"岗位，实习形式化极为普遍，实习效果大打折扣。这些实习现状中问题，都严重误导和破坏了实习契约精神或契约制度，都与政府及其部门之主动和被动引导有关，其产生原因都与政府及其部门之实习身份有关，因为其身份具有管理者和参与者的双重身份，每一个身份都直接或间接地影响着全社会的实习活动。如果政府及其部门之实习身份界定不清，而导致实习义务和职责不明，其管理和治理，或者直接参与实习的每一个问题，都将成为实习活动中其他主体的参照，因此，国家政府及其部门之实习身份及其义务和职责的界定意义重大，对实习契约精神和契约制度的构建影响深远。

二、学校实习契约精神现状

实习属于学校教学活动的一项重要环节，学校也就相应地成为实习的最直接的主要主体，学校既是实习的直接派遣学校，又是实习过程管理和考核的主要单位之一，实习契约精神和契约制度都与实习派遣学校直接关联。

我国学校实习契约精神现状和问题，可以从横向和纵向两大方面进行分析。横向指普通高校与职业院校之比较；纵向是指各学校内部各类实习比较。

普通高校与职业院校相比，普通高校获得国家和社会的物质和精神层面的认可度远远高于职业院校，其外部的契约精神强于职业院校，进而普通高校外部的实习契约精神高于职业院校。但是，从内部层面看，职业院校的内部契约精神和契约制度反而强于普通高校。这就是笔者关于我国目前实习派遣学校的契约精神和契约制度的基本判断。

我国目前实习还缺少法定类型化，学界和实践中通常按照实习派遣学校性质的不同，将实习划分为两大基本类别：普通高校的实习和职业院校的实习。前者即普通高校数量庞大，社会认可度高，实习学生为世界第一；后者职业院校数量偏少，社会认可度低，职业院校的学生都是因为高考成绩差不得已的选择。从两大类学校之横向比较上，职业院校及其实习学生难以获得与普通高校及其实习学生之平等对待，实习与就业也是雪上加霜，使得各职业院校及其学生常常感到不公平和不公正。政府和社会公共产品供给之严重不平等和不足，不仅首先破坏了契约精神之平等精神和非歧视原则，还直接导致职业院校生存困难，以及学生职业道路上的诸多不利，让他们感受不到契约精神和契约制度的影响，因此，外部层面和职业院校的契约精神和契约制度的连锁效应，必然进一步影响到职业院校学生（包括实习学生个人层面）的契约精神。

职业院校的实习规章制度要比普通高校好一些，因为我国职业院校实习的内部治理还是比较规范的，在没有全国统一的实习立法情形下，有教育部统一颁布的职业院校实习管理规定《职业学校学生实习管理规定》，这就使得我国数量并不庞大的职业院校有章可循，也使得职业院校实习契约精神强于普通高校，其中的主要实习类型顶岗实习在全国具有统一的规范，顶岗实习的治理比较符合现代法治精神，其实习协议的规定、实习劳动报酬的规定、实习保险制度等都得到了好评，基本上能够有效保障和救济实习主体的正当权益，极大地体现了契约精神之平等精神和法治精神，因此，我国职业院校之内部实习契约精神还是能够得到体现的，从横向层面比较上看，数量少的职业院校之契约精神和契约制度要强于数量庞大的普通高校，即少数不被看好和被社会歧视严重的职业院校，其内部实习治理反而要强于数量庞大而被普遍认可的普通高校。这一"怪相"的实质就是我国普通高校与职业院校的巨大反差，职业院校在不被社会看好和重视的前提下，其实习治理与契约精神反而比较成熟；而普通高校实习治理与契约精神反而不如职业院校。此"怪相"值得深思和反省。

从纵向宏观层面即不分普通高校和职业院校，我国实习派遣学校之契约精神和契约制度还普遍存在一些共性问题。具体如下。

由于我国目前实习学生数量庞大，供需矛盾突出，作为供给侧一方的学校，其任务艰巨，学校的实习契约精神和契约制度在整个实习活动中意义重大。我国目前各实习派遣学校的契约精神和契约制度还存在许多问题。学校实习契约精神的不足之处是：学校实习制度空泛化；实习管理机构缺失；实习参与教师偏少；实习安排不合理；实习经费严重不足；实习管理弱化；实习考核虚化，等等。

（一）学校实习制度空泛化

依法治校依规治校是现代大学的基本精神，也是大学契约精神的具体表象。由于我国目前缺乏国家层面的实习立法，也没有统一的实习规章，导致依法依规治理实习活动的无章可循，严重破坏了实习契约精神和契约制度。

本课题组成员通过在各个高校的网站上查询，绝大多数普通高校的大学章程中都只字未提"实习"或"实习制度"，如此重要的教学环节之实习却难以入大学"基本法"，实习治理之法治精神何在？实习契约精神和契约制度又何以体现？

在这样的大环境中，各个普通高校内部的院系为了规范实习活动，不得不制定本院系或专业的实习规章制度，从而导致各个院系的实习规章制度的极度"碎片化"，造成实习管理的混乱不堪，即便是同一高校不同院系不同专业的实习制度的内容，也呈现出同质性问题，实习规范高度抽象而空泛化现象严重，实践可操作性不强。

（二）学校实习管理机构缺失

我国实习学生的数量是世界上最为庞大的群体，他们的学生的法律身份决定了其实习管理权属于学校，主要是普通高校和职业院校。实习派遣学校享有法律赋予的实习管理权限，这几乎没有任何疑义，但是，笔者通过比较分析，发现一个非常普遍的现象，学校内部很少有专门的机构负责实习工作，现状是学校的实习工作基本上都是由教务部门（一般为教务处，少数为本科生院）负责，学校下面的院系由分管教学的副院长及教学秘书兼管，没有专门的管理机构如实习管理处或实习委员会。

各个高校机构林立，每一所高校就是"浓缩"的小社会，在现今各高校普遍"重科研轻教学"的大环境中，各种各样的所谓科研平台或机构一直呈现"野蛮式"生长与繁荣，学校也是鼎力支持，而教学机构及其教学和教学管理人员长期不被重视，专职教学和教学管理人员也是地位相对低下，其工资福利待遇等各个方面根本不能与科研人员相比，他们的工作最为平凡也最为重要，保障了学校的正常运行。实习属于教学的一个基本环节，是知行合一的关键环节，是培养合格人才的重要一环，但是，与其他教学活动一样，实习没有受到相应的重视，更遑论建立专门的实习管理机构和配备专门的实习管理人员。这些忽视实习活动的现象，不仅影响了实习效果，也关系到人才的培养，首先破坏了大学精神，造成了学校内部的不平等和严重的歧视问题，直接破坏了契约精神和契约制度，并间接影响到了广大实习学生的价值观念和法治观念，影响了广大大学生契约精神的形成和发展。因此，各个学校应当高度重视这些问题，积极探索破解之道。应当成立专门的实习管理机构和配备专门的实习管理人员，可以成立学校层面的校实习委员会，各个院校再成立专门的实习分委员会，并配备专门的实习管理人员如专职实习秘书等。

（三）实习参与教师偏少

实习派遣学校还存在直接参与实习活动的教师偏少，教授带队的实习更是罕见。由于各个高校普遍重视科研而轻视教学工作，缺乏实习激励和教师考核机制，实习工作不被重视，实习经费更是紧张，教师或教授都不愿意带队实习，实习带队人员一般都是行政管理人员或学工干部。实习带队教师往往是一个年级配备一位，没有按照学生的专业班级一一安排教师带队。加上，学校的集中实习时间一般在假期，教师更不愿意牺牲自己的合法休息时间参与实习，即便是有老师带队，也是"蜻蜓点水"式地带队，往往是将实习学生送到实习单位或实习基地就算完成了任务，很难奢望教师能够参与实习的全过程。离开了教师的专业指导，实习学生的实习往往比较盲目，实习效果也大打折扣。

教师是学生踏入社会的引路人，教师的一言一行都事关育人大事，教师的契约精神直接影响到学生的契约精神，因此，教师直接带队参与实习的全程，既是教书育人的需要，也是培育学生契约精神的必然要求，我国目前实习带队教师的严重缺乏应当引起足够的重视。

教师含教授缺失实习活动的主要原因除了教师自身的主观原因外，此为道德层面的契约精神的缺失；另外一个重要原因就是缺失实习制度和实习协议两大方面的约束，此为契约制度层面的原因。在我国目前普通高校教师参与实习活动的制度和激励机制基本缺失，学校的主流导向是科研，教师参与实习活动与教师奖励、评职称等职业发展都没有多大的关联，如此一来，没有实习制度的引导和约束，必然导致教师实习契约精神的缺失。

教育部为了提高高等教育质量，加强一流本科课程建设，2019 年 10 月 31 日，教育部发布了《关于一流本科课程建设的实施意见》，其中明确提出"不参与本科教学的教授不是合格的教授""高等学校要严格执行教授为本科生授课制度，连续三年不承担本科课程的教授、副教授，转出教师系列"。笔者认为，此意见是我国新时代高等教育的重要文件，理论和实践都有重大意义，但是，其主要不足是没有明确将大学生实习活动纳入一流本科课程建设的范畴，更缺乏有关教授等高级职称人员应当参与实习活动的硬性规定。

教师实习契约精神的缺失原因，还包括实习契约精神的外在形态契约制度即实习协议或实习合同的缺失。我国目前既没有全国统一的实习立法，也没有关于普通高校实习的部门规章，而仅有的职业院校《职业学校学生实习管理规定》也还存在许多不足，实习制度之实习协议或合同还缺乏法律制度的强制性规范，现行实习"三方协议"成为主要契约，而实习"三方协议"中的三方为实习派遣学校、实习单位和实习学生，其中并无实习教师这一主体，毕竟学校与教师并不等同，其学校一方也就无法真正将教师纳入进来，更勿论在实习协议中设置实习带队教师的权利义务和责任。其他实习协议或合同，如实习单位与实习学生、实习学生与实习派遣学校之间的协议，更是与实习带队教师毫无关系。

概言之，实习契约制度中实习参与教师的缺失，必然导致实习教师契约精神的缺失，进而影响实习派遣学校契约精神和契约制度的构建。

（四）实习计划安排不合理

据本课题组调查和课题组成员所在高校的情况，许多高校的实习计划安排，时间上一般都是安排在大四，这在形式上与毕业实习极其吻合，但是，这是非常不合理的安排，因为到了大四，学生的负担非常重，既要找工作，备考各种各样的职业资格考试，如公务员考试等，有的还要准备考研，还有的学生要准备出国留学的各种考试，因此，大四毕业实习在时间安排上具有许多不够合理地方，导致许多矛盾突出，也是造成"实习难"、实习流于形式、虚假实习等现象的原因或诱因之一。

实习时间安排不合理，早已成为高校管理者和学生"心照不宣"的默契，极少有高校或院系愿意主动改变这一现状，因为，这涉及整个学校或院系早已约定俗成的教学计划。改革需要勇气，改革也有风险和成本，因此，明知这样的实习安排不合理，也仍然听之任之。加之，学校对实习不够重视，长期形成的实习方案（计划）明知不合理，仍然一如既往地执行。因此，如何从实习时间安排上，更加切合学生的实际，不仅仅是实习计划的改革问题，也极其紧密地关系到实习的方方面面。学校都应当重视这一问题，并将其纳入学校教学改革的重要内容，及时调研和调整实习时间。

笔者所在的高校只有一个学院改变了实习时间安排，将毕业实习时间提前到了大三，这些改革已经深得实习单位和实习学生的认可，实习的积极性和主动性大大提高，实习学生能够静下心来认真实习，形式化和虚假实习都得到了有效克服，也带来了实习的有序性和有效性，效果明显。实习时间安排的改变充分体现了实习初心即理论与实践相结合的知行合一、诚实信用等价值观及实习契约精神。但是，这样的实习改革并非教育主管部门或学校的强制要求，而仅仅是少数学院或系的自愿行为。

（五）实习经费严重不足

国家和政府对实习的投入太少，导致学校实习经费严重不足，而各个学校有限的经费又往往重点投向了科研，另外，许多高校都实行了管理权限下放，将整个经费打包给了二级单位，上面按照实习学生"人头"拨给学校的有限实习经费再难以专款专用，有的专业实习还要向实习单位支付不少的实习经费，用在实习学生和带队教师的经费实在太少，"廉价劳动"或无偿实习或无保险保障的实习非常普遍，严重影响了实习学生和实习带队教师的积极性和主动性，进而，实习的分配不正义和实习权益保障机制的缺失，都阻隔了实习契约精神的实现通道。

据本课题组的多方调查，实习经费到了实习学生本人除了报销实习交通费用外，几乎没有其他待遇，实习学生的实习补贴或报酬更是奢望，实习带队教师的补助也是象征性的，实习经费的严重短缺和分配不正义，极大地影响了实习学生和实习带队教师的积极性，从而也使得实习严重地流于形式，实习时间和效果也随之严重缩水。

（六）实习三方协议不规范

实习协议或实习合同是实习契约精神的外在基本形态，它的形式和内容直接反映了实习契约精神和契约制度的实然状态。我国现行实习协议或实习合同还没有真正纳入法治轨道，既无实习之民事法律法规，也无实习之劳动法规范，更无专门的实习立法；实习协议或实习合同既不属于有名合同（典型合同）的范畴，也不是定型化契约。如此一来，依法依规治理实习之法治精神也就无从论及，实习契约精神和契约制度也相应难以实现。

我国目前有关实习协议的统一规范性文件是《职业学校学生实习管理规定》，此为教育部 2016 年 4 月 12 日发布实施，其原型为原《中等职业学校学生实习管理办法》。其最大的局限性是适用范围仅为各类职业院校，并不包括普通高校。

实习协议或合同是实习契约精神的外在载体，是实习形式正义的基本表象，而形式正义又是契约精神不可或缺的基本要素，我国目前的实习形式正义中最大的缺陷是实习协议或合同没有定型化和法定性，现有的实习协议或合同主要是实习三方协议，其他重要实习协议或合同严重缺失。

实习载体形式因其涉及的主体比较多而比较复杂，既包括最为常见的实习三方协议，还应当包括双方实习协议或合同，其主要包括两大类：一是实习学生与实习单位之间的实习协议；二是实习派遣学校与实习单位之间的协议。这三种形态的实习协议缺一不可，共同组成实习的基本规则，共同映射实习契约精神和契约制度。我国的现状是非常重视实习三方协议和实习派遣学校与实习单位之间的协议，而忽略了实习学生与实习单位之间的双方协议，直接导致实习学生和实习单位权利义务与责任设置的缺失，严重偏离了实习契约精神，也不利于调动实习单位和实习学生的积极性和主动性，权利救济和保障也难以有效实现。

实习三方协议的主要规章制度是职业院校《职业学校学生实习管理规定》，但是由于《职业学校学生实习管理规定》还不是真正的法律法规，并且其规定的跟岗实习和顶岗实习之三方实习协议也还存在诸多问题，难以在三方实习协议中充分展示契约精神，实习契约制度的构建还需要不断完善。首先从体量上看太小，该《实习管理规定》只有 39 条，而实习活动非常复杂，涉及的主体也比较广泛，一般包括国家政府及其行政部门（主要是教育行政管理部门和劳动人事管理部门）、实习派遣学校、实习接收单位、实习学生及其家庭，实习协议或合同当事人也就绝非"三方"而是多方，因此，三方实习协议就非常狭窄，其契约本身就缺失全面性和普适性，契约精神也就相当片面；实习规范如此之少，难以覆盖实习活动的全部，其权利义务与职责的设置和分配也就较为粗糙，可操作性不强，规则运行和执行比较困难，基本上属于"摆设"，"执法必严"之法治精神无从谈起，实习契约精神无从体现。

实习三方协议法律定性比较复杂，学界对之的理论研究严重匮乏，目前还没有比较成熟的观点。其合同属性是民事契约，还是行政契约，或是劳动合同，抑或是教育管理合同，一直没有达成共识。

笔者认为，实习三方协议一词不科学，也不符合法律规范的基本规则，更不利于治理实习关系；理论和实践中都将其完全视为实习合同，也是一种误读，也不符合法律规范之基本原理。

实习合同应当是指实习活动中平等双方当事人之有关实习权利和义务的协议，属于私法的范畴，而不应当是目前实习三方协议之公权力和私权利之混合体。即便现代法制"公法私法化"或"私法公法化"交融趋势，也不能够直接将公法规制规范和私法规范"混杂"而形成公私不分、不伦不类的合同即实习三方协议。按照法治社会之契约精神和契约制度的一般原理和要求，民事契约与精神和社会契约与精神是两大不同类型的契约与契约精神，民事契约精神的基本内涵是平等主体之间的意思自治，而社会契约精神则不然，其主体并非平等主体，个体意思自治受到严格的限制，其体现的是国家和社会之公权力或公共利益的意志。

实习三方协议首先不属于民事契约。实习三方协议是规制实习派遣学校、实习单位和实习学生的实习协议，其合同关系的主体既有管理者（学校和实习单位），又有被管理者即实习学生，三者身份并非平等主体，并且实习学生处于双重被管理的身份，既要接受实习派遣学校的管理，又要接受实习单位的管理，实习学生的平等地位难以体现，意思自治之民事契约精神难以充分实现，因此，实习三方协议并不符合平等民事主体之意思自治，民事契约及契约精神并不充分，不能将实习三方协议认定为民事契约。

实习三方协议不属于劳动合同。实习活动中有些时间较长是实习，如顶岗实习、医学实习和生产实习等具有劳动合同的基本特征，实习学生具备劳动者或"准劳动者"身份，他们的实习劳动与一般正式劳动者的劳动并无实质上的区别，应当将此类实习视为劳动合同，受到劳动合同法的调整，其最低工资保障制度和实习保险制度等都有强制法的规定，许多国家或地区也是这样，即便是有些国家实行的是无薪实习，但并不否定或干预实习单位与实习学生之间的自由约定，因此，这种实习类型应当划归劳动合同或特殊劳动合同的范畴，完全不能用所谓的实习三方协议取而代之，也不是实习三方协议所能规范和治理的范畴，应当从实习三方协议中分离出来，定型化和法定化为实习劳动合同，这样才能体现实习契约精神。

实习三方协议不属于行政管理合同。虽然目前的实习三方协议带有极大的管理合同特征，其规范主要是对实习活动的管理性规定，既要对实习学生进行直接的管理，又要与实习单位"约法三章"，还要间接地对实习学生在实习单位的活动进行管理，实习三方协议中学校的管理者身份非常明显。但是，由于学校并非国家行政管理部门，其管理权限并非直接的行政管理权，其对学生的教育管理权与国家行政管理权具有明显的区别，因此，不能将实习三方协议视为行政管理合同。实习派遣学校与实习单位之间的法律关系也不是管理者与被管理者的关系，而是平等主体之间的民事法律关系，其意思自治之民事契约与契约精神应当得到彰显，而不是学校管理权之"延伸"性的公权力，实习三方协议中学校与实习单位之间的管理关系并不存在，实习三方协议涵盖对实习单位的管理规范是非常不恰当的，涉嫌"越权行为"，应当矫正，而矫正的基本办法就是直接建立实习派遣学校与实习单位二者之间的平等民事法律关系，形式上，从实习三方协议中分离出来，构建单独的实习协议或合同，让实习契约精神有彰显的载体。

从上述分析看，实习三方协议属于一种形式混杂，难以定性的不当合同，它的内容具有多元性，不能单一定性为某种法定意义上的有名合同，它既不是民事合同，也不是劳动合同，亦不属于行政合同，其合同形式正义严重缺乏，更难以承载契约精神，应当用实习当事人之双方实习合同取代实习三方协议，要么是实习学校与实习单位之实习合同，要么是实习学生与实习单位之实习合同。学理上和实践中将实习合同与实习三方协议等同的观点都是非常不恰当的，既不符合基本法理，更缺乏契约精神。实习契约精神与契约制度的构建，首先从形式正义上，就要坚决摒弃实习三方协议。

三、实习单位实习契约精神

学生实习活动大多数都是在实习单位进行的，其中包括政府各部门、企业、事业单位和街道居委会等，只有少数工科实习是在学校自己的实训基地进行，现在有的会计实习还进行模拟实习，远程网络实习还是新生事物，智能化实习将是未来的新方式。因此，传统意义上的走出去到实习单位实习仍然是主流，实习单位仍然在实习活动中扮演非常重要的角色。实习单位之实习契约精神和契约制度，是实习契约精神和契约制度的重要组成部分。我国目前实习单位之实习契约精神的基本现状如下。

（一）收费实习现象普遍

我国目前实习单位对实习活动的主观能动性还非常不够，主动和积极地接受实习学生的热情还比较低。即便是被动接受实习学生，也往往出于与实习派遣学校的个人感情因素，不得不而为之。

有的单位甚至为了不让实习影响单位的正常经济效益，还直接要求实习派遣学校向其支付实习费，学校为了完成实习任务，也不得不从本来已经非常紧张的实习经费中向其支付一定的实习费。此种状况，据本课题调查，主要出现在工科院校的工科实习中，文科学生实习还很少有此现象。

笔者所在的本课题组对武汉某以工科为主的综合类大学 2019 年的实习经费的调查分析中，向实习单位缴纳的实习费总数一年就高达上百万元，具体为 1 329 429.6 元，占该学校 2019 年总实习支出经费 3 298 907.2 元的 40.3%，超过了总实习经费的四成，其中，认识实习为 72 367 元，生产实习为 582 313 元，毕业实习为 674 749.6 元。这些统计数据表明实习单位所收取的实习费较多，足够影响学校有效的实习经费的合理分配，直接影响学校实习经费使用的合理性和有效性，真正用到实习学生和实习老师头上的经费就必然严重缩水，实习学生除了能够报销交通费用之外，几乎完全没有实习补贴，实习教师的补助也是微不足道，这些共同呈现出实习经费分配存在的问题，进而，影响整个实习活动。

实习缴费或缴费实习对普通高校之实习而言，并非违法，因为根本还没有实习立法，不仅没有《实习法》或《实习促进法》，而且也没有实习法规和部门规章。另外，我国职业院校实习之部门规章《职业学校实习管理规定》已经明确禁止了实习单位之收费问题：职业学校和实习单位不得收取学生实习押金、顶岗实习报酬提成、管理费或者其他形式的实习费用。[①] 因此，如果是职业院校的实习活动，实习单位向学校收取实习费，就是明显的违法行为，但是普通高校之实习并不受《职业学校实习管理规定》的调整，加上，我国目前还一直没有出台有关普通高校之实习

---

① 《职业学校实习管理规定》第十九条："职业学校和实习单位不得向学生收取实习押金、顶岗实习报酬提成、管理费或者其他形式的实习费用，不得扣押学生的居民身份证，不得要求学生提供担保或者以其他名义收取学生财物。"

管理规定，因此，普通高校之实习缴费或缴费实习，并不违法。

实习缴费或缴费实习在我国以工科为主的普通高校中比较普遍，虽然目前并不违法（职业院校则是违法），因此，暂时也就具有合法性和正当性。另外，普通高校之实习缴费或缴费实习还具有存在之合理性。"存在就是合理的"，也能够暂时解决实习单位难寻的"实习难"问题，但是，其对实习契约精神的破坏却是巨大的，不能忽视。因为实习活动并非实习派遣学校与实习单位二者之间的经济关系，实习缴费或缴费实习虽然也是二者的意思自治行为，但是，它直接影响了第三方——实习学生，实习活动是学生真正接触社会的开始，实习学生已经能够从实习缴费或缴费实习中"窥视"出了许多非理性的观念和行为，直接关系到实习学生的价值观、人生观和世界观的形成，关系到国家和社会未来接班人的培养大事，其精神层面的影响远非经济关系这么简单，它对实习学生的精神影响是无形而深刻的，关乎大学生契约精神的理念和构建。

（二）严守精神与行为失当

许多实习单位不能严格遵守国家和地方有关实习文件的规定和实习协议的约定，破坏了法治精神之契约严守精神，是实习单位契约精神缺乏的又一重要表征。契约严守精神包括两大方面的内容：一是国家和政府的强制性法律法规；二是基于意思自治的民事协议或合同之约定条款。实习单位的契约严守精神也是这样，道德伦理和法律规范都要求实习单位严守强制规范和约定条款。

我国目前职业院校的实习规范主要是教育部颁布实施的《职业学校实习管理规定》，与之相关联的实习，都应当严格遵守其法定规定。但是，现状并不理想，许多强制性规定都被实习单位忽略。

实习协议是实习契约精神的最为直接的外在形态，也是实习契约精神的基本载体，法治社会中的契约就是协议或合同，实习协议的不存在或不被严格遵守，都是对实习契约精神的直接破坏。因此，《职业学校实习管理规定》也是明确规定：跟岗实习和顶岗实习必须签订实习三方协议，即"无协议不实习"[①]。其目的是强制要求实习单位签订实习协议或合同，但是此两大类实习合同的签订情况并不理想，有关 18 省的实证调查数据中，校方与实习单位签订实习协议或合同的占比 32.8%，实习学生与实习单位签订了协议或合同的占 44.6%，没有签订的为 15.4%，不清楚的为 7.2%，这表明有 15.4% 的学生未与实习单位签订实习合同或协议，7.2% 的学

---

① 《职业学校实习管理规定》第十二条："学生参加跟岗实习、顶岗实习前，职业学校、实习单位、学生三方应签订实习协议。协议文本由当事方各执一份。未按规定签订实习协议的，不得安排学生实习。"

生根本不清楚实习合同，二者合计有 22.6% 是没有实习合同的。[1]

该规定明确规定了顶岗实习的实习报酬问题。[2] 但是实际执行结果非常不好。有关 18 省的实证调查报告指出，实习单位没有支付实习报酬的调查数据中，东部地区没有实习工资的占比 9.9%，中部地区 11.9%，西部地区 21.8%，各地平均有 13% 没有支付实习报酬；即使实习单位支付了实习报酬，但是普遍偏低，实习学生月工资区间处 1 001 ~ 2 000 元的人数占 65.7%。[3]

另外，有统计显示，实习学生没有实习报酬的占 44%，有少许报酬的占 38%，有一定报酬的占 10%。[4] 可见，大学生实习有将近一半是无薪实习，实习学生之劳动报酬权的实现何其艰难，实习单位支付实习报酬的义务和责任之契约精神并未得到体现。

关于实习保险问题，明确规定了建立实习强制保险制度，责任保险范围应覆盖实习活动的全过程。[5] 实证调查显示有 51.1% 的实习单位为实习生购买了保险，包括工伤保险、意外伤害保险、医疗保险或商业保险；但还有将近一半是没有任何实习保险的，并有 48.9% 的实习生不清楚实习单位是否为其购买相关保险。[6]

《职业学校实习管理规定》明确规定实习单位应当遵守国家关于工作时间和休息休假的规定，并不得安排学生在法定节假日实习；也不得安排学生加班和夜班。实证调查显示实习学生加班现象非常普遍：加班情况在实习单位比较常见，其比率达到 50.1%，其中周末加班占 19.7%，加夜班占 11.4%，日均加班两小时以上的占 19.1%。[7]

另外，大学生实习加班加点并且未获得报酬的现象非常严重，周末、节假日加班未得到报酬补偿的占 54%。[8] 大学生实习被加班并且没有加班费的现象已经超过一半，可见，实习加班问题亟待修正。

我国目前实习单位有法不依、有法不守、不严守的现象极其普遍，严重践踏了法治社会之契约精神和契约制度，亟待修正。除了实习立法之外，实习单位之严格

---

[1][3][6][7]　邓东京、易素红、欧阳河、邓少鸿：《18 省调查报告显示：顶岗实习，怎一个难字了得》，载《中国教育报》2015 年 1 月 19 日第 6 版。

[2]　《职业学校实习管理规定》第十七条："接收学生顶岗实习的实习单位，应参考本单位相同岗位的报酬标准和顶岗实习学生的工作量、工作强度、工作时间等因素，合理确定顶岗实习报酬，原则上不低于本单位相同岗位试用期工资标准的 80%，并按照实习协议约定，以货币形式及时、足额支付给学生。"

[4][8]　徐岑、鹿伟：《南大校长吕建：建议建立国家大学生实习制度》，载《现代快报》2018 年 3 月 18 日第 F7 版。

[5]　《职业学校实习管理规定》第三十五条："推动建立学生实习强制保险制度。职业学校和实习单位应根据国家有关规定，为实习学生投保实习责任保险。责任保险范围应覆盖实习活动的全过程，包括学生实习期间遭受意外事故及由于被保险人疏忽或过失导致的学生人身伤亡，被保险人依法应承担的责任，以及相关法律费用等。学生实习责任保险的经费可从职业学校学费中列支；免除学费的可从免学费补助资金中列支，不得向学生另行收取或从学生实习报酬中抵扣。职业学校与实习单位达成协议由实习单位支付投保经费的，实习单位支付的学生实习责任保险费可从实习单位成本（费用）中列支。"

守法之契约精神将特别重要。

（三）实习社会责任感缺失严重

由于我国实习学生数量庞大，实习单位的需求量也非常大，实习单位难寻的现象极其普遍，供需的巨大矛盾造就了实习单位一直是稀缺资源，也为实习单位与学校和实习学生的不当博弈留下了足够的空间。即便是实习单位不讲契约精神，如前文所言向学校不当收取实习费和不严守法律法规与实习契约约定，不仅从道德伦理上违反了实习契约精神，还直接违反了有关法规的强制性制度规定即社会契约制度而丧失了契约严守精神，此为实习单位法律意识淡薄所致。特别是工科实习以生产实习为主，企业单位成为其实习的主要场所，无论企业是否要求缴纳实习费，企业都处于强势地位，否则就不会接受实习而"一拒了之"。可见，在实习关系的主体中，企业的强势地位是他们不讲契约精神或破坏契约精神的重要支撑。

同时，企业在实习关系中的强势地位还导致了企业缺乏社会责任意识，企业的实习契约精神不强。企业社会责任属于道德伦理的范畴，社会责任感不强属于道德上的契约精神，而不是法律层面的严守精神之契约精神。因此，我国目前企业社会责任意识不强，只能从企业道德规范层面进行解剖，包括企业文化。也正因为企业社会责任属于道德伦理的范畴，其契约精神的外在形态即契约制度的基本要素，也就没有像法律规范一样难以明确而具体，造成了社会责任规范的模糊性、不确定性和抽象性。

企业社会责任早已经是一个旧命题，但是，我国目前，相当多的企业还处于社会责任的"起步"甚至是"旁观"阶段；另外，现实中因为企业缺失社会责任而导致的质量低劣、虚假宣传、环境污染、就业歧视等恶性事件，经常成为热点事件，从反面说明了总体上企业社会责任状况仍不乐观。[①]

企业社会责任虽然是一个历史性的旧命题，但是，将实习活动纳入企业社会责任的范畴却是非常有价值的新课题，而将企业实习之社会责任再纳入企业实习契约精神的范畴，更加具有创新意义，对规范我国实习活动将具有开拓性价值。

企业社会责任的内涵本身就具有不确定性，争议较大而难以达成共识，笔者将一些比较普遍的观点梳理和归纳为企业社会责任"利益相关说"，以期概括企业社会责任之复杂理论。企业社会责任"利益相关说"理论的典型代表是由多德在《公司管理者是谁的受托人》中提出的：企业仅代表股东的利益是不够的，还需代表其他相关者的利益。弗里曼（Freeman）进一步给出了定义："一个组织中的利益相关

---

① 张修林：《新时代我国企业社会责任的发展趋向与实践机制》，载《中国党政干部论坛》2019 年第 11 期。

者是可以影响组织目标的实现或受其实现影响的团体或个人。"① 企业利益相关者包括员工、投资者、客户、供应商、媒体以及政府等。②

有一些学者认为，企业社会责任是企业对投资者以外的其他群体所承担的法律和道德责任；也有部分学者认为，企业社会责任是企业在追求经济利润最大化的同时，应负有对社会相应的义务与责任。有人概述为，企业社会责任就是企业在追求自身利益最大化的同时，对利益相关者所应当承担的责任和义务。③ 笔者认为，这些观点仍然可以归并为上述笔者概括的"利益相关说"，即企业社会责任就是企业对社会关系中利益相关者负有道德伦理和法律层面的义务与责任。

还有人从社会资本的角度认为企业社会责任是企业与各利益相关者建立社会关系的过程，该社会关系即可成为企业的社会资本，属于企业的重要无形资产，体现了企业在履行社会责任过程中的软性实力。④ 此观点表明了企业社会责任的特征为企业本身竞争力的一种"软实力"。

企业社会责任除了理论上内涵和要求外，还有国际上的一个标准可供实践中参照，即国际 SA8000 标准，它属于国际上首个道德规范的国际标准，即企业社会责任 SA8000 标准。

SA8000 国际标准的宗旨是确保供应商所供应的产品符合社会责任标准的要求，保护人类基本权益。它规定了企业在赚取利润的同时，必须承担的对社会和利益关者的责任，对工作环境、员工健康与安全、员工培训、薪酬、工会权利等具体问题都规定了最低标准，如禁止童工和消除性别或种族歧视等。SA8000 主要借助消费者、投资者、媒体等各方面的压力来促使企业努力改善员工的各项权利。⑤ SA8000 国际标准的施行与企业利益相关者的关系非常密切，SA8000 国际标准的实施与监督仍然离不开企业利益相关者，是企业社会责任之"利益相关说"理论的实践化和具体化。

SA8000 标准由九大基本内容组成，每个内容又包括若干子要素。其九大内容包括：禁止雇用童工，禁止强迫劳动，健康与安全，结社自由及集体谈判权利，禁止歧视，惩戒性措施，工作时间，工资报酬，管理系统。从劳动者权益保护角度看，

---

① Freeman R. E. *Strategic Management*：*A Stakeholder Approach*. Boston：Pitman Press，1984，P. 31. 转引自：刘志雄：《企业社会责任、社会资本与信用风险传染研究——基于利益相关者理论的分析》，载《江苏社会科学》2019 年第 6 期。

② Clarkson M. E. A Stakeholder Framework for Analyzing and Evaluating Corporate Social Performance. Academy of Management Review，1995，20（1），pp. 92 – 117. 转引自：刘志雄：《企业社会责任、社会资本与信用风险传染研究——基于利益相关者理论的分析》，载《江苏社会科学》2019 年第 6 期。

③ 李锦华、芮雪：《新时代加强企业社会责任建设的建议》，载《社会治理》2019 年第 9 期。

④ 刘志雄：《企业社会责任、社会资本与信用风险传染研究——基于利益相关者理论的分析》，载《江苏社会科学》2019 年第 6 期。

⑤ 李玮：《规范企业社会责任标准——SA8000 的影响与应对策略》，载《湖北社会科学》2009 年第 7 期。

SA8000 标准同我国的《劳动法》及相关法规一样，都是为了保护劳动者的合法权益。SA8000 标准可能被一些不法企业看成是约束"大棒"，但对普通劳动者来说却是很好的"保护伞"。① 从 A8000 标准由九大基本内容看，其每一项内容都与实习活动直接相关，并且直接关联度极高，除了"结社自由及集体谈判权利"中的"结社自由"与实习活动关系不大外，其他内容都直接关联着实习活动，也是保障与救济实习学生的各项合法劳动权益的"保护伞"，世界上所有的企业都应当严格遵守SA8000 国际标准，以充分展示企业之契约严守精神。

SA8000 国际标准虽然没有明确规定实习派遣学校与实习学生为企业利益相关者，也没有直接针对实习活动的规范，但是由于实习活动一方面直接与企业相关联，特别是工科实习主要是在企业进行的；另一方面，实习活动在本质上也是属于一种劳动关系或特殊劳动关系，其劳动与企业正式员工的劳动一样，也应当受到平等和公正对待，实习学生的劳动权益和社会保障权同样应当得到企业的尊重和保障，因此，将企业的实习活动纳入企业社会责任的范畴，就是顺理成章之事，企业在实习关系中实施 SA8000 国际标准，完全应当也完全可行。

笔者认为，如果借用企业社会责任之"利益相关说"理论，那么实习活动也是一种能够影响企业组织目标实现的一种社会活动，其中实习派遣学校和实习学生都应当毫无异议地成为企业利益之"相关者"，实习活动的社会影响不仅仅是物质上的经济利益的影响，更为高层次的影响是对企业的社会关系的精神影响，主要是企业文化和契约精神"软实力"的影响和外化之表象。因此，将实习活动纳入企业社会责任的范畴，而构建企业"实习社会责任"还是具有一定的理论基础的，在实践中也具有可行性和可操作性。

企业承担社会责任是企业获取社会公众好评和好感的基本条件，也是企业能够受到社会各界尊敬的重要前提。企业承担社会责任或许会使企业的短期经济利益受到影响，但换来的却是比短期利益多得多的长期利益，因此，企业的社会责任行为与其谋取利润最大化具有目标一致性。② 实习活动也不例外，实习虽然短期内增加了企业的负担，但是从长远来看，既可以增强企业的社会影响，又可以为企业培养或储备未来所必需的劳动力，还可以实现企业文化和企业契约精神，也可以为培养实习学生之契约精神尽到企业的义务和责任，等等。因此，应当将实习纳入企业社会责任的基本范畴。

笔者认为，在我国目前，由于实习学生的体量巨大，实习需求矛盾突出，加上，

---

① 胡明娟、丁建定：《全球化、SA8000 与我国企业社会责任标准的建立》，载《华中科技大学学报》（社会科学版）2005 年第 5 期。
② 李玮：《规范企业社会责任标准——SA8000 的影响与应对策略》，载《湖北社会科学》2009 年第 7 期。

目前实习立法一直缺失，因此，首先从企业道德伦理方面要求企业承担有关实习活动的社会责任即企业"实习社会责任"（此为笔者语，学界和实践中并无此说），以体现实习单位之道德上的契约精神，可以说是另外一条可供选择的有效路径，不仅完全必要，而且也完全可行，至少在现阶段可以填补实习法律规范缺失所导致的许多问题。

我国目前企业社会责任严重缺失的大背景下，企业实习社会责任严重不足，二者是整体和部分的关系，但是我们不能坐等大环境改善后，再着手改造局部问题，而是可以主动先从小处着手，由小及大而带动整体，因此，先推动企业实习社会责任的改革完成可行。

（四）实习协议与集体合同的严重缺失

实习协议或合同是实习契约精神的外在形态即契约制度之一的民事契约精神，也是实习契约制度的约定性规范的载体。我国目前实习单位之实习协议或合同无论是形式上，还是内容上都存在较大缺陷，其主要缺陷是：

第一，实习三方协议严重泛化。实习单位之实习协议或合同的基本形态主要是实习单位与实习学校和实习学生之实习三方协议，严重缺失能够真正规范实习活动的双方实习协议或合同。实习三方协议是一种非常不规范的合同，其将公法规范与私法规范"生硬"地"杂糅"在一起，笔者前文已经阐释了其存在的严重缺陷，但是，它却一直是我国目前实习契约制度的主流形态，几乎完全"掩埋"了真正有价值的平等主体之实习双方协议或合同，呈现出"劣币驱逐良币"的极不合理现象，进而，使得我国实习契约制度和实习契约精神缺乏有效的制度载体。

第二，集体协商谈判完全缺失。我国目前实习单位之实习合同不仅是实习三方协议的严重不当和泛化，还完全缺失集体协商精神，实习之集体谈判和集体合同制度完全空缺。集体协商谈判和集体合同制度是劳动关系和劳动法的基本制度，也是国际上判断劳动法是否成熟与发达的重要标志之一。总体上，我国集体协商谈判和集体合同制度还比较落后，劳动关系调整中"重个体轻集体"现象极其普遍，专门的集体合同法也一直没有出台，虽然，国家工会组织已经开始重视集体协商谈判，并大力推行各地工会领导下的集体协商谈判特别是工资集体协商谈判制度，但是，形式正义特别严重，实际效果非常有限，仅靠工会组织依据行政力量来治理集体劳动关系是远远不够的，还应当注重培育各用人单位之内生动力和力量，从用人单位之精神和文化层面激发其集体协商谈判的内生动力，将集体协商谈判精神纳入用人单位契约精神的新范畴，进一步，从内生动力和外在压力（法律和道德规范）两大方面共同将集体协商精神和集体合同制度纳入用人单位契约精神和契约制度建设的基本构架。具体回到实习单位之实习契约精神和契约制度上，实习单位应当充分发挥工会组织的职责和作用，由工会牵头组织实习单位、实习派遣学校、实习学生及单位实习导师开展有关实习活动的集体协商谈判，构建实习主体各方之权利义务和责任体系。这样，既可以展示集体主义之集体契约精神，创新劳动关系之三方机制为四方机制或多方机制，还可以实现"去"实习三方协议之泛化现象，甚至可以用实习集体合同代替个体实习合同，更加节约资源和成本。在实习争议产生后，仍然可以进行集体协商谈判，由工会牵头组织各方进行争议的调解工作，将实习纠纷化解在萌芽状态，为构建和谐实习关系的目标提供新的可行性方案。

笔者认为，克服实习三方协议严重泛化的路径就是"去泛化"。第一，以双方实习协议代替所谓实习三方协议。实习单位之双方实习协议或合同应当包括以下三种基本形态：一是实习单位与实习派遣学校之间签订的实习协议，二是实习单位与实习学生签订的实习协议，三是实习单位与本单位实习导师签订的实习协议。三类实习协议或合同一个也不能缺失，三者才能共同构建实习单位之私法意义上约定性实习规范，以充分体现契约精神在平等和意思自治之民事契约中的价值和作用。

第二，推行实习集体协商谈判制度。不同的双方实习协议都是从个体之民事主体的角度构建实习权利义务和责任分配规则，这样做的最大不足是合同签订和合同管理的成本极高，有可能阻隔实习单位签约的积极性和主动性，而实习集体合同恰恰可以弥补这一问题，实习单位的统一实习集体合同可以将实习活动中的许多规则通过集体协商谈判而达成一致，形成具有普遍约束力的行为规范，以充分体现契约之平等主体的意思自治，并能够为各方自觉严守契约创造有利条件，因为，毕竟这些实习规则都是经过实习当事人协商谈判而达成的一致意见，是实习各方主体都自觉认可的行为规范，并非外在意志的强加和强制，实习契约精神之自觉性和严守精神将更加易于彰显。

（五）实习规章制度空缺

用人单位的规章制度又称为内部劳动规则或工作规则，是用人单位自主管理权的体现，也是用人单位治理体系的重要组成部分。用人单位应当将实习活动纳入其规章制度的范畴，因为实习活动本身属于用人单位的基本活动之一，与用人单位关系极其密切，实习单位不仅要有保障实习有序开展的具体措施，还要对实习进行评估与考核，建立激励和处罚机制；不仅要管理实习学生，还要管理实习单位自己委派的实习导师，因此，实习单位应当构建专门的实习规章制度。但是，我国目前的实习活动不够规范，实习契约精神和契约制度相对于实习还是陌生的概念，实习活动极少被纳入实习单位规章制度的调整范畴，实习单位专门的实习规章制度严重空缺。更应当将实习活动纳入实习单位的治理体系中来，积极探寻实习单位实习治理能力的提升路径。

在我国目前还没有出台实习法的情形下，实习单位实习规章制度的法定依据可以参鉴《劳动法》和《劳动合同法》的有关规定，实习规章制度的制定程序和内容应当合法正当，并要经过集体协商，上报劳动行政主管部门和教育主管部门。

目前实习规章制度严重空缺的主要因由是实习单位认识上的偏差，他们一般都认为对实习活动的管理有了实习协议或合同就完全足够了，实习规章制度可有可无并无足轻重。矫正这一偏差，首先就要正确认识实习协议或合同与实习规章制度的关系。实习规章制度和实习协议或合同都是规制实习活动的基本准则，二者互为补充又各有侧重，并不能相互混淆或替代。实习规章制度与实习协议或合同的根本区别就是：实习规章制度偏重于当事人的义务和责任规范，形式上禁止性规范多于权利规范和倡导性规范，内容和程序上都偏重实习纪律及其违规违纪之惩戒方面即惩戒权。其次，实习单位还要看清实习规章制度之利好一面，不能仅仅认为实习规章制度是规制实习学生、仅对学生有利的规则，其实它还对实习单位的管理和治理更为有利，况且还需要对单位内派的实习导师进行规制，因此，从实习关系的多个主体利益上，实习规章制度都是不可或缺的重要契约制度。最后，实习规章制度之惩戒权属于用人单位独享之权利，惩戒权虽然还没有纳入劳动法的范畴，还不是真正意义上的法律概念，但是，实践中，惩戒权早已是用人单位最常用的惩戒手段，惩戒权带来的往往是劳动者法律义务和责任之外的最大不利后果，如果用人单位主动放弃惩戒权，从私法上看也是完全正当合理的，但是，其对用人单位没有任何实质性的好处，并且对单位内部和劳动者的治理也都没有任何价值，因为用人单位内部的有序治理对单位和员工而言都是有利的"双赢"，对违规违纪的放任对绝大多数的守规者来说也是不公平的。因此，用人单位不仅完全不必让渡正当合法的惩戒权，还应当让惩戒权从结果上充分展示契约精神和契约制度，完善和提升治理能力。实习规章制度也是如此，其违规违纪之惩戒权的正当合法行使，也是利大于弊，也是实习单位有效治理实习活动不可或缺的契约制度。

实习规章制度之惩戒权的设置和行使还具有独特的要求，不能完全照搬一般的劳动规章制度。因为实习活动与一般的劳动关系还存在较大区别，实习活动主要属于学校教学活动的一个环节，该环节虽然延伸到了实习单位，但是实习学生的主要法律身份还是学生，不能完全等同于单位正式员工，只有实习时间较长的顶岗实习、生产实习和医学实习等可以视为特殊的劳动关系，因此，对实习学生之违规违纪的惩戒，应当与一般正式劳动者之惩戒严格区分开来，对实习学生应当主要是教育不是处罚，因为实习活动本身就属于将理论与实践结合的一种"试验"和体验，实习学生之不当行为（故意行为除外）完全是正常的现象，应当得到包容和谅解，而不是以惩戒为目的。另外，即便是实习单位不得不行使惩戒权，也要特别注意与实习派遣学校、实习带队教师和实习导师的联系与沟通，不能由实习单位独立行使惩戒权。还要特别注意，实习惩戒权的类型应当以教育惩戒手段为主，而不能行使经济处罚权，至于如果因实习学生的过错而导致了实习单位的重大损失，应当由实习保险或实习派遣学校解决，而不能要求实习学生承担经济赔偿责任。

实习惩戒权的行使还要特别注意惩戒权的合理边界。对不同责任主体应当实行区别对待原则，不能像对一般劳动者的惩戒那样，完全由违规违纪者承担责任。一是对实习学生的惩戒。应当严格遵循劳动规章制度惩戒权之比例原则，容许和包容实习学生之犯错，更不能像惩戒正式劳动者那样实施严厉的"解雇"措施，即不能剥夺实习学生之实习的权利，应当继续留下犯错的实习学生，给予其改正错误机会，这样既可以起到警示作用，还可以修正实习中偏差或失误，这有利于提高知行合一的实践效果。二是对实习导师的惩戒。实习单位当然有权对本单位有相应过错的实习导师进行惩戒，因为其本身就是本单位的一员，单位天然享有惩戒权，但是，应当实行激励和惩戒的双重机制，有奖有罚，才能有效调动实习导师的积极性和主动性，对指导不力的可以依照实习规章制度的规定对其进行适当的训诫或经济处罚，严重者可以降级降职处罚，所有这些，都必须遵循劳动规章制度之明确性原则，实习规章制度中没有明确规定的，则不能处罚。三是对实习带队教师的惩戒。实习单位对有过错的实习带队教师原则上不享有惩戒权，只享有惩戒建议权即建议实习派遣学校予以惩戒，因为实习带队教师的法律归属不是实习单位，而是派遣学校，因此，实习单位不能享有对其的惩戒权，否则就是越权或滥用权力。

以上实习惩戒权的正当施行，才是法治社会的应有要义，也才能够彰显实习单位之法治精神和契约严守之契约精神，并展示实习规章制度的之契约制度的正义性和公正性。

四、实习学生实习契约精神

大学精神是现代大学的灵魂，大学精神的重要内容之一就是契约精神，大学生契约精神的培养是关系到未来大事，是培养什么人、为谁培养人和如何培养人的教育大计。我国目前由于大学的持续扩招，大众化的高等教育逐步实现，与之伴随的问题也随之而来，特别是现代大学生契约精神还存在较大不足，一些大学生法治意识淡薄，崇尚法律和敬畏法律的精神并未形成，遵纪守法的意识与实践行动还有较大距离，自由平等意识较强但个体本位突出，诚信原则难以实现理念与实践的融合，学风之浮躁不实与急功近利普遍存在，社会责任与历史担当意识不强，等等。

大学生契约精神包括实习契约精神，大学生契约精神的不足直接关联到实习学生之契约精神，二者相辅相成，互为依托。我国实习学生之实习契约精神的具体表现是：一是实习认识存在偏差，难以摆正实习态度；二是实习过程流于形式，没有践行知行合一；三是实习评估考核严重虚化，诚实守信严重匮乏；四是学生权利意识强烈，义务责任模糊淡化；五是实习制度严重空泛，严守精神难以落地。下面分述之。

（一）实习认识存在偏差，难以摆正实习态度

实习是大学教学的一个非常重要环节，其重要性不言而喻，它是理论与实践的知行合一，直接关系到大学的教学质量和大学生的知识水平和能力。但是实际上，大学生对实习的认知还存在较大偏差，实习态度并不非常端正，往往认为实习活动无关紧要，最要紧的是各种职业资格考试如公务员考试、法律资格考试、注册会计师考试等，为就业和就好业打下良好基础，还有的一心准备出国留学和考研，实习学生最为关注的是就业或出国或考研问题，而不是如何将理论与实践结合，专业知识和技能的学习与提高常常被忽略，导致实习过程中的严重形式主义。态度决定行动，有的学校或院系或专业甚至出现许多学生不愿意参加学校统一安排的集中实习，学生们强烈要求由学生自己安排实习，其实习基本上成为学生的自由"假期"，只要最后搞一个由单位签字盖章的实习报告便可完成实习任务，实习老师也只是面对实习报告给出一个成绩就算完成了实习活动，学校也是睁只眼闭只眼，难以真正评估和考核实习效果。这种所谓"自由"式实习之自由平等理念，不但不是实习契约精神，而且是对实习契约精神的严重破坏。有些实习学生即便是被迫参加由学校安排的集中实习，也是心不在焉地实习，实习过程严重虚化，实习派遣学校和实习单位之实习规章制度也难以全面遵守，更勿谈实习效果。这样的实习理念和态度，决定了实习活动的基本走势，严重偏离了甚至破坏了理论与实践结合、知行合一、诚实信用、敬法畏法、遵章守纪、崇实去浮等实习契约精神的应有要义。

（二）实习过程流于形式，没有践行知行合一

实习不仅是普通高校教学之不可或缺的重要环节，更是职业院校的常态化教书育人过程，都关系到教学质量和人才培养的宏伟目标。实习过程需要实行实质化和精细化管理，以便真正践行理论与实践紧密结合和知行合一的价值目标，特别不能

搞形式主义。但是，我国目前实习过程的形式化现象极其普遍，实习契约精神还非常难以在实习过程中得到展示和彰显。实习过程的形式化，并不仅仅是实习派遣学校和实习单位的认识和行为，实习学生的主观认知和行动也是重要原因和诱因。其具体表现如下。

第一，实习学生主观上，对实习及其与就业创业或职业资格考试之关系认识存在偏颇。许多实习学生认为实习活动并不十分重要，最为重要的是就业或创业及职业资格考试。他们误认为大学学习一切都是为了就业或创业，专业知识和技能并不重要，专业知识学习和实践都没有职业资格考试和证书等重要和实际，甚至有许多学生认为实习活动影响或干扰了上述事宜。究其原因，外因是社会就业导向和就业压力，内因主要是学生的急功近利和实用主义思想的影响。虽然不能完全归因和责怪大学生，他们也是受害者和被动接收者，但是，对实习学生的实习形式化过程，还是需要全社会包括学校和实习单位从观念上和行动上进行有效引导和治理，不断纠正实习形式化问题。要从思想认识的高度，让大学生明白，实习与就业和这些资格考试并不矛盾，实习搞好了，知行合一得到体现，专业知识和技能都能得到极大提升，也都能够为就业或创业或职业资格考试打下坚实的基础，二者相辅相成相互促进，关键是大学生要从理念上转变认识，克服急功近利的浮躁心态。

第二，实习学生客观上，对实习时间和精力的投入不够，实习积极性和主动性严重不足。由于实习学生主观上对实习认识的偏颇，直接造成实习"动力"不足，进而促成了实习形式化，实习学生对实习过程比较漠视，实习学生只看重最后的实习结果之形式如实习鉴定、实习报告等，只要有实习单位的盖章，学校和实习老师就是认可的，最后只要完成实习鉴定或实习报告之形式要件，即可完成全部实习活动。这些现状不仅偏离了实习目标和实习价值判断，还严重违背了诚实信用之基本契约精神，有意或无意掩埋和破坏了实习契约精神，对培养大学生之契约精神和人格也将是隐患，实习契约精神和契约制度的构建都要特别注意矫正实习学生之实习形式化问题，从精神层面和制度规范引领和保障实习契约精神的有效实现。

（三）实习评估考核虚化，诚实守信严重匮乏

实习过程的严重形式化，必然导致实习评估考核的虚化；而实习评估考核的虚化，又反作用于实习过程，进一步加剧实习的形式化问题。二者互为因果关系。这不仅导致实习单位和学校或老师在实习评估考核中的"失信"问题，也"倒逼"了实习学生之实习"失信"行为；前者的实习契约精神的缺失也必将导致后者即实习学生之契约精神的缺乏。二者相互影响，共同加剧实习诚实信用之契约精神的缺失。因此，实习结果的评估考核，表面和形式上是学校实习制度的设计问题，看似与实

习学生契约精神无直接关联，而实质上映射出实习契约精神与契约制度的设计者和实习学生的互动关系，实习评估考核制度的虚化，反过来影响实习契约精神的生成，特别是诚实信用精神在实习活动中的价值导向将难以发挥作用。

（四）学生权利意识强烈，义务责任模糊淡化

大学生法律意识从总体上看，还是比较强烈的，法治观念也比较深入人心。但是，也还存在不同的高校、不同的专业和不同的学生等不均衡的问题，这是国家和社会发展中的一般性问题，我们不必大惊小怪。但是，我们必须正视这种不均衡现象，不能忽略少数大学生法律意识淡薄，甚至违法犯罪，而应当不断加强对大学生的法治教育，有效培训大学生的法治观念并积极树立法治精神。这也是契约精神的基本要求，而每个大学生都要参与实习活动，因而，大学生的法治精神也是实习契约精神的另外一面。

我国目前大学生实习活动中，学生的权利意识都还比较强烈，这是我国社会发展和治理的好事，但是，在实习活动中，有些实习学生的义务和责任意识还比较模糊与淡化，社会责任、历史担当和实习初心还有待进一步加强。例如有些实习学生对学校的实习安排不够理解并常常"挑三拣四""挑肥拣瘦"，往往都愿意到经济发达的地区和大城市实习，而不愿意到经济落后和小地方去实习；都愿意到有实习报酬或补贴的单位实习，都不愿意到无实习报酬或补贴的单位去实习；都愿意到国有企业去，不愿意到私营企业去；都愿意到大中型企业去，不愿意到小微企业或基层街道办事处去实习。实习过程中，往往只看到自己应当享有的权利，而忽略自己的义务和责任，例如，不严格遵守实习单位的规章制度，作息时间自由散漫；实习中不严格遵守操作程序，导致实习单位的额外损失；社会责任感不强，实习中不注意爱护实习单位的财产设备；生产实习中，对带队工人师傅不够尊重，不听从其安排和指导；医学实习中，对病人服务态度不好，不愿意干服务性的工作；顶岗实习中，常常计较实习报酬或补贴，不愿意顶替钱少或艰苦的岗位，此类问题都反映了实习学生的义务和责任感不强，个人本位和功利思想比较严重，没有摆正实习的态度，没有牢记实习的初心，没有体现大学生的历史使命感。概言之，缺乏实习契约精神。

权利和义务是相辅相成的，没有无权利的义务，也没有无义务和责任的权利，因此，应当不断加强和完善实习学生的义务和责任意识，强化责任和历史担当，不忘实习初心即理论与实践结合的知行合一，而不是仅仅为了就业和获得实习报酬或补贴等。

有实证调研课题"辽宁省大学生契约精神现状及其养成研究"指出：大学生和学校、学生和老师具有双向的权利和义务关系；大学生既要享有权利，还要承担义

务，是大学生契约精神不可或缺的组成部分。权利义务观念是现代社会发展所必不可少的，也是契约精神的重要内涵。[①]

上述实证调查分析报告显示，契约签订以后，大学生的责任意识比较强。90.95%的大学生会"尽最大努力，克服一切困难去履行契约"；97.74%的大学生有"将来努力报答父母养育之恩"的想法；95.59%的认为"应尽最大努力刻苦学习，完成学业"；93.55%的大学生设想如果自己"是企业老板，会按照国家劳动法规定，为职员缴纳五险一金"；80.24%的大学生选择"作为大学生也应该与国家签署一份契约，将来努力工作，为实现中国梦贡献力量"。但是，还有21.71%的大学生有把国家命运与个人追求分离的倾向。虽然90.95%的大学生认为"签订契约后，会尽最大努力，克服一切困难去履行条约"，但也有9.05%的大学生选择"好处多则尽力完成，坏处多则能推则推"，这表明大学生的契约观念还需要加强。[②]

这些调研数据虽然还比较片面，不能代表全国的整体现状，但是，其从实证的角度反映了大学生的责任意识现状。这也仅仅是思想认识层面上的调研，大学生实践中的社会责任感状态，还难以到达思想认识上的高度，而大学生实习活动却是大学生走向社会、走向实践和践行承诺的第一步，实习学生的权利义务观念和社会责任感，与理论上的统计还有相当大的差距。

（五）实习制度严重空泛，严守精神难以落地

我国目前实习制度呈现严重的公共制度供给不足，数量庞大需求极其旺盛的实习活动还一直缺乏统一的立法制度，实习供给侧与需求侧矛盾不断加剧。实习契约精神制度载体的"皮之不存"，还直接导致实习契约精神的"毛将焉附"，是导致实习大学生严守之契约精神缺乏的根本原因。

虽然我国目前还缺乏统一的实习立法，但是，地方立法和各个学校与实习单位总体上还是有实习规章制度的，实习之严守契约精神也就具有了一定的"依附"载体，加上实习活动中还有实习三方协议或双方实习合同，即严守之载体还有私法意义上的民事契约（前文之笔者观点：实习三方协议属于不伦不类之"混杂体"，并非完的民事契约），实习学生的严守精神之制度载体并非完全缺失。

"严守"包括两大基本类型：一是严守制度，严格遵守法律法规或规章设置的公法层面的法定规范；二是严守契约即协议或合同，此为私法层面之意思自治的合同约定规范。严守精神也是契约精神的重要内涵之一，精神层面的无形影响，只有在实际行为中才能具体展现，严守精神就是契约精神的"落地"，要求每一个参与

---

①②　张朝霞、任引沁：《当代大学生契约精神现状及分析》，载《理路观察》2018年第2期。

主体都要严格守法，严格履行和全面履行法定规范和约定条款，其中的实习学生之严守最为重要，它关系到国家和民族未来人才的基本素养，因此，严守精神应当成为我国大学生的基本契约精神。由此，实习学生契约精神之严守内涵就应当包括两大方面：一是实习学生应当严格遵守实习法律法规和规章制度；二是实习学生应当严格遵守其与学校与实习单位之实习协议或合同（目前主要是实习三方协议，今后应当主要是实习双方协议或合同），前者要求实习学生严守实习制度规范，后者要求严守协议规定即严格履行法定和约定义务。

我国目前实习管理制度的不够健全，特别是实习评估与考核制度中也还存在"严守"之载体欠缺问题，即严格遵守有关实习评估考核制度不严，这也是导致实习学生之契约精神不够的又一原因。

实习学生之严守精神要求每一位实习学生在整个实习活动中，始终严格遵守法律法规和各类实习规章制度，还必须严格履行和完全履行实习协议或合同之约定义务，既要严守制度规范，又要严守契约约定；既要严守道德规范，还要严守法律规范。

第三节　提升实习契约精神路径

一、国家政府须完善实习法治建设

国家和政府提升实习契约精神的首先路径是建立健全实习法律制度，从而使得实习活动有法可依和有章可循。

我国目前党和国家非常重视契约精神，多次在中央最高文件中提出了契约精神，已经将契约精神和契约制度纳入了国家治理的范畴。但存在的问题是倡导性价值理念观多于实际制度性规范安排，在实习活动中统一的实习正式制度还一直没有诞生，《实习法》或《实习促进法》的立法程序还一直没有启动，使得实习契约精神一直没有正式契约制度的载体，契约制度成为"无源之水"和"无本之木"之空中楼阁。建立健全统一的实习法律制度，应当就是国家立法部门实习契约精神和契约制度的首要任务和不可推卸的责任。只有在有正式实习法律制度后，才可以谈及"执法必严"之实习契约严守精神。

实习立法除了国家层面的立法外,国家立法机关还要督促各地出台相应的地方实习立法,形成实习法律正式制度的中央到地方的完整体系。地方实习立法应当结合本地实际情况,因地制宜出台具有实际可操作性的地方实习管理细则。特别是要明确规定本辖区内企事业单位之无条件接受实习任务的强制规定,并出台相应的奖励和处罚办法,以保证实习岗位的庞大需求;还要特别注意实习与见习、学徒、试用期的衔接与整合;要特别注意立法规范实习劳动报酬或补贴、实习保险等实习学生非常关注和在意的热点问题;还应当特别规定实习学生的权利保障与救济问题。地方实习立法必须遵循《中华人民共和国立法法》,在国家实习立法的基础上制定,不得违反上位法的规定。

国家层面的实习立法工作完成后,还要适时启动修法程序,对现有教育法规包括教师法等进行修改和完善。将实习活动明确纳入国家的整个教育法制轨道,将教育主管部门、学校、教师和学生等实习主体全部和实习契约精神纳入法律的范畴。修法中要特别关注和修改学位授予条例,将实习考核列为是否授予学位的重要基本条件之一;修法中还要特别注意对各方主体之"法律责任"的规定,改变教育法之责任虚化的缺陷,加大违反处罚力度,不断完善教育法之责任分配体系,实现对实习关系之全方位的调整和治理。

在完成实习立法和修法工作后,社会实习正式契约制度就搭建起来了。但是,这还远远不够,还需要国家和政府部门的监督执行,使得实习契约制度能够贯彻于全部的实习过程,进而实现契约精神,特别是弘扬法治精神和法律严守精神。这一任务具体应当主要由教育行政主管部门完成,全国教育部的主要职责是颁布实习立法的细则,构建具体的实习制度,引领和指导全国的实习管理和治理工作。

目前我国的实习管理工作非常薄弱,实习管理被严重"边缘化",实习管理已经成为高等学校包括职业院校工作中无足轻重的薄弱环节,对实习活动的放任已经是一种普遍现象。教育部和各地教育部门负有不可推卸的责任。教育部还没有制定实施统一的实习部门规章或细则,目前仅有针对职业技术院校的《职业学校学生实习管理规定》,该规定仅仅能够适用于职业院校,而将数量庞大的普通高校实习学生全部排除在外,从而使得体量最为庞大的普通高校实习学生"无章"可循,更遑论契约严守。如何构建有效的实习管理制度,应当成为教育部和地方教育部门的工作重点和大学治理中不可或缺的重要内容,不能放任自流,不管不问,教育行政管理部门应当担负起自己对实习活动的管理职责和义务,这也是其实习契约精神的重要方面。具体路径可以是,将实习工作纳入教育部"双一流"建设学校和学科的考核目标,实习工作的评估与考核与"双一流"建设同步立项、同时建设;还要将实习纳入大学就业创业的目标考核体系，因为实习本身与就业创业关系密切，就业率的指标考核应当与实习挂钩；还应当将实习规范统一纳入各个大学章程的范畴，将实习契约精神明确规定于大学精神的范畴；并将实习工作作为大学本科质量评估的重要内容。以此作为推动实习契约精神构建的基本载体。

国家政府之实习契约精神和契约制度的构建还必须加强实习经济基础的建设，具体就是不断加大国家对实习经费的投入。国家加大对实习经费的投入，不仅体现了国家政府对未来接班人大学生的特别关心，也是国家政府重视实习活动的具体行动。实习经费的投入不仅仅是对学校和实习学生的投入，还应当对实习单位进行必要的资金资助，或者对积极参与实习的单位给予税收减免或优惠。具体税收减免或优惠路径可以借鉴法国和英国征收"学徒税"之成功经验，适时开征学徒税或"实习税"，对按照规定参与实习活动的单位进行税费减免或抵扣，对未参加实习或不符合规定的单位直接强制性征收学徒税或"实习税"，而对按照规定参与实习活动的单位进行税费减免或抵扣，此办法之实习激励与惩戒机制并举，收费与抵扣并行，不仅可以调动社会各界参与实习活动的积极性和主动性，还可以减轻国家财政的压力，同时还可以有效克服实习单位向实习派遣学校收取实习费即缴费实习或实习缴费的难题，进而从经济保障上提升实习单位之严守契约精神，此实为多方共赢之举措，值得大力推广。

二、学校全方位提升实习契约精神

学校是实习关系的直接主体，学校自身契约精神的提升直接关乎实习契约精神的构建，我国目前实习派遣学校还存在许多不利于实习契约精神和契约制度的漏洞，如前文所述的学校实习制度"空泛化"；学校实习管理机构缺失；实习参与教师偏少；实习安排不合理；实习经费严重不足；实习管理弱化；实习考核虚化等，这些问题都直接影响了实习契约精神和契约制度的构建，亟待一一修正和完善。

（一）克服学校实习制度"空泛化"，新建实习劳动学分制度

依法依规治校是现代大学的基本精神，也是实习契约精神的具体表象。由于我国目前缺乏国家层面的实习立法，也没有统一的实习规章，在这样的大环境中，各学校内部的院系为了规范实习活动，不得不制定本院系或专业的实习规章制度，从而导致实习规章制度的严重"碎片化"，为了克服这些制度性缺陷，应当统一学校内部各院系或专业的实习制度，首先构建学校层面的统一实习规章制度，即每一所

学校都应当制定本校统一的实习规章制度，在此基础上各院系或专业再制定具体的实习规章制度，克服校内实习制度的混乱和"空泛"，这样构建的"大制度（学校）＋小制度（院校专业）"学校实习制度体系就比较完备，能够比较充分地展示"相同的人相同对待"和"不同的人不同对待"之法律平等精神，以体现本校所有实习学生的身份和地位的平等性之实习契约精神。

在学校实习制度之大制度中可以创建实习之"劳动学分"制度。创建实习制"劳动学分"制度既是我国大学课程改革的必需，也是矫正目前学校实习制度"空泛化"的具体措施；还是贯彻落实国家教育方针和党中央《关于全面加强新时代大中小学劳动教育的意见》的实际行动。"劳动学分"制可以分为理论学分和实践学分两大类别。实习活动可以列入大学劳动教育的实践学分，将认识实习、毕业实习和生产实习等都纳入实习劳动学分的考核指标，依据实习时间长短的不同，可以将时间较短的认识实习的学分设置为 2 分，时间较长的实习学分可以为 4 分，共计为 6 分，达不到此学分的将不予授予学位；另外，可以增设专门的大学劳动教育课程，并作为大学必修课，其学分为理论学分。将实习之实践学分纳入大学劳动教育学分制体系中，这既是贯彻执行国家劳动教育基本方略之必需，又是从外因上引导和影响实习学生崇尚和尊重劳动之劳动契约精神的有效路径之一。

（二）建立学校专门的实习管理机构——实习委员会

我国目前一个非常普遍的现象是，学校内部很少有专门的机构负责实习工作。各个学校的实习工作基本上都是由教务部门（一般为教务处，少数为本科生院）负责，完全没有专门的管理机构进行实习管理工作。其原因如前文所述，主要是各高校普遍"重科研轻教学"，科研平台或机构"野蛮式"生长与繁荣，而教学和教学机构及其管理人员长期不被重视，其地位也处于学校的底层，诸如实习类专门管理机构几乎为零。这种普遍忽视实习活动的现象，不仅破坏了大学精神，造成了学校内部的不平等和严重的歧视问题，直接破坏了契约精神和契约制度，并间接影响到了广大实习学生的价值观念和法治观念。因此，各个学校应当首先高度重视实习工作及其管理人员。笔者认为，我国所有高校都应当成立专门的实习管理机构和配备专门的实习管理人员。具体施行路径可以借鉴学校学术委员会的机构设置模式，首先，建立学校层面的校实习委员会，综合类院校还应当细分为文科实习委员会和工科实习委员会；其次，各个院校再成立专门的实习分委员会；最后，配备专门的实习管理人员，学校层面应当成立专门的校实习委员会秘书处或办公室，配备专门的实习秘书长和秘书等。所有的实习委员会都应当是学校或院系的常设机构，都应当具有学校的正式单位（正处级单位）和个人编制。这样才能从组织上保障实习活动的有序和有效开展，并充分体现学校之平等和非歧视精神，率先垂范和实习学校之实习契约精神。

（三）大力增强实习师资队伍

我国目前实习派遣学校长期存在直接参与实习活动的教师偏少，教授带队的实习更是罕见。其原因如前文所述，主要是各个高校普遍重视科研工作而轻视教学工作，更缺乏对实习教师的实习激励和考核机制，加之实习经费的严重短缺，教师的实习补贴较低，付出与收益不成比例。

教师或教授缺失参与实习活动的主要原因，除了教师自身的内在主观原因外，另外一个重要原因就是缺乏外部的制度约束。实习制度和实习协议两大方面的约束，是实习契约制度的基本约束机制。"重科研轻教学"的大环境使得学校的主流导向是科研而不是教学，更不是实习，教师参与实习活动与教师奖励、评职称等职业或事业发展都没有太大的关联性。如此一来，没有外部实习制度的引导和约束，必然导致教师之缺乏实习活动，进而导致教师或教授实习契约精神的缺失。

教育部和各个高校都应当转变观念，将教授等高级职称人员不仅要纳入本科教学课程建设，还应当将其纳入实习师资队伍的范畴，并建立相应的考核指标和激励机制，将实习真正纳入建立一流院校和一流本科课程建设的基本范畴。

改进路径是首先转变"重科研轻教学"的观念和制度构建，将实习摆在与科研同等重要的地位，将实习带队教师纳入职称或职务晋升的必要条件，构建实习教师激励制度和机制；其次，将实习带队教师的考核纳入教师年度考核和教授聘期考核的范畴，还可以将实习考核纳入学校高层次人才的考核指标，没有直接带队参与实习活动，或者没有到达实习带队时间的教师、教授或高层次人才，将考核等级认定为不合格，或者不予继续聘任。如此构建的实习激励和引导制度和机制，加上实习处罚制度和机制的"倒逼"，可以达到"双管齐下"的效果，极大提高广大教师参与实习活动的积极性和主动性，进而，从实习教师队伍上提升教师之实习契约精神，逐渐塑造教师的实习契约制度。

（四）加大实习经费投入

国家和政府对实习的经费投入太少，加上各个学校有限的经费又重点投向了科研，导致学校实习经费严重短缺。有些工科院校以生产实习为主，实习时间比较长，实习单位大多为企业，而企业又以经济效益为主导，实习派遣学校往往还必须向这些实习企业缴纳一定的实习费，从而使得有些学校的实习经费"雪上加霜"。学校实习经费严重影响了实习学生和带队教师的积极性和主动性，使得实习严重地被迫流于形式，实习时间和效果也随之不得不严重缩水，以节约实习成本。为了有效改变这一现状，必须加大对实习的经费投入；同时，为了保障学校有限经费的高产出，应当实行实习经费专款专用，不能采取目前有些院校的"切块"或"包干"制，要让实习经费能够落实到每一个实习学生和实习老师头上。

（五）重整实习三方协议，重塑实习平等契约制度

实习协议或实习合同是实习契约精神之私法契约的外在基本形态，它的形式和内容直接反映了实习契约精神，及其在私法意义上的契约制度上的形态。

在我国目前还没有出台实习法的背景下，契约制度之公法规范相应缺失，并且实习立法的启动程序也还是遥遥无期，在此情形下，实习契约制度之私法约定性规范即实习协议或合同，就显得特别重要。其将担当起实习契约精神的全部载体，其私法上的约定规范还将暂时替代公法之法定规范。

我国现行实习契约还没有纳入法制的轨道，公法调整模式还是空白。实习协议或合同也随之缺乏公法规制，实习合同既无实习之民事法律法规，也无实习之劳动法规范，更无专门的实习合同法；实习协议或实习合同既不属于有名合同（典型合同），也不是法定化的契约类型。如此一来，目前仍然只能依靠不伦不类的所谓"实习三方协议"维持现状，依靠其实现实习契约精神之载体。

笔者已在前文批判了所谓"实习三方协议"，实习三方协议是一种极不规范的形态，其"杂糅"了多方主体，"杂糅"了公法与私法规范，显得不伦不类。实习三方协议违背了法理，民事契约与精神和社会契约与精神是两大不同类型的契约与契约精神，民事契约精神的基本内涵是平等主体之间的意思自治；而社会契约精神则不然，其主体并非平等主体，意思自治受到严格限制，其体现的是国家和社会之公权力或公共利益的意志。仅仅从契约与契约精神的视野看，实习三方协议应当重整，应当取消此种合同形式，以规制实习双方平等主体的实习协议或实习合同代替三方协议，让公权力和私权利、让民事契约及契约精神与社会契约及契约精神"各行其道"、互不干扰、"并驾齐驱"。

三、实习单位加强实习之社会责任

我国的实习学生数量庞大，实习单位的需求稀缺，实习单位难寻的现象极其普遍。特别是工科实习以生产实习为主，企业成为其实习的主要场所。企业在实习关

系中的强势地位导致了企业普遍缺乏社会责任意识，企业的实习契约精神不强。将实习活动纳入企业社会责任的基本范畴，构建和提升企业实习社会责任，是从实习单位的角度探寻实习契约精神和契约制度的全新课题。

笔者认为，在我国目前实习学生的体量巨大，实习需求矛盾突出，加上实习立法一直缺位，因此，为了弥补实习法律规范的空白，首先从企业道德伦理方面要求企业承担有关实习活动的社会责任即企业"实习社会责任"，以体现实习单位在道德上的契约精神，可以说是一条完全必要而且也完全可行的道德层面的新路径。

第一，企业应当积极主动地接受实习学生进行实习，从观念上改变对实习的"短视"，不能将实习视为企业人力资源管理和经济上的负担，而是应当"远视"地看到实习实质上是企业吸收与储备未来人才的重要环节和手段，并且可以节约招聘成本。只有企业观念的首先转变，才能促进和搭建企业承担实习社会责任的基本框架。

第二，企业应当为实习创造良好的氛围，将实习文化纳入企业文化和社会责任建设的范畴。企业首先应当树立良好的社会责任意识氛围，强化企业社会责任的理念，在企业文化中贯彻和宣扬社会责任意识。其次，将社会责任纳入企业的长期战略目标和企业基本道德规范和准则，并在企业规章制度中列入社会责任相关内容。[1]构建实习学生与企业和谐相处的实习文化氛围，特别应当严守平等之契约精神，不仅应当将实习学生与企业正式员工一样平等对待，还要处处体现企业对青少年特别的人文关怀；不仅要让实习学生能够感受到良好的实习文化氛围，还有"家"的感觉。这样既是企业实习契约精神的直接体现，亦是企业对实习学生之和谐契约精神引导和培养的一种企业实习社会责任。

第三，企业应当为实习学生提供良好的实习条件，不仅不能安排实习学生从事高危和环境恶劣的实习岗位，还要大力改善实习学生参与实习的环境，提供优质的实习条件。另外，还要从人力上大力支持实习活动，尽量为实习学生配备专门的实习指导老师（师傅），这样既可以保证实习的有序开展，还可有效保障实习的效果。企业还要为实习学生解决食宿问题，提供基本的住宿条件和实习工作午餐。

第四，企业应当依规为实习学生支付适当的实习劳动报酬或补贴，特别是对时间较长的实习如超过一个月的顶岗实习、生产实习和医学实习支付一定的实习报酬，不能再将实习学生视为无偿或廉价劳动力，具体支付标准可以参照当地的最低工资标准执行，让广大实习学生在踏入社会的第一步就能体验到劳动的意义、劳动的价值和劳动的快乐，实实在在地体验到获得感和幸福感。支付一定实习报酬的意义不仅是物质方面的经济利益，还从精神层面加强了企业对实习学生的契约精神培养的

---

[1]　李锦华、芮雪：《新时代加强企业社会责任建设的建议》，载《社会治理》2019 年第 9 期。

引导力，进而体现了企业之实习社会责任。

第五，企业应当为实习学生购买实习保险，可以考虑工伤保险和其他商业保险如人身意外伤害保险等，至少应当保证每一个实习学生享有一种保险，企业既保障了实习学生的权益，又可以化解和降低企业风险，还可以为实习学生树立社会保障意识和严守精神的示范样板，从而再次展现企业实习社会责任。如果是职业院校实习，就应当按照国家强制规范《职业学校实习管理规定》的规定，为每一个实习学生投保实习责任保险，责任保险范围应覆盖实习活动的全过程，包括学生实习期间遭受意外事故及由于被保险人疏忽或过失导致的学生人身伤亡。这既是实习单位的法定义务和责任，也是企业实习社会责任的基本范畴，企业必须严格遵守这些强制性法定规范，以充分体现企业严守社会契约制度之契约精神。至于其他普通高校的实习，由于目前还没有强制性的法定规范，只能从企业社会责任的角度，倡导企业为实习学生担负起实习保险义务和责任，与实习学校和实习学生约定实习保险有关事宜，一旦约定了实习保险，企业也应当严守约定，以彰显企业在社会保障上的实习社会责任。

第六，企业应当严格进行实习过程管控和绩效考核，有效和有力克服实习活动最后考核环节的严重虚化和形式化缺陷。企业应当建立完善的实习评估和考核制度，防止实习"走过场"和"打杂式"实习，既要严格对实习学生的考核，也要对企业的实习导师进行考核并与绩效考核和福利待遇挂钩。过程管控和绩效考核是企业的强项和优势，实习的过程管控和绩效考核只不过是"搭便车"的行为，不会额外增加企业的人力资源管理成本，但是，这样的"搭便车"，不是说企业可以对实习活动放任自由，而是应当借鉴企业的管控和考核模式，建立专门的实习管控和绩效考核机制，对每一个实习学生的实习成绩进行实事求是的公正评价，而不是"和稀泥"。将实习管控和考核上升到企业实习契约精神的高度，就是为广大学生树立起严格遵守社会制度（包括企业制度）的标杆，培养学生的契约严守精神，以尽到企业之实习契约精神培养的社会义务和责任。

四、学生全面弘扬实习之契约精神

由于我国大学的持续扩招，传统精英教育不复存在，大学生契约精神严重不足。一些大学生法治意识淡薄，崇法、敬法和畏法精神不够，个体自由平等意识较强，诚信原则难以真正践行，学风浮躁不实与急功近利现象普遍，社会责任与历史担当意识不够等。大学生契约精神的不足直接影响到实习学生的契约精神，现阶段我国实习学生之实习契约精神的主要问题是：实习认识存在偏差，难以摆正实习态度；实习过程流于形式；诚实守信严重匮乏；义务责任模糊淡化；严守精神难以落地。改变实习学生之实习契约精神的不足，除了宏观上要大力培养大学生契约精神外，还应当特别注重微观上对实习契约精神的培育和提升。

（一）纠正实习认识偏差，树立正确实习观念

实习活动中由于大学生对实习的主观认知还存在较大偏差，缺乏正确的实习观，导致实习态度不端正，缺乏诚信之实习精神。态度决定行动，实习过程严重虚化。大学生不当的实习理念和态度，不仅决定了实习的效果，还从精神层面背离了实习契约精神的基本要义。因此，培育和提升大学生之实习契约精神具有重要意义，其直接关系到培养人的大事。

（1）内生动力上，大学生自己主观上应当从观念上注重大学生契约精神和实习契约精神，并将其视为自己世界观、人生观和价值观，在实习活动中养成正确的实习观，主动端正实习态度，态度决定实习的一切，内因是养成实习契约精神的关键，内因是改变实习观念和态度的决定因素。大学生积极主动地将实习活动与劳动精神和工匠精神有机融合在一起，特别是工科院校和工科专业的大学生还特别应当从理念上将实习活动与新工科培养理念融为一体，大学生应当牢固树立诚实信用实习之理念，将实习视为提升自己业务素质和实践能力的有效途径，而不能视作完成学业的一个环节，主动克服实习形式主义或虚假实习问题。

大学生实习契约精神培育的内生动力还有一个非常重要的方面，就是矫正和培育大学生自我的平等和非歧视观念以及心态之失衡与错位。由于我国目前的大学层次分类复杂，既有部属院校，又有地方院校；既有"211"大学，还有"985"大学；既有公办高校，又有民办学校；既有少量的"双一流"院校和专业，也有大量的非"双一流"院校和专业，这些不同类别的划分，容易误导社会和学生对学校的基本评价和偏好。

再加上高职或中职院校的学生更加容易从主观上感受到不公平之歧视性待遇，其实习心态更加易于错位和失衡，应让其真正感受到社会的公平和正义，才能够培育和提升其实习契约精神。

因此，矫正和培育大学生实习契约精神，必须着力从主观上改变大学生之平等和非歧视观念和心态失衡与错位，构建起所有实习学生之健康的实习心态，这需要整个社会的共同奋斗，否则培育和提升大学生实习契约精神只能是不切实际的空谈和妄想。

（2）外生动力上，学校应当重视对大学生契约精神和实习契约精神的培养问

题，学校应当成为大学生实习契约精神培育的第一责任主体，对实习学生心理的矫正和引导是其首要义务和责任。学校应当对大学生进行心理辅导，开设心理健康课，以纠正其不平等之歧视性心态，帮助广大学生树立正确的"三观"，改变他们对实习的认识和态度，让实习成为其实现人生价值目标的第一步。外因的影响才能改变实习学生之内因，并促使实习学生内因的转变，实现实习契约精神。外生动力不仅仅是学校之事，还应当包括国家和政府，更不能缺失实习单位。外生动力也不能仅仅是对实习学生的心理矫治和引导，还包括许多方面，即有关国家政府、实习派遣学校和实习单位之培育和提升实习契约精神的其他非心理因素。

（二）培育契约严守精神，养成严守行为习惯

实习学生应当严守实习契约，大力弘扬契约严守精神，并在实习活动中严格遵守契约制度，将严守精神变为自己的实际行动。实习学生之契约严守包括两大基本内容：一是国家政府制定的实习规范，即实习法律法规和部门规章，这些属于公法意义上社会契约制度的范畴，是实习学生崇法、敬法、畏法和严格守法精神的主要载体；二是实习派遣学校和实习单位的内部实习规章制度，实习规章制度与单位一般规章制度一样，都是单位内部自主管理权的体现，其虽然不是法律法规，但是，程序正当和内容合法的规章制度也同样具有强制约束力，实习学生必须严格遵守；三是实习学生与实习派遣学校、实习学生与实习单位之间的双方实习协议或合同，这些都属于司法意义上平等民事主体之间的约定规范，展示了实习学生与学校和实习单位之意思自治和协商一致的郑重承诺，也是契约严守的重要契约制度，实习学生都应当诚信履行、全面履行和完全履行，以彰显道德规范和法治精神。

（三）实行内外调节并举，构建和谐心理契约

心理契约是指与正式制度契约相对应的非正式契约，是心理上的内在契约。虽然心理契约仅仅是某一个人的内心感受和状态，但它反映了个人与组织二者之间的内在关系，深深影响员工的情绪，是组织内成员与组织之间的不成文的心理预期，完全依靠个人与组织之间的默契与承诺，决定个人的行为模式和状态。心理契约与制度契约或法律契约相对应，属于非正式契约，它不是法律用语，更不属于法律契约的范畴。从心理学的角度，心理契约就是一种思想情绪，内生情绪具有影响外在行为的功能；从行为学和经济学的角度看，心理契约是一把"双刃剑"，既具有正向性或正相关，也有负向性或负相关，对个人与组织之间的和谐关系具有重要影响。

大学生心理契约主要反映了大学生对其就读大学的不同期望，当大学生对学校

比较满意时，其心理情绪上的满足感就比较强，感到前途光明，此良好情绪就会影响到其行为方式，契约精神就会比较自觉地形成，并易于养成契约严守的习惯，学习就会比较积极主动，实习活动也就有了内生动力；而当大学生对所读学校不满意时，或者感受到不平等之歧视性待遇时，主观情绪就会严重影响其行为方式，负面不良情绪如果得不到有效化解而继续加剧，更会影响契约精神和制度严守，对前途也将愈加感到渺茫，学习积极性和主动性逐渐丧失，实习活动也不会认真参与，实习契约精神不仅难以生成，心理和人格还将易于扭曲。

大学生心理契约和实习心理契约的调整和干预，不仅是大学生的自我调整和自我"修复"的内在问题，社会各个方面特别是学校和实习单位都应当担负起相应的调整和干预的外在责任，学校和实习单位都应当创造良好的实习氛围和条件，尽量满足实习学生的需求和愿望。

实习派遣学校改善和提升实习学生的心理契约的路径是：加强学校的德育教育，提升学生的道德素养，构建大学教师与学生健康和良好的德育心理契约。有学者研究指出，大学德育中也存在心理契约，德育心理契约是指德育关系中的彼此期待的主观信念和相互期望。德育教育中的心理期望是教师与学生内在的、非正式的心理需求。德育心理契约不仅能够有效保障师生德育关系的秩序和德育的效能，如果缺少德育心理契约，德育情感、德育体验、德育自觉等都将是虚妄的幻想，还可以成为德育提升的支点。① 大学德育教育不仅关系到培养什么人和为谁培养人的大事，还关系到每一个大学生的成人和成才，而实习活动又是大学生成人和成才之知行合一的必然选择。因此，在大学德育教育中，构建和谐健康的德育心理契约及实习心理契约意义重大，也是大学生契约精神和实习契约精神的重要内容之一，实习派遣学校和教师特别是实习带队教师，应当特别注重与实习学生之实习心理契约的达成和践行。另外，实习心理契约也不是固定不变的，实践中它是随着外在客观因素的不断作用而不断变化，因此，实习心理契约也要随时调整，不断化解不良情绪，如对实习单位的预期降低，对实习报酬或津贴和实习保险预期的破灭，对实习评估与考核的不满，对实习与考研或考公务员、职业资格等时间冲突而导致的负面情绪，对毕业和就业前景的担忧，等等，这些诸多主观心理状态，都将直接和间接关联到实习心理契约，实习学生的自我调节和化解是主要和关键因素，但是，学校和老师的关注和调节具有非常重要的外生影响力，因此，实习心理契约的构建，不能仅仅是学生自身的事，学校和教师也应当积极主动地全程介入，以外生力量促进学生内生变化；实习心理契约的构建也不能仅仅依靠固定的德育课程，更应当在具体的实

---

① 申来津：《心理契约：德育提升的支点》，载《教育研究》2003 年第 9 期。

习活动中进行动态的个体干预和疏导。

实习单位改善和提升实习学生心理契约的路径是：实习单位应当严守实习法律法规，积极主动履行自己的实习义务和责任，为实习创造良好的氛围和提供较好的实习条件。实习单位特别是对实习时间较长的生产实习、顶岗实习和医学实习等一定要支付适当的实习劳动报酬或津贴，并要为实习学生购买保险，以真正让实习学生有获得感、幸福感和安全感，使实习学生的实习心态和情绪比较正常，防止或减少负面情绪对实习活动的不良影响，这样就可以以组织（实习单位）外在的心理契约影响或引导实习学生内在的心理契约，共同构筑健康而和谐的实习关系。

（四）牢记初心勇于担当，弘扬崇尚劳动精神

实习是教学的一个重要环节，实习本身既是一种特殊的劳动，也是今后大学生踏入社会进行劳动的试验和体验，实习的初心就是理论与实践结合、知行合一的尝试性劳动，实习从精神层面是崇尚劳动精神在大学生中的具体化和初始化。

许多大学生并不真正清楚实习的初心，只知道实习是为了毕业，完成学业；即便是知道实习的初心，也往往停留在思想层面，并无落实之具体行动，常常错误地认为实习无关紧要，加上学校的实习安排特别是毕业实习又经常与这些重要考试准备相叠加，为了就业之刚需，学生们也不得不"牺牲"实习，直接导致实习学生观念上的偏差，使得实习形式化非常严重，诚实信用和契约严守之实习契约精神严重缺乏。

除上之外，另外一个非常容易忽略的问题是崇尚劳动的精神仍然停留在精神层面，大学生崇尚劳动的价值目标和追求仍然不能真正"落地"。从大处看，国家教育方针"德智体美劳"之劳动教育难以实现，影响教育大计和人才的培养；从小处看，大学生缺乏崇尚劳动和尊重劳动之社会主义劳动精神，不利于成人和成才。其主要原因是大学生没有充分认识到实习本质上就是一种实践劳动，一种理论和实践结合的劳动，实习也是大学生融入社会并成为劳动者的第一步。实习既是知行合一的初始和尝试性劳动，也是劳动就业的准备，与劳动就业并不矛盾，实习搞好了，必将提升自己的专业水平，还可以培育和养成严守契约精神和契约制度的良好习惯，并且还可以弘扬崇尚劳动和工匠精神；另外，在实习中还可以培养实习学生的历史担当精神，对实习中的问题和责任要勇于担当，勇于改正，因此，实习学生应当改变自己对实习的"误读"，积极主动并有效地参与实习，而不能是虚应故事。

实习是崇尚劳动精神在高等教育中的重要体现，它是从小培养和养成爱劳动理念的延续和发展。纵观我们目前的整个教育阶段，从普通中小学教育到高等教育，劳动教育一直不被重视，劳动教育的效果也不尽如人意。实习正是整个学校劳动教

育阶段的"最后一公里"，因此，将实习纳入国家劳动教育体制的宏观战略范畴，从外因上引导和影响大学生，将弘扬劳动精神融入实习中，也是治理实习的有效路径之一。

党中央将劳动教育改革列入了国家深化改革的基本方略之一，并出台《关于全面加强新时代大中小学劳动教育的意见》，劳动教育之顶层设计的出台，将是我国整个教育系统之劳动教育包括大学生劳动教育改革的基本方向和实施路径，这也是从外因上引导和影响实习学生之弘扬劳动精神的又一决策。2019 年 11 月 26 日，中央全面深化改革委员会第十一次会议召开，会议审议通过了《关于全面加强新时代大中小学劳动教育的意见》，进一步强调了坚持立德树人，把劳动教育纳入人才培养全过程，贯通大中小各学段，贯穿家庭、学校、社会各方面，把握育人导向，实现知行合一，促进学生形成正确的世界观、人生观、价值观。《关于全面加强新时代大中小学劳动教育的意见》也是习近平新时代中国特色社会主义思想的新成果，也是习近平总书记于 2018 年 9 月在全国教育大会中重要讲话精神的再现，习近平总书记要求要在学生中弘扬劳动精神、教育引导学生崇尚劳动、尊重劳动，懂得劳动最光荣、劳动最崇高、劳动最伟大、劳动最美丽的道理，长大后能够辛勤劳动、诚实劳动、创造性劳动。这些重要精神都将是我国劳动教育改革的基本理念和目标，也是加强中小学劳动教育的指导纲领。

国家劳动教育的顶层设计已经有了，下一步就是劳动教育的真正落地。教育部相关负责人表示，劳动教育将纳入学校的必修课，相关评价方式正在研究中。劳动教育纳入必修课，是确保落地效果的重要"必选项"。劳动教育是我国当前整个教育体系中的短板，必须加强，第一是要把劳动教育作为义务教育阶段的必修课；第二是要有专门的劳动教育课时，要按照规定和要求开足开好劳动教育课。[1] 笔者认为，除了中小学要将劳动教育作为必修课程外，大学也要开设专门的大学劳动教育课，除此之外，我们也不能坐等教育部出台相关实施细则，我们应当立即行动起来，笔者建议可以在大学全面创建"劳动学分"制度，将实习视为大学劳动教育的重要实践环节，并顺势而为将实习纳入其重要指标和考核范畴，这样可以从外因上"倒逼"大学生积极主动参与实习活动。

"劳动学分"制可以分为理论学分和实践学分两大基本类别。将实习活动列入大学劳动教育的重要实践学分之一，并将实习学分作为评优和免试推荐攻读研究生的重要条件之一，实习学分不达标者一律不能参与评优和免试推荐上研究生，如此

---

[1]　李欣：《教育部：劳动教育将纳入必修课　评价方式正研究》，央视网，http://news.cctv.com/2019/12/04/ARTIVGVTFyCuhota49o3nPXz191204.shtml，发布时间：2019 年 12 月 4 日，访问时间：2019 年 12 月 9 日。

可以从制度上"倒逼"大学生之契约平等和严守精神，也是大学生实习契约精神培育的又一重要路径；另外，将大学劳动教育课作为理论学分、实习活动之实践学分与劳动课程理论学分，共同建立大学劳动教育学分制体系。这既是贯彻执行国家劳动教育之基本方略的实际行动，又可以从外因上引导和影响实习学生崇尚和尊重劳动、热爱劳动之劳动精神的培养。

第四节　实　习　合　同

法治社会不可或缺的是契约精神及其外部化的契约制度，契约精神与契约制度具有内在的辩证关系和统一性，契约精神是契约制度的基础与前提，是契约制度的精神内核和基本遵循，也是"良法善治"的评价标准，即契约精神是契约制度之好坏即善法还是"恶法"的"试剑石"；而契约制度是契约精神的外在形式与外部表现，是契约精神之抽象规则的具体化和可视化，也是契约精神的物质载体。契约精神与契约制度相辅相成，而合同制度就属于契约制度，它是契约精神最为重要的外在表象。实习合同只有遵循了实习契约精神，才具有正当性与合法性，才能实现实习关系的"良法善治"。

一、实习合同的分类

合同在域外一般称为契约或协议，我国台湾地区一直沿用契约一词，我国香港称为合约，我国大陆的法定或法律称呼为合同，如《中华人民共和国经济技术合同法》《中华人民共和国合同法》及《中华人民共和国民法典》（以下简称《民法典》）之合同篇，一般非正式场合或口语才称为协议。合同是指当事人协商一致而达成的书面或口头文书，其实质内核为协商一致，达成共识。

合同的分类比较复杂，有不同的分类方法。根据合同外在形态，可分为书面合同、电子合同和口头合同；根据合同成立的要件，分为要式合同和非要式合同；根据合同法定化要素，可分为典型合同与非典型合同；还可以根据合同的外在形态，分为格式合同与非格式合同；根据合同当事人的多少，可以分为个体合同与集体合同；还可根据合同的法律属性，分为民事合同、行政合同、教育合同、劳动合同、劳务合同、雇佣合同、合伙合同、保险合同等。

实习合同一般称为实习协议或实习三方协议，由于我国一直缺失实习法律法规，实习合同还没有法定化，《民法典》也没有设置实习合同，仅有《职业教育法》进行了比较粗糙的制度设计，且名称为实习协议。教育部一直倡导的职业院校"无协议不实习"，其协议一般就是指狭义的实习三方协议，几乎将实习合同与实习三方协议完全等同起来，具有非常明显的缺陷。笔者一直坚持认为应当将实习合同类型化与法定化为实习合同，而不是实习协议或三方协议，实习三方协议仅是实习合同的一种，不能以偏概全而将二者等同。实习合同还包括其他形态，如实习学生与实习单位双方签订的实习合同，实习学生与实习派遣学校签订的实习合同等；并且，实习法律法规也应当遵循我国现行立法的基本精神，采用"合同"一词，而彻底摒弃"协议"一说，这样才能是一个完整而统一的法治体系，实习法律法规应当是这个大系统中的一个小单元；另外，用协议一词显得非常不正规，法律规范应当是非常严密的正式语言，尤其是在成文法国家，更应当采用规范化与逻辑化的语言。

我国实习合同的类型化比较成熟的模式是二分法：职业教育实习合同与普通教育实习合同。其中定型化与法定化比较确定的是职业教育的实习合同，这源于我国职业教育的实习规定之相对比较健全，其《职业学校学生实习管理规定》和《职业教育法》颁布实施比较早，并且都于2022年颁布了新修订版，为新时代的职业教育及其实习提供了强力支撑。而我国普通教育却没有颁布实施有关实习的法律法规，一直处于空白状态，使得数量最为庞大的普通高校实习没有法律法规可以依托，与比较发达的普通高等教育极不相称。

（一）职业教育实习合同

职业教育实习合同依据现行法律法规可以分为实习三方协议和学徒合同两大基本类型；另外，由于其实习类型分为认识实习、跟岗实习和顶岗实习（现合并为岗位实习），故此，实习合同按照现行规范可以相应地分为认识实习合同和岗位实习合同两大基本类型。由于我国目前正在大力推进现代学徒制度，学徒也是一种理论与实践相结合的育人活动，只不过其实践性与技术性更强，因此，笔者一直认为，从广义上讲学徒也是实习的一种，故此，职业教育的实习合同还应当包括学徒合同。如此一来，依据职业教育实习类型，职业教育实习合同可以类型化为认识实习合同、岗位实习合同和学徒合同三大类别；其中，岗位实习是职业教育实习的重点。这种类型化应当没有争议，因为现行实习制度规范已经将之定型化，争议最大的是学徒合同。下面分别论述职业教育实习合同的类型：实习三方协议和学徒合同。

1. 实习三方协议

我国现行有关实习合同的法律渊源有二：一是部门规章《职业学校学生实习管理规定》；二是《职业教育法》有关条款。它们对职业教育实习协议进行了比较成熟的类型化，但是还存在许多问题需要进一步完善。

我国有关实习的最高部门规章主要有四个：第一个是 2007 年教育部、财政部联合颁布的《中等职业学校学生实习管理办法》，该文件是我国中等职业学校学生实习的基本规定，现已经被下面的第二个文件所取代。第二个是 2016 年教育部、财政部、人力资源社会保障部、安全监管总局和中国保监会联合颁布的《职业学校学生实习管理规定》（以下简称实习《规定》），该文件于 2021 年底由相关部委进行了联合大修，2022 年实施新的《职业学校学生实习管理规定》（以下简称《实习新规》），这是现行有关实习的最高和最新规定，笔者谓之为我国目前唯一的"实习大法"。第三个文件是教育部、国家发展改革委、工业和信息化部、财政部、人力资源社会保障部和国家税务总局于 2018 年 2 月 5 日联合制定并发布，自 2018 年 3 月 1 日起实施的《职业学校校企合作促进办法》，此文件中有专门的针对实习与见习的最新条款。第四个是教育部于 2019 年 7 月颁布了《教育部关于加强和规范普通本科高校实习管理工作的意见》，力图填补普通高校实习制度的空白。

我国有关实习的部门规章中对实习合同的"法定"名称都是"实习协议"，而没有采用"实习合同"一词，因其主体为学校、实习单位和学生三方，而常常称为"三方实习协议"，现实中"三方实习协议"与"实习合同"几乎完全等同。

实习《规定》第十二条规定：学生参加跟岗实习、顶岗实习前，职业学校、实习单位、学生三方应签订实习协议；特别强调"未按规定签订实习协议的，不得安排学生实习"，《实习新规》第十四条再次强调了这一精神，凸显了实习协议的重要地位。第十三条（《实习新规》第十五条）还专门规定了实习合同的主要内容：各方基本信息；实习的时间、地点、内容、要求与条件保障；实习期间的食宿和休假安排；实习期间劳动保护和劳动安全、卫生、职业病危害防护条件；责任保险与伤亡事故处理办法，对不属于保险赔付范围或者超出保险赔付额度部分的约定责任；实习考核方式；违约责任；其他事项。此条还以特别条款的形式规定了有关实习劳动报酬条款："顶岗实习的实习协议内容还应当包括实习报酬及支付方式。"

"实习协议"到底属于什么法律性质的契约？是属于劳动法语境下的劳动合同，还是民法语境下的劳务合同或雇佣合同？还是教育法下的教育合同或教育行政合同？实习《规定》都并没有明确界定，其原因不得而知。这样用"实习协议"一词可谓"高明至极"，既让人难以界分其法律属性，自由想象空间巨大，又避免或回避了因合同性质而产生的诸多争论。但是，无论如何，实习之教学关系与劳动关系属性是回避不了的，这样只能更加引起对"实习协议"的争议，也不利于实践中有效规制实习关系。《实习新规》仍然没有解决这一重要问题，只能留待今后的实习立法了。

高校毕业生就业实习和就业协议的法律属性，理论和实务界一直存有争议，大致有劳务关系、劳动关系、特殊民事合同和特殊劳动关系等多种观点。[①] 有人专门针对实习协议进行了尖锐批判，认为实习协议属于"伪命题"的范畴，其理由是：第一，就业协议属于临时的政策，随着法治化的不断推进，就业协议理应退出历史舞台；第二，就业协议本质上属于计划经济的思维，具有浓厚的行政管理色彩，与市场经济相悖；第三，从签订协议之实际效果上看，签订就业协议对促进就业、保障就业、保护劳动权益等均未体现应有的价值和功能，反而是对学生的束缚，因此，将实习纳入劳动关系后，就业协议并无存在价值。[②] 实习协议与就业协议一样，都有"伪命题"之嫌，用此称谓实在不妥，其主要因由是实习协议与就业协议具有同质性：二者都属于教育部制定规章中的称谓；都是有关大学生劳动就业的三方主体；也都没有采用法律术语来界定合同的属性；二者都不属于合同的法定类型，其合同之部门属性模糊不清；二者都不能展示就业与实习之劳动本质的社会活动，更无劳动关系内核。特别是用协议一词，与我国的立法体例严重不符，我国立法一直都采用的是"合同"一词，《民法典》虽然没有特别规定劳动合同或雇佣合同，也无实习合同，但是，由于民法之"母法"与一般法属性，协议一词完全不符合立法惯例，应当抛弃。

因此，无论是就业还是实习，都应当"回归"法律正式制度中，应当统一采用合同一词。要么是教育合同，或是劳动合同或特殊的劳动合同，或是劳务合同或雇佣合同；抑或标准劳动关系、非标准劳动关系或不完全劳动关系。总之，"协议"一说都应当摒弃。

另外，"实习协议"必备条款中还缺失一个非常重要的工资薪酬即劳动报酬条款，实习《规定》中虽然规定了"顶岗实习"之实习协议条款中应当包括实习报酬及支付方式，但是这也仅仅是针对实习之一种形态，实习之其他形态并未规定，其内涵显然是其他实习形态是不必支付劳动报酬的，当然也包括无须支付小时工资。劳动报酬条款的缺失必然"助推"与加剧实习劳动之"免费劳动"与"廉价劳动"[③]，更加难以提升实习学生弘扬劳动精神与崇尚劳动的积极性，也无意之中间接破坏了按劳分配、同工同酬等法治原则与契约精神。《实习新规》将"实习报酬及

①② 李孝保：《高校毕业生就业中的劳动法保护问题研究》，载《中国劳动》2018 年第 12 期。
③　有一种观点认为实习生作为"廉价劳动力"具有一定的实践合理性，详见：张炼、王新凤：《大学生实习引发"廉价劳动力"争议的理性辨析》，载《中国高教研究》2018 年第 12 期。笔者称之为实习劳动之"廉价劳动合理论"，笔者认为此观点并不可取。

支付方式"列为了实习三方协议的第 4 项必备条款,具有重要意义,将为职业教育之有薪实习提供重要支撑,只不过还不是真正的法律支撑,其法定拘束力还有待提升。

鉴于我国目前实习协议或就业协议形式本身与内容条款的严重失范,笔者再三呼吁:协议应当回归合同;实习协议或就业协议都要缓行。

2022 年的《实习新规》再次强调了实习三方协议是实习(岗位实习)的前提条件,即"无协议不实习",还特别详细地规定了实习三方协议的九大主要内容,特别值得一提的是直接将"实习报酬及支付方式"列为了第四大必备条款,而原规定为补充条款,这为大力倡导并推行有薪实习奠定了制度基础,至少应当在时间比较长的实习中如岗位实习(一般为 6 个月以上)推行有薪实习,这虽然比法国(2个月)和德国(3 个月)有薪实习的时间界分长了不少,但是仍然对保障实习学生的劳动报酬权具有重要意义。新《职业教育法》第五十条明确规定了"对上岗实习的,应当签订实习协议。"这将实习协议上升到了法律层面,使得《实习新规》之实习合同规定有了法律层面的上位法支撑。

新《职业教育法》自 2022 年 5 月 1 日起施行,对发展我国新时代的职业教育和调整实习关系都具有重要意义。新《职业教育法》不仅是我国目前调整职业院校学生实习关系(含学徒关系)的一部基本法律,也是调整普通高校实习关系的重要参考。

新《职业教育法》第五十条明确规定了"对上岗实习的,应当签订实习协议,给予适当的劳动报酬"。可见,职业教育之实习合同的法定称呼仍然是"实习协议",这就从法律层面确定了我国职业教育之实习契约的法定名称是"实习协议",仍然没有克服原来的缺陷。新《职业教育法》的另一大缺陷是没有明确实习合同(协议)的基本内容即法定必备条款与约定条款,仍然不符合合同法的基本法理。

新《职业教育法》第五十条仅规定了上岗实习应当签订实习协议,从而从立法上排除了其他实习类型如认识实习等,即其他实习类型无须签订实习协议。这与实习之全面契约化的法治精神相悖,按照现代法治社会的基本要义,实习应当实行全面的契约化治理,应当坚守实习契约精神,没有外在的载体,实习契约化与契约精神都是空谈。

2. 学徒合同

职业教育分为两大类别:一是学校职业教育,即职业院校的职业教育;二是非学校职业教育,主要是学徒教育和职业培训,也可以说学徒教育就是职业培训的一种基本方式。学徒是人类最为古老的职业教育形式,至今仍然具有很强的生命力,现代学徒制是现代培养专业技术人才的"摇篮",是培养工匠精神与大国工匠不可或缺的有效路径之一。学徒教育发展至今，已经与学校教育紧密关联，二者的交叉融合趋势已成为历史的必然，因此，学徒始终与职业教育不可分离，现代学徒制度也是现代职业教育的重要组成部分。

学校的职业教育不能离开实践教学环节的实习，而职业教育特别是职业培训也不能没有学徒教育。实习既是极其普遍的学校实践教学环节，又是一种特殊的实践劳动；学徒也是一种劳动实践活动，基于实习与学徒的相同之处，笔者认为，完全可以将之划归为广义的实习；或者至少在职业教育上，学徒可以归类为广义的实习。

实习与学徒都属于理论与实践相结合的尝试性劳动，学徒也同样是职业教育或职业培训的基本形态，实习合同与学徒合同亦都是一种特殊的劳动合同，二者的比较研究可以厘清其相同点和不同之处，并为我国职业教育实习合同与学徒合同之制度构建提供理论支撑。

从民法合同法的原理来看，学徒合同是一种有名合同或典型合同，其名称及规范都由法律明确设置。国外的学徒合同制度历史非常悠久，对人类进步发挥了巨大作用。学徒合同也经历了一个不断发展的过程，它由当初的民法调整，发展为由劳动法调整，学徒合同成为劳动合同的一种，因此，现在一般都将学徒合同定性为劳动合同，是一种特殊的劳动合同。①

（1）合同主体比较。

实习与学徒合同制度都属于调整和治理实习与学徒关系的一种契约规则，其调整主体就是合同制度的调整主体或适用对象，实习与学徒合同制度调整的直接主体都直接调整学生即实习学生（实习生）或学徒生（学徒工）与实习单位或学徒培训单位的关系；实习与学徒合同制度调整的间接主体还包括派遣学校、政府及有关职能部门。因此，实习与学徒合同制度调整的主体并不仅仅是二方主体即合同双方当事人，还是多方主体。实习与学徒合同制度的直接规制对象一般都是青少年，一般都属于未就业未正式参加劳动的年轻群体。

实习合同包括见习合同签订主体一般为实习派遣学校、实习单位和实习学生；学徒合同签订主体除了学徒派遣学校、学徒接收单位和学徒本人外，还包括学徒之法定代表人或监护人，这主要是针对没有达到法定学徒年龄的学生。实习合同含见习合同之签订要求没有学徒严格，甚至一些实习类型根本不用实习学生与实习单位签订实习双方合同，实习合同之学生一般都没有年龄上的限制，因此也无实习学生法定代表人签订合同一说。

---

① 问清泓：《体面劳动调控论》，武汉大学出版社 2013 年版，第 22 页。

①身份界定之双重性。

实习与学徒合同关系之主要主体的法定身份基本相同,其身份界定都具有双重性特征。

第一个双重性体现在在校学生与非在校学生之双重性,即应届学生与往届学生主要包括社会青少年,实习学生与学徒生或学徒工都以在校学生为主要身份,但并非唯一主体,非在校学生即社会青少年也是实习或学徒合同关系之不可或缺的重要主体。二者的主要区别是:实习主要是普通高校在校大学生即应届大学生,社会青少年仅为少数群体;而学徒则主要是职业技术院校含职业中专或职业高中之在校大学生和中职生,社会青少年也是学徒合同关系的重要主体。

第二个双重性体现在学生身份与劳动者或雇员身份之双重性。实习与学徒合同关系中之学生身份是主要方面,但有时实习或学徒关系中,这些学生还可能同时具有劳动者即雇员或准劳动者身份,这表明了实习与学徒合同关系中主体身份之双重性特征。

实习与学徒合同关系主体身份一般都界定为学生之法定身份,这表明学校仍然是他们的管理主体、义务主体与责任主体,对学生直接负法律责任,实习学生与学徒生各种权益保障问题也就成为其法定义务,实习单位与学徒单位只是第二义务和第二责任主体,应当履行第二身份之相应的法定义务或合同义务;实习单位与学徒单位只有在与他们按照法律的规定签订劳动合同的情形下,实习单位与学徒单位才是独立的法律关系主体,此时必须满足劳动合同签订的法定条件,如年龄限制问题,一律不得雇用童工,至于童工的年龄限制要具体依据各国的具体法定要求,我国是16周岁。虽然童工之限制性规定并不适用于实习学生或学徒,但是在实习或学徒活动中,各个单位都有义务保障他们的身心健康,不得安排或从事不利于这些青少年学生身心健康的活动,具体的禁止性规定应当由法律明确规定,而不能由实习协议或学徒合同约定。如不得安排实习学生或学徒生从事高强度、高危险、高污染等工作,也不得安排实习学生或学徒违法从事夜间或加班工作(实习医师或实习护士除外),如果实习学生或学徒生是女性,还要特别保护女性的合法权益。

实习制度与学徒制度之实习学生和学徒(生)法律身份界定中都存在相同的争议,即实习学生和学徒之劳动者或雇员身份界定都存在一定的争议。即便是认同实习学生和学徒劳动者或雇员身份界定,一般也只是将其认定为特殊劳动者,不能完全等同于一般劳动者,实习学生和学徒劳动权益也只能是部分与一般劳动者相同,其中的差异仍然比较大,特别是在劳动报酬和社会保险上,实习学生或学徒与正式员工并不能相提并论,其劳动报酬只能是一种基本补贴或津贴,与正式劳动者的劳动工资存在较大差异,同工同酬权和社会保障权非常难以实现,集体劳动三权也基本缺失，等等，这些差异都是实习学生和学徒的学生与准劳动者之双重身份所致，并非完全可以归因于接收单位之故意而为。实习类型化的复杂性强于学徒，从而还直接导致实习关系比学徒关系更加复杂，有的实习类型如顶岗实习基本上与正式劳动者身份无异，而短期的认识实习一般就不具有劳动者身份，一般都没有实习报酬，这也是可以接受的事实，因为短期实习的主要身份还是学生；而较长时间的实习如医师与护士实习却与学徒一样，应当赋予其劳动者身份，享有基本的劳动权益和社会保障权。学徒关系类型化比较单一，且学徒在接收单位（主要是企业）的学徒期一般都远远长于实习期限，通常是3~5年，由此，学徒法律身份界定与实习学生存在较大区别，学徒一般具有正式劳动者一样的身份，其享有的劳动权益和社会保障权应当不像实习那样具有较大争议，即学徒关系一般都可以将其认定为特殊劳动关系。

国际上的基本惯例和共识是学徒关系是一种特殊或特别的劳动关系，学徒合同制度定型化并成熟化，学徒合同属于劳动合同之一种或特殊的劳动合同；而实习合同制度定型化极不成熟，实习关系一般不被认定为劳动关系，相对应的是实习合同也就不被认定为劳动合同，即实习协议与劳动合同存在较大区别。因此，学徒之劳动者或雇员身份界定比较普遍，而实习则不然，实习关系更加复杂化和难以确定，实习学生之法律身份界定更加具有不确定性。

②权益保障之倾斜性。

学徒与实习合同制度的重要参与人即学徒法律关系与实习法律关系之主体基本相同，两种制度在权益保障上都具有倾斜性特征，重点保护对象都是青少年学生、青少年劳动者或者未成年劳动者。实习与学徒都属于对未来劳动者即潜在劳动力的培养或培训，都将关乎国家未来劳动力的可持续发展，都将对国家的经济产生重大影响，因为人的因素是第一位的，未来劳动者培养与培训将成为国家的重要战略之一，而实习与学徒制度之重要目标恰恰与国家战略相吻合，保护并倾斜保护青少年实习学生与学徒就是为未来储备合格人才，构建新时代实习制度与学徒制度就是为了"德技并修"，培育崇尚劳动与工匠精神，倾斜保护实习学生与学徒就是保护青少年，就是保护未来的大国工匠和劳动大军。

正因为实习制度与学徒制度都具有国家战略性的意义，许多国家或地区在构建这两种制度时，都特别注重对青少年或未成年人之倾斜保护，一般都将青少年或未成年人、实习生、学徒生或学徒工三者有机统一起来，并贯穿于立法规范之中，充分体现了实习与学徒合同制度之倾斜保护青少年之共同价值理念。

回顾劳动法的诞生标志——英国《学徒健康与道德法》，就可以看出劳动法与学徒保护的历史渊源，而学徒保护又与青少年或未成年人保护一脉相承，劳动法的历史已经充分表明保护劳动者合法权益，首先就要保护青少年或未成年人之劳动者合法权益，而学徒、实习学生（含见习生）与青少年或未成年人是难以分离的天然整体，学徒关系与实习关系的调整都不能离开青少年这一基本"主线"。

历史发展到现代教育制度特别是现代大学制度的建立与发展，传统而古老的学徒制度并没有因此而退出历史舞台，相反而发展成为了现代学徒制度；而与现代教育制度相"伴生"的实习制度（含见习制度），不仅是教育制度不可或缺的主要部分，还是培育现代新型劳动者的必然选择。两种制度相辅相成，共同组成现代教育法与劳动法的重要内容，共同担负起历史赋予的使命——教育、培养和保护未来劳动者。

欧盟非常重视实习制度在解决青少年失业问题中的作用，呼吁整个欧洲加强和完善实习制度，并加强欧洲企业与社会合作伙伴对实习或培训工作的力度。欧盟理事会于1997年11月在卢森堡召开了以就业为主题的特别会议，其草拟的欧洲就业指导纲要中提出了"创造欧盟就业能力的新文化"。这一构想希望借助教育与培训体系解决失业与青少年就业问题，还要求"欧洲应完善实习制度"和"增加实习培训活动"。该纲要还要求"发展合作伙伴制模式"，即欧洲的企业和社会合作伙伴共同努力，尽快确定开放整个欧洲工作场所的框架性协议，并协商有关工作条件与期限，用以开展培训、工作实习、培训生制度以及其他就业能力的开放工作。[1]

欧盟非常重视学徒制度与青年培训的关系，可以毫不夸张地说学徒制度基本上就是青年学徒制度，无论立法上还是政策上，学徒制度的主要对象就是青年人。2015年7月，欧洲委员会发布了新的欧洲学徒制联盟指南《青年受益，企业受益》。该欧洲学徒制联盟指南讨论了欧洲获得成功学徒制的原因和青年学徒制度的政策和项目，总结了青年学徒制培训的成败同规章制度、培训机构合作、经费资助和激励机制等因素关系密切。[2] 可见，从学徒制度的历史发展沿革看，学徒制度就是青少年培训制度；而实习制度也是针对年轻人的教育与培训制度，二者本质上都具有基本相同的对象——青少年或青少年学生。

青少年保护或未成年人保护与学徒和实习制度之兼容立法，宏观表现主要为两大方面：一是个体劳动权益；二是集体劳动权。微观立法主要包括：年龄的准入限制——反对童工；工作时间的限制——休息权的保障；工作条件的限制；劳动报酬的支付——劳动报酬权的保障；保险制度的强制介入；权利救济保障，等等。

二十国集团（G20）非常重视高质量的学徒制度。正如《二十国集团青年战略

---

① ［比］罗杰·布兰潘著、付欣等译：《欧洲劳动法》（第一册），商务印书馆2016年版，第194页。
② 杨丽波、巢世清：《法国企业青年学徒制培训策略与启示——从继续职业教育与培训视域分析》，载《中国职业技术教育》2016年第33期。

报告》提出的，在大多数二十国集团国家（G20），青年失业和就业不足的问题十分突出。高质量的学徒制度已被二十国集团国家就业特别工作组（task force on employment）列为促进更好地从学校到工作过渡的关键性政策工具之一。① 通过把工作和学习结合起来，学徒计划可以帮助吸引和留住那些对课堂教育不满、更适合在职学习的年轻人。② 尽管二十国集团内部和各国青年劳动力市场状况存在巨大差异，但学徒制可以成为改善青年就业机会的有效措施。③

德国学徒制度非常发达，立法具有多元化，其对学徒权益保障之倾斜性特色不仅体现在专门的职业培训法中如《职业教育法》《职业训练法》，还反映在专门的《青少年劳动保护法》中，以充分实现青少年保护与学徒和实习制度的兼容与"二元"化。

美国的学徒制度没有德国发达，但是也与德国和瑞士一样，美国的学徒制度也是以教育或培训年轻人为主，也充分体现了对年轻人权益的倾斜性保护。美国的学徒制度是一个小规模的、低调的培训计划，以德国或瑞士的标准来衡量，学徒制度培养了大部分年轻人。根据美国劳工部的统计数据，截至 2003 年底美国有 49 万名主动注册的学徒。美国的学徒制仍然主要是一种以私人资助的以就业为基础的专业培训体系，服务年轻人。④

法国为了提高青年学徒的身份和形象，2011 年 7 月 8 日发展的工学交替和职业生涯保障部门印发学徒卡，为青年学徒和已签订合同的青年提供身份证明，同时在学徒餐厅、学徒社会住房、电影院、剧院、体育活动等场所实施相应的优惠政策。⑤ 法国对学徒的诸多优惠政策，与学徒制度立法一样都充分表明了国家和政府对学徒权益保障之倾斜性立场。法国有关学徒制度对学徒即青少年权益保障之倾斜性，不仅体现在立法上，还反映在灵活的政策上，这种"立法 + 政策"模式尤其值得成文法系国家参鉴，我国实习与学徒制度也应当在立法和政策上借鉴这种模式。

③年龄准入之限制性。

纵观世界上许多国家或地区，特别是学徒制度比较成熟与发达的国家或地区，其倾斜保护青少年之"硬核"还体现在对学徒年龄限制上。另外，将实习制度与学徒制度进行比较，笔者还有一个重要发现，即学徒之年龄限制比较严格，但是，实习却基本上没有年龄的限制。这表明从整个世界看，学徒制度都比实习制度成熟与

---

①②③ Organisation for Economic Co-operation and Development. OECD Note on Quality Apprenticeships for the G20 Task Force on Employment. （2012. 9. 26）. P. 1.

④ Robert W. Glover, Cihan Bilginsoy. Registered Apprenticeship Training in the US Construction Industry. *Education & Training*. Vol. 47 No. 4/5. （2005）. P. 338.

⑤ Clotilde Valter. The Ministry of Labour, Employment, Professional Training and Social Dialogue. *Public Technology*, 2013（2）：8–12. 转引自：杨丽波、巢世清：《法国企业青年学徒制培训策略与启示——从继续职业教育与培训视域分析》，载《中国职业技术教育》2016 年第 33 期。

发达，实习制度还普遍存在许多问题亟待研究与破解，并非仅仅是我国。因此，构建世界上普遍可行之实习制度，仍然是一个全球性的问题，中国式实习制度将具有重要价值和意义，毕竟我国是世界上在校大学生数及实习学生数均为第一的国家。

我国目前学徒和实习都还没有统一立法，即学徒和实习关系都还没有纳入法律范畴，学徒合同和实习合同制度也都游离于法治之外，更无学徒或实习之年龄准入规定。

我国《香港学徒制度条例》（1997 年）第 15 条规定：未满 14 岁不能注册为学徒。我国香港学徒制度的一大特色是实行学徒注册制，法定学徒年龄准入限制符合国际惯例，具有立法先进性与前瞻性。

我国台湾地区学徒制度比较成熟与发达，其明确规定了学徒的最低年龄为 13 岁。

德国《青少年劳动保护法》第 5 条第 1 款明确规定"禁止雇用年龄在 15 周岁以下的儿童以及还在完成全日制义务教育的青少年"，另外还特别规定了 15 周岁以下可以签订学徒合同的情形：如果儿童在 15 周岁之前已经完成全日制义务教育，雇主可以根据《青少年劳动保护法》第 7 条的规定与雇员建立学徒关系，也可以建立劳动关系。《青少年劳动保护法》第 5 条第 4 款还允许 15 周岁～18 周岁之间的青少年在学校假期期间工作，但是，每年不得超过 4 个星期。[①] 德国青年对双元制非常认同，其主要原因是德国企业界对学徒制身份的高度认可与雇用偏好，"学徒制为德国青年提供了可靠的身份认可和从业期待"。[②]

在德国，无论是学徒关系，还是劳动关系，未满 18 周岁的青少年一周的工作时间都不能超过 40 小时；法律还明确规定"青少年不得上晚班"。《青少年劳动保护法》第 9 条关于劳动时间的规定非常重要。如果雇员某一天已经在职业学校上了至少 5 节课，而且每节课都有 45 分钟，那么雇主就不得要求雇员当天再来企业上班。[③]

《法国劳动法典》规定了学徒合同订立的最低年龄限制一般为 16 岁，特殊情况下 15 岁的青年在完成中等教育第一阶段学业后，也可以签订学徒合同。《法国劳动法典》第 L117－3 条的规定是：任何人在开始学徒期时，其年龄不在 16～25 岁者，不得以学徒身份缔结义务；最低年龄为 16 岁；但年满 15 岁的青年，如果能够证明已经完成中等教育第一阶段学业，可以订立学徒合同。[④]

法国学徒培训中心招收的对象是 16～25 岁之间并签订了学徒合同的培训者，如

---

① ［德］沃尔夫冈·多伊普勒著、王倩译：《德国劳动法》（第 11 版），上海人民出版社 2016 年版，第 326 页。
② 关晶：《英国和德国现代学徒制的比较研究——基于制度互补性的视角》，载《华东师范大学学报》（教育科学版）2017 年第 1 期。
③ ［德］沃尔夫冈·多伊普勒著、王倩译：《德国劳动法》（第 11 版），上海人民出版社 2016 年版，第 327 页。
④ 罗结珍译：《法国劳动法典》，国际文化出版公司 1996 年版，第 7 页。

果低于 15 岁，应当提供初中毕业的相关材料。由此，从对象上来看，法国的学徒制的最低限制条件是初中毕业学历的年轻人。[①] 2019 年法国学徒年龄限制由 26 岁放宽至 29 岁。[②] 法国学徒上限年龄限制的放宽，将有利于更多青年参与学徒培训和就业，加上法国政府对学徒教育的大力资助，更多的大龄青年将有机会成为学徒工并为今后的正式就业打下良好的基础。

《俄罗斯联邦劳动法典》虽然没有直接规定学徒合同的订立年龄限制，但是由于明确规定了学徒合同是劳动合同的补充合同[③]，还明确规定了"学徒适用劳动法"[④]，而《俄罗斯联邦劳动法典》规定可以签订劳动合同的一般最低年龄为 16 岁[⑤]，由此，可以推定俄罗斯的学徒合同订立的年龄限制一般是 16 岁。

加拿大规定大多数省份和地区要求注册学徒的最低年龄为 16 岁[⑥]。加拿大学徒的年龄构成与欧洲国家有很大差异，其学徒年龄要比欧洲大得多，而且通常有工作经验。1999 年，加拿大 70% 的学徒年龄在 24 岁以上，只有 4.4% 的学徒年龄低于 20 岁，[⑦] 而超过 45% 的学徒年龄在 29 岁以上。[⑧]

由上可见，世界上许多国家或地区都对学徒的准入年龄进行了明确的限制性规定，其基本目的是保障学徒生或青少年身心健康。比较分析世界上多数学徒制度，笔者概括其普遍与一般的规律是：第一，普遍都有法律规定的最低年龄限制，即学徒的最低法定年龄，这不仅是为了保障青少年的身心健康，还是为了防止雇主假借学徒雇用童工。第二，学徒准入年龄虽然常常与禁止童工紧密关联，但是，二者并不完全相同，毕竟学徒与童工不能完全等同，学徒与童工的关系边界还有待研究并明确。第三，各国有关学徒与童工的年龄限制都不相同，非常混乱，并无统一标准。第四，学徒与实习相比较，我们可以发现一个全球普遍共同存在的问题，即学徒准入年龄限制一般都是非常明确与严格，但是实习却是普遍缺乏准入年龄限制，即便是少数国家和地区有关于实习学生之年龄限制，其限制也宽于学徒，实习的年龄限

① 苏航、陆素菊：《法国学徒制发展概况与启示》，载《当代职业教育》2018 年第 4 期。
② "法国半工半读的教育模式——学徒制"，http://www.univfrance.com/news/40，发布时间：2019 年 1 月 17 日，访问时间：2019 年 8 月 28 日。
③ 《俄罗斯联邦劳动法典》第 198 条。参见蒋璐宇译：《俄罗斯联邦劳动法典》，北京大学出版社 2009 年版，第 117 页。
④ 《俄罗斯联邦劳动法典》第 198 条。参见蒋璐宇译：《俄罗斯联邦劳动法典》，北京大学出版社 2009 年版，第 119 页。
⑤ 《俄罗斯联邦劳动法典》第 20 条。参见蒋璐宇译：《俄罗斯联邦劳动法典》，北京大学出版社 2009 年版，第 14 页。
⑥ Karl Skof. Trends in Registered Apprenticeship Training in Canada. ［2008 - 12 - 01］https：//www150. statcan. gc. ca/n1/pub/81 - 004 - x/2006002/9250 - eng. htm.
⑦ Andrew Sharpe, James Gibson. The Apprenticeship System in Canada：Trends and Issues. CSLS Research Report, 2005 - 04. pp. 57 - 58.
⑧ Andrew Sharpe, James Gibson. The Apprenticeship System in Canada：Trends and Issues. CSLS Research Report, 2005 - 04. P. 78.

制宽于学徒之重要原因是毕竟实习并不是一般的劳动关系，而主要是将理论知识与实践进行结合，提高学生的理论水平和实践能力；而学徒身份之准劳动者或雇员强于实习学生。第五，学徒、实习与童工三者关系研究与立法普遍比较薄弱，三者之间的比较研究亟待加强。

（2）合同属性比较。

实习制度与学徒制度都要求参与当事人建立合同制度，实行合同化管理，这既是法治社会的基本要义，又是实习与学徒之契约制度与契约精神的具体化。

实习与学徒活动中都需要签订两种合同：一是三方协议，即实习或学徒派遣学校与实习单位或学徒接受单位、实习学生或学徒生签订书面的三方协议，合同三方主体的法律地位都是平等的，三方协议之法律属性属于民法语境下的民事合同，属于民事无名合同的范畴，意思自治与平等协商是其基本特征；三方协议不是劳动法意义上的劳动合同，也不同于劳务派遣合同。我国《职业学校学生实习管理规定》第十二条规定了跟岗实习、顶岗实习两种类型的实习必须签订三方实习协议。第十三条还明确规定了三方实习协议的具体内容：各方基本信息；实习的时间、地点、内容、要求与条件保障；实习期间的食宿和休假安排；实习期间劳动保护和劳动安全、卫生、职业病危害防护条件；责任保险与伤亡事故处理办法，对不属于保险赔付范围或者超出保险赔付额度部分的约定责任；实习考核方式；违约责任；其他事项。该条还特别规定了顶岗实习之劳动报酬问题：顶岗实习的实习协议内容还应当包括实习报酬及支付方式，但是没有规定除顶岗实习之外的其他实习类型的劳动报酬问题。

二是双方合同，此类合同主要包括两大类：一类是实习学生或学徒与接收单位之间的合同，另一类是实习学生或学徒与派遣学校之间的协议。

第一类双方合同是学生与实习单位或学徒接收单位签订的协议，其合同属性为有名合同（我国目前还不属于民法合同法之有名合同，实习合同与学徒合同都还游离于法律范畴之外），名称应当为实习合同或协议、学徒合同。我国目前，实习合同与学徒合同的法律划归与属性都还具有较大争议，特别是实习合同、学徒合同之劳动合同属性认定之争议更大，由于实习制度与学徒制度之理论研究一直比较薄弱，加上这两种制度的立法都一样缺失，都还没有实习法或学徒法，"碎片化"的非法律规范必然难以"定分止争"，笔者认为，在我国目前劳动关系之"两分法"背景下（民法调整雇佣关系或劳务关系而劳动法调整狭义劳动关系），无论是实习还是学徒，都应当属于劳动的范畴，都应当属于社会关系之劳动关系的范畴，都应当由劳动法或劳动合同法直接调整实习劳动或学徒劳动，即便是今后出台单行的《实习法》或《学徒法》，也应当将实习或学徒劳动关系纳入劳动法的范畴和体系，具体可以划归为劳动法之下的职业培训法或训练法。

第二类双方合同是实习学生或学徒与派遣学校之间的协议，该合同主要包括实习或学徒目标、计划、实习或学徒基本要求、时间安排、规章制度或纪律、考核指标和结果等。

学徒关系及学徒合同在许多国家或地区早已纳入法律的调整范围，其法律属性为劳动合同的特殊情形。世界上一些采用法典式立法的国家已经将学徒合同纳入了劳动法典，其中《法国劳动法典》和《俄罗斯联邦劳动法典》是学徒合同立法的典范。

《法国劳动法典》第一编就是"学徒合同"，共计有 9 章的篇幅构成了法国的学徒制度，其学徒制度的立法可以说是世界上最早最详细的立法，价值巨大。第 L117 - 1 条明确规定了学徒合同的法律性质是特殊的劳动合同：学徒合同是一种特殊类型的劳动合同，依此合同，雇主承担义务，除按本编规定的条件支付工资外，保证对青年劳动者进行系统的培训。[①] 第 L117 - 12 条明确规定"学徒合同应当以书面形式订立"。[②]《法国劳动法典》将学徒合同直接纳入劳动法的调整范畴，并不断完善而成为非常系统的学徒制度，开创了学徒制度之劳动法立法模式，极具研究和借鉴意义。

《法国劳动法典》第九卷"在经常教育范围内开展继续职业培训"将实习活动纳入了劳动法之职业教育的范畴，成为法国实习制度的重要组成部分。其第 6 编为"对职业培训实习人员及其社会保障给予的资金帮助"，该编第 1 章为"对职业培训实习人员给予的资金帮助"，特别规定了实习的资金保障问题；该编第 2 章专门规定了"职业培训实习人员的社会保障"，第 L962 - 1 条明确规定了"参加职业培训实习的任何人员均必须参加一种社会保险制度；实习人员在参加实习之前以任何名义已参加一种社会保险者，在实习期间仍参加此种保险制度；没有参加任何保险制度的人参加普通社会保险制度。"[③]

《俄罗斯联邦劳动法典》在第 9 编第 32 章专门规定了"学徒合同"一章。该章第 198 条明确规定了学徒合同的定义及法律属性："学徒合同是劳动合同的补充合同"，第 205 条明确规定"学徒适用劳动法，学生适用劳动法，其中包括劳动保护法"；第 200 条规定了学徒合同的法定形式"学徒合同以书面形式签订"；第 199 条规定了学徒合同的具体内容；第 204 条规定了学徒的劳动报酬："学徒期间向学徒支付助学金，其数额由学徒合同规定，并根据所取得的职业专业技能确定，但不得低于联邦法规定的最低劳动报酬"，该条还特别规定"学徒在实习课上所完成的工作，

①　罗结珍译：《法国劳动法典》，国际文化出版公司1996年版，第6页。
②　罗结珍译：《法国劳动法典》，国际文化出版公司1996年版，第11页。
③　罗结珍译：《法国劳动法典》，国际文化出版公司1996年版，第504~505页。

按确定完成的工作量计件付酬",这表明了学徒实习时也应当有权获得相应的劳动报酬。

意大利明确规定"学徒合同是一种特殊的劳动合同"。[①] 意大利 2003 年的第 30 号法案第 47 条规定了 3 种类型的学徒:第一种,学徒的目的在于与学校教育中的相关权利和义务相一致,根据职业资格的要求,15 岁以上的青年可以接受职业培训,期限最长为 3 年;第二种类型的学徒为超过学龄的青年工人,年龄是 18 ~ 29 岁,其目的在于获得具体的职业技能和职业资格,期限为 2 ~ 5 年;第三种学徒类型是愿意获得正规学历的年龄在 18 ~ 29 岁的青年工人。[②] 同时,意大利还规定了实习的有关规定,实习也可以得到工资,但是比正式工人要少,工资由集团谈判确定,雇主有义务支付实习报酬。[③]

在学徒合同中还有一种是资助合同,其法律性质属于一般的民事合同,受民事合同法的规制,其签订主体为资助人(包括资助单位或基金项目)和学徒(通常为已经注册的正式学徒),而实习关系中即使有一些资助经费,一般都是国家或政府直接的财政划拨,接受主体一般只是学校即实习派遣学校,几乎没有直接对实习学生个人的资助,极少数情况下,才有私人对实习学生的资助,因此,实习关系中一般没有实习资助合同的存在。

(3)合同形式比较。

合同形式是指签订合同的方式,传统上一般是指书面和口头形式两种,进入互联网时代后,电子合同开始盛行。

劳动法起源于民法,劳动合同也来源于民事合同,虽然现代劳动合同与民事合同有着很大不同,但是,仍然具有许多相同点。劳动法合同形式一般都是借鉴民法的规定,劳动法并无专门的合同形式之解释。我国《合同法》第十条规定"当事人订立合同,有书面形式、口头形式和其他形式"。所谓口头形式,是指当事人只用口头语言为意思表示订立合同,即以说(对)话表达缔约的意思或以说(对)话订立合同。[④] 合同之书面形式在民法中还是一个有争议的概念,我国《合同法》第十一条专门为"书面形式"下了一个定义:"书面形式是指合同书、信件和数据电文(包括电报、电传、传真、电子数据交换和电子邮件)等可以有形地表现所载内容的形式。"在这些列举的几种书面形式中,严格地讲,只有合同书才可以堪当合同或协议的书面形式,其他方式如信件、电报、电传、传真、电子数据交换和电子邮

① 〔意〕T. 特雷乌著,刘艺工、刘吉明译:《意大利劳动法与劳资关系》,商务印书馆 2012 年版,第 49 页。
② 〔意〕T. 特雷乌著,刘艺工、刘吉明译:《意大利劳动法与劳资关系》,商务印书馆 2012 年版,第 50 ~ 51 页。
③ 〔意〕T. 特雷乌著,刘艺工、刘吉明译:《意大利劳动法与劳资关系》,商务印书馆 2012 年版,第 50 页。
④ 朱广新:《书面形式与合同的成立》,载《法学研究》2019 年第 2 期。

件只是缔约意思表示或要约邀请的形式，并非真正的书面形式。① "合同法第十一条关于书面形式的规定，是一种极易令人误解的不恰当规定。"② 笔者也赞同该观点，合同的书面形式仅仅是当事人采用书面签订的合同书，不能进行扩大解释。我国《劳动法》和《劳动合同法》规定了劳动合同应当以"书面形式"订立，由此，劳动法意义上之书面形式也应当与民法一致，只能指合同当事人采用书面的合同书形式签订的协议。我国《劳动合同法》第八十二条明确规定了不签订书面形式劳动合同的处罚措施，用人单位不订立书面劳动合同将面临两倍工资的处罚。

学徒合同既然一般具有劳动合同的属性，或认为学徒合同是一种特殊的劳动合同，那么学徒合同的形式也就应当与劳动合同的形式一致。③

一些国家或地区都要求劳动合同必须采取书面形式，而学徒合同又一般被视为劳动合同的特殊形态，由此，学徒合同的形式应当为书面形式。有些国家或地区还直接规定了学徒制度的法定形式为书面形式。《法国劳动法典》第 L117 - 12 条明确规定"学徒合同应当以书面形式订立"。④《俄罗斯联邦劳动法典》第 198 条明确规定："学徒合同是劳动合同的补充合同"⑤；第 200 条规定了学徒合同的法定形式"学徒合同以书面形式签订"。⑥

（4）合同类型与期限比较。

实习合同与学徒合同的基本类型都为有固定期限劳动合同，二者都不属于劳动合同常态类型之无固定期限劳动合同。合同的期限都属于非常态的有期限合同，且合同期限都由相关法律明确规定。按照国际劳动法的一般原理，劳动合同应当是以无固定期限劳动合同为主导、为常态，而固定期限劳动合同只能是例外、非常态合同，能够签订固定期限劳动合同的条件都由法律严格限制。《俄罗斯联邦劳动法典》第 59 条规定了"为完成与员工实习和职业培训有直接关系的工作"可以签订固定期限劳动合同，⑦ 而所有固定期限劳动合同之期限为不超过 5 年。⑧

域外关于学徒合同期限各不相同，法国是 3～12 年，德国是至少 3 年最多不超过 4 年，美国南北战争之前学徒期限是 7 年⑨。第一次世界大战以后，澳大利亚学

---

① ② 朱广新：《书面形式与合同的成立》，载《法学研究》2019 年第 2 期。
③ 问清泓：《体面劳动调控论》，武汉大学出版社 2013 年版，第 25 页。
④ 罗结珍译：《法国劳动法典》，国际文化出版公司 1996 年版，第 11 页。
⑤ 蒋璐宇译：《俄罗斯联邦劳动法典》，北京大学出版社 2009 年版，第 117 页。
⑥ 蒋璐宇译：《俄罗斯联邦劳动法典》，北京大学出版社 2009 年版，第 118 页。
⑦ 《俄罗斯联邦劳动法典》第 59 条。参见蒋璐宇译：《俄罗斯联邦劳动法典》，北京大学出版社 2009 年版，第 42 页。
⑧ 《俄罗斯联邦劳动法典》第 58 条。参见蒋璐宇译：《俄罗斯联邦劳动法典》，北京大学出版社 2009 年版，第 40 页。
⑨ 黄越钦著：《劳动法新论》，中国政法大学出版社 2003 年版，第 384 页。

徒培训的期限从 7 年缩减到 5 年，20 世纪 60 年代缩减为 4 年①。在瑞士，学徒期一般为 3 年。我国关于学徒期限的规章采取的是比较灵活的方式，并没有一个统一的学徒期限，一般规定的学徒期限为 3 年。②

《法国劳动法典》第 L115 - 2 条规定了学徒合同的期限为 1 ~ 3 年。③ 法国马克龙政府对学徒制度进行了新的改革，2019 年法国在学徒制上变化首先是学徒合同期限由原来的 1 ~ 3 年改变为 0.5 ~ 3 年。④

澳大利亚规定的学徒生培训期限一般为 3 ~ 4 年（受训生一般为 2 年）。⑤

意大利规定的学徒期限因学徒类型不同而不同，以学校教育为目的的学徒期限最长为 3 年；非学生青年学徒的期限由集体协议确定，不得少于 2 年或超过 5 年。⑥

在美国，注册学徒的培训时间为 1 ~ 6 年，平均为 4 年。学徒通常包括 2 000 小时的在职学习和每年至少 144 小时的课堂教学，其中，课堂教学通常在当地社区或技术学院或其他职业学校进行。⑦ 美国注册学徒的期限从 1 ~ 5 年不等，不过最常见的是 3 年或 4 年；学徒每年须完成 2 000 小时有监督的在职训练，以及至少 144 小时的有关课堂教学。⑧ 可见，美国的学徒期限并无法律的统一规定，学徒期限比较自由，一般为 1 ~ 5 年。

我国《职业学校学生实习管理规定》仅仅规定了顶岗实习的期限一般为 6 个月，其他类型的实习并无规定。我国教育部非常重视普通高校之实习工作，于 2019 年 7 月颁布实施《教育部关于加强和规范普通本科高校实习管理工作的意见》，这是我国首个有关普通高校实习的最高部门规章，但是，其并没有规定有关实习的合同期限，仅仅在第 11 条规定了"严格学校、实习单位、学生三方实习协议的签订，明确各自的权利义务和责任"。

我国学徒合同还没有纳入法律的视野，更无学徒合同期限的规定。已经失效的 1957 年的《国务院关于国营、公私合营、合作社营、个体经营的企业和事业单位的

① 黄日强：《澳大利亚学徒培训制度的发展轨迹》，载《职教通讯》2007 年第 7 期。
② 问清泓：《体面劳动调控论》，武汉大学出版社 2013 年版，第 26 页。
③ 罗结珍译：《法国劳动法典》，国际文化出版公司 1996 年版，第 2 页。
④ 《法国半工半读的教育模式——学徒制》，http：//www. univfrance. com/news/40，发布时间：2019 年 1 月 17 日，访问时间：2019 年 8 月 28 日。
⑤ 《国外学徒制的创新做法》，载《中国培训》2012 年第 4 期。
⑥ ［意］T. 特雷乌著，刘艺工、刘吉明译：《意大利劳动法与劳资关系》，商务印书馆 2012 年版，第 50 ~ 51 页。
⑦ Ben Olinsky and Sarah Ayres. Training for Success：A Policy to Expand Apprenticeships in the United States. 2013. 12. P. 2.
⑧ Robert W. Glover, Cihan Bilginsoy. Registered apprenticeship training in the US construction industry. Education & Training. Vol. 47 No. 4/5.（2005）. P. 339.

学徒的学习期限和生活补贴的暂行规定》第一条规定了学徒期限最长为 3 年，规定："学徒的学习期限应该为三年。技术比较简单的工种的学习期限可以适当缩短，但是不得少于二年。技术特殊复杂的工种的学习期限可以适当延长。"1981 年国务院 23 个部门修订完成了学徒工学习期限和熟练工熟练期限规定，但是，学徒期限仍然没有任何改动。我国教育部非常重视现代学徒制度，2014 年颁布了部门规章《教育部关于开展现代学徒制试点工作的意见》，并在全国试行现代学徒制度，但是仍然没有关于学徒期限的规定。

（二）普通教育实习合同

普通教育由于缺乏像职业教育之实习规范，实习及其合同分类极其混乱，更缺乏定型化与法定化，导致其实习关系及实习合同的普遍边缘化，严重制约了普通教育特别是普通高等教育之实习活动，特别是目前极为普遍的"实习难"问题、付费实习及"付费内推实习"的泛滥成灾，都扰乱了正常的实习秩序，间接影响大学生就业，破解困局亟待构建普通高等教育实习合同制度。

普通高等教育的实习分类，许多高校都是分为认识实习、毕业实习和生产实习三大类别，理论上，与之对应的则为认识实习合同、毕业实习合同和生产实习合同。这只是理论上的分类，实践中签订实习合同的现象极其少见，特别是前两类实习合同几乎完全空缺。总体上看，我国目前普通高等教育的实习及其合同，完全落后于职业教育，因此，从实习关系的调整方面，职业教育比普通教育搞得好，这也有力证明了那种认为职业教育一无是处之错误认识。

我国目前普通高校唯一的实习部门规章是 2019 年 7 月教育部颁布的《教育部关于加强和规范普通本科高校实习管理工作的意见》，其中有关实习的分类比较混乱，即有"集中实习"与"分散实习"之说，如第四条的"各类实习原则上由学校统一组织，开展集中实习"；也有"毕业实习"和"顶岗实习"之分，如第四条的"毕业实习、顶岗实习可以允许学生自行选择单位分散实习"；还有"跟岗实习"与"顶岗实习"，如第十一条规定"加强跟岗、顶岗实习管理。跟岗、顶岗实习是培养应用型人才必不可少的实践环节"。从这些规定中可以看出，普通高校实习的分类基本上都没有一个统一的标准，最大特点是借鉴职业教育的分类，但是，又将毕业实习混入其中，共同分为了毕业实习、跟岗实习和顶岗实习三大类别。此类型化非常不科学，不仅毕业实习不能与跟岗实习和顶岗实习并列，而且还遗漏了认识实习与生产实习，而且毕业实习中也常常伴随着跟岗实习和顶岗实习。因此，如何对普通教育实习进行科学的类型化，如何借鉴职业教育的成功经验，等等，都亟待明确，普通教育实习立法已经刻不容缓。

与此实习类型化相对应，普通教育之实习合同也是一样，难以凝练成型。上述文件第八条规定了实习协议问题："高校在确定实习单位前须进行实地考察评估，确定满足实习条件后，应与实习单位签订合作协议"，同时规定"未按规定签订合作协议的，不得安排学生实习"，此规定仍然与职业教育之"无协议不实习"的原则类似，但是，"此协议"非"彼协议"，而是高校与实习单位双方的"合作协议"，而不是职业教育之"实习协议"。另外，该文件有"实习协议"规定，第十一条有"严格学校、实习单位、学生三方实习协议的签订"，这与职业教育之实习三方协议一致，但是，除了工作时间、实习报酬和"不得安排未满 16 周岁的学生顶岗实习"外，再无其他权利义务规定。

笔者由此观之，目前的普通教育实习契约基本上分为两大类：合作协议和实习三方协议。合作协议是学校与实习单位一般性的合作协议，还是专门的针对实习的实习合作协议？抑或后者只是前者中的内容或条款之一？签订内容与程序应当遵循哪些规定？这些都需要明确设置，以构建比较正式的制度规范。实习三方协议也是这样，需要明确规定签订程序、三方各自的权利与义务，还要明确规定法律责任。

二、实习合同的内容

实习合同的内容就是实习合同的基本条款，是实习合同的核心。按照合同法的一般原理，合同条款可概述为必备的法定条款和约定条款，前者是法律强制规定的不可或缺的内容，后者约定条款是由合同当事人自由约定的事项，但是约定不得违反法律法规和公序良俗原则。

按照合同法原理，法律规定的典型合同（有名合同或标准合同）一般都由法律强制规定必备条款，既不能或缺，也不能自由约定。如劳动合同属于典型合同，其法定条款是用法律强制规定的，《劳动合同法》规定的劳动合同必备条款为九大条款：用人单位的名称、住所和法定代表人或者主要负责人；劳动者的姓名、住址和居民身份证或者其他有效身份证件号码；劳动合同期限；工作内容和工作地点；工作时间和休息休假；劳动报酬；社会保险；劳动保护、劳动条件和职业危害防护；法律、法规规定应当纳入劳动合同的其他事项。《劳动合同法》规定的约定条款主要有试用期、培训、保守秘密、补充保险和福利待遇等其他事项。

我国目前由于没有实习法，仅有的"实习大法"为部门规章《职业学校学生实习管理规定》，普通教育连这样的部门规章也没有，因此，在无法条件下，实习合同的条款根本无从论及规范性与法定性，随意性极大。为了改变这种现状，职业教育率先推行了实习协议的标准范本，以格式合同的形式，规定了职业教育实习协议的基本条款，对普通教育实习合同也有重要参考意义。

（一）职业教育实习合同的基本内容

按照职业教育的部门规章及其实习协议的范本，实习合同的内容已经基本实现了法定化，也为普通教育实习合同提供了参考。

《职业学校学生实习管理规定》（以下简称《实习新规》）规定的实习合同的必备条款是九大内容：各方基本信息；实习的时间、地点、内容、要求与条件保障；实习期间的食宿、工作时间和休息休假安排；实习报酬及支付方式；实习期间劳动保护和劳动安全、卫生、职业病危害防护条件；责任保险与伤亡事故处理办法；实习考核方式；各方违约责任；三方认为应当明确约定的其他事项。

我国《实习新规》还有一个重要特色，就是在合同必备条款的基础上，再设置了若干禁止性规定即"不准"事项或"不准"条款。其创新性价值非常值得肯定。《实习新规》针对实习内容专业不对口、强制实习、收费实习、简单重复劳动、中介机构参与、违规安排加班和夜班等问题，强制性划定"红线"，提出 1 个"严禁"、27 个"不得"，以切实保障实习学生的合法权益。[①]

《实习新规》的规定还是比较全面的，具有重要的指导价值，同时，为了有效保障实习学生的合法权益，更加有效治理职业学校的各种实习乱象，还非常具有创新性地规定了多项"不准"条款，完全符合法理：其一，"不准"条款属于法律的禁止性条款，是对"法不禁止即可行"的"反向"规定；其二，符合特别保护弱者之法理，实习学生本身就是社会的主要弱势群体之一，特别保护弱者是任何法律、任何时间、任何方式都应当遵循的基本法理。这些禁止性条款也应当是实习合同的法定内容，同样不可或缺，它与上述九大条款共同构成了我国职业教育实习合同的必备法定条款。

《实习新规》"不准"（禁止性）条款主要针对实习派遣学校和实习单位，其中又分为绝对性禁止条款和相对性禁止条款，前者是无任何条件的禁止，后者是有条件的限制。这些分门别类的规定，立法技术比较成熟，也比较合理并且可行性强。

实习协议之绝对性禁止条款主要有：任何单位或部门不得干预职业学校正常安排和实施实习方案；不得强制职业学校安排学生到指定单位实习，严禁以营利为目的违规组织实习；不得仅安排学生从事简单重复劳动；不得安排、接收一年级在校

---

① 《为职业学校学生实习划定"红线"！教育部等 8 部门发文》，山东省教育厅，https：//m. thepaper. cn/baijiahao_16390007，发布时间：2022 年 1 月 21 日，访问时间：2022 年 7 月 23 日。

学生进行岗位实习；不得安排、接收未满 16 周岁的学生进行岗位实习；不得安排未成年学生从事《未成年工特殊保护规定》中禁止从事的劳动；不得安排实习的女学生从事《女职工劳动保护特别规定》中禁止从事的劳动；不得安排学生到酒吧、夜总会、歌厅、洗浴中心、电子游戏厅、网吧等营业性娱乐场所实习；不得通过中介机构或有偿代理组织、安排和管理学生实习工作；不得安排学生从事Ⅲ级强度及以上体力劳动或其他有害身心健康的实习。还包括：职业学校和实习单位不得向学生收取实习押金、培训费、实习报酬提成、管理费、实习材料费、就业服务费或者其他形式的实习费用；不得扣押学生的学生证、居民身份证或其他证件；不得要求学生提供担保或者以其他名义收取学生财物。

实习协议之相对性禁止条款的前提条件也是法定条件，只有充分满足了这些条件，才具有法定效力。其主要法定条件是《实习新规》第十七条的明确规定："除相关专业和实习岗位有特殊要求，并事先报上级主管部门备案的实习安排外，实习单位应遵守国家关于工作时间和休息休假的规定"，具体规定是：不得安排学生从事高空、井下、放射性、有毒、易燃易爆，以及其他具有较高安全风险的实习；不得安排学生在休息日、法定节假日实习；不得安排学生加班和上夜班。

实习合同最为重要的内容是实习报酬。《实习新规》关于实习报酬的特别规定是：原则上应不低于本单位相同岗位工资标准的 80% 或最低档工资标准，并按照实习协议约定，以货币形式及时、足额、直接支付给学生，原则上支付周期不得超过 1 个月，不得以物品或代金券等代替货币支付或经过第三方转发。实习报酬是实习学生应当享有的劳动报酬权，也是同工同酬权的表现，因此，实习合同应当对实习报酬的内容进行非常详细的规定。因另有专章论述"实习薪酬制度"，在此不赘言。

实习合同最为重要的内容还是实习保险。《实习新规》的规定是：职业学校和实习单位应当为实习学生投保实习责任保险。责任保险范围应当覆盖实习活动的全过程，包括学生实习期间遭受意外事故及由于被保险人疏忽或过失导致的学生人身伤亡，被保险人依法应当承担的赔偿责任以及相关法律费用等。学生实习责任保险的费用可按照规定从职业学校学费中列支；免除学费的可从免学费补助资金中列支，不得向学生另行收取或从学生实习报酬中抵扣。职业学校与实习单位达成协议由实习单位支付学生实习责任保险投保经费的，实习单位支付的投保经费可从实习单位成本（费用）中列支。鼓励实习单位为实习学生购买意外伤害险，投保费用可从实习单位成本（费用）中列支。这些规定虽然比较全面和可行，但是，对实习保险问题还缺乏凝练，笔者认为应当凝练成"实习保险"，而不是"实习责任保险"。因另有专章论述"实习保险制度"，在此不赘言。

（二）普通教育实习合同的基本内容

普通教育实习合同的内容除了可以参照上述职业教育的相关规定外，还应当参考劳动合同的规定。因为在域外许多国家或地区都将实习合同视为一种特殊的劳动合同，有的将具有雇员身份的实习生直接纳入劳动法的调整范畴，如英国和美国。目前实习合同的性质争议仍然巨大，我国学界普遍认为实习合同不应当划归为劳动合同或特殊劳动合同，认为实习合同的属性仍然是教育性质的合同，与劳动合同完全不同，其基本因由就是依据实习的本质是教学的实践环节，而不是劳动，实习学生的身份应当还是学生而不是劳动者（雇员），故此，实习合同也不属于劳动合同的范畴。

笔者认为，这些观点从理论上看，没有问题，但是，从实然保障实习学生权益方面考虑，至少应当将实习时间较长的实习，视为特殊的劳动关系，法国和德国就是典型，它们分别将实习时间超过 2 个月与 3 个月的实习视为特殊的劳动关系，并强制实施有薪实习，还受最低工资标准的约束。我国应当参鉴法国和德国的经验，将时间较长的实习视为特殊的劳动关系，进一步，则可以将实习时间较长的实习合同视为特殊的劳动合同，或者规定直接参照劳动合同有关条款执行。

普通教育实习合同的内容还应当特别借鉴职业教育实习之禁止性条款即"不准"条款的成功经验，从法律法规上明确禁止不当或不合理的内容，以有效治理实习乱象和充分保障实习学生的各项合法权益。

实习合同最为重要的内容还包括实习报酬和实习保险，这两项内容除了原则性的规定外，还必须设置详细的具体条款。因另有专章论述"实习薪酬制度"和"实习保险制度"，在此不赘言。

第四章　实习知情制度

实习知情制度的内核是实习知情权，而实习知情权源于实习权和知情权，由于实习权还没有凝练成型，实习知情权严重陌生化。实习知情权与实习权并非一一对应，一些不享有实习权的主体也可能享有实习知情权。实习知情权一方主体的权利，就是相对方的告知义务。知情同意书是知情权的外在形态，其渊源是医疗知情同意书，知情同意书与知情告知书虽然都是知情权的载体，但是差异较大，不可混同。我国实习知情同意制度首创于新版《职业学校学生实习管理规定》，初次奠定了实习知情权的制度基础，但是还存在法理上和程序上的缺陷，适用范围也只能是职业教育之实习，规范阶位也偏低，还缺失实习告知书规范。创建实习知情权制度首先必须确立实习权及实习知情权为一项新兴的民事权利；其次是在应然法之实习法、学徒法和就业见习法创设具体规范。

实习知情制度是实习知情同意制度的简称，其内涵结构有两大类：一是"知情"+"同意"或"否定"+知情同意书，具有双向性特征，需要相对方之同意或否定之意思表示；二是"告知"+"知情"，此为单向性行为，无须相对方之同意或否定意思表示。实习知情制度的法理及权利基础为实习知情权，它的逻辑结构是："实习权"+"知情权"，因此，实习知情制度的实质或内核就是实习知情权。

我国现行实习秩序比较混乱，强迫实习或变相强迫实习、"假实习真雇佣"或"假实习真劳动"等虚假实习现象普遍，严重违反了实习契约精神，不仅与法律规范相违背，还有悖于道德规范，极大影响了育人质量，与"树德立人"难以相向而行。相关的理论研究也较为匮乏。

实习关系的治理不能离开权利基础，实习权利的凝练亟待加强与完成，实习知情权应当从实然权利之知情权与应然权利之实习权中生成一种新兴权利。现行实习知情权规范主要是新《职业学校学生实习管理规定》，其"立法"不足应当及时优化，以保障与救济广大实习学生的正当权益，为育人大计服务。

第一节 法理及权利基础

我国实习知情制度还没有完成定型化与法定化,实习知情制度的法理及权利基础就是实习知情权,它属于非常陌生的新兴权利,它具有存在合理性的两大权利基础:一是它源于新兴的实习权;二是它源于传统的知情权。

一、实习权

实习权还没有定型化与法定化,既无宪法或民法之基本权利设置,又无具体权利规范;实习权的实践关注度极低,理论研究极其匮乏,立法更是空白。

(一) 权利属性

实习权缺乏法定概念,其权利属性可以从两大方面界定:一是复合权;二是新兴权。

1. 复合权

实习权具有复合性权利属性,它既包括受教育权,又有劳动权(就业权)和社会保障权的部分属性。实习的本质是教学实践活动,是学校教育向社会劳动就业的延伸或试验,故而实习权属于学生受教育权的范畴;实习又是理论与实践结合的试验性劳动,属于一种特殊的劳动,故而实习权具有劳动权(就业权)之属性;实习活动始终不能离开对实习学生的职业伤害预防与工伤保险等社会保障,因而,实习权亦具有社会保障权属性。

实习权还没有被纳入法律范畴,无论是教育法,还是劳动法,都没有其定型化和法定化界定。在极其少有的论述中,笔者将其概述为两大类型:一是"复合说",认为实习权是受教育权和劳动权或劳动就业权之复合;二是"单一说",认为实习权就是一种受教育权,或者是受教育权的表现形式之一。① "单一说"认为实习权就

---

① 问清泓:《实习争议处理制度创建论纲》,载《河北法学》2022 年第 12 期。

是一种受教育权，如李文康认为，实习权是受教育权的具体化。① "复合说"的观点有三种：一是认为实习权既是受教育权，也是就业权，如张勇认为大学生实习既是一种学习权，也是一种就业权。② 二是认为实习权既是受教育权，也是劳动权，如黄芳认为实习权是公民受教育权与劳动权交集衍生出的一项新权利，③ 韦嘉燕、乐永兴也认为实习权具有教育权和劳动权的特征。④ 三是认为实习权并非单个权利，而是多个权利的复合权，如徐银香认为它既是受教育权，又是劳动权和职业健康保障权。⑤ 笔者反对"单一说"，因为它虽然强调突出了实习权之受教育权这个核心特性，但它忽略了实习也是学生参与的社会劳动之一。⑥ 实习权"单一说"仅仅界定实习权为受教育权，而无劳动权属性，明确排除了实习关系劳动特性，具有相当大的局限性。⑦ 上述"复合说"比较合理，但是，就业权不宜与劳动权分离，二者应当合二为一；职业健康保障权应属于社会保障权的范畴。因此，实习权属于"复合权"，它应当包括受教育权、劳动权和社会保障权三大基本要素。

2. 新兴权

笔者认为，实习权不仅属于"复合权"的范畴，还可划归"新兴"或"新型"权利的范畴。"新兴"权利特指权利的各种"新"现象与"新"样态，其"新"现象与"新"样态实际上是指权利在主体、客体、内容方面的伸缩或扩展、限制等变化情况。新兴权利与旧有权利之间的冲突和协调不仅始终贯穿于法律权利实践的始终，而且彰显着权利发展的真实样态。⑧ 实习权就是包括了与旧有权利如受教育权、劳动权和社会保障权之间的冲突和协调，而产生的一种新的具有复合性的权利——实习权。

新兴权利并非可以任意而为，它必须符合自己的价值判断和规则体系，否则，新兴权利就没有真正存在的意义，更不能向正式的制度规范转换而普遍化。新兴权利有自己的认定标准，有专家认为，新兴权利的认定标准有形式标准和实质标准两大方面。形式标准以时间和空间为标准：凡是过去在中国的法律文本中没有明确规定的法律权利而在新的法律文本中明确规定或者隐含地包含着的法律权利就是新兴权利；在中国法律地域范围之外早就存在而在中国尚未存在，在后来通过相应的具

---

① 李文康：《高校学生实习权探析与立法研究》，载《西南农业大学学报》（社会科学版）2011 年第 12 期。

② 张勇：《基于促进就业理念的大学生实习立法问题研究》，载《华东理工大学学报》（社会科学版）2010 年第 2 期。

③ 黄芳：《论大学生的实习权》，载《高教探索》2011 年第 3 期。

④ 韦嘉燕、乐永兴：《实习权的权利价值与保护》，载《合肥学院学报》（综合版）2018 年第 4 期。

⑤⑥ 徐银香：《基于实习权的实习生权益及其制度保障研究》，载《苏州科技大学学报》（社会科学版）2021 年第 2 期。

⑦ 问清泓：《实习争议处理制度创建论纲》，载《河北法学》2022 年第 12 期。

⑧ 姚建宗：《新兴权利论纲》，载《法制与社会发展》2010 年第 2 期。

体条文明确规定或者隐含规定的法律权利。① 我国目前由于还没有出台实习法律法规，实习权也就不存在"新的法律文本中明确规定"一说，只能将实习权认定为"隐含地包含着的法律权利"，实习权具体隐含于受教育权、劳动权和社会保障权之中，属于未来新的法律文本（实习法）应当明确规定的新权利。

新兴权利的实质标准是指在权利的实质内容上，现有法律权利类别无法涵盖和纳入的新内容。该内容有些是全新的，而有些只是适用范围或者适用条件发生了变化，也构成一类新兴权利的内容。② 实习权完全符合这两大实质标准：一是实习权的内容完全是崭新的，根本就没有现行的实习规范；二是实习权具有复合性，它是现有受教育权、劳动权和社会保障权之"变异"新内容，即教育权、劳动权和社会保障权的适用范围或适用条件发生了变化，其适用主体为参加实习的学生，适用条件不仅是学生之受教育权，还属于一种非常特殊的劳动，不能离开劳动关系及劳动权（含就业权）；同时，实习学生属于社会的弱势群体和未来新兴的劳动力，需要特别的倾斜保护，社会保障权也应当适用于他们。故此，从新兴权利的实质标准上判断，实习权都应当是一种新兴权利，它完全符合新兴权利之价值判断和规则体系，具有向正式法律权利转换的条件，就像隐私权一样，将逐渐被人们广泛承认与接受。

新兴权利也不是凭空产生，它具有一定的历史和现实基础，并以现有权利为逻辑起点。实习权也符合这些特性，实习权是实习生之受教育权、劳动权和社会保障权的具体化，现有的这三大权利是实习权能够存在并最终凝练成型的权利和逻辑基础，故此，学界和实践界都应当正确看待实习权，并给予充分的包容与肯定；立法界应当充分关注这一新兴权利，不断吸收相关的研究成果，及时进行立法响应。

将实习权纳入新兴权利的范畴，并非笔者之臆断，而是具有重要的价值和意义。正如专家所言，新兴权利对于法律权利制度的积极意义非同寻常，其表现在：一是新兴权利在理论和实践上都引领着旧有法律权利在观念和制度上不断更新，进而推动法律权利的新发展；二是新兴权利在法律实践中引领着权利实践的进步，新兴权利的观念和意识在司法实践中能够给相关人员灌输崭新的法律意识、法律观念以及相应的权利观念和权利意识，能够启迪法律思维，拓展理论与实践视野，更有利于保障当事人的合法权益，更有利于推动新兴权利通过正式立法形式而法定化与制度化。③ 实习权作为新兴权利的范畴，其价值和意义也是如此，可以从理论研究、司法实践和立法上有力推进实习权的法定化和制度化，进而有效规范和治理实习关系。

---

①②③　姚建宗：《新兴权利论纲》，载《法制与社会发展》2010 年第 2 期。

（二）实习权的主体与内容

按照基本法理，任何权利都包括权利主体和权利内容，新兴权利之实习权也是如此。

1. 权利主体

权利主体就是权利的当事人，实习权法律关系主体比较复杂，不仅是应届在校学生，包括所有类型的大中专生学生，还应当包括已经毕业但未就业的往届生；不仅是学生，还包括社会一般公民；不仅有学生实习，还应当包括就业见习生（学生与社会青年）；实习权的主体还包括学徒或者职业学校之学徒制教育或培训的学生。实习权并非仅仅针对学生教学实习或就业见习，还有其他社会成员的实习活动，如驾校学员之实习（可以划归消费者之知情权，驾校学员属于购买服务之消费者）。

2. 权利内容

实习权的内容比较丰富，包含了实习活动的全过程；同时，因为实习权具有受教育权、劳动权（含就业权）和社会保障权的部分法律属性，因而，实习权的内容也必须包含这三大权利之部分内容；同时，实习权还应当包括学徒、就业见习与驾校学员实习等方面的特殊权益。

第一，受教育权类。主要包括实习培训权、实习参与权、实习选择权、实习协议签订或变更权、实习考核权或鉴定权和实习受指导权等。实习培训权指实习学生享有实习之前专门培训的权利；实习参与权既可以参与学校组织的集中实习，又可以自己选择实习单位；实习考核权或鉴定权是指实习结束后，实习学生享有实习结果鉴定的权利；实习受指导权是指实习学生享有指导教师或企业师傅指导实习的权利，并且享有选择指导教师或师傅的权利，实习受指导权是最能彰显实习学生受教育权的内容，是学校教育的延伸或试验。

第二，劳动就业权类。主要包括实习学生应当享有的实习报酬权及同工同酬权、休息休假权、劳动条件与保护权、争议处理权、留用权等。实习学生不仅享有获得劳动报酬的权利，还享有与其他劳动者一样的同工同酬权；实习休息权指实习学生依法享有正常的休息休假权，不得被随意要求加班加点；实习争议处理权是指如果发生实习争议，实习学生享有争议解决权。就业见习的见习生还应当享有被见习单位留用的权利即就业见习制度中的留用权，该留用权也属于劳动就业权的特殊范畴。

第三，社会保障权类。此类权益可以类型化为"实习保险"，但是由于实习法律法规的缺失，"实习保险"还没有凝练成型，我国目前相关的实习规章中并未使用该名称。实习保险权指实习学生享有参与社会保险特别是工伤保险的权利；实习保险主要包括社会保险权和商业保险权，社会保险权之工伤保险尤其不可或缺；商业保险主要是实习学生人身意外伤害保险。实习学生社会保障权的内容还包括实习学生实习时享有的社会救助和社会福利方面的权益。

第四，就业见习类。就业见习是一种特殊的实习活动，是为了就业的实践性预备劳动，它一般是针对已经毕业但未就业的大中专毕业生和未就业的社会青年，在就业见习中，见习生也一般享有本单位劳动者同等的劳动权益，如见习生享有见习报酬权和休息休假权等；特别还应当享有就业权，即被见习单位留用的权利，我国现行政策要求见习单位的留用率一般不低于50%；见习生还享有与同单位试用劳动者许多平等的权利，即非歧视权等。留用权还包括留用之后应当继续享有的原见习期间的部分权利，如保险权益延伸、试用期冲抵权如见习期可以冲抵试用期而不得另行再安排试用等。见习生如果是未就业的社会青年，他们享有与高校毕业而未就业学生一样的平等的就业见习权。

第五，学徒与学徒教育类。实习学生如果是学徒、职业学校之学徒制教育或培训的学生，他们享有与普通院校或职业院校学生一样的平等的实习权利，不能因学徒或职业教育而被歧视或剥夺；他们享有平等的受教育权、劳动就业权、实习保障权、就业见习权和争议处理权等。

二、知情权

实习知情权的权利基础除了应然的实习权外，还有比较成熟的实然知情权。知情权属于综合性权利的范畴，知情权可以分为两大类：一是已经比较成熟与完成法定化的知情权类型，主要包括消费者知情权和医疗（患者）知情权（含知情同意权）；二是新兴的未完成法定化和不够成熟的知情权，主要包括学生家长或监护人知情权和实习知情权，前者如中小学生线下教学知情权等，后者包括职业教育和普通教育之学生的实习知情权，还应当包括现代学徒制或学徒教育（含学徒培训）之实习和就业见习中的实习知情权，家长或监护人知情权和实习知情权也有交叉的情形，即为家长或监护人之实习知情权，它们都还没有完成定型化与法定化，仅仅是学理概念而已。

（一）内涵界定

知情权一般称为知悉权、了解权或得知权。知情权起源于美国20世纪五六十年代的"知情权运动",知情权一词被广泛援用并很快成为一个具有国际影响的权利概念。[①] 后来《世界人权宣言》将知情权作为基本人权之一。[②] 知情权并不是一个狭义的具体权利,而是比较广泛的权利束或综合性权利,各个不同的法域或部门具有不同内容的知情权。

知情权指有关主体有获知与他有关的情报信息的权利,还包括传播情报信息的权利和自由。[③] 知情权是指自然人、法人及其他社会组织依法享有的知悉、获取和法律赋予该主体权利相关的各种信息的自由和权利。[④] 国外学者将知情权分为广义和狭义两种:前者泛指公民知悉、获取信息的自由与权利;后者仅指公民知悉、获取行政信息的自由与权利。[⑤] 狭义的知情权仅仅是指行政知情权,此即知政权,与行政信息公开制度密切关联。

(二) 特征审析

知情权具有不同于其他权利的特征,这也是知情权能够成为一项独立权利并被广泛承认的基础。

第一,知情权的多元性。知情权贯穿于法律关系的全过程,它不仅存在于法律关系成立之初,如签订合同之前的知情权,这与合同签订之当事人的缔约告知义务相对应,属于附属义务之前契约义务;它还存在于法律关系履行之中和结束之后,如合同关系履行完毕后的知情权,此与合同的附属义务之后契约义务相对应。

第二,知情权的双重性。知情权具有双重性特征,它既有肯定性的结果评价,如知情而后同意即知情同意权,外在形态为知情同意书;又有否则性结果评价,如知情而后不同意即知情否定权。

第三,独立性与隐含性并存。知情权可以是独立存在的权利,也可能隐藏于相对方的义务之中。知情权的权利与义务关系更加紧密,也更加不可分离,知情权一方权利主体享有的知情内容,就是相对方的如实告知义务。民法中的知情权是一种广泛的权利,我国法律条文明确规定知情权的比较少见,但只要是法律规范中的同意、追认、通知义务、告知义务、释明义务、催告义务等,都属于知情权的范畴。[⑥] 没有负有告知义务主体的告知之"情",便没有享有权利一方主体的"知"。因此,凡法律规范中涉及的告知义务规范,都可以视为相对方知情权的范畴

---

① 宋小卫:《略论我国公民的知情权》,载《法律科学》1994 年第 5 期。
②⑤ 黄德林、唐承敏:《公民的"知情权"及其实现》,载《法学评论》2001 年第 5 期。
③ 郭道晖:《知情权与信息公开制度》,载《江海学刊》2003 年第 1 期。
④ 汪习根、陈焱光:《论知情权》,载《法制与社会发展》2003 年第 2 期。
⑥ 姚建军:《个人信息保护与知情权冲突的裁判——从蒋某某诉西安电信公司知情权纠纷案说起》,载《法律适用》2022 年第 1 期。

即知情权的内容，这表明知情权的内容既可以独立存在，又可以隐含于告知义务之中而非独立存在。

第四，与个人信息权益及隐私权不可分离。我国《民法典》虽然没有明确设置知情权为一项独立的民事权利，即不属于有名权利，但是第一千零三十五条将知情权隐含于个人信息权益处理的原则之中①，其实则就是知情同意权的范畴，因此，从民法上看，知情权与个人信息权益不可分离。另外，我国《民法典》已经将隐私权作为一项独立的民事权利即有名权利，且将"隐私权与个人信息保护"作为独立的一章，虽然还没有凝练出个人信息权或权益，但是，已经表明了隐私权与个人信息保护权益的紧密关联性，二者都必须遵循合法性、正当性、必要性和禁止过度处理原则，这些原则为知情权提供了立法规则，也表明了知情权与隐私权和个人信息权益的高度关联性。《中华人民共和国个人信息保护法》（以下简称《个人信息保护法》）再次重申了"个人的同意"与"充分知情"原则②，这从立法上将知情权作为个人信息处理之同意权产生的前提，即先"知情"后"同意"。因此，从我国《民法典》和《个人信息保护法》上看，自然人知情权与个人信息权益及隐私权关系密切。知情权与隐私权不仅关系密切，还会经常发生冲突，"隐私权与知情权代表了对立的精神利益"，给研究和立法都出了一道难题。③ 知情权的存在与行使必然同隐私权的保护产生矛盾，如何均衡二者的关系，如何界定各自的边界，这些都是知情权不可或缺的重要内容，也是知情权所具有的独有特征。

第五，单向性与双向性并存。知情权的单向性就是指有些知情权是当事人一方有关事情的告知，外在表象形态就是"告知书"或称为"知情告知书"，无须相对方的意思表示，即不必征询相对方的同意或否定，该知情权就独立存在，它与一方当事人的如实告知义务紧密关联；知情权的双向性是指有些知情权需要当事人双方相互知情，并协商达成一致，其主要包括知情同意权和知情否定权两大类别，它需要相对方的肯定或否定之意思表示，才能够成立与生效，该知情权的本质为知情同意权或知情否定权，其外在载体就是后文之"知情同意书"。

（三）立法现状

知情权按照主体划分，可分为消费者知情权、医疗（患者）知情权、劳动知情权、教育知情权、股东知情权、业主知情权、学生及家长或监护人知情权和实习知

---

① 我国《民法典》第一千零三十五条第一项规定：处理个人信息应当"征得该自然人或者其监护人同意"。
② 我国《个人信息保护法》第十三条明确规定个人信息处理者必须首先"取得个人的同意"；第十四条规定"基于个人同意处理个人信息的，该同意应当由个人在充分知情的前提下自愿、明确作出"。
③ 肖玉英：《试论隐私权与知情权》，载《法学杂志》2001 年第 4 期。

情权等。本书的实习知情权可划归教育知情权与学生及家长或监护人知情权。

知情权就是当事人知悉真实情形的权利，它最先定型于医疗和消费领域，属于患者或消费者应当享有的基本权利之一，在法域或部门上属于医疗法和消费者权益保护法的范畴。消费者购买商品或接受服务中享有的知悉商品或服务真实情形的权利，该知情权可以概述为消费者知情权。知情权是消费者权利约束中最为基础并得到公认的权利。知情权是指消费者依法享有知悉其购买、使用的商品或者接受服务的真实情况的权利。①

我国现行法律规范除了《消费者权益保护法》和《医师法》外，并没有直接赋予知情权为一项明确的法定权利。消费者和患者享有的消费知情权和医疗知情权已经得到了立法的普遍承认②。我国《民法典》虽然没有将知情权纳入公民民事权利的法定有名权利类型，但是，其第一百二十六条规定了"民事主体享有法律规定的其他民事权利和利益"，因此，可以据此推定知情权为"其他民事权利和利益"之无名权利，消费者知情权之外的其他知情权如本文的实习知情权，可以依此推定为：知情权也属于一种公民享有的其他民事权利。另外，我国《民法典》已经明确规定了患者享有的知情权，并将之具体类型化为"知情同意权"③。我国《民法典》没有将知情权列为明确的法定民事权利，间接的知情权规范并不缺乏，但是最终还是应当修复此缺陷，应当从零碎的知情权诸多规范中凝练出独立的知情权，明确设置知情权为公民的基本民事权利之一。

从我国现行法律中，可以找到消费者知情权和患者知情权（包括知情同意权）的明确规定。但最大的遗憾是，由于还没有出台实习法律法规，实习权及其实习知情权还没有入法，仅仅只是学理研究而已，并且理论凝练严重不足。

实习知情权属于实习权的重要内容之一，它理应包括实习权的五大基本内容，即实习知情权是实习学生或监护人及非自然人应当知悉的有关实习情况或信息的权利，它主要包括受教育权、劳动就业权、社会保障权、就业见习权和学徒与学徒教育五大方面的权益。实习知情权还可划分为积极知情权和消极知情权，前者为肯定性的权利规范，如实习学生或监护人同意参加实习（集中实习和分散实习）的知情同意权；后者为否定性规范，如不予参加实习的否定权即知情否定权。

---

① 徐骏：《智能时代消费者知情权的困境与变革》，载《中南大学学报》（社会科学版）2021年第3期。

② 《消费者权益保护法》第八条明确规定了该知情权："消费者享有知悉其购买、使用的商品或者接受的服务的真实情况的权利。"

③ 我国《民法典》第一千二百一十九条规定："医务人员在诊疗活动中应当向患者说明病情和医疗措施。需要实施手术、特殊检查、特殊治疗的，医务人员应当及时向患者具体说明医疗风险、替代医疗方案等情况，并取得其明确同意；不能或者不宜向患者说明的，应当向患者的近亲属说明，并取得其明确同意。"

三、实习知情权的生成逻辑

（一）实习权与实习知情权的关系

实习权虽然是实习知情权存在的前提条件，没有实习权就不存在实习知情权，实习知情权是实习权的主要内容之一，是实习权与知情权的融合与交叉，但是，二者并非包含与被包含一一对应的关系，关系比较复杂。实习知情权的范围远远大于实习权，享有实习知情权的主体远远多于实习权主体，并非享有实习权的主体才有实习知情权，不享有实习权的主体也有可能享有实习知情权。从逻辑上概之，有实习权就必然有实习知情权；但是逆命题不一定成立，即享有实习知情权不一定享有实习权。

实习权是自然人实习学生独有的参与实习并在实习全过程中应当享有的权利，其他非实习直接参与者含非自然人单位都不享有实习权；但是，实习知情权并非仅是自然人实习学生独享，其他没有实习权的自然人主体和非自然人主体也可能享有实习知情权：非自然人主体有政府有关部门（主要是人社部门和教育部门）、实习派遣学校、实习单位等，自然人主体还包括实习指导教师含带队人员、实习单位指导人员或师傅、实习学生的家长或监护人等。

（二）知情同意权与知情否定权

知情权有知情同意权与知情否定权之分，其下位概念是实习知情权，也可分为实习知情同意权与实习知情否定权。实习知情同意权与实习权的关系是：实习知情同意权是实习权产生的前提，只有拟参加实习的学生或者家长或监护人同意其参加实习活动，该学生的实习权才能够产生并发生效力；而实习知情否定权可能导致实习权的消灭，如果拟参加实习的学生或者家长或监护人行使了实习知情否定权，则实习就不能进行，该实习权也就相应不存在，此即知情否定权决定了实习权是否存在，而不是实习权决定实习知情权。概言之，一般原则上实习权产生实习知情权，即先有实习权后有实习知情权；但是，实习知情权之同意或否定权也可能产生实习权，也可能不产生实习权。

（三）实习权利能力和行为能力

所谓民事权利能力是指权利人享受权利的资格。[①] 民事主体依法享有民事权利、

[①]　王利明：《民法总则研究》（2），中国人民大学出版社 2021 年版，第 202 页。

承担民事义务的能力；它虽名为"权利能力"，但还应当包括"义务能力"。① 一般都认为公民的权利能力还应当包括其应当履行的法律义务，既是权利主体，又是义务主体，是权利与义务统一。② 民事行为能力是指公民通过自己的行为取得民事权利和设定民事义务的能力，它包括公民进行合法行为的能力，还包括公民对其违法行为应承担的民事责任能力。③

在民法理论上，通常只是在权利享有问题上涉及权利能力问题，而在行为效力问题上并非权利能力，而是行为能力，因为立法上把行为能力作为法律行为的有效条件加以规定。行为能力的意义包括两个：一是行为能力的欠缺影响行为的有效性；二是行为人欠缺行为能力，可以通过法定代理人的代理实施。④ 民事权利能力和行为能力是某一个民事权利的两个不可分离的内核，前者是一种抽象的资格条件或前提，后者是权利的具体行使状态，二者是辩证统一的关系。

实习权偏重于民事权利能力即资格上的权利，是一般主体即实习学生（包括学徒和就业见习生）享有的一种有资格参与实习（含学徒与见习）活动的民事权利，该实习权与学生之行为能力无关而普遍享有，即与学生是否是完全民事行为能力人没有关系；而实习知情权中的实习知情同意权或否定权，则偏重于行为能力方面，即实习知情同意权或否定权只是肯定或否定学生的实习行为能力，而不是肯定或否定学生享有的实习权之实体权利本身，即实习知情同意权或否定权不能决定实习权本身存在与否，只能决定实习学生能否参与某次具体实习之行为能力，它的影响后果是实习行为或拟参与实习的有效性，当享有实习权的行为人欠缺行为能力时，必须通过其家长或监护人等法定代理人的同意，此即为实习知情权之肯定权，如果不同意则该实习行为不能发生，此即为实习知情权之否定权。

综上所述，实习权属于新兴的民事权利，是实习学生享有的参与实习活动的资格，它的主体和内容包括权利和义务两大方面的有机统一；实习知情权并不必然由实习权产生，实习知情权中的实习知情同意权或否定权的主体范围大于实习学生，即并非像实习权那样仅仅只是实习学生才享有，其他民事主体包括非实习学生本人如家长或监护人，以及非自然人主体也享有实习知情权及其实习知情同意权或否定权；实习知情同意权或否定权一般是指对享有实习权主体之能否具体参与实习行为即行为能力的考量，而不是针对权利人的权利能力，其效果是肯定或否定实习行为人能否参与实习行为，尤其是当权利人不具备完全行为能力时，此时享有实习知情同意权或否定权的代理人即可行使自己的实习知情同意权或否定权，而享有实习权

① 王洪平：《论胎儿的民事权利能力及权利实现机制》，载《法学论坛》2017年第4期。
②③ 郑立：《民法通则与公民民事权利主体资格》，载《中国法学》1986年第1期。
④ 柳经纬：《权利能力的若干基本理论问题》，载《比较法研究》2008年第1期。

的当事人即未成年人则不能参与实习。

（四）实习知情权的内容

实习知情权的内容应当是与学生实习活动密切相关的内容，因其权利主体的多样性而分别具有不同的内容，可以分为自然人与非自然人两大方面；二者享有的实习知情权的内容既有交叉，也有各自不同的内容；同时，权利与义务不可能孤立存在和发展，它们的存在和发展必须以另一方的存在和发展为条件。[①]一方主体实习知情权的内容，也是相对方之实习告知义务的内容，此既体现了权利与义务在内容方面的统一性，也表明了实习知情权的实现不能离开相对方的告知义务。

1. 自然人实习知情权的内容

（1）实习学生之实习知情权的内容。实习知情权的最为重要的主体是实习学生，参与实习或见习的学生享有知悉实习计划、实习培训、实习单位分配、实习单位基本情况、实习岗位、实习条件、实习报酬或补贴、实习保险、实习考核或实习鉴定等内容。就业见习生享有知悉见习单位（或见习基地）基本情况、见习计划、见习期限、见习工资、见习保险、见习考核和见习留用等，其中的见习留用情况非常重要，它直接关系到就业见习的效果和目的，国家也是大力鼓励见习单位提升其留用率，一般对超过 50% 的单位，都会直接给予见习补贴，因此，见习单位留用率是见习学生最为关注的见习知情权的内容之一。实习学生或见习生实习知情权的内容还应当包括知情否定权，即实习学生如果对实习单位或见习单位的情况不满意，应当享有知情否定权，而拒绝参加实习或见习，或者是中途直接退出实习或见习，并且实习派遣学校和实习单位都不能阻止，更不能以不能毕业或不能授予学位等予以胁迫，否则还应当承担相应的法律责任。该实习知情权之否定权与实习学生的选择权密不可分，二者的关系是三层递进关系：先有实习知情权，再有知情否定权，最后是实习选择权。实习知情权否定权还与实习学生享有的诉权紧密关联，任何实习派遣学校和实习单位或见习单位都有保障实习知情否定和选择权的实现，不得胁迫而强制或者变相胁迫学生参与实习，否则就构成侵权，即侵犯了实习学生的实习权及实习知情权、知情否定权和选择权，并应当承担由此引起的民事侵权责任。

（2）实习学生家长或监护人之实习知情权的内容。实习学生家长或监护人享有知道实习学生在实习派遣学校和实习单位实习基本情况的权利，其实习知情权的特别内容是实习知情同意权或知情否定权。实习知情同意权或否定权主要针对未成年

[①] 张文显：《法理学》（第 5 版），高等教育出版社 2018 年版，第 135 页。

即未满十八周岁的实习学生，主要为中职生和学徒。我国监护制度的立法主要是《民法典》总则中的第二节①，监护人享有的实习知情权的内容主要是"保护义务"，是为了保护未成年实习学生的权益，其实习教育义务则为实习派遣学校和实习单位。实习学生家长或监护人如果知悉实习单位的情况不够理想，或者发现实习过程中实习单位之实习条件不达标，或者有不当行为如强迫或变相劳动、非法加班加点、没有实习劳动报酬或实习保险等，家长或监护人都享有要求其学生拒绝参加实习，或者直接退出实习活动的权利，并且任何实习单位或学校都不得以任何理由拒绝；如果构成侵权，家长或监护人还享有的诉权，即家长或监护人享有追究其侵权法律责任的权利。

家长或监护人之实习知情权还与民事代理权关系密切，该代理权适用民法之规定②。家长或监护人就是未成年实习学生的代理人，当然享有法律赋予的代理权。代理包括委托代理和法定代理，我国《民法典》沿袭了原《民法总则》的规定，虽然将代理分为了委托代理和法定代理，并且有专门一节规定了"委托代理"，但是，却没有专门规定"法定代理"，再次凸显了巨大的立法缺陷。家长或监护人享有的实习代理权，还是立法的空白，它到底是委托代理，还是法定代理？笔者认为，虽然立法没有规定，但是从法理上看，应当是法定代理，即家长或监护人是未成年实习学生的法定代理人。法理依据和逻辑基础是法定监护人理应享有法定代理权，既然家长或监护人是未成年学生的法定监护人，那么，他们就享有这些实习学生的法定代理权。

（3）实习带队老师或实习师傅之实习知情权的内容。实习带队老师享有知悉实习学生实习情况的权利，这实则就是教师教育权的延伸，实习是教学实践环节，教师和实习师傅都是学生实习的教育者，他们当然享有知悉实习情况的权利。

2. 非自然人实习知情权的内容

自然人享有知情权没有任何疑义，但是，非自然人（法人、非法人组织）是否享有知情权，则争议较大。虽然知情权与隐私权及个人信息权（益）的关系密切，而隐私权和个人信息权益都是指自然人享有的私权利，非自然人的法人或其他单位都不享有此两项权利。知情权的范围远远大于隐私权与个人信息权，它不能等同于隐私权与个人信息权，非自然人主体应当与自然人一样享有知情权。例如用人单位享有劳动知情权即知悉拟招聘人员基本情况的权利，见习单位享有见习知情权即知

---

① 我国《民法典》第二十六条规定："父母对未成年子女有抚养、教育和保护义务"。
② 我国《民法典》第一百六十一条规定："民事主体可以通过代理人实施民事法律行为"。

悉见习生基本情况的权利，医院享有患者知情权即知悉患者身体状况的权利，等等，这些都表明了非自然人也享有知情权，只不过该知情权不得侵犯相对方的隐私权与个人信息权，否则就属于不当的知情权而构成侵权。

享有实习知情权的非自然人主体主要包括实习派遣学校、实习单位或见习单位和政府相关职能部门如人社部门、工商管理部门、税务部门和教育管理部门等。实习派遣学校实习知情权的内容主要有四：一是知悉实习学生参与实习全过程的情况；二是知悉学生家长或监护人对学校实习安排的意见，主要针对未成年人的实习学生或学徒与学徒式教育的学生；三是知悉实习单位或见习单位有关实习或见习的情况，主要包括实习时间或见习时间、实习或见习报酬、实习或见习保险等；四是知悉政府相关职能部门如人社部门、教育部门和工商税务部门等有关实习统计、划拨实习经费或补贴、税收减免或优惠、对实习单位（基地）或见习单位（基地）考核评估及评优等情况。实习单位或见习单位实习知情权的内容主要有三：一是知悉实习学生或见习学生的基本情况；二是知悉实习派遣学校之实习带队教师的情况；三是知悉政府相关职能部门如人社部门和教育部门有关实习经费或补贴划拨或税收减免、考核评估及评优等情况。政府相关职能部门如人社部门和教育部门实习知情权的内容主要有四：一是知悉实习学生或学生的基本情况；二是知悉实习派遣学校有关实习或见习的情况；三是知悉实习单位或见习单位有关实习或见习的基本情况；四是知悉社会对实习单位或见习单位的评价情况。

第二节　实习知情制度的外象

实习知情制度的外象主要是知情同意书与知情告知书，此二者亦为实习知情权的外在形态与载体。

一、知情同意书

知情同意书制度首创于医疗行业，一般意义上的知情同意书就是指"医疗知情同意书"，医疗知情同意书制度也最为规范与成熟，其他行业的知情同意书基本上都是源于或借鉴医疗知情同意书。

现代知情同意理念和制度的确立与《纽伦堡法典》密切相关，世界医学会于1964 年发表《赫尔辛基宣言》，将"自愿同意"改为"知情同意"，"知情同意"作为一项重要的伦理原则。我国有关医疗知情同意书的立法比较完善，为构建医疗知情同意书制度提供了立法范例。① 我国《民法典》第一千二百一十九条从侵权法的视角也明确规定了医疗知情同意书制度。至此，我国现有立法已经完成了医疗知情同意书的制度基本构建，为其他类型的知情权及知情同意制度树立了立法典范。

现代知情同意理念和制度的确立与《纽伦堡法典》密切相关，《纽伦堡法典》确立的十项道德准则第一条是："受试者的自愿同意绝对必要"，接受试验的人有同意的合法权利。世界医学会于1964 年发表《赫尔辛基宣言》，将《纽伦堡法典》的"自愿同意"改为"知情同意"，强调了患者对信息的充分了解。至此，"知情同意"作为一项重要的伦理原则，被广泛运用到医疗领域。② 《中华人民共和国执业医师法》（以下简称《执业医师法》）第二十六条规定："医师应当如实向患者或者其家属介绍病情，但应注意避免对患者产生不利后果。医师进行实验性临床医疗，应当经医院批准并征得患者本人或者其家属同意。"自2022 年3 月1 日起施行的《中华人民共和国医师法》有关医疗知情同意书的规定更加详细，主要包括两个条文：第二十五条规定："医师在诊疗活动中应当向患者说明病情、医疗措施和其他需要告知的事项。需要实施手术、特殊检查、特殊治疗的，医师应当及时向患者具体说明医疗风险、替代医疗方案等情况，并取得其明确同意；不能或者不宜向患者说明的，应当向患者的近亲属说明，并取得其明确同意。"第二十六条规定："医师开展药物、医疗器械临床试验和其他医学临床研究应当符合国家有关规定，遵守医学伦理规范，依法通过伦理审查，取得书面知情同意。"《医疗事故处理条例》第十一条规定："医疗机构及其医务人员应当将患者病情、医疗措施、医疗风险等如实告诉患者。"

---

① 我国原《执业医师法》第二十六条规定："医师应当如实向患者或者其家属介绍病情，但应注意避免对患者产生不利后果。医师进行实验性临床医疗，应当经医院批准并征得患者本人或者其家属同意。"自2022 年3 月1 日起施行的《医师法》有关医疗知情同意书的规定更加详细，其第二十五条规定："医师在诊疗活动中应当向患者说明病情、医疗措施和其他需要告知的事项。需要实施手术、特殊检查、特殊治疗的，医师应当及时向患者具体说明医疗风险、替代医疗方案等情况，并取得其明确同意；不能或者不宜向患者说明的，应当向患者的近亲属说明，并取得其明确同意。"第二十六条规定："医师开展药物、医疗器械临床试验和其他医学临床研究应当符合国家有关规定，遵守医学伦理规范，依法通过伦理审查，取得书面知情同意。"《医疗事故处理条例》第十一条规定："医疗机构及其医务人员应当将患者病情、医疗措施、医疗风险等如实告诉患者。"
② 祝一虹、谈论语、刘艳、朱婉儿：《〈高校心理咨询知情同意书〉解读与分析》，载《心理学通讯》2022年第2 期。

二、知情告知书

与知情权密切关联的还有一种文书为告知书，又称通知书或告知函，它就是一种非常普遍的通告，它与知情同意书极其相似，都是信息公开及其知情权的外在表现形态。

告知书的种类和使用范围非常广泛，各行各业都会经常使用告知书，但是，不论何种类型的告知书，其基本目的只有一个——保障当事人的知情权，因此，研究知情权与知情同意书，不可或缺告知书。告知书的种类极其复杂，如行政告知书、法律告知书（立案告知书、起诉告知书、结案告知书和开庭告知书等）、医疗告知书（住院告知书、病情告知书、手术告知书、病危告知书和出院告知书等）、教育告知书（入学告知书、考试告知书、毕业告知书、实习告知书和见习告知书等）、产品使用告知书、期刊（作者）告知书、物业告知书等。

告知书虽然使用极其广泛，但是，告知书之理论研究和立法却非常匮乏。告知书还一直不是一个法学概念，其法律性质和规范几乎完全空白。其主要原因是告知书类型与内容过于复杂，不同类型的告知书很难适用相同的范式，法律规范也非常难以设计出统一的告知书规范，只能任其自由发展。相对而言，比较规范与成熟的告知书是医疗告知书，它与医疗知情同意书一道，是有力保障公民（患者）健康权和知情权的基本手段，经过长期的探索与发展，它们基本形成了比较成熟的范式，相对应的法律规范也比较成熟，也是最先将其纳入法律范畴的领域。另外比较成熟的告知书是法律告知书，特别是诉讼程序法领域中有关告知书的规定比较发达，一般也被纳入了程序法的规范。本书研究的实习知情权与实习知情同意书，因实习法的完全缺失，加上相关理论研究的严重匮乏，直接导致了实习告知书与实习知情同意书完全是新生事物。

三、知情同意书与知情告知书比辨

知情同意书与知情告知书的相同之处：第一，从语义上看，二者都包含"知"字，同为知情权之知悉、知道，可见二者具有相同与相通的基本语义。第二，范畴相同，广义上讲，二者都属于知情权的范畴，都与信息公开与隐私权密切关联；狭义上看，二者同属于民法规定的民事行为之"意思表示"，都必须遵循《民法典》

之民事行为及其"意思表示"的有关规定；二者的成立与生效要件基本相同，都必须符合《民法典》的规定①，只不过知情同意书为"基于双方或者多方的意思表示"，而告知书为"单方的意思表示"。第三，宗旨相同，都是为了保障信息公开与知情权。第四，形态相同，都是知情权的外在表现形态。第五，缺陷相同，二者的法律调整都比较困难，主要因由是二者的适用范围都极其庞大，内容也极其复杂，程序性要求也各不相同，难以构建统一的规范体系，规范定型化与法定化都比较困难。第六，责任模糊，二者都是为了保障相对方的知情权，但是，由于知情权的内容非常抽象，具体的责任条款都比较欠缺，法律责任的规定与确认都非常困难，即便是可以依据《民法典》规定的民事行为之意思表示规定，治理知情同意书和告知书其责任规定也非常模糊，况且，还有许多公权力主体之告知行为并非民事行为，难以全部纳入意思表示的范畴；加之许多告知书类似于公益广告，其目的是公益性质，多为道德规范，难以认定和追究其法律责任。

知情同意书与知情告知书存在较大差异，二者不可混同。

第一，性质不同。知情同意书具有双向性，是当事人双方的意思表示，它不但需要相对方知情，还需要其同意或否定之意思表示，最终有约束力的知情同意书必然是当事人双方协商一致的结果；而告知书属于单向的意思和行为表象，它纯粹是单方行为，无须相对方的意思表示。从合同法原理上比较，知情同意书之意思表示一般属于要约，应当遵循民法之要约规范，知情同意书的内容一是要具体明确；二是要约人和受要约人都要受该意思表示的约束。② 即知情同意书属于要约的法律性质，在经过承诺之后，"承诺是受要约人同意要约的意思表示"③，对当事人具有拘束力。但是，告知书一般不属于要约，而多为要约邀请，"要约邀请是希望他人向自己发出要约的表示"④，告知书不需要承诺，就可成立。

第二，主体不同。知情同意书的主体为特殊主体，即知情同意书是针对特定的对象，而发出并协商达成一致的意见书，如医疗知情同意书就是专门针对特定的患者或家属，而需要患者或家属的同意才能进行下一步的医疗方案，实习知情同意书就是专门针对拟实习或学徒或就业见习的学生而向其家长或监护人发出的意见书；而告知书的主体为一般主体，即不针对特定的对象，而是针对相对比较普遍的对象

---

① 我国《民法典》第一百三十四条第一项规定："民事法律行为可以基于双方或者多方的意思表示一致成立，也可以基于单方的意思表示成立。"
② 我国《民法典》第四百七十二条："要约是希望与他人订立合同的意思表示，该意思表示应当符合下列条件：（一）内容具体确定；（二）表明经受要约人承诺，要约人即受该意思表示约束。"
③ 我国《民法典》第四百七十九条："承诺是受要约人同意要约的意思表示。"
④ 我国《民法典》第四百七十三条："要约邀请是希望他人向自己发出要约的表示。拍卖公告、招标公告、招股说明书、债券募集办法、基金招募说明书、商业广告和宣传、寄送的价目表等为要约邀请。"

发出的告知事宜或倡导性（倡议书）或一些所谓的温馨提示（提醒）事宜等，还包括类似于公益广告之类的公告或通告，如物业告知书、开工或复工复产告知书、工程施工告知书、实习告知书等，它们针对的对象虽然有一定的范围，但是，其主体仍然属于法律上的一般主体，而不像知情同意书为特殊主体。特殊的告知书如医疗告知书、病危告知书的主体为特殊主体，仅仅针对特殊的患者，这属于例外情形。

第三，内容不同。知情同意书的内容一般为特殊主体之特定事项，涉及主体的隐私比较多，其许多信息非必要不宜其他主体知道或知情，故其内容一般应当保密，如医疗知情同意书涉及患者的隐私，实习知情同意书也涉及学生特别是未成年人的许多信息，为了有效保护患者或未成年人的权益，此类知情同意书都不宜公开，因此，知情同意书的内容往往与相关主体的隐私权和信息保护权益密切相关；而告知书为一般主体，其内容一般不会涉及个人隐私权和相关敏感信息等保密问题，广大公众都有知晓其内容的权利，因此，告知书与信息公开制度密切关联，公权力主体一般都有义务公开告知其内容，当然应当遵循国家保密法律的规定，涉及国家机密的事宜不能公开，公民和组织则都不能享有此类知情权。

第四，程序不同。告知书只有告知一个程序，而知情告知书有两个基本程序即告知与同意或否定，必须是先知情、后同意或否定，因此，知情同意书是当事人相互告知、相互协商而最终达成一致的文书；告知书相对方只有知情权，而没有知情同意或否定权，只能是被动地接受。

第五，成立或生效要件不同。知情同意书需要当事人双方的协商同意之后，才能成立，才对当事人具有约束力，[1] 知情同意书基于当事人意思表示一致，则该民事行为成立，同时，成立则即刻生效；[2] 而告知书只是纯粹的单方面之意思表示，按照法律程序，发出告知书一方只要发出后送达到相对方即可成立或生效，并对当事人产生约束力。知情权告知书的法律性质是"以公告方式作出的意思表示"，其生效时间为公告发布之时。[3]

第六，法律调整部门不同。知情同意书和告知书虽然同属于民事法律行为中的"意思表示"，当然都要遵循民法的相关规定，但是由于二者的主体和内容都极其广泛，还要受到诸多不同部门法的调整。知情同意书因涉及公民个人隐私权和信息较多，调整的法律部门主要为民法，包括《个人信息保护法》等。如果主体为消费者，还要受《消费者权益保护法》的调整；如果主体为未成年人，还应当受《未成

---

① 我国《民法典》第一百三十四条第一项规定："民事法律行为可以基于双方或者多方的意思表示一致成立"。
② 我国《民法典》第一百三十六条规定："民事法律行为自成立时生效，但是法律另有规定或者当事人另有约定的除外。"
③ 我国《民法典》第一百三十九条规定："以公告方式作出的意思表示，公告发布时生效。"

年人保护法》的调整；如果为学生，还应当受教育法的调整；如果为劳动者，还受劳动法包括劳动合同法的调整；如果为医疗知情同意书，还要受医疗法的调整；如果是实习知情同意书，还要受实习法或学徒法或就业见习法的调整。告知书因直接涉及公权力机关之信息公开制度，还要受行政法和保密法的调整。

第七，与公益广告的关联性不同。知情同意书和告知书的不同，还有一种特殊情形，告知书还可能涉及公益广告，而知情同意书几乎与公益广告没有任何关联性。告知书与公益广告既有相同之处，也不完全相同，二者的内容和调整法律也不完全相同。笔者认为，公益广告中有一部分与告知书相似，笔者概之为"类似于公益广告"之告知书或者为公益告知书或公共告知书，其不仅应当受到《广告法》和《公益广告促进和管理暂行办法》的约束，还必须受公共政务或信息公开法的调整。我国《公益广告促进和管理暂行办法》专门为公益广告下了一个定义，特别明确地将一些政务信息、服务信息等公共信息界定为非公益广告[1]，因此，笔者认为，此界定虽然并不十分科学，范围太过狭窄，但是，为了避免歧义，笔者只能将政务信息、服务信息等公共信息之告知书称为"类似于公益广告"，只要是为"公共服务"而不是"商业服务"的广告，都应当划归为公益广告。正如国外文献研究中将公益广告统称为公共服务广告。[2] 公益广告从广告中分离出来，专门承担"公共服务"这一特定指向功能，公益广告必然地为"纯粹公益"服务。[3] 这种"公共服务"或"纯粹公益"服务的公益广告完全可以纳入告知书的范畴，只不过这类告知书为公益告知书或公共告知书。

第三节　实习知情立法现状与问题

2022 年初颁布了教育部等八部委对 2016 年《职业学校学生实习管理规定》的修订版（以下简称《实习新规》），其最大亮点之一是首次明确设置了实习知情同意书制度，为职业院校实习知情权奠定了制度基础，还可以为普通高等院校实习知情

---

[1]　我国《公益广告促进和管理暂行办法》第二条："本办法所称公益广告，是指传播社会主义核心价值观，倡导良好道德风尚，促进公民文明素质和社会文明程度提高，维护国家和社会公共利益的非营利性广告。政务信息、服务信息等各类公共信息以及专题宣传片等不属于本办法所称的公益广告。"

[2]　陈丽娜：《公益广告的认知演化进程：从宣传、观念营销到公共传播——公益广告国内外研究综述》，载《广告大观》（理论版）2013 年第 5 期。

[3]　杨效宏：《公益广告的排他属性与广告的公益传播》，载《新闻与传播评论》2022 年第 4 期。

权提供参考范例。

《实习新规》新增了"知情同意书"规定，正式开启了我国教育知情同意书之制度构建，也弥补了现行教育法缺失学生家长或监护人知情同意书的缺陷。《实习新规》第九条规定："职业学校安排岗位实习，应当取得学生及其法定监护人（或家长）签字的知情同意书。"此规定是职业院校实习"无协议不实习"的重要补充，即无学生及其法定监护人（或家长）"知情同意书"，学校不得安排学生进行岗位实习。这是为了保障实习学生权益及其法定监护人或家长知情权的重要规定，其创新价值毋庸置疑。但是，此规定还有一些缺陷需要修正。

一、法理上的缺陷

按照民法原理，完全民事行为能力人签订协议，并不需要其法定监护人或家长同意，因此，《实习新规》"一刀切"式统一要求签订实习知情同意书的规定缺乏充分的法理基础，有违法之嫌。《民法典》第十八条规定："成年人为完全民事行为能力人，可以独立实施民事法律行为。十六周岁以上的未成年人，以自己的劳动收入为主要生活来源的，视为完全民事行为能力人。"第十七条规定了成年人为18周岁以上的自然人，而不满18周岁的自然人为未成年人。因此，这两种完全民事行为能力人都可以独立实施民事法律行为，当然就应当包括签订实习三方协议。八部委颁布的《实习新规》属于部门规章，其法律阶位比较低，低阶位的规定不得与高阶位的法律规范相冲突，否则无效，故此，《实习新规》这一规定与民法规范冲突，法理缺陷明显。

另外，还造成了文本规定的前后矛盾与混乱。《实习新规》第十六条明确禁止了未满16周岁的学生进行岗位实习，即16周岁以下的未成年学生不得进行岗位实习，但并没有禁止16周岁以上而未满18周岁的未成年学生进行岗位实习，此区间的未成年学生是可以进行岗位实习的，但是，其不一定就是民法上的完全民事行为能力人，按照《民法典》第十八条规定，如果这部分未成年人不是以自己的劳动收入为主要生活来源，则为非完全民事行为能力人，其签订实习三方协议才需要学生法定监护人（或家长）签字同意。

二、程序上的缺陷

《实习新规》的知情权规定即便不考虑民法原理，实习三方协议必须要学生法定监护人或家长同意，也需要设置签订"知情同意书"的具体程序；还需要明确签订知情同意书的基本程序与方式，同意的形式应当包括电子同意书与电子签名。医疗知情同意书的签订程序比较规范，值得借鉴。医疗知情同意书签订前，必须有一个双方当事人的谈话程序，谈话的目的是告知患者某些可能出现的情况，包括手术、操作、诊疗可能产生的风险和不确定性因素。谈话是不可或缺的知情同意协商过程，患者必须首先获得完整真实的信息，然后在没有任何压力、欺骗、强迫及其他因素诱导并且能自由行使选择权利的情况下表示同意；谈话还应当是在安静和单独的环境下进行，避免造成患者的签字压力。[①] 实习知情同意书的签订虽然不必完全遵循医疗知情同意书之"知情—谈话—同意—签字"等系列程序，但是，实习派遣学校不仅应当将实习有关情况如实告知未成年学生家长或监护人，并且还必须在取得其同意后，才能安排实习活动，不能缺失相互协商与反馈等程序。

《实习新规》没有考虑"知情同意书"与实习三方协议的关系问题。如果按照条款的字面意思理解，"知情同意书"应当是实习三方协议之外的另外一个书面协议，而不能是实习三方协议中的一个内容或条款，如此一来，"无协议不实习"原则实则包括了两个协议。这无疑将直接加大实习协议签订的成本，笔者认为，"知情同意书"不必单独签订，只需要未成年学生的法定监护人或家长在实习三方协议或者相关知情同意条款上签字即可，这样不仅可以保障学生法定监护人或家长的知情权，也节约了签约成本，实际可操作性也更强。

三、告知上的缺陷

《实习新规》没有区分实习知情同意书与知情告知书（以下简称"告知书"），完全缺失实习告知书的相关规定。知情同意书与告知书二者虽然都属于知情权的外在形式载体，但是，二者还有许多差异，不可混同。《实习新规》创新性地规定了实习知情同意书，但是，并没有区分它与实习告知书的区别。实习派遣学校除了有义务向实习学生及家长或监护人发出实习知情同意书外，还要发出实习告知书，将有关实习情况告知学生及家长或监护人，尤其是未成年人的实习，该实习告知书不可或缺。实习告知书无须征询学生及家长或监护人的意见；而实习知情同意书则不然，它必须取得学生家长或监护人的同意即行使知情肯定权，才能安排学生实习，

---

① 孙宏莲：《医疗知情同意书的规范化管理》，载《中国医学伦理学》2007 年第 5 期。

实习关系才能够成立与有效；如果学生家长或监护人不同意（即行使实习知情否定权），则不能安排学生实习，实习关系不能成立并无效。

另外，实习告知书还需要将实习单位或见习单位等义务主体纳入进来，让实习学生及其家长或监护人享有充分的实习知情权。具体路径选择有二：一是独立的实习告知书，单列一个与实习知情同意书一样的文本，发给实习学生及其家长或监护人；二是附和的实习告知书，即在实习派遣学校之知情同意书或实习协议中单列告知义务条款，其中应当包括其他主体的有关义务条款。只有区分了实习知情同意书和实习告知书的不同主体、内容与形式，才能充分履行知情权义务主体之告知义务，才能有效保障实习知情权的实现。

四、适用范围缺陷

《职业学校学生实习管理规定》是我国目前唯一的"实习大法"，体量最为庞大的普通高校实习仍然没有法律法规可供调整，《实习新规》新增的实习知情同意书规定也只能适用于职业院校，且还只能是岗位实习，适用范围极其狭窄。

拓展实习知情同意书的适用范围主要包括以下三方面：一是实习知情同意书制度不仅应当成为职业院校学生实习的重要制度，还应当拓展到普通高校的实习。二是还要扩展到现代学徒制或学徒制教育或培训之实习，学徒活动本身就属于广义的实习，况且现代学徒教育中也还有专门的实习，学徒的年龄一般都属于未成年人的范畴，他们多属于非完全民事行为能力人，其学徒活动更需要家长或监护人的知情并同意，因此，现代学徒制或学徒教育更需要实习知情同意书制度，该制度可以类型化为"学徒（实习）知情同意书"，我国目前由教育部牵头正在进行现代学徒制试点，为创建"学徒（实习）知情同意书"制度提供了有利契机。三是实习知情同意书制度还应当扩展到就业见习之中，就业见习不仅是针对高校毕业而未就业的大学生，还应当包括未就业的社会青年，我国目前的就业见习制度也还没有建立，成为国家提倡的高质量就业的制度短板，知情同意书制度对于就业见习制度的构建不可或缺，该制度可以类型化为"就业见习知情同意书"。

五、阶位上的缺陷

《实习新规》本身还不是法律法规，只是阶位低下的部门规章，其规范阶位偏低，严重影响了实习知情同意书的效力及拘束力，亟待像医疗知情同意书那样，将其明确纳入法律范畴，从法律制度上正式构建实习知情同意书制度。实习知情同意书制度的入法可以有几条路径选择：一是单行法入法，如将实习知情同意书制度纳入《实习法》，或者纳入单独《实习条例》之中，或者纳入《学徒法》与《就业见习法》之中；二是修改教育法，将实习知情同意书纳入其中；三是修改《民法典》，将实习知情同意书纳入合同法和侵权法的范畴，以便救济与保障实习权、实习知情权和实习知情同意书。

第四节　实习知情立法优化路径

实习知情同意制度的法理与制度基础是实习知情权，而实习知情权需要在实习权凝练完成后定型化与法定化的基础上创建。实习知情权的定型化需要创建其正式制度规范，法治社会中即为法律制度。我国实习权与实习知情权都还没有入法，创建其法律制度是一个系统工程，非一法可以完成。

一、民法规制总路径

（一）纳入《民法典》

实习知情权是一种特殊的知情权，它只有在知情权立法比较完善的前提下，才能构建自己的特殊立法规范。基于此逻辑，一种新兴权利特别是民事权利的设置，首先必须将其纳入民法的范畴，我国知情权还没有作为一项公民的基本权利纳入民法，直接导致新兴权利之实习知情权缺乏民法基础，构建实习权及实习知情权都需要民法规范的总统领。将知情权及实习知情权纳入民法的基本原则是确立知情权为公民的一项法定基本民事权利，这可能是一个比较漫长的过程，但是，启动程序应当立即开始。具体的立法启动程序可以从两大方面进行路径选择：一是积极入法路径，将知情权及实习知情权直接作为一种新兴的民事权利入法，构建起知情权及实习知情权的民事权利规范，此路径立法成本较高，立法周期也比较长，需要创建知情权之民事基本权利范畴，还需要比较成熟的理论作为支撑，因此，短期内几乎难以完成；二是消极入法路径，从权利救济和保障方面间接设置消极的权利规范，还特别应当包括从与知情权及实习知情权密切关联的主体义务方面，设置相关的义务规范，从而达到权利与义务的统一，此路径入法成本较低，短期内可行性较大，但是，不具有长期性和前瞻性。

消极入法路径包括三大方面：一是从权利规范入手，指将实习知情权与隐私权和个人信息权合并立法；二是从义务规范入手，相对方的义务就是权利方的权利，即明确设置实习知情权义务主体之法定义务主要是告知义务；三是从法律责任与权利救济上入手，将实习知情权纳入民法侵权法体系之中，从权利保障程序上直接将实习知情权入法，具体路径可以参鉴"医疗损害责任"规定，在第7编"侵权责任"中增设一节为"实习责任"，将实习知情权纳入其中。

我国《民法典》已经将公民的隐私权作为一项独立的民事权利，虽然也规定了个人信息保护事宜，但是还没有完成个人信息权（益）的法定化，好在之后出台了单行法《个人信息保护法》，基本完成了个人信息权益之法律构建。由于实习知情权与隐私权和个人信息权的高度关联性，为实习知情权的入法提供了一定的基础，因此，可以考虑今后修改《民法典》时，在隐私权和个人信息权的基础上，增设知情权及实习知情权相关条款。

我国《民法典》已经非常明确地规定了民事法律行为之"意思表示"规范，"意思表示"又分为单方、双方或多方意思表示，实习知情同意权包括知情肯定权或知情否定权及其外在形态知情同意书，则属于实习关系双方或多方意思表示之民事行为；告知书之类的知情权载体则属于单方意思表示，为义务相对方的告知义务，无须协商而成立有效。实习知情权当然应当遵循民法"意思表示"有关原理，只不过还需要专门增加知情权、实习知情权及实习知情同意书的特别规定，应当在《民法典》中专门增加知情同意书、实习知情同意书和告知书之义务主体方面的具体规定，包括成立与生效要件如签字、送达、意思反馈、撤回、变更与时效等。

（二）纳入《个人信息保护法》

《个人信息保护法》是我国保护公民个人信息的特别单行法，基本完成了个人信息权益之法律制度构建，弥补了《民法典》的相关缺陷；同时，由于知情权与隐私权和个人信息权的高度关联性，也为保障公民的知情权及实习知情权提供了一定的法理与法律基础。虽然《个人信息保护法》是我国目前有关知情权立法最为完备的法律，填补了知情权之立法空缺，但是，它调整知情权及实习知情权的规范仍显零散，没有理清并突显知情权与个人信息保护的重要关系。

《个人信息保护法》与知情权的关系密切，为将知情权充分纳入《个人信息保护法》提供了可能。

一是知情同意（原则）是个人信息保护的前提。《个人信息保护法》已经明确规定：只有取得个人的同意，个人信息处理者才能够处理个人信息[①]，而个人信息处理之同意的前提是充分知情、完全自愿和明确的意思表示，该前提条件已经被该法所确认[②]，具有立法先进性。知情权和同意权是个人信息权中最基础和最根本的权能之一，对个人信息的处理必须首先以个人同意为前提，且此同意是个人在自由意志下的自主决定。[③] 这些都表明充分知情是个人信息处理的前提，也是个人信息保护的前提条件，没有知情权就没有个人信息保护的实现。

二是知情同意（原则）是"公开透明原则"的实现路径之一。《个人信息保护法》确立的原则中没有将保障知情权作为其直接原则，即没有明确"知情同意"为一项基本原则而统领有关知情权的立法规范，缺乏原则统领的知情权必然显得零散与碎片化，虽然其第七条确定了"公开透明原则"，但是没有直接突显知情权，该原则与知情权关系极其密切，公开透明原则既是保障知情权的基本原则，也是一条具体的实现路径，因为只有公开透明，才能让相对方充分知情，但这不是唯一的路径，还有其他路径，特别是当事人（个人信息处理者）如实告知、签订知情同意书等义务之履行，权利人还可以通过行使知情同意或否定权、撤回权（撤回其同意）等具体权能保障知情权的实现。

将知情权及实习知情权纳入《个人信息保护法》的最大障碍是：该法的立法宗旨是保护个人信息，是自然人的个人信息，而不涉及非自然人的信息保护，而知情权及实习知情权所涉及的范围远远大于自然人的个人信息，知情权及实习知情权是不可或缺的单位信息，实习知情权的主要内容就包括了实习派遣学校和实习单位（还包括就业见习单位）的各种有关实习的信息，还包括政府及其部门如人社部门、教育主管部门和工商税务部门等有关实习的政策及执行信息，这些都属于非个人信息的范畴，《个人信息保护法》很难介入，因此，《个人信息保护法》还不能作为知情权及实习知情权的基本立法，只能是参鉴，只能适用实习知情权有关实习学生的个人信息方面。

将知情权及实习知情权纳入《民法典》和《个人信息保护法》，还要特别注意

---

① 《个人信息保护法》第十三条第一款："符合下列情形之一的，个人信息处理者方可处理个人信息：（1）取得个人的同意；……"

② 《个人信息保护法》第十四条："基于个人同意处理个人信息的，该同意应当由个人在充分知情的前提下自愿、明确作出。法律、行政法规规定处理个人信息应当取得个人单独同意或者书面同意的，从其规定。"

③ 姚建：《个人信息保护与知情权冲突的裁判——从蒋某某诉西安电信公司知情权纠纷案说起》，载《法律适用》2022 年第 1 期。

厘分知情同意（书）与知情告知（书）的差异。它们都是民法确定的知情权的两大基本运行规则或程序，都是知情权的基本表现形态，但是二者并不能等同。知情同意（书）包括是三个程序"知情—同意—同意书"，而知情告知（书）（简称告知书）是"知情—告知（书）"两个程序；前者主要为权利人的意思表示，属于权利人之权利范畴，后者为义务人的意思表示，为义务人之义务范畴；《个人信息保护法》规定了个人信息处理以"取得个人同意"为基本"规则"而不是"原则"，但同时又规定了例外情形即无须取得个人同意的情形，有人认为这也可以扩大解读为个人信息处理基本原则，以取得个人的同意为常态，而以无须取得个人的同意为例外。① 笔者认为这种立法模式虽然并不违背基本法理，但是，还是应当区分知情权之私法与公法规则的不同，"取得个人同意"主要为私法规则，例外主要为公法规则；还可以从知情权的外在表现形态进行厘分，即知情告知（书）必须取得个人同意，如果个人是未满十四周岁的未成年人，其信息属于敏感信息，还必须取得未成年人的父母或者其他监护人的同意②，而"知情—告知（书）"属于义务人的单向告知，不必取得个人同意，此即知情同意（书）与知情告知（书）的又一本质区别。我国现行《实习新规》关于实习知情同意书的规定没有厘分其与知情告知书的区别，也没有区分实习学生是未成年人还是成年人，更没有细分十四周岁，一律要求岗位实习必须取得家长或监护人的书面同意，这些规定都有违法之嫌，应当修正。

二、实习法调整思路

在我国实习已经成为一个大众化命题，其立法具有普遍的价值和意义，但是，我国目前一直没有出台实习法律法规，启动程序也没有开始，现有调整实习关系的规范仅仅是部门规章《职业学校学生实习管理规定》，它仅仅只能适应职业教育实习，而数量最为庞大的普通高校实习却为空白，统一的包含普通教育和职业教育的实习立法已经迫不及待。有了实习法，实习知情权及实习知情同意书规范才有了基本依托，否则都是空谈。实习法的立法路径可以分两步走：第一步先颁布实习法规，创建包括职业教育和普通教育之统一的《实习条例》；第二步创建单行《实习法》，待实习法规即《实习条例》试行一段时间后，再将其改造升级为正式的《实习法》。

无论是《实习条例》还是《实习法》都必须专门设置实习知情权与实习知情同

---

① 李炳辉：《〈个人信息保护法〉中同意的规则建构》，载《湖北社会科学》2022 年第 8 期。
② 《个人信息保护法》第三十一条第一项："个人信息处理者处理不满十四周岁未成年人个人信息的，应当取得未成年人的父母或者其他监护人的同意。"

意书条款，具体设置可分为宏观和微观两大方面。

宏观上，在总则中将实习知情权确立为一项基本原则，以统领后面的微观条款，《实习新规》总则只有 4 个条文，显得非常单薄，增加实习知情权原则不仅可以弥补该缺陷，还可以为实习知情权的微观条款奠定基础。

微观上，可以从权利、义务和责任三大方面设置具体条款：一是从权利方面设置，实习知情权是实习关系主体享有的权利，实习法应当明确规定实习关系中的各方主体都享有实习知情权，权利主体包括自然人和非自然人单位，其中包括实习学生及家长或监护人，特别应当设置如果实习学生为未成年人，家长或监护人还应当享有实习知情同意书之实习肯定权或否定权；二是从义务方面设置，实习知情权是知情权的一种，它当然应当符合知情权的一般原理，即一方面的当事人享有的权利，即为相当方的义务，主要是告知义务，实习法应当设置明确的实习告知书条款，强制要求实习派遣学校和实习单位负有向学生及学生家长或监护人告知实习有关情况的法定义务；三是从责任方面设置，按照一般法理，任何法律规范都不可或缺责任条款，加强法律责任条款还是去"软法"的重要路径之一，我国目前的教育类法律多为"软法"，实习法之立法应当特别注意避免再次出现新的软法，因此，加强实习法法律责任立法，应当充分吸取教育立法的经验教训，实习法应当明确规定社会各方主体都有不得侵犯实习权和实习知情权，相关义务方还必须履行自己实习知情同意书与告知书义务，否则就应当承担相应的法律责任，该责任主要为民事赔偿责任和侵权责任，情节严重者还应当承担相应的刑事责任。

三、学徒法调整办法

我国学徒（含学徒合同）立法一直缺失，不仅没有被纳入民法及《民法典》的范畴，劳动法含劳动合同法和教育法，都不能调整学徒关系。笔者一直认为学徒也可以划归广义的实习，而且现代学徒（式）教育或培训中也还有与普通教育一样的专门实习活动，实习是现代学徒教育或培训不可或缺的实践环节，加之，我国目前正在大力发展职业教育，现代学徒制试点工作也进行得如火如荼，创建学徒法律规范已经迫在眉睫。借助学徒立法之契机，正好可以将学徒关系之实习纳入其中，学徒关系的实习知情权和实习知情同意书制度是其不可或缺的两大内容。因学徒多为未成年人，主要属于非完全民事行为能力人，更需要其家长或监护人的实习知情权和实习知情同意之肯定权或否定权，因此，治理学徒关系更需要实习知情权及知情同意书制度。

世界上学徒立法比较成熟与发达的立法模式主要有四种：一是民法模式，将学徒关系特别是学徒合同纳入民法的调整范畴，这是世界上最为普遍的立法模式，毕竟民法是母法，而学徒关系也是一种传统的民事法律关系，学徒合同亦为传统的有名民事合同。二是劳动法模式，将学徒关系作为一种特殊的劳动关系而受到劳动法包括劳动合同法的调整，法国和俄罗斯都将学徒关系纳入了劳动法典。三是职业教育法模式，其中包括职业培训法，世界上最为成功的典范是德国，其职业教育之"双元制"模式，成了现代学徒教育或培训的立法典范。四是单行法模式，即单独出台学徒法，或曰学徒合同法，或曰学徒条例，如加拿大和我国香港等都有独立的学徒法或条例，我国香港地区的《学徒制度条例》比较成熟与发达，可以直接提供可资借鉴的经验。

香港地区《学徒制度条例》立法成功的经验之一就是明确设置了"学徒训练合约"且采用注册制度，雇主与符合条件的青少年必须订立学徒训练合约，且须注册。学徒训练合约为雇主、学徒及其监护人三方签订，该合约由香港学徒事务署依据香港《学徒制度条例》拟订模板，一经三方签署产生法律效力，各方都必须履行合约中的权利和义务。[①] 香港学徒合约（即大陆之合同）必须为三方协议之格式合同，并且必须依法注册，这些都可以有效保障学徒知情权特别是学徒监护人的知情权。我国大陆新职业教育《实习新规》中规定的"知情同意书"制度，并没有将实习协议与监护人之知情同意书合并规定，而是分隔开来，加大了签约成本，影响了知情同意书的可行性；而且大陆实习三方协议主体为实习派遣学校、实习单位和实习学生，缺失学生家长或监护人，与香港地区的学徒三方协议差异较大，其主要缺陷是难以有效保障实习或学徒之家长或监护人的知情权，亟待参鉴香港的经验进行优化。我国学徒关系的入法还要紧密联系现代学徒制试点中的实践经验，从实践中探索现代学徒制度的制度规范，正如有人所言现行最具影响力的实践是两大部门的学徒试点：一是教育部的"现代学徒制"试点；二是人社部的"企业新型学徒制"试点，二者虽然在试点对象、责任主体、支持政策上有所不同，但"招生招工一体化、校企双元育人"之内核相同；二者各有长短，学界和实践界都呼吁二者应当整合。[②] 这两大试点都还需要增加有关知情权方面的内容，既要考量二者因主体不同而知情权的差异，还要整合二者的知情权而创建现代学徒制度统一的实习知情权规范。我国大陆的学徒关系入法何去何从，还需要理论界和实践界的不断探索，非一日可以完成。

---

① 方烨、周虹：《香港学徒制利益相关者权责划分及经验启示》，载《成人教育》2021 年第 7 期。
② 关晶：《迈向高质量：中国特色学徒制的发展愿景与推进路径》，载《教育发展研究》2022 年第 Z1 期。

笔者认为，民法模式短期内不可行，因为我国《民法典》已经没有将学徒关系纳入其中，学徒合同也不是民法之有名合同，《民法典》刚颁布实施几年，短期内也不可能启动修改程序；劳动法模式比较可行，将学徒关系纳入劳动法特别是未来的《劳动法典》，在《劳动法典》中可以单独设置一章为学徒关系，在其条款中再具体规定学徒知情权和知情同意书规范；职业教育法模式也不可行，因为《中华人民共和国职业教育法》已经于2022年完成大修，虽然它首次涉及了学徒关系，但是立法极其简略，仅仅只有一个条文调整学徒关系①，缺失学徒实习权和实习知情权规范；从长远看，最佳选择还是颁布单独的《学徒法》或《学徒条例》，将涉及学徒关系的各种内容都纳入进来，当然包括学徒之实习权、实习知情权及实习知情同意权或否定权，还可以在独立的学徒法律责任专章中，设置专门的有关学徒实习知情权的法律责任条款，该模式虽然立法成本比较高，立法启动也比较困难，但是具有前瞻性，是传统与现代化职业教育及培养大国工匠都不可或缺的基本制度规范。

四、就业见习法调整

就业见习与学徒一样，也是一种广义的实习类型。各级政策层面都非常关注高校与社会青年的就业见习，并将就业见习视为大学生高质量就业的重要举措之一，但是，学界对就业见习制度的关注度却一直非常低，理论研究极其匮乏，就业见习法律法规更是完全缺失。

就业见习入法同实习关系一样已经非常紧迫，不仅是学校树德立人之育人不可或缺的制度之需，还是实现比较充分高质量就业的一项重要的制度保障。就业见习入法有几种路径选择：一是将就业见习纳入实习法的范畴，理论依据是就业见习也是一种广义的实习，只不过其主体为非在校学生而是已经毕业但还未就业的毕业生或社会青年，就业是其基本目标和导向，就业见习权应当可以划归为实习权的一种，逻辑上就业见习知情权也就属于实习知情权的下位概念，因此，将就业见习知情权纳入实习法调整，具有比较坚实的逻辑和法理基础，笔者建议在今后出台实习法时，专门设置"就业见习"一节，并将就业见习的见习知情权明确规定为一项重要的权利和义务，这样不仅将就业见习入法了，还完善了实习法的体系构建，还可以大大

---

① 《中华人民共和国职业教育法》第三十条："国家推行中国特色学徒制，引导企业按照岗位总量的一定比例设立学徒岗位，鼓励和支持有技能人才培养能力的企业特别是产教融合型企业与职业学校、职业培训机构开展合作，对新招用职工、在岗职工和转岗职工进行学徒培训，或者与职业学校联合招收学生，以工学结合的方式进行学徒培养。有关企业可以按照规定享受补贴。企业与职业学校联合招收学生，以工学结合的方式进行学徒培养的，应当签订学徒培养协议。"

节约立法成本。二是单列就业见习规范，立法模式可以选择《就业见习条例》，其调整对象为大中专毕业生中未就业的学生和未就业的社会青年两大部分，还要将政府为支持和促进就业而举办的各种就业培训或职业培训纳入进来，这样不仅实现了就业见习之入法，还可以弥补就业培训或职业培训没有入法的缺陷，可谓一举多得。

五、教育法优化路径

实习的本质是教学实践活动，实习权也是一种广义的受教育权范畴，实习关系的调整当然不可或缺。教育分为普通教育与职业教育，实习活动也是如此，实习权、实习知情权及实习知情同意权都可以依此类划分，因此，将实习纳入教育法的立法选择可以有两种路径：一是统一立法，将普通教育（主要是高等教育）与职业教育之实习一并纳入统一的实习法的范畴，法理基础是二者同属于教育法的下位概念，其优势较多：实习规范统一，可预见性和系统性都比较强；符合职业教育与普通教育"同等重要""融通发展"的理念和精神，特别有利于职业教育的发展。二是分开立法，将普通教育与职业教育之实习分开立法，这虽然考虑了两大教育的不同特征，但是，非常容易造成两大教育的制度阻隔，不利于二者的打通与融合，不利于改变重普教轻职教和职业教育为"劣等"教育的现状。不论采用哪种模式，都应当将实习知情权纳入进来，并将之类型化与法定化为教育知情权之一种，在教育知情权的统筹下，具体构建实习知情权规范，以保障实习知情权人的正当权益。

将实习知情权纳入教育法的范畴，最大的困惑与障碍是如何平衡权利与义务的关系。实习知情权的权利主体非常广泛，实习权与实习知情权也不是一一对应的关系，即不享有实习权的某些主体也享有实习知情权，如此一来，不仅是参加实习的学生天然享有受教育权，也当然享有实习权和实习知情权，但是，其他非享有受教育权的权利主体如学生家长或监护人、实习带队或指定教师（师傅）、实习单位或见习单位和政府及其有关部门如人社部门、工商部门、税务部门和教育部门等，他们虽然不是受教育权的权利主体，但是，却是实习知情权的权利主体，如何将其纳入教育法的范畴，则必须处理好受教育权与实习权及实习知情权的复杂关系，必须对实习知情权的不同主体分别进行不同的规范设计；另外，不同主体的权利和义务规范也不相同，还要分开设计各自的权利义务规范，因为实习知情权一方主体的权利，就是相对方的义务（主要是告知义务），如何兼顾知情权之权利与义务的统一性和差异性，将会是立法过程中需要重点关注与突破的难题。

将实习知情权纳入教育法还有一大困惑与障碍：法律责任设置中如何克服教育

法为"软法"之传统积弊。我国现有教育法对法律责任设置本身一直就存在责任模糊和淡化之缺陷，如果再将实习权及实习知情权纳入进来，法律责任条款将会更加复杂，如何去"软法"化将更加困难，而不去"软法"化，新增实习权与实习知情权将难以有效保障与救济，新增立法将变得毫无意义，因此，法律责任条款的设置需要重点突破教育法之"软法"弊端，应当明确设置实习知情权的责任条款。

实习知情权需要在实习权凝练完成后定型化与法定化的基础上创建，实习知情权的定型化需要创建其正式制度，法治社会中即为法律制度。我国实习权与实习知情权都还没有入法，创建其法律制度是一个系统工程，非一法可以完成。具体的立法路径是：首先纳入民法的范畴，将实习权与实习知情权设置为一项新兴或新型的民事权利，为其他法律调整奠定基础。新型权利是现实中人们利益诉求不断丰富的表现，现行《民法典》的有名权利并不能完全满足其追求，保持对新型权益的开放性就成为必然。① 其次是将其纳入其他部门法调整，应然法为实习法、学徒法和就业见习法，这些都属于前瞻性和系统性的上佳选择，但是，立法成本都较高，立法启动程序可能比较困难，亟待加强理论研究以便为立法提供支撑，其最大的优势是"空白好作画"，实习权与实习知情权都可以"搭便车"而法定化；实然法为现行教育法，主要是《高等教育法》和《职业教育法》，需要启动修法程序，将实习权及实习知情权增设为新的条款，该路径短期内比较可行，修法成本较低。

---

① 彭诚信、许素敏:《"新型权利"在〈民法典〉中的表现形式及规范价值》，载《求是学刊》2022 年第 3 期。

第五章　实习内部规章制度

第一节　实习规章制度基本原则

按照《劳动法》和《劳动合同法》的基本原理，用人单位内部规章制度及其违规违纪惩戒权都有特定的基本原则。笔者将用人单位内部规章制度的原则分为形式正义原则、实质正义原则和特别参鉴原则三大逻辑体系。形式正义原则包括民主协商原则、公示公告原则和备案或报批原则，其中备案或报批为实然缺失性原则。实质正义原则主要包括明确性原则、比例原则和有利原则。特别参鉴原则是指民法公序良俗原则和诚信原则，属于民法原则在劳动法之适用，它虽有普适价值，但分歧较大，必须特别考量劳动法与社会保障法的特殊性，只能有条件的谨慎适用。实习规章制度分为两大类：实习派遣学校的实习规章制度和实习单位的实习规章制度，实习规章制度属于用人单位内部规章制度的一种，当然应当完全遵循其上位规章制度。

劳动法一直是弱小而不发达的部门法，劳动法基本原则的未定型化，直接导致了用人单位劳动规章制度原则的巨大分歧与不确定性。

关怀教授很早认为我国劳动法的基本原则是：劳动权利和义务原则、提高劳动生产率原则、按劳分配原则、提高劳动报酬和福利待遇原则、休息和劳动保护原则、组织工会和民主参与原则、男女平等原则、劳动纪律义务原则等。[1] 王全兴教授则认为是劳动权利与劳动义务原则、保护劳动者合法权益原则、劳动力资源合理配置原则。[2] 冯彦君教授认为是劳动自由、劳动协调和劳动保障原则。[3] 还有人认为三方

---

[1]　关怀：《劳动法学》，群众出版社 1992 年版，第 94 页。
[2]　王全兴：《劳动法学》，高等教育出版社 2004 年版，第 68～70 页。
[3]　冯彦君：《论劳动法的基本原则》，载《法制与社会发展》2000 年第 2 期。

原则也是劳动法的一项基本原则。① 黄越钦教授则认为是工资续付原则、劳动不得强制原则和雇主责任原则。② 董保华教授认为主要原则是劳动者倾斜保护原则。倾斜保护作为劳动法基本原则，是通过倾斜对失衡的劳动关系进行必要的矫正以缓和实质上的不平等。③ 世界各国劳动立法中对劳动者实施倾斜保护是一项基本共识，但是我国的劳动合同法偏离了倾斜保护原则的基本要义。④ 曹艳春教授认为今后我国劳动合同法修改仍应坚持的六原则之一就是继续坚持倾斜保护劳动者原则。劳动合同法倾斜保护劳动者是现代文明社会的一般要义。但是，基于比例原则之精神，在倾斜保护劳动者的同时，也不能掩蔽和淡化对用人单位合法利益的保护。⑤ 劳动法以倾斜保护为基本原则，以实现社会正义之诉求。⑥

劳动法基本原则之不确定性，必然导致用人单位内部规章制度原则的巨大分歧，也难怪民法思维一直盛行于劳动法理论研究和司法实践，进而导致民法原则如公序良俗原则和诚信原则直接在劳动法领域内之"生搬硬套"，而忽略劳动法之特殊性，这些更加剧了劳动法原则和规章制度原则之不确定性和混乱性。

五个原则相比较，明确性原则、比例原则和有利原则之分歧比公序良俗原则和诚信原则要略小些，公序良俗原则和诚信原则完全是民法原则在劳动法中的具体运用，劳动法领域内对其理论研究非常匮乏，罕有的专门研究也很难得到学界和实践界之认同。笔者认为公序良俗原则和诚信原则在劳动法适用中都应当特别谨慎，应当严格限制其适用边界而不能全面实施。

一、明确性原则

我国一些学者认为明确性原则应当成为规章制度的基本原则，用人单位在制定、执行规章制度时都应当遵循和体现明确性原则。认为劳动规章制度之规定必须是明确而具体规定，而不能是一般意义上的倡导性规定。⑦ 倡导性劳动规章制度不能作为解雇的正当理由：其原因是倡导性的劳动规章制度不具有可预见性，从而限制了

① 周长征：《企业误读了〈劳动合同法〉吗？——兼论劳动立法中的三方合作原则》，载《政法论丛》2010年第5期。
② 黄越钦：《劳动法新论》，中国政法大学出版社2002年版，第91~92页。
③ 董保华：《劳动合同立法的争鸣与思考》，上海人民出版社2011年版，第153页。
④ 章惠琴、郭文龙：《从倾斜保护原则审视〈劳动合同法〉之修改》，载《学术界》2017年第1期。
⑤ 曹艳春：《劳动合同法修改应坚持六个原则》，载《检察日报》2016年11月16日第3版。
⑥ 穆随心：《我国劳动法"倾斜保护原则"：辨识、内涵及理据》，载《学术界》2012年第12期。
⑦ 肖唯：《用人单位以劳动者违反倡导性规章制度为由解除劳动合同系违法解除》，载《中国劳动》2015年第1期。

劳动者的自由，因此，明确的劳动规章制度才能作为用人单位惩戒劳动者的制度依据。[①]

笔者认为以劳动规章制度解除劳动合同必须要有正当理由，即劳动合同不能任意由劳动规章制度为依据而约定解除条件，劳动合同解除不能适用"明确性原则"[②]。劳动合同解除不能适用"明确性原则"的基本内涵是：即便是规章制度明确规定了合同解除条件，用人单位也不能够依此所谓"明确"规定或约定而随便解除劳动合同，劳动合同的解除必须符合劳动合同法的强制性规定，否则就是非法解雇。但是，用人单位内部规章制度中的其他规定及其惩戒（非合同解除）却应当具有非常明确而不是抽象的规定或约定，此即规章制度之"明确性原则"。"明确性原则"要求规章制度的内容应当是非常具体而明确的，而不能是抽象性或倡导性的原则性规定。

实习规章制度也应当充分体现明确性原则，毕竟实习规章制度从逻辑关系上属于规章制度之下位范畴。由于实习规章制度不存在合同解除即解雇权问题，加之实习活动是实习学生初次踏入社会而进行的教学实践活动，也是劳动实践活动，缺乏必需的劳动经历和经验，因而更应当全面对实习活动之各种规范进行明确而具体的规定或约定，以有效保障实习活动的有序和规范进行。因此，笔者认为，实习单位实习规章制度应当全面实行明确性原则，该原则的实施与用人单位其他规章制度最大的不同就是，主要目标追求不是为了对违规违纪之惩戒，而主要是为了正确引导实习学生进行实习活动，以保障实习秩序和效果，其具体而明确的实习内容规定或约定完全是正面的正效应。当然了，实习规章制度也不能完全排除与之相对应的惩戒权，即对违规违纪之实习行为进行必要的惩戒也是非常必要的，但是，其惩戒的目的和方式还是应当与其他规章制度有所区别，如惩戒方式就不能像其他针对劳动者的规章制度那样，不能实施降级、降职、降薪或其他经济处罚等方式，主要是训诫、批判、降低实习成绩或等次等教育方式。

二、比例原则

内部劳动规章制度比例原则又称为谦抑性原则，它主要属于违规违纪之惩戒权的范畴。它是指用人单位在行使自己的惩戒权时，应当充分考量劳动者违规违纪程

[①]　肖唯：《用人单位以劳动者违反倡导性规章制度为由解除劳动合同系违法解除》，载《中国劳动》2015 年第 1 期。

[②]　问清泓：《劳动规章制度效力模型研究》，载《中国劳动关系学院学报》2018 年第 3 期。

度的轻重或次数多寡等情节，而分别予以不同比例之适当处罚，应当能轻则轻能少则少，即就轻避重的处罚方式，为了保障劳动者的基本生存权，一般不能随意解除劳动合同，只有严重的违规违纪时，才能实施最为严厉的手段即解除劳动合同，并且还要向工会和劳动者说明解雇理由。

有学者认为，用人单位的规章制度在制定和适用时，都应当坚持谦抑性原则，即若适用较轻的处罚方法足以惩罚有过错的劳动者并维护正常的生产管理秩序，就不应采取较重的处罚手段。惩戒措施应当与劳动者违规违纪的过错行为之间存在相互适应的合理阶梯或比例，具体而言，因劳动权系劳动者之宪法性基本权利，涉及劳动者生存权，除非确有必要，一般不应选择解除劳动合同之惩罚。①

笔者认为，用人单位内部规章制度比例原则或谦抑性原则完全符合一般法理，完全是为了彰显保障基本人权和劳动者权益之法治精神，与劳动法和劳动合同法立法精神完全契合，应当成为所有内部规章制度及其行使惩戒权的基本原则之一。

域外许多国家的劳动法都有特别的比例原则之立法规定，值得我国反思与借鉴。

日本劳动法明确规定劳动者违规违纪之惩戒一般不能采取解除合同的方式：因劳动者不适当的行为而解雇劳动者，受到判例法②的严格限制，对于劳动者的不适当行为，经常采取处罚措施惩罚，而不是采取解雇劳动合同之方式。③

法国劳动法对解雇的条件，规定了不同的层级即比例以及相对应的惩戒方式。根据司法判例，在雇员过错导致被解雇的案例中，雇员过错程度分为轻微过错、严肃过错、严重过错和重大过错多个层次。只有达到严重过错和重大过错时才会导致解雇。④法国劳动法还规定：任何劳动合同的合法解除都必须具有"实际的严肃的理由"。解雇理由是否属于法定的"实际的严肃理由"，该理由必须由法官判断和确认，并非由雇主确定。"轻微过错"不能构成解雇的合法理由、"严肃过错"才是解雇的合法理由、"严重过错"和"重大过错"则构成立即解雇的合法正当理由。⑤

德国劳动法明确规定了比例原则：如果解雇基于雇员一而再的失职行为，那么，在原则上有必要对该雇员提前进行警告。换句话说，雇主必须很明确地告知雇员在再三失职或继续失职的情况下将会被解雇。⑥可见，德国法上，即时解雇也是要有

---

① 肖唯：《用人单位以劳动者违反倡导性规章制度为由解除劳动合同系违法解除》，载《中国劳动》2015 年第 1 期。

② 日本劳动法独具特色，既有成文法的立法，也有判例法的立法。日本劳动法是将成文法与判例法有机结合在一起而形成的"成文法 + 判例法"的立法模式，判例法也与成文法一样具有法律的效力（详见问清泓著：《不当劳动论衡》，中国劳动社会保障出版社 2014 年版，第 14 页）。

③ ［日］荒木尚志著，李坤刚、牛志奎译：《日本劳动法》（增补版），北京大学出版社 2010 年版，第 149 页。

④ 董保华：《十大热点事件透视劳动合同法》，法律出版社 2007 年版，第 354 页。

⑤ 郑爱青：《法国劳动合同立法的启示》，载《法学杂志》2002 年第 5 期。

⑥ ［德］曼弗雷德·魏斯、马琳·施米特著，倪裴译：《德国劳动法与劳资关系》，商务印书馆 2012 年版，第 135 页。

合理的阶梯或比例，不是偶尔的一次违纪就可以构成解雇的正当理由。这些也都是我国用人单位依据劳动规章制度解除合同时，应当特别注意的地方，即不能因为劳动者偶尔一两次的违章违纪，甚至也没有事先的警告程序，就可以实施较重的惩戒措施，甚至解除劳动合同，此即规章制度之违规违纪惩戒权的比例原则。

意大利劳动法规定的正当理由也是有合理阶梯即比例的。通常，通过考虑雇员以前的轻微的违纪情况来确立违纪情况的严重性，例如，低生产量，根据集体协议，在解雇之前雇主必须书面向雇员论述该情况。①

概上，用人单位内部劳动规章制度违规违纪之惩戒权的行使，虽然属于用人单位用工自主权的范畴，但是在实际行使中，还应当受到许多限制，特别是解雇权的行使有严格的限制。即使是劳动者严重违规违纪，按照《劳动合同法》的相关规定，用人单位完全可以直接依据劳动规章制度解除劳动合同，但是，其合同解雇权的行使仍然应当谨慎，更应当适用比例原则，否则，劳动规章制度及其惩戒权的实际运行就是非法的和无效的，雇主还应当承担相应的雇主责任。②

实习单位实习规章制度也应当完全遵循规章制度之比例原则，对实习学生违规违纪惩戒更应当体现教育为主、处罚为辅的目标导向，毕竟实习活动属于学校教学活动之延伸，实习学生法定身份还是学生，学习和实践才是根本任务，育人才是最基本的价值目标，不能完全依照用人单位其他规章制度治理实习关系。适用实习规章制度比例原则还应当特别注意：一方面，应当在实习活动中要求实习学生严格遵守实习单位各项规章制度（包括实习规章制度和纪律），培育实习学生实习契约精神、劳动精神和工匠精神；另一方面，还要鼓励实习学生在保障基本安全的前提下，大胆地将理论知识与社会实践紧密结合起来，积极主动地开展实习活动；即便是出现了实习学生违反实习单位规章制度包括实习规章制度的情形，也应当坚持以教育为导向，即便是非处罚不可，也应当遵循比例原则，不能动辄就实施比较严厉的惩戒手段（如开除实习或因实习不合格而不能顺利毕业等）。

实习单位实习规章制度中的比例原则的基本内容如下：一是将违反实习规章制度之惩戒与实习学生的实习考核评估密切结合，按照适当的比例，分违规轻重或次数分别适用不同的考核等级或实习成绩鉴定或证明；二是如果实习单位支付实习或学徒劳动报酬或津贴，可以根据违规程度或次数分别予以扣除一定的费用，以体现经济惩罚手段，而如果实习单位不支付实习报酬，则不能进行经济惩戒；三是将实习过程管理与结果管理即考核结合起来，实习规章制度应当规定整个实习全程的规

---

① ［意］T. 特雷乌著，刘艺工、刘吉明译：《意大利劳动法与劳资关系》，商务印书馆 2012 年版，第 119 页。
② 问清泓：《劳动规章制度效力模型研究》，载《中国劳动关系学院学报》2018 年第 3 期。

范要求，包括实习作息时间、实习岗位、实习要求、实习日志、实习报酬或津贴等，如果实习学生违反了该规章制度，应当依据其违规程度或次数而分别适用不同的处罚，而不能简单地不分比例地给予实习结果不合格的评价，进而影响其毕业，该比例原则具体适用与一般规章制度惩戒权的行使不得包括解除劳动合同一样，实习规章制度之惩戒也不得剥夺实习学生之平等受教育权和实习权，而应当只能采取比较轻微的训诫、降低实习成绩等惩戒方式。

三、有利原则

有利原则又称为较有利原则或更有利原则。它在国内国外的劳动法包括劳动合同法理论与实践中，一直都还没有正式身份，理论研究也严重匮乏，是劳动法包括劳动合同法的薄弱环节。我们目前比较系统的理论研究论文有浙江大学法学院许建宇教授的《"有利原则"的提出及其在劳动合同法中的适用》[1] 和《劳动合同法应确立和体现"有利原则"》[2] 二文；实践研究论文有北京市第二中级人民法院法官李馨的《"有利原则"在劳动争议案件中的适用》[3]；我国现有权威劳动法教科书中鲜有涉及有利原则，王全兴教授曾提出："不同等级文件就同一事项作出相异的规定时，就以对劳动者更有利那个等级文件为准，这被称为'更有利原则'"[4]。可见，有利原则在劳动法中，还没有引起足够的重视，理论也极不成熟；而在用人单位内部劳动规章及其违规违纪之惩戒权中，是否可以适用该原则？如何适用该原则？更是一个亟待破解的全新课题。

许建宇教授给有利原则下的定义比较全面：如果劳动关系双方当事人的约定（包括劳动合同或集体合同的约定）、用人单位内部劳动规则的规定、用人单位的单方承诺与劳动基准或者法律规定不一致时，应当适用对于劳动者有利的约定或者规定；如果这些约定或规定的含义不明，则应当作出对劳动者有利的解释。换言之，劳动合同的订立、履行及其各种争议的处理，除了法律有特殊的明确规定外，则应以"有利于劳动者"为基本理念和价值导向，有利原则实质就是对劳动者而不是用人单位"较有利原则"或"更有利原则"。[5]

笔者认为，无论是劳动法或劳动合同法原则，还是规章制度及其惩戒权适用原

---

[1][5] 许建宇：《"有利原则"的提出及其在劳动合同法中的适用》，载《法学》2006 年第 5 期。
[2] 许建宇：《劳动合同法应确立和体现"有利原则"》，载《中国劳动》2006 年第 1 期。
[3] 李馨：《"有利原则"在劳动争议案件中的适用》，载《人民司法》2015 年第 14 期。
[4] 王全兴：《劳动法》（第 2 版），法律出版社 2004 年版，第 85 页。

则，都应当将有利原则作为一项新原则。其基本因由是有利原则的法理基础其实比较简单，它就是劳动法"保护劳动者的合法权益"宗旨的具体表象。其基本理论为"弱者理论"。有利原则是劳动法"维权"宗旨推演出来的逻辑结论，也是"弱者理论"及价值观的延伸，体现了对劳动者基本权利的尊重，因此与劳动法的宗旨、价值观在理念上完全一致。①

有利原则不能仅仅作为劳动争议或其他有关劳动者利益的争议仲裁或诉讼的原则，即不能将有利原则仅仅视为劳动争议处理程序中的原则，而应当在实体法之强制规范和规章制度之任意性规范中都要体现出这一原则；也不能认为有利原则只是仲裁员或法官应当遵循或享有的自由裁量权，其他单位和个人特别是实习单位和实习派遣学校也都应当遵守这一原则。当然按照马克思主义辩证法原理，任何事情都有好与不好之两面，有利原则也有一些不足，如有利原则容易与强制性规范产生矛盾，适用该原则一方面要严格遵循法律之强制性规定即严守法律而执法必严，另一方面又要灵活地保障劳动者权益，二者常常难以兼得，造成有利原则适用之困难或困惑，因此，公权力机关在适用这一原则时，如何兼顾与平衡二者关系？如何考虑法定规范与任意性规范之关系？如何既符合法定要求又能够灵活运用？等等，这些疑难问题都还需要进一步研究。但是无论如何，在劳动争议处理中，无论是劳动仲裁还是诉讼，在严格依法办事的前提下，都至少应当适度考量对劳动者包括实习学生之有利因素，换言之，有利原则即便是不能全面实施，也至少可以作为劳动争议包括实习争议裁量的因素之一；即便是不能针对所有的劳动者适用，也至少应当优先适用于实习学生（含学徒或见习生）；即便是不能将该原则纳入司法程序中适用，也可以将其纳入劳动争议协商和解与仲裁之非司法程序。

劳动者是社会弱势群体，需要法律和用人单位规章制度的特别保护甚至是倾斜保护，这体现了法治社会基本公平和正义，这应当没有任何疑义。实习学生也属于社会弱势群体，他们还不能用自己的劳动养活自己，更是弱者中的弱者，对其实行全面的倾斜保护，更是关系到国家和民族未来接班人的大事，因此，法律和规章制度都应当对实习学生实行更加普遍的有利原则，实习单位和实习派遣学校实习规章制度都应当坚持以实习育人为目标、以实习学生为中心的"有利"之基本内涵，以便为他们理论与实践结合之知行合一以及成长和成才铺平道路。

实习单位和实习派遣学校实习规章制度之有利原则应当坚持以下几个有利于：有利于育人与实习育人，有利于学生的全部实习活动（含学徒与就业见习），有利于实习学生的权益保障与救济，有利于圆满完成实习活动，有利于今后的就业和职

---

① 许建宇：《"有利原则"的提出及其在劳动合同法中的适用》，载《法学》2006 年第 5 期。

业规划，有利于培养学生契约精神、劳动精神和工匠精神，有利于学生成为新时代中国特色社会主义事业的建设者。

四、公序良俗原则

公序良俗原则是民法的基本原则之一，其在我国正式入法是 2017 年的《中华人民共和国民法总则》（以下简称《民法总则》现已随《民法典》的实施而废止）和 2021 年实施的《民法典》。即便是在民法领域内，公序良俗原则一直都是非常有争议的话题；劳动法（含劳动合同法）是否可以借鉴适用，亦无成熟的理论基础，更无立法规定，进而导致用人单位内部规章制度是否可以适用，也成为未解之新课题。公序良俗原则之所以争议巨大，笔者认为，主要是公序良俗之高度抽象化特质所导致，一是其抽象性规范与法律规范之明确性与可预见性原理直接相悖，非常易于产生罔顾法律之弊端；二是其道德伦理范畴与法律规范易于产生冲突，非常易于造成道德规范适用超越法律之膨胀，从而侵蚀法律规范。

公序良俗由公共秩序和善良风俗组成，其渊源是古罗马法。按照罗马法学家的观点，所谓公序即国家的安全、人民的根本利益；良俗即人民的一般道德准则，这两个概念的含义非常广泛，而且随着社会的发展而不断变化，公序良俗原则主要适用于维护公共道德和公共利益的情形。[①]

民法公序良俗原则在理论界具有很高的评价，正如李双元教授所说：公序良俗是大陆法系民法普遍认可的基本原则。[②]

杨立新教授认为：公序良俗原则被《民法总则》确定为民法的基本原则，体现了当代法治精神；只要有私法自治原则，就应当有公序良俗原则。[③]

高度抽象性和适用广泛性是公序良俗原则最为明显的特征，其高度抽象性表现在"连可能的文义也都缺乏"，导致其司法适用成为长期的实践与理论难题。[④]由于公序良俗原则的高度概括性，它并无统一的界定范围和标准。[⑤]

劳动法起源于传统民法，但又与之区别明显。劳动法对私法意思自治有很大的限制，劳动法调整之狭义劳动关系与民法调整的劳务关系或雇佣关系具有非常不同的价值取向，在我国《民法典》已经明确公序良俗原则的背景下，劳动法是否也应

---

① 王利明：《论公序良俗原则与诚实信用原则的界分》，载《江汉论坛》2019 年第 3 期。
②④ 李双元、杨德群：《论公序良俗原则的司法适用》，载《法商研究》2014 年第 3 期。
③ 杨立新：《把公序良俗作为民法基本原则体现了当代法治精神》，载《中国司法》2017 年第 4 期。
⑤ 郑显文：《公序良俗原则在中国近代民法转型中的价值》，载《法学》2017 年第 11 期。

当将公序良俗原则作为一项基本原则？公序良俗原则与劳动法其他原则的关系如何？公序良俗原则与劳动规章制度的关系如何？公序良俗原则与违规违纪之惩戒权的关系如何？公序良俗原则的适用边界如何界定？公序良俗原则能否视为我国认定产业行动如罢工之非法性的依据？劳动仲裁与司法实践中又如何构建公序良俗原则的适用规则和范式？等等，这些问题都还是没有破解的前沿性新课题。①

笔者的基本观点和态度是：劳动法包括劳动合同法以及用人单位内部规章制度都不宜适用民法之公序良俗原则，或者不能对劳动者适用。主要理由如下：

第一，公序良俗原则与法律明确性之基本原理难以有效兼容，故适用应当特别谨慎，而不能广泛适用，不能将此作为普遍适用的法律基本原则之一。劳动法及规章制度之明确性原则是指劳动法和规章制度的内容应当具有明确而具体的条文规定，如果缺乏明确性的禁止性规范，用人单位就不能对违规违纪者进行惩戒，否则就是违法。明确性原则的基本价值取向和目标是严格规范和限制用人单位之自治权和惩戒权，有效防止用人单位之自主权的滥用，限制和防止用人单位借其规章制度之名而侵犯劳动者合法权益。明确性原则要求用人单位在行使惩戒权时，应当有非常明确的规定而不是倡导性或概括性的抽象性规定，即惩戒事由应当事先在劳动规章制度中已有明确规定，否则，用人单位行使解除权之惩戒理由就不正当。而民法公序良俗原则与明确性原则难以兼容，民法公序良俗原则本身就具有高度的抽象性、概括性和倡导性，难以符合劳动规章制度之明确性要求，因此，民法公序良俗原则与劳动法之明确性原则存在较大冲突，二者实难兼容，不宜作为劳动法及规章制度之原则，或者不能适用于劳动者。

第二，劳动法（含劳动合同法）应当严格限制其适用范围，或者明确规定不宜适用，或者明确规定不能对劳动者适用，而只能对用人单位或雇主适用。主要原因是公序良俗原则不利于保障与救济弱者之劳动者权益，非常容易成为用人单位之管制劳动者的"工具"。

第三，用人单位规章制度更不能适用公序良俗原则。规章制度本身就是用人单位之"专利"，属于用人单位之特别的自治权即惩戒权的范畴，而劳动者本身就对其没有话语权，如果再对劳动者适用这一可以"包罗万象"之规则，那么再何以谈及劳动者之权益保护或倾斜保护？另外，公序良俗原则与规章制度之明确性原则和有利原则也都直接相悖，有学者认为，用人单位的劳动规章制度应当遵循和体现明确性原则，劳动规章制度之规范必须是明确而具体的规定，而不能是一般意义上的

---

① 问清泓：《劳动法前沿策论》，武汉大学出版社 2021 年版，第 2 页。

倡导性规定。① 抽象性、倡导性劳动规章制度不能作为解雇惩戒的正当理由，因为抽象性或倡导性的劳动规章制度不具有可预见性，其只是对用人单位有利而不利于劳动者，只有劳动规章制度的明确性规范才能作为用人单位行使惩戒权的正当依据。② 因此，规章制度中不宜适用该原则，或者不能对劳动者适用。

第四，实习规章制度也不能适用公序良俗原则。实习学生本身就是社会弱势群体，按照"保护弱者"之基本法理和人权观念，应当对实习学生进行特别的倾斜式保护，应当比保护劳动者更加倾斜。另外，实习学生之实习活动属于学校教育之延伸，教学实践或实验是实习之根本属性，不能苛求实习学生，而应当采取教育引导为主、惩戒为辅之原则，故此公序良俗原则不宜针对实习学生，即便是实习规章制度可以适用该原则，也只能针对实习单位和实习派遣学校，这样才能实现对实习学生之有利原则。

五、诚实信用原则

诚实信用原则简称诚信原则，我国《民法典》采用"诚信原则"一词。它既是道德伦理的基本原则，又是法律规范的"帝王条款"，任何违反诚信原则的行为都是不道德和违法的行为，都应当受到道德和法律的双重谴责和追究。

民法由于将道德规范与法律规范合为一体，兼有法律调节和道德调节的双重功能，使法律条文具有极大的弹性，法院因而享有较大的裁量权，因此，诚信原则被奉为现代民法的最高原则。③ 诚信原则同公序良俗原则一样都体现了对社会公共道德的维护，都要反映社会主流的价值观和道德观，二者都具有弥补法律规定不足、限制私法自治的功能。④

民法诚信原则已经没有任何的疑义，但是，劳动法包括劳动合同法及用人单位内部规章制度中是否可以直接适用该原则，则是一个具有前瞻性且不确定性的崭新课题。当然，如果按照一般的民法思维模式，即无论是劳动法或劳动合同法，还是用人单位内部规章制度，都应当无条件适用诚信原则。笔者则大不以之为然。

民法诚信原则具有广泛而普遍的价值和功能，劳动法包含社会保障法也同样应当适用这一原则，但是，笔者认为，劳动法适用诚信原则与民法适用存在较大差异，

---

① ② 肖唯：《用人单位以劳动者违反倡导性规章制度为由解除劳动合同系违法解除》，载《中国劳动》2015 年第 1 期。
③ 梁慧星：《诚实信用原则与漏洞补充》，载《法学研究》1994 年第 2 期。
④ 王利明：《论公序良俗原则与诚实信用原则的界分》，载《江汉论坛》2019 年第 3 期。

不能完全照搬，而应当充分考量其具体适用规则，有条件或限制性地谨慎适用；适用时还要具体情况具体对待，不能笼统而抽象地谈论能不能适用。①

　　诚信原则在劳动法领域内包括用人单位内部规章制度适用，应当是不能普遍适用，而只能是特殊情形下适用，其适用边界应当受到严格限制，基本价值取向是不能与倾斜保护劳动者之法治精神相违背。

（一）诚信原则不能排除劳动者之抗辩权

　　诚信原则适用于用人单位规章制度时，其适用对象不能仅仅是针对劳动者，而且用人单位或雇主应当首先遵循诚信原则，在用人单位或雇主首先违反诚信原则时，劳动权享有直接的抗辩权，即可以不必遵循该原则，可以不再履行自己的义务和责任，法律也不能追究劳动者之不履行责任。其基本法理是，既然可以适用民法诚信原则，那么完全可以类推适用民法之抗辩权原理；民法之合同义务属于当事人意思自治之具象，而内部规章制度亦属于用人单位之自治权和劳动者集体合意的反映，二者既然都属于意思自治的范畴，那么二者应当都可以适用合同之抗辩权原理。抗辩权是民法之重要概念，是指债务人依法享有的对抗相对人请求权的权利。② 通俗地说，抗辩权就是对抗权利（请求权）之权利。合同抗辩权主要包括同时履行抗辩权、先履行抗辩权和不安抗辩权。民法这三大抗辩权应当都可以让劳动者享有，这样才更有利于保障与救济弱者之正当权益。笔者曾经专门研究过劳动者后合同义务之抗辩权问题③，而不论是民法之合同法，还是劳动法或劳动合同法或集体合同法，后合同义务都是基于诚信原则而衍生出的新义务和责任，它们与诚信原则具有天然的关联性，既然诚信原则可以适用于劳动法，那么，抗辩权也同样应当适用，同样应当是劳动者享有的基本权利。

　　因此，无论从法理上，还是逻辑关系上，诚信原则在用人单位内部规章制度适用时，不能排除劳动者享有的抗辩权，即抗辩权与诚信原则应当同时存在。举例来说，如果用人单位首先没有履行自己的劳动报酬、加班费或社会保险之给付义务，劳动者则可以行使相应的抗辩权，拒绝执行自己的劳动义务即停工停产，且此行为不能被视为劳动者违反了诚信原则，更不必承担任何由此产生的不利后果和法律责任；如果实习单位没有履行自己的实习报酬、实习加班费或实习保险之给付义务④，

---

① 问清泓：《民法诚信原则与劳动法适用之博弈论纲——以"奋斗者协议"和"自愿弃保"为例》，载《河北法学》2022 年第 2 期。
② 王利民：《民法学》，复旦大学出版社 2004 年版，第 659 页。
③ 问清泓：《劳动合同法制度与实践研究》，湖北人民出版社 2011 年版，第 285～288 页。
④ 实习单位之法定义务和责任都需要法律法规的明确规定，而我国目前的实然状态还不是这样。

实习学生同样可以行使自己的抗辩权，而不再履行自己的实习义务，并且，实习单位不得以此为由而要求实习学生遵守实习规章制度，更不能最终判断实习考核不合格。此等情形，都表明诚信原则不能抽象而笼统地依据民法思维模式而谈能不能适用，而应当具体情况具体分析，以使之符合平等权之相同情形相同对待、不同情形不同对待之<u>基本法理</u>；也说明了适用诚信原则之前提条件是不能排除劳动者或实习学生享有的抗辩权。

（二）诚信原则不能与明确性原则相悖

诚信原则适用于用人单位内部规章制度和实习规章制度，都不能与明确性原则相违背。按照劳动法之规章制度的一般原理，用人单位规章制度及其违规违纪之惩戒权行使，都必须有规章制度事先的明确性规定，而不能是抽象和笼统之规定，否则，该规章制度就没有任何拘束力，更不能作为处理劳动争议之依据，而诚信原则本身就是非常抽象的原则，与规章制度明确性原则存在较大冲突，这也是包括笔者在内的劳动法学者反对在劳动法中特别是规章制度中适用诚信原则的主要理由之一。即便是求同存异，同意劳动法特别是规章制度中适用诚信原则，也只能是针对用人单位或雇主一方，而不能适用于劳动者一方，进而推演出也不能适用于实习规章制度和实习学生，其法理基础非常简单，即弱者之特别保护或倾斜保护原理。

（三）诚信原则不能与比例原则相悖

规章制度及违规违纪之惩戒权行使应当有一定的比例或阶梯，不能动不动就实施没有事先警告的处罚，更不能实施以重代轻的惩戒方式。如果在规章制度执行中完全依靠诚信原则，即只要劳动者违反了该原则，就实施处罚，不但违反了劳动法及规章制度之明确性原则，还极大放纵了用人单位或雇主的自治权，对劳动者是极不公平的，因此，应当有效限制用人单位以诚信原则为由而任意或扩大惩戒权的行使边界，防止强制权力或权力滥用，进而破坏法治精神，以便更好地保障与救济劳动者合法权益，这也就是笔者反对在规章制度中对劳动者适用诚信原则的理由之一。如果遵循民法思维模式，在规章制度及惩戒权行使中适用诚信原则，也只能是例外适用，而不能作为普遍原则，其例外适用也必须完全符合比例原则。比例原则主要体现在：一是必须有事先的多次警告或警示；二是惩戒方式上必须分层级，应当以"能轻则轻"和"避重就轻"为规则，惩戒方式应当以训诫等教育方式为主，尽量避免经济性处罚如降级或减少奖金，而不能以违反诚信原则为由直接开除劳动者；三是行使惩戒权不能减少或停止社会保险费的给付义务，即不得侵犯劳动者的社会保障权，社会保障权与解雇保护一道构成了单位内部规章制度最后的"防火墙"，这二者就是适用诚信原则的最高"比例"限制，是不可逾越的"红线"和"底线"。因此，实践中那些因劳动者"自愿弃保"或"协议弃保"① 以及"奋斗者协议"或"奋斗者承诺书"而导致的劳动争议案件中，用人单位通常以事先与劳动者已经达成一致，并非欺诈或胁迫或强迫之事实，劳动者应当遵循诚信原则而不能再享有或行使相关权利，而且公权力机关之仲裁或诉讼也一般是以劳动者违反诚信原则而败诉。影响这些争议案件的关键因素是民法思维模式和民法诚信原则之无限"膨胀"，忽略了劳动法特别原理和法治精神，或者宏观上说是合法"外衣"（原则）下的实质不公平和不正义，微观上是没有考量诚信原则之劳动者适用的比例原则，即自由约定之任意性规范不得与法定强制性规范冲突，这也可以说是一种最高的"比例"限制，任何情形下都不得突破，我们的公权力机关应当彻底摒弃在劳动争议处理中的民法思维模式，应当遵循劳动法之特别原则和特别适用规则。

实习规章制度之诚信原则的适用，也应当完全遵循上述原理，虽然不存在合同解除或解雇问题，但是实习劳动报酬、实习加班费、实习保险、实习收税等许多方面，还是与劳动法具有较大的相似性，应当谨慎对实习学生（含学徒）适用诚信原则；即便是非适用不可，也应当特别注意比例原则。如不能剥夺实习学生之"实习权"（受教育权之延伸），不能动辄就随意"挥舞"诚信原则之"大棒"而不让学生继续参与实习活动，或者给予实习不合格之考核或鉴定，或者是实习派遣学校给予不能毕业或延缓毕业之处分，这些都与比例原则相悖。

（四）诚信原则不能与有利原则相悖

诚信原则在劳动法中适用应当坚持对弱者有利原则，有利原则是有效均衡劳资双方地位而突显倾斜保护劳动者立法精神的实体规范和程序规范的具体化，如果适用诚信原则对劳动者不利，则该原则就应当排除或谨慎适用。

有利原则的主要特征是：第一，有利原则受益主体仅限于劳动者，不包括用人单位或雇主方，对劳动者一方有利，即意味着对用人单位往往不利或少利；第二，规范对象，主要是因立法缺失或法律矛盾或冲突而可能导致劳动者不利之现象或行为，此类现象或行为本身大都并不违法，但处置不当则与劳动法宗旨相悖；第三，

---

① "自愿弃保"或"协议弃保"协议或条款如果按照劳动法和社会保障法原理都应当是非法的和无效的，缴纳社会保险是用人单位之劳动法上的法定义务，不能因劳动者自愿或协商放弃而免除用人单位该义务；但是如果按照民法之劳务关系或雇佣关系而适用诚实信用原则，则可以认定为有效。"自愿弃保"或"协议弃保"实务判决之困惑，表明了民法思维模式与劳动法的巨大差异，也说明诚实信用原则在社会保障关系中应当谨慎适用（参见问清泓：《共享经济下社会保险制度创新研究》，载《社会科学研究》2019 年第1 期）。

原则实施及有利结果的实现，主要依赖于利益衡量或权衡之调整方式，即由国家执法主体对相关当事人利益关系进行再分配与调整，使其向劳动者弱势群体一方倾斜；第四，有利原则的现实矫正功能是使劳动权受到优先保障，从而有效矫正劳动者与其他主体之间的利益失衡，实现公平价值。①

实习学生应当从原则上要求诚实信用，这没有任何疑义，但是，不能以其违反诚信原则为由，实施对其不利的惩戒，毕竟实习学生也是社会弱势群体，更需要特别保护和优先保护，按照上面许建宇教授阐述的有利原则，有利原则还具有补漏功能，即当现行劳动法律法规缺乏明确规定时，有利原则的确立与适用可以起到弥补法律漏洞和填补法律"盲点"的作用。② 我国由于缺乏实习立法而可能导致对实习学生不利，更应当实施有利原则。况且实习还是理论与实践结合之试验性劳动，更应当容许和宽容实习学生犯错，而不是惩戒之以儆效尤；还应当鼓励实习学生大胆地参与实习活动，即便是非处罚不可，也应当坚持以教育为导向、以提升理论水平和专业技能为目标，以便有利于实习学生之教育和实践活动，以便有利于更好地培养合格人才。

（五）"虚假实习"与诚信原则③

目前我国实习和学徒都没有立法，其制度构建也都还仅仅停留在理论研究层面，直接导致诚信原则很难介入实习与学徒关系。笔者认为，即便是暂时之实然法制状态不宜适用诚信原则，但是，却完全可以先行从道德伦理层面适用诚信原则，因为，毕竟诚信原则也是最高的道德伦理和精神追求。故而，"虚假实习"可谓是严重与诚信原则相悖之不良现象。因为诚信原则之重要价值"有弥补法律规定不足、限制私法自治的功能"④，用具有弥补法律不足之诚信原则治理"虚假实习"完全必要而且可行。

"虚假实习"就是"假"的或具有欺骗性的实习活动和现象，它的实施范围为实习活动和学徒活动；它的实施主体为实习单位（学徒接收单位）和实习学生（学徒）。

"虚假实习"是否违法？一直存在巨大分歧，原因就是缺乏实习和学徒立法，"法无禁止即可行"。实习单位"虚假实习"，可以从宏观上界定为实习单位违反诚信原则的行为，其微观形态是："假实习真雇佣"即假实习或假学徒真雇佣或真劳

---

①② 许建宇：《"有利原则"的提出及其在劳动合同法中的适用》，载《法学》2006 年第 5 期。
③ 本小节内容已经发表于《民法诚信原则与劳动法适用之博弈论纲——以"奋斗者协议"和"自愿弃保"为例》一文之中，详见《河北法学》2022 年第 2 期。
④ 王利明：《论公序良俗原则与诚信原则的界分》，载《江汉论坛》2019 年第 3 期。

动；假实习鉴定或实习证明；实习或学徒时间严重"缩水"；收费实习和"付费内推实习"；虚报实习学生或学徒数而骗取国家有关补贴或税收减免；与中介串通欺骗学生而获利，等等。

"假实习真雇佣"是"虚假实习"的主要形态，它是实习单位假借招用实习学生或学徒为名，将学生视为廉价或免费劳动力，进而剥削其劳动。具体表现就是无薪实习，或者是支付极其微小报酬；还包括无保险之实习；还有实习加班且无加班费或者极少。

实习学生"虚假实习"也是违反诚信原则的不当行为，其具体表现是：未真实到实习单位实习而购买或自己私制虚假的实习证明或鉴定；未到实习单位实习或全过程实习而通过关系搞到实习证明或鉴定；提供中介所谓的"付费内推实习"，即交钱买实习指标，或者用钱买实习证明或鉴定；学生本身没有参加实习，而是由家长通过其所在单位或其他关系，搞到实习证明或鉴定，等等。实习学生"虚假实习"的诱因主要是实习单位难寻和就业压力大，没有时间参加实习等；也有的是实习学生自身的原因如懒惰和投机取巧等。无论是什么原因造成的"虚假实习"，其结果或后果都是一样，即都违反了诚信原则，也都违背了实习契约精神和契约制度，都是有害无益的不当行为，有的甚至是违法或犯罪行为。

无论是实习单位的"虚假实习"，还是实习学生的"虚假实习"，它们都是违反诚信原则的不当行为，但是治理"虚假实习"，却不能"一刀切"，而应当区分实习单位和实习学生，分别适用不同的惩戒措施。对实习学生"虚假实习"，应当坚持教育为主、惩戒为辅的原则，坚持以德为先、以法律责任为次的原则；还要坚持劳动法惩戒权基本原理，坚持"比例原则"和"有利原则"（有利于学生）。对实习单位"虚假实习"，既要从道德伦理上规范，还要彻底追究其法律责任；不仅应当采取教育方式，更应当实行严格的惩戒措施，并以经济处罚作为主要手段。

"虚假实习"并非我国所独有，域外也有。国外有些国家已经出现了假借学生实习的名义而规避法律法规，企图减小雇佣成本的实习"泛滥化"趋势，也属于"虚假实习"之"假实习真雇佣"。德国著名劳动法学家沃尔夫冈·多伊普勒教授的研究表明：在德国，有些人群被排除在最低工资标准之外，为了完成中学或者大学学业而在企业进行不超过三个月的实习之实习生，就不适用最低工资标准制度；但是，相反，如果已经完成了培训或者学业，雇主却仍然以"实习生"名义雇佣，则并不妨碍其最低工资待遇之实现。[1] 雷蒙德·瓦尔特曼也指出：如果实习在职业教育或大学学习结束后开始，并且不传授附加技能、不提供特别专业性照顾或者对实

---

[1]　［德］沃尔夫冈·多伊普勒著，王倩译：《德国劳动法》（第11版），上海人民出版社2016年版，第237页。

践能力的学习并不明显突出，则即使是合同之名称为"实习"，也不妨碍认定劳动关系的存在；并且如果认定了劳动关系，就必须按照通常工资额度支付工资。[①] 德国采取认定劳动关系和实施最低工资标准制度等手段规制"虚假实习"之"假实习真雇佣"，具有较大的可行性，可以从增加雇主经济成本上"堵"住"假实习真雇佣"，该成功经验值得参鉴。

法国"虚假实习"现象也比较普遍。许多企业利用实习生来代替正职员工，滥用实习学生情形最严重的领域包括通信业、媒体业、行销业、广告业及银行业。2012 年 5 月法国兴业银行员工有 21% 为实习生。针对这一情况，法国 2017 年明确"禁止毕业后实习"：新法案将禁止课程外的实习，2011 年 7 月法国政府曾提出一项禁止该做法的法案，但允许可帮助就业的实习，许多企业常常利用实习生来代替正式员工，导致此类实习被滥用。还规定超过两个月的实习都应当支付薪酬，现行法律规定所有企业、协会，也包含地方政府及公立医院都需给付实习生至少等同社会保险额每小时最高限额 12.5% 的津贴，以 2013 年额度计算，即每小时 2.875 欧元，每月约 436 欧元。如此一来，新法案可以有效防止企业利用 2011 年法案的各种例外条款来避免支付实习生薪资。[②] 法国有效防止"虚假实习"的最好路径就是强制性禁止课程外的实习，另外就是强制性规定了"凡是超过两个月的实习都应当支付薪酬"，此规定与《法国劳动法典》规定的"有薪实习"相呼应，共同构建起法国"有薪实习"之制度范式，也成为预防实习单位"假实习真雇佣"之有效良策，非常值得我国借鉴。

第二节　实习规章制度形式要件

庞德认为："法律的目的在于正义""我们认为正义是一种制度"。[③] 正义包括形式正义（程序正义）与实质正义（内容正义）两大方面，劳动规章制度及实习规章制度也是如此，首先必须具备形式正义。

实习单位实习规章制度形式要件主要包括制定程序和生效要件，实习规章制度

---

① ［德］雷蒙德·瓦尔特曼著，沈建峰译：《德国劳动法》，法律出版社 2014 年版，第 313 页。
② 《法国政府严格限制学生实习制度》，澳际教育网，http://www.aoji.cn/news/1928722.html，发布时间：2017 年 8 月 3 日，访问时间：2021 年 1 月 30 日。
③ ［美］博西格诺著，邓子滨译：《法律之门》，华夏出版社 2002 年版，第 92 页。

的制度程序必须符合劳动法规定的单位规章制度制定程序，主要包括草案拟定、平等协商、公示公告三大程序。

笔者认为，还应当增加一个程序要件："备案或报批"，并且此程序还应当在公示公告程序之前，只有备案或报批的实习规章制度，经过批准后，再在单位进行公示公告，共同构成单位实习规章制度之四大程序。只有经过了这四大程序的实习规章制度，才具有正当性和合理性。不过我国目前法律规定的法定程序只有前面的三个，因此，目前只要符合三大程序且缺一不可，即为形式正当与合法的实习规章制度，"备案或报批"还仅仅是笔者的理论"构想"，应然法应当将其纳入用人单位所有内部劳动规章制度之中；即便是劳动法或劳动合同法修法暂时难以实现，也可以在实习法律制度中先行先试，特别是在出台实习法时，应当率先将其作为实习规章制度之基本法定程序之一。

"备案或报批"程序是指在单位协商讨论通过的内部规章制度，还需要向其上级劳动行政主管部门报批与备案，经过审查合格的规章制度才能够具有法定的效力，也才能对单位职工即劳动者具有约束力。"备案或报批"是限制用人单位假借自治权而滥用规章制度之最为有效的手段，也是将劳动争议化解于事前而预防涉及规章制度劳动争议的最好路径，对均衡劳资双方地位，协调"强者"与"弱者"，彰显保障弱者权益精神，都有巨大作用；它还应当成为劳动监察的重要内容之一。由于实习学生还没有踏入社会，也没有经济收入和地位，他们更是弱者中的弱者，需要法律保护，而实习规章制度"备案或报批"，更能体现对弱者权益的保护，并能够起到非常好的事先防范作用，故此，应当将"备案或报批"程序作为实习规章制度不可或缺的形式要件之一。

一、草案拟订

实习规章制度草案的拟订应当由专门机构负责，最好由专门的实习委员会负责起草工作，没有设置实习委员会的单位可以由单位工会牵头，成员应当具有广泛的代表性，因实习关系既涉及实习派遣学校，又主要在实习单位进行，因此，草案起草成员应当包括实习单位分管领导和职工代表、实习派遣学校代表（如学校实习委员会或工会代表）、实习学生代表（各专业都应当有代表）、学校实习导师和实习单位导师（师傅）代表，还应当特邀各级劳动行政主管部门、劳动人事仲裁院、学校主管部门的代表参加，还可以考虑社会代表如律师和学生家长代表，只有实习规章制度草案拟订成员的广泛性和代表性，才能增强实习规章制度形式正义之民主性。

而目前我国实习单位实习规章制度的制定往往都是实习单位人力资源管理部门"关门"之作，遑论程序正当和形式正义，其主要原因是无法可依，目前有关实习规章制度的规范只能参照现行劳动法或劳动合同法有关规定执行，但是，实习关系和实习学生毕竟与劳动关系和劳动者具有显著不同的特征，因而造成适法困惑与困难。要从根本上改变这一现状，最有力和有效的治理路径就是通过实习法确立实习规章制度法定程序，以增强法定强制性和拘束力。

二、平等协商

实习规章制度草案草拟完成后，应当进行民主协商程序。民主协商必须与本单位工会成员或者职工代表进行平等协商，共同讨论研究实习规章制度的各项内容，最终确定实习劳动规章制度规范文本。实习规章制度之平等协商也应当遵循劳动法之劳动关系三方机制，广泛听取各方面的意见。最后，还要充分利用现代通信网络平台，向本单位全体员工和实习学生征求修改意见，让每一个员工和实习学生都有机会参与到实习规章制度"立法"中来，以真正彰显平等协商之形式正义。

实习规章制度的平等协商程序的途径可以有两种选择：第一，由实习单位组织单独的民主协商讨论，对拟订的实习规章制度逐条进行专门的协商讨论；第二，"搭便车"进行民主协商讨论，总体思路是：将拟订的实习规章制度与实习单位特别是企业单位之集体协商谈判与集体合同制度结合起来。后者又可以分为以下三种创新性的具体实现路径：

一是将实习规章制度平等协商程序融入单位的其他集体协商谈判中。即将实习规章制度的平等协商程序作为集体协商谈判的重要内容之一，特别是有关实习劳动报酬或津贴事宜完全可以纳入单位工资集体协商谈判。目前我国企业工资集体协商谈判在各级工会的组织领导下，已经取得了不错的成绩，工资集体协商谈判制度已经成为我国集体劳动法之重要范畴，这些为实习劳动报酬或津贴平等协商奠定了良好基础，实习活动应当抓住这一契机，将实习规章制度平等协商程序融入集体协商谈判特别是工资集体协商谈判之中。

二是构建单独的实习集体合同或专项实习集体合同制度，并用其代替实习规章制度整体或部分条款。毕竟单位规章制度与集体合同或专项集体合同具有诸多形式和内容上的相似性，而且用人单位内部规章制度的性质主要为集体合意性，二者形式要件上如平等协商和公示公告程序更加相同，因此，完全可以用实习单位单独的实习集体合同或实习专项集体合同代替实习规章制度。

三是用实习集体合同或实习专项集体合同取代"实习协议"。实习集体合同或实习专项集体合同不仅完全可以代替实习规章制度，还可以拓宽其适用范围，用实习集体合同或实习专项集体合同取代部分实习协议，特别是可以取代实习单位与实习学生之实习协议，以及实习单位与实习导师之实习协议。这样不仅可以完善实习规章制度和民主协商的程序要件，还可以节约实习签约成本、降低合同管理和人力资源管理成本，还可以克服实习协议等诸多弊端，因为，按照劳动法基本原理，域外许多劳动关系确立都并非一定要签订单个的个体劳动合同，集体合同常常是代替个体劳动合同的最佳选择。实习关系实则也是一种比较特殊的劳动关系，也应当注重发挥集体合同的优势，特别是集体协商谈判民主程序。将实习单位实习规章制度纳入集体协商谈判和集体合同或专项集体合同的范畴，这种"搭便车"的行为不仅可以将规章制度与集体协商谈判和集体合同有机整合起来，还可以大大节约单位的签约成本和人力资源管理成本；不仅可以充分体现实习规章制度之民主协商程序，还能够将其与实习协议有机融合起来，降低实习协议签约和管理成本，因此，具有非常大的现实可行性。

三、备案或报批

经过民主协商而讨论通过的实习规章制度，还应当向劳动行政主管部门或教育主管部门履行第三个程序：备案或报批程序。实习规章制度应当与其他规章制度一样，必须上报给上级主管部门批准并备案，再反馈给实习单位；还可以设置一定期限内（可以参照集体合同规定 15 日）如果主管部门没有反馈信息，则该规章制度自动完成备案或报批程序，再由单位进行最后的公示公告程序后即可生效；如果有疑义，应当责令实习单位在规定的时间内进行修改，修改后再备案或报批。

由于我国目前劳动法规定的用人单位内部规章制度之程序并无"备案或报批"程序，规章制度法定程序只有三个，具有缺陷。

一是扩张了用人单位的权限，使得用人单位享有过大的规则制定权或修改权，进而使得违规违纪之惩戒权过于"膨胀"，而劳动者缺失应有的话语权，弱者地位更趋明显，容易使得规章制度成为用人单位合理规避法律的工具，与劳动法特别是保护或倾斜保护劳动者的立法精神严重不符。

二是为争议产生埋下了"伏笔"。因为现实中许多劳动争议都与规章制度及其惩戒权有关，规章制度程序正义与否直接关系着劳动关系和谐与稳定，不合理的规章制度层出不穷，之所以大量出现这些规章制度而产生争议和不良影响，其中一个重要原因就是用人单位劳动规章制度缺乏备案或报批程序，缺乏规章制度形式审查程序，加剧了其内容非正当性与合理性。

三是与劳动争议预防机制不合。劳动关系既事关劳动者个人的权益，又事关社会和谐与稳定，劳动争议预防机制是劳动法的重要制度之一，特别是集体劳动关系更加需要争议预防机制，"好的"用人单位规章制度应当成为预防劳动争议产生的重要措施之一；而"坏的"规章制度则是产生劳动争议的"罪魁祸首"。因此，为了有效预防和化解劳动争议特别是集体劳动争议，应当在规章制度制定或修改之时进行必要的强制性规范，而备案或报批恰恰是重要途径之一。无论是用人单位一般的规章制度，还是实习规章制度都应当充分重视备案或报批程序，以增强规章制度之形式正义。

四是与集体协商谈判制度不符。笔者一再强调用人单位规章制度与集体合同制度具有天然的关联性，二者甚至可以合二为一，特别是在制定或修改程序上，二者更加相似，而我国目前虽然还没有出台单独的《集体合同法》，但是现行劳动法包括劳动合同法和《集体合同规定》都明确规定了集体合同之程序要件，其中的备案或报批程序还是比较规范的和可行的。《劳动合同法》特别规定了集体合同报备和自动生效程序：集体合同订立后，应当报送劳动行政部门备案；劳动行政部门自收到集体合同文本之日起 15 日内未提出异议的，集体合同自动生效。《集体合同规定》也明确规定了集体合同或专项集体合同报批和登记制度；集体合同或专项集体合同的审查实行属地管辖原则；还规定了自动生效办法，如果劳动保障行政部门自收到集体合同文本之日起 15 日内，没有提出异议，集体合同或专项集体合同则自动生效。我国用人单位规章制度之规定却完全缺失备案或报批程序，形式正义严重不足，完全应当像集体合同制度那样，明确规定规章制度备案或报批或登记程序，应当构建起完备的规章制度审查制度（包括形式和内容审查），实习单位实习规章制度也应当如此，因为实习规章制度本身就是属于用人单位规章制度之一种，备案或报批程序不可缺失。

五是无备案或报批是劳动行政管理部门不作为的表象。劳动关系是最为重要的社会关系之一，各级劳动行政部门应当将用人单位规章制度制定或修改备案或报批程序作为重要的义务和职责之一，并列入劳动监察的基本范畴，不能像目前这样为了减轻工作任务而完全放任由用人单位享有规章制度制定或修改的全部权利，公权力机关应当履行自己审查和监督的义务和责任。

我国 2004 年 12 月 1 日起施行的《劳动保障监察条例》规定的九大监察任务的第一项就是劳动保障行政部门对用人单位制定内部劳动保障规章制度的监察。《劳动监察条例》还非常明确规定了监察机构为用人单位用工所在地的县级或者设区的市级劳动保障行政部门。可见，对用人单位内部劳动规章制度的监察，已经是法规赋予劳动保障行政部门的一项法定权利，而规章制度备案或报批程序恰恰是落实这一法定职责的最为有效的路径之一，因此，从劳动（保障）监察之视角，备案或报批程序必不可少。实习规章制度也应当与用人单位一般的规章制度一样，应当将备案或报批视为劳动监察的主要内容之一。

四、公示公告

实习单位实习规章制度的最后一个程序是公示公告程序。劳资协商确定的"劳动者权益"规制必须张贴于单位内的公共场所或者以其他的书面形式告知到每一位劳动者。[①] 经过相关劳动行政主管部门审批合格的规章制度，才能够进入最后的公示公告程序，完成实习规章制度之全部的形式要件。公示公告有多种形式，可以是大会口头宣讲和说明，如可以在实习动员大会上口头公示，也可以发放文本手册如实习手册；还可以借助现代网络通信平台，在实习单位网页上公示，也可以在单位微信公众号上公示。与集体合同一样，先制定或修改好并符合形式要件的实习规章制度对后来者，同样具有拘束力，但是，前提条件是必须向每一个后来者进行告知，否则就没有约束力。

第三节　实习规章制度主要内容

一、派遣学校实习规章制度的内容

（一）明确规定实习管理机构和职责

实习派遣学校之实习规章制度是学校实习工作的规范性文件，应当单独制定，

---

① 　关怀、林嘉：《劳动法》（第5版），中国人民大学出版社2016年版，第118页。

不能粗略地"内嵌"于其他规章制度之中，在我国目前还没有出台实习法律法规和学徒法或学徒合同法背景下，其形式要件、基本原则和具体内容等都应当参照现行劳动法、劳动合同法和集体协商制度及集体合同法有关用人单位内部规章制度的相关规定，而在今后有了专门的法律法规后，再全面依据其法定规定执行。

实习派遣学校实习规章制度内容应当充分体现内部规章制度之基本原则，在原则框架下，再制定比较明确而具体可行的内容。宏观上，应当首先将实习规章制度直接纳入《大学章程》的范畴，而我国目前的绝大多数高校都还没有将实习及实习规章制度纳入其中，而且笔者通过各个高校网站查询其《大学章程》文本，还没有发现一所高校将实习活动包括实习规章制度纳入其中，就连最为基本的"实习"二字都难以看到，这些都足以说明各个高校对实习工作含实习规章制度之轻视和忽略程度。《大学章程》是大学治理之内部"大法"，是大学内部各项规章制度的纲领，因此，学校实习规章制度也必须在其"统领"下制定和实施，否则实习规章制度就缺乏直接依据，与依法治校和现代大学治理相背离，也不利于人才培养和实习治理。

《大学章程》中应当明确规定学校专门的最高实习管理机构及其权利、义务和责任，还包括具体的办事程序。笔者认为，可以像高校其他专门机构如学术委员会、学位委员会、教学指导委员会、职称评定委员会等机构一样，成立专门的"实习委员会"，负责全校的实习工作，并在各个学院设立"实习分委员会"，具体负责各个学院的实习工作，这样才能构建起比较系统的"校—院（系）—专业"三级实习管理机构。有了系统的专门实习管理机构，还要配备专门的人管理员，各个院校实习机构至少应当配备一名专业工作人员如实习秘书，负责实习日常工作和监督执行实习规章制度。

（二）明确规定规章制度规制对象

实习规章制度要明确规定其规制对象，学校实习规章制度的规制对象主要是学生即实习学生，还应当包括实习管理人员和实习导师或实习带队教师。

我国目前的基本现状是实习规章制度只是针对实习学生，而几乎完全没有考量对实习管理人员和实习导师或实习带队教师之规制，从而导致"实习难"之实习导师指导之难，各个学校的教师都不愿意带队实习，其主要原因除了与学校"重科研轻教学"基本导向出现了严重偏差外，就是学校普遍缺乏对实习导师之规范性"硬"要求，即没有将其直接纳入实习规章制度的范畴，导致了实习导师之可有可无、权利义务和责任严重缺失、实习考核评估完全空缺等问题，特别是在我国目前还没有实习法、完全依靠师德之"软"规则约束实习导师的大背景下，学校实习规章制度更是应当首先成为规制实习导师之基本"硬"规则，因此，各个学校都应当构建实习导师之实习规章制度，或单独制定规章制度，抑或在实习规章制度中制定特别条款。除此之外，还应当规定实习导师激励机制，从学校制度层面（规章制度）引导和"倒逼"广大教师积极主动地参与实习活动。具体做法包括：一方面，对实习导师实行经济奖励，与科研奖励一样对待；另一方面，还要将其实习考核评估与职称或职务直接挂钩，实习工作搞得好的教师应当可以直接晋级或作为重要的指标之一，与其他教学和科研条件一样对待。

用实习规章制度规制实习导师，还要明确规定其违规违纪之惩戒问题，切实做到有奖有罚且赏罚分明。对实习导师惩戒，应当实行与实习学生完全不同的惩戒方式，原则上应当比学生实行更加严厉的处罚，如可以不像对待实习学生那样，实行有限度的经济处罚和非经济处罚如降级或降职等，但是，无论实施怎样的惩戒，都应当遵循规章制度之明确性原则和比例原则，即惩戒的前提条件是实习规章制度中必须有明确的规定，还要有适当的比例限制，特别需要注意的问题是惩戒权一般不能涉及实习导师之解雇和社会保障权，此实则就是实习规章制度及惩戒权之最大"比例"限制。

另外，实习规章制度规制实习导师，还应当注意对实习导师概念的扩大解释，不仅应当规制学校的指导教师，还应当包括学校的所有实习带队工作人员；不仅要规制学校的实习导师，还要规制"双师型"之企业实习导师（包括学徒活动中的企业"师傅"）。不过，比较复杂和棘手的问题就是对"双师型"实习导师权利、义务和责任设置，既要考虑"双师"在学校的实习成绩，还要考虑其在实习单位（包括企业）之实习指导，这就需要协调好学校的实习规章制度与实习单位实习规章制度二者之关系，特别是对"双师"违规违纪的惩戒，更加应当考量与平衡两个单位之制度设计。无论是适用学校实习规章制度，还是实习单位实习规章制度，都应当共同遵循规章制度之基本原则，不能忽略明确性原则、比例原则和有利原则之普遍性，而公序良俗原则和诚信原则应当谨慎适用之非普遍性。

无论是实习规章制度规制"双师"，还是对实习学生惩戒，还都应当注意协调学校和实习单位二者的关系，必须遵循"一事不二罚"原则，否则属于过度处罚而不具有正当性和合理性，也属于违反规章制度比例原则之特殊情形。

"一事不二罚"属于行政法上的一项基本原则，我国劳动法和劳动合同法并没有明确规定这一原则，因为在我国惩戒权还一直不属于法律范畴，对劳动者和学生的惩戒权也还仅仅是学理概念。

"一事不二罚"原则是指对行为人的同一个违法行为，不能以相同的事实基础和同一法律依据，给予两次以上的处罚。其目的在于避免因行政权的滥用而导致相对人权利受到过度侵害。"一事不二罚"就是"一事不二罚款"之限缩版。[①] 与"一事不二罚"相对应的是"单罚",笔者认为,在劳动法和用人单位内部规章制度语境下,"一事不二罚"完全可以归类为"比例原则","单罚"属于合理之比例,而相反的"双罚"则就是超越了比例限制,属于违背比例原则之特殊情形。其主要区别是"一事不二罚"原则,有属于行政法之强制性规范[②],具有法定性;而"比例原则"实则也是来源于行政法,但是它还没有真正成为劳动法或劳动合同法之法定规范,属于任意性规范。"一事不二罚"虽然有不断扩大趋势,特别是由行政法扩大到刑法领域(或者称其为"行刑衔接")[③],但是其理论和实践研究还不成熟,而劳动法包括规章制度语境下之研究和实践更是严重匮乏,故此,笔者认为,劳动法包括规章制度应当加大对"一事不二罚"原则的理论和实践研究,比较切实可行的路径就是将其首先纳入单位内部规章制度及其惩戒权之比例原则的基本范畴,待比较成熟后再纳入整个劳动法包括劳动合同法,简言之,可以在内部规章制度和实习规章制度中先行先试"一事不二罚"原则,以彰显比例原则。

(三) 分专业详细规定具体实习事项

学校实习规章制度的内容应当根据各个不同的专业和不同的实习类型(含学徒与就业见习)而分门别类地制定,其具体内容因专业不同而有所差异,不能千篇一律地抽象而笼统的规定,应当完全遵循规章制度之明确性原理。主要内容包括实习大纲、实习时间安排、实习学分数、实习导师、实习日志或月志、实习报告、实习考核评估方案、实习津贴或补助、实习住宿、实习争议处理等。

学校规章制度之内容还应当注意协调实习规章制度与实习协议(合同)之关系,实习单位实习规章制度还要特别注意实习规章制度与实习协议(合同)、与集体合同或专项集体合同的关系。其中蕴含的法理基础比较复杂,涉及劳动法之一般内部规章制度与劳动基准、劳动合同和集体合同(含专项集体合同)四者之效力问题,属于劳动法疑难和前沿性问题之一,理论研究和实践都非常薄弱,也是规章制度是劳动法"永远的难题"的具象之一。

单位内部规章制度与劳动基准、劳动合同和集体合同之间的关系主要是四者之效力阶位关系,四者的关系非常复杂,其实质是四者之内容(条款)及适用问题,

---

① 魏浩锋:《行刑衔接语境下"一事二罚"之正当性探究——以周某某诉证监会行政处罚案为例》,载《法律适用》2018 年第 10 期。

② 《行政处罚法》第二十四条明确规定:"对当事人的同一个违法行为,不得给予两次以上罚款的行政处罚。"

③ "一事不二罚"之"行刑衔接"理路与实践研究主要包括魏浩锋的《行刑衔接语境下"一事二罚"之正当性探究——以周某某诉证监会行政处罚案为例》(载《法律适用》2018 年第 10 期)、张毅的《'一事不二罚'在行刑交叉案件中的适用——从一例危险驾驶案切入》(载《福建警察学院学报》2014 年第 2 期)。

换言之，四者内容上具有许多天然的关联性，都是为了规定权利义务和责任，很难将它们区别开来，常常是"你中有我、我中有你"。因此，探讨单位内部规章制度的内容，必然应当特别注意厘清四者之边界。

笔者曾经专门研究过四者的关系，笔者认为，劳动基准法、劳动合同、集体合同和劳动规章制度劳动纪律在调整劳动关系中发挥着重要作用，四者共同构建起了劳动法的基本制度，其价值不容置疑。但是，四者的效力层级却是错综复杂，呈现出"电子纠缠"般多维状态，四者性质与效力阶位的不同，而多方交叉与融合，相互不兼容甚至排斥，难以厘清和分离。①

实习派遣学校实习规章制度涉及上述问题，还比较单一，主要是实习规章制度与实习协议或合同之关系，其中实习协议或合同也主要是学校与实习学生之实习协议，而较少涉及与实习单位之实习协议，亦无集体合同或专项集体合同。实习规章制度与实习协议，二者在内容上有许多相似性，都要明确规定双方当事人的权利、义务和责任，包括了从实习启动到实习考核评估全过程的基本要求，还包括实习争议处理事宜。从效力上看，二者都不是法律，但是都必须完全遵循法律规定，二者又都具有类似于法律之拘束力，特别是合法正当的规章制度和合同都可以直接作为争议处理之"法定"依据，二者对双方当事人都有约束力，双方都应当完全履行各自的义务和责任，否则就要承担相应的不利后果。二者的主要区别是适用范围不同，规章制度是针对劳动者之集体，与集体合同更加相似，而劳动合同包括格式合同都是针对个人。

这些共性背后的法理基础是，规章制度和劳动合同（协议）之法律性质具有相似性。单位内部规章制度法律性质一直是分歧巨大的"遗留"问题，其主要观点中有一种"格式条款说"，格式条款是当事人为了重复使用而预先拟订，并且不与对方协商的条款。② 内部规章制度是用人单位以其优势地位，采用个体劳动合同的共同内容，而加以系统化和定型化而成，故与格式条款之形式无异。内部规章制度的形式具有规格化和定型化特点，与格式条款的形式相重合，"劳动规章制度在性质上属于格式条款"。③ 持此观点者一般都认为规章制度与格式合同基本相似，都属于当事人双方不能随意改动即内容不容协商，只能是作出同意或不同意之意思表示（签字或不签字）；都属于针对不特定对象而具有适用之普遍性；都具有方便性和迅捷性之实用功能；都符合签订和管理成本较低而节约资源之利益最大化诉求；二者

---

① 问清泓：《劳动规章制度效力之辨考——"效力二分说"的创构》，载《中国人力资源开发》2018 年第 11 期。

② 问清泓：《劳动合同法制度与实践研究》，湖北人民出版社 2011 年版，第 329 页。

③ 高圣平：《用人单位劳动规章制度的性质辨析——兼评〈劳动合同法（草案）〉的相关条款》，载《法学》2006 年第 10 期。

之最大弊端是易于导致"强者更强、弱者更弱",非常容易成为用人单位侵犯劳动者权益之"霸王条款"。笔者认为,单位内部规章制度之法律性质具有多样性和复合性,而不能仅仅看到一个方面而"一叶障目",它既有"集体合意"性质,又有"格式条款"性质;既有"法规"性,还有"自治"性,而"格式条款"性质主要反映了劳动者之被动或"被迫"地位,也能从另外一面展示规章制度之对劳动者不利的一面。在实习关系中,实习派遣学校和实习学生之实习合同(协议),虽然从理论上要求学校应当与所有的实习学生都要签订实习协议。但是,实践操作中,要么是根本不签订任何协议;要么就是学校事先已经拟订好了格式合同,只需要实习学生签字即可。后一种做法更加不好判断其正当性,因为格式合同本身就与规章制度具有天然关联性,二者有时非常难以界分,而且从法理上看,只要格式合同或格式条款没有违反法律之强制规范或侵犯劳动者权益,都正当有效。因此,实习派遣学校与实习学生既签订实习协议(哪怕是格式合同),又约定实习规章制度;抑或仅仅选择其中一种,都不能说其不正当或不合法。况且,我国目前还没有实习法或学徒法,实习规章制度或者是实习协议包括采用实习格式合同形式或相反,都可以说是合法的选择,符合"法无禁止则可行"之法理。但是,笔者认为,实习规章制度虽然与实习协议具有许多相似性,而且同每一实习学生都签订非格式合同的成本太高,最好的选择还是由实习派遣学校选择适合自己的方式,即便是用实习规章制度完全代替实习协议也未尝不可;或者既有实习规章制度,又签订实习之格式合同,也是可行之自由选择,这些都无可厚非,除非有立法明确规定(现在暂无)。笔者建议,实习派遣学校应当制定完善的实习规章制度,在没有法律明确规定的情形下,用实习规章制度代替与实习学生签订实习协议①,也是非常可行的现实选择,但是,其"逆命题"不成立,即不能或缺实习规章制度,更不能用个体之实习协议替代实习规章制度;实习单位实习规章制度也是如此,此为后话。

目前我国顶岗实习是职业技术院校搞得最好的实习类型,其内部实习规章制度也比较成熟,值得其他普通高校及实习类型借鉴。我国目前的唯一"实习大法"是《职业学校学生实习管理规定》,它虽然没有明确提出学校实习规章制度的概念,但是提出了实习单位实习规章制度的概念。实习派遣学校实习规章制度被"隐含"在"实习管理"规定中,如规定了"职业学校应当会同实习单位制定学生实习工作具

---

① 我国职业技术院校之跟岗实习、顶岗实习不能缺少实习协议——仅仅指三方协议,《职业学校学生实习管理规定》第十二条规定:"学生参加跟岗实习、顶岗实习前,职业学校、实习单位、学生三方应签订实习协议。协议文本由当事人各执一份。未按规定签订实习协议的,不得安排学生实习。"该规定是明确要求"职业学校、实习单位、学生"三方签订实习协议即三方协议,其最大缺陷之一是没有明确规定实习"双方"协议,故此,笔者认为职业技术院校之"无协议不实习"不能涵盖所有的实习协议如实习"双方"协议;双方之实习协议并非不能或缺,用实习规章制度代替实习协议(双方实习协议)仍然不构成违法。

体管理办法和安全管理规定、实习学生安全及突发事件应急预案等制度性文件"。其所谓"制度性文件"就是学校或实习单位之内部规章制度；另外，该规定还将实习规章制度之内容几乎完全"隐藏"于实习三方协议中，其实习协议规定的具体内容包括八大方面：各方基本信息；实习的时间、地点、内容、要求及条件保障；实习期间的食宿和休假安排；实习期间劳动保护和劳动安全、卫生、职业病危害防护条件；责任保险与伤亡事故处理办法，对不属于保险赔付范围或者超出保险赔付额度部分的约定责任；实习考核方式；违约责任；顶岗实习的实习协议内容还应当包括实习报酬及支付方式。实习规章制度还有一些禁止性规定内容，笔者概之为"九不得"或"九禁止"。这些既是"法定"强制性规范内容，也是学校和实习单位的实习规章制度的基本内容。除此之外，还实习规章制度还特别强调不可或缺"安全条款"，并且安全是第一位的内容。《规定》第 5 章专门规定了"安全职责"，其总体要求是：职业学校和实习单位要确立安全第一的原则，严格执行国家及地方安全生产和职业卫生的有关规定。"安全条款"既是实习派遣学校实习规章制度的基本内容，也是实习单位之实习工作的内容；既是"法定"之强制性规范，也属于实习规章制度和实习协议之任意性约定规范。我国普通高校之实习规章制度应当充分借鉴职业技术教育之实习管理规定，应当特别注意处理好内部规章制度和实习协议、强制规范与任意规范之关系，使得实习规章制度更加规范化、更加全面化、合理化和正当化。

二、实习单位实习规章制度的内容

实习单位实习规章制度的内容除了必须遵循一般工作中的基本要求外，还要特别注意与实习派遣学校之高度关联性，不能脱离实习学校实习规章制度，原因非常简单，因为实习活动和实习关系不是孤立的活动，实习是学校和实习单位的共同活动与目标任务，二者法律主体地位不可或缺。

实习单位实习规章制度的重要内容具体还应当包括：实习安全、实习条件、实习岗位及要求、实习劳动报酬或实习补贴、实习加班费、实习保险、实习考核评估、违约责任、实习争议处理等。

实习单位实习规章制度的重要内容之一是实习劳动报酬和实习保险条款。实习劳动报酬是劳动报酬权在实习关系中的体现，它说明了实习活动与关系具有双重性：一是社会关系及法律关系之双重性，实习关系既是学生之学校教育的延伸，也是一种特殊的社会劳动关系，既受教育法和民事法律关系之调整，更应当受到劳动法和社会保障法之倾斜保护；二是主体身份之双重性，实习学生既是学生身份，又属于准劳动者或者是特殊劳动者（含学徒工）；三是功能之双重性，实习活动既是为了理论与实践结合之知行合一的实践教育活动，还是实习学生第一次真正的社会劳动。因此，实习关系之双重性非常类似于德国学徒制度的"双元性"特征①，基于实习关系包括学徒关系之双重性，实习学生应当享有劳动与社会保障法律关系之劳动报酬权和社会保障权，这两项权利也具有双重性：它们既是公民之宪法性基本权利，又是法律赋予的不可或缺的具体权益，任何组织和个人都不得侵犯或者剥夺，即便是用人单位（包括学校）对劳动者或实习学生行使违规违纪之惩戒权，即使是依法解除劳动关系或劳动合同，也仍然不得剥夺其享有的社会保障权，因为社会保障权还属于基本人权的范畴，不能随便行使，而实习保险特别是实习工伤保险也属于社会保障权之一种，故此，劳动报酬权和社会保障权都应当是实习规章制度、实习协议和集体合同或专项实习集体合同不可或缺的主要条款之一；并且如果实习规章制度、实习协议、集体合同或专项实习集体合同与法律之强制性规范产生竞合和冲突时，应当适用对弱者劳动者和实习学生之有利原则和倾斜保护原则；还应当特别注意，不能借已有约定条款而应当实行诚信原则，让劳动者和实习学生自愿或协议放弃劳动报酬权和社会保障权，其法理基础同样明了，因为任意性约定规范不得排除强制性规范的法定效力；再者，实习加班及其加班费问题也一样应当作为实习单位实习规章制度的重要内容之一，因为加班费本身就属于劳动报酬之一种，理应也是实习单位法定义务之一，无须多言。

实习单位实习规章制度之"难题"是如何协调实习规章制度、实习协议（合同）、集体合同或专项集体合同与劳动基准四者之关系。前文已经阐释了实习派遣学校之实习规章制度与实习协议（合同）二者之关系，实习单位实习规章制度要比其复杂得多，主要原因是涉及实习单位之集体协商谈判制度及集体合同或专项集体合同。笔者已经多次阐述集体合同与规章制度具有天然关联性，无论是形式要件，还是实质内容，二者具有非常大的兼容性，甚至可以合二为一；还应当借鉴域外劳动法经验，用成熟而发达的集体劳动法涵盖或适当取代个体劳动法，进而用集体合同代替个体劳动合同，以彰显集体协商谈判之契约精神和契约制度。实习规章制度属于单位内部规章制度之下位概念，毫无疑义也应当遵循其基本原理和规范，完全可以将实习集体协商谈判及集体合同与实习规章制度有机融合起来，以充分突显内部规章制度"集体合意"之法理和主旨精神。

实习单位实习规章制度的内容还要规定专门的实习管理机构，可以像实习派遣

---

① 笔者通过研究德国之现代学徒制度，认为德国"双元"制的内涵极其丰富，笔者创新性将其概括为七大"双元"。我国现代学徒制度和实习制度之构建，都可以参鉴德国的经验，为我国学徒制度和实习制度之整合与"入法"提供路径选择。

学校一样设置专门的"实习委员会"，配备专门的人员和实习导师（师傅），制定比较全面的实习管理办法。

实习规章制度还要系统而全面规定实习考核评估条款。完善的实习评价指标体系，既要实行全过程考核，还要实行全员考核，即不仅考核实习学生，还要考核实习导师和其他与实习有关的工作人员。实习单位是实习活动中最为重要和最为直接的主体，是实习考核中具有最重要话语权的考核主体，因此，实习考核评估不能缺少这一关键主体。但是，我国目前的现实却不然，实习单位参与实习学生考核的参与度和力度都非常薄弱，我国现行实习单位参与实习考核的基本做法就是由实习单位出具学生参与实习的证明，该证明材料包括了实习单位的鉴定意见，并由实习单位签字盖章，实习学生以此作为参与实习的证明，并作为实习考核的依据，也是学校（教师）进行实习考核成绩评定的直接依据，甚至是学校的实习教师根本就不用到实习单位去考察和考核，仅凭借实习单位出具的实习证明或鉴定直接判断实习成绩，导致了实习考核之随意性。实习单位参与实习考核的主要方式就是出具一份实习证明包括实习鉴定，其他具体的实习过程考核都被严重弱化，即实习单位参与实习考核的唯一表现形式就是一纸抽象而难切实际的实习证明或鉴定，并无其他要求。这也成为虚假实习和虚假考核的重要诱因之一，表面上实习与实习考核的成本大大降低，但是，诚信原则、实习契约精神和契约制度却被严重践踏。

实习单位参与实习考核应当以其深入地参与实习活动的全过程为基础和逻辑前提，而不能仅仅是最后的实习结果之简单的证明或检定，即实习考核之结果考核应当以实习过程为基础，没有过程考核就没有结果考核；实习结果考核是实习全过程的自然延伸，而不能仅仅注重结果而忽略了一般过程。实习单位应当正确认识并处理好过程考核与结果考核之辩证关系，过程是考核之"前因"，结果只是考核之"后果"；实习考核不能只是实习单位之一纸证明或鉴定。否则就是"无因之果"，就会严重偏离考核目标和考核之价值追求。因此，实习单位之实习规章制度不可或缺实习考核评估制度及其条款。

实习规章制度的内容还应当首先考量安全问题，但是，不能将其作为唯一的内容，实习单位应当制定比较全面的实习规章制度，并将其作为治理实习关系之常规性的内部"大法"。

实习规章制度的内容还应当规定实习争议及其处理问题。我国实习争议还一直没有定型化，更无法定化规定。实习争议到底是劳动争议或特殊的劳动争议，还是属于行政争议，抑或是民事争议？实习争议处理程序如何？这些问题都还是不确定的未解难题，有待立法之明确规定。但是，无论实习争议如何界定和类归，实习单位实习规章制度都应当考量其预防或预警机制，并且在实习争议发生后，完全可以参照劳动争议处理程序，实行已经非常成熟的"先裁后审"制度；还应当坚持劳动争议"调解为主"或"着重调解"之基本原则，以非司法程序有效化解实习纠纷，并处处彰显对弱者——实习学生和学徒（工）之有利原则和精神，因此，在实习规章制度中应当约定实习争议处理之协商和调解为主条款，实习集体协商谈判制度及集体合同或专项实习集体合同中，也应当将实习争议列入其中，共同"编织"保障与救济实习学生合法权益之"网"，以凸显实习正义和公平。

第四节　实习规章制度问题解构

用人单位劳动规章制度又称为劳动规章制度、工作（雇佣）规则或内部劳动规则，以下简称劳动规章。它是用人单位内部普遍采用的自治管理与治理的制度。[1]实习内部规章制度简称实习规章制度，主要包括两大基本类型：一是实习单位制定的实习单位内部实习规章制度；二是实习派遣学校制定的学校内部实习规章制度。笔者和课题组一直都将学徒关系视为实习之特殊类型，故此，实习内部规章制度包括了学徒关系的学徒规章制度。

我国《劳动法》和《劳动合同法》都没有对内部规章制度进行法律定义，学界也有各自不同的界定。用人单位内部劳动规则是指用人单位依法制定并在本单位范围内有效的、关于如何组织劳动过程和进行劳动管理的规则。[2] 内部劳动规则是指用人单位依法制定并在本单位实施、组织劳动和进行劳动管理的规则，也称雇佣规则、工作规则或从业规则。[3] 一般认为，用人单位内部规章制度是企业依法制定的适用单位内部全体劳动者的关于单位内部组织和运转，以及单位内部劳动者各项劳动待遇的一系列规定的总称。[4]

用人单位规章制度又可以称为内部规章制度或内部劳动规章制度，还可以称为劳动规则。用人单位内部劳动规则、规章制度、劳动纪律三个概念，在劳动法的理论和实践中经常交叉使用，从广义上讲，三者可以通用并无多大区别，[5] 是各个用

---

[1] 问清泓：《劳动法前沿策论》，武汉大学出版社2021年版，第11页。

[2] 王昌硕：《劳动法教程》，中国政法大学出版社1995年版，第98页。

[3] 石美遐：《劳动法学》，中国劳动社会保障出版社2004年版，第117页。

[4] 关怀、林嘉：《劳动法》（第5版），中国人民大学出版社2016年版，第115页。

[5] 问清泓：《内部劳动规则与集体合同比较研究——兼析我国〈劳动合同法〉的相关规定》，载《武汉科技大学学报》（社会科学版）2009年第1期。

人单位普遍存在的不可或缺的内部管理制度，法理基础是用人单位用工自主权的体现，更是用人单位行使对本单位员工惩戒权的基本依据，因其只能适用本单位内部，对外没有任何效力，故称为内部劳动规则或劳动纪律。劳动规章制度的法律性质一直没有定论，不管分歧如何，劳动规章制度虽然不是法律规范，但是，合法正当的劳动规章制度却具有法律的效力，它是单位内部治理之"大法"，它成为用人单位最为青睐和最为普遍，也最为方便的处罚规则，而对劳动者来说，它是最为无法避免或摆脱的"桎梏"，许多劳动争议都与劳动规章制度有关。因此，劳动规章制度之滥用，即违规违纪之惩戒权，已经成为侵犯劳动者权益之"罪魁祸首"，且劳动法和劳动者常常都是"无能为力"，故此，它已经成为劳动法和劳动者之"永远的难题"。

与用人单位劳动规章制度之极其普遍甚至"泛滥"现象相反，有关实习的规章制度特别是专门的实习规章制度却并不普遍，即便是实习单位制定有实习规章制度也是非常粗略而不具有可操作性。两相对比，这里就产生了一个"悖论"，用人单位劳动规章制度之滥用，易于侵犯劳动者权益，那么，没有实习规章制度是不是更有利于实习学生呢？换言之，没有实习规章制度不是更好吗？为何还要求实习单位制定单独的实习规章制度呢？答案其实很简单，我们不但不能"因噎废食"，还要制定更好的实习规章制度，"好"的规章制度是保障劳动者和实习学生合法权益之不可或缺的制度规范，其关键要素是规章制度的形式、内容和适用（惩戒权）之合法性与正当性。没有专门的实习规章制度既不利于实习单位和实习派遣学校（含学徒派遣学校），也不利于实习学生或学徒，实习单位应当制定和执行单独的实习规章制度，应当用规范的实习规章制度治理实习关系，以彰显用制度管理人和约束人之法治要义。为了制定实习规章制度，首先必须克服现有关于实习规章制度的缺陷，做到"对症下药"。

一、重视程度不够

许多实习单位和实习派遣学校在思想观念上都不够重视实习活动，实习单位一般都认为，实习工作只是为了尽义务之非一般性日常工作，并非本单位之重要或中心工作，而用制度管理和规范实习活动，岂不是多此一举；实习派遣学校也认为实习活动只是为了完成教学任务，主要是一种形式上的要求，至于实习质量完全不用考量，能够将实习安排下去，最终让学生获得实习成绩或学分而顺利毕业即可。正是实习单位和实习派遣学校之思想观念上的偏差，导致了实习活动之随意化和形式化，使得实习规章制度之严重缺失或不规范。

许多实习单位都认为实习增加了单位的负担，而不愿意接受实习学生，即便是付费实习对实习单位也没有多大吸引力，加上我国实习法律制度的空白，没有规定实习单位之法定义务和责任，实习单位认为接受实习学生纯粹是道德上的义务，不是单位的法定义务和责任。因此，许多实习单位都还没有从法律义务和责任上认识和重视实习关系，更无专门的实习规章制度。

社会市场或企业的竞争最终都是人才的竞争，实习活动包括学徒活动与人才选拔和培育具有天然的联系，应当从人才的角度改变思想认识。我国目前许多单位特别是企业单位普遍没有认识到实习活动与单位招聘或储备人才的关系，没有从人才竞争和培养之战略高度认识和开展实习活动。实习活动包括学徒活动不仅是学校教育的延伸即实践活动，还为各个单位招聘或储备人才提供了最为直接的"搭便车"机会，而且招聘或考察成本为零或极低；实习活动也是现代流行的"订单式"培养人才的实践检验和考察之重要阶段，实习单位接受实习学生或学徒实则就是从实践角度考察或选择"订单式"人才的最好机会。因此，不论是"搭便车"，还是"订单式"，实习活动都可以直接为单位招聘或储备人才服务，为人才竞争提供便利，而且经济成本可忽略不计。如果单位都从思想观念上将实习活动与人才选聘、培养和竞争结合起来，就不会再误认为实习仅仅增加了单位的经济成本和管理成本，进而会萌生强大的内生动力，以增加本单位可供选择人才的范围。这种观念的转变，将使得单位之实习需求从"自发"到"自觉"飞跃，比外部的行政性强制措施有效得多，"实习难"之实习单位难寻和就业难之双重困局也将更加易于破解，还特别可以为大学生职业规划和就业服务，无论是从需求侧还是供给侧都能够为克服实习之严重的形式化积弊提供新的有效路径。只有改变了现有认识，将实习活动与单位招聘或储备人才紧密关联起来，才能更加重视实习活动，也为单位制定和执行专门的实习规章制度提供强大的内生动力，还会增加单位实习规章制度的内容规范性和实践可操作性。

二、形式正义不够

按照劳动法一般原理，用人单位的任何内部规章制度都应当符合劳动法之强制规定的形式和内容要求，既要符合法定的制定或修改程序要件，还要符合内容上的合法性，否则该规章制度就没有法定拘束力。我国目前实习规章制度的主要问题就是形式正义严重缺失，具体表象是制定程序瑕疵严重、公示程序不到位、备案程序完全缺失等。①

造成该问题的主要原因除了上面的思想观念的原因外，就是我国目前还没有出台实习法律法规，实习规章制度之法定性的程序性规范严重缺失。许多实习单位在制定实习规章制度时，只能是参照现行劳动法（包括劳动合同法）有关用人单位之劳动规章制度的程序进行，其中最大的法律障碍是实习学生和学徒不同于用人单位之一般劳动者，如果完全参照现有的法律规定，将首先带来的困惑就是主体身份是否适格？即实习学生是否属于劳动法调整之劳动者或特殊劳动者？实习规章制度是否"可以"还是"应当"按照劳动法的规定程序执行？

我国劳动法规定的规章制度之形式程序要件还是比较明确的，其具体程序是：第一，草案拟订，必须经过职工代表大会或者全体职工讨论，提出规章制度的草案和意见。第二，平等协商，必须与工会或者职工代表进行平等协商，最终确定劳动规章制度。第三，公示或告知，经过民主协商讨论而最终确定的规章制度应当进行公示或告知程序，我国《劳动合同法》明确规定：用人单位应当将直接涉及劳动者切身利益的规章制度和重大事项决定公示，或者告知劳动者。我国的司法解释也非常明确规定了公示程序是劳动规章制度能够视为法律依据的必须要件，《最高人民法院关于审理劳动争议案件适用法律若干问题的解释（一）》第五十条明确规定：用人单位根据劳动法第四条规定，通过民主程序制定的规章制度，不违反国家法律、行政法规及政策规定，并已向劳动者公示的，可以作为人民法院审理劳动争议案件的依据。依照此司法解释，只有经过公示的劳动规章制度能够作为处理劳动争议的法定依据，可见，公示程序为必经程序之一，不可或缺。劳动规章制度的公示形式具有多样性，一般都是采用用人单位内部"红头"文件、劳动或职工手册或入职手册、在本单位公开场所或本单位官网上发布等形式进行公示或告知；另外，对新进职工也应当履行告知义务，由于用人单位劳动规章制度只在本单位内部有效，不为外面的其他公众所知悉，故在用人单位录用新职工时，应当告知新员工本单位规章制度，可以通过专门组织新职工学习规章制度，或者发放本单位劳动规章制度手册等方式进行。第四，备案或报批，即将本单位经过前面三个程序的劳动规章制度之最终文本报送当地劳动行政主管部门备案，经过审批合格的劳动规章制度才具有合法性和正当性。

关于这第四个程序——"备案或报批"程序，也可称为"报送审查或备案"程序。它仅仅是笔者的"构想"，我国并无实然法之依据，它一直是我国劳动法上的缺失性程序，也是劳动法理论研究之空白地带。笔者提出的"备案或报批"程序，期盼能够"唤醒"这一长期"休眠"程序。"备案或报批"是指本单位制定或修改

---

① 问清泓：《实习规章制度现状与重构论略》，载《中国劳动关系学院学报》2021 年第 5 期。

规章制度，在经过"草案拟订"和"平等协商"确定文本后，还应当将其报送当地劳动行政主管部门备案或审批，经过审批合格的劳动规章制度再回到用人单位进行"公示或告知"。①

笔者从长期的劳动法研究和教学中发现，我国现行《劳动法》和《劳动合同法》关于规章制度的立法规定之形式正义和实证正义都还存在较大缺陷，其中形式程序方面的最大缺陷之一就是没有"备案或报批"程序，属于明显的立法缺漏。双重原因直接导致我国用人单位之内部规章制度一直缺乏备案或报批程序，直接导致了用人单位在内部规章制度上的自主权过大，并造成了公权力机关对用人单位之劳动规章制度审查和监督之虚无化，这与劳动法确立的对劳动规章制度之监督检查精神也不符合②。因为缺乏劳动规章制度之备案或报批程序，虽然加大了劳动行政主管部门的工作负担和压力，但是，备案或报批是对劳动规章制度进行形式和内容审查的基本要素和重要前提，没有备案或报批就没有监督和审查，也难以进行劳动关系事中和事后之劳动监察；另外，缺失备案报批程序，也为劳动争议处理特别是有关劳动规章制度争议处理留下了巨大隐患和不确定性，许多劳动争议都与规章制度紧密关联。

缺乏备案或报批程序，也使得用人单位劳动规章制度违法责任之追究缺乏实践可操作性，我国《劳动合同法》在"法律责任"中首先规定了用人单位规章制度的违法责任③，彰显了法律对规章制度之责任分配的重视，但其根本缺陷是：第一，适用范围的狭隘性，法律责任仅仅局限于"直接涉及劳动者切身利益"的规章制度，并非用人单位所有的规章制度都可以适用该违法责任；第二，没有明确界定何为"直接涉及劳动者切身利益"，既无何为"直接"，也无何为"切身利益"，实践可操作性很差；第三，"劳动行政部门责令改正，给予警告"都是事后救济措施；第四，"责令改正"和"警告"处罚都属于非严格意义上法律责任的范畴，并且处罚也太轻，难以发挥法律责任"以儆效尤"之功能。

关于劳动规章制度之法律责任的立法规定，《劳动法》与《劳动合同法》之相关规定存在着较大差异，直接导致适法之困难。因为按照"新法优于旧法"之法理，《劳动法》为旧法，《劳动合同法》为新法，而应当适用《劳动合同法》；而按

---

① 问清泓：《实习规章制度现状与重构论略》，载《中国劳动关系学院学报》2021年第5期。

② 《劳动合同法》第七十四条规定："县级以上地方人民政府劳动行政部门依法对下列实施劳动合同制度的情况进行监督检查：（1）用人单位制定直接涉及劳动者切身利益的规章制度及其执行的情况；……"

③ 《劳动法》第八十九条规定："用人单位制定的劳动规章制度违反法律、法规规定的，由劳动行政部门给予警告，责令改正；对劳动者造成损害的，应当承担赔偿责任。"《劳动合同法》第八十条规定："用人单位直接涉及劳动者切身利益的规章制度违反法律、法规规定的，由劳动行政部门责令改正，给予警告；给劳动者造成损害的，应当承担赔偿责任。"

照"特别法优于一般法"之法理,《劳动法》为一般法,《劳动合同法》为特别法,也应当适用《劳动合同法》。如此一来,在二法不一致时,只能适用《劳动合同法》,而《劳动合同法》之相关规定并不如《劳动法》具有可操作性。《劳动法》第八十九条的规定是针对所有的劳动规章制度即"用人单位制定的劳动规章制度违反法律、法规规定的",并不是《劳动合同法》规定的"直接涉及劳动者切身利益"之规章制度,二者之适用范围明显不同,《劳动法》的规定是用人单位所有的劳动规章制度,范围远远大于《劳动合同法》,加之《劳动合同法》规定的"直接涉及劳动者切身利益或者重大事项"之混杂与模糊性(主要是物质利益,人格利益模糊不清)而难以界定,"直接涉及劳动者切身利益或者重大事项"虽然在《劳动合同法》第四条中列举为:劳动报酬、工作时间、休息休假、劳动安全卫生、保险福利、职工培训、劳动纪律以及劳动定额管理等,但是,这些都主要是物质方面的利益,缺乏精神层面的人格利益;另外,还将涉及劳动者切身利益的规章制度与"重大事项"和"劳动纪律"三者"杂糅"在一起,极不周延。

笔者认为,《劳动合同法》的这一规定远远要比《劳动法》差,还是应当采用《劳动法》之规定,对所有的劳动规章制度进行法律责任之设定,而不能仅仅是所谓的"直接涉及劳动者切身利益"之部分的物质利益,而缺乏人格方面的精神利益;并且还应当厘清规章制度、重大事项和劳动纪律三者之边界,或者是将后二者直接包含于规章制度之中。用人单位之所有的内部规章制度,包括实习规章制度,也都应当如此。

可见,对用人单位劳动规章制度之违法责任的追究,既缺乏事前救济或预防措施,又缺乏实践可操作性,而备案或报批程序恰恰能够充分发挥事前救济或预防之功效,因此,备案或报批程序不可或缺。笔者认为,鉴于劳动规章制度与集体合同之高度相似性[1],构建我国劳动法之劳动规章制度备案程序,完全可以参鉴集体合同制度之有关规定[2],将劳动规章制度之备案程序设置为:用人单位内部规章制度订立后,应当报送劳动行政部门备案;劳动行政部门自收到规章制度文本之日起15日内未提出异议的,规章制度即行生效。

---

[1] 笔者较早时就撰文认为,内部规章制度与集体合同具有许多相同点,特别是在制定程序上更加类似,因此,二者可以相互借鉴或直接兼容;并且在劳动规章制度之性质界定分歧中,笔者认为,劳动规章制度性质之"集体合意说"更可信。这些观点可参见笔者早期论文:《内部劳动规则与集体合同比较研究——兼析我国〈劳动合同法〉的相关规定》,载《武汉科技大学学报》(社会科学版)2009年第1期。

[2] 《劳动法》第三十四条规定:"集体合同签订后应当报送劳动行政部门;劳动行政部门自收到集体合同文本之日起十五日内未提出异议的,集体合同即行生效。"《劳动合同法》第五十四条规定:"集体合同订立后,应当报送劳动行政部门;劳动行政部门自收到集体合同文本之日起十五日内未提出异议的,集体合同即行生效。依法订立的集体合同对用人单位和劳动者具有约束力。行业性、区域性集体合同对当地本行业、本区域的用人单位和劳动者具有约束力。"

四大程序（目前实然法规定是三大程序）缺一不可，否则该规章制度就不具备形式正义，也就没有任何法定效力，对单位职工也就没有任何约束力。

以上我国用人单位劳动规章制度之形式正义上的立法缺漏，特别是备案或报批程序之严重缺失，必然导致实习规章制度之形式正义的不够；加上实习关系或实习学生与一般劳动关系或劳动者之身份差异，劳动法或劳动合同法是否能够适用实习关系，也还都是极具争议的未解难题，实习规章制度之形式正义将是"雪上加霜"，更加难以适用上述四大程序，特别是备案程序将进一步成为实习规章制度之形式正义中最具争议和最难破解的新难题。

在实习规章制度程序要件中，除了上面最为复杂的"备案或报批"程序严重缺失外，其他三个程序也是非常不到位。基本现状和主要问题是：要么没有专门的实习规章制度；要么是虽然有实习规章制度，但是，严重缺失一般规章制度之三大程序，特别是草案拟定和平等协商两大程序中，几乎完全没有民主程序，少有实习学生、实习派遣学校和实习指导教师（包括单位实习导师或师傅）或者是其代表参与民主协商讨论的；另外一个重大缺陷是几乎完全没有工会的加入和参与，按照我国劳动法之相关规定，用人单位之内部规章制度必须有该单位工会组织直接的并且是全程参与，并由其组织协商讨论，工会还享有法律赋予的一票否决权。① 该工会在用人单位劳动规章制度中的基本权利，法理上属于三方机制和集体协商谈判的重要内容之一，该制度历史悠久，亦是一国劳动法是否先进与发达的重要标志之一，其并非我国独创，而是域外劳动法之基本原理和常态化制度规范。工会组织在我国用人单位之一般性劳动规章制度和集体协商谈判中，因体制和性质与域外的巨大差异，虽然发挥的作用不够明显，但是，我们也不能完全否定其作用；而主要问题是在实习规章制度之程序要件中，工会则是缺位状态，这违背了劳动规章制度之一般原理，直接导致了实习规章制度民主程序的严重缺失，更遑论实习规章制度之规范性和可操作性，亟待修正。

实习规章制度程序要件缺失而导致的形式正义缺乏，除了实习单位思想观念上的问题外，相关实习法律制度的缺失是其重要原因。在我国目前既无学徒法或学徒合同法，又无实习法或实习促进法的大背景下，这也可以说就是顺理成章之事，但是，在还没有出台实习法时，实习规章制度应当参鉴用人单位之一般劳动规章制度之法定要求，即比照劳动法之劳动规章制度和集体协商谈判制度相关规定执行，我们不能"坐等"实习立法而罔顾实习规章制度。即便是不能参照用人单位劳动规章

---

① 《劳动合同法》第四条规定："在规章制度和重大事项决定实施过程中，工会或者职工认为不适当的，有权向用人单位提出，通过协商予以修改完善。"

制度，也应当可以借鉴集体协商谈判和集体合同制度，毕竟规章制度与集体合同具有许多相似性，况且集体协商谈判和集体合同制度是集体劳动法的重要内容之一，实习关系包括学徒关系也不能缺少集体协商谈判，因为集体协商谈判是现代劳动关系之民主程序不可或缺的重要表象。

在现代法治社会中，克服其缺陷之最终路径当然还是首先解决立法问题，确立相关的法律制度，以保障实习规章制度程序要件之定型化和法定化，然后才是执法问题。

概上，我国现行实习规章制度之民主程序严重缺失，形式正义亟待加强，其主要现状与问题是：在缺乏实习法律规范和现有用人单位劳动规章制度还极度缺少"备案或报批"程序之双重困局下，现行实习规章制度形式正义严重缺失；并且这一问题还不仅仅是实习单位之实习规章制度的缺陷，实习派遣学校之实习规章制度也是完全如此；不仅实习关系和实习规章制度如此，学徒关系和学徒规章制度也是如此。

三、内容规范不够

实习单位之实习规章制度的内容往往比较抽象，没有具体而非常明确的全程内容规范，与劳动法之劳动规章制度明确性原则相去甚远。其主要原因是：第一，因缺乏专门的实习规章制度，而在其他规章制度之"镶嵌"中只能粗略规定，如在将单位实习导师（师傅）之实习指导事项规定在一般的劳动纪律中，将实习劳动报酬或实习津贴、实习保险、对实习学生之结果考核等都"转致"给实习派遣学校之实习规定中而无专门的具体条款；第二，内容设置偏重于义务而忽略了权利，虽然有单独的实习规章制度，但其内容非常简略，常常只有对实习学生之义务性规定即实习纪律，而缺乏权利性规定，比如，实习单位主要规定实习学生必须遵守单位的规章制度，包括作息时间、安全措施等，实习学生应当享有的具体权利，如实习待遇、劳动报酬或津贴、实习岗位和内容、实习保险、实习考核、实习争议等，常常被实习单位"忽略不计"。[①]

（一）缺乏实习报酬或津贴规定

我国目前的绝大多数实习都是无薪实习，甚至是付费实习或者付费内推实习；

---

① 问清泓：《实习规章制度现状与重构论略》，载《中国劳动关系学院学报》2021 年第 5 期。

我国并无法律规定实习单位支付实习报酬之法定义务，也无法律禁止规定付费实习或付费内推实习；我国劳动法规定的最低工资标准制度也没有明确将实习或学徒活动纳入调整范畴，实习或学徒活动是否可以适用最低工资标准，也一直未有定论；虽然我国《职业学校学生实习管理》规定了职业教育之顶岗实习的实习报酬原则上不低于本单位相同岗位试用期工资标准的80%，但是，其适用范围非常狭窄，仅仅只能适用于职业院校，也仅仅只是顶岗实习的一种实习类型，而体量和数量都最为庞大的普通高校之实习却不能适用，另外，该规定之法律阶位非常低，根本不属于法律法规之范畴，其强制拘束力严重不足。因此，实习规章制度不涉及实习报酬或津贴既不违法，还合情合理。因笔者有专章详述实习薪酬制度，不再赘述。

（二）缺乏实习保险规定

我国目前的绝大多数实习都是没有任何保险的实习，既无社会保险特别是缺乏工伤保险，又无商业保险；即便是有一些实习保险，也常常只是商业保险之人身意外伤害保险，而且投保人主要还是实习学生个人，实习学生最为重要的保险之工伤保险严重缺失，在我国目前还没有实习法规范的大背景下，也与无薪实习一样，实习单位并不违法，还合情合理。虽然我国《职业学校学生实习管理》规定了职业教育之"实习强制保险制度"，要求职业学校和实习单位都要为实习学生购买实习责任保险，责任保险范围应覆盖实习活动的全过程，但是，其适用范围仅仅适用于职业院校和顶岗实习之一种实习类型，普通高校的实习不能直接适用，而且实习责任保险为商业保险，这将极其重要的社会保险之工伤保险却被遗漏了，另外，该规定之法律阶位低下，根本不属于法律法规之范畴，其强制拘束力也是严重不足。因此，实习规章制度不涉及实习保险内容也是顺理成章之事。因笔者有专章详述实习保险制度，此不再多言。

（三）缺乏实习考核评估内容

我国目前的实习考核评估制度无论是实习单位还是实习派遣学校，都是严重弱化，既缺乏对实习过程的全程考核评估，更无实习考核评估的指标体系；还一直缺乏专门针对实习单位的实习考核评估机构；还无考核评估对象之全员化，既缺乏对实习单位的考核评估，又没有对实习派遣学校之考核评估，仅仅是针对实习学生之结果考核。产生这类现象的原因之一，就是实习单位的实习规章制度没有将实习考核评估作为重要的内容之一，也因笔者有专章详释实习考核制度，在此无须赘言。

（四）　缺乏对单位导师规制内容

实习单位的实习指导导师包括"师傅"（特别是学徒关系），还包括"双师型"的企业导师。我国目前许多单位都没有专门的单位实习导师的实习规章制度，有的甚至连"内嵌"于其他规章制度中的条款都没有。实习单位对这些实习指导导师的要求也是非常简单，往往只是要求不出安全事故即可。将实习安全作为第一责任和第一要素，这些都没有任何疑义，但是，不能将安全视为唯一的指标，实习活动涉及的内容非常广泛，既是落实教学的实践任务之要求，又是实习学生第一次的社会劳动；既要注重理论知识，还要注重理论与实践之紧密结合等，因此，实习单位的实习指导导师是实习活动的"关键少数"，具有非常重要的作用，事关整个实习活动之成败和成效，不能仅仅将实习安全作为实习导师之唯一要求，而应当比较全面地对实习导师进行"建章立制"，并且还要对实习指导之全过程进行考核评估，并与其待遇和晋升相密切关联，加大实习指导导师（师傅）之义务和责任，以有效防止实习形式化而保障实习之效果。

（五）　缺乏实习争议处理规定

我国现行实习争议还没有定型化和法定化，即实习争议还不是一种特别的法定的争议类型，实践中最大的分歧是实习争议到底是劳动争议或特殊的劳动争议，还是属于一般的民事争议？抑或是行政争议或教育行政争议？如果实习争议属于劳动争议或特殊的劳动争议，则应当遵循劳动法（包括《中华人民共和国劳动争议调解仲裁法》）规定的劳动争议之"先裁后审"原则，少数劳动争议还是"一裁终局"；如果划归为一般的民事争议，则应当遵循《中华人民共和国民事诉讼法》是"或裁或审"，不必首先经过仲裁；如果属于行政争议，则应当遵循《中华人民共和国行政诉讼法》或《中华人民共和国行政复议法》。笔者的一贯主张是，实习争议包括学徒争议应当划归为劳动争议或特殊劳动争议的范畴，因为实习活动或学徒活动之社会本质理应属于劳动关系或特殊的劳动关系。正是因为实习争议类型化问题的巨大争议，加上又缺乏法律之定型化，使得实习争议及其争议处理程序严重缺失，实习单位之实习规章制度特别缺少了有关争议的处理约定。

任何争议的处理都分为司法程序和非司法程序，司法程序必须符合国家法律之强制性规范，而不能由当事人或者第三方任意约定，因此，劳动规章制度和实习规章制度都不能约定争议处理之司法程序，即用人单位和实习单位都不能在规章制度中排除或减少自己的法定义务和责任，即使有这样的条款也是无法律效力和约束力的。但是，属于自治性质的内部规章制度中可以约定非司法程序，如争议之协商、调解和仲裁，都可以在单位内部规章制度中进行明确约定，实习争议处理也完全可以在实习规章制度中约定，可以约定实习争议协商和调解的具体办法，如约定协商和调解之组织机构，可以为实习单位的劳动争议调解机构，也可以约定在协商调解时将实习派遣学校作为协商调解之重要一方，这样更加有利于保障实习学生的权益。

第六章　实习劳动薪酬制度

实习是一种典型而且比较复杂的社会实践活动，实习关系是教学关系与劳动关系的融合，它既是教学之理论与实践相结合的教学环节，又是实习学生的实验性劳动付出，且是实习学生首次社会实践劳动，是学生（主要是大学生）由学生身份向劳动者身份转变的第一步，是直接关乎国家社会未来建设者崇尚劳动之劳动精神的大事，因此，如何开启实习之"大门"并成功通向劳动之路，意义重大。有偿劳动仍然是人类社会之基本价值目标和追求，有劳动付出就应当有收获有报酬，这没有疑义。实习也是劳动，实习也应当如此，实习也应当有相应的劳动报酬，实习学生应当享有基本的劳动报酬权。

现实中，国内国外实习劳动报酬都还一直普遍存在着较大的争议和制度差异，相关理论研究也一直比较薄弱，实习劳动薪酬制度也难以形成统一范式。深入研究并拿出实习劳动薪酬之中国方案，具有相当大的"人类命运共同体"之国际意义。

第一节　实习劳动薪酬基本现状与问题

纵观国内国外实习劳动薪酬之现状，主要问题及表征可以概述为：第一，有薪实习与无薪实习同时并存；第二，无薪实习与付费实习（含付费内推实习）并存；第三，无薪实习与收费实习并存；第四，无薪实习与无实习保险并存。

一、有薪实习与无薪实习并存

实习劳动薪酬在不同的国家或地区有不同的规定，其制度范式难以规范化和定型化，即便是同一个国家内部，其实习劳动薪酬规定也难以统一，造成了实习中有薪实习与无薪实习广泛并存的局面。

（一）法国实习薪酬制度

法国实习薪酬制度的最大特色是坚持有薪实习，它是有薪实习制度的典型代表。

法国之有薪实习并非"一刀切"式地将所有实习都纳入有薪实习的范畴，而是实行有条件的有薪实习。法国明确规定学生实习期超过两个月，实习单位应当支付劳动报酬。2015 年 9 月最低工资标准从 436 欧元提高到 523 欧元。奖金的发放条件是：只给实习期超过两个月的实习生，而不是一个月；有权享受奖金的实习生从实习第一个月起就有权领奖金。①

法国于 2014 年颁布实施了《新实习生法案》，明确规定了实习单位必须从"实习生第一个月的第一个工作日起"向实习生支付实习劳动报酬，其标准是每月不低于 436.05 欧元。另外，还规定实习生与学徒工一样，如果每月工资低于最低工资标准即 1 445.38 欧元则无须缴税。《新实习生法案》不仅再次明确了实习生享有实习劳动报酬权，还享有与之密切关联的其他待遇，如带薪休假权（实习期限超过 2 个月）、交通补贴、午餐券或在单位食堂用餐的权利。②

法国之有薪实习强制规定不仅仅是针对法国国内，对来法留学的外国留学生之实习同样适用，并且有薪实习之时间限制和实习薪酬支付标准与国内一致，充分体现了实习薪酬之法律规范的明确性、一致性和平等性原则。为了有效防止实习劳动的滥用，法国政府非常重视对实习的限制，特别一条就是：如果实习时间超过 2 个月，必须是有薪实习。法国现行法律规定所有企业、协会，包含地方政府及公立医院都必须给付实习生至少等同社会保险额每小时最高限额 12.5% 的津贴。③

法国之有薪实习强制规定只是针对实习时间超过 2 个月的实习，实习时间少于

---

① 《法国实习生最低工资将提高至 523 欧元》，澳际教育网，http://www.aoji.cn/news/1928722.html，发布时间：2017 年 7 月 6 日，访问时间：2019 年 1 月 14 日。
② 金劲彪、郭人菡：《毕业实习大学生劳动权益保护的法理反思：基于各层次利益衡量的视角》，载《教育发展研究》2020 年第 3 期。
③ 《法国政府严格限制学生实习制度》，澳际教育网，http://www.aoji.cn/news/1928722.html，发布时间：2017 年 8 月 8 日，访问时间：2020 年 8 月 8 日。

2 个月的，则属于无薪实习的范畴。这种将实习薪酬与实习时间长短相挂钩的规定比较合理，既可以保障实习学生之劳动报酬权，又可以适当减轻实习单位的负担，利益均衡比较有效，实际可行性也非常强。

（二） 德国实习劳动薪酬制度

德国实习劳动薪酬制度的构建更加具有现代法治社会精神，实习劳动薪酬规范是由正式的法律所规定。

德国有专门的《最低工资法》，其第 22 条第 1 款明确规定：基于实习而工作的人原则上是《最低工资法》意义上的劳动者，所以，实习者应当获得最低工资。[①]德国实习劳动薪酬已经被纳入了《最低工资法》的调整范畴，不仅原则上明确了实习劳动报酬权，还将其与最低工资标准关联起来，具有较大的可操作性。

德国法的实习劳动薪酬制度还有一个特色：3 个月以下的实习属于无薪实习，并且不适用最低工资标准。德国法规定：如果为了完成中学或者大学学业，而在企业中进行不超过 3 个月的实习的实习生，不适用最低工资标准制度；相反，如果已经完成了培训或者学业，却仍然以"实习生"的名义被雇用，并不妨碍最低工资请求。[②] 如果实习在职业教育或大学学习结束后开始，并且不传授附加技能、不提供特别专业性照顾或者对实践能力的学习并不明显突出，则即使是合同之名称为实习，也不妨碍认定劳动关系的存在；并且如果认定了劳动关系，就必须按照通常工资额度支付工资。[③]

德国还有特别的《实习条例》，该条例对实习劳动报酬进行了详细规定，但是，它并没有强制实习单位必须向实习大学生支付劳动报酬；另外，在实践中即便有实习劳动报酬，一般也不是很高。德国有名的"双元制"职业教育制度（"双元制"现代学徒制度）规定了学徒享有劳动报酬权，"双元制"大学的学生，实习期间实习学生有权获得相应的月薪，实习劳动薪酬的标准通常为 500～1 200 欧元。[④]

综上所述，德国法之实习劳动薪酬制度有几大特色：一是通过对实习学生劳动者法定身份的确认，明确规定了实习劳动的薪酬标准与最低工资标准的关系；二是有薪实习并非"一刀切"，3 个月以下的实习可以是无薪实习，此无薪实习的时间限制长于法国的 2 个月；三是实习劳动报酬与"双元制"现代学徒制度密切关联，学

---

① ［德］瓦尔特曼著，沈建峰译：《德国劳动法》，法律出版社 2014 年版，第 312 页。
② ［德］沃尔夫冈·多伊普勒著，王倩译：《德国劳动法》（第 11 版），上海人民出版社 2016 年版，第 237 页。
③ ［德］瓦尔特曼著，沈建峰译：《德国劳动法》，法律出版社 2014 年版，第 313 页。
④ 金劲彪、郭人菡：《毕业实习大学生劳动权益保护的法理反思：基于各层次利益衡量的视角》，载《教育发展研究》2020 年第 3 期。

徒实习或劳动报酬还不低，这种将实习与学徒相关联的做法尤其具有开创性和创新价值，从逻辑上看，学徒活动本质上也是一种广义的实习，同属于理论与实践结合之知行合一，因此，将实习劳动薪酬与学徒劳动薪酬关联起来，符合基本逻辑和基本法理；四是对有薪实习范围进行扩大解释，有效防止雇主的博弈与道德风险，对实习劳动关系进行扩大诠释，将名义上的实习或"假冒"实习都予以认定法定的劳动关系，以便有效保障实习学生的合法劳动权益。

（三）美国实习薪酬制度

美国高等教育比较发达，在其百余年的发展历史中，美国大学关于实习的理念、制度和实践在不断地完善和创新。[①] 美国实习薪酬制度并无全国统一的制度范式，实习薪酬之给付与否非常自由而无法律法规之强制规定，有薪实习与无薪实习长期并存，而且无薪实习更为普遍，实习薪酬一直以来都不是关注的热点和焦点问题。

美国劳动法非常分散，关于工资的立法也是如此，其中最为重要的是《公平劳动标准法案》。美国《公平劳动标准法案》将绝大多数行业及其行业内的雇员都纳入了调整范围，只有极少数被排除适用。[②]《公平劳动标准法案》规定了大量的豁免条款，其中有专门有针对最低工资标准之豁免的五类人员：一是送信员和见习者，二是实习生，三是学徒，四是全日制学生，五是有残疾的工人。[③] 其中，实习生的实习薪酬就属于最低工资标准豁免条款之一，如此一来，实习接收单位即雇主向实习生支付最低工资标准以下的实习报酬并不构成违法，但是，为了防止豁免条款滥用，雇用实习生的雇主必须申请特别许可，同时实习生个人也必须提出申请，申请内容中必须包括"雇主计划支付给实习生的小时工资水平或渐次的工资安排"和"低于最低工资标准的培训雇用将持续的时间"。[④] 美国实习生的工资水平是现行最低工资标准的75%。[⑤]

也有人认为，美国联邦劳动法并没有明确规定实习单位必须支付实习生薪酬；在实践中，既有带薪实习，也有无薪实习，有的实习生还需反过来向实习接收单位支付实习费用。[⑥] 在美国，付费实习也非常普遍。

---

① 朱红、[美] 凯伦·阿诺德、陈永利：《制度的基石、保障与功能——中美大学生实习比较及对就业的启示》，载《北京大学教育评论》2012 年第 1 期。
② 林晓云：《美国劳动雇佣法》，法律出版社 2007 年版，第 34 页。
③ 林晓云：《美国劳动雇佣法》，法律出版社 2007 年版，第 37~43 页。
④ 林晓云：《美国劳动雇佣法》，法律出版社 2007 年版，第 39 页。
⑤ 林晓云：《美国劳动雇佣法》，法律出版社 2007 年版，第 40 页。
⑥ 金劲彪、郭人菡：《毕业实习大学生劳动权益保护的法理反思：基于各层次利益衡量的视角》，载《教育发展研究》2020 年第 3 期。

美国《联邦劳动法》并未明确规定实习生一定要获得薪酬，但对"无薪实习"却有许多约束性规定：必须提供类似职业学校一样的实习培训，并且能够使学生受益。因为有薪实习岗位竞争特别激烈，大型公立高校通常会尽力说服实习单位支付基本工资。尽管如此，仍有许多学生从事无薪实习，有的甚至自掏腰包以获得实习机会。[①]

在美国，一般都认为实习有许多好处，但是对有关实习劳动报酬的问题却一直存在较大争议，难以达成共识。美国法律也没有关于实习劳动报酬的强制规定，"根据现行的联邦法律，通常很难判断无薪实习是否违法"[②]。

在美国实习的人越来越多，虽然没有确切的数字，但实习的学生比例很高，而且还在增长。1981～1991年，实习的大学毕业生比例从1/36上升到1/3；最近的数据显示，已经达到2/3或更高。[③] 据《纽约时报》报道：2008年有83%的毕业生参加过实习，专家估计这些实习生中有一半是没有劳动报酬的。[④]可见，美国的无薪实习非常普遍。

无薪实习在美国越来越多，可以推测，如果经济不断恶化，无薪实习将变得更加普遍。许多公司为应届大学毕业生或希望在特定领域获得经验的年轻人提供实习机会。大多数这样的实习都是没有报酬的实习。因此，越来越多的实习机会在初级求职者和无薪实习机会的求职者之间产生了明显的差异。由于雇主可能更乐意雇用无薪实习生，而不是有薪劳动者，无薪实习也间接导致了失业率的上升。[⑤]在美国，无薪实习除了不利于实习生之劳动报酬权的实现，还为雇主提供了博弈空间，易于导致无薪实习"驱除"有薪实习或有薪劳动，加剧了社会失业率的上升。

美国现行法律并没有明确规定实习报酬问题，在无薪实习问题上无所作为。管理无薪实习的联邦法律极其复杂和模糊，使得监管和改革几乎不可能，这一事实更进一步加剧了这些问题。[⑥]

美国《联邦公平劳动标准法》（*The Fair Labor Standards Act*，FLSA）是规范就业的基本联邦法规。它规定了最低工资标准，即雇主必须支付"雇员"最低工资标准。该法案规定了一个人是否有资格获得最低工资，取决于他是否属于"雇员"。

---

① 张晓莉：《国外对实习生的制度保障》，载《人力资源》2014年第3期。

②⑤⑥ Jessica Curiale. America's New Glass Ceiling：Unpaid Internships, the Fair Labor Standards Act, and the Urgent Need for Change. *Hastings Law Journal*. July 2010, Vol. 61, P. 103.

③ David C. Yamamda. The Employment Law Rights of Student Interns. *Connecticut Law Review*, Vol. 35, No. 1, 2002, P. 217.

④ Jessica Curiale. America's New Glass Ceiling：Unpaid Internships, the Fair Labor Standards Act, and the Urgent Need for Change. *Hastings Law Journal*. July 2010, Vol. 61, P. 104.

其"雇员"的定义可以说是最宽泛的定义，美国劳工部下的工时和薪酬处（the Wage and Hour Division，WHD）的解释，还明确了排除适用最低工资标准的对象，如学习者、学徒、信使和某些全日制学生。另外，特殊类别"学生学习者"（student learners），如果其符合工时和薪酬处的规定或解释，可以获取低于最低工资标准的75%～95%。但是 WHD 还没有颁布任何专门针对无薪实习的规定或解释。因此，最重要的鉴别因素仍然是实习生是否符合《联邦公平劳动标准法》之"雇员"的界定，如果是"雇员"，才有权获得最低工资，实习生的"雇员"身份认定并非易事而是非常困难。①

美国属于典型的判例法国家，其有关实习学生之实习报酬的一个典型判例是1947年最高法院审理的"瓦林诉波特兰码头公司案"（Walling v. Portland Terminal Co.）。这个案件涉及培训人员即受训人员没有获得劳动报酬，受训人员声称他们有权获得培训最低工资，但最高法院并没有认可。"最高法院认为，这些学员不是《联邦公平劳动标准法》规定的雇员，因此没有资格获得最低工资。"②

基于本案，美国劳工部下的 WHD 确定了《联邦公平劳动标准法》雇员身份认定的六个排除标准。如果符合以下六个条件，则该实习生不属于法律规定的雇员：第一，这种培训即使包括对雇主设施的实际操作，也类似于职业学校提供的培训；第二，培训是为了学员的利益；第三，培训生并没有取代正式员工，而是在他们的帮助下工作；第四，提供培训的雇主没有从培训活动中获得直接利益，有时雇主的业务实际上还可能受到阻碍；第五，学员在完成培训期间不一定有资格获得工作；第六，雇主和学员都明白，学员在培训中所花费的时间不能获得工资。依据这些解释，所有符合这六个标准的学生或培训生都不被视为雇员。③

美国有关实习生之雇员身份认定的六个标准，一直都有很大争议，一些类似实习生雇员身份界定的判例并不一致，导致了实践中的无薪实习是否违法的不确定性和混乱性。"很明显，在无薪实习的情况下，并没有一个统一的有关 FLSA 的解释。这种一致性的缺乏造成了许多问题，其中最明显的是几乎不可能适用。而美国劳工部表示，许多无薪实习是非法的。"④ 美国劳工部关于"许多无薪实习是非法的"观点也并不能够为实践所广泛认同和普遍接受，无薪实习是否合法与正当仍然是困扰

① Jessica Curiale. America's New Glass Ceiling: Unpaid Internships, the Fair Labor Standards Act, and the Urgent Need for Change. *Hastings Law Journal*. July 2010, Vol. 61, pp. 108 – 109.

② Jessica Curiale. America's New Glass Ceiling: Unpaid Internships, the Fair Labor Standards Act, and the Urgent Need for Change. *Hastings Law Journal*. July 2010, Vol. 61, pp. 109 – 110.

③ Jessica Curiale. America's New Glass Ceiling: Unpaid Internships, the Fair Labor Standards Act, and the Urgent Need for Change. *Hastings Law Journal*. July 2010, Vol. 61, P. 110.

④ Jessica Curiale. America's New Glass Ceiling: Unpaid Internships, the Fair Labor Standards Act, and the Urgent Need for Change. *Hastings Law Journal*. July 2010, Vol. 61, P. 115.

美国的一个未解难题。

美国媒体对实习生雇员身份认定的六个标准也是持怀疑态度。美国《新闻日报》在一篇名为"实习对企业和学生都有好处"的文章中认为，尽管上述六个因素之一是企业不能从无薪实习生身上获得任何直接利益，但这篇文章鼓励企业雇用实习生，因为企业将立即受益。① 可见，美国媒体对无薪实习也持有不同的观点，众说纷纭难以达成共识，舆论界对实习劳动薪酬的不确定性，更易于"误导"社会，为无薪实习之合理性提供了舆论支持。

简上，美国无薪实习之普遍性，其诱因主要是相关立法的模糊性、司法实践中判例的两可性和舆论媒体的误导性，加上需求侧之实习学生为了获得实习机会而主动或无奈放弃自己的权益，四层叠加效应，不断加剧了无薪实习的普遍性，同时也折射出世界上无薪实习之共性问题。由此，美国的实习劳动薪酬制度本质上属于无薪实习之基本构架，与美国第一经济大国身份不符，与劳动法治精神及契约精神也背道而驰，与法德等国之实习薪酬制度相差甚远，更遑论制度引领与示范作用。

（四）英国实习薪酬制度

英国实习薪酬制度也与美国相似，无薪实习是常态，英国也是无薪实习的典型代表。

经济发达并且法律制度与美国同属于判例法系的英国，无薪实习也同美国一样非常普遍，同时也带来了一系列社会问题。英国无薪实习越来越普遍，成为进入竞争激烈的法律、政治、创意产业、媒体和出版以及科学领域职业的大门，引发了人们对社会流动性下降的担忧。②

英国无薪实习的普遍性，除了制定安排的原因之外，还有一个重要原因是无薪实习具有较大的需求，无薪实习也并非只有消极影响，其积极影响也导致了实践中的大量需求。无薪实习虽然增加了实习生的经济负担，但是无薪实习提供的实习机会较多，从而引导实习学生自愿地进行无薪实习，并无反对无薪实习之强烈诉求。

在无薪毕业生实习中，根据不同的个体特征，选择无薪实习具有显著的积极意义。来自社会特权背景的人、毕业于高学历或精英院校的人更有可能选择这些职位，但包括少数民族、残疾人或通过职业途径进入大学的人在内的一些弱势群体也有可

---

① Jessica Curiale. America's New Glass Ceiling：Unpaid Internships，the Fair Labor Standards Act，and the Urgent Need for Change. *Hastings Law Journal*. July 2010，Vol. 61，P. 115.

② Angus Holford. Access to and Returns from Unpaid Graduate Internships. IZA DP No. 10845. June 2017，P. 1.

能选择这些职位。这表明，无薪毕业生实习被认定为理想的职位，在个人偏好中排名靠前，在获得实习机会方面很有竞争力；以及不太理想或可能具有潜在性的职位，要么是为了获得必要的经验，要么是为了了解某个行业，要么是因为没有其他职位可供选择。①

一份来自英格兰和威尔士大学的毕业生 2005 ~ 2011 年间无薪实习的调查报告表明：无薪实习之实习生在工作后 3 年中，平均每年面临的薪水损失，与直接进入带薪工作的实习生比较约为 3 500 英镑，与继续深造的实习生比较约为 1 500 英镑。②该调查报告说明无薪实习不仅对实习生眼前利益影响大，还对其将来正式工作后的薪酬有影响，这表明了无薪实习具有一定的远期不良影响。

执行禁止无薪实习的法律，可能会减缓高等教育回报方面的社会经济差距的扩大，并限制社会流动。我们的研究结果更倾向于提高社会经济地位低的学生在本科阶段获得相关工作经验的机会，并降低他们的机会成本。③可见，在英国，虽然无薪实习具有一定的实际合理性，也比较普遍，但是，无薪实习还是不利于社会的公平和正义，对家庭条件不好的学生来说，无薪实习具有较大的不利影响，从法律制度上规制无薪实习还是非常有必要的。

在英国，有薪实习与无薪实习处于比较"自由"的并存状态，无薪实习也有除外性规定。例外规则是如果实习生被认定为"工作者"，则其就享有实习报酬权，并受到英国最低工资制度的保护。此时，雇主必须给实习生支付最低工资标准的实习报酬；除非双方达成书面协议承认实习生不是"工作者"，而是志愿者。有薪实习另外适用的规则还有：如果该实习生被承诺可以获得未来之工作合同，则该实习生就属于"工作者"而受最低工资法保护。④英国有关实习学生的"工作者"身份界定，与美国的"雇员"身份认定一样，比较严苛，从而，导致实践中有薪实习仍然比较困难而使得无薪实习泛在化。

英国政府在 2009 年，针对严峻的高校毕业生就业形势，开始推行"国家实习计划"。在英国，实习薪酬一般不受国家最低工资标准的限制，但是，如果实习单位（企业）享受了政府就业补贴的实习岗位，其薪资则必须受到国家最低工资标准的限制。⑤英国政府虽然对广泛存在的无薪实习进行了"补丁"式修复，但是仍然难以真正有效解决问题，应当从法律制度上考量实习薪酬制度之构建。

---

① Angus Holford. Access to and Returns from Unpaid Graduate Internships. IZA DP No. 10845. June 2017，P. 28.
② Angus Holford. Access to and Returns from Unpaid Graduate Internships. IZA DP No. 10845. June 2017，P. 1.
③ Angus Holford. Access to and Returns from Unpaid Graduate Internships. IZA DP No. 10845. June 2017，pp. 29 – 30.
④ 肖鹏燕：《美英大学生实习的就业权益保护研究》，载《中国高教研究》2017 年第 1 期。
⑤ 徐国正、张坤、曹璐：《中英高校大学生实习制度的比较与启示》，载《大学教育科学》2017 年第 6 期。

（五）其他国家实习薪酬制度

1. 瑞典

瑞典是世界上有名的高福利国家，瑞典劳动者工资普遍很高，但是，在瑞典学生实习关系中，有薪实习与无薪实习也同时存在，甚至无薪实习的比例还比较高。

有专门针对瑞典四所大学（卡罗琳学院，Karolinska Institute，KI；乌普萨拉大学，Uppsala University，UU；皇家理工学院，Kungliga Tekniska Högskolan，KTH；林雪平大学，Link·ping University，Li U）2014 届毕业生的调查显示，参与调查的 262 名毕业生中，有 63% 的学生参加过实习，而其中只有 30% 的学生参加的是有薪实习，另外的 33% 则是无薪实习。瑞典学生参加实习的比例较高，无薪实习的比例也同样较高，即使是没有实习薪酬，学生也愿意去锻炼和提升自己。[①]

2. 澳大利亚

2009 年的《公平工作法》规定无薪实习合法，但同时还规定"无薪实习"的法定现状条件：对实习本人有益和有帮助；对公司有商业价值；与实习生相关课程有密切联系。[②]

3. 俄罗斯

俄罗斯劳动法采用的是法典式立法模式，俄罗斯虽然没有单独的实习立法，并且《俄罗斯劳动法典》并无专门的实习规范条款，但是《俄罗斯劳动法典》专门用一章（第 32 章）非常详细地规定了"学徒合同"制度。第 198 条明确规定了学徒合同的法律性质："学徒合同是劳动合同的补充合同"，还将实习纳入了学徒合同的调整范畴，并在第 204 条中明确规定：学徒在实习中完成的工作，按照完成工作的工作量"计件付酬"。[③] 俄罗斯劳动法不但将实习认定为劳动关系，还像其他许多国家一样，非常明确地将实习劳动关系纳入了"学徒合同"的规制范畴，这两大特色值得我国反思与借鉴，我国现行立法之一大缺陷是并无学徒合同制度，即学徒劳动关系还一直游离于法律之外，更勿谈将学徒劳动关系纳入劳动法的视野；第二大缺陷是我国一直没有实习立法，长期缺乏实习学生身份界定的法律规定；更没有学徒与实习劳动报酬的"计件付酬"规范。

4. 意大利

意大利劳动法明确规定：雇主有义务支付实习生报酬，实习也应当得到工资，

---

① 洪晓雪、李杰：《瑞典大学生就业观念调查分析及启示》，载《理论前沿》2014 年第 24 期。
② 张晓莉：《国外对实习生的制度保障》，载《人力资源》2014 年第 3 期。
③ 蒋璐宇译：《俄罗斯联邦劳动法典》，北京大学出版社 2009 年版，第 117～119 页。

但是比正式劳动者要少；另外，实习工资由集体协商谈判确定。① 可见，意大利也明确认可实习学生的劳动者身份，并明确规定了实习劳动工资报酬的具体确定与支付办法，实习学生劳动薪酬可以比一般正式劳动者少，但是，支付实习薪酬是雇主的义务和责任；另外，意大利具有世界性开拓意义的创新是将实习薪酬纳入集体协商谈判的范畴，为实习学生享有的集体劳动权奠定了基础，借鉴意义较大。

许多国家不仅对国内学生实习规定了有薪实习的劳动报酬制度，包括实行最低工资标准，或者参照最低工资标准的适当比例，还特别针对留学生规定了留学生实习劳动薪酬或最低工资标准。这样，既保障了本国学生实习的基本劳动报酬，还可以通过留学实习签证和留学生实习的有薪实习或最低工资保障制度加大吸引国外学生的力度，既保障了所有实习劳动者的合法劳动权益，又增强了国外学生的留学吸引力，可谓是实习制度的双赢，也表明了有薪实习之"善法"制度的多重价值目标的追求与功能，表明立法并不是为了立法而立法，此类经验确实值得我国反思与借鉴。

5. 国际组织实习薪酬现状

一些国际组织不仅对实习劳动薪酬之有薪实习没有发挥积极引领和倡导作用，相反地，其普遍推行的无薪实习造成了很大的负面影响。

国际卫生组织总部的实习就是无薪实习。我们从《公平获得全球卫生实习机会：世卫组织总部的见解和战略》（Equitable access for global health internships：Insights and strategies at WHO headquarters）一文中可以很好地解读世卫组织总部对实习的见解和战略。

该文章认为实习是有抱负的卫生保健和公共卫生专业人员提高技能和能力的常见途径。像许多国际组织（包括联合国系统内的其他组织）一样，该组织向全世界符合条件的候选人提供实习机会。这样的实习是互惠互利的。它们使学术机构的学生能够在高级机构进行研究和工作，为组织部门提供额外的资源，并将教育中心与政策和实践联系起来。实习生有机会扩大他们在公共卫生和发展专业的专业网络，并获得卫生政策和实践方面的实际技能。实习生可能会获得塑造他们的观点和职业道路的选择。国际卫生组织总部每年都会执行一项非常受欢迎的实习方案，其中包括夏季和冬季的群体。每批学员约有 200 名实习生。实习通常持续 3~5 个月，都属于没有报酬的无薪实习。实习工作地点是在瑞士日内瓦。②

来自联合国联合检查组 2009 年报告的数据表明，许多候选人在资金不足的情况下不申请无薪实习。在高收入国家，对于无薪实习对社会和经济流动性造成的障碍

---

① ［意］T. 特雷乌著，刘艺工、刘吉明译：《意大利劳动法与劳资关系》，商务印书馆 2012 年版，第 50 页。
② Ashton Barnett-Vanes, Tara Kedia, Stella Anyangwe：Equitable access for global health internships：insights and strategies at WHO headquarters. *The Lancet Global Health*, 2014. 5, P. 257.

的争论日益激烈。无薪实习虽然可以为社会和经济流动性带来好处，但是，在低收入和中等收入国家，个人资金匮乏以及机构和政府赠款的短缺加剧了这一问题。[1]

为了更好地了解世卫组织总部实习生的无薪状态的影响，我们与过去和现在的实习生同事一道，在 2011 年和 2013 年两个夏季实习生群体中进行了在线调查。世卫组织总部实习委员会通过电子邮件向所有夏季实习生分发了这项调查。349 名实习生参与了调查（2011 年 192 名，2013 年 157 名），并对调查结果进行了汇总和分析。在 2011 年（72%）和 2013 年（占 80%）的人群中，大多数实习生来自人力资源发展指数非常高的国家。此外，我们注意到，在 2013 年这一群体中，近一半（46%）的实习生表示，他们的月支出超过 1 500 瑞士法郎（约合 1 700 美元）。[2]

为了解决来自低收入和中等收入国家的实习申请者的资金障碍，一项奖学金正在设立。我们的目标是资助接受的低收入和中等收入国家实习候选人在世卫组织总部实习，从而促进实习生之公平性。[3]

为了持续改善实习机会和全球卫生教育，学术和专业机构之合作，需要与公共部门、基金会、捐助者和政府合作，为实现这一目标提供资源。[4] 这一实习资助计划将在联合国其他机构和国际卫生部门中实施，以实现实习机会之平等。虽然真正实施起来还有较大困难，但是无论如何，国际组织率先垂范，特别为中低收入国家之实习学生提供有薪实习或补助，并在一般性实习活动中大力推行与倡导有薪实习之战略目标还是非常具有肯定价值和长远意义的。笔者认为，国际组织不仅自己要实行有薪实习，还要极力促进和达成有关实习劳动薪酬制度（即有薪实习的国际性公约），将实习薪酬制度纳入国际法之全球性视野。

6. 中国实习劳动薪酬现状与问题

我国目前的实习薪酬现状与问题，既有国际上普遍存在的有薪实习与无薪实习并存、法律并未明确规定无薪实习之违法和无薪实习现象普遍等共性问题，还有中国自己的特殊国情，如中国是实习需求大国，也是最大的发展中国家，普遍推行有薪实习还存在相当大的困难，有薪实习制度设计也将是一个长期而艰难的困局。

随着我国高校扩招和就业压力的不断加大，"实习难"问题更加凸显和普遍，实习单位已经是十分稀缺的资源，这无疑使得实习单位掌握了非常充分的话语权。一些实习单位将大学生当成免费劳动力或廉价劳动力来使用的情况时有发生，不少实习生抱怨成了"廉价劳动力"甚至"免费劳动力"。[5]

---

[1][2] Ashton Barnett-Vanes，Tara Kedia，Stella Anyangwe：Equitable access for global health internships：Insights and strategies at WHO headquarters. *The Lancet Global Health*，2014. 5，P. 257.

[3][4] Ashton Barnett-Vanes，Tara Kedia，Stella Anyangwe：Equitable access for global health internships：Insights and strategies at WHO headquarters. *The Lancet Global Health*，2014. 5，P. 258.

[5] 刘武俊："别把实习生当成免费劳动力"，载《中国青年报》2010 年 3 月 3 日第 2 版。

实习学生免费劳动的情况也非常普遍。吕建认为：学生实习的过程实际上也是一种职业劳动过程，应当依法享有相应的劳动权利和权益。但从已有实证调查研究结果来看，实习生劳动权益受损的现象非常严重。学生实习劳动没有报酬的占44%，有少许报酬的占38%，有一定报酬的占10%；加班加点未获得报酬现象更加严重，周末、节假日加班未得到报酬补偿的占54%。①

7. 无薪实习之原因简概

简概上述，世界上无薪实习的主要原因，是多方面叠加效应的影响，各国国情不同，原因也有差别，主要原因可以归纳为以下四大方面。

一是国家立法上的原因。许多国家或地区并没有或明确将有薪实习作为法律强制性规范，其劳动法包括学徒法一般也都没有将实习纳入调整范畴，直接导致有薪实习没有明确的法律依据，相对应地，无薪实习也并不存在违法一说。

二是实习学生身份认定的原因。无薪实习的前提条件是实习学生属于学生身份，不属于劳动者（雇员）身份，实习属于理论与实践结合之教学环节，其与一般意义上的正式劳动存在较大差异，因此，实习学生不能享有一般劳动者之劳动报酬权，无薪实习也就顺理成章。

三是实习单位的原因。实习接收单位常常为了自身利益最大化，不愿意主动履行自己的义务和社会责任，特别是许多实习单位为企业，在企业之趋利性或唯利性并无不妥情形下，无薪实习也就顺理成章地成为常态，在法律并没有明确规定无薪实习违法时；加上实习单位并不愿意接受实习学生，毕竟实习会增加单位的成本，在"实习难"之实习单位难寻背景下，无薪实习更加常态化和普遍化。

四是需求侧方面的原因。由于实习岗位的稀缺性，实习学生为了获得实习岗位，很少去争取实习劳动薪酬；即便是有法律法规的有薪实习规范，实习单位没有履行自己的法定义务和责任，实习学生也只能默认；有些学生为了获得实习机会还常常自愿付费实习，为实习职业中介提供了巨大的博弈空间，这样就直接导致了无薪实习与自愿性付费实习密切关联并相互并存的局面，也成为推行有薪实习的巨大障碍。

伴随着巨大的人口基数和年年扩招，我国已经是世界第一高教大国，实习学生也是世界第一，实习需求最大，"实习难"已经成为亟待破解而难以破解的难题。无薪实习、自愿性付费实习将长期存在，即使将来出台了相关法律确定了有薪实习制度，执行也将面临巨大挑战。

---

① 徐岑、鹿伟：《南大校长为大学生实习"操心"呼吁建立国家级实习基地》，载《现代快报》2018 年 3 月 18 日第 F7 版。

二、无薪实习与付费实习并存

（一）付费实习概述

由于我国实习学生体量与数量庞大，无薪实习与自愿性付费实习也成为世界上最普遍和最棘手的实习问题，其中非常盛行的"付费内推实习"问题更是关注的焦点和难点。解剖并治理中国的自愿性付费（含付费内推实习），将具有重要的示范价值和意义。

付费实习，也可称为缴费实习或收费实习，是指实习接收单位为了降低因实习引起的成本上升，向实习派遣学校或实习学生个人收取一定费用而进行的实习。[①] 其接受主体为实习单位，支付主体可以是实习派遣学校，或者是实习学生个人。自愿性付费实习是指缴费人自愿性地向实习接收单位缴纳一定的实习费用，以获得实习的机会。

自愿性付费实习可以分为两种基本形态：第一，在法律没有明确规定无薪实习之违法时，自愿性付费实习就会大量出现，成为"显性"之无薪实习；第二，在法律明确规定无薪实习为违法行为时，自愿性付费实习就会"隐身"出现，成为"隐性"之无薪实习，其认定和治理更加困难，进而加剧了无薪实习之隐蔽性和泛在化。

实习收费是否合法正当？自愿性付费实习或付费内推实习是否合法正当？这些都是比较复杂而争议较大的问题。表明上的答案很简单，即如果法律法规明确规定了实习收费或付费实习或付费内推实习是违法的，则为非法与不正当；如果法律法规没有明确禁止该行为，依据"没有禁止即可为"之法理，则其就是合法正当的行为。但是，实践中并非这样简单，即便法律法规明确禁止了实习收费或缴费，如果出于当事人双方或多方之自愿性行为，或者是私下约定的行为，则非常难以认定其违法性，公权力是否有权干预这种民事私人行为，还有，如何处罚这样的"隐蔽"性行为，我国目前还没有真正意义上的实习法，实习收费或付费实习之法定性和明确性也就无从谈起，这也成为我国目前付费内推实习之大行其道的重要因由之一。

不论法律是否明确规定付费实习，付费实习都是一把"双刃剑"。一方面，它

[①] 问清泓：《"付费内推实习"治理研究》，载《河南科技学院学报》2021 年第 8 期。

具有相当大的存在合理性，不仅可以降低实习单位经济成本，还特别有利于调动实习单位实习的积极性和主动性，还有利于破解"实习难"中"实习单位难觅"之难题；另一方面，付费实习存在较大弊端，它偏离了收费实习降低经济成本的初心，被异化成了生财之道，破坏了实习法治精神，不利于实习关系。

现代网络技术给实习创造了新的机会，同时也使得网上缴费更加隐蔽和方便，公权力机关监管非常困难。我国目前的支付宝和微信支付等电子支付技术的发展，也为付费实习提供了非常便利的条件。

付费内推实习将新型付费实习（含收费实习）推向了风口浪尖，值得关注的是，新型付费内推实习类型化并无法律规定，即它不是实习之法定类型。付费内推实习属于付费实习的一种，其中"内推"是"内部推荐"的简称，付费内推实习就是实习接收或拟接受单位之内部推荐的付费实习。

付费内推实习一词首先发端于金融行业，付费内推实习比较复杂，从实施主体上可以分为四大类：一是实习接受或拟接受单位的直接行为，该付费内推实习属于正常的实习招聘活动，不存在为骗钱的欺诈行为，至多被认为是一种内部"潜规则"，该付费内推实习是实习资源特别是优质实习资源非常稀缺情形下的产物，具体为大型国有企业和世界五百强企业，或者效益非常好的私有企业，付费内推实习符合市场经济的一般规律，进而使得该付费内推实习具有一定的正当性和合理性，这也是付费内推实习具有巨大吸引力的主要因素。二是中介组织实施的中介行为，中介之付费内推实习还分为两类：真实的付费内推实习和虚假的付费内推实习，真实的付费内推实习是中介与实习接收单位之间的正当合作行为，该中介组织是实习单位之正当授权之行为，只不过中介享有一定的利益分红；而虚假的付费内推实习，纯粹是一种欺诈行为，该行为完全不具有正当性与合法性。三是中介与实习接受或拟接受单位内部成员之共同行为，此类付费内推实习一般是虚假的勾结串通之欺诈行为，这些付费内推实习项目及收费与实习单位没有任何关系，纯粹是中介组织或内部成员的个人行为，并非企业行为。四是实习单位与中介之联合虚假行为，该付费内推实习是少数企业唯利是图与中介勾搭联手的虚假行为。

（二）付费内推实习之影响辩考[①]

付费内推实习是现行中国国情之反映，也是市场经济及互联网共享经济供给侧与需求侧之作用的结果，故此，付费内推实习具有一定的"存在合理性"之哲学基础，但是从法理、法律和辩证法视角，付费内推实习还是弊大于利，其负面影响较

---

① 本节部分内容已发表于《"付费内推实习"治理研究》，载《河南科技学院学报》2021 年第 8 期。

大，应当坚决反对。大学生应当及时认清其危害并明确拒绝，要树立正确的实习观和就业观，弘扬和培育实习契约精神。

我国有关付费内推实习之合理性与正当性，还是一个极具思辨与争议的问题。对于虚假或欺诈性质的付费内推实习，当然完全不具有任何合理性与正当性，这类付费内推实习毫无疑义地应当坚决反对，但是，对于真实的即不带欺诈的付费内推实习，其合理性与正当性则存在较大争议，难以达成共识。

有媒体观点认为"付费内推实习岗位"解决了招聘过程中信息不对称的问题，既能够帮助学生找寻适合自己的实习岗位，还可以提高用人单位招聘的效率，而无须再花费大量时间与精力去筛选海量应聘实习者。因此，建立在真实、公平的基础上的付费内推实习，具有一定的合理性。但是，中介机构提供的服务，必须确保其真实性。[①]

笔者认为，付费内推实习某些"包装"行为或信息不真实的行为，都应当属于虚假实习的范畴，是一种典型的民事欺诈行为，应当不具有任何合理性与正当性，如果付费内推实习之欺诈造成重大社会影响和严重后果，还应当承担刑事责任。无论付费内推实习是否具有真实性，即无论虚假或欺诈与否，也无论付费内推实习是否具有某些好处，也是弊大于利，因此，我们应当态度鲜明地坚决反对付费内推实习，不能因为少量的好处，而留给投机或不法分子博弈的空间。其主要原因如下：

第一，付费内推实习严重扭曲了大学生的价值观和人生观，不利于形成良好的实习观。如果大学生通过交钱付费而非自身努力就进入大企业实习，是对公平正义的否定和挑战。虚假的付费内推实习造成"人财两空"，甚至会造成学生对社会严重不信任的心理。因此，大学生实习并非一个简单的教学实践和实习劳动环节，全社会都要高度重视和关心大学生实习活动，反对或抵制付费内推实习。

第二，付费内推实习严重破坏了法治精神和制度。从付费内推实习现状看，这一过程中契约精神和契约制度都被践踏，具体而言，契约实习机会之均等与平等都被人为破坏，付费内推实习与法治精神和制度渐行渐远。在法律法规明令禁止情形下，付费内推实习是明显的违法行为；在没有法律法规规制情形下，付费内推实习也无正当性和合理性，也属于违反公序良俗之行为。无论付费内推实习是公开的，还是隐蔽的，也都是不具有合理性和正当性的行为，它们都破坏了实习契约精神和实习契约制度，付费内推实习既与劳动法和教育法不符，也与我国大国工匠精神和崇尚劳动之国家战略相背离。

第三，付费内推实习破坏了正常的网络远程实习秩序。网络远程实习本来因其

---

① 夏熊飞：《"付费内推实习"的潜规则不该成为常态》，载《中国青年报》2018 年 7 月 19 日第 2 版。

极大的优越性而受到实习学生和实习单位的青睐，但是，相关法制的不完善和网络监管的困难，使得其将严重影响和破坏网络远程实习的健康发展，会导致"劣币"驱逐"良币"之困局。在网络远程实习本身就还存在社会认可度不高、开展起来困难重重的前提下，其健康有序的发展将更加受阻。因此，应当认识到付费内推实习的巨大危害，自觉反对或抵制付费内推实习；中介组织和共享经济平台更应当自觉地严守道德底线和契约精神，严格遵守法律法规，自觉拒绝付费内推实习，维护共享经济下网络远程实习程序。

三、无薪实习与收费实习并存

（一）收费实习或实习收费现象普遍

收费实习与前文自愿性付费实习及付费内推实习非常相似，都属于缴费实习的范畴，都是实习单位或有关中介向实习派遣学校或实习学生收取一定实习费用或管理费，而后提供实习机会或岗位的活动。但是，其区别也非常明显。

收费实习是实习接收或拟接受单位（实习招聘单位），向实习派遣学校或实习学生收取一定的实习费用或管理费用后，而提供实习机会或岗位之行为。界定收费实习比较复杂，它属于实习接收或拟接受单位之介于强制性与自愿性之间的行为，即收费实习既不是完全的强制性收费，又非实习派遣学校或实习学生之完全的自愿性行为，可以说它是一种"无奈"选择，即为了保障实习机会或实习岗位而不得不而为之。

收费实习主要针对对象是实习派遣学校，实习学生缴费仅仅只是极少数；而自愿性付费实习或付费内推实习则是主要实习学生之自愿性的缴费行为，与实习派遣学校几乎也没有任何关系。收费实习的收费主体非常明确而单一：仅仅是实习接收或拟接受单位（实习招聘单位）；而自愿性付费实习及付费内推实习之收费主体比较复杂：可能是实习接收或拟接受单位，也可能是中介，或者二者兼有即二者之协议或默认，或者是中介假借实习单位名义之私自收费。

收费实习常常与校企合作或产学研结合"捆绑"。故此，收费实习合法性与正当性问题，就显得比自愿性付费实习或付费内推实习更加复杂化。同时，收费实习往往"伴随"着无薪实习，否则，如果实行有薪实习，收费就变得毫无价值和意义。当然，现实中也有少数收费实习单位，向实习学生支付些许实习薪酬或补助之现象。

（二）收费实习正当性与合法性认定

收费实习或实习收费现象比较普遍，表明其已经具有哲学之存在合理性，但是，在现代法治社会中，正当性与合法性是一种现象或行为存在之不可或缺的基本要旨，收费实习或实习收费也应当符合基本法理，否则就不具备正当性与合法性。法理虽然这样简单明了，但是，现实中认定收费实习或实习收费之正当性与合法性，却较为困难。

按照一般法理，收费实习或实习收费是否违法，应当看有无相关的禁止性规定，如果有立法明令禁止，则收费实习或实习收费就属于违法行为；如果没有法律的明确禁止，则不能认定其违法。但是，对于现实中间接或"变相"之收费实习问题，收费属于双方之自愿性行为，或者属于"合作与共建"费，则非常难以认定其违法。笔者认为，虽然这种自愿性或者"变相"性收费实习，并不违法，但是，它仍然具有较大的负面影响，而具有非正当性；仍然应当反对与禁止。

收费实习或实习收费之负面影响主要是它"侵蚀"了学校大量有限的实习经费，表面上看，并非实习单位的强制"索取"，而是实习派遣学校与实习单位之自愿性行为，但是，不论其合法与否，收费实习都影响了学校有限的办学资源。另外，从行为之效力认定上看，即便是该行为属于自愿性行为，亦非完全自愿，它带有一定的"胁迫性"，是实习派遣学校为了实习之需的被迫行为，应当属于无效行为，因此，收费实习即便没有违法，也应当划归为无效的民事行为，进而，该行为不受法律保护，不应当提倡。

收费实习或实习收费负面影响还表现在，收费实习不仅加重了学校经济负担，还直接影响了实习经费正当分配，更易于破坏实习契约精神之分配正义。虽然，实习单位也有自己的成本考量和利益最大化追求，这些都无可厚非，但是，实习单位利益考量与博弈的结果，要么是直接不接受实习学生，要么接受实习学生，而采取收费实习，其结果必然影响了实习经费的正当分配，更可能影响实习单位契约精神培养与弘扬企业社会责任。故此，收费实习社会正当性严重不足。

我国目前有关收费实习或实习收费之违法性认定问题，应当分为两种情形而区别对待。一是普通高校收费实习或实习收费；二是职业院校收费实习或实习收费。对于前者，实习缴费或缴费实习对普通高校实习而言，并非属于不正当与违法行为，因为我国目前根本还没有针对普通高校之实习立法，对于后者，现今我国，我国职业院校实习活动有相应的部门规章即《职业学校实习管理规定》，实习缴费或缴费实习对这些职业院校而言，则属于不正当与违法行为。

我国目前的唯一"实习大法"——实习部门规章《职业学校实习管理规定》已

经明确禁止了实习单位收费问题：职业学校和实习单位不得收取学生实习押金、顶岗实习报酬提成、管理费或者其他形式的实习费用。① 因此，如果是职业院校的实习，实习单位向学校收取实习费，就是明显的违法行为；但是，我国普通高校实习并不受《职业学校实习管理规定》的调整，加上，我国目前还一直没有出台有关普通高校实习管理规定，因此，普通高校实习缴费或缴费实习，并不违法，这也是导致我国目前收费实习或实习收费现象非常普遍的重要法律原因之一。

四、无薪实习与无实习保险并存

薪酬即为劳动报酬，是劳动者之劳动付出所应当得到的经济利益，通常与工资的概念等同，即薪酬就是工资包括最低工资。保险是风险的化解和分担手段，以减少或降低当事人所受经济损失。薪酬与保险虽然属于不同的范畴，表面上是"风马牛不相及"，但是二者却具有一定的关联性。

薪酬与保险都是公民（含劳动者）基本权利的重要保障，都是法治社会不可或缺的制度规范，社会保险更是具有国家强制性和普惠性，为劳动者购买社会保险是国家和用人单位的法定义务，这与国家强制推行的最低工资保障制度更加类似，都属于强制性规范。薪酬与保险的内在逻辑关系主要是二者都属于雇主经营成本的主要范畴，因为二者都需要雇主"掏钱"，必然会加重雇主的经济负担而直接影响雇主的效益。如此一来，雇主必然会在薪酬与保险上，采取一切手段进行"博弈"，如果法律没有强制规定薪酬与保险支付之义务和责任，博弈的结果可想而知，二者都不会支付；如果法律没有规定薪酬支付（含最低工资）之义务和责任，又缺失保险之明确规定，二者博弈的逻辑关系是薪酬的缺失必然会进一步导致保险的缺失。

纵观世界上许多国家或地区，并无实习保险的强制性规定，实习保险制度的缺失或薄弱，是一个世界性的普遍问题；同时，实习制度也远远落后于学徒制度，学徒薪酬制度亦相对发达于实习薪酬制度。这两大问题已经是一个全球性的普遍问题，并非个别现象。无薪实习与实习保险的关联度极高，即有强制要求实习劳动报酬或适用最低工资标准的规定即有薪实习，也往往"连带"着实习保险规定，比如法国和德国实行的是有薪实习制度，与之对应，法国和德国的实习保险制度也比较健全；相反，无实习报酬或最低工资规定即无薪实习，一般也"伴随"着无实习保险，比

---

① 《职业学校实习管理规定》第十九条："职业学校和实习单位不得向学生收取实习押金、顶岗实习报酬提成、管理费或者其他形式的实习费用，不得扣押学生的居民身份证，不得要求学生提供担保或者以其他名义收取学生财物。"

如美国和英国是无薪实习的典范，其实习保险也严重缺失。从法律规范上看，如果法律没有强制要求实习单位必须支付实习报酬或最低实习工资，则与此对应的也往往是无实习保险之规定，即无薪实习规范往往导致实习保险规范的缺失。

无薪实习与无实习保险关联度极高的主要原因是：劳动报酬（工资）是公民基本人权和基本经济权利的具体表象，是劳动者经济收入的重要来源，依法获得劳动报酬是劳动者最为重要的社会保障；而保险制度的制度目标也是为了保障公民的基本权利，化解和减少公民之可能导致权益受损的风险，社会保险更是公民养老、工伤、医疗、失业等基本权益保障与救济的重要手段。因此，从宏观上，劳动报酬与保险制度具有基本相同的价值目标和保障功能，二者具有较大的同一性；进而，在微观上，二者也同样具有较大的同一性，重视实习劳动报酬的理念必然也会重视实习保险制度，轻视实习劳动报酬也必然会轻视实习保险制度。借用经济学的观点，实习劳动报酬之偏好，易于导致实习保险之偏好；而反对实习劳动报酬即无薪实习之偏好，也易于导致无实习保险之偏好。经济关系存在不同的偏好，必然导致法律关系设计制度偏好，赋予实习报酬权之制度偏好，更易于实习保险之相同偏好。

企业追求利益最大化也是无薪实习与无实习保险高度关联的另一重要诱因。企业追求利益最大化是企业的"天性"，在无薪实习具有合法性情形下，必然导致无薪实习普遍化；如果无实习保险具有合法性，为了利益最大化，同样也会导致无实习保险之普遍性。二者都可以直接增加企业利益最大化，因此，无薪实习与无实习保险都是为了相同的利益目标。实习单位为了利益最大化，无薪实习与无实习保险都成为必然选择。其必然性在不违法情形下，将是公开和普遍的；如果违法，则实习单位为了自身利益最大化，也会不断博弈而尽量降低成本，或者将无薪实习与无实习保险"隐蔽"起来。

在制度设计上，无薪实习与无实习保险"相伴相生"，设计理念如果重视实习劳动报酬即有薪实习，也必然会同样重视实习保险制度，二者都是为了更好地保障与救济实习学生的合法权益；而制度设计理念如果相反，无薪实习也伴随着无实习保险。

在学界和实践中，对实习学生是否享有劳动报酬权（包括最低工资标准）即有薪实习，如果还没有达成共识，实习保险往往也随之难以形成统一认识，进而使得无薪实习与无实习保险的关联性具有了存在合理性之理论基础和实践范式。下面以美国和英国为例分析无薪实习与实习保险的关系。

（一）美国无薪实习与无实习保险

美国的高等教育和职业教育比较发达，社会上对有关实习劳动报酬的问题却一直存在较大争议，难以达成共识，美国无薪实习非常普遍，并且伴之的是无实习保险，实习保险严重缺失。

美国无薪实习与无实习保险同样普遍的主要原因是法律原因。美国法律中一直没有关于实习劳动报酬的强制性规范，更无有关实习保险之明确规定。在美国"根据现行的联邦法律，通常很难判断无薪实习是否违法"①；进而也导致实习保险问题存在较大分歧而缺乏法律之统一规定。

美国现行法律中并没有明确规定实习报酬问题，在实习劳动薪酬和实习保险问题上都是无所作为，其最大的法律障碍是实习学生之"雇员"身份界定问题，如果实习学生没有"雇员"之法定身份，则其劳动报酬和实习保险都将失去存在的前提条件。实习学生如果难以被界定为"雇员"身份，其实习劳动报酬权包括最低工资标准将难以实现，因此，无薪实习是否违法也就难以认定，从而导致美国大量的学生实习属于无薪实习的范畴；实习学生正式雇员身份的缺失，还直接导致保险关系的空白。

美国现实社会中，对实习是否应当享有实习报酬包括最低工资标准即有薪实习，一直以来都没有达成共识，无薪实习之合法与否问题一直没有定论，因此直接导致无薪实习普遍存在；无薪实习的普遍性更导致实习保险的普遍缺失。概述之，无薪实习与无实习保险都是出于雇主经济成本和利益最大化之基本考量，为了雇主利益最大化，既不支付实习劳动报酬，又不购买任何实习保险，当然是最优方案。即便是有法律强制性规定——必须是有薪实习或实习保险，雇主也会不断"博弈"而加大无薪实习与无实习保险之道德风险，如果能够二选一，则必然只选其一；如果二者不能选择，必然以最低标准支付实习薪酬和实习保险，或者采取自愿性收费实习之措施而合理规避。实习学生的利益在"强资本弱劳动"极其突出的美国将更加难以有效保障和救济。此即笔者梳理美国实习保险缺失主要因由之无薪实习（含无最低工资）与无实习保险之内在逻辑必然性，也是实习保险与实习薪酬关联度极高的例证。

美国留学生实习也同其本土学生实习一样，无薪实习与无实习保险普遍。

（二）英国无薪实习与无实习保险

经济发达并且法律制度与美国同属于判例法系的英国，无薪实习也一样普遍。英国无薪实习越来越普遍，已经成为进入竞争激烈的法律、政治、创意产业、媒体和出版以及科学领域的障碍，引发了人们对社会流动性下降的担忧。②

---

① Jessica Curiale. America's New Glass Ceiling: Unpaid Internships, the Fair Labor Standards Act, and the Urgent Need for Change. *Hastings Law Journal*. July 2010, Vol. 61, P. 103.

② Angus Holford. Access to and Returns from Unpaid Graduate Internships. IZA DP No. 10845. June 2017, P. 1.

在英国，有薪实习与无薪实习处于比较"自由"的并存状态，无薪实习也有除外性规定。除外规则的基本适用条件是实习学生被认定为"工作者"，则其划归有薪实习，并受到英国最低工资制度约束。但是，如果双方达成书面协议承认实习生不是"工作者"，而是志愿者，则为无薪实习。如果该实习生被承诺可以获得将来之就业合同，则该实习生为"工作者"而属于有薪实习。①

英国实习生的权利取决于他们的雇用状况，如果一个实习生被认定为"工人"（a worker），那么他们才能享受国家最低工资标准。如果雇主支付实习学生最低工资标准，雇主必须说或声明它不适用，并签署一份书面协议，说明实习学生不是工人而是志愿者。② 实习生被归为工人，如果他们得到一份未来工作的合同，也应该得到国家最低工资。③

英国有薪实习即享受国家最低工资标准的实习，还包括"雇员类实习"，即实习学生被界定为"雇员"（an employee）。如果实习生为雇主做定期有薪劳动，他们就有资格成为雇员，并有资格享有所有就业权利。④判断实习生是否属于雇员的标志是实习生是否同雇主签订了就业合同。⑤

英国实习学生不能享受国家最低工资标准，即无薪实习的实习类型有：企业体验实习（student internships）、学校工作实习（school work experience placements）、志愿者工作实习（voluntary workers）和影子式工作实习⑥（work shadowing）。⑦

英国有薪实习之"工作者"或"类雇员"身份界定，与美国之"雇员"身份认定一样，并非易事。故此，英国实践中无薪实习即不能享有最低工资标准的实习仍然泛在化。

英国有薪实习与无薪实习都"自由"共存，并无法律法规之严格限制而无违法或正当与否之说；并且英国也与美国类似，不仅无薪实习常常"伴随"着无实习保险，而且，实习保险也无特别规定。除了制度安排的原因之外，还有一个属于无薪实习和无实习保险的共同原因，就是无薪实习和无实习保险具有较大的现实需求。无薪实习和无实习保险也并非仅有消极影响，其积极影响也导致了实践中的大量需求。无薪实习和无实习保险虽然增加了实习生的经济负担，但是，无薪实习和无实习保险极大地降低了经济成本而可以使实习单位利益最大化，客观上能够增加实习机会，从而引导实习学生自愿地进行无薪实习和无实习保险，并无反对无薪实习和无实习保险之诉求。

---

①⑤　肖鹏燕：《美英大学生实习的就业权益保护研究》，载《中国高教研究》2017 年第 1 期。
②③④⑦　Service and Information of Departments and Policy of Gov. UK. Employment rights and pay for interns［EB/OL］.（2016 - 11 - 23）［2020 - 08 - 26］. https：//www. gov. uk/employment - rights - for - interns.
⑥　英国影子式工作实习类似于我国的认识实习或跟岗实习。

不仅是英国，其他国家或地区之无薪实习和无实习保险也是这样，虽然无薪实习和无实习保险具有一定的实际合理性，也比较普遍，但是，无薪实习和无实习保险还不利于社会的公平和正义。反对无薪实习和无实习保险，并从法律制度上规制无薪实习和无实习保险非常必要。

英国的实习薪酬比较自由，无薪实习与无实习保险也普遍存在，实习学生之最低工资保障制度因实习学生之不同类型而不同，这些都反映了英国实习制度之自由化特征，与英国比较发达的现代学徒制度截然相反，充分显示了英国实习制度远远落后于学徒制度之基本现状。英国学徒制度比较成熟与发达，其"学徒税"制度是世界上比较有名的学徒制度和税收制度，完全可以与德国著名的"双元制"之学徒制度媲美。英国"学徒税"制度为其现代学徒制度之发展与发达发挥了重要作用，提供了重要的经济保障，成为其他国家或地区借鉴的典范。但是，笔者认为，英国"学徒税"制度之根本缺陷是没有将学徒类型化为实习之一种，即没有将学徒纳入广义实习之范畴，从而导致其"学徒税"制度排除了实习关系。

笔者认为，英国"学徒税"完全可以拓展到实习关系中来，进而使得实习薪酬与实习保险之费用问题搭上"学徒税"之"便车"，或者借鉴"学徒税"经验单独开征新的"实习税"，这样，就可以充分体现了税收制度之杠杆作用，不仅可以有效克服实习薪酬与实习保险之资金问题，还可以调动社会各界的实习积极性和主动性，"倒逼"企业参与实习或学徒活动。因为"学徒税"并非增加了所有企业的经济负担，而是仅仅增加了不参与学徒活动的企业负担，如果企业参与了学徒活动（拟增加实习活动），是可以减免或抵扣相关"学徒税"或"实习税"，而没有参与的，则需要全额征收。

在实习活动中，借鉴并拓展英国"学徒税"制度，具有较大可行性，不仅可以有效缓解"实习难"之实习单位难寻，还可以直接解决实习经费之难和实习薪酬与实习保险之难。这也是笔者对比研究中外学徒制度、实习制度与实习保险制度得出的一种极具创新性的大胆之揣想或"妄想"。

第二节　实习薪酬制度法理基础

实习制度研究一直非常薄弱，其中的实习薪酬及其法理基础研究更是少见。

纵观与比较全世界许多国家或地区的实习薪酬现状，实习薪酬制度具有以下几大共性问题：第一，实习与实习薪酬立法之严重空白化；第二，实习薪酬制度与实习制度一样的严重边缘化；第三，有薪实习与无薪实习长期并存之普遍化；第四，无薪实习与无实习保险密切关联化；第五，实习经费普遍性的短缺化。这些问题严重制约了实习薪酬制度的构建，更遑论实习薪酬制度之成熟与发达。

任何一种制度的构建与存在，都必须具有一定的法理基础，具有合理性、正当性和合法性，其中合法性为法治社会之基本要义。实习薪酬制度也是如此，因此，实习薪酬制度之法理基础，首先也应当从合法性上进行探究。

宪法是"写满人民权利的纸"，宪法是其他一切法律的基础，宪法以权利为中心，其他一切法律也是以权利为基本导向。因此，研究某项制度的法理基础，也必然不能离开其宪法权利和具体权利。

著名法学家耶林认为：为了秩序和平而对不法行为进行斗争，便是法律与权利的合目的性。为权利而斗争就是为法律而斗争。[①]

可见，法律不能离开权利，我们研究一项制度的法理基础，也应当像耶林所言那样，必须将具体的权利与法律规范紧密结合起来。因而，研究实习薪酬制度应当从实习学生可以享有的具体权利入手，即实习薪酬制度的法理基础就是权利基础。笔者认为实习薪酬制度的权利基础主要包括实习劳动报酬权、实习平等权含反歧视权和反骚扰权、实习救济权等。

笔者概览实习薪酬制度有四大法理基础：第一，劳动报酬权的体现——有劳动有报酬；第二，平等权的基本要求——有同工有同酬；第三，集体劳动权之诉求——有协商有谈判；第四，权益保障救济之需——有权利有救济。

一、劳动报酬权的体现——有劳动有报酬

实习薪酬制度首先应当充分体现和实现实习学生劳动报酬权，有薪实习是弘扬"有劳动有报酬"之劳动精神的具体表象，而无薪实习则违背了劳动精神和价值追求。

劳动报酬权属于劳动权益的一种，它是职工付出了一定的劳动而获得相应报酬的权利，它是劳动者的神圣权利。[②]《中华人民共和国宪法》第六条确定了"实行各尽所能、按劳分配的原则"。我国《劳动法》第三条明确规定了劳动者享有"取得

---

① ［德］耶林著，郑永流译：《为权利而斗争》，商务印书馆 2016 年版，第 36 页。
② 关怀：《加强劳动法制切实保障职工劳动报酬权》，载《法学杂志》2003 年第 5 期。

劳动报酬的权利"。我国法律确定了劳动报酬权之同工同酬原则，以保障不同劳动者的劳动报酬权，我国《劳动法》第四十六条第 1 款规定了"工资分配应当遵循按劳分配原则，实行同工同酬。"

实习学生在实习活动中，如果自己为实习单位付出了劳动，为实习单位创造了一定的财富，就应当得到作为对价的劳动报酬，这就是"有劳动有报酬"的基本内涵。

实习学生的实习劳动报酬权与一般劳动者之劳动报酬权还存在着一定的区别，实习劳动报酬权具有相对性，不是所有的实习都能够享有实习报酬权，因为毕竟实习的基本定性是教学实践环节，与一般劳动者之劳动还存在较大差异，因此，实习劳动报酬权不能一概而论。只有实习时间比较长的实习如生产实习、顶岗实习和医学实习等，才能享有实习劳动报酬权；而时间较短的认识实习和教学见习则不能享有实习报酬权。

法国是推崇有薪实习的典范，其立法明确规定实习学生享有实习劳动报酬权和实习保险权。但是，并非所有的实习都是这样，只有实习期超过两个月的实习，实习学生才享有实习劳动报酬权。法国 2014 年的《新实习生法案》也是这样，不仅再次明确了实习生享有实习劳动报酬权，还享有与之密切关联的其他待遇如带薪休假权（实习期限超过 2 个月）、交通补贴、午餐券或在单位食堂用餐的权利。[①] 英国是实习薪酬比较自由的国家，其也明确规定短时间的实习如"影子式工作实习"（类似于我国的认识实习或跟岗实习）不能适用国家最低工资标准。美国与英国一样，有薪实习与无薪实习自由存在，但是，对于类似于正式"雇员"的实习生也应当享有实习劳动报酬权。我国目前也仅仅规定了职业院校顶岗实习享有实习劳动报酬权，即参考实习单位相同岗位报酬标准、工作量、工作强度和工作时间等因素确定，原则上不低于本单位相同岗位试用期工资标准的 80%。

从多国实践看，实习劳动报酬权并非针对所有实习学生或所有实习类型，而具有较大的限制性和相对性。从权利界分之绝对权与相对权法理上考究，实习劳动报酬权则应当属于相对权，而非绝对权范畴。

绝对权与相对权之权利分类，是民法的重要内容之一，历史悠久但是争议较大而无定论。贝克尔认为按照其效力是针对一切人，还是仅针对特定人，权利可以分为绝对权与相对权。温德夏特认为绝对权是针对一切人产生效力的权利，相对权是只针对某具体的个人或有限的多数个体产生效力的权利。鲁道夫·索姆认为：对物

---

① 金劲彪、郭人菡：《毕业实习大学生劳动权益保护的法理反思：基于各层次利益衡量的视角》，载《教育发展研究》2020 年第 3 期。

权属于绝对权，也即是对抗一切人的权利；债权是仅具有相对效力的权利，属于相对权。绝对权又称"对世权"，萨维尼认为"针对一切人"的权利即为即绝对权，包括对物权与继承权。①

相对权被定义为针对特定人而产生效力的权利，也称为"对人权"。② 潘德克顿法学家之相对权重要包括债权与部分亲属权，比如萨维尼认为对抗特定个体的权利即为相对权，包括家庭权与债权。温德夏特也认为相对权就是对人权，包括债权与部分亲属权。当代民法学家认为相对权还包括各种请求权如债法上的请求权即债权、物权法上的请求权、亲属法上的请求权、继承法上的请求权。③

劳动报酬权应当属于相对权，是一种债权请求权；实习劳动报酬权也相对应属于相对权之债权请求权范畴，是实习学生劳动之债，是实习单位应当支付给实习学生的劳动报酬，实习单位是义务人即债务人，实习学生为权利请求人即债权人，实习劳动报酬权就是劳动之债的请求权。

"劳动报酬首先是一种债，是基于劳动契约关系，以劳动力支出过程和劳动义务的履行结果为衡量标准的对价。"④ 劳动报酬属于特定之债，劳动报酬权属于特定之债权。此债产生的根据、衡量的标准具有特定性，其产生的根据是劳动契约；劳动行为是衡量劳动报酬的依据和劳动法律关系的客体。劳动报酬的衡量标准不仅要以劳动成果的数量与质量为标准，还要考量劳动的长短、劳动者的生存等。⑤

劳动报酬权作为一种特定之债权，该债权发生的基础是劳动合同（劳动契约）。"劳动合同乃劳动关系之核心，一切劳动关系均建立在劳动合同之上，并由此展开。"⑥ 劳动合同是劳动报酬权的存在基础，但是，为了保障劳动者的权益，即便是没有书面的劳动合同，事实劳动关系同样也可以产生劳动报酬权之债。实习活动中，往往并无劳动合同存在，实习协议并非真正意义上的劳动合同，这并不意味着实习劳动报酬权的不存在，可以借用事实劳动关系而认定实习劳动报酬权的合法存在，毕竟在有些实习类型中，实习学生付出了事实上的劳动，特定之债的劳动报酬已经发生，"有劳动有报酬"，故实习劳动者发生了特定之债，相对应的债权人实习学生就享有其债权。

实习劳动报酬权之限制性应当正确看待，不能误读。不能认为其为相对权，就认为可有可无，相对权也应当遵循法律的规定，具有强制性；相对权也同样具有法

---

① 金可可：《论绝对权与相对权——以德国民法学为中心》，载《山东社会科学》2008 年第 11 期。
② 史尚宽：《民法总论》，中国政法大学出版社 2000 年版，第 22 页。
③ 金可可：《论绝对权与相对权——以德国民法学为中心》，载《山东社会科学》2008 年第 11 期。
④⑤ 谢德成：《论劳动报酬权的优先权属性》，载《河北法学》2004 年第 12 期。
⑥ 黄越钦：《劳动法新论》，中国政法大学出版社 2003 年版，第 81 页。

定拘束力，并非可以任意妄为；相对权也有强制执行力，并非随意执行或不执行；同时，相对权也并不排斥劳动报酬权之优先权。

另外，从社会法的角度看，劳动报酬权还可以划归为社会性权利。社会性权利是社会群体利益之权利，权利主体通常为社会弱者，社会性权利主要依靠公法的干预而实现。①

"社会权则是与福利国家或积极性国家的国家观相对应的基本人权，其目的在于消除伴随资本主义的高度化发展而产生的贫困和失业等社会弊端，为此要求国家积极地干预社会经济，保护和帮助弱者"。② 劳动者是弱者，实习学生也是社会弱者，无论从劳动者还是学生的角度，实习学生都需要国家和社会的特别保护，劳动报酬权的实现需要公法的强制介入，而不能由当事人自由约定，因此，实习劳动报酬权也同一般的劳动报酬权一样，属于社会权之一种，那么，如果实习学生已经付出了实际劳动，就应当具备社会权之属性而应当得到强制性保障。

二、平等权的基本要求——有同工有同酬

有薪实习不仅是劳动报酬权的体现，更是公民平等权的基本要义。平等权既是抽象的基本人权和宪法基本权利，又是法律赋予公民不可或缺的具体权利。在我国，平等权不仅是法律规定的重要权利，还是社会主义核心价值观的重要内容之一。实习学生与其他劳动者一样享有抽象和具体的平等权，任何单位和个人都不能剥夺或侵犯实习学生之平等权。

（一）平等权与同工同酬的内涵

实习劳动薪酬制度应当充分体现和保障实习学生的平等权，该平等权的基本内涵是平等的劳动报酬权，包括同工同酬权、同工同保险权，还包括平等享受最低工资和加班工资权利。

宏观层面，有薪实习彰显和弘扬了平等权基本精神，而无薪实习则违法了平等权。有薪实习完全符合平等权基本法理，其宏观具象是：首先，无薪实习违反了"相同的人相同对待或保护"之平等权第一层基本内涵，因为实习学生与实习单位正式劳动者一样，都付出了劳动，二者都应当享有劳动报酬权，二者属于平等权保

---

① 谢德成：《论劳动报酬权的优先权属性》，载《河北法学》2004 年第 12 期。
② ［日］大须贺明著，林浩译：《生存权论》，法律出版社 2001 年版，第 12 页。

护的"相同的人";其次，无薪实习违背了"不同的人不同对待或保护"之平等权第二层基本内涵，因为实习学生与实习单位正式劳动者虽然都付出了劳动，但是，仍然有所不同，二者属于"不同的人"，应当分别对待或保护，故此，实习劳动报酬并非要求与正式劳动者完全一样，而是有所差别，有薪实习可以是正式劳动者工资之一定的比例，或者是最低工资标准之一定的比例，这种差别仍然是平等权特别是平等劳动报酬权的体现，合法而正当，但是不能"一刀切"式实行无薪实习，否则就违反了平等权包括平等劳动报酬权，无薪实习既是不合平等权基本法理的行为，又是违反宪法和法律规范的行为。

微观层面，实习劳动报酬权体现的是平等权之同工同酬权。无薪实习不符合平等权的具体微观表象是无薪实习明显剥夺了实习学生之同工同酬权或同工同酬原则，其中还包括同工同保险权。后文将重点分析实习劳动报酬权之微观层面的法理基础——同工同酬权。

同工同酬又称为同工同酬权或者同工同酬原则，可以认为同工同酬既是同工同酬权之简称，也可以认为是同工同酬原则之简称。同工同酬的争议和茫惑主要是：它到底是法律原则，还是权利？抑或二者兼有？

有人认为，同工同酬原则所蕴含的实质公平及对歧视的反抗和对平等的追求，不容置疑；但是，从原则到规则，从愿望到诉求，同工同酬权是否成为劳动者一项实实在在的权利，尚需司法实践检视。[1]

笔者认为，同工同酬既是一项法律原则，又是一种具体权利，它是公民特别是劳动者具体的劳动权利之一。主要理由是同工同酬是平等权之下位概念，而平等权既是法律原则，又是具体权利，因而，完全有理由推定：平等权下的同工同酬亦相应的既是原则——同工同酬原则，也是一项具体的权利——同工同酬权，总体上，二者完全可以通用。

同工同酬之原则属性也是包括宏观和微观两大层面，第一，它是宪法性平等原则下的一项基本原则即宪法性同工同酬原则；第二，它又是一项具体的法律原则，主要是劳动法（含工资法和劳动合同法）的重要原则之一。

同工同酬权或同工同酬原则，首先是国际社会通行的基本行为准则，具有国际法地位，各承认国（加入国）都应当认真履行同工同酬之国际义务和责任。

《世界人权宣言》第 23 条之"同工同酬"规定："每一个工作的人，有权享受公正和合适的报酬，保证使他本人和家属有一个符合人道的生活条件。"[2] 同工同酬

---

[1] 梁桂平：《同工同酬权司法救济的检省与矫正——以 2013 年度 102 份裁判文书为样本》，载《河北法学》2015 年第 7 期。

[2] 闫冬：《同工同酬原则的语境和困境》，载《环球法律评论》2011 年第 6 期。

核心国际公约是国际劳工组织的 1951 年的《同工同酬公约》①、1958 年的《（就业和职业）歧视公约》和 1964 年的《就业政策公约》等。我国分别于 1990 年和 2006 年批准加入了前两个公约。《同工同酬公约》规定：批准国应当以适当的手段，保证在一切工人中实行男女同工同酬的原则。②

同工同酬的内涵界定也还存在较大争议，没有统一的定义。有人认为同工同酬是指用人单位对于从事相同工作、付出等量劳动且取得相同劳绩的劳动者，应支付同等的劳动报酬，其中"同工"必须同时包括同样的岗位、同样的劳动付出和同样的劳动成果，三者缺一不可。③

还有学者从"同等价值"之一个维度认为：同工同酬指同等价值的劳动应当得到同等的报酬，而不论劳动者的性别如何。④

我国现行法律对同工同酬的内涵并无明确界定，导致司法机关对同工同酬的认定标准不一，司法实践难以精准拿捏同工同酬。同工同酬之"工"从工作岗位扩展到工作价值，"酬"的界定不宜过宽。我国司法界有四种判断：第一，同工指同一工作岗位，同工同酬是针对同岗位、同工作性质而言，与劳动者的劳动技能与劳动熟练程度有关。第二，相同工作、付出等量劳动和相同的业绩。第三，同岗并不必然同酬，如有法院认为"用人单位因劳动者的不同学历、工作经验、工作技能、工作态度等，可以给予相同工作岗位的劳动者在劳动报酬方面有所差别"。第四，劳动者的主体身份是同工同酬的前提条件，如有法院认为"同工同酬的条件是员工之间有相同的考核评价体系，且处于相同的工资收入分配体制机制"。⑤ 如此实证总结，从我国司法实践案例中总结的同工同酬各种认定标准各不相同，充分说明了同工同酬认定的困难与困惑，也反映了同工同酬权实现之难，实习学生之同工同酬权的实现也将面临更大的挑战和不确定性。

难怪有学者感慨：同工同酬虽然已经成为我国劳动法中的独立原则，并成为收入分配制度改革中的一个重要目标，但是，该原则由于缺乏明确可行的实施路径，"在我国鲜有任何值得称道的效果"。⑥

笔者认为，虽然同工同酬之内涵界定还存在较大不确定性和诸多实际困惑，实

---

① 有人翻译为《同等报酬公约》或《对男女同等价值的工作付与同等报酬公约》（林艳玲：《国际劳工标准与中国劳动法比较研究》，中国工人出版社 2015 年版，第 145～146 页）。该书既译为《同等报酬公约》，又译为《对男女同等价值的工作付与同等报酬公约》，并无统一译法。
② 林艳玲：《国际劳工标准与中国劳动法比较研究》，中国工人出版社 2015 年版，第 182 页。
③ 卫秀萍：《如何正确理解劳动者的同工同酬权》，载《工人日报》2014 年 11 月 1 日第 6 版。
④ 林艳玲：《国际劳工标准与中国劳动法比较研究》，中国工人出版社 2015 年版，第 183 页。
⑤ 梁桂平：《同工同酬权司法救济的检省与矫正——以 2013 年度 102 份裁判文书为样本》，载《河北法学》2015 年第 7 期。
⑥ 闫冬：《同工同酬原则的语境和困境》，载《环球法律评论》2011 年第 6 期。

践中效果也不是太理想，但是，我们不能因此而否则同工同酬原则或同工同酬权之法理价值和制度目标追求，我们既要崇尚和严格遵循同工同酬原则，又要不断完善具体的制度设计，更需要与日俱进地将实习（含学徒和就业见习）纳入同工同酬的基本范畴，并有效设计同工同酬之实习薪酬制度。

（二）同工同酬与反歧视

实习同工同酬权还要特别注意与反歧视制度的关联性，不能丢掉同工同酬之反对歧视包含反就业歧视、身份歧视、待遇歧视等基本旨要。

从历史的角度审视同工同酬，同工同酬原本就属于反歧视原则下的衍生产品，同工同酬与反劳动歧视具有历史的关联性，即同工同酬不能离开反劳动歧视而独立存在和实现。

同工同酬原则是伴随着反歧视历史而产生的，是在反抗性别歧视中形成的原则。同工同酬原则不仅源于反歧视，而且在域外的司法实践中往往也依托这一语境来进行，比如英国就是通过反歧视而使同工同酬原则的实现成为了可能，并为同工同酬之制度和实践提供了成功范式。①

从西方发达国家同工同酬制度的设计与实践，都始终伴随着反歧视，说明了同工同酬的实现必须与反歧视紧密关联，而我国目前的同工同酬制度设计"偏移"了这一轨道。如何正确看待这一现象，对我国破解同工同酬难题非常重要。

无薪实习原则上属于歧视而导致的不平等待遇，这应当归属就业歧视之一种，笔者将其划分为两种基本类别：横向实习歧视和纵向实习歧视。

1. 横向实习歧视

此种实习歧视可分为两种：一是实习学生与劳动者之横向比较而产生的歧视；二是有薪实习学生与无薪实习学生之横向比较。前者是实习学生与实习单位正式劳动者"同工"，但是不"同酬"，且是最为严重的"无酬"，这属于典型的身份歧视而导致的劳动报酬歧视。对于后者，横向实习歧视是由于有薪实习与无薪实习并存而造成的歧视，即便是普遍实行有薪实习的国家如法国和德国等，有薪实习也不是"一刀切"式的全部都是有薪实习，一般是时间比较长的实习才能有实习劳动报酬，如法国是两个月以上的实习才能享有实习报酬，我国目前的职业院校实习是顶岗实习才强制实行有薪实习制度，在此种有薪实习与无薪实习并存局面下，最易于导致横向歧视，即无薪实习的学生就属于被歧视的对象，这种横向实习歧视，最易于导致实习学生之比较，直接导致学校进行实习派遣之难。

---

① 闫冬：《同工同酬原则的语境和困境》，载《环球法律评论》2011 年第 6 期。

2. 纵向实习歧视

纵向实习歧视是收费实习包括付费实习及付费内推实习而导致的实习歧视，具体指实习单位向实习派遣学校或者实习学生个人收取实习费用或管理费用，或者是所谓基地"共建费"或校企合作投资费用等。伴随着各种各样的收费实习而产生的普遍现象是无薪实习，进而无薪实习导致不平等之歧视，偶尔只有极少数实习单位从已经收取的费用中，拿出一部分作为实习学生的实习劳动报酬或补助或津贴。高校实习经费的另外一条重要来源是人力资源和社会保障部门的专项实习经费，该实习经费是按照实习学生的人头数量下拨给高校，公开的秘密是高校一般都没有将这项经费直接发给学生，而是交给了实习单位，实习学生并没有享受到国家的专项实习补助，更遑论实习薪酬。实习学生没有享受到上面的实习待遇和实习劳动报酬，并且还不得不"被迫"参加无薪实习。与有薪实习相比较，这样的收费实习（含自愿性的付费实习及付费内推实习）直接破坏了公平和正义，属于典型的实习歧视，更勿论平等的实习报酬权。

因此，反实习歧视或反就业歧视，都应当与收费实习做坚决斗争，正印证了"权利是斗争来的"。不仅从国家政府层面上，实行各个高校财政拨款和实习专项资金公正平等的分配，极力排除各种歧视性政策，平等对待所有的高校和所有的大学生（含实习学生）；而且还要从各个实习派遣学校和实习单位的层面上，平等对待不同的实习学生，排除对实习学生的差别待遇，普遍推行有薪实习，只有这样才能让实习学生普遍感受到获得感、幸福感和安全感。

三、集体劳动权之诉求——有协商有谈判

按照劳动法的一般原理，劳动权益除了个体劳动权益外，还有一个有别于其他权利的集体劳动权，主要是集体劳动三权——结社权、集体协商谈判权和集体争议权，其中的集体协商谈判权是核心权利，特别是劳动者工资等福利待遇问题应当实行集体协商谈判制度，即工资集体协商谈判制度。

工资集体协商是指工会或职工代表与企业代表，依法就企业内部工资分配制度、工资分配形式、工资水平及年度增长速度、奖金和津贴分配和其他履行合同有关的权利义务等问题进行平等协商谈判，并依法签订书面集体协议的行为。[①]

工资集体协商谈判是世界上普遍推行的集体协商谈判制度之一，我国在各级工

---

① 宋晓波、问清泓：《我国工资集体协商制度探析》，载《北京市工会干部学院学报》2011 年第 3 期。

会的组织和领导下，工资集体协商谈判取得了世人瞩目的成绩，为《集体合同法》和《工资法》的出台奠定了实践基础。但是，我国实习（包括学徒和就业见习）中，实习学生之集体劳动权还一直是新生事物，理论界和实践界都鲜有提及，更勿论制度与实践范式，实习劳动报酬之集体协商谈判几乎完全空白。

（一）实习劳动报酬集体协商谈判的主要内容

实习薪酬是劳动者（特殊劳动者）的工资待遇，属于劳动工资的一种，因此，劳动法之工资集体协商谈判制度完全适用于实习劳动报酬，换言之，实习薪酬制度的法理基础之一就是工资集体协商谈判，实习薪酬不能离开集体协商谈判。有薪实习和无薪实习都要进行集体协商谈判，都应当符合工资集体协商谈判的基本要求，这样才具有正当性和合理性，实习学生的实习劳动报酬集体协商谈判权才能够实现。

实习劳动报酬集体协商谈判的主要内容与一般性的工资集体协商谈判并无太大区别，其中心仍然是劳动报酬，只不过为特殊劳动者（实习学生）的实习报酬。其主要包括五大方面：

第一，实习劳动报酬和实习补助或津贴的支付标准、支付方式等。目前，许多国家或地区的实习生劳动报酬一般都是参照最低工资标准或试用期工资标准，或等于最低工资标准，或是最低工资标准之一定比例（我国是80%）；在不违反法律法规之强制性最低标准的前提下，可以通过集体协商谈判，确定实习单位之实习报酬标准。

第二，实习加班及其加班工资或补助。加班费的最低标准同样适用劳动法的一般规定，平时加班费至少为实习学生日工资的150%，周六周日加班为200%，法定节假日为300%；加班工资在不低于这些最低标准时，可以通过集体协商谈判确定最终支付标准。

第三，实习保险。集体协商谈判除了实习工资方面的基本要素外，还应当将实习保险纳入集体协商谈判的范畴，通过多方协商谈判，共同确定实习保险的类型、保险费分摊比例、保险待遇等实习保险事宜。

第四，签订实习报酬协议或条款。集体协商谈判的结果是集体合同的签订，实习劳动报酬协商谈判的结果就是签订实习报酬协议或条款，其主要包括实习劳动报酬和实习保险协议或条款，实习劳动报酬可以是单独的协议，也可以是"嵌入"集体合同或实习协议之专项条款，还可以作为本实习单位之劳动规章制度的重要条款，或者是实习单位单列的实习规章制度条款之一。

第五，无薪实习。实习劳动报酬集体协商谈判与一般性集体协商谈判（单位一般劳动者工资集体协商谈判）最大的区别是，是否在本单位实行有薪实习还是无薪实习，在没有法律强制性要求时，也应当进行集体协商谈判，即应当通过集体协商谈判的形式确定是有薪实习还是无薪实习，而不能完全由实习单位或雇主单方面自己确定，这属于劳动关系"劳资共决"制度的重要内容之一，这既是集体劳动法之一般原理要求，也是现代法治社会之基本要义，更是广大实习学生之实习诉求。

（二）实习劳动报酬集体协商谈判的基本程序

实习劳动报酬集体协商谈判的程序，应当遵循一般的工资集体协商谈判之程序，主要不同是协商谈判结果之公示程序不同：实习劳动报酬协商谈判结果除了应当在实习单位公示外，还应当在相关实习派遣学校进行公示，以便充分保障实习学生之实习知情权和实习选择权，让广大实习学生在实习前就能够了解拟实习单位的情况，并作出自己的选择。特别要注意的是，如果集体协商谈判结果是无薪实习，则更应当事先提供给实习派遣学校，应当如实告知给实习学生及家长或监护人，不能遗漏或隐瞒，以免发生实习派遣之难，或者避免相关矛盾和争议的发生。

（三）实习劳动报酬集体协商谈判的基本机制——"六方机制"

实习报酬集体协商谈判制度的构建完全可以搭上劳动关系"三方机制"之"便车"而"轻车熟路"。只不过在"三方机制"之"三方"基础上，再增加"三方"，创新性塑造实习劳动报酬集体协商谈判之"六方机制"。

新"六方机制"中工会是代表劳动者的一方，但是，由于我国工会之官方性质，往往"误认为"难以真正代表劳方而得到劳动者的信任，因此，笔者认为，应当将劳动者代表直接增加到三方机制中，由其直接代表劳动者；与此相对应，构建实习薪酬制度"六方机制"，劳方代表为实习学生代表与正式劳动者代表；另外，由于实习关系的特殊性，实习派遣学校在实习关系中具有不可或缺的地位，实习集体协商谈判更是不能离开实习派遣学校，实习派遣学校应当在实习报酬集体协商谈判中发挥重要作用，因此，还应当增加实习派遣学校为新的代表方。

另外，在实习劳动薪酬集体协商谈判"六方机制"中，为了有效地发挥工会的积极作用和保障实习学生的权益，并平衡协商谈判"劳资"或"学资"力量，工会一方应当增设为"两方"，即增加实习派遣学校的工会代表。实习派遣学校之工会代表学校工会组织，应当成为实习学生的直接"代言人"。此学校工会之代表区别于实习派遣学校之代表：学校工会不代表学校而是代表实习学生，毕竟实习学生还没有涉世经历，更无协商谈判经验可言，这样，集体协商谈判之工会一方实则包括了两大方面的工会组织，一方面代表实习单位之工会，另一方面代表实习学生之学校工会。

实习劳动报酬集体协商谈判"六方机制"，不仅完全可以保障实习学生的劳动报酬权，还可以兼顾实习派遣学校和实习单位的利益，是一种多赢制度选择和治理机制。

综上，实习学生应当享有集体劳动权，其实习劳动报酬集体协商谈判也应当成为实习薪酬制度的法理基础和制度范式；实习劳动报酬集体协商谈判可以融入一般工资集体协商谈判，或者单独进行，二者具有较大一致性，但是，要特别注意将无薪实习纳入其中，有薪还是无薪，不能再由实习单位自行决断即"单决"，而应当由集体协商谈判来"共决"；实习劳动报酬集体协商谈判之机制选择，可以搭上非常成熟而发达的三方机制之"便车"，并拓展为新的实习关系调整和治理之"六方机制"。

四、权益保障救济之需——有权利有救济

实习劳动薪酬制度是为了保障实习学生劳动报酬权的实现，也是实习学生权益保障与救济的需要，有救济才有权利，没有救济就难以保障实习权益的实现。只有构建起有效的实习劳动薪酬法律制度，才能真正保障与救济实习学生之劳动权益，才能实现同工同酬和免受歧视。

实习劳动报酬权救济主要包括两大方面：一是同工同酬之救济；二是就业歧视之救济。因按照国际惯例，同工同酬与反歧视天然不可分离，笔者只能将二者合并为实习学生权益保障救济——同工同酬与反歧视之救济。

同工同酬是公民平等权的重要内容之一，它既是一项原则，又是一项具体权利即同工同酬权，同工同酬权还属于公民劳动报酬权的范畴。不论是资本主义国家，还是社会主义国家，它都是劳动者（雇员）的基本权利，应当得到全面而有效的彰显和保障。但是，现实中，无论国外还是国内，它都还有相当大的实现障碍，离制度目标有相当大的距离。

还有法官认为，同工同酬从至高无上的原则和规则，从美好愿望到真实的案件诉求，同工同酬权是否已经成为劳动者之实实在在的权利，尚需从司法实践之检视，而同工同酬权司法救济之诸多实践案例表明其并不乐观。[①]

因同工同酬之制度起源于反歧视，英国和美国都是将同工同酬之司法救济与反歧视问题紧密结合的，"通过反歧视手段来实现同工同酬"[②]。

英国通过反歧视而救济同工同酬的做法更加值得称道。英国通过反歧视之救济

[①] 梁桂平：《同工同酬权司法救济的检省与矫正——以 2013 年度 102 份裁判文书为样本》，载《河北法学》2015 年第 7 期。

[②] 闫冬：《同工同酬原则的语境和困境》，载《环球法律评论》2011 年第 6 期。

而使同工同酬易于实现的成功经验，可以概述为以下四个方面：

一是歧视的界定即是否同工同酬，依据歧视方与参照方之比较。司法机关通过被歧视方与参照方之间的比较，可以直观地认定是否存在同工不同酬。这样就克服了同工同酬界定难题——"同工"参照方难寻，因为在反歧视案件中，被歧视方之相对方常常是容易确定的，比如在性别歧视中，被歧视一方女职工之相对方就是同一岗位上的男性职工，同酬与否可以直接通过对比其工资，而认定是否相同即"同酬"，这种方法相对于抽象认定是否"同工"与"同酬"要直观且容易得多。

二是立法将就业歧视分为直接歧视和间接歧视两大类，并据此分别规定各自的抗辩事由。直接歧视是指非因工作必须与合理的需要，雇主直接给予此人相对于其他人之不利待遇或者是更多的付出。间接歧视是指在相似情况下，基于看似中立的规定或条件，它将某些人被置于不利地位，从而导致其实质上受到不平等待遇。①英国《性别歧视法》具体而明确规定了直接歧视的八种抗辩事由。对直接歧视而引起的同工不同酬，不允许有任何抗辩理由。

三是明确列举歧视之法定类型。英国反歧视法律通过直接列举歧视种类，减小同工同酬风险。欧盟指令中有消除年龄、种族、性别、宗教信仰、国籍、残疾和性取向的歧视类型，英国基本上与之一致，不同的是，英国对各种法定歧视类型都有规定了明确的认定标准和程序，可操作性和可控性更强。

四是举证责任的特殊性——举证责任倒置。英国法院对举证责任采取了举证责任倒置的立场，即如果雇主的行为涉嫌用工不公，则应由被告即雇主举证，证明自己之合理性，而就业歧视之受害人（即原告）无须举证。英国于 2001 年制定了《性别歧视（间接歧视和举证责任）条例》，加大了被告的举证责任。②

针对同工同酬举证责任分配问题，结合我国同工同酬司法实践中的"短板"，我国也有法官主张，在同工同酬诉讼中，由用人单位负主要举证责任，劳动者仅对基础事实负举证责任，原因是用人单位直接掌控着劳动者劳动及劳动薪酬的发放，理应对同工同酬诉讼负主要举证责任。③

英国反歧视与同工同酬法律制度，虽然也还存在需要改进之处，但是，其比较成熟的经验和较强可操作性，而成为了英国实现同工同酬的最佳制度选择。④

同工同酬举证责任的分配，仅仅靠用人单位负主要的举证责任，还远远不够，应当实行像英国那样的真正意义上的举证责任倒置，这样才更有利于反歧视和保障劳动者同工同酬权；同时，由于实习学生更需要法律特别或倾斜保护，在实习关系

---

①②④ 闫冬：《同工同酬原则的语境和困境》，载《环球法律评论》2011 年第 6 期。
③ 梁桂平：《同工同酬权司法救济的检省与矫正——以 2013 年度 102 份裁判文书为样本》，载《河北法学》2015 年第 7 期。

中，如果实习学生遭受了实习单位的实习歧视（就业歧视之一种），应当完全由歧视人即实习单位负举证责任。

在一般劳动者之同工同酬权及反就业歧视的救济，都是困难重重的普遍情势下，实习之同工同酬权与反实习歧视的救济更是"雪上加霜"。如果再缺乏法律明确规定，实习学生权益保障将是难上加难。因此，我国同工同酬及反就业歧视立法亟待跟进。

第三节　实习薪酬制度塑造建议

实习劳动薪酬制度理论研究与实践经验都还非常薄弱，实习劳动薪酬制度塑造具有较大挑战性。笔者认为，塑造路径可以是：第一，分层设计——有薪实习与无薪实习兼顾；第二，堵疏结合——付费实习与收费实习同治；第三，加强链接——最低工资与加班工资并联；第四，整合搭载——实习薪酬与类似关系齐管。

一、分层设计——有薪实习与无薪实习兼顾

实习劳动薪酬制度是一项全新的实习制度，其在全世界范围内都还非常薄弱，实习劳动薪酬制度构建还没有成熟的模式可供参鉴。中国是实习大国，实习学生数量和体量都是世界第一，现有域外经验根本难以符合和满足中国之需，加强实习制度理论和实践研究已经迫在眉睫，中国式实习劳动薪酬制度亟待塑造。

实习劳动薪酬制度具有自身的特色，其中既要践行有劳动有报酬之精神，而设置有薪实习；但是，因为实习活动之特殊性，毕竟其与一般性劳动还存在较大差异，而又不能"一刀切"式全部为有薪实习，故此，实习劳动薪酬制度应当分层设计，将有薪实习和无薪实习一并纳入制度规范。

第一层次是总体宏观架构分层。实习劳动薪酬制度应当同时设计有薪实习与无薪实习两大基本类别。首先，有薪实习与无薪实习之类型化与法定化，应当分别规定二者的各自类型，并且还要法定化，即通过《实习法》或《实习促进法》，或者其他相关法律法规明确界定有薪和无薪之实习类别。

实习薪酬类型化的难点和分歧是以什么作为分类的依据或标准？笔者纵观主要国家或地区的实习类型化，主要采取以下两大方式：一是以"身份"为类型化之基

本要件，将具有一般劳动者（雇员或工作）身份的实习界定为有薪实习，而纯粹是学生身份的实习划归为无薪实习，此种类型化的典型代表是英国和美国；二是以"时间"长短为实习类型化基本要件，对实习时间较长的实行有薪实习（含最低工资标准），而对实习时间较短的实习则实行无薪实习，此类分层设计的典范是法国和德国。这两种类型化方式并非绝对化，其中也有二者的交叉和融合，有时一个国家也是二者兼有，只不过有主次之分而已。

英国以实习学生之不同身份为标准，将各类实习分为五大基本类别：一是工作者式实习；二是课程学习式实习；三是志愿者式实习；四是影子式工作实习（work shadowing）；五是雇员类实习。① 一般只有工作者式实习和雇员类实习才是有薪实习，即实习学生有权享受国家最低工资标准，其他三类基本上都是无薪实习。

英国有薪实习与享受国家最低工资标准的劳动具有高度一致性，即有薪实习者就完全有权享受国家最低工资；而无薪实习都不能享受国家最低工资标准。

美国是无薪实习的典型。美国有薪实习之认定非常严苛，身份界定为关键因素。只有符合法律或法院判定的"雇员"身份，实习生才能够享有实习劳动报酬权。

如果不属于"雇员"，则为纯粹的无薪实习，即教育类的实习生，则雇用方可豁免适用有关法律。美国是典型的判例法国家，无薪实习之认定标准本质上来源于美国高等法院对"工作"的界定，而美国高等法院认为"工作"并不包括：一个人仅仅为自己的兴趣或者需要其他雇员提供帮助或指导等形式的工作，这定义决定了实习是否属于"工作"。② 可见，美国实习生是否具有雇员身份和工作定义，是决定有薪实习还是无薪实习的关键。

美国有关无薪实习的认定标准非常具体而明确，比有薪实习更加详细和自由。美国联邦劳工部提出了确定无薪实习的六大标准③：第一，实习生实际运用了雇主提供的一切设施，但该实习仍然与培训相似；第二，此类岗位的工作经验主要是为了实习生的福祉；第三，实习生不能够取代正式员工，实习生的劳动是在正式员工的指导下进行的；第四，实习单位即雇主没有从实习中获得利益，相反，实习还可能增加运营成本；第五，实习结束后，实习生未获得工作机会；第六，雇主和实习生达成无薪协议。如果已符合以上六大标准，此实习关系并不受公平劳动标准法案、最低工资法案的保护。④

英国和美国之有关实习生法定身份的界定，比较翔实，但是，实践中真正认定

---

①②③ 肖鹏燕：《美英大学生实习的就业权益保护研究》，载《中国高教研究》2017 年第 1 期。

④ U. S. Department of Labor Wage and Hour Division. Fact sheet #71：Intership Programs Under the Fair Labor tandard Act［EB/OL］.（2010 – 04）［2020 – 09 – 02］. http：//www. csun. edu/sites/default/files/internship – programs – fair – labor – standards – act. pdf.

起来却非常困难，即便是进行诉讼，诉讼程序也比较复杂，获得最终的有薪认定也并非易事，这些都妨碍和阻隔了有薪实习的实现路径，从而非常容易导致实习薪酬制度之制度设计与现实之巨大反差。

法国和德国的实习劳动薪酬制度更加具有可行性和实用性，其成功经验并非像英国和美国那样完全采取"身份"标准而进行类型化，而是采取了更加简便易行的类型化方法——以实习时间之长短为参照标准，对实习时间较长的，实现有薪实习，而时间较短的实习则为无薪实习。

法国规定凡是超过 2 个月的实习，实习学生就应当享有实习劳动报酬权；2 个月以下的短期实习则为无薪实习。

德国规定，3 个月以下的实习属于无薪实习，并且不适用最低工资标准。德国法规定：如果为了完成中学或者大学学业，而在企业中进行不超过 3 个月的实习的实习生，不适用最低工资标准制度；相反，如果已经完成了培训或者学业，却仍然以"实习生"名义被雇用，并不妨碍最低工资请求。[①] 如果实习在职业教育或大学学习结束后开始，并且不传授附加技能、不提供特别专业性照顾或者对实践能力的学习并不明显突出，则即使是合同之名称为"实习"，也不妨碍认定劳动关系的存在；并且如果认定了劳动关系，就必须按照通常工资额度支付工资。[②] 德国法之实习劳动薪酬制度有两大特色：一是明确规定了实习劳动的薪酬标准与最低工资标准的关系；二是有薪实习并非"一刀切"，而是分层设计，3 个月以下的实习可以是无薪实习。此无薪实习的时间认定标准长于法国的 2 个月。

笔者认为，我国的实习劳动薪酬制度的微观分层设计，也可以采取上述的两条"路线"——身份界定和实习时间区分，或者是二者融合。

在实习身份界定上，我国应当特别注意微观分层设计：第一，立法将实习学生界定为特殊劳动者，明确实习关系受劳动法和劳动合同法的调整；第二，微观分层上，应当同时将学徒关系和就业见习纳入劳动法和劳动合同法的调整范围，在实习法定类型化上明确将学徒与就业见习列为广义实习的范畴，一并构建劳动薪酬制度，以克服学徒与就业见习无法调整之传统积弊；第三，微观分层上，还应当与试用期制度衔接起来，可以将实习学生身份"类比"于同一实习单位的试用者身份，让二者享受相同的劳动报酬待遇，以彰显同工同酬原则和权利；第四，微观分层上，应当与临时性用工或共享经济下新型劳动用工等不完全劳动关系结合起来，将实习学生身份"类比"于同一实习单位的临时性劳动者或新型劳动用工者之身份，让他们平等享有

---

① ［德］沃尔夫冈·多伊普勒著，王倩译：《德国劳动法》（第 11 版），上海人民出版社 2016 年版，第 237 页。
② ［德］瓦尔特曼著，沈建峰译：《德国劳动法》，法律出版社 2014 年版，第 313 页。

最低工资保障和社会保险（主要是工伤保险）待遇；第五，微观分层上，还要与大学生勤工俭学相关联，毕竟二者具有许多相同点，二者的劳动报酬标准可以统一设定。

在实习时间界定上，我国应当结合自己的国情，也为了广大实习学生的利益，在有薪实习之类型化上，实习时间标准可以吸收法国和德国的经验，但是，不能照搬照套，应当进行改良，应当实行最低保障工资之普惠制度。可以将实习时间参照标准缩短为一个月，即超过或等于一个月的实习，应当划归为有薪实习的范畴，并不得低于当地的最低工资标准；短于一个月的实习则普遍视为无薪实习。

还可以将实习身份和实习时间界定交叉融合起来，在考量实习学生是否属于特殊劳动者而适用劳动法和劳动合同法时，再根据实习时间的长短不同，而分别设计其实习劳动薪酬的具体标准，而不是"一刀切"式实行绝对相同的工资。时间越长则劳动报酬越高，即根据实习时间的长短设计"梯级"之"递增"式实习工资结构，最低标准是以一个月为基础，最低为当地最低工资标准，最长的可以参照实习单位正式劳动者之工资或者是其适当的比例，其重要好处是，不仅可以保障超过一个月时间的实习都有实习劳动报酬，还可以彰示"按劳分配"精神，并有效激励实习学生之实习积极性和主动性，以便有力发挥工资之激励机制，实现实习劳动报酬权之合理性和公正性价值目标和追求。

综上，无论我国今后采取哪种分层设计模式，都应当由法律法规明确规定，而不是自由放任，更不能由实习单位或实习派遣学校自由决定，亦不可由实习单位或实习派遣学校与实习学生自由约定。

二、堵疏结合——付费实习与收费实习同治

实习劳动薪酬制度的构建，应当"两手抓"并"两手硬"，除了"正面"而直接具体的规则设置外，还不能缺少对"负面"清单的排除。实习劳动薪酬中的主要"负面"清单就是付费实习，包括盛行的"付费内推实习"，还应当包括收费实习。

立法启动并非易事，我们也不能坐等实习法律法规的出台，而是可以采取堵疏结合之措施，逐渐积累付费实习与收费实习之实践治理经验。

（一）付费内推实习之治理与茫惑[①]

我国目前的有些法律法规可以直接适用付费内推实习，付费内推实习之法律治

---

① 本节部分内容已发表于《"付费内推实习"治理研究》，载《河南科技学院学报》2021 年第 8 期。

理还是有一定的明确依据的。具体梳理如下：

1. 民法治理规范

民法是"母法"，治理付费内推实习也应当首先从民法中寻找有效而明确的治理规范。

第一，付费内推实习违反了诚信原则。民法诚信原则具有统领性和泛在性，诚信原则完全可以直接适用于付费内推实习行为，付费内推实习本身就是违反诚实信用的行为，有的甚至就属于法律上的欺诈行为，对这样的欺诈行为完全可以追究其民事责任、行政责任，构成犯罪的，完全可以追究刑事责任。

第二，付费内推实习违反了违背公序良俗原则。公序良俗原则也是民法中具有源远流长的规范之一，虽然其司法适用一直存在较大争议和不确定性，但是我国《民法总则》与《民法典》已经将公序良俗原则正式纳入了民法的基本范畴，因此，用公序良俗原则治理付费内推实习也是一种非常可行的民法路径。

第三，付费内推实习违反了《民法典》。《民法典》已经通过并将于 2021 年 1 月 1 日起施行，"搭便车"治理付费内推实习具有相当大的可行性和可操作性。

首先，付费内推实习违反了我国《民法典》公平原则①。其次，付费内推实习违反了我国《民法典》诚信原则②。再次，付费内推实习违反了我国《民法典》公序良俗原则③。付费内推实习之中介组织应当遵守商业道德，维护交易安全，承担社会责任。最后，付费内推实习可以依据《民法典》进行救济：付费内推实习之欺诈行为应属无效行为，受欺诈实习学生有权请求人民法院或者仲裁机构予以撤销④，并追回已经缴纳的实习费用；如果付费内推实习是第三人（包括中介组织）实施的欺诈行为，权利人之实习学生有权请求人民法院或者仲裁机构予以撤销⑤，并追回已经缴纳的实习费用。关于付费内推实习之效力认定问题，也完全可以依据《民法典》进行确认：如果付费内推实习违反了法律、行政法规的强制性规定，则该行为直接无效；如果没有相关法律法规之规定，则可以以付费内推实习违反公序良俗而认定该行为无效。⑥ 如果付费内推实习是中介组织与实习单位或其"内鬼"之串通行为，该行为也属无效行为。⑦ 如果付费内推实习属于无效或者是被撤销的行为，

---

① 《民法典》第六条："民事主体从事民事活动，应当遵循公平原则，合理确定各方的权利和义务。"
② 《民法典》第七条："民事主体从事民事活动，应当遵循诚信原则，秉持诚实，恪守承诺。"
③ 《民法典》第八条："民事主体从事民事活动，不得违反法律，不得违背公序良俗。"第十条规定："处理民事纠纷，应当依照法律；法律没有规定的，可以适用习惯，但是不得违背公序良俗。"
④ 《民法典》第一百四十八条："一方以欺诈手段，使对方在违背真实意思的情况下实施的民事法律行为，受欺诈方有权请求人民法院或者仲裁机构予以撤销。"
⑤ 《民法典》第一百四十九条。
⑥ 《民法典》第一百五十三条。
⑦ 《民法典》第一百五十四条："行为人与相对人恶意串通，损害他人合法权益的民事法律行为无效。"

则该行为自始就没有任何法律约束力①，故此，实习学生已经支付的费用应当无条件返还；如果实习学生有其他损失，侵权人还应当赔偿其损失。②

由上可见，付费内推实习之治理，完全可以依据并充分发挥我国《民法典》的作用；即便是我国今后出台特别法《实习法》或《实习促进法》，也应当特别注意以《民法典》为基本范式，并将《民法典》作为《实习法》或《实习促进法》之一般法，以协调和有机衔接二法之关系，共同构建治理付费内推实习之制度规范。

2. 反不正当竞争法治理规范

我国《中华人民共和国反不正当竞争法》（以下简称《反不正当竞争法》）与《中华人民共和国反垄断法》（以下简称《反垄断法》）一并构成了市场经济之经济"宪法"，付费内推实习也属于市场经济和共享经济下的行为方式，它反映了市场经济和共享经济下实习供给与实习需求之"扭曲"现象，在治理实施行为主体——主要是中介组织时，可以将其纳入竞争法的治理范畴，即从付费内推实习实施主体之不正当竞争角度，规制非法付费内推实习行为。

第一，付费内推实习可以划归为法定不正当竞争行为。我国《反不正当竞争法》界定的不正当竞争行为包括了经营者扰乱市场竞争秩序、损害其他经营者或者消费者的合法权益的行为。付费内推实习实施主体主要是中介组织，它们违反了遵循"自愿、平等、公平、诚信"的竞争法原则，还扰乱了正常的实习市场竞争秩序，损害其他经营者或者实习学生的合法权益，因此，付费内推实习可以认定为不正当竞争行为。

第二，虚假或欺诈性付费内推实习行为可以具体划归为"虚假宣传"的不正当竞争行为。虚假或欺诈性付费内推实习行为完全符合我国《反不正当竞争法》所规制的"虚假宣传"行为③，虽然付费内推实习行为权利主体为不特定的一般主体，但仍然属于"虚假宣传"。

第三，付费内推实习行为可以划归"网络不正当竞争行为"之一。"网络不正当竞争行为"立法是我国《反不正当竞争法》2017年修改中的最大亮点与成果之一，对规制新型不正当竞争行为非常有利与有力。付费内推实习之中介组织往往借助发达的现代网络技术，进行实习信息（主要是虚假实习信息）发布、组织网络实习招聘，最后提供网络支付平台获取实习费用，因此，治理付费内推实习离不开对

---

① 《民法典》第一百五十五条："无效的或者被撤销的民事法律行为自始没有法律约束力。"
② 《民法典》第一百五十七条："民事法律行为无效、被撤销或者确定不发生效力后，行为人因该行为取得的财产，应当予以返还；不能返还或者没有必要返还的，应当折价补偿。有过错的一方应当赔偿对方由此所受到的损失；各方都有过错的，应当各自承担相应的责任。法律另有规定的，依照其规定。"
③ 《反不正当竞争法》第十一条："经营者不得编造、传播虚假信息或者误导性信息，损害竞争对手的商业信誉、商品声誉。"

网络环境之监管与治理。付费内推实习之经营者包括网络平台和实习招聘中介，二者单独或者二者之"共谋"或"串通"，都有可能属于利用技术手段，通过影响用户选择或者其他方式，实施妨碍、破坏其他经营者合法提供的网络产品或者服务正常运行的不正当竞争行为。[1]

第四，对付费内推实习之处罚。对虚假付费内推实习行为，可以由监督检查部门主要是工商行政管理部门责令停止违法行为，并处 20 万元以上 100 万元以下的罚款；情节严重的，处 100 万元以上 200 万元以下的罚款，还可以吊销其营业执照。如果经营者发布虚假广告，还将"转致"适用《中华人民共和国广告法》（以下简称《广告法》）的有关规定进行处罚。

因此，对虚假付费内推实习经营者之实习招聘中介或网络平台的处罚，既要依据《反不正当竞争法》，还要注意"转致"适用《广告法》；既要注意适用一般性的不正当竞争行为，还要特别注意认定其网络不正当竞争行为。

3. 广告法治理规范

我国《广告法》对虚假或欺诈性的付费内推实习行为具有明确的认定和处罚规范。

第一，虚假广告之认定。我国《广告法》明确规定：广告不得含有虚假或者引人误解的内容，不得欺骗、误导消费者。中介或网络平台发布了付费内推实习之虚假广告，属于违法行为。付费内推实习的中介或网络平台应当遵循诚实信用和公平竞争原则，否则违法。虚假或欺诈性的付费内推实习行为属于违反《广告法》的行为，其行为属于以虚假或者引人误解的内容欺骗、误导消费者即实习学生或家长，构成了欺骗性或误导性的虚假广告。

第二，保证承诺之违法认定。我国《广告法》还专门针对教育培训，明确规定了不得对教育培训的效果作出明示或者暗示的保证性承诺，也不得利用教育机构、行业协会、专业人士、受益者的名义或者形象进行推荐或证明，否则就属于违法行为，应当受到处罚。[2] 因此，在付费内推实习中广泛存在的"保证性承诺"可以直接明确认定为违法行为。

第三，违反《广告法》之处罚。我国《广告法》对虚假广告规定了非常详细而易于操作的处罚规范对发布虚假广告的，由市场监督管理部门责令停止发布虚假广告，并且可以处广告费用三倍以上五倍以下的罚款，如果广告费用无法计算或者明

---

[1] 《反不正当竞争法》第十二条。

[2] 《广告法》第二十四条："教育、培训广告不得含有下列内容：（1）对升学、通过考试、获得学位学历或者合格证书，或者对教育、培训的效果作出明示或者暗示的保证性承诺；（2）明示或者暗示有相关考试机构或者其工作人员、考试命题人员参与教育、培训；（3）利用科研单位、学术机构、教育机构、行业协会、专业人士、受益者的名义或者形象作推荐、证明。"

显偏低的，则可以处20万元以上100万元以下的罚款；对于虚假广告经营者或者发布者，也明确规定了处罚规则：如果广告经营者或者发布者明知或者应知广告是虚假的，但是仍然设计、制作、代理、发布的，则由市场监督管理部门没收广告费用，并处广告费用三倍以上五倍以下的罚款，广告费用无法计算或者明显偏低的，处20万元以上100万元以下的罚款；两年内有三次以上违法行为或者有其他严重情节的，处广告费用五倍以上十倍以下的罚款，广告费用无法计算或者明显偏低的，处100万元以上200万元以下的罚款，并可以吊销营业执照、吊销广告发布登记证件。广告主、广告经营者、广告发布者的行为，如果构成犯罪的，依法追究刑事责任。[①] 因此，对付费内推实习之虚假广告的处罚，完全可以直接适用《广告法》的有关规定。

如果求职（含实习招聘）平台涉嫌发布违法虚假广告（包括付费内推实习），将会受到法律处罚。2019年上半年，上海就有一例这样的处罚案例，上海凯洛格信息科技有限公司就因为发布了虚假广告，而被上海市长宁区市场监督管理局行政处罚。

我国《广告法》还专门针对教育培训，明确规定了不得对教育培训的效果作出明示或者暗示的保证性承诺，否则就属于违法行为，对此类违法广告的处罚是：可以处广告费用一倍以上三倍以下的罚款，如果广告费用无法计算或者明显偏低的，可以处10万元以上20万元以下的罚款；情节严重的，处广告费用三倍以上五倍以下的罚款，广告费用无法计算或者明显偏低的，处20万元以上100万元以下的罚款，可以吊销营业执照。[②]

综上，我国现行《广告法》对付费内推实习之虚假宣传以及保证性的保实习行为和推荐证明行为，完全可以依据《广告法》进行处罚，处罚依据和处罚数额非常明确，且无任何争议。

据《广告法》对付费内推实习之虚假宣传完全可以进行处罚，只不过这样的处罚案例较少。另外如果付费内推实习之宣传没有进行虚假宣传即为真实的付费内推实习宣传，该法也是无能为力的，需要依据其他法律予以处罚。

4. 教育法治理规范

我国教育法虽然与其他法律一样，没有直接将实习学生作为教育法律关系之调整对象，但是有关教育法规还是可以用来治理实习关系包括付费内推实习。付费内推实习有可能违法了《职业学校学生实习管理规定》。但是，不能一概而论认定付费内推实习行为是否合法与正当，需要具体情况具体分析。

第一，收取相关实习费用之违法。我国教育部颁布的《职业学校学生实习管理

---

① 《广告法》第五十五条。
② 《广告法》第五十八条。

规定》明确禁止了有关实习收费行为：职业学校和实习单位都不能够向学生收取实习押金、顶岗实习报酬提成、管理费或者其他形式的实习费用①。因此，根据此条，如果是实习单位或者实习派遣学校向实习学生收取了有关实习费用，当然包括付费内推实习之费用，则毫无疑义是违法（法规）的行为；但是，都是如果是中介收取的，则不能适用此条，而付费内推实习中中介的收费极其普遍，治理中介在付费内推实习中的行为则显得依据不足，也难以有所作为。

第二，中介有关行为之违法。我国《职业学校学生实习管理规定》第十五条第六项专门规定中介组织或有偿代理组织安排实习活动之违法性问题：职业学校和实习单位都不得通过中介机构或有偿代理组织、安排和管理学生实习工作。② 因此，如果实习活动或网络远程实习以及付费内推实习是由职业学校或实习单位委托中介组织或有偿代理组织进行的，或者是默认许可，则明显都是违法和不正当的行为；但是，该规范的最大缺漏是：如果不是有职业学校或实习单位委托中介或者默认的行为，即属于中介组织自己的行为（自身行为），而恰恰付费内推实习往往主要是中介自身行为，则不能适用此条规定，也就不能认定中介收取内推实习费是非法和不正当的。

第三，治理范围之局限性。依据《职业学校学生实习管理规定》认定与处罚付费内推实习时，还要特别注意该法规适用范围，其适用范围仅仅是各类职业院校，包括全日制学历教育的中等职业学校和高等职业学校，还包括非全日制职业教育、高中后中等职业教育之学生实习。③ 其适用范围最大的缺陷是：我国体量和数量都最为庞大的一般普通高校实习不能适用该规定。因此，治理付费内推实习也只能是少数的职业学校实习活动，不能以之治理普通高校实习。

5. 劳动法治理之难

我国《劳动法》和《劳动合同法》都没有直接将实习学生纳入其调整对象，我国劳动法包括劳动合同法调整的法定主体是劳动者与用人单位，而实习学生法定身份界定，无论是在学理上，还是立法上，也还都没有明确规定而达成共识，因此，实习学生劳动关系之劳动法调整具有较大困难，导致了我国实习关系之劳动法治理"囧"态。

第一，《劳动合同法》治理之茫。我国《劳动合同法》第九条明确规定：用人单位招用劳动者，不得要求劳动者提供担保或者向劳动者收取财物。此规定非常明确规

---

① 《职业学校学生实习管理规定》第十九条。
② 《职业学校学生实习管理规定》第十五条第六项："职业学校和实习单位要依法保障实习学生的基本权利，并不得有下列情形：（六）通过中介机构或有偿代理组织、安排和管理学生实习工作。"
③ 《职业学校学生实习管理规定》第三十八条。

定了用人单位不得向劳动者收费。但是，其规定的对象是用人单位和劳动者，并没有包括实习学生。我国有关实习关系立法的主要问题是实习学生的法律身份并非属于劳动法意义上的一般劳动者；加之付费内推实习之实施主体许多都是中介组织（包括网络中介和平台），并非属于劳动法意义上的用人单位（雇主），因此，付费内推实习适用劳动法就存在双方主体资格是否适格之问题，适用劳动法就存在着较大障碍。

第二，三方机制治理之行。笔者认为，我国目前的《劳动法》和《劳动合同法》虽然都还没有"特殊劳动者"或"准劳动者"之法律规范问题，也还一直没有将广义实习之学徒与学徒合同纳入法治轨道，其他法律关系也都缺乏将实习学生之劳动关系视为特殊的劳动关系与特殊的劳动者，但是，用现行劳动法治理实习劳动关系包括付费内推实习还是能够"发现"一些办法。比如，我国劳动法长期坚持实行的劳动关系"三方机制"，可以用来治理付费内推实习，我国《劳动合同法》规定了三方机制：其三方为县级以上人民政府劳动行政部门、工会和企业代表，三方共同研究解决劳动关系之重大问题；① 工会还应当在劳动关系之集体协商机制中发挥积极作用，维护劳动者合法权益。② 我国《劳动争议调解仲裁法》也规定了劳动关系"三方机制"：县级以上人民政府劳动行政部门应当与工会和企业代表建立劳动关系三方机制，共同研究解决劳动争议之重大问题。③ 因此，付费内推实习完全可以推定为劳动关系之"重大问题"，工会之介入、维权与治理实习劳动关系完全可行也完全必要。

第三，劳动法治理之惑。我国实习关系含付费内推实习劳动法治理之惑，还表现在明确的付费内推实习主要表象是狭义之实习，而广义实习之学徒和就业见习关系还没有纳入进来。虽然职业教育含学徒教育或培训，在我国目前还属于少数的非主流和"次等"教育，但是，构建现代学徒制度以及培养大国工匠精神，都离不开学徒制度，而我国目前学徒制度仍然一直游离于法制之外，学徒制度与实习制度之兼容性立法更是无法企及，进而导致了微观上，实习关系治理包括付费内推实习之治理，好像与学徒关系并无任何关联性之误判。因此，有效治理实习关系包括付费内推实习，我们还应当特别警惕学徒和就业见习活动中出现或将要出现的付费内推实习问题。

（二）收费实习之治理

收费实习与付费实习（包括付费内推实习）本质上都属于"缴费"实习的范

① 《劳动合同法》第五条。
② 《劳动合同法》第六条。
③ 《劳动争议调解仲裁法》第八条。

畴，即都是通过向实习单位（也有中介）缴纳一定的费用后而获得实习机会或岗位。二者的接受主体即费用最终获得者，都是实习单位，也有的是中介组织。但是，收费实习与付费实习也还有重大不同，即缴费主体不同，收费实习的缴缴主体直接是实习派遣学校，极少数为实习学生向学校缴费后，然后最终由学校向实习单位支付相关实习费用；而付费实习包括付费内推实习之缴费主体为实习学生本人。收费实习为实习单位之主动行为；付费实习则为实习派遣学校和实习学生之主动行为。

收费实习的治理对象不同于付费实习之实习派遣学校和实习学生，其主要治理对象是实习接收或拟接受单位。但是，治理路径同样首先需要法律法规之明确规定，其次，同样需要堵疏结合、打防并举。

"堵与打"的方法其实非常简单，即立法明确禁止实习单位向实习派遣学校和实习学生收费，否则就要追究收费之实习单位的法律责任，并将其加入不守诚信之"黑名单"而公之于众。

"疏与防"的方法即是积极"引导"之法，主要有四大方面：一是国家财政拨款的资金支持，对积极参与实习活动（包括学徒和就业见习）的单位，包括事业单位、企业和其他社会组织等直接给予财政资金支持，积极引导社会各界积极参与实习活动。二是大力倡导企业积极履行其企业社会责任，将实习与学徒一并纳入企业社会责任的范畴，企业接受实习或学徒学生就是其履行社会责任的重要内容之一。三是直接税收减免，实施积极主动的税收政策，对积极参与实习活动的企业实行税收减免优惠措施。四是专项税收抵扣，可以借鉴法国和英国"学徒税"成功经验，并将其引进到实习中来，开征新的"实习税"，对积极参与实习的企业，直接免征或抵扣其"实习税"，这样一来，开征"实习税"新税种，并非全部加大了企业的负担，而仅仅加大了不参与或不依法完全参与实习活动的负担，如此可以发挥税收之激励作用。此项措施实施的前提条件是"实习税"必须遵循收税法定原则，否则不可施行。

三、加强链接——最低工资与加班工资并联

（一）最低工资

塑造实习劳动薪酬制度，虽然是一项全新的制度设计，需要大量的创新，但是，它也不是"空中楼阁"，应当依托和借鉴现行制度，特别应当将其与成熟而发达的最低工资保障制度和加班工资制度密切关联起来，构建实习最低工资制度和实习有

偿加班制度。

综观有薪实习现状，无不是将实习劳动薪酬与最低工资标准结合在一起，有薪实习往往都是将实习薪酬纳入最低工资保障制度的调整范围，并将实习劳动薪酬的标准与其直接挂钩，或直接规定实习薪酬不得低于最低工资标准，或直接规定实习薪酬为最低工资标准的一定比例。

我国有关实习劳动报酬的规定也是以最低工资标准为参照，但是规定比较特殊即没有直接规定而是间接"转致"规定：职业院校之顶岗实习的薪酬不得低于实习单位相同岗位之试用期工资的80%。① 而我国《劳动合同法》对试用期的工资规定是：不得低于本单位相同岗位最低档工资或者劳动合同约定工资的80%，且不得低于当地最低工资标准。② 此"转致"规定将职业院校之顶岗实习的薪酬比较复杂，不过实习单位当地的最低工资标准还是基本底线。

我国还有专门针对职业院校顶岗实习的调查报告，其针对广东省某职业学院三个年级的有效问卷220份，其中76.36%是在经济发达的珠江三角地区实习，该报告指出：珠三角地区的企业多数是采用最低工资标准支付顶岗实习报酬。③

德国《最低工资法》第22条第1款明确规定：基于实习而工作的人原则上是《最低工资法》意义上的劳动者，所以，实习者应当获得最低工资。④ 德国实习劳动薪酬已经被纳入《最低工资法》的调整范畴，并将实习劳动报酬与最低工资标准关联起来，立法比较先进而可行。

美国有薪实习与无薪实习非常自由，对有薪实习规定的参照系也是最低工资标准。

英国有薪实习基本上分为两大类：工作式实习和雇员类实习。如果一个实习生被认定为"工人"，则可以享受国家最低工资标准。⑤ 英国实习学生不能享受国家最低工资标准，即无薪实习的实习类型包括：企业体验实习、学校工作实习、志愿者工作实习和影子式工作实习。⑥

可见，不论有薪实习还是无薪实习，都将其与最低工资标准关联起来，实则属于"搭便车"行为。不仅可以将实习劳动薪酬制度与最低工资最低有机结合起来，还可以节约制度创建成本；既增加了实习劳动薪酬制度之制度可行性，还增强了实践可操作性。其制度构建中也还存在让人疑惑之处：第一，是否完全适用最低工资

① 《职业学校学生实习管理规定》第十七条。
② 《劳动合同法》第二十条规定。
③ 钟月辉：《顶岗实习学生劳动权益保护的实证研究》，载《湖南科技学院学报》2018年第3期。
④ ［德］瓦尔特曼著，沈建峰译：《德国劳动法》，法律出版社2014年版，第312页。
⑤⑥ Service and information of departments and policy of Gov. UK. Employment rights and pay for interns ［EB/OL］. (2016 - 11 - 23) ［2020 - 08 - 26］. https：//www. gov. uk/employment - rights - for - interns.

标准，即不设置比例限制。第二，如果设定参照比例，即参照最低工资标准之比例，多大比例才合适？第三，参照比例是否固定不变，还是根据实习时间之长短而采取"累进"比例，如可以依据实习时间长短按月"累进"，直到完全适用最低工资标准即100%。

笔者认为，实习劳动报酬可以采取"累进"比例式而分层设计。比如，可以以一个月为基础（此亦是有薪实习之时间标准），适用最低工资标准的60%或70%，逐月增加5%或10%，直到100%。还可以对超过12个月的实习如医学实习（含护士实习或护生实习）和学徒，应当100%完全适用实习单位之当地最低工资标准，以保障实习学生（包括学徒）之劳动报酬权。实习劳动报酬"累进"比例式设计，还需要将其纳入集体协商谈判的范畴，最终在最低"红线"基础上，协商确定本单位之实习劳动报酬标准。

（二）加班工资

实习学生是否可以加班？是否享有加班工资即加班费？基本工资如何确定？这些问题和争议一直困扰着实习生。在一般正式劳动者之加班和加班费问题都还存在诸多难以困局的大背景下，再谈及实习加班和加班费问题，更显得困难重重。但是，有困难也要解决，实习劳动报酬制度不能回避或缺少对此问题的规定。

首先，关于实习（含学徒）是否可以加班的问题。此问题不外乎肯定和否定两种回答，但是，学理上和实践中却并非这样简单。

从学理上，加班涉及的法理问题是休息权，涉及多个部门法，主要是劳动法和民法之侵权法。从劳动法的角度看，违法加班就是侵犯劳动者之劳动权益的行为；从民法的角度看，就是侵犯公民休息权的行为，属于民法之侵权法的规制范畴。从程序法看，更加复杂，涉及我国劳动争议之传统未解之难题：一方面，有关加班及加班费争议应当属于劳动争议的范畴，而我国劳动争议处理的一般原则是"先裁后审"，劳动仲裁为前置性程序；另一方面，如果按照民事争议之侵权处理，则是"或裁或审"。另外，还有一个新难题——实习争议还一直是法律上的新生事物，实习争议到底属于什么争议？我国目前还完全没有实习争议之类型化立法，实习争议更需要立法明确介入。故此，在传统问题和当今新问题之双重难题下，实习加班及加班费问题将更加难以有效破解。

我国目前针对职业院校实习加班问题，有部门规章可以直接适用。我国《职业学校学生实习管理规定》规定实习单位应当遵守国家关于工作时间和休息休假的规定，并不得安排实习学生加班。按照此规定，实习加班原则上应当被禁止，相对应，则实习加班就属于非法行为；但是同时，该实习规章还规定了例外情形，如果"相关专业和实习岗位有特殊要求，并报上级主管部门备案"后可以进行实习加班。如此一来，职业院校实习加班规定是有条件的禁止，并非绝对禁止。问题是，该规章并无违法加班之法律责任规定，更无合法加班之加班费规定，即便是违法加班，实习学生的劳动付出不能因实习单位之行为违法而不能享有劳动报酬，即违法加班并不影响加班费之给付。我国《劳动合同法》就有此类特别规定：劳动合同被确认无效，劳动者已付出劳动的，用人单位应当向劳动者支付劳动报酬。[①] 即使是实习协议（合同）不能类归于《劳动合同法》之劳动合同，但是，也应当同样适用实习之事实劳动关系。此法理基础是为了更好地保护劳动权益，实习加班及加班费也不能例外。

《职业学校学生实习管理规定》最大的缺陷是其适用范围仅仅局限于职业院校，而不能适用普通高校之实习，也不能适用学徒和就业见习。因此，我国数量和体量最为庞大的普通高校之实习加班和实习加班费问题，并无法定规定，直接导致实习加班及加班费之立法空白，也就没有合法与非法之说，权利救济更无从谈起。

有专门针对职业院校顶岗实习的调查报告，其针对广东省某职业学院 2012 级、2013 级和 2014 级三个年级，有效问卷 220 份，76.36% 是在经济发达的珠江三角地区实习，该报告指出：56.82% 的学生平均每周工作时间超过劳动法规定的 44 小时；实习加班的调查显示约 83% 的实习学生在顶岗实习期间有加班，只有约 17% 无实习加班；在加班费上，实习单位"不支付加班工资，也不安排补休"的占 28.64%。[②]

中国劳动保障科学研究院特别针对职业院校实习的专项调研报告，其调查样卷共 688 份，每月加班 80 小时以上的占 43.3%，说明了实习加班情况较为普遍；大多数实习学生的小时加班费为 20 元每小时以下，实习加班费更接近最低小时标准，实习学生常常作为廉价劳动力被实习单位使用。[③]

以上三份实证研究已经足够表明，我国实习加班之普遍性，并且无偿实习加班同样严重。因此，我国实习劳动薪酬制度塑造，不能罔顾立法和实际现状，应当充分考量实习加班及其加班费问题。

四、整合搭载——实习薪酬与类似关系齐管

实习劳动薪酬制度的塑造，为了节约社会资源和立法成本，可以将其与其他类

---

① 《劳动合同法》第二十八条。
② 钟月辉：《顶岗实习学生劳动权益保护的实证研究》，载《湖南科技学院学报》2018 年第 3 期。
③ 高亚春、付韶军：《我国职业教育学生实习政策演变及现状调查研究》，载《中国职业技术教育》2016 年第 7 期。

似关系之制度构建整合共建而共载共治，使实习薪酬制度既能独立存在，又可以实现有效搭载之共载共治机制。

实习属于教学过程中理论与实践结合环节，从社会关系视野看，实习本质上就是劳动，也是社会劳动关系之临时性劳动关系，按照劳动法的一般原理，实习可以划归为"三性"劳动关系即临时性、季节性和替代性劳动关系，特别是顶岗实习完全符合替代性劳动关系之特征，因此，实习关系完全可以由劳动合同法调整，并完全符合劳动合同之固定期限劳动合同的构成要件，即实习合同可以类型化为固定期限劳动合同，正好亦是"去实习协议"之合适路径。由于实习关系"三性"属性，可以将其与其他类似之"三性"劳动关系整合起来，共同搭载上劳动薪酬制度即工资制度。

与实习类似的劳动关系或合同主要包括六大类：学徒、勤工俭学、劳务派遣、非全日制劳动和试用（试用期）劳动关系，还特别应当将新时代背景下共享经济（或平台经济）之新型劳动用工（劳动关系，或称为合作关系、新雇佣关系等）纳入进来。其中三类：劳务派遣、非全日制用工和试用期，已经纳入了我国《劳动合同法》的调整范畴，可以直接适用，虽然它们的劳动报酬已经有法可依，但是还需要细化，更有待与实习进行整合和共管；而其他三类即学徒劳动关系、勤工俭学和新型劳动用工还没有纳入法律的范畴，它们还处于空白状态而亟待"入法"，它们的劳动薪酬即工资，还是无法可依——既无共识性成熟之法理理论，也无法律法规之立法规范，此三类劳动薪酬制度更加需要尽快创建，更加亟须与实习劳动薪酬制度之共建、共治和共管。

（一）学徒劳动薪酬之共载共治

我国目前学徒关系一直游离于法律之外，学徒关系或学徒合同既无民法之调整，也无劳动法之规制。我国学徒制度之严重滞后性，极大阻碍了现代学徒制度建设，使得教育部正大力倡导和推行的现代学徒制试点工作，缺乏法律之有力支撑。学徒之劳动报酬权是学徒生或学徒工之基本劳动权益，学徒劳动薪酬制度应当是学徒制度的重中之重，其制度塑造应当与实习制度紧密结合。

笔者的一贯主张和基本立场是将学徒纳入广义的实习范畴，即学徒本质上也属于实习的一种，如此才能将实习制度与学徒制度有机整合，既符合基本法理，又可节约制度创建成本，也更加具有可行性和可操作性。在我国今后出台《实习法》或《实习促进法》时，应当适时并明确将学徒纳入进来，使得学徒法定类型化之实习化，既可以实现实习与学徒之同时入法，还能够极大节约立法成本，同时填补二者之立法空白。立法程序启动之前，应当着重研究并构建实习与学徒之统一的劳动薪酬制度，并可借现代学徒制试点工作之"东风"，试验其劳动薪酬制度之理论和实践方案，为后续立法奠定良好基础。这也是笔者研究实习制度及实习劳动薪酬制度的重要意义和路径创新之所在。

（二） 勤工助学薪酬之共载共治

勤工俭学是勤工助学的"前身"，现今一般采用勤工助学之称谓。它也是大学生之理论与实践结合的社会实践活动，应当将其划归实习之基本范畴，完成勤工俭学之实习类型化，实现实习劳动薪酬制度与勤工俭学有机整合，并实现劳动报酬之同工同酬，还可以同时"入法"，即同为实习法的调整范畴，共同保障广大大学生权益。

由于勤工俭学一直还没有法律法规之调整，直接导致其劳动报酬之任意性和随意性。原劳动部于 1995 年颁布的《关于贯彻执行〈中华人民共和国劳动法〉若干问题的意见》第十二条规定：在校生利用业余时间勤工俭学，不视为就业，未建立劳动关系，可以不签订劳动合同。此条款直接将勤工俭学明确排除了劳动法的适用范围，并成为勤工俭学接收单位或个人与勤工俭学学生之博弈的主要"法律"依据，这也成为实践中有关勤工俭学之劳动报酬争议解决的最大障碍，具有极大危害性，应当摒弃这样的思维或博弈方式。

笔者认为，勤工俭学应当属于劳动法包括劳动合同法的调整范畴，可以参照现行劳动法之非全日制劳动用工制度，实行勤工俭学之最低小时工资标准，即勤工俭学的劳动报酬不得低于当地的最低小时工资标准，否则就是违反劳动法的行为，应当追究违法者之法律责任，并向勤工俭学者全额补齐差额。关于勤工俭学之立法模式。可以有两种路径选择：一是颁布单行的《勤工俭学条例》；二是在今后出台的《实习法》或《实习促进法》中，作为特别条款明确将勤工俭学纳入进来，使得勤工俭学也属于广义实习之法定类型之一。有了勤工俭学之法律法规，才能进一步规范勤工俭学之劳动报酬，原则上，勤工俭学劳动报酬不得低于同单位之实习报酬，并不得低于当地最低小时工资标准，勤工俭学接受者即使是个人（家庭）也应当不得低于当地最低小时工资标准，上限可以自由约定。

（三） 新型劳动用工薪酬之共载共治

共享经济也成为共享平台经济，它依托急速发展的互联网，彻底打破了传统的典型劳动用工形式，对我国劳动法与劳动关系带来了极大挑战，劳动法律的滞后性更加凸显，亟待探寻新的办法以化"危"为"机"。有专家认为在共享经济条件下，劳动关系之"雇佣"关系已经逐渐变为"交易型服务"关系，劳动合同变异为劳务协议。传统劳动法律法规需要重新调整。劳动关系转变为劳务关系或商务关系，不仅导致劳动者权益之损失，也使得劳动者面临更大不定风险。传统劳动关系已经不适用于共享经济的新业态，传统的劳动法律也需要重新调整，中国正在迈入一种新型劳动关系。①

笔者曾经撰文认为，共享经济下新型劳动关系呈现出多元化和复杂化特征，但是，传统典型劳动关系并没有也更不会消失，传统典型劳动关系与非典型劳动关系将仍然并存，即劳动法上的劳动关系、民法上的劳务关系或雇佣关系三者仍将同时并存，经济平台管理者多为劳动法意义上的正式劳动关系；而多数平台参与者则属于民法之劳务关系或雇佣关系。多元化和复杂化的新型劳动关系对传统单一劳动关系具有新的挑战。②

新型劳动用工及其新型劳动关系之巨大挑战之一是新型劳动关系劳动报酬与社会保险问题。一是现行《劳动合同法》无法完全调整新型劳动关系，新型劳动关系之劳动报酬制度也不再适用，其民法意思自治更加凸显，最低工资标准也再难以适用。二是新型劳动关系之社会保险，因其缺乏劳动法意义上劳动关系，与之"捆绑"的社会保险关系也将不复存在。

实习劳动薪酬制度与新型劳动用工薪酬制度之最大的共性是：第一，二者都与传统狭义劳动关系具有较大差异；第二，二者都还没有可以直接适用的法律法规；第三，二者都为数量和体量比较庞大的人群；第四，劳动薪酬标准都没有明确的法律规定，薪酬制度都未法定化；第五，社会保险都非常难以适用，无保险之实习或用工都极其普遍；第六，网络远程实习与新型劳动用工之居家办公类似，二者劳动报酬认定和核算都还属于新生事物，二者保险问题无论是理论研究还是实践，都几乎是空白，同工同酬问题更是难以破解。

基于这些共性问题，将实习劳动薪酬制度与新型劳动用工薪酬制度关联考量，必然可行可靠。

（四）试用期劳动报酬之共载共治

试用期劳动也属于非正式劳动，试用期是用人单位与试用劳动者相互考察的期限。试用劳动与实习具有许多相同或相似之处，具有共载共治基础。

（1）劳动性质上，试用期劳动与实习劳动同属于非正式劳动或临时性劳动。试

---

①　闻效仪：《正确认识和把握共享经济对劳动关系的影响》，载《工人日报》2017 年 8 月 29 日第 7 版。
②　问清泓：《共享经济下劳动规章制度异变及规制》，载《社会科学研究》2018 年第 3 期。

用考察合格且双方达成一致，则临时劳动关系就将转为正式劳动关系，试用者则变为正式劳动者；实习的主要性质是为了完成教学任务之实践环节，一般与就业没有直接关系，离正式雇用还比较遥远，即实习没有试用更接近正式劳动关系。

（2）劳动主体上，都主要为未就业之大学生或初次就业者，不过，实习关系（包括学徒关系）之主体非常单一，主要是应届生；试用关系则比较复杂，除了主要之毕业生外，还有其他为了就业之社会成员，即已经完成初聘程序而即将被聘用的应聘者。

（3）劳动目的上，都是为正式就业积累实践经验，都是为了职业之需。不过，实习或学徒主要是为了理论与实践之结合，训练或培训之目的更强；而试用的目的，直接是为了完成应聘程序而相互考察，目的就是获得正式劳动关系。

（4）报酬参照上，实习与试用二者的劳动报酬一般都是参照最低工资标准而确定实习报酬或试用报酬。

国内外，实习报酬之有薪实习的参照系一般为最低工资标准，或以其为参照比例；试用（期）劳动报酬也是如此，二者具有较大一致性。但是，也有一些差异，试用（期）一般都被纳入劳动合同法的范畴，一般也都将试用（期）视为正式劳动合同的一个组成部分，而单独签订试用（期）合同或条款（包括试用期工资条款合同或条款）则无效，比如我国立法就是这样。实习协议虽然也常常包括实习劳动报酬，但是，立法少有像试用期那样规定单列实习劳动报酬合同或条款之效力问题，即单列的实习报酬合同或条款应当有效。

我国试用期的最长期限为 6 个月，并且《劳动合同法》明确规定了试用期间的劳动报酬。试用劳动者同样享有劳动报酬权，其工资不得低于本单位相同岗位最低档工资或者劳动合同约定工资的 80%，并且不得低于用人单位所在地的最低工资标准。可见，试用期劳动报酬之最低底线为最低工资标准，这与实习劳动或学徒报酬之基本惯例——以最低工资标准为实习或学徒劳动报酬的参照系，只不过一般不是最低工资标准的 100%，而是最低工资标准一定的比例。

（5）相互转换上，实习（期）与试用（期）都具有一定的可转换性。实习与试用虽然在根本性质上存在区别，但是，二者也并非完全毫无关联，二者有时也有转换之可能，即实习（期）转化为试用（期），与之对应，实习劳动关系则转变成了试用劳动关系，甚至"跨越"试用（期）或试用劳动关系而直接转化为正式劳动者或雇员。

在实习过程中（包括学徒），如果被实习单位看中，其将被留用而成为单位正式劳动者。其条件当然是比较严格，往往只是优秀实习生或学徒生（学徒工），或者是实习单位急需某类专业人才，才有可能跨越一般招聘程序，直接将实习学生或学徒生（学徒工）聘请为正式劳动者即雇员，甚至无须再经过试用期程序，此种情形下，实习之期限已经"悄然"转化为了试用期，即实习即为试用、实习期即为试用期，或者不再设置试用期，而直接成为正式劳动关系。如此表明，实习（期）与试用（期）之相当大的一致性和关联性，也为二者之共载共治提供了可能。

（6）负面清单上，"虚假实习"与"虚假试用"并存。在实践中，国内国外都还存在"虚假实习"或"虚假试用"之不良现象，此现象之本质还是与劳动报酬极其关联，即都是为了减少劳动报酬之成本而使利益最大化，这也从反面说明了实习与试用之同载与同治之必要。

现实社会中，常常存在实习单位（主要是企业）"假借"实习或学徒与试用之合法名义进行不当或非法博弈，为了自身利益最大化而规避支付全额劳动报酬或社会保险，而非正式雇用应届或往届实习学生，并与之建立或企图建立非正式劳动关系而长期以"试用"或实习之名义，从而减少劳动报酬即工资之支付，以期实现利益最大化。

针对此等"虚假实习"与"虚假试用"现象，许多国家和地区并非"无动于衷"而是已经"有所作为"。一是立法明确而严格限制单位接收或招用实习或学徒之数量或比例，一般都规定不得超过本单位正式劳动者之一定的比例，此也属于劳动法之比例原则之范畴和内涵。二是直接立法规制，如德国和法国。

我国《职业学校学生实习管理规定》明确规定了顶岗实习接收单位接收实习学生的法定比例，顶岗实习学生的人数必须同时符合以下两个条件：一是同期在该单位顶岗实习学生总数不超过在岗职工总数之10%；二是同期在该单位某一具体岗位顶岗实习的学生总数不得超过该岗位在岗职工总人数之20%。我国之规定还是比较先进的，但遗憾的是，此法定规范仅仅适用于职业院校，且只能是一种实习类型即顶岗实习，我国体量和数量最为庞大的普通高校之实习却一直"无法可依"；另外，我国一种缺乏学徒之法律法规，学徒生（工）之比例限制也就无从谈起。故而，我国"虚假实习或虚假学徒"之治理还道阻且长。

（7）实习与试用关系更具有相似性，二者之"阴面"具象常常都是"无薪"二字，即无薪实习与无薪试用、无实习保险与无试用保险。此类相同的无薪问题，通常都是实习或试用接收单位之共性问题，实习者或试用者为了获得实习或试用机会或岗位，也往往是被迫"自愿"接受这些不合理或违法之无薪条款，导致公权力介入与适法之尴尬，当事人劳动报酬权救济更是难上加难。

（五）劳务派遣之共载共治

实习与劳务派遣具有许多相似性，具备共同搭载和共同治理的基础与可能性。

（1）劳动性质上。二者同为非正式劳动，都属于"三性"即临时性、辅助性或者替代性劳动与劳动关系。

我国《劳动合同法》已经规定了劳务派遣适用的法定范围"只能在临时性、辅助性或者替代性的工作岗位上实施"，临时性工作岗位是指存续时间不超过 6 个月的岗位；辅助性岗位是指为主营业务岗位提供服务的非主营业务岗位；替代性岗位是指用工单位的劳动者因脱产学习、休假等原因无法工作的一定期间内，可以由其他劳动者替代的岗位。实习岗位也以"三性"为主，顶岗实习与劳务派遣之替代性岗位更加相似，因此，二者的劳动报酬应当更具可比性，二者更应当实行同工同酬。只不过劳务派遣已经被纳入劳动法的范畴，而实习仍然无法可依。

（2）关系主体上。二者同为三方劳动关系，二者的合同常常都是三方协议。劳务派遣为被派遣者（劳动者）、劳务派遣单位即用人单位和用工单位，且劳务派遣单位具有严格的准入限制条件，其为业务经营形式只能是公司形态，必须依法向劳动行政部门申请行政许可，经许可后，依法办理公司登记，未经许可，任何单位和个人不得经营劳务派遣业务。而实习关系之三方为实习学生（实习生）、实习派遣学校和实习接收单位，其中实习接收单位范围比劳务派遣要广泛许多，既包括各类用人单位如企业、事业单位，还包括各类行政机构和非企业社会组织、街道或居委会、社区等。实习派遣单位即学校也没有劳务派遣单位的严格限制，更无须进行行政许可申请和登记注册。劳务派遣之被派遣者应当年满 18 周岁，绝对禁止童工；而实习学者则无任何年龄限制，仅仅满足学生一个条件即可。

（3）劳动报酬上。劳务派遣和有薪实习都属于非正式劳动者之工资。二者的主要区别是：

第一，法定化不同。劳务派遣之工资具有明确法定性，而实习劳动报酬则具有较大自由性，即有薪实习与无薪实习自由并存，只有有薪实习才有劳动报酬，也只有少数国家和地区对实习劳动报酬进行了强制规定，将有薪实习法定化。

第二，同工同酬不同。劳务派遣之同工同酬也是法定化强制规范，其被派遣者之同工同酬权具有较大保障；而实习之同工同酬则比较虚无，实习学生之同工同酬权更加遥不可及而难以实现。比如，我国《劳动合同法》明确规定了同工同酬权"被派遣劳动者享有与用工单位的劳动者同工同酬的权利"；用工单位应当按照同工同酬原则，对被派遣劳动者与本单位同类岗位的劳动者实行相同的劳动报酬；如果没有同类岗位劳动者，则参照用工单位所在地相同或者相近岗位劳动者的劳动报酬确定。

第三，收费不同。付费实习（包括付费内推实习）和收费实习比较普遍；而劳务派遣少有收费问题，因为法律一般都是明确禁止劳务派遣单位和用工单位向被派遣劳动者收取费用的，如我国《劳动合同法》第六十条第二款规定了劳务派遣单位和用工单位不得向被派遣劳动者收取费用。

第四，最低工资保障不同。在实行最低工资标准上，劳务派遣之被派遣者因享有法定而且易于实现的同工同酬权，其与用人单位一般劳动者的劳动报酬应当相同，当然是高于当地最低工资标准，故此，一般无须参照最低工资标准，只有在被派遣者无工作时，才享有最低工资[1]；而实习则不同，实习学生之劳动报酬一般都与最低工资标准紧密关联，一般是最低工资标准之一定比例，很难到达100%，并且与劳务派遣不同，无实习劳动更不能享有最低工资标准。

第五，加班工资不同。劳务派遣因立法强制性规定了同工同酬，进而加班费也应当完全与用工单位正式劳动者加班费一样，否则就是违法行为；而实习加班费因实习劳动报酬之争议而不确定，即有薪实习与无薪实习之争论与并存，加之缺乏法律之强制性规定而更加难以实现。

（4）立法上。二者同属非全日制劳动关系之立法，主要区别是：劳务派遣立法比较成熟与发达，许多国家或地区都有专门的立法即劳务派遣法，我国虽然还没有单独的劳务派遣法，但是，在《劳动合同法》中有特别的规定；而实习立法则是普遍比较弱化，实习立法比较落后。

劳务派遣与实习具有较大的关联性，在劳动薪酬制度塑造与治理时，可以实行共同搭载和共同治理，比如，可以共同"搭载"工资法，由统一的工资法进行规范设计，既要统一规范，如都必须遵循同工同酬原则和最低工资保障，还要分开设置各自的具体条款；也可以将二者"搭载"最低工资法，由最低工资标准统一规范劳务派遣和实习劳动报酬之最低"下限"工资。

（六）非全日制用工之共载共治

非全日制用工或非全日制劳动用工，是劳动法语境下的专有名词，它与全日制劳动用工相对应，属于非标准或非典型劳动关系。

非全日制用工是我国市场经济快速发展、就业形势日益严峻下发展起来的一种灵活就业用工形式，它有降低用工成本、方便劳动者自由选择、缓解就业压力、扩大就业机会等功能，目前被许多行业广泛使用，用人单位使用非全日制劳动用工越来越普遍。[2]

我国《劳动合同法》已经将其正式纳入了法治轨道。《劳动合同法》第六十八

---

[1] 《劳动合同法》第五十八条第三项规定："被派遣劳动者在无工作期间，劳务派遣单位应当按照所在地人民政府规定的最低工资标准，向其按月支付报酬。"

[2] 问清泓、何飞：《论非全日制用工中的多重劳动关系》，载《当代经济》2011年第8期。

条之非全日制用工的定义是指报酬以小时计酬为主，劳动者在同一用人单位一般平均每日工作时间不超过 4 小时，每周工作时间累计不超过 24 小时的用工形式。第七十二条还特别规定了非全日制用工之劳动薪酬的基本标准：小时计酬标准不得低于用人单位所在地的最低小时工资标准；并且明确规定了薪酬发放时间是半月发放而不是按月发放：非全日制用工劳动报酬结算支付周期最长不得超过 15 日。

非全日制用工与实习都属于非全日制劳动关系，二者劳动薪酬之参照系类似。在劳动报酬上，都参照最低工资标准执行。只不过，非全日制用工通常是以小时为计酬单位，小时工资标准不得低于用人单位所在地的最低小时工资标准；而实习则既可以是小时计酬，也可以是与正式劳动关系一样按月发放，并且虽然实习劳动报酬参照最低工资标准，但是，常常只是其标准的一定比例，并非像非全日制用工那样是 100% 的最低工资标准。

非全日制用工之加班及其加班费，无论在学界还是实践中一直都是争议较大的问题。我国现行立法也还没有解决此问题，使得该问题更加复杂而"无解"。

第一种观点认为，非全日制用工不存在加班及加班费问题，如果非全日制用工超过每周 24 小时，就应当认定为全日制劳动关系。

对于非全日制劳动用工来说，如果实际工作时间超过了非全日制用工的最长限制，则不是加班费问题，而是全日制用工问题。[1]

持该观点的人，还将北京市劳动保障局《关于北京市非全日制就业管理若干问题的通知》之"劳动者在同一用人单位每日工作时间超过 4 小时的视为全日制从业人员"视为"法定"依据之一。

第二种观点认为，原则上不存在加班及加班费问题，但是对于法定节假日之非全日制劳动用工，仍然要实行"三倍工资"，即按照约定小时工资的三倍或者一般小时工资标准的三倍。

刘文华认为：原则上讲，非全日制用工是不存在加班的。如果某一天工作时间超过 4 小时，但是，只要每周工作时间累计没有超过 24 小时，则不算超过非全日制工时之法定限制。他认为只要每周工作时间累计没有超过 24 小时，就不存在加班问题；但是对于法定节假日的小时工资则应当按照约定小时工资的三倍或者一般小时工资标准的 3 倍标准支付工资。[2]

第三种观点认为仅仅存在"加点"问题，非全日制没有加全日班只有加点，因为其工资本身是按照小时计算的。[3]

---

①② 黄昆、周国良、刘文华：《非全日制劳动关系的特殊问题》，载《中国劳动》2008 年第 9 期。
③ 邱婕：《〈劳动合同法〉研究之非全日制用工》，载《中国劳动》2018 年第 12 期。

　　笔者认为，非全日制劳动用工还是存在加班及其加班费问题的，只要超过了法定的每天 4 小时，就应当按照劳动法之有关规定支付加班费：每日为 150%，周休为 200%，法定节假日则为 300%；"加点"还是应当划归为"加班"，无须另外界定。至于，超过法定工作时间（每周累计超过 24 小时）则将非全日制转变为全日制劳动用工，比如北京的相关规定，并不十分恰当。是否应当转变为全日制劳动用工，还需要双方协商，如果强制规定势必影响用工单位之自主经营权，也容易导致劳动者之"失业"问题，只要从加班费上予以补偿，就是对劳动者的有力救济；另外，如果用工单位已经支付了法定加班费，还另外要求其将非正式劳动关系（非全日制）转变为正式劳动关系（全日制），则涉嫌"双罚"而违背"一事不再罚"原则，这对用工单位不公。转变为正式劳动关系（全日制）还有一个问题，就是有可能违法了非全日制劳动者之意愿，如果非全日制劳动者本来意愿就是从事非正式劳动，其结果反倒是事与愿违，故此，立法不宜强制规定。

　　笔者认为，在实习与非全日制劳动用工之共载共治上，应当充分考量二者的相同之处和不同之处。一是应当统一规定劳动报酬之最低工资标准的种类，即二者都应当可以实行小时工资制度，也可以实现月工资制度，让接收单位享有选择权，以便有效克服非全日制劳动用工主要是小时工资之传统积弊，即不能将非全日制劳动用工与小时工资完全等同。二是实行实习和非全日制劳动用工之月工资制度，并不一定要求与正式劳动者一样，可以采取"比例原则"即正式劳动者月工资之一定比例，如非全日制劳动用工可以是全日制工资的 50%，因为非全日制劳动用工一般为每日工作时间不超过 4 小时即为全日制之一半；实习则可以比 50% 略低一点，毕竟实习与非全日制劳动用工有所不同，但是，实习工资不能低于当地最低工资标准。三是实习月工资可以直接适用当地最低工资标准，而不应当是最低工资标准之特定不变的比例。四是如果实习劳动薪酬仍然实行最低工资标准之一定的比例，应当按月"累进"增加比例，如可以从实习（包括学徒）第一个月的 60% 或 70%，按月增加 10% 或 20%，直到达到最低工资标准即 100%。最低工资标准本身就是为了保障劳动者之基本生存权，其往往都只能满足最低生活保障水平，如果再在此标准上打折即一定比例，则难以保障基本生活，与最低工资标准制度目标和价值追求相悖。因此，我国目前职业院校顶岗实习之劳动报酬原则上不低于本单位相同岗位试用期工资标准的 80%，而我国《劳动合同法》规定的试用期最低工资是不得低于最低工资标准，故顶岗实习最低劳动报酬就是不得低于低工资标准之 80%，还差 20% 才能达到最低工资标准，这样的规定并不合理，应当修正为 100%，即应当实行完全而不打折扣的最低工资标准，以保障实习学生之基本生存权。

　　综上，实习薪酬与类似关系的整合搭载并齐抓共管，可以成为实习薪酬制度塑造的创新性路径选择。"搭载物"主要包括六大类：学徒关系、勤工俭学、劳务派遣、试用（试用期）和非全日制用工，还包括新时代背景下共享经济（或平台经济）之新型劳动用工。

实习薪酬与类似关系共载共治之主要"载体"可以分为四大类别：

一是法律法规之载。将实习劳动薪酬与六类类似关系一并纳入统一的法律法规中，如可以在统一的《工资法》中设计相关法律规范，这样统一设计将具有"法典"式立法价值，增强劳动报酬制度的统一性、权威性和可预见性，将更具有可操作性和实用性，还可以实行全面统筹而规范管理，让任何一种劳动关系（无论是劳动法意义上，还是民法语境下）都可以依托《工资法》而共载共治。

二是集体合同之载。将实习劳动薪酬与六类类似关系一并纳入集体合同制度中，按照法律规定的正当程序，对所有劳动关系之劳动报酬进行工资集体协商谈判，并拓展"三方机制"为"多方机制"，形成统一的集体合同（包括行业集体合同、专项集体合同）劳动报酬条款。

三是劳动规章制度之载。将实习劳动薪酬与六类类似关系一并纳入单位内部的劳动规章制度之中，在符合法律规定的正当程序下，实行工资集体协商谈判制度，并在"多方机制"保障下，最终达成共识，构建起同一单位之统一的劳动报酬制度，让所有的劳动报酬都能够非常具体而明确地适用本单位之规章制度，还可以为同工同酬提供可供比较的参照系。

四是个人约定条款之载。将实习劳动薪酬与类似劳动关系纳入双方当事人之合同或协议中，约定不同类型劳动关系之不同的劳动薪酬条款，在不违反国家法律法规、集体合同和单位内部劳动规章制度之前提下，并在不违反最低工资标准之强制性要求下，实行当事人劳动报酬之意思自治和契约自由。

第七章　实习保险制度

第一节　我国实习保险制度的
现状与问题

我国目前实习关系一直还没有纳入法治轨道，还没有启动《实习法》或《实习促进法》的立法程序，使得世界上实习体量和数量最为庞大、实习需求最为迫切、实习治理最为薄弱的中国学生实习长期游离于法治之外。加之，世界上其他国家或地区的实习制度也处于不发达状态，实习制度已经成为了一个共同的国际性"边缘化"制度，相比较于学徒制度、劳务派遣或业务外包、试用期制度等类似制度，实习制度严重滞后，成熟而发达的国际经验非常匮乏，因此，从国际视野之战略高度上看，构建人类命运共同体也急需实习大国之中国能够拿出有效的中国式实习方案。

我国实习法律制度的缺失导致了实习保险制度的非法治化、非正式化、非统一化等"碎片化"问题，实习学生的社会保障权难以"落地"，凸显和加重了"实习难"之"实习保险难"问题，严重影响了实习的有序开展，加重了实习学生权益保障与救济的难度，因此，研究我国实习保险制度并为世界贡献中国式实习保险方案，具有重要的理论和现实意义。

我国目前实习保险制度的现状与问题主要表现在六大方面：第一，实习保险法律制度严重缺失；第二，保险覆盖面与制度目标偏离；第三，商业保险与社会保险难兼容；第四，实习保险与失业保险无链接；第五，保险类型化分层设计未架构；第六，保险规范碎片化问题难治理。以下分释之。

一、实习保险法律制度严重缺失

我国目前实习保险一直没有正式入法，《保险法》和《社会保险法》及相关保险条例如《工伤保险条例》也都没有实习保险规定，立法完全是空白。

我国现行有关实习保险的制度渊源主要是部门法规，还一直没有真正的法律渊源，既缺失《实习法》或《实习促进法》，又没有单独的《实习保险条例》，从而使得我国目前实习保险的现状和问题是"碎片化"而非制度化与非法治化。

我国目前专门的有关学生实习的部门规章是《职业学校学生实习管理规定》，也是我国唯一的实习专门法规。《职业学校学生实习管理规定》第十三条第五款明确将"责任保险与伤亡事故处理办法"纳入了实习三方协议的必备条款；第三十五条规定了有关实习保险的规定：建立实习学生强制保险制度；职业学校和实习单位有义务为实习学生投保实习责任保险；并明确规定了实习保险的覆盖范围为实习全过程，包括学生实习期间遭受意外事故及由于被保险人疏忽或过失导致的学生人身伤亡；保险经费可从职业学校学费中列支，不得向学生另行收取或从学生实习报酬中抵扣。[①]

实习保险的另一制度渊源是《国务院关于加快发展现代保险服务业的若干意见》。其第八条规定：强化政府引导、市场运作、立法保障的责任保险发展模式，把与公众利益关系密切的环境污染、食品安全、医疗责任、医疗意外、实习安全、校园安全等领域作为责任保险发展重点，探索开展强制责任保险试点。据此规定，各地都应当探索并建立学生实习责任保险制度。

实习保险的渊源还有《国务院关于加快发展现代职业教育的决定》。该文件第十七条中明确提出："健全学生实习责任保险制度"。此文件并无具体的有关"学生实习责任保险制度"的规定，仅仅提出了"健全学生实习责任保险制度"宏观目标任务。

按照上述有关职业学校或职业技术教育的文件规定，我国应当在职业院校中实施实习学生"责任保险制度"。各类职业院校和实习单位都应当为实习学生投保实习学生责任保险，其范围应当覆盖实习学生实习全过程，包括学生实习期间遭受意外事故以及由于被保险人疏忽或过失导致的学生人身伤亡，被保险人都应当承担相应的保险赔偿责任。其中，"被保险人"一般为职业学校，"受益人"一般为实习学

---

① 《职业学校学生实习管理规定》第三十五条。

生。职业学校与实习单位还可以达成特别协议，约定由实习单位支付实习学生的投保经费，实习单位支付的学生实习责任保险费可从实习单位成本中列支。我国现行实习保险规定的主要缺陷如下。

（一）实习保险名称之失当

我国现行实习保险名称为"实习责任保险"，将实习保险划归到了范围非常狭小的责任保险范畴，完全限制了实习保险的类型，此做法不妥当。笔者认为采用"实习保险"之称谓更好，保险范围和类型更加宽泛，更有利于构建多方位的实习保险制度，更有利于保障和救济实习学生的合法权益，有利于治理实习关系特别是实习保险关系。

责任保险历史较短，当初理论与实务都认为其目的在于保护被保险人，其基本功能是填补被保险人实际发生的损失。此时的责任保险之保险标的仍局限于被保险人的一般财产而不是发展到后来的"法律责任"。[1]

责任保险是同侵权责任法律制度密切关联的保险制度，所谓责任保险是指以被保险人的民事损害赔偿责任作为保险标的之保险。[2] 责任保险主要承保被保险人因为侵权而被法律要求赔偿的责任风险，它对社会既有有利的一面，也有不利的一面。[3]

"责任保险"属于商业保险的范畴，商业保险以自愿为基本原则。如果将实习保险划归为"实习责任保险"，则实习保险就完全属于商业保险的范畴，这样就从保险制度构建上直接排除了实习保险之社会保险及其强制性，也更加难以实现对实习学生之工伤保险的保障与救济，因此，将实习保险划归为责任保险，从制度上明确了商业保险之根本属性，而排除了社会保险，不利于实习学生工伤保险和失业保险的介入，应当将"实习责任保险"修正为"实习保险"，既可以涵盖商业保险，又能够将实习保险纳入社会保险的范畴。

责任保险是我国近年来需求最旺、销售最多、发展最快的保险品种之一，但是，责任保险是实践中争议最多、裁判最难、理赔最为迟缓的险种之一，受害人不能及时获得保险赔付的问题较为突出。[4]

我们不能将商业保险与社会保险混为一谈，责任保险与社会保险之强制性关联

---

[1] 樊启荣、刘玉林：《责任保险目的及功能之百年变迁——兼论我国责任保险法制之未来发展》，载《湖南社会科学》2014 年第 6 期。

[2] 陈晓峰：《〈侵权责任法〉立法通过及其对我国责任保险发展的影响》，载《保险研究》2010 年第 3 期。

[3] 张瑞纲：《责任保险的社会管理功能研究》，载《金融与经济》2015 年第 11 期。

[4] 沈小军：《论责任保险中被保险人的责任免除请求权——兼评〈保险法司法解释四〉责任保险相关条文》，载《法学家》2019 年第 1 期。

度不高，在实习保险名称上，采用"实习责任保险"并不合适，应当统一名称为
"实习保险"，以便凝练出类似于"五险二金"之特定制度类型和范畴，以突显"实
习保险"之特别地位。

（二）实习保险责任之缺失

我国现行立法并未规定实习保险的法律责任条款，即缺乏实习单位或实习派遣
学校没有按照法律规定为实习学生购买保险而应当承担的责任与救济办法。

我国现行"实习大法"《职业学校学生实习管理规定》没有法律责任专门规定
（一般应当为单列一章），也无直接关于实习保险的责任条款或罚则，完全不符合立
法基本原理和体例。《职业学校学生实习管理规定》现有的责任条款为其第三章
"实习管理"中的第26、27条[1]，仅有的这两条都与实习保险无关。

任何立法都不能缺少法律责任的规定，否则就没有强制拘束力。法律责任是
国家对于违反法定义务、超越法定权利界限或者滥用权利的违法行为所作出的法
律上的否定性评价和谴责，是国家强制违法者作出一定行为或者禁止作出一定行
为，从而补救受到侵害的合法权益，恢复被破坏的法律关系（社会关系）和法律
秩序（社会秩序）的手段；法律责任也是一种惩恶或纠错的机制。[2] 法律责任是
法律发挥作用的最直接体现，任何一部法律规制的基本规范最终都要落实到法律
责任条款即罚则上。否则，这样的立法就不符合法之基本精神，也直接弱化了法
律规范的强制性和执行力。我国有关实习保险立法，一直缺少法律责任条款，错
误"引导"和加大了不履行法定保险义务和责任之风险，人为阻隔了实习保险之
法定救济路径。

（三）实习保险范围之狭小

我国现行实习保险制度的适用范围太小，呈现出"挂一漏万"的极大弊端。实
习保险规定仅仅是针对职业学校之学生实习，包括《职业学校学生实习管理规定》
第三十八条规定的非全日制职业教育、高中后中等职业教育学生实习。显而易见，
它不能全面覆盖我国所有的学校类型，特别遗漏了数量庞大的普通高校学生实习，

---

[1] 《职业学校学生实习管理规定》第二十六条规定："对违反本规定组织学生实习的职业学校，由职业学校
主管部门责令改正。拒不改正的，对直接负责的主管人员和其他直接责任人依照有关规定给予处分。因工
作失误造成重大事故的，应依法依规对相关责任人追究责任。对违反本规定中相关条款和违反实习协议的
实习单位，职业学校可根据情况调整实习安排，并根据实习协议要求实习单位承担相关责任。"第二十七
条规定："对违反本规定安排、介绍或者接收未满16周岁学生跟岗实习、顶岗实习的，由人力资源社会保
障行政部门依照《禁止使用童工规定》进行查处；构成犯罪的，依法追究刑事责任。"
[2] 张文显：《法理学》（第5版），高等教育出版社、北京大学出版社2018年版，第167页。

使得实习保险范围极其狭小。实习保险制度并不能仅仅是职业院校，还应当包括所有的普通高校。实习保险制度构建应当将实习保险的适用范围扩大到所有教育类型，特别不能遗漏普通高校之实习。

近几年，我国教育部非常重视普通高校实习工作，包括实施了现代学徒制度试点工作。教育部于2019年7月10日颁布了专门针对一般普通高校的实习法规《关于加强和规范普通本科高校实习管理工作的意见》，这是我国第一部普通高校实习的最高文件，与原来颁布的《职业学校学生实习管理规定》相呼应，从而使得我国有了普通高校（不再仅仅是职业学校）之实习规章了。这充分体现了教育部对体量和数量都极其庞大的普通高校实习工作的重视，令人欣慰。但是，其规范性严重不足，条文数量只有16条，完全属于倡导性抽象"口号"式规定，可操作性和实用性都不能与《职业学校学生实习管理规定》相比。其有关实习保险之规定更是极其简单，只能算是"半条"，即仅为第十条第二项规定："实习前，高校应当为学生购买实习责任险或人身伤害意外险"。教育部仍然亟待出台真正意义上的普通高校之实习规章，至少能够与《职业学校学生实习管理规定》相提并论，为出台真正意义上的实习法律《实习法》或《实习促进法》奠定基础。

二、保险覆盖面与制度目标偏离

我国实习保险在缺乏统一而权威的法律制度下，实习保险还存在保险覆盖面与制度目标严重偏离的现实难题。目前最大的实际问题是实习保险的参保人数严重偏少，遑论"应保尽保"，实习保险覆盖率严重偏低，与数量庞大的实习学生形成了极大反差，严重偏离了我国《社会保险法》"广覆盖"的制度目标。

我国实习保险覆盖率严重偏低，有关实证调研报告可以证实这一基本现状。一个比较全面的有关顶岗实习的实证调查表明，仅仅从顶岗实习之实习保险的覆盖面来看，已经是严重偏低。为什么说顶岗实习具有代表性呢？因为，顶岗实习是我国唯一要求强制推行的实习保险类别，如果此类要求强制推行的保险都存在较大问题，其他没有强制要求的实习保险就可想而知。

2014年4~7月，国家社科基金课题"政府有效介入下的职业教育校企合作长效机制研究"课题组，对全国18个省份的应届毕业生的顶岗实习情况进行了实证调查。其有关顶岗实习保险调查统计结果分析如下：实习单位为实习学生购买了工伤保险、意外伤害保险、医疗保险等保险总计为51.1%，其中工伤保险占比为17.1%，意外伤害保险为16.7%，医疗保险13.7%，其他商业保险3.6%。有48.9%

的实习学生不清楚实习单位是否为其购买相关保险。[①]

由上面有关顶岗实习的实证调查可以看出，我国顶岗实习实习保险的覆盖面只有将近一半，有将近一半的顶岗实习学生没有任何保险。顶岗实习是我国有关实习中规定得最好的实习类别，也是我国目前唯一明确规定了强制性实习保险制度的实习类型。此类实习在有国家法规明确要求下，累计各种各样的不同保险类型，其覆盖面也还只有将近一半，其他非强制性实习类型的实习保险可想而知。因此，从实证角度看，我国目前实习保险制度的基本现状和最大问题就是参保人数少，覆盖面窄，没有达到国家强制规定的顶岗实习全面实施范围和标准。

一项有关江苏省苏州高校的实习调查报告指出：根据我国现行《劳动法》和《工伤保险条例》，实习学生都不符合工伤保险的要求，因此，不能根据工伤保险进行救济。购买实习生意外伤害保险成为有效化解实习伤害风险的重要方式，但目前购买意外伤害保险的实习比例非常低，84%的实习学生没有购买意外伤害保险，仅16%的实习生购买了意外伤害保险，其中56%由派遣学校购买，44%由实习单位购买。[②] 该调查报告虽然在范围上局限于苏州的高校，但是非常能够说明问题，其调查对象并非仅仅是职业院校，还包括了普通高校最为典型的两大实习类型：认识实习与生产实习，其中以生产实习为调查重点。正式调查共发放问卷500份，回收478份，回收率达95.67%，有效问卷469份，占比98.2%。调查对象既包括在校学生，也包括已毕业学生；既包括本科院校，也包括高职院校；既包括苏州高校学生，也包括外地高校来苏州工作的学生；涵盖文科和理工科专业学生。因此，该调查报告具有相当的代表性，表明实习学生意外伤害保险的覆盖率仅仅为16%，绝大多数的实习学生（84%）没有意外伤害保险。

本课题组对2019年武汉某省属普通高校的实证调查统计也表明，普通高校实习保险严重缺失，不仅实习保险覆盖面偏低，而且用于购买实习保险的经费也是严重不足。该高校只有两个学院有实习保险，第一个学院是材料与冶金学院，2019年有实习保险的学生人数为444人，占该院实习总人数887人之50.1%，几乎有一半学生没有任何实习保险，该院2019年度实习保险费总支出为11 472元，占实习总支出57 8574元的2%，可见，即使有实习保险，其用于购买保险的费用支付也是极其有限。该校有实习保险的第二个学院是信息科学与工程学院，其实习学生总数为2 538人，181人有实习保险，占比为7.1%，2 172元，占该院实

---

① 邓东京、易素红、欧阳河、邓少鸿：《18省调查报告显示：顶岗实习，怎一个难字了得》，载《中国教育报》2015年1月19日第6版。
② 徐银香、张兄武：《"责任共担"视野下实习生权益保障问题的调查分析》，载《高等工程教育研究》2017年第6期。

习总支出593 968 元的 0.3%。该高校 2019 年实习总支出为 13 644 元，占校实习总支出 3 298 907.2 元的 0.4%。

三、商业保险与社会保险难兼容

我国现行实习保险的保险类型较为单一，主要是实习责任保险和人身意外伤害保险两种类别，二者都属于商业保险之范畴。实习保险缺乏商业保险与社会保险的有机衔接与整合，没有考量实习保险中商业保险与社会保险之兼容性问题。

我国目前实习保险的法定范围是职业院校实习，而数量庞大的普通高校实习保险却没有任何法律法规规定；即便是职业院校的实习保险也仅仅规定了顶岗实习这一个类别，其他类型的实习保险也还是空白。保险类型主要是自愿性的商业保险，而缺乏强制性的社会保险；更没有商业保险与社会保险的有机衔接与整合。实习保险的类型即实习保险险种主要是实习责任保险之人身意外伤害保险，而缺失了社会保险，特别是没有将实习保险纳入工伤保险的范畴，缺乏实习保险与工伤保险的衔接与整合。

一项 2014 年全国 18 个份的应届毕业生之顶岗实习实证调查结果分析指出：实习单位为实习学生购买工伤保险的占比为 17.1%。[1] 这表明工伤保险在顶岗实习保险中的比例非常低，将近 80% 以上的顶岗实习学生没有工伤保险，工伤保险在我国实习保险中非常少见，即使是少数的实习工伤保险，也没有与实习学生意外伤害保险等商业保险的衔接与整合，保险缴费与保险待遇上都没有涉及多个险种之间的有机整合，各自为政，互不兼容，使得实习学生的权益保障与救济难以形成合力。

我国现行实习保险偏重于商业保险之责任保险，而往往忽略了社会保险。有关顶岗实习保险调查统计表明：实习单位为实习学生购买了意外伤害保险为 16.7%，医疗保险 13.7%，其他商业保险 3.6%。此实证调查报告中，有关顶岗实习的商业保险占比总计为 34%，而工伤保险占比为 17.1%，可见，顶岗实习商业保险为工伤保险的近两倍，这说明顶岗实习保险中，社会保险之工伤保险的严重弱化。

我国现行实习保险中以学生人身意外伤害保险为主，许多实习单位都没有为实习学生购买工伤保险。我国现行实习保险忽略了社会保险的产生原因是多方面的叠

---

[1]　邓东京、易素红、欧阳河、邓少鸿：《18 省调查报告显示：顶岗实习，怎一个难字了得》，载《中国教育报》2015 年 1 月 19 日第 6 版。

303

加效应，主要原因如下：

原因之一，混淆了人身意外伤害保险与工伤保险的本质区别。虽然二者都属于自然人的生命及健康保险制度，但是，二者存在本质上的不同：一是保险的实施方式不同，工伤保险属于社会保险的范畴，具有国家强制性；而人身意外伤害保险属于商业保险的范畴，是一种非强制性的任意保险，其保险事项可以自由约定。二是保险关系主体不同，工伤保险的投保人和被保险人只能是法定的主体，其投保人是用人单位，被保险人则是用人单位的劳动者（正式雇员）；人身意外伤害保险的投保人是自由参保的法人和自然人，被保险人可以是一切自然人。三是保险项目和水平不同，工伤保险待遇应当根据指定部门的鉴定，依据伤残程度等级不同而不同；人身意外伤害保险则是完全自由约定，投保人缴费越高，受益人保险待遇越高。四是缴费义务不同，工伤保险由用人单位缴费，而劳动者不用缴费；人身意外伤害保险则是由保险关系人自由约定。因此，工伤保险与人身意外伤害保险可以同时并存，二者的保险待遇也不发生重合或抵销，被保险人可以同时享有工伤保险和人身意外伤害保险之双重待遇。[①]

原因之二，出于利益的考量。工伤保险与人身意外伤害保险的缴费主体不同，工伤保险完全由用人单位缴费，而劳动者不用缴纳任何费用；人身意外伤害保险则是由保险关系人自由约定。实习单位为了自身利益最大化当然不愿意为实习学生花钱购买工伤保险；而人身意外伤害保险由实习派遣学校或实习学生自己缴费，实习单位不用缴费。在没有法律规定的强制性缴费义务的情形下，实习单位不为实习学生购买工伤保险，就成为常态化并合法化的行为，加之，我国目前实习单位属于"稀缺"资源，许多单位都不愿意接受实习学生而导致实习之供给侧与需求侧的矛盾突出，如果再强制实习单位为实习学生购买工伤保险，势必造成更大的供需矛盾。

原因之三，社会保险之工伤保险主要是针对已经确立了正式劳动关系的正式劳动者，我国目前的社会保险关系与劳动法意义上的狭义劳动关系相"捆绑"，一般民事意义上的劳动关系并未强制规定工伤保险问题。实习保险制度是否具有强制性，是否应当将工伤保险纳入进来，都还没有明确的立法态度；加之，实习关系一般都不认为是真正意义上的劳动关系，实习学生的法律身份界定一般也都属于学生身份而非正式劳动者，因此，实习保险关系也无"捆绑"之强制要求，这样直接导致了实习保险之社会保险的缺失。

我国现行工伤保险规制的主要问题是人为地排除"特殊群体"的适用。"特殊群体"包括未享受养老保险待遇的超龄劳动者、公务员、勤工助学的在校学生以及

---

① 林嘉：《劳动法和社会保障法》（第四版），中国人民大学出版社 2016 年版，第 354 页。

非法用工的劳动者等，他们虽然是从事具有从属性特征劳动的劳动者，但并非法定意义上的劳动者，因此，被排除在工伤保险覆盖范围之外。[①] 这些被人为排除的"特殊群体"还应当包括数量庞大的实习学生（包括学徒和就业见习生），实习关系一直不属于劳动法意义上的劳动关系，实习工伤保险也一直从法律制度上被排除适用，造成应当"捆绑"的实习保险却没有与工伤保险"捆绑"。

四、实习保险与失业保险无链接

我国实习制度忽略了实习保险与失业保险的有效链接，互不关联而各自为政，浪费了失业保险的制度性供给资源。

失业保险的制度价值和功能一直都还没有引起各学校的重视，也无相关大学生失业保险的制度设计和安排。我国高校现行学生保险制度的特征是：一是大学生人身意外伤害保险"一枝独大"，学校普遍非常重视大学生人身意外伤害保险，一般是在新生入校时就强制性地将其与学费"捆绑"在一起，由于此保险被学校强制性"捆绑"，加上保险单位普遍对学校让利之刺激，使得大学生人身意外伤害保险成为大学最为典型的保险，保险覆盖率几乎达到了100%。二是混淆了商业保险之自愿性原则与社会保险之强制性原则，学生人身意外伤害保险属于商业保险的范畴，应当实施自愿原则，但是，学校出于好心而要求大学生入学时都必须购买。三是仅仅实施了大学生人身意外伤害保险这一种保险，其他非常重要的保险如实习保险和商业保险却几乎为空白。

失业保险制度一直是我国社会保险制度中的薄弱环节，大学生失业保险更是空白地带，笔者提出的学生实习保险与失业保险的关联性制度构建，具有较大的创新性，应当成为我国高校学生实习保险与学生失业保险之制度设计的新课题。

我国为了加强普通高校的就业工作，2006年十四部门联合出台了《关于切实做好2006年普通高等学校毕业生就业工作的通知》，试图将数量庞大的大学生纳入失业保险和社会救助的范畴，这是一种创新性的制度"设想"，虽然离正式的制度设计还有较大差异，但是，其引导价值值得肯定。该通知规定："有就业愿望的应届毕业生9月1日后仍未就业的，可到入学前户籍所在城市或县劳动保障部门办理失业登记，劳动保障部门和人事部门应免费提供专门的就业服务，组织其参加职业培训或就业见习。高校毕业生见习期间由见习单位和地方财政部门根据当地实际情况，

---

① 刘文华：《工伤保险法律规制与实践》，载《中国劳动》2018年第2期。

对其提供基本生活补助。"

上述通知的精神主要有两层内涵：一是赋予了未就业大学生之失业登记权，其权利为免费就业服务权，包括两大方面即职业培训或就业见习之免费参与权，并非真正意义上的大学生失业保险规定；二是赋予了未就业大学生见习之社会救助权，大学生见习期间由见习单位和地方财政部门提供基本生活补助。

此规定是我国首次真正针对大学生失业问题及其社会救助的法规，其原则性和倡导性的规定具有开创性意义，应当肯定，但是，还存在一些严重不足：

一是范围的局限性，其针对主体即实施对象范围太小，仅仅是适用未就业大学生即已经毕业的大学生，并不包括在校大学生，因此，难以涵盖数量巨大的在校大学生。

二是失业登记是失业保险的重要环节，但是，上述规定并没有明确失业保险之缴费和待遇问题，其规定仅仅是"劳动保障部门和人事部门应免费提供专门的就业服务"，此即免费就业服务权，而非真正意义上的失业保险问题。我国《社会保险法》规定的领取失业金的必备条件有三：失业前用人单位和本人已经缴纳失业保险费满 1 年；非因本人意愿中断就业；已经进行失业登记，并有求职要求。该三大条件缺一不可，"失业登记"仅仅是其中的一个条件，缺失另外两个条件，大学生就完全不能享有真正的失业保险权，如此，大学生失业保险规定完全不能实现，形同虚设。大学生失业保险之缴费问题是重要的制约因素，而上述文件忽略了此问题。实习保险也面临同样的难题，保险经费的分摊也是制约实习保险的关键因素。

失业保险的享受条件之一是必须经过失业登记，这是世界上比较普遍的做法，并无多大疑义。在瑞士，求职者必须满足两个条件才能获得失业保险福利：第一，他们必须在向公共就业服务登记之前的两年内至少缴纳了 12 个月的失业保险税。进入劳动力市场的求职者，如果曾在学校、监狱、瑞士境外就业或曾照顾过孩子，则可免除缴费义务。第二，求职者必须有能力满足一份正常工作的要求——他们必须是"可雇用的"。[①]我国失业保险的享受条件与瑞士的规定相似，只不过没有保险交费豁免条款，笔者建议，应当在参照瑞士失业保险之豁免条款的基础上，将大学生（包括普通高校和职业院校的所有在校学生）纳入缴费豁免条款中来，由学校从教育经费中专门列支，并将失业保险与实习保险整合起来，一并缴费。瑞士规定的第二个条件，就是失业保险享受者必须有就业的愿望，这完全符合失业保险之就业保障价值和功能，我国大学生就业愿望强烈，一般都有就业愿望，符合失业保险与就

---

① Lionel Cottier. Yves Flückiger. Pierre Kempeneers. Rafael Lalive. Does Job Search Assistance Really Raise Employment? IZA – Institute of Labor Economics. August 2018，IZA DP No. 11766，P. 5.

业的关联性，因此，将大学生纳入失业保险的范畴，也符合失业保险的基本原理。

三是赋予未就业大学生见习之社会救助权，仅仅是针对就业见习，而非实习，虽然，从广义上讲见习属于实习的一部分，但是，从狭义上见习与实习还是有着非常明显的不同，见习主要针对毕业后的学生，而实习主要是在校的学生即非毕业生，因此，此规定并没有涵盖在校学生实习，数量庞大的在校实习学生仍然难以获得社会救助。

瑞士失业保险制度还有一个重要特色：失业保险与社会救助相关联，没有资格领取失业保险的求职者，可以另外申请社会救助。在失业期间，求职者必须满足一定的求职要求，并积极参与劳动力市场计划，以保持有资格获得福利。没有资格领取失业保险的求职者申请社会救助。社会援助是一种经济手段，它代替了一个没有其他收入来源的求职者大约76%的失业津贴。在两年期内，求职者有资格领取18.5个月的救助福利。年龄在55岁及以上的求职者，如果在失业前已缴纳了至少18个月的费用，则有资格领取两年的失业津贴。[1] 我国应当借鉴瑞士关于失业保险与社会救助相"捆绑"的经验，赋予大学生在没有商业保险的情形下，享有无缴费义务的社会救助之福利，这既是国家和社会之责任，也体现了国家和社会对未来劳动大军的重视和关怀。

四是程序繁杂，可操作性差。领取生活补助的条件高，申请的时间长，程序复杂。失业登记的毕业生要接受劳动保障部门介绍的就业机会，经过两次否定安排的就业机会后，劳动保障部门才会出具失业证明；拿到失业证明后才能到户籍所在地提出申请；经核查后，还要在民政局公示；这一繁杂的程序让毕业生望而却步。[2] 未就业的大学生本身就有较大的心理负担，从面子上考虑，也没有人再愿意回到户籍所在地办理失业保险登记手续，加之还需要缴纳失业保险费满1年，大学生失业保险规定的执行较为困难。

五、保险类型化分层设计未架构

实习保险从主体构成上看，好像只是针对实习学生，在整个社会体系中也占比不大，但是，由于我国的特殊国情，高校扩招后，实习学生数也随之成为了世界上数量第一，实习需求极其旺盛，实习保险之制度供给也并非没有普遍意义，因此，

---

① Lionel Cottier. Yves Flückiger. Pierre Kempeneers. Rafael Lalive. *Does Job Search Assistance Really Raise Employment？* IZA – Institute of Labor Economics. August 2018，IZA DP No. 11766，P. 6.
② 吴暇：《试析大学生失业保险法律制度的构建》，载《黑龙江高教研究》2014 年第 10 期。

我国的实习保险制度设计不能"一刀切",而是应当依据不同的实习类型而分层设计和分层治理。我国目前的现实状况恰恰是在制度供给严重不足下的"一刀切",完全没有考虑分层设计的基本架构。

实习保险分层设计的前提是实习类型化,而当今整个世界实习类型化都还没有形成普遍共识,各国或地区有关实习类型化的法定标准普遍欠缺,必然为实习保险分层设计和制度架构带来较大困难。

宏观上,实习保险分层设计包含社会保险与商业保险两大基本类型,以及二者的交叉融合;微观上,仅仅指实习保险应当依据实习类型之不同而分别设计不同的保险制度,其中应当包含学徒保险和就业见习保险,即将学徒和就业见习也视为实习法定类型之一。此处仅指微观上的分层。

我国实习法定类型化之理论研究在整个实习制度理论研究严重匮乏的大背景下,显得更加稀缺,加之由于还没有出台《实习法》,实习法定类型化还是一个亟待破解的难题。

我国现行实习类型化之唯一比较正式的依据是教育部、财政部联合印发《职业学校学生实习管理办法》,其明确将实习种类分为顶岗实习、认识实习和跟岗实习三种类型。该类型化主要缺陷是仅仅针对职业学校,包括全日制学历教育的中等职业学校和高等职业学校,还包括非全日制职业教育、高中后中等职业教育等教育类型学生的实习。其适用对象不具有普遍性,不符合法律规范及其类型化的普遍性原理,特别是将体量和数量最为庞大的普通高校之实习排除在外,因此,此实习类型化极不周延。

我国职业学校之实习保险分层设计制度比普通高校要完善一些,但是,其存在的问题和实际效果也不尽如人意。职业学校实习保险在《职业学校学生实习管理办法》统一"法定"规范下,其顶岗实习之实习保险属于搞得较好的实习类型,值得其他实习类型参考。

我国职业学校中已经普遍实施了"实习责任保险"及"统保示范项目"制度,但是效果都不理想。

2009 年,教育部、财政部、中国保监会联合颁布了《关于在中等职业学校推行学生实习责任保险的通知》,要求各中等职业学校大力推行实习责任保险工作,要求"实习前有专门培训、实习中有过程管理、出险后及时赔付",此为我国职业院校学生实习责任保险制度的第一个文件。

2011 年,教育部为了有效推进实习责任保险,推行全国职业院校学生实习责任保险"统保示范项目(产品)",并于次年推出了"覆盖广、保障全、理赔快、保费低"的统保示范项目。统保示范项目的目标是参保率应当达到 50%;但是,参加的职业院校，仅占全国职业院校的 10%，参保学生数仅占 5.1%。还有十几个省份没有建立实习风险保障机制，个别省份全国统保示范项目的投保人数还是零，"人人参保，应保尽保"的目标还非常遥远。①

在我国还没有普通高校之法定实习类型化时，只能参照上述职业学校之分类，各个高校实习分类也是五花八门、各不相同。其中，集中实习与分散实习、认识实习和生产实习、专业实习与见习、教育实习与医学实习等类型化比较普遍。笔者所在大学将实习统一为三大类：生产实习、认识实习和毕业实习，其中生产实习时间最长，不同专业的实习时间长短也不一样，有的半个月或一个月，有的长达 1 年不等。我国目前实习类型化中还有一个重大缺陷是没有将学徒列入进来，在学徒一直没有纳入法律范畴的前提下，学徒法定类型化更是无从谈起，教育部极力倡导并已试点的现代学徒制度及工匠精神也仍无法律法规之支撑。笔者一贯主张学徒应当"入法"；学徒关系与合同应当属于劳动关系与合同；学徒应当划归为实习类型之一；实习保险应当涵盖学徒保险。

实习保险是否应当根据不同的实习类型而分别设计，这是一个全新而有待研究的课题。笔者认为，实习保险分层设计具有一定的必要性和可行性。首先，必要性表现为实习保险分层设计符合社会保险法价值目标追求，社会保险法价值目标是"广覆盖、保基本、多层次、可持续"②，其中"多层次"目标与实习保险分层高度吻合。其次，实习保险分层设计契合中国国情，我国的普通高等教育实习需求极大，"一刀切"式实习保险难以满足不同群体的需求，实习保险分层设计既是需求侧的要求，也是供给侧的诉求。再次，我国普通高等教育与职业教育本身就是分层清晰，并且呈现出前主流后"次等"、前大后小、前强后弱等极不均衡格局，实习保险分层设计将有利于协调与纠正失衡状态，其中对后者的实习保险施行倾斜政策将是均衡手段之一。我国《职业学校学生实习管理办法》之实习保险条款已经折射出了这种对职业学校顶岗实习保险的倾斜性，如顶岗实习保险为派遣学校之强制性义务；顶岗实习保险费完全由派遣学校全额支付，实习学生不用缴费等，这些规定都具有表率性与先进性意义。今后对普通高校实习保险设计，可以在保险费缴纳义务和责任上考虑多方缴费原则，即普通高校实习学生应当负有一定的实习保险缴费义务，以区别于职业学校实习学生之免费义务。

实习保险类型化分层设计的基本架构如下：

第一，职业学校与普通高校实行不同的保险模式，特别是对职业学校应当实行

---

① 邓晖：《谁来保障学生实习安全?》，载《光明日报》2013 年 12 月 7 日第 10 版。
② 我国《社会保险法》第三条确定的社会保险的基本原则是"社会保险制度坚持广覆盖、保基本、多层次、可持续的方针"。

倾斜政策，凸显国家对职业教育的重视和制度引导。

第二，根据不同的实习类型实施不同的保险优惠措施，对时间较长的实习如生产实习、医学实习等实行实习学生免缴实习费，而较短的实习则由学生负担保险费。

第三，实习保险之工伤保险实行实习派遣学校与实习接收单位共同负担原则，实习学生不用缴费，这样可以实现实习保险之工伤保险与一般性工伤保险之衔接。

第四，实习学生人身意外伤害保险实行学生自愿原则，但是，学校应当鼓励和引导，如学生愿意购买此类保险，则学校给予适当比例的补贴，或者对实习表现和考核优秀者实行有关实习保险全免费优惠政策。

第五，实习指导教师与实习学生之保险分层设计，实习保险在坚持以学生为主的原则下，还应适当考虑实习指导教师的保险利益，以便有效刺激和推动教师参与实习的积极性和主动性。在学校应当在履行为实习指导教师购买社会保险之法定义务的前提下，还要考虑指导教师之人身意外伤害保险，并且实行免缴费政策。

第六，见习活动可以实行保险自愿原则，鼓励见习学生自己购买商业保险，学校和接收单位可以不必统一强制要求。

第七，学徒实习或在接收单位进行学徒训练或培训，则学徒不必承担任何实习保险费用，可以由派遣学校和接收单位协商解决，协商不成的，则应当由派遣学校全额负担。

实习保险类型化分层设计架构中，要特别注意其规范设计的法定化与自由约定的关系，法定化是底线或红线，是最低的强制性标准；而自由约定不得低于此标准，提倡和鼓励超越最低保险标准。另外，还要特别注意实习保险之分层设计并不等同"碎片化"，二者的界分应当仔细甄别与审视。

六、保险规范碎片化问题难治理

我国目前涉及劳动关系（广义劳动关系）之保险制度"碎片化"现象十分突出。社会保障制度碎片化已经是一种被广泛诟病的积弊，社保制度的碎片化是指在国家内部实行多种不同的制度政策，主要是不同的人因其身份不同而享有不同的社会保险待遇。所谓社会保障制度碎片化，就是指在不同区域因人而异创造性地制定并实行相应的社保制度安排。[①] 因身份不同、职业不同而被不同养老保险制度所覆盖的、呈现出相互独立、相互割裂并类似于"散沙"状态，即为养老保险之制度碎

---

① 徐倩：《我国社会保险制度碎片化问题探究》，载《河北企业》2019 年第 10 期。

片化。①

笔者认为，我国劳动关系同样具有碎片化积弊。劳动关系碎片化是指劳动关系因调整部门的不同，如劳动法调整狭义劳动关系即传统体制内的全日制劳动关系，而民法调整民法意义上的劳务关系或雇佣关系；或因一重劳动关系即体制内的传统劳动关系与多重劳动关系含兼职劳动关系；或因劳动关系的种类不同，如全日制劳动关系、非全日制劳动关系、试用期劳动关系、实习劳动关系和学徒劳动关系等，而分别设计和实施不同的权利义务和责任规则。

劳动关系碎片化还包括因劳动者主体身份不同而设计和实施完全不同的制度，主要包括全日制劳动者即正式劳动者（职工）、非全日制劳动者；劳务派遣劳动者（派遣工）、实习劳动者（实习学生）、学徒劳动者（学徒工）和试用期劳动者（试用者）。实习学生的劳动关系及其保险制度就属于这些碎片化的一种。

劳动关系的碎片化必然导致不同劳动关系之保险制度的碎片化，保险制度的碎片化也必然涉及社会保险和商业保险制度的碎片化。其碎片化主要集中为以下三大方面：

一是外部碎片化，指劳动关系规制和治理部门的碎片化，劳动关系"二分法"导致劳动法与民法的根本对立，劳动法意义上的劳动关系与社会保险紧密"捆绑"，而民法意义上的民事劳动关系（劳务关系、雇佣关系、合伙关系、合作关系等）却无社会保险之"捆绑"性强制规定。

二是内部碎片化，指劳动法意义上的狭义劳动关系与社会保险紧密"捆绑"，而同为劳动法调整的非全日制劳动关系却无社会保险之"捆绑"设置，这就直接导致劳动法调整的非全日制用工、劳务派遣、试用期、实习、学徒等临时性劳动关系也没有与社会保险的"捆绑"性强制规定。内部碎片化还包括社会保险之"五险一金"即养老保险、工伤保险、医疗保险、生育保险、商业保险和住房公积金之各自独立，互不兼容，缺乏打通使用路径。

三是各个劳动关系独自具有自己的保险制度设计，即便是性质类似的劳动关系如实习劳动关系、学徒劳动关系和试用期劳动关系等保险制度，也互不兼容，缺乏统一保险制度之衔接、整合与兼容。

四是社会保险与商业保险"各自为政"，使得同样都是劳动关系的保险制度被人为割裂开来，社会保险与商业保险缺乏有机衔接与整合。

我国现行涉及劳动关系（广义劳动关系）的保险制度严重碎片化的因由主要是：

---

① 李占乐、王方方：《我国养老保险制度的"碎片化"的危害与对策》，载《人才资源开发》2014 年第 10 期。

第一，整个社会保险制度的"大碎片化"，导致劳动关系保险制度"中碎片化"，进而再使得实习保险、学徒保险、劳务派遣保险和试用期保险等临时性劳动关系"小微碎片化"，如此之叠加效应而使得我国实习保险更加碎片化而破碎不堪。

我国城乡基本医疗保险制度碎片化一直非常严重，国家对其改革非常重视，改革举措不断，但是其根植于整个社会保险制度碎片化"基因"，仍然难改，甚至更加严重。正如有学者之说：不但没能克服碎片化历史性缺陷，反而陷入积重难返的"再碎片化"僵局：城乡医保管理体制再碎片化；经办体系再碎片化；参保和筹资再碎片化；医保待遇支付再碎片化。① 医疗保险制度碎片化与再碎片化，再次警示我们，社会保险制度的改革应当特别注意"去碎片化"。宏观制度未改，微观制度设计虽然有许多困难，但是，从微观制度上率先攻坚克难积累经验，也是一条比较可行的路径选择，实习保险制度就属于微观保险制度，对其呈现的碎片化问题，在其还没有被法律定型化时，探寻实习保险制度去碎片化，将是非常有理论和实践价值的新课题。

第二，实习保险之法律制度的缺位，使得实习关系之劳动关系和实习劳动者（实习学生）的身份界定缺乏法定而统一的规定，实习学生之保险主体身份难以确定，实习保险之制度类归是商业保险还是社会保险？抑或二者兼有？这些未解问题也使得实习保险制度碎片化，缺乏明确而统一的制度规范。

第三，对碎片化危害性认识不足，社会保险制度碎片化路径依赖已经定型，"碎片化冲动"难以更改。正如郑秉文所言：我国决策者对社会保险碎片化制度的危害性认识上还不足，碎片化路径依赖和"碎片化冲动"有增无减，其重要原因是决策者对碎片化制度危害的认识不足，同时，学界理论研究也还不能引起决策者的重视。②

社会保险制度碎片化危害性较大。首先是破坏了社会的公平和正义，影响社会和谐与稳定。任何制度都不能因身份的不同而区别对待，身份地位的不同往往容易导致社会保险缴费与分摊义务的不同，也导致保险待遇的不同，从而人为地破坏了制度的平等性与公平性，我国长期历史沿革而形成了城乡"二元"结构就是社会保险制度碎片化的根本原因之一，我们应当首先从观念上去碎片化。以养老保险制度为例，我国目前的养老保险制度设计有诸多不公：一是因职业不同，享受的保险待遇不同，企业职工与公职人员的养老金差别巨大；二是因地区不同，享受的保险待

---

① 田闻笛：《从"碎片化"走向"一体化"：中国城乡医疗保险制度改革进路》，载《河南社会科学》2019年第5期。
② 郑秉文：《中国社会保险"碎片化制度"危害与"碎片化冲动"探源》，载《社会保障研究》2009年第1期。

遇不同，发达地区远远高于落后地区；三是企业性质不同，待遇不同，国有企业职工高于私营企业。养老保险待遇差距过大，直接导致民众的不公平感增加，甚至诱发对社会的不满和怨恨情绪，进而危及社会安定。[①]

社会保险制度碎片化危害性还在于增加了交易成本，不利于提高社保制度运行质量。同工不同缴费，同工不同制度，同工不同待遇，这种身份歧视、制度歧视和待遇歧视不但有侵犯公民平等权和同工同酬权之嫌，还直接为社会保险制度的有效运行带来极大的交易成本和困难。[②] 社会保险制度碎片化造成公共资源的浪费，导致制度运行成本增大。"碎片化"还导致管理机构的重复，管理效率低下。

社会保险制度碎片化的危害性还在于与"广覆盖"之社会保险基本价值目标相背离。社会保险制度属于社会保障的范畴，也是公民基本人权的体现，人人都平等地享有社会保障权，人人都全面地享有社会保障的各项保障，这些都是法治社会的基本要义，而社会保险制度碎片化则违背了社会保障"广覆盖"的基本原理。《中华人民共和国社会保险法》第三条确定的社会保险的基本原则是"社会保险制度坚持广覆盖、保基本、多层次、可持续的方针"，社会保险制度碎片化是将实习学生、学徒生、试用期劳动者、劳务派遣工和非全日制劳动者等都排除了实习保险的基本范畴，即便是少有的保险也是以自愿性的商业保险为主流，如已有的实习保险也大多为人身意外伤害保险，现行实习保险缺乏中央的统一规定而由各地自由而任意设置，保险碎片化极其严重，地方与部门的实习保险规定同"广覆盖、保基本、多层次、可持续"是渐行渐远，亟待修正。

第四，实习保险制度缺乏与学徒保险、试用期保险、劳务派遣的衔接与整合。我国目前实习保险主要是人身意外伤害保险，属于商业保险的范畴，缺乏实习保险与学徒保险、试用期保险、劳务派遣等短期性临时性劳动用工保险的衔接与整合。

鉴于实习活动与学徒活动、试用期、劳务派遣等临时性劳动关系的关联性与类似性，在构建实习保险制度时，应当特别注意实习与学徒、试用期、劳务派遣等保险制度的衔接与整合，而我国目前这四类保险都严重缺失，碎片化现象极为突出，难以有效组合形成合力。如何有效破解实习保险与其他类似保险的衔接与整合，也应当成为克服我国目前保险制度"碎片化"的微观路径之一。

---

① 李占乐、王方方：《我国养老保险制度的"碎片化"的危害与对策》，载《人才资源开发》2014 年第10 期。

② 郑秉文：《中国社会保险"碎片化制度"危害与"碎片化冲动"探源》，载《社会保障研究》2009 年第1 期。

第二节 域外实习保险制度的经验与启示

一、法国实习保险制度

  法国的劳动法比较成熟，其劳动法典《法国劳动法典》对世界上其他国家的劳动立法具有重大借鉴意义。《法国劳动法典》立法非常全面，而且具有前瞻性，其他国家劳动关系与劳动法中比较边缘化的问题，《法国劳动法典》却有规定，比如国际上罕见的实习保险制度，该法典都有比较好的规定，值得借鉴。

  法国的立法是将实习纳入了职业培训的范畴。实习属于职业教育和职业培训的范畴，这也是许多国家或地区的做法，其优点是凸显了实习之职业教育属性，也体现了实习的微观价值目标是为了职业或就业需要。但是，其不足是难以实现一般普通高校的知行合一、完成学业和提高专业水平之宏观价值目标，因为一般普通高校的大学生实习与职业培训还存在着较大区别，不能将实习与职业培训完全等同。

  《法国劳动法典》不仅专章规定了学徒合同及学徒保险制度，而且还同时专门规定了实习保险制度。该法典第九卷"在经常教育范围内开展继续职业培训"的第六编"对职业培训实习人员及其社会保障给予的资金资助"中的第2章为"职业培训实习人员的社会保障"。第L961-9条第4款规定："由雇主支付的资金免于交纳社会保险分摊份额款，也不缴纳工资税，在确定雇主应缴纳的所得税、公司税时，此种资金可以扣除。"[1] 第L962-1条规定："凡依据本卷之规定参加职业培训实习的任何人均必须参加一种社会保险制度。实习人员在参加实习之前以任何名义已参加一种社会保险者，在实习期间仍参加此种保险制度。没有参加任何保险制度的人参加普通社会保险制度。"[2] 由此条可见，在法国，实习至少应当享有一种社会保险，这种强制性立法规定具有较大的先进性，对实习学生的社会保障非常有利。

  该法典第L962-2条还规定了社会保险费之国家和实习单位的分摊比例问题：如果参加了实习保险制度的实习人员得到了雇主的报酬，那么国家按照雇主所给报

---

[1] 罗结珍译：《法国劳动法典》，国际文化出版公司1996年版，第504页。
[2] 罗结珍译：《法国劳动法典》，国际文化出版公司1996年版，第504~505页。

酬的相同比例对雇主承担的社会保险分摊份额给予资金补贴。①

　　第 L962 - 3 条规定了由国家承担全部社会保险费的情形："如参加实习的人员在实习期间由国家给予报酬，或者不享受任何报酬，其社会保险分摊份额全部由国家负担。"② 可见，在法国，对实习之社会保险，国家负有相当大的义务和责任，充分体现了国家对实习社会保险的高度重视和高度责任感和使命感，值得其他国家学习和借鉴。

　　该法典第 L962 - 4 条还特别规定了实习社会保险与法国社会保险法即《社会保险法典》的关系：职业培训的所有实习人员还受《社会保险法典》的调整。这样的规定，不仅明确将实习学生纳入劳动法的调整范畴，还同样适用《社会保险法典》。

　　该法典第 L962 - 6 条还特别规定了实习社会保险费用分摊的任何争议都属于司法法院的管辖范围，将实习社会保险的经费保障与救济直接纳入司法救济的范畴，具有最高的法律保障与救济方式，如此，可以有力保障实习社会保险之经费问题，充分体现了实习保险制度的国家强制性与权威性。

二、荷兰实习保险制度

　　荷兰的萨克逊大学是荷兰最大的高等教育机构之一，萨克逊大学工作实习协议分为七大部分，其中有两大部分涉及实习保险问题：一是在荷兰境内实习期间的社会保障保险；二是在荷兰境外实习期间的社会保障保险安排。该实习协议首先就根据《荷兰民法典》明确了实习协议属于非雇佣协议，即为民事协议，而非劳动关系。荷兰萨克逊大学的工作实习协议不属于劳动法意义上雇佣关系，因此实习学生的人身受损并不直接由雇主承担，而是由保险公司承担。社会保险条款须经协议各方达成一致，该大学工作实习协议有专门的实习保险条款规定，其第 2 条共有 5 款均为有关实习社会保险的约定。由企业、学校、学生个人三方作为投保人，企业和学校在投保义务与责任分配上并不相同：企业为第一投保责任人，学校为补充保险责任人，具体办法是学校将部分保险费直接支付给企业，而由企业统一进行投保。学校承担的保险费比例由法律直接规定或者由三方在实习协议中约定。实习学生作为协议的一方当事人，也应当作为投保责任人，缴纳个人责任保险费。③

　　荷兰萨克逊大学学生实习实践，不仅仅局限于境内的企业，还包括荷兰境外的

---

①② 罗结珍译：《法国劳动法典》，国际文化出版公司 1996 年版，第 505 页。
③　王毅：《荷兰萨克逊大学工作实习协议及其启示》，载《金华职业技术学院学报》2013 年第 3 期。

企业。在荷兰境外的实习学生，也要投保意外及责任险，称为 IPS 保险。① 荷兰的大学实习保险，涵盖范围非常广，不仅国内有实习保险规定，国外也是如此。

第三节　创建实习保险制度的路径

我国和世界上许多国家或地区一样，实习制度普遍不够成熟与发达，远远落后于学徒制度，从而也导致了实习保险制度的严重滞后。主要原因首先是认识观念上，一般都认为实习活动是学校教育的一个实践性环节，还不属于社会劳动的范畴；实习学生的身份也基本属于学生身份，与劳动者或雇员或职工的身份具有较大差异；实习学生并不能够享有劳动报酬权，无薪实习并无不妥；进而，实习学生也相应的不能享有社会保障权，更遑论实习保险。因此，笔者通过比较分析国内外的实习现状及其成功经验，得出结论：构建实习保险制度，也应当首先从观念认识上入手，改变传统的观念，将实习视为一种特殊的社会劳动关系，并赋予实习学生之特殊劳动者的法定身份。

笔者认为，宏观思路可以采用"二分法"治理方式：根据实习时间的长短而区别对待，对实习时间较长的实习类型（如超过一个月），都应当强制规定实习单位支付实习劳动报酬之法定义务和责任，并将之列入最低工资的保障范畴；在实习学生享有实习报酬的情形下，再进一步考虑与之"捆绑"的社会保险。而对于实习时间少于一个月的实习，实习单位可以不用支付实习报酬，也可以不必"捆绑"社会保险；但是，应当考虑由实习派遣学校或实习单位，或由二者共同协商约定购买商业保险，以化解实习风险，并保障实习学生的权益。这样既符合一般劳动关系的基本原理，又未"一刀切"式地脱离实践；既考虑了实习单位的利益，还符合社会公平和正义；还能够有效治理无薪实习和无保险而带来的实习劳动之无偿性和廉价性。

微观上，创新性构建我国实习保险制度的具体对策是：第一，绑定工伤保险，新征"学徒税"或"实习税"；第二，改造商业保险，新增实习他人人身或财产保险；第三，激活失业保险，新设实习与失业保险链接方式；第四，参鉴交通保险，新构侵权赔偿与保险赔付制度；第五，重整实习保险，新塑"去碎片化"可行性路径；第六，类归劳动争议，新创实习保险争议之调处机制。

---

① 王毅：《荷兰萨克逊大学工作实习协议及其启示》，载《金华职业技术学院学报》2013 年第 3 期。

一、绑定工伤保险，新开征"学徒税"或"实习税"

克服我国目前实习关系中的保险问题，应当找准切入点，从某一种保险上切入，再以点带面，着眼全面构架实习保险制度，以到达开辟专门实习保险新类别之长远目标。

构建实习保险制度无外乎是社会保险和商业保险两大基本类别，我国目前实习保险的覆盖率比较低，是指实习学生在这两大保险类型中，其中任何一种保险都是比较缺失，并非指全部的社会保险类型或商业保险。即使是在社会保险中，要求实习单位为实习学生购买全面的社会保险即通称的"五险一金"，也是不适当和不可能的"奢望"。

构建实习保险制度只能是"渐进"式长期过程，不可能一步到位。短期内能够迫使实习单位能够为实习学生购买社会保险，已经是非常不错的选择，更勿企及全部的社会保险类型，只有试行并强制绑定一种社会保险之后，特别是在普遍强制推行社会保险之工伤保险后，再考虑其他险种，即短期内应当首先考虑将工伤保险纳入实习保险的基本范畴，即普遍而强制性的"捆绑"实施实习工伤保险制度，其可行性较大，因为工伤保险制度已经是我国社会保险制度中比较成熟的制度，有关工伤保险的立法比较完备，《社会保险法》和《工伤保险条例》都可以直接"搬来"适用实习保险，这样构建实习工伤保险的制度成本比较低，实践可操作性比较强，因此，在实习保险中率先普遍推行实习工伤保险是一种非常可行的方案。虽然此种方案比较可行，但是，有一个前提性的必备条件必须首先满足，即必须有明确的立法规定，将实习工伤保险纳入法制的轨道。此立法并非要求单独立法，而是可以在今后出台《实习法》或《实习促进法》中专列一节或几个条款规定实习工伤保险，即使是最为简单的"转致"适用条款，也是非常必要的，因为一种规范或制度的构建必须首先有法律之法定基础，才能保证其正当性与合法性，进而也才具有权威性。

实习保险制度的构建以工伤保险为切入点，并与现行工伤保险制度进行"捆绑"，还有一个重要原因是有利于解决实习保险经费难题，从而克服实习保险覆盖率低的缺陷，实现实习保险广覆盖。按照社会保险之工伤保险的一般规则，依法缴纳工伤保险费是用人单位的法定义务和责任，而劳动者本人不需要缴纳任何费用。首先在实习保险中推行实习工伤保险，就可以在此规则下"搭便车"，既可以减轻学生的参保经费负担，又可提高实习参保覆盖面。

在绑定实习工伤保险时，要特别注意实习单位经济负担的加重问题。如何既要求实习单位无条件地为实习学生购买工伤保险，又不特别增加其负担？这是一个"两难"的抉择。如何破解此难题，并有效防止用人单位"用脚投票"而不接受实习学生，进而造成"实习难"局面，这需要国家层面的顶层制度设计。笔者认为，有效路径是国家加大对实习的资金投入和对实习单位的扶持力度，减轻实习单位经济负担。一是可以由国家直接出钱，为实习学生购买工伤保险，这要求国家足够发达而非常有钱，我国目前还不可能这样；二是可以由国家从税收政策上优惠或减免，对参与了实习活动的单位，实行税收实行优惠或减免或抵扣政策，而对没有或未按照规定参与实习活动的单位，则不予优惠，并可以全额开展"学徒税"或"实行税"。此策可以借鉴国外如法国和英国有关"学徒税"经验，将"学徒税"引入或合并为"实习税"，对参与实习或学徒的单位，予以税收减免或抵扣，而对没有参与实习或学徒的，则强制征收"学徒税"或"实习税"。这样既可以解决实习保险经费问题，又可以从制度上引导或"倒逼"社会各界参与实习或学徒活动的主动性和积极性，破解"实习难"困局，可谓一举多得。

二、改造商业保险，新增实习他人人身或财产保险

商业保险虽然具有自愿性属性，但是，它也是化解实习风险的一种有效手段，在实习保险制度构建中也具有不可或缺的价值与功能。

我国目前的实习保险现状就是以商业保险为主流和常态，其主要险种是人身意外伤害保险（以下简称"人意险"）。我们虽然主张实习保险应当具有强制性和广泛性，但是也不能忽略现实现状，对现行实习商业保险进行改造而重塑新型实习商业保险，也是一条可行的捷径。

笔者认为，实习商业保险改造要特别注意两大原则：一是将其作为实习时间较长实习类型（超过一个月的实习）和就业见习的补充或辅助保险，即较长时间的实习类型（含就业见习）仍然要以社会保险为主，特别是不可或缺工伤保险，而只能是以商业保险为补充或辅助，不能用商业保险代替社会保险；二是针对短期实习，比如一个月以下的实习类型（如认识实习），应当以该商业保险为主、社会保险为辅，而不必强制要求社会保险。

我国目前的实习保险虽然是以商业实习保险为常态，但是，其保险标的却并不全面，特别是对实习学生在实习过程中造成的他人财产损害和人身伤害却并未覆盖，仅仅是对实习学生自身的人身意外伤害的保险。

实习风险或事故主要包括两大类：实习学生自身和实习学生对他人。前者保险标的是实习学生自己在实习活动中的权益，保险对象为实习学生，险种可以归并为通常的人身意外伤害保险；后者主要针对实习过程中学生对他人的人身或财产的损害，包括对实习单位和他人权益的侵害，险种名称可以是实习他人保险，包括他人人身保险和他人财产保险。保险目的一方面是保障和救济实习单位或他人权益，另一方面可以有效减轻实习学生初次参加的实验性工作压力，调动实习单位和实习学生的积极性和主动性，既可以填补被侵权者的损失，又可以提高实习的效果。实习保险的险种名称还可以直接根据实习类型而定，分为认识实习保险、毕业实习保险和岗位实习保险、生产实习保险等。针对医学实习的风险比较大，还可以设置特别险种——医学实习保险，主要包括两大内容：一是实习医生和护士自身人身意外伤害保险；二是实习医生和护士对患者之权益伤害保险。开辟所有这些实习保险，都需要国家层面的顶层制度设计，可以考虑组织教育部、财政部和人力资源和社会保障部门，全国一盘棋，制定特别实习保险部门规章或实施细则，在全部范围内强制推行实习保险，并与各地劳动监察部门一道实施对实习保障的专项监督。

实习商业保险经费的筹集，应当坚持自愿原则，可以由实习派遣学校、实习单位和实习学生三方自由约定，国家不必介入。在此保险仅仅适用短期实习的情形下，并不会特别加重实习单位的经济负担，实习学校可以出资一部分，实习学生也可以分摊较少的保险费，毕竟实习时间比较短，发生风险或事故的可能性也远远低于较长时间的实习。

三、激活失业保险，新设实习与失业保险链接方式

失业保险是社会保险的基本范畴，它具有社会保险的强制性属性，但是，我国目前，数量庞大的大学生和农民工两大主体却被排除在外，严重失之偏颇，与社会保险广覆盖目标渐行渐远。我国在校大学生数量已经是世界第一，如何破解大学生失业的巨大难题，确实迫切需要中国智慧和中国方案。

笔者认为，需要从供给侧和需求侧两大方面探求破解路径；同时，"毕业就失业"还揭示了毕业与失业的内在逻辑关联性，既然毕业与失业关联度极高，那么为什么我们不从失业保险之角度，审视该现象而探寻失业保险之新问题呢！另外，大学生都有实习之需求，庞大的大学生数量必然导致同样庞大的实习学生数量，而实习保险的严重匮乏，必然导致"实习难"和实习效果不好，进而，直接影响到毕业

供给侧即大学生培养的质量，此等供给侧的质量又会加剧需求侧之需求刚性的减少，"就业难"问题也将紧紧伴随"实习难"。简述之，实习保险缺失导致"实习难"，"实习难"影响培养质量，培养质量导致"就业难"，"就业难"产生"毕业就失业"，破解这些叠加困局并非易事，需要对这些"区块链"一一破解，一环扣一环地实施治理良策。

我国目前大学生失业保险严重缺失，大学生实习保险也是如此，既然失业保险和实习保险二者都同属于保险的范畴，二者的主体又具有同一性，二者的价值目标也都相同即都是为了保障与救济大学生权益，二者具有如此多的关联性，其治理路径也就具有同一性。因此，笔者建议，构建我国实习保险制度，应当与失业保险制度结合起来，激活处于长期"休眠"状态下的大学生失业保险制度，实施实习保险与失业保险之关联性共同构建，而不是各自孤立地"各行其是"。

激活大学生失业保险，实施其与实习保险之关联性构建，主要路径是：一是缴费义务之关联。即将大学生失业保险与实习保险中的部分商业保险费统一缴纳。一方面可以破解大学生失业保险待遇因未缴纳失业保险费而不能享受的难题；另一方面，可以解决实习保险之商业保险费用和失业保险费用之重复性缴纳问题。

二是缴费时间之关联。关于保险费之缴费时间，可以考虑在大学生入校时一并收取失业保险费与实习保险费，以免到实习时还没有入保，这样可以做到"应保尽保"之"广覆盖"。

三是保险机构之关联。保险机构通常谓之保险人，我国失业保险的机构是专门社会保险经办机构或社会保险管理中心，属于国家权力机关；而商业保险机构为各种商业保险公司，属于非国家权力机关，实习保险中的部分商业保险如人身意外伤害保险，由商业保险公司承办，这样就导致了大学生统一办理失业保险和商业保险之困难，这也是笔者建议将大学生失业保险与实习保险制度关联性构建的最大障碍。可以先由学校在大学生入校时统一收取（事先告知具体保险费的明细），再由学校与社会保险机构和商业保险公司分别入保，即学生只管一次性向学校缴费，无须与两大保险机构联系，而入保工作由学校完成。这样的入保程序还是比较可行的，操作起来也比较方便。

四是登记程序之关联。失业登记是失业保险待遇的三大环节之一，我国现行有关大学生失业保险的政策规定是：大学生必须回到其户籍所在地，进行失业登记，这是"阻隔"大学生享有失业保险的重要因素之一，也是造成我国大学生失业保险严重缺失及"休眠"与"空泛"的重要原因。因此，大学生失业保险之登记制度亟待修正，笔者建议可以将大学生失业保险的登记地点与大学学籍所在学校直接关联起来，由学生学籍所在学校直接进行失业登记，即由学校统一到社会保险机构办理失业登记，无须大学生回原籍办理手续。

五是保险待遇之关联。大学生在依法缴纳失业保险和实习保险之商业保险后，就享有这两类保险待遇的权利，笔者所指保险待遇的关联，并非指被保险人可以同时获得失业保险和商业保险待遇，因为二者是不同性质的保险，只能是因不同的保险事故出现时，才能分别享有不同保险待遇，二者不能也不可能"打通"。保险待遇的关联包括：第一，时间上的关联，是指在校期间与毕业后一段时间之关联，即实习保险既是在校实习期间的保险，还应当包括非在校实习（毕业后之实习或见习）；失业保险只能是毕业后而未找到工作时享有。第二，就业补贴与失业保险的关联，大学生可以在毕业时一次性领取失业保险待遇，这类似于现行政策所发放的一次性就业或创业补贴或津贴，但是，学生领取一次性就业补贴后，则不再享受原失业保险待遇，二者只能选择其一，至于毕业就业后再失业的，则不能享受此失业保险待遇。这样可以让所有大学生既享受了原失业保险待遇或者是国家的就业或创业补助，又有利于解决"就业难"问题，还可以节省大量的社会成本，也体现了保险待遇的公平和正义。

四、参鉴交通保险，新构侵权赔偿与保险赔付制度

实习活动中，民事侵权行为时有发生，实习学生既可能是被侵害人即受害者，也可能是侵权人即加害人。我国实习之侵权与侵权赔偿制度，及其与实习保险之关联，一直都是一个有待研究的新课题。其理论研究极其匮乏，制度构建更是空白。笔者认为，实习之侵权与侵权赔偿制度应当与实习保险制度结合起来，因为保险制度本身就具有补偿或赔偿之制度功能，实习保险完全可以补偿或赔偿实习侵权之损失，尤其在实习学生赔偿能力极其有限的情形下，发挥实习保险之赔付功能显得更加必要。

笔者认为，实习民事侵权行为可以区分为两大类别：一是实习学生在实习过程中被他人侵害权益的行为，此类别中，实习学生是受害人；二是实习学生在实习中侵犯他人权益的行为，此类别中，实习学生是加害人。在处理后者时特别应当注意区分加害人即实习学生的主观状态是故意还是过失，分别采取不同的赔偿方式。

第一类侵权行为即实习学生在实习过程中被他人侵害的行为之救济有两大基本途径：侵权损害赔偿和保险赔偿，其中保险赔偿包括工伤保险赔偿和商业保险赔偿（主要是人身意外伤害保险）。权利救济路径多元化，救济制度含保险制度都比较成

熟，对保障与救济实习学生权益非常有利。

第二类侵权行为的救济是实习制度的薄弱环节。一直没有引起社会和学校的重视，更没有纳入实习保险的范畴。其处理路径只能是按照一般的民事侵权处理，按照我国《侵权责任法》的规定，由行为人（实习学生）自己承担全部后果，完全没有考虑实习学生之主观状态是故意还是过失，一律实行侵权法之过错责任原则。这对预防实习学生的"故意"侵权行为比较有利，但是，对实习学生之"过失"性侵权行为则非常不利。既加重了实习学生的负担，又对实习活动造成负面影响，影响实习效果。因此，在构建实习制度时，我们应当特别注意实习学生由于过失而造成的侵权行为的赔偿问题，积极主动地探寻此类侵权损害赔偿途径。

笔者经过长期思量，认为应当将实习学生之"过失"性侵权行为的赔偿，与实习学生权益被侵权一样，纳入实习保险的基本范畴；而其中可以不用考虑实习学生之故意侵权行为，即故意侵权行为仍然完全由加害人（实习学生）自己承担一切赔偿责任。

实习学生之过失而非故意造成的侵犯他人的侵权行为，主要表现是侵犯实习单位或实习单位对外行为的权益。容易发生此侵权事故的实习类型主要是岗位实习、医学实习（医师实习和护士实习）和生产实习。此类实习侵权行为的主要原因是实习学生缺乏实践经验，容易造成操作不当或失误，或者是由于实习学生疏忽大意而造成实习单位或他人损害，此类事故都是属于非故意即过失造成权利人的损失，其侵权损害赔偿制度如何设计，是实习制度（含实习保险制度）中的"软肋"，探寻其破解途径具有重要理论价值和现实意义。

实习学生在实习活动中的对外侵权行为的损害赔偿之保险制度的构建，如果是实习学生故意，则不必考量保险赔偿问题，因为其不符合保险赔偿的基本原理。而非故意即过失侵权则应当设计相关保险制度，其保险制度的设计可以考量在商业保险范畴内进行，社会保险很难介入。

笔者认为，比较可行的路径是在商业保险中借鉴交通保险"交强险"即"机动车交通事故责任强制保险"和"第三者责任险"，设置专门的"实习第三者责任险"。

"交强险"即"机动车交通事故责任强制保险"的简称，是由保险公司对被保险机动车发生道路交通事故造成受害人（不包括本车人员和被保险人）的人身伤亡、财产损失，予以赔偿的一种强制性商业保险。"第三者责任险"又称商业第三者责任保险，是指被保险人对被保险车辆发生的意外事故，致使第三者遭受人身伤亡或财产损失，依法由被保险人赔偿的非强制性商业保险。"交强险"和"第三者责任险"的主要区别是前者属于强制性的商业保险，而后者为非强制性的商业保险；二者赔付效果和标准不同，前者为基本赔偿①，后者为前者的补充赔偿。我国这种强制性"交强险"＋自愿性"第三者责任险"的赔偿制度，非常先进，具有较大的可操作性，已经得到了驾驶员和社会的广泛认同。"由于交强险保障范围的不足，另行订立商业机动车三责险几乎成为所有车主的必然选择。"② 也极大地保障与救济了被侵权人的利益。这样成熟的保险制度完全可以，进行新改造和重塑，以扩大其适用范围，更加充分地发挥"良法"之"善治"功能，也应当成为我国新时代党的十九届四中全会提出的社会治理体系和治理能力现代化的具体表象，完全应当将其列为我国保险关系与实习关系治理的制度创新性举措。

任何保险都是以一个共同团体的存在为先决条件，其成员在保险制度中即为被保险人。③ 实习学生属于一个共同的团体，在我国还是一个数量非常庞大的团体，其成为保险制度之被保险人实有必要。

"交强险"和"第三者责任险"在交通保险中具有重要作用，对化解或减轻交通肇事者的赔偿责任非常有利，既保障与救济了受害人的权益，又大大降低了加害人即驾驶员的赔偿负担，其"双赢"效果尤其明显。"交强险"和"第三者责任险"的赔偿条件也是排除了故意侵权行为，实习侵权行为排除故意而仅仅适用过失，正好与"交强险"和"第三者责任险"的赔偿条件也是排除故意侵权行为，二者具有较大的契合性，都符合社会公平与正义之要求，合理合法，这也是在实习保险中推行此保险的原因之一。

在机动车强制责任险中，一切保险制度的构建都是围绕着保障机动车交通事故受害人的目的的，一方面使受害人的损失获得填补，另一方面投保人需承担的损害赔偿责任得以减免。④ 实习保险制度借用机动车保险制度，也具有相同的保险目标，是为了实习学生和受害人的共同利益，并非只对某一方有利，因此，应当大力推行。

"实习第三者责任险"的缴费办法可以参照交通"交强险"，由国家强制确定基本标准，此保险费的缴费义务可以考虑由实习派遣学校、实习单位和实习学生三方共同支付，具体分摊比例可以由三方自由约定，但是为了加大实习学生和单位之注意义务，可以以这两方为主，以学校为辅；在此"兜底"后，再实施自愿性的实习第三者责任险，以补充前者赔偿不足。如可以设计为最低 20 万元的赔付标准，再考

---

① 《机动车交通事故责任强制保险条款》第八条规定："保险人按照交强险合同的约定对每次事故在下列赔偿限额内负责赔偿：（1）死亡伤残赔偿限额为 110 000 元；（2）医疗费用赔偿限额为 10 000；（3）财产损失赔偿限额为 2 000 元；（4）被保险人无责任时，无责任死亡伤残赔偿限额为 11 000 元；无责任医疗费用赔偿限额为 1 000 元；无责任财产损失赔偿限额为 100 元。"

② 沈小军：《论不健全交强险关系之效力重构》，载《保险研究》2019 年第 5 期。

③④ 樊启荣、刘玉林：《机动车第三者责任险被保险人之扩张及其限度——以共同被保险人为中心》，载《保险研究》2015 年第 4 期。

虑设置几个不同的档位，由当事人自由约定，原则仍然是缴费高则赔偿就多，缴费少则赔偿也低。

道路交通事故是一般侵权行为，"交强险"和"第三者责任险"的归责原则也是按照过错责任原则确定各方责任。[①] 但是，在此过错责任原则的基础上，我国《道路交通安全法》还设置了无过错责任原则。[②] 我国《道路交通安全法》采用了不同的归责原则：当机动车与非机动车、行人发生道路交通事故时，对事故责任的10%损失采用无过错责任原则；对事故损失的90%采用过错责任原则。过错责任原则仍然是最主要的原则，这符合侵权法的一般原理。[③] "实习第三者责任险"的设计也应当参照《道路交通安全法》的规定：以过错责任为基本原则，少数特殊情况下采用无过错责任原则。

我国"交强险"和"第三者责任险"不仅为实习保险提供了一种可直接的"拿来"方案，还同时为实习保险制度之商业保险制度的构建提供了成功范式，即在实习保险之商业保险中，也可以推行一种强制性的商业保险，与交通保险一样"打破"商业保险之自愿性的一般规则，这样就可以创新性地构建实习保险之"强制性社会保险＋'强制性'商业保险＋'自愿性'商业保险"之治理体系，还能创新性地将实习侵权及侵权赔偿与实习保险赔付融为一体，以提升实习保险治理能力和治理效果。这并非笔者故意"附庸"《民法典》之"时髦"，而实为构建我国实习保险制度之必需。

五、重整实习保险，新塑"去碎片化"可行性路径

我国现行社会保险制度"碎片化"非常严重，在这样的大背景下，"大碎片化"必然导致实习保险也呈现出严重的"小碎片化"，碎片化的危害性虽然有目共睹早有定论，但是，"去碎片化"路径却是"道阻且长"。去"大碎片化"的问题不是本书的研究范围，笔者仅研究实习保险去"小碎片化"路径，也企图能够"以小带大"，为去"大碎片化"提供有益参考。

---

①③　李同建：《交强险追偿范围初探》，载《中国保险》2019 年第 9 期。

②　《中华人民共和国道路交通安全法》第七十六条规定："……机动车之间发生交通事故的，由有过错的一方承担赔偿责任；双方都有过错的，按照各自过错的比例分担责任。（2）机动车与非机动车驾驶人、行人之间发生交通事故，非机动车驾驶人、行人没有过错的，由机动车一方承担赔偿责任；有证据证明非机动车驾驶人、行人有过错的，根据过错程度适当减轻机动车一方的赔偿责任；机动车一方没有过错的，承担不超过百分之十的赔偿责任。交通事故的损失是由非机动车驾驶人、行人故意碰撞机动车造成的，机动车一方不承担赔偿责任。"

新塑"去碎片化"可行性路径包括三大方面：一是实习保险之社会保险与商业保险的重整与衔接；二是实习保险与学徒保险等临时性劳动保险的整合；三是实习保险与大学生勤工助学的保险整合与创建。

（一）实习保险之社会保险与商业保险的重整与衔接

社会保险具有强制性，而商业保险属于自愿性范畴，二者具有不同的属性和保险规则，将二者整合与衔接起来，难度极大。但是，仅仅从实习保险这一较小的视角入手，还是比较可行的。

实习社会保险主要是指工伤保险和失业保险两大类别，应当强制推行此类社会保险于实习保险中，其他类型的社会保险如养老保险、医疗保险和生育保险则可以缺失。实习商业保险主要是实习学生人身意外伤害保险等自愿性的保险，还应当包括前文笔者提出的实习他人人身或财产保险。实习之工伤保险、失业保险、人身意外伤害保险和实习他人人身或财产保险，这四类实习保险的各自构建方案已经在前文中详细阐述，此处仅仅是指四者的整合与衔接问题，特别是其中的社会保险与商业保险的衔接关系。

对于实习保险中的社会保险（工伤保险与失业保险）与商业保险（人身意外伤害保险和他人人身或财产保险）的衔接，笔者认为，应当构成"主辅＋保底"之衔接模式。"主辅"具体是指实习保险应当以社会保险为主即以工伤保险与失业保险为主，以商业保险为辅助形式，而不是现状的以商业保险为主、严重缺失社会保险。"保底"即"兜底"，分两层含义：一是短期内，实习关系中至少应当有一种保险，无论社会保险或商业保险均可；二是长远上，实习关系中至少应当有一种强制性的社会保险如工伤保险，其他商业保险则可以由当事人自由约定。

实习保险"主辅＋保底"之衔接模式的保险规则与程序可以直接遵循目前的法定规定，待今后出台《实习法》或《实习促进法》后，再专门规定。实习经费的缴纳办法可以是：实习学生不必缴纳工伤保险费，全部由实习单位承担；而失业保险则与实习单位无关，全部由实习学生或学校解决。商业保险经费由实习学生与实习单位、实习派遣学校三方自由约定，完全遵循商业保险的一般运行规则。为了增强执行力，既实现实习保险之"主辅＋保底"，又不特别加重实习单位的经济负担，需要国家出台相应的扶持政策。最为有效和可行的方案是笔者已经提出过的两条基本路径：一是国家直接的财政资金拨款；二是借鉴法国和英国的"学徒税"经验，新开征"实习税"或"学徒税"，也可以是二税的合并，对积极参与实习或学徒活动的用人单位实行税收减免、优惠或抵扣，既节省了国家的财政负担，也减轻了实习接收单位的经济负担，还可以引导或"倒逼"社会各界参与实习或学徒活动的积极性与主动性，而对没有参与或参与有瑕疵者，全额征收"实习税"或"学徒税"。

（二）实习保险与学徒保险等临时性劳动保险的整合

实习活动具有双重性，一方面是学校教学环节的一个重要组成部分，另一方面实习也属于一种特殊的劳动关系，特别是实习时间较长的实习，更加具备普通劳动关系之表征，与劳动法意义上的临时性替代性劳动关系并无二致，因此，实习保险关系也与这些临时性替代性劳动关系之保险天然关联，构建实习保险制度时也应当与其整合与贯通，实现"去碎片化"目标。

实习关系与学徒关系、劳务派遣、业务外包、试用期关系、非全日制用工与共享经济下新型劳动用工等具有许多相同点，实习保险制度构建应当与这些关系紧密结合起来，一并规制和统一治理。我国目前的基本现状是：实习关系（狭义）、就业见习关系、学徒关系、劳务派遣、业务外包、试用期关系、非全日制用工与共享经济下新型劳动用工等都严重缺乏保险制度，使得数量庞大的非正式劳动者被排除在保险制度外，导致严重的不公正和非正义，亦不符合共享经济下新型劳动用工之发展趋势，也成为我国社会治理的空白，为了实现我国社会治理体系与治理能力的现代化，必须高度重视这些问题，不断提升实习关系等非全日制劳动关系之治理能力，实现所有劳动者都能享有社会保障权的基本目标和价值追求。

实习保险与学徒、劳务派遣、业务外包、试用期、非全日制用工与共享经济下新型劳动用工等整合与贯通，可以采取以下路径：

第一，实习保险与学徒保险。基于实习与学徒关系同属于学校教育与实践的紧密结合，二者的参与主体主要都是在校学生，可以将二者的保险制度统一设计。由于学徒期一般都长于实习期间，实习类型中时间较长的实习（超过2个月）如生产实习、医学实习和岗位实习，可以与学徒保险统一起来立法，可以都规定社会保险之工伤保险和失业保险制度，都可以在学生入校时缴纳失业保险费用，都由学生缴费；二者在实习或学徒过程中，可以都由实习或学徒接收单位购买工伤保险，都由接收单位缴费，学生不用缴费，也可以由实习或学徒派遣学校与实习或学徒接收单位协商保险费用的分摊比例。实习保险与学徒保险之操作程序都可以统一由学校完成，保险事故发生后也由学校与保险机构联系，并办理理赔手续，这些程序都不必交给学生自己去完成，虽增加了学校的负担，但是减轻了实习或学徒学生的压力，也充分体现了派遣学校的应尽义务和责任，是派遣学校与接收单位作为实习或学徒学生之"共同雇主"或"不真正雇主"责任的具体化。

第二，实习保险与试用期保险。试用期保险是试用劳动者享有的基本权利，虽然试用劳动者与实习或学徒学生有一定的区别，如法律身份不同，实习学生（在校学生实习）之主要法律身份还是学生，不同于试用期之试用劳动者的"准劳动者"身份，但是，二者仍然还有一定的相同之处，如二者同属于非正式劳动关系，二者同属于试验性劳动，我国目前二者也都基本缺失社会保险，因此，将实习保险与试用期保险一同归并治理，具有一定的现实意义，也具有一定的可行性。

首先是将二者的社会保险主要是工伤保险和失业保险打通使用。将实习学生在校时实习工伤保险延长至该学生初次就业的第一次试用期间，之后的第二次试用则不再享有原来的实习工伤保险待遇；实习学生在校时失业保险延长至毕业后初次试用于第二次试用前，即实习失业保险之延长到毕业后的第一次失业，再次失业则与实习失业保险无关。

其次，实习商业保险可以延长至第一次试用期间，之后则可以由当事人自由约定；如果续保，可以由当事人另行约定保险费用。这样既体现了商业保险的自由性，又与实习商业保险关联在一起，可以极大地调动实习学生参与实习商业保险的积极性，有效提高实习保险的覆盖面，也从另外一方面增加了实习商业保险的适用范围，对学生和保险人都是一种双赢。

第三，实习保险与劳务派遣保险。劳务派遣是一种临时性、季节性和替代性即"三性"的劳动用工制度，因其劳动关系与劳动用工的分离，能够极大地满足临时劳动用工需求，又能够节约劳动用工成本，受到了用人单位的极大青睐。我国目前调整劳务派遣的法律规范，虽然还没有单行法《劳务派遣法》，但是在现行《劳动合同法》中有专章规定劳务派遣。为了有效规制劳务派遣，还特别在 2012 年对《劳动合同法》有关劳务派遣的规定进行过一次专门修改，修改仅仅是针对劳务派遣，这也是我国《劳动合同法》自 2008 年实施以来的首次修改，充分说明了国家对劳务派遣的高度重视。

我国劳务派遣的立法还有一些缺陷没有克服，特别是有关劳务派遣之社会保险问题还比较滞后。劳务派遣的"野蛮式生长"与劳务派遣社会保险严重缺失形成了巨大反差，应当引起我们的高度关注。劳务派遣与实习关系有许多相同之处，二者都属于临时性的劳动，二者劳动期限都属于短期劳动，二者都有三方协议调整：实习三方协议和劳务派遣三方协议，特别是二者目前都是社会保险制度缺失的"重灾区"。笔者认为，构建我国的实习保险制度，可以考量将其与劳务派遣保险制度一起归并设计与治理。

实习保险与劳务派遣保险归并治理的基本思路是：一是实习工伤保险和实习失业保险与劳务派遣打通使用，即将实习保险之此类社会保险"延伸"至劳务派遣。实习学生在毕业后的就业中，如果初次参与了劳务派遣之劳动，则将其原来的实习保险关系"延伸"至劳务派遣，对劳务派遣期间的工伤事故或第一次劳务派遣后的第一次失业，分别享受工伤保险和商业保险待遇。二是实习商业保险与劳务派遣打通使用，即将实习商业保险主要是人身意外伤害保险延长到劳务派遣，其延长次数与保费及保险待遇可以由当事人双方自由约定。三是保险协议形式之打通，即实习保险与劳务派遣保险条款的打通，最为简便的方式是直接将保险条款列为三方协议的条款之一，这样可以比单独签订保险专门协议更加方便，也更加节约成本。

（三）实习保险与大学生勤工助学的保险整合与创建

勤工助学是与大学生实习联系最为紧密的劳动关系，甚至有许多人认为勤工助学就是实习的类型之一，这足以表明勤工助学与实习的天然联系。但是，笔者认为，虽然勤工助学与实习的主体相同，都以大学生为主要主体，都与实践紧密联系，都是大学生之社会劳动活动；但是勤工助学还是不能与实习等同，二者具有明显的区别。

勤工助学与实习的属性不同。勤工助学不是教学的一个基本环节，也不属于劳动法调整的劳动关系；实习则兼具教学与劳动属性，一般在校学生实习则是教学活动的基本环节（非在校学生实习除外），时间较长的实习类型则兼有教学与劳动之双重关系，更具有劳动法意义上劳动关系特征，一般可以将其认定为一种特殊的劳动关系。

我国劳动部 1995 年的《关于贯彻执行〈中华人民共和国劳动法〉若干问题的意见》第十二条规定明确规定：在校生利用业余时间勤工俭学，不视为就业，未建立劳动关系，可以不签订劳动合同。该规定是我国目前有关勤工助学的唯一部门规章，它明确将大学生勤工助学排除了劳动法之范畴，后来的《劳动合同法》也沿袭了这一传统，缺乏勤工助学之规范。

学界和实践中，一直对勤工助学是否属于劳动法包括劳动合同法的调整范畴没有达成共识，造成勤工助学的法律属性界定比较混乱。有人认为：大学生勤工助学应当纳入劳动法和《劳动合同法》的范畴，将大学生纳入劳动法的范畴，符合一般法理之保护弱者的基本原则。[1] 也有人反对，在校大学生应该纳入民事雇佣关系，在校大学生的主要工作是学习而不是劳动，因此不能适用劳动法。[2]

勤工助学与实习之目标不同。勤工助学是为了直接获得劳动报酬而间接帮助完成学业；实习则是以完成学业为直接目标，即使有些实习能够获得实习报酬，但这也不是直接目的；二者结果不同，勤工助学的结果是经济收入，实习的结果是知识

---

① 孙晓红：《大学生勤工俭学与劳动法适用》，载《中国青年政治学院学报》2009 年第 2 期。
② 董保华、陆胤：《企业雇佣在校大学生相关法律问题探讨》，载《中国劳动》2007 年第 6 期。

与实践的结合即知行合一。

有关大学生勤工助学的实证报告可以佐证。2018 年"广东省大学生勤工助学调查"的结果显示：大学生勤工助学的目的首先是赚钱。大部分大学生参与勤工助学主要目的是赚取满足生活和娱乐消费的费用，此群体占比 83.49%；为了积累经验的占比 60.55%；为了扩充自己人际圈的占比为 35.78%；8.26% 的学生是因为被父母催促去锻炼而为。① 可见，大学生勤工助学以赚钱为目的的比例非常之高，达到了八成以上。而实习则主要是为了完成学业，宏观上是为了知行合一，提升专业水平和实践技能，与勤工助学以赚钱为目的的差异较大。

二者相对人不同。勤工助学是学生与雇主之直接关系，其相对人为雇主包括自然人；而实习关系比较复杂，是实习学生与实习派遣学校、实习单位三方之关系，其相对人包括两大类即实习单位和实习派遣学校，一般不包括自然人雇主。

二者时间不同。勤工助学一般是学生自己利用休息时间从事的兼职劳动，主要时间是寒暑假；而实习活动主要是学校统一的集中安排，学生一般不能自由支配时间。当然了，少数的分散实习和网络远程实习除外。

二者劳动关系类归不同。勤工助学基本上属于民事劳动关系；而实习关系，特别是时间较长的实习类型如岗位实习、医学实习和生产实习更加具有劳动法意义上劳动关系的属性，或者将其划归为一种特殊的劳动关系。

既然勤工助学与实习存在上述若干差异，实习保险与勤工助学保险则也就相应的具有明显的区别。实习一般都有强制性的社会保险要求，特别是时间较长的实习类型如岗位实习、医学实习和生产实习，其社会保险之工伤保险应当是不可或缺的保险类别，即便是没有社会保险之强制性要求，一般也要求实习至少应当有一种商业保险如实习人身意外伤害保险；而勤工助学则既无强制性社会保险之规定，也无商业保险之要求。一般来说，实习无保险属于非法；而勤工助学则无非法之说。

虽然实习保险与勤工助学保险具有较大差异，但是，由于二者的被保险人基本相同，都主要为在校大学生（非应届生实习除外），二者保险标的也都属于在校大学生之人身安全，因此，为了防止二者分别保险之碎片化，可以将其相互整合与贯通。具体方案是：商业保险可以相互打通，大学生在勤工助学时受到的人身意外伤害，可以直接从其实习人身意外伤害保险中获得赔偿；还可以从第三人侵权中获得侵权损害赔偿。为了更加有效保障与救济大学生的权益，可以考虑双倍赔偿，即人身意外伤害保险赔偿与侵权损害赔偿可以同时享有。实习保险与勤工助学保险打通

① 招碧荧、胡刚丞、吕俊思、徐晶晶、江施润：《大学生勤工俭学状况分析——以广东省为例》，载《中外企业家》2019 年第 24 期。

时，不应当将工伤保险和失业保险列入进来，否则，对实习单位和保险人都不公平，因为，毕竟勤工助学是大学生自己私下的有偿性劳动，与实习之学校统一安排和工伤相去甚远。

六、类归劳动争议，新创实习保险争议之调处机制

由于我国实习学生数量庞大，实习供给侧与需求侧矛盾突出，导致实践中实习争议不断上升，影响了实习关系的和谐与稳定。我国实习争议类型化问题严重滞后，实习争议调处机制亟待创建。在实习争议中实习保险争议占有突出地位，解决好实习保险争议，创建适应新时代要求的实习保险争议处理制度，既是我国实习关系治理的重要内容，也是我国整个保险关系治理体系的重要组成部分。

我国目前还没有实习争议之定型化法律制度，即实习争议还不是法律规制的基本类型，缺乏实习争议之正式制度范式，与此对应的是实习保险争议还是空白地带，遑论制度构建。实习争议之法定化是实习保险争议制度的基础和前提，因此，我们应当首先创建实习争议处理制度。

（一）劳动争议"二分法"之定型化与常态化

我国有关劳动关系的争议分为两大类别：一是劳动法意义上的劳动争议，二是民法意义上的劳动争议即民事劳动争议。相对应的制度构建也分别采取不同的模式即劳动争议之"二分法"模式，前者即劳动争议一般是"先裁后审"，特殊争议还实行"一裁终局"，适用法律是《劳动争议调解仲裁法》，劳动仲裁属于非司法程序，劳动争议仲裁的专门机构是各级劳动人事仲裁院或仲裁委员会；后者为"或裁或审"模式，为一般性质的民事争议，受《民事诉讼法》调整，主要处理机构为各级法院，为司法程序。长期以来，劳动争议"先裁后审"模式一直遭到学界和实践的批判，成为一直并未或难以改变的历史性老问题。笔者也一直认为"先裁后审"积弊太多，应当适时修正。

笔者长期探寻的改革思路是：第一，打破部门界限，统一劳动争议之"二分法"模式，将所有涉及劳动关系的争议统一治理，即无论是劳动法意义上的劳动争议，还是民事劳动争议，或者新型劳动用工即不完全劳动关系产生的新型劳动争议，统一归并；第二，建立专门的劳动法院或法庭，专门处理涉及劳动关系的所有争议（包括社会保险争议）；第三，区分个体劳动争议与集体劳动争议，分别采取不同的处理机制，特别是集体劳动争议应当实行"调解为主"之强制调解和前置调解模

式，创建"调解终局"制度。这些构想，并非笔者主观臆断，域外都有许多成功的经验可资佐证和参鉴，而其中的成立专门劳动法院或法庭具有更大的可行性和操作性。

由于劳动争议"二分法"模式是一个"旧事重提"的话题，遭到社会各界的长期诟病，在此不再赘述。

（二）社会保险争议之复杂化与不定化

我国劳动争议与民事劳动争议"二分法"模式，导致了学界和实践的长期纷争与纠结，其"惯性"将直接影响到实习争议。另外，还有一个难解而"困扰"实习保险争议的是社会保险争议之复杂化。

社会保险争议之类归与定型问题，学界和实践也都难以达成共识。社会保险争议是属于劳动争议，还是民事争议或者行政争议？或者二者兼具？社会保险争议的复杂化与不确定，势必使实习保险争议随之而难上加难。

目前比较一致的观点是将保险争议细分为劳动争议与行政争议两大类别。以社会保险争议当事人为标准，将争议分为劳动争议与行政争议，分别适用不同的调处程序，形成了两类争议并存的"二元"结构。[①] 学界和实践界还有一种观点认为，社会保险争议与劳动争议没有关系，不能将社会保险争议划归为劳动争议，有人甚至认定"社会保险劳动争议是个伪命题"[②]。有专家建议，应当社会保险争议从劳动争议中分离出来，建立独立的社会保险争议处理机制。[③]

我国现行立法对社会保险争议是否属于劳动争议，并不一致，比较混乱。笔者认为，原则上，可以将社会保险争议列为劳动争议的范畴；有些特殊的社会保险争议则应当排除劳动争议的范畴，有的属于民事争议，有的则属于行政争议。

实体法上，首先，《劳动法》第9章单独而详细地规定了社会保险。其次，《劳动合同法》非常全面地规定了有关社会保险的事项。《劳动合同法》第十七条第七项将社会保险条款列为劳动合同之法定必备条款，[④] 这就构成了社会保险应当是劳动争议之基础性"逻辑原点"。

《劳动合同法》还在劳动规章制度、劳动合同的解除、终止、经济补偿等多方面涉及社会保险问题。第二条规定了"用人单位在制定、修改或者决定有关劳动报

---

① 王天玉：《社会保险争议处理制度改革》，中国社会科学网，http：//ex. cssn. cn/zx/bwyc/202007/t20200715_5155398. shtml？COLLCC=2339827870&，发布时间：2020年7月15日，访问时间：2010年7月28日。
② 王显勇：《一个伪命题：作为劳动争议的社会保险争议》，载《法学》2019年第11期。
③ 林嘉：《社会保险的权利救济》，载《社会科学战线》2012年第7期。
④ 《劳动合同法》第十七条。

酬、工作时间、休息休假、劳动安全卫生、保险福利、职工培训、劳动纪律以及劳动定额管理等直接涉及劳动者切身利益的规章制度或者重大事项时，应当经职工代表大会或者全体职工讨论，提出方案和意见，与工会或者职工代表平等协商确定"。第三十八条第三项规定了"未依法为劳动者缴纳社会保险费的"劳动者可即时解除劳动合同。第四十二条第二项和第三项都规定了用人单位不得解除劳动合同："在本单位患职业病或者因工负伤并被确认丧失或者部分丧失劳动能力的"和"患病或者非因工负伤，在规定的医疗期内的"。第四十四条第二项规定了"劳动者开始依法享受基本养老保险待遇的"，劳动合同终止。第四十九条规定了社会保险关系跨地区转移接续："国家采取措施，建立健全劳动者社会保险关系跨地区转移接续制度"。第五十条还规定了劳动合同解除或者终止后的社会保险关系转移问题："用人单位应当在解除或者终止劳动合同时出具解除或者终止劳动合同的证明，并在十五日内为劳动者办理档案和社会保险关系转移手续。"第五十一条将保险福利等事项列为集体合同基本内容："企业职工一方与用人单位通过平等协商，可以就劳动报酬、工作时间、休息休假、劳动安全卫生、保险福利等事项订立集体合同。"第五十九条将社会保险费的数额与支付方式以及违反协议的责任作为劳务派遣协议的重要内容之一："劳务派遣协议应当约定派遣岗位和人员数量、派遣期限、劳动报酬和社会保险费的数额与支付方式以及违反协议的责任。"第七十四条第六项规定了行政部门对社会保险事项的监督检查：县级以上地方人民政府劳动行政部门依法对"用人单位参加各项社会保险和缴纳社会保险费的情况"进行监督检查。《劳动合同法》在许多方面都对社会保险有关问题进行了明确规定，这些足以表明或佐证社会保险争议属于劳动争议的基本范畴。

《中华人民共和国社会保险法》是关于社会保险的专门立法，应当对社会保险争议作出最为权威和最为详细的规定，但是，实际情况完全不是这样，其有关社会保险争议的规定却最具"争议"。

林嘉教授将我国社会保险争议分为两种基本类型：一是将劳动者个人与用人单位之间发生的社会保险争议，纳入劳动争议的范畴；二是将用人单位或者个人与社会保险费征收机构、社会保险经办机构发生的争议，纳入行政争议的范畴，适用行政复议及行政诉讼救济程序。[①] 此即社会保险争议类分之"二元结构"，此观点盛行于学界，极具代表性，非常准确地概括了我国现行立法的基本要旨，其观点主要来源于《社会保险法》第八十三条的规定。

《社会保险法》第八十三条第三款规定了社会保险争议之调解、仲裁和诉讼问

---

① 林嘉：《社会保险的权利救济》，载《社会科学战线》2012 年第 7 期。

题，此规定可以被认为是社会保险争议属于劳动争议的又一依据；但是，该条前面两款却规定了社会保险之行政诉讼或行政复议，因此，又可以认为社会保险争议不属于劳动争议，或者说社会保险费之收缴争议不属于劳动争议，而属于行政争议的范畴。这种立法将社会保险救济之公权利救济与私权利救济"混为一体"，显得"不伦不类"，难怪遭到学界和实务界的严厉批判。

"《社会保险法》第八十三条将社会保险争议按不同主体间的关系进行了不同处理机制的划分。"① 表面上比较全面，实质上很难操作。这种分散的纠纷解决机制存在劳动争议公法"私法化"、行政争议契合性不足、救济程序烦琐等问题。②

这种分散式的权利救济模式依照争议主体不同而分别适用劳动争议和行政争议程序，缺陷明显，易于将社会保险权与劳动权混淆，将社会保险权作为劳动权的一部分，既与现代社会保险法理念不符，又淡化了社会保险之国家责任和强制性，还不利于劳动者社会保险权的有效实现。③

社会保险争议处理机制移植了民事争议和行政争议，从而在民事诉讼前复制了劳动争议之纯粹私法化的处理机制。使得社会保险法与其争议处理机制脱节，被保险人权益难以获得程序保障，去私法化应当成为社会保险争议机制变革的方向。④

程序法上，《劳动争议调解仲裁法》明确规定了社会保险争议属于劳动争议的适用范围。⑤ 此为程序法之社会保险属于劳动争议之另一基础性逻辑原点。

另外，有关司法解释却与上述规定并不一致，将有些社会保险争议明确排除了劳动争议的范畴，甚至明确规定为民事争议之"劳务争议"。⑥ 还有司法解释明确规定：劳动者请求社会保险经办机构发放社会保险金的纠纷不属于劳动争议。⑦

笔者梳理立法的基本意图和逻辑可能是：仍然遵循劳动关系与劳动争议之"二分法"模式，即将劳动关系分为劳动法意义上的劳动关系与民法意义上的民事劳动关系如劳务关系，进而仍然遵循劳动法意义上的劳动关系与社会保险紧密"捆绑"之一般规则，将属于与劳动法之劳动关系"捆绑"的社会保险争议划归为劳动争议；而将非"捆绑"的社会保险争议，如劳动关系终止后（享有了养老保险待遇或

①② 刘文华、白宁：《社会保险争议法律救济制度与实践》，载《中国劳动》2018年第8期。
③ 林嘉：《社会保险的权利救济》，载《社会科学战线》2012年第7期。
④ 杨复卫：《社会保险争议处理机制路径选择：以去私法化为中心》，载《中国劳动》2016年第6期。
⑤ 《劳动争议调解仲裁法》第二条。
⑥ 《最高人民法院关于审理劳动争议案件适用法律若干问题的解释（三）》（2010年9月14日起施行）第一条规定："劳动者以用人单位未为其办理社会保险手续，且社会保险经办机构不能补办导致其无法享受社会保险待遇为由，要求用人单位赔偿损失而发生争议的，人民法院应予受理。"第七条规定："用人单位与其招用的已经依法享受养老保险待遇或领取退休金的人员发生用工争议，向人民法院提起诉讼的，人民法院应当按劳务关系处理。"
⑦ 《最高人民法院关于审理劳动争议案件适用法律若干问题的解释（二）》（2006年10月1日起施行）第七条规定"下列纠纷不属于劳动争议：（1）劳动者请求社会保险经办机构发放社会保险金的纠纷；……"

者退休后从事的劳动关系）产生的社会保险争议，认定为非劳动争议。因此，我国目前社会保险争议实则也是劳动争议"二分法"的延续，即将社会保险争议分为劳动争议与非劳动争议，例如，社会保险缴费办理争议、退休后的社会保险争议（劳务关系）等属于非劳动争议，其属于民事争议和行政复议或行政争议的范畴。[①]

司法实践中，对涉及社会保险缴费问题的争议，是否应当纳入民事争议的范畴，也还存在较大争议。在司法实务中有一种代表性的观点是：征缴社会保险费的纠纷不宜列入人民法院民事案件的受案范围。[②]

概言之，社会保险争议与劳动争议并不完全重合，有些社会保险争议属于劳动争议之外的民事争议或行政争议。进而，争议处理分别适用不同的争议处理规则，如果社会保险争议为劳动争议，则适用"先裁后审"；如果社会保险争议为民事争议或行政争议，则适用"或裁或审"或行政复议。

笔者认为，我国社会保险争议处理机制，不仅将社会保险争议分为了劳动争议与行政争议两大类，还将民事争议与救济也包含其中。相关劳动争议的法律及司法解释，并未有效区分或难以区分劳动争议与民事争议的边界（此为劳动争议"二分法模式"之积弊之一），因此，笔者认为，我国现行社会保险争议实则包含了三种机制：劳动争议、民事争议和行政争议，呈现出社会保险争议之"三元结构"，进一步加剧了社会保险争议的复杂化，与法律之"定纷止争"功能渐行渐远。其带来的更严重问题是，使得实习保险争议之制度构建和实践，在此大背景和大前提下愈加艰难。

（三）实习保险争议之理论化与创新化

由于实习保险争议与上述劳动争议及保险争议的紧密关联性，而劳动争议"二分法"之定型化与常态化一直遭到社会各界诟病；社会保险争议更加具有复杂化与不定化；另外，加上实习争议之理论和实践还极度匮乏，更无法律支撑。三重"大山"叠加于实习保险争议，必然导致新型实习保险争议理论凝练之艰难，更亟待形成理论化与创新化之实习保险争议处理机制。

实习保险争议与实习争议一样，都还不是一种法定争议类型，法律上都还没有争议处理规范。因此，实习保险争议与实习争议都还只能停留在理论研究上，并且

[①] 《社会保险法》第八十三条规定："用人单位或者个人认为社会保险费征收机构的行为侵害自己合法权益的，可以依法申请行政复议或者提起行政诉讼。用人单位或者个人对社会保险经办机构不依法办理社会保险登记、核定社会保险费、支付社会保险待遇、办理社会保险转移接续手续或者侵害其他社会保险权益的行为，可以依法申请行政复议或者提起行政诉讼。"

[②] 孙坚：《社会保险争议纳入受案范围的审查标准——江苏淮安中院判决刘某诉双环公司劳动争议纠纷案》，载《人民法院报》2019年8月8日第7版。

其理论研究也极其薄弱。

1. 实习争议与实习保险争议一般概况

实习争议主要是指实习学生在实习过程中与实习单位或实习派遣学校或其单位与个人发生的纠纷。实习争议并不仅仅指实习学生与实习单位之间的纠纷，还应当包括实习学生与实习派遣学校和与实习中其他相关个人或单位之间的纠纷。由此可见，实习争议之法律关系的主体比较复杂，并非像劳动争议那样主要只是劳动者与用人单位双方之间的纠纷，实习争议的主体主要包括实习学生、实习派遣学校、实习单位及其员工等多方主体。实习争议的内容既包括实习派遣学校之派遣、管理、实习保险和实习考核评价等内容，还包括在实习单位中的各种实习活动引起的矛盾与纠纷，还有实习学生在实习活动中与第三人发生的纠纷（包括侵权与被侵权）。

实习争议可以分为实习派遣争议、实习报酬争议、实习保险争议、实习管理争议、实习考核和评价争议等。

实习争议的法律性质比较复杂，理论划归比较困难。实习争议既有一般性质之民事争议，也有涉及劳动报酬或劳动条件等属于劳动争议范畴的争议，实习中涉及社会保险问题的争议还有可能是社会保险争议，实习管理方面的争议如果主体是学校，还可能是学校争议，涉及劳动或社会保障部门的还可能是行政争议。

实习争议既涉及民事争议，又涉及劳动争议、社会保险争议，还涉及行政争议，多方面的叠加效应，加上劳动争议和社会保险争议本身的复杂性和不确定性，直接导致实习争议类型化划归的巨大困难，这也是单列实习争议为一种特别法定类型争议的主要障碍。

实习保险争议是实习争议中的重要类别，其类型化划归比较复杂。其原因主要是由实习保险制度本身的复杂性而造成。因为实习保险既包括实习社会保险，还包括实习商业保险，二者共同构建起完善的实习保险体系，二者缺一不可。实习社会保险主要是实习工伤保险和实习失业保险；实习商业保险主要是实习学生人身意外伤害保险，还应当包括笔者率先设想的"实习强制险"和"实习第三人责任保险"。

实习商业保险目前主要是实习学生人身意外伤害保险。笔者认为，还应当包括笔者创新性提出的类似于"交强险"之"实习强制险"和"实习第三人责任保险"，这两种实习商业保险与实习学生人身意外伤害保险，共同构建起我国的实习商业保险制度体系，即实习商业保险体系应当包括三大基本实习商业保险：实习学生人身意外伤害保险、"实习强制险"和"实习第三人责任保险"，与此对应的实习商业保险争议也应当包括这三大类型的实习保险争议。

因此，如果将实习保险争议定性为一般的社会保险争议，则不能涵盖实习商业保险争议；而如果将实习保险争议定性为一般的民事保险争议又遗漏了实习社会保险争议。

实习保险的复杂性导致实习保险争议非常难以从一般理论上抽象出特定的类型，实践中只能是具体情况具体分析，而分别适用不同的争议调处规则。这样，表面上好像并没有什么问题，但是，实际上还存在极大缺陷。一是争议处理机构、规则和程序不同，更易导致"碎片化"，难以有效整合而形成合力；二是实习保险争议调处"碎片化"，不利于新时代中国特色实习治理体系和治理能力的构建；三是实习保险争议与劳动争议和社会保险争议之分别适用，易于造成社会资源的浪费；四是权利救济路径被人为割裂，增加了维权的成本和难度，不利于保障与救济实习学生的权益；五是不利于推动和引导社会各方参与实习活动的积极性和主动性，不利于解决我国目前"实习难"之"实习权利难救济"问题。

笔者认为，不论是从庞大数量实习学生之需求上，还是从克服现行实习争议之"碎片化"缺陷，还是从提升我国实习治理能力上，都应当及时将实习争议单列出来。

2. 实习争议及实习保险争议调处路径

构建单独的实习争议含实习保险争议调处机制，可以有两条基本路径：一是新设劳动法院或劳动法庭，以便实习争议含实习保险争议之"搭便车"；二是新增学校"实习委员会"，以便构建各类学校实习关系之治理体系和提升实习关系之治理能力。

第一，顶层制度设计，成立专门的劳动法院或劳动法庭。将涉及劳动关系或社会保险关系的所有争议作为其法定管辖范围。该提议已经在劳动法学界达成了基本共识，且域外也有成功范例可资借鉴，国内也可以参照知识产权法院之经验。将社会保险争议、学徒争议、实习争议（实习保险争议）、劳务派遣争议、勤工助学争议、多重劳动关系争议和共享经济下新型劳动用工之争议等，都统一划归各级劳动法院或劳动法庭，从而形成新时代中国劳动关系治理体系。

第二，微观制度设计，成立专门的"实习委员会"。各个高校包括各类职业院校应当充分挖掘学校内部潜力，设立专门而独立的实习委员会，与学校其他专门机构（委员会）如学术委员会、教学指导委员会、招生委员会、学位委员会、职称委员会和学生申诉委员会等，共同成为学校的常设机构，实习委员会管理和治理实习活动的所有事宜，并作为学校调处实习争议含实习保险争议的常设性专门机构。

学校成立专门的实习委员会，其组成人员包括学校和各院领导、校工会、教师、学工干部和学生五方代表，各院由一名专职秘书即实习秘书负责各个院系的具体实习工作。如此将实习管理体系纳入学校的统一安排，与学校的教学和科研机构并列，由校实习委员会直接领导下面的各院系实习委员会，形成完备的实习治理体系。

学校实习委员会的构建具有较大的必要性与可行性，只需要教育主管部门一声令下即可完成机构组建，具体运行范式可以在实践中结合现有的管理办法，逐步完善，在经过一段时间的试行后，由教育部制定统一的运行规则。

学校实习委员会制度构建基础和实践运行范式，并非凭空产生。我国目前各个高校都有教育部规定下的学生违规违纪之学生申诉处理委员会，实习委员会完全可以参照与借鉴学生申诉处理委员会的运行模式，或者与学生申诉处理委员会兼容，在其内部新成立实习委员会，或者直接实行"一套人马、两块牌子"。

学生申诉处理委员会的法理依据是《普通高等学校学生管理规定》。较新的规定是 2017 年 9 月 1 日起施行的新版《普通高等学校学生管理规定》。

新版《普通高等学校学生管理规定》（以下简称新《规定》）在全面依法治国背景下，为依法治教确立了法治原则和精神，是推进高等教育法治进程的新保障。[①] 新《规定》更加彰显了权利本位理念，有利于平衡高校管理权力和大学生权利，操作性明显增强。[②] 新《规定》专门将"学生申诉"单独列为一章即第六章，彰显了立法先进性，得到了广泛的好评。其第五十九条明确规定了"学生申诉处理委员会"的机构组成人员为学校相关负责人、职能部门负责人、教师代表、学生代表、法律事务相关机构负责人等，可以聘请校外法律、教育等方面专家参加。[③] 实习委员会之机构组成，完全可以参照"学生申诉处理委员会"的办法，由多方面的代表组成，特别不能缺失法律专家，包括校内法律专家和校外法律专家，以增强实习委员会调处实习争议的专业能力，全面提升实习委员会调处实习争议的权威性。

新《规定》明确规定了学生申诉处理委员会人员组成结构，特别是聘请校外法律、教育等方面专家参加该委员会，具有重要意义。一是为了保证对申诉事项处理的公平公正；二是借助法律、教育等方面专家的专业特长，使处理更具合法性、合理性。[④]

新《规定》规定的申诉与救济程序，弥补了我国教育法长期以来之救济程序的严重不足的缺陷，使得我国《教育法》对学生权利的保障与救济迈上了一个新台阶，其价值非常值得肯定。学生申诉与救济体现了《教育法》对学生权利保护之宗旨，有效地将保护学生权益救济落到了实处，新《规定》中提出经学生申诉处理委员会复查，对学生处理或者处分不当或者不服时，可以作出建议撤销或变更的复查

---

① 吴涛、陈明华：《〈普通高等学校学生管理规定〉的法治彰显与良法致思》，载《锦州医科大学学报》（社科版）2019 年第 3 期。
② 李云风：《2017 版〈普通高等学校学生管理规定〉解读》，载《黑龙江教育》（理论与实践）2019 年 Z1 期。
③ 《普通高等学校学生管理规定》第五十九条。
④ 沈亚平：《依法治校与高校学生管理制度的发展》，载《中国高教研究》2017 年第 4 期。

意见；另外，省级教育行政部门处理学生申诉问题需要"听取学生和学校的意见"，这些内容更加细化了申诉程序，弥补了以前学生申诉领域相关规定的空白。这样形成校内和校外、行政和司法、当前和长远相结合的纠纷解决机制，有利于推进依法治校，更有利于维护学生的合法权益。[①]

新《规定》通过进一步完善学生申诉处理程序制度，强化了学生申诉处理委员会的法定职责，提高了学生申诉处理委员会组成人员的合理性，实行省级教育主管部门监管措施，这些都畅通了学生权利救济的途径，进一步确保学校对学生处分的公平公正性。[②]

实习委员会调处实习争议包括实习保险争议的程序，也可以参照现行的《普通高等学校学生管理规定》规定的程序，实行校内和校外两大实习争议调处程序。

实习争议及实习保险争议之校内调处程序。由校实习委员会受理实习学生的申诉，实习学生对学校的处理或者处分决定有异议的，可以在接到学校处理或者处分决定书之日起 15 日内，向学校实习委员会提出书面申诉。实习委员会对实习学生提出的申诉进行复查，并在接到书面申诉之日起 15 日内作出复查结论并告知申诉学生。情况复杂不能在规定限期内作出结论的，经学校负责人批准，可延长 15 日。实习委员会认为必要的，可以建议学校暂缓执行有关决定。实习委员会经复查，认为作出处理或者处分的事实、依据、程序等存在不当，可以作出建议撤销或变更意见，要求下属相关职能部门予以研究，重新提交校长办公会或者专门会议讨论决定。

实习争议及实习保险争议之校外调处程序。实习学生对学校复查决定有异议的，在接到学校复查决定书之日起 15 日内，可以向学校所在地省级教育行政部门提出书面申诉。省级教育行政部门应当在接到实习学生书面申诉之日起 30 日内，对申诉人的问题作出决定。省级教育行政部门在处理实习学生申诉时，应当听取学生和学校的意见，并根据需要进行必要的调查。根据审查结论，区别不同情况，分别作出处理意见：对事实清楚、依据明确、定性准确、程序正当、处分适当的，予以维持；对认定事实不存在，或者学校超越职权、违反上位法规定的，责令学校予以撤销；对认定事实清楚，但认定情节有误、定性不准确，或者适用依据有错误的，责令学校变更或者重新决定；对认定事实不清、证据不足，或者违反学校规定的程序和权限的，责令学校重新作出决定。

在实习争议含实习保险争议调处程序中，还要特别注意与《普通高等学校学生管理规定》之一般性学生申诉调处程序的差异。

---

① 赵昕、张端鸿、赵蓉：《高校学生管理：行政、管理与服务的路径——对 2017 年版〈普通高等学校学生管理规定〉的解读》，载《思想理论教育》2017 年第 9 期。
② 陈晓斌：《论〈普通高等学校学生管理规定〉的因势而新》，载《黑龙江高教研究》2017 年第 10 期。

第一，无论是校内调处程序，还是校外调处程序，都要听取实习单位的意见，因为实习单位是实习直接法律关系的主体，其对实习学生之实习活动及争议最为了解。

第二，在实习争议调处程序中，还要特别注意听取校外法律专家的意见。在实习委员会中直接聘请校外法律专家，还要特别聘请各级劳动人事仲裁院或仲裁委员会之仲裁员为实习委员会的特聘专家。《普通高等学校学生管理规定》规定的学生申诉委员会的成员规定并没有要求聘请各级劳动人事仲裁院的仲裁员，是因为普通学生争议一般不涉及劳动争议，但是，实习关系中实习时间较长的实习类型如顶岗实习、医学实习和生产实习一般都具备劳动争议的属性，因此，实习委员会中聘请劳动争议仲裁员就显得特别重要。

第三，适当延长申诉时效。由于实习争议及实习保险争议涉及校内校外多方主体，为了有效保障实习学生之诉权，实习争议申诉时效规定应当比《普通高等学校学生管理规定》规定的时间要长一些，《普通高等学校学生管理规定》规定是学生申诉时效是10日，即学生对学校的处理或者处分决定有异议的，可以在接到学校处理或者处分决定书之日起10日内，提出书面申诉，可以考虑将其增加到15日即延长5日，适当延长申诉时效更有利于保障和救济实习学生的权益。

第四，赋予实习委员会监督权和建议权。对于实习争议含实习保险争议必须由劳动人事仲裁院即劳动争议案件，或者必须由人民法院管辖的民事争议案件，特别是实习保险争议涉及保险经办机构的行政争议案件，虽然实习委员会是不能享有调处权的，但是，应当赋予实习委员会监督权和建议权，以有效监督和保障实习学生的合法利益；如果学校是实习争议的一方当事人，则应当实行回避原则，不再享有监督权和建议权。

第五，试行省级教育主管部门下的各学校"换位调处"。为了充分保障实习争议调处的公平和正义，可以考虑在省级教育主管部门下，实行各学校实习争议"换位调处"，即甲高校与乙高校之实习委员会在调处实习争议时，互相交换进行调处。实习争议"换位调处"的实行条件可以是统一规定即由相关法规直接授权；也可以是采用法律之请求权原理，赋予实习争议当事人之自由选择权，即如果实习争议当事人请求"换位调处"，则实行"换位调处"；而如果实习争议当事人没有换位调处之请求，则无须"换位调处"。这样的规定更加灵活，也更加符合实习争议当事人的意愿，也更加能够保障实习争议调处的效果。

第八章　实习税收激励制度

第一节　对实习税收的新认知

税收历来是国家和社会公共产品不可或缺的财政收入来源，是国家和社会正常运行的基本保障。税收既是"取之于民用之于民"的国家强制性行为，又是普惠民生之社会保障体系的基础。依法收税会得到社会各界的广泛认同，一般不会有什么疑义。

税收，又称赋税、捐税，税收可简称税，是国家为了实现公共职能而凭借其政治权力，依法强制、无偿地取得财政收入的活动或手段。税收具有国家主体性、公共目的性、政权依托性、单方强制性、无偿征收性、标准确定性六大特征。[①] 任何税收都必须符合这些基本特征，才具有合法性和正当性，也才能得到广大公民的认同和参与。笔者之"实习税"即是"实习税收"之简称；"学徒税"即"学徒税收"之简称（下同）。

开征一种新税种，并非易事，并非仅仅从法律法规之立法程序上完成即可，还有首先应当从思想观念上进行反复博弈，应当得到社会各界的普遍认同之后，才有开征的基础。构建一种全新的税收制度之"实习税"也是这样，应当首先完成人们思想观念上的认同。

从表面上看，实习与税收（税）似乎毫无关联，二者没有多大相关性。难道实习还要交税不成？实习是学校教学实践环节，是学生将理论与实践结合之知行合一的实践活动，实习学生是社会没有收入的弱势群体，将他们与税收联系起来，实

---

① 张守文：《经济法学》（第6版），北京大学出版社2014年版，第132~133页。

在让人难以接受。既然向实习学生征收"实习税"如此不可思议，那么是否就会向广大的社会成员征收呢？这必然会遭到普遍的反对，大多数社会成员特别是工薪阶层本身收入就不高，再开征新的"实习税"，不是会再次加重负担吗？笔者在一些学术会议和其他场合中，只要笔者一谈及"实习税"或"学徒税"，就会立即遭到反对和"围攻"，非常一致地让笔者不要谈"实习税"或"学徒税"！这也是从侧面说明了人们谈"税"色变之一般心态，完全可以理解。因为一种新税种的开征，人们初始的观念多是如此，完全不必大惊小怪，同时，也说明这种新税种之理论研究和宣传工作还不到位，还不能引起社会的普遍认同，也为进一步加强理论研究和宣传提出了挑战。确确实实，我国对"实习税"含"学徒税"的理论研究非常薄弱，无论是在学界，还是在现实中，几乎都还是没有听说过的"新词"，纯粹属于新生事物。

我国目前对"实习税"（包括"学徒税"）之误读主要包括两大方面：第一，将"实习税"解读为实习学生之实习劳动报酬应当缴纳的个人所得税；第二，将"实习税"解读为现有税收因实习活动而减免或抵扣的税费。矫正这两大误读，新认知应当为：第一，"实习税"并非个人所得税；第二，"实习税"并非现税之减免。以下分释之。

一、"实习税"并非个人所得税

实践中有一种比较普遍的认知，将"实习税"误读为实习学生因获得了实习劳动报酬，而应当由个人缴纳的所得税费。此观念将"实习税"没有理解为一种新的税种，而是将其理解为个人劳务所得税之一种，属于实习学生因获得实习劳动报酬而应当缴纳的税费。

关于实习学生（包括学徒与就业见习生）是否应当缴纳此种实习税即实习劳务报酬所得之税费，一直具有相当大的分歧。一种观点认为实习学生不应当缴纳因实习或学徒活动之个人所得税；另一种观点则相反，认为应当缴纳相关个人所得税。缴与不缴，众说纷纭而莫衷一是。

实务中有一些律师认为应当缴纳此类实习税。如广东熊何律师认为：由于实习生并未与单位签订劳动合同，形成的是劳务关系而非劳动关系，应当按照劳务报酬纳税。其法律依据是《个人所得税法》第四条和第六条：劳务报酬所得，每次收入不超过 4 000 元的，减除费用 800 元；4 000 元以上的，减除 20% 的费用，其余额为应纳税所得额。① 张安定律师也认为，应当缴纳个人所得税，其依据是根据《个人所得税法》：取得工资、薪金所得，应纳个人所得税，此工资、薪金所得是指个人因任职或受雇而取得的工资、薪金、奖金、年终加薪、劳动分红、津贴、补贴及与任职或受雇有关的其他所得。② 这些观点基本上都认为实习关系（含学徒关系）虽然不属于劳动法语境下的劳动关系，实习学生不属于劳动者而非工薪阶层，不需要像工薪阶层那样缴纳其工资所得之个人所得税，但是，实习学生之实习关系属于劳务关系，应当缴纳相应的劳务所得税，简概之，此之实习税即为现有劳务所得税之一种。

笔者认为，大学生实习之实习劳动（包括学徒与就业见习）所得之劳动报酬不应当缴纳个人所得税。主要理由如下：

一是征税主体不适格。实习学生之法定身份还主要是学生身份，与单位的一般正式劳动者不同，更不属于工薪收入者，即便是将实习学生包括学徒视为特殊的劳动者而享有劳动法上的一些权益，特别是享有一定的实习劳动报酬权，但是，他们的主要身份仍然是学生，还不能靠自己的劳动养活自己，对其实习劳动报酬征税有违公平正义。另外，他们都是社会的弱势群体，需要社会特别保护，与税收一般主体不同，因此，不宜向其实习劳动报酬征税。无论实习关系是劳动关系还是劳务关系，实习学生获得的劳动报酬都与正式劳动者之工资不同，不属于个人所得税之征税主体。

二是征税没有普遍意义。由于我国是实习需求最大国，实习单位一直属于稀缺资源，实习单位掌握着完全的话语权，我国目前绝大多数的实习都是无薪实习，有薪实习并不普遍，更有甚者为了获得实习机会，导致付费或缴费实习或"付费内推实习"现象极其普遍，哪里还谈得上有实习报酬之有薪实习。即便是少数的有薪实习，其实习劳动报酬（津贴或补助）也是微乎其微，根本难以到达现行的个人所得税起征标准（5 000 元），因而向其征收个人之实习劳动所得税并无普遍之实际意义。

三是法定依据不够充分。税收最大的特征之一就是法定性，即没有法律明确规定就不得征税。我国《个人所得税法》第二条虽然规定了"工资、薪金所得"和"劳务报酬所得"应当缴税③，但是，实习学生之实习劳动报酬与它们都还存在较大

---

① 熊何：《实习工资 2400 要交多少实习税》，律师快车，https：//www.lawtime.cn/ask/question_21693757.html，发布时间：2018 年 8 月 21 日，访问时间：2020 年 11 月 29 日。

② 张安定：《实习工资 2400 要交多少实习税》，律师快车，https：//www.lawtime.cn/ask/question_21693757.html，发布时间：2019 年 10 月 12 日，访问时间：2020 年 11 月 29 日。

③ 《个人所得税法》第二条规定："下列各项个人所得，应当缴纳个人所得税：（一）工资、薪金所得；（二）劳务报酬所得；（三）稿酬所得；（四）特许权使用费所得；（五）经营所得；（六）利息、股息、红利所得；（七）财产租赁所得；（八）财产转让所得；（九）偶然所得。居民个人取得前款第一项至第四项所得（以下称综合所得），按纳税年度合并计算个人所得税；非居民个人取得前款第一项至第四项所得，按月或者按次分项计算个人所得税。纳税人取得前款第五项至第九项所得，依照本法规定分别计算个人所得税。"

差别，实习学生所得一般应当定性为实习补助或津贴，将其归类为"工资、薪金"和"劳务报酬"都不够准确；虽然《个人所得税法》第四条规定的十项免征条款中没有明确列举实习所得之豁免①，但是其第三项"按照国家统一规定发给的补贴、津贴"免征条款，据此判断实习所得就属于该"补贴、津贴"范畴，而应当免征个人所得税。另外，按照"税收法定"基本原则，既然《个人所得税法》没有明确规定征收实习税包括学徒税，就不得扩大解释而征收所得税，否则就有违法之嫌。因此，笔者认为，对实习学生实习劳动所得报酬征收个人所得税不具有合法性和正当性。

四是缺乏征税参照先例。域外"学徒税"是一种独立的税种，并非学徒之个人劳动所得而应当缴纳的税费，我国目前现实中的实习或学徒之个人劳务所得税并非域外的"学徒税"，也并非笔者之对传统学徒税之改造升级而来的新"实习税"。

二、"实习税"并非现税之减免

对"实习税"和实习税收制度的理解还有一种误读：认为是对因参与实习活动而享有的从其他税收中减免税费的制度。如从企业所得税中减免一些税费，其目的是奖励参与实习活动的企业。此种认识观念与笔者之实习税激励机制的最大相同点是：都是以税收之杠杆激励作用为视角，都是为了激励各个单位积极参与实习活动，都具有"奖勤罚懒"和惩"恶"扬"善"之功效；不同之处在于笔者之实习税是一种全新的税种和制度，而不是其他现有税种之减免措施。换言之，本书之实习税收制度是一种全新的税收制度，而不是现行税之减免或抵扣，即不是现行税之豁免条款。

从税收激励作用方面看，新实习税与其他税的实习减免措施具有较大相似性，二者都是为了从经济上刺激各单位特别是企业参与实习活动的积极性，都可以发挥税收杠杆作用。但是，二者是两个完全不同的概念：一个是独立的新税种和新的税收制度；另一个是旧税种（如企业所得税）之减免措施。前者是一种全新的税收制

---

① 《个人所得税法》第四条规定："下列各项个人所得，免征个人所得税：（一）省级人民政府、国务院部委和中国人民解放军军以上单位，以及外国组织、国际组织颁发的科学、教育、技术、文化、卫生、体育、环境保护等方面的奖金；（二）国债和国家发行的金融债券利息；（三）按照国家统一规定发给的补贴、津贴；（四）福利费、抚恤金、救济金；（五）保险赔款；（六）军人的转业费、复员费、退役金；（七）按照国家统一规定发给干部、职工的安家费、退职费、基本养老金或者退休费、离休费、离休生活补助费；（八）依照有关法律规定应予免税的各国驻华使馆、领事馆的外交代表、领事官员和其他人员的所得；（九）中国政府参加的国际公约、签订的协议中规定免税的所得；（十）国务院规定的其他免税所得。前款第十项免税规定，由国务院报全国人民代表大会常务委员会备案。"

度，具有完备的制度构建体系，具有长期性和稳定性；而后者仅仅是一种依附于现有税收制度之临时性的措施，具有短期性和临时性。前者之立法程序比较复杂和漫长，即开展一种新税种必须经过法定的立法程序；后者的最大优势就是简便快捷，无须复杂而漫长的立法程序，可以收到"立竿见影"之实效；前者是一种更能体现税收法定化的制度设计，具有法律规范之明确性、可预见性、稳定性和权威性；而后者不具备法律制度之基本特征，至多属于政策范畴，属于临时性措施，权威性和强制性明显不足。

世界上关于学徒税或学徒培训税的税收制度主要是以法国和英国为代表的独立开征的学徒税制度，此即狭义之学徒税制度；还有许多国家或地区，并不像法国和英国那样开征独立的学徒税或学徒培训税①，而是采用另外一条路径即不独立开征学徒税，而是在现行其他税种上实行减免或抵扣措施，此税收模式至多也只能称之为广义的学徒税，而非真正的学徒税（狭义）。笔者认为，对学徒税及其学徒税制度之解读应当从狭义上理解，而不是从广义上理解，即不能将现行税之减免或抵扣视为学徒税，拓展而言，现行税之减免或抵扣也不是笔者之"实习税"范畴。

加拿大可谓是采取税收减免而刺激学徒活动的典范，但是，它还不能解读为狭义的学徒税制度。

加拿大安大略省，麦坚迪政府在 2004 年预算中提出了几项计划。首先，实行学徒培训税收抵免政策，退还学徒工资的 25%，最高为每位学徒 5 000 美元，如果雇主被视为小企业，则退还 30%。其次，政府发起了针对没有高中文凭学徒的奖学金，以帮助其进入学徒计划。② 加拿大魁北克省于 1995 年通过的一项地方立法规定，工资账单超过 25 万美元的雇主必须至少将预算的 1% 用于培训，否则就要对差额征税。③

加拿大的研究报告认为：加拿大安大略省为学徒培训提供 25% 的税收抵免，令人钦佩；但是更为有效的政策是魁北克省的培训税，它在减少偷猎方面更有效（尽管在政治上不太可行）。④ 可见，加拿大极少数省如魁北克省采取的类似于法国的独立学徒税制度，并不被看好。

加拿大现代学徒制改革的标志是"红章计划"，该计划专门针对企业，出台了

---

① 法国和英国的"学徒税"制度在后文将详述，此不赘言。
② Andrew Sharpe, James Gibson. The Apprenticeship System in Canada: Trends and Issues. CSLS Research Report 2005 - 04, P. 73.
③ Andrew Sharpe, James Gibson. The Apprenticeship System in Canada: Trends and Issues. CSLS Research Report 2005 - 04, P. 75.
④ Andrew Sharpe, James Gibson. The Apprenticeship System in Canada: Trends and Issues. CSLS Research Report 2005 - 04, P. 87.

学徒就业税收减免政策。从 2006 年 5 月 1 日起，企业凡雇佣通过红章计划认证的学徒，可以获得相应的税收减免。每一位学徒可为企业带来其个人工资 10% 的收税抵免，每一位学徒可为企业带来最高可达 2 000 美元的税收减免。[①]

加拿大的学徒培训税方案得到了世界经合组织好评。加拿大学徒培训税收抵免是一项可退还的税收抵免，适用于在学徒计划头三年期间在某些技术行业雇用学徒的公司和企业。雇主每年最多可申领 5 000 加元，而每名学徒可申领 15 000 加元。[②]

由上可知，加拿大之现代学徒制度改革及其学徒税制度主要还是一种收税减免或抵扣制度，基本上属于一种国家对学徒活动的经费资助形式，与法国和英国的之独创的学徒税制度还存在较大差异，也不属于笔者本文之对独立学徒税的研究范畴，更不能将现有税收减免或抵扣视为学徒税或实习税之制度范畴。

三、"实习税"与现有认知比较

对"实习税"之再认识，应当特别注意矫正上述两种误读，现实中以上关于"实习税"的两种理解，与笔者之"实习税"完全不同，二者完全不能混同，急需对实习税之新认知。有比较才有鉴别，二者之比较差异可以先简单概述为以下几个方面。

（1）税种和税制不同。笔者之"实习税"是指一种不同于《个人所得税法》之"所得税"的独立新税种，即完全不是对实习学生之实习所得或学徒所得而征收的税费；也不同于税收减免制度（措施），税收减免是对现有税收的减免，如对参与实习活动包括学徒活动之企业所得税的减免。笔者之"实习税"的制度具有独创性和前瞻性，国内外都还没有这种制度，但是，它也不是"空穴来风"，其制度基础来源是域外已经非常成熟的"学徒税"制度，可以说是对传统学徒税制度之新的改造和升级。"实习税"与学徒税不同，它是包括了学徒税的一种针对所有实习活动的独立税收制度，实习税收制度是在传统学徒税基础上拓展出来的新制度，实习税收制度的范围远远大于学徒制度，它只是一种极不成熟的应然之理论状态，甚至可以说是笔者之"妄想"和"虚构"。

（2）征税主体不同。笔者之"实习税"法律关系主体是指特殊主体，而非指一般主体，即"实习税"是专门针对实习单位而不是社会一般主体而征收的独立新税

---

① 王禛、杨科正：《加拿大学徒制改革的演进路径及主要特征——以红章计划为例》，载《职业教育研究》2019 年第 3 期。

② Organisation for Economic Co-operation and Development. OECD Note on Quality Apprenticeships for the G20 Task Force on Employment，2012. 9. 26，P. 4.

种，也不是针对实习学生或学徒（工）或就业见习生开征的新税种。实习单位的范围比较广泛，主要是各类企业。

（3）征收方式不同。笔者之"实习税"是指专门针对没有参与或参与不达标之实习单位所征收的新税种，而对符合规定的实习单位则免征"实习税"，或者减免或抵扣相关税费，因此，简单地说，对符合规定而完成实习任务"好"的单位是不征收实习税的，开征"实习税"不会加重"好"的实习单位之经济负担。

（4）功能作用不同。笔者之"实习税"的主要功能和作用是正面引导并"倒逼"各个单位积极参与实习活动，因为参与者可以免缴或抵扣相关税费，故此，笔者之"实习税"就是实习活动最为重要的激励机制之一，其基本功能和作用是"奖勤罚懒"和惩"恶"扬"善"，以充分利用税收之杠杆作用而调动各个单位参与实习活动的积极性和主动性。正如标题"实习税收激励制度"之表明的"激励"功能和作用。

有效矫正和改变目前对"实习税"不当认识、重新认知"实习税"还是一件非常困难的事情，既有理论困境，更有法律障碍。主要困难是："实习税"不仅理论研究严重缺失，而且其法律规范（包括学徒税）完全还是空白；"实习税"既无定型化规范，也无法定性范畴；无论是学界，还是现实中，人们都还没有形成比较固化的思维模式，更遑论思想认识上达成共识。

笔者通过中国知网文献检索，截至 2020 年 11 月 29 日上午 10 时，以"实习税"为篇名检索全部中文和外文文献，结果为"零"；以"实习税"为"篇关摘""主题""关键词"和"摘要"检索，结果也全部都是"零"。以"实习税"为"全文"检索，结果也只有 10 篇。这些数字已经足以说明"实习税"之理论研究的严重匮乏！"实习税"理论研究的如此现状，怎么会引起社会的广泛关注呢？也更遑论社会上对"实习税"的认同和理解。同时，理论研究资料之严重短缺，也表明了研究"实习税"还是一个极具挑战性的新课题。因此，研究"实习税"具有相当大的困难，但也是一项极具创新性和前瞻性的课题。笔者的研究不求有什么突破，只希望能够抛砖引玉，作为讨论和批判的"靶子"足矣。

第二节　新建实习税收制度必要性

我国借鉴域外成功的"学徒税"制度，不能照抄照搬，而应当充分考量我国的具体国情，笔者及本课题组经过反复思量，认为可以将学徒税制度改造升级为独具特色的全新中国式"实习税"制度。其必要性主要包括：第一，税收杠杆激励机制需要实习税；第二，缓解实习资金困难需要实习税；第三，实习单位减负增利需要实习税；第四，保障实习学生权益需要实习税。

一、税收杠杆激励机制之需

我国是世界上最大的实习需求国，实习学生的体量和数量都是世界第一，"实习难"之实习单位（含学徒和就业见习单位）"难寻"已经成为了首要问题，为了调动社会各界特别是企业积极参与实习活动，仅仅从道德伦理上大力倡导，远远不能有效破解"实习难"问题，还需要充分发挥各种激励机制之激励、刺激和"倒逼"作用，而税收具有强大的"杠杆"激励功能，正好高度契合了实习活动激励机制之所需。另外，由于税收之国家强制性和法定性特征，也契合了法治社会中激励机制之依法构建的法治精神，因此，实习激励制度之构建需要实习税。

我国著名财政经济学家、经济杠杆理论和财政价值分配论的创立者王亘坚教授曾经阐述："税收是最重要的经济杠杆"，其原因有四：第一，税收调节范围的广泛性；第二，税收区别对待的灵活性，区别对待就是给予有利或不利、利大或利小的物质利益诱导，是经济杠杆的灵魂；第三，变动的简易性，税率和税目变动所引起的连锁反应面较小；第四，从发展趋势看，税收的经济杠杆发挥调节作用的范围将越来越大。[①]

将实习关系纳入税收杠杆之调节范畴，也正好完全符合上述基本原理，为了充分发挥税收杠杆激励机制，开征实习税实有必要。

第一，"实习税"体现了税收调节范围的广泛性。实习活动是一项具有广泛性的活动，既关系到每一个在校大学生即应届大学生，还关系到已经毕业的大学生即往届大学生；既涉及普通高校，又涉及职业技术院校；既关系到学生，还关系到其他社会成员之实习，因实习并非只是针对学生，还包括社会成员即非学生之实习生；实习活动还包括了学徒活动，学徒也属于一种广义上的实习活动，因此，"实习税"之税收调节范围具有广泛性特征，完全可以发挥税收杠杆作用而有效调节和激励实习工作。

第二，"实习税"符合"区别对待的灵活性"特征。"实习税"之"区别对待

---

① 王亘坚：《我国税制改革的理论依据》，载《税务研究》1985 年第 6 期。

的灵活性"体现在：它主要针对实习单位且主要为企业单位，还区别对待不同的单位征收，即对实习工作搞得好的免征或抵扣，而对搞得不好的则全额征收，故"实习税"之区别对待特征非常明显，对"奖勤罚懒"具有明显的刺激作用。

第三，"实习税"也具有"变动的简易性"。征收"实习税"对社会的连锁影响并不大，变动起来非常简易，因为"实习税"并非像其他税种那样非常固定，它常常处于变动之中，如果实习单位（含学徒与就业见习单位）依法依规完成了实习任务，则立即可以申请免征或抵扣"实习税"，税务部门只需要上门核实情况后，就可以立即执行；而如果实习单位在实习活动中有"瑕疵"，还可以根据具体情形而调整征收金额，因此，"实习税"在实践运行中非常易于随时调整，能够更好地发挥税收杠杆之激励作用。

第四，"实习税"更加具有"利益诱导"性。税收之杠杆作用主要是一种利益机制，它对经济的调节和控制主要体现在利益的引导。[1]"实习税"的征税对象具有限定性，它不是针对所有的企业等单位，而只是对实习活动不达标或有"瑕疵"的企业征收，而实习搞得好的企业是不征收实习税的，或者减免或者抵扣相关税费；实习工作搞得越好，则相应的利大，否则就利小或者无利，因此，"实习税"之利大或利小的"利益诱导"非常明显，从而刺激实习单位之参与热情。

第五，"实习税"符合社会发展趋势。从社会发展趋势看，开征"实习税"也符合税收经济杠杆之作用范围将越来越大的趋势，税收经济杠杆之激励机制应当成为市场经济中的基本手段，它具有"看不见的手"之巨大调节作用，甚至有时比"看得见的手"的作用还要明显，实习活动需要"两只手"，也更需要"看不见的手"，而"实习税"兼具二者之功能，一方面是国家"有形之手"之强制手段；另一方面，"实习税"之"奖勤罚懒"利益诱导与激励，又是发挥市场"无形之手"巨大作用的市场手段。

第六，"实习税"符合契约精神。著名法学家梅因有一个非常著名的论断：从身份到契约的运动是人类社会发展的一般规律。"实习税"的开征，完全符合这一规律，因为，"实习税"完全摒弃了实习单位之身份属性，它用法定性规范规制各个单位的行为，不论是国有的，还是民办的，也不论规模大小，都要依法纳税，包括依法免税或减税；税收本质上就是一种社会契约，该契约与一般的民事契约不同，它具有法定性和强制性，任何单位和个人都有义务严格遵守，不得违反，否则都要追究法律责任。"实习税"更是社会契约，一方面，它具有国家强制执行力，具有

---

① 刘景溪：《把税收杠杆用到调解经济的支点上——关于对本溪市税收杠杆运用的调查与思考》，载《税收纵横》1992 年第 6 期，第 33 页。

法律制度之刚性；另一方面，纳税主体还可以与征收主体进行协商，如果实习单位圆满完成了实习任务，则应当免收实习税，如果有"瑕疵"，则应当根据该瑕疵大小决定征税的具体税率和数额，这充分体现了实习税之协商层面的弹性。实习税之刚性和弹性都彰显了契约精神与法治精神之有机融合。故新征实习税无论从弘扬法治精神和契约精神及二者之融合，都具有非常大的必要性。

第七，"实习税"符合制约与诱导相结合之原理。如何有效运用和发挥税收之杠杆作用，除了实施利益诱导外，还有将制约手段与诱导结合起来。正确运用税收杠杆，必须坚持调动和制约的统一，调动和制约并用，在给予动力的同时，还要给予压力；既要调动积极性，还要强化约束机制。[①] 新征"实习税"，既有正面的经济利益之诱导，即该税不是对所有的企业都实施，而是对实习搞得好的企业免征实习税，又有制约手段，即实习税仅仅对实习搞得不好的企业收税，并且给予不同的减免措施，体现了"实习税"杠杆作用之制约的一面。因此，开展实习税也符合税收杠杆之利益调动和制约相结合的原理。由此可见，开征实习税实有必要。

第八，"实习税"可以有效解决或缓解供需矛盾。我国目前"实习难"的主要原因之一是供需矛盾突出，实习单位供给严重不足，加之成本和效益是许多实习单位特别是企业的价值目标，实习常常会影响其利益最大化，因此，许多单位都不愿意接受实习学生，破解这些难题的路径，除了道德伦理方面的大力倡导外，还要"对症下药"，国家应当从物质利益上刺激实习供给市场，而开征实习税正好与之高度契合，我们没有理由放弃这么好的经济激励措施。

概上，"实习税"能够体现税收在调节实习关系中的重要功能，它对实习活动具有较强的杠杆激励作用，完全符合税收之经济杠杆作用的基本原理，开征实习税非常必要。

二、缓解实习资金困难之需

税收是国家和社会正常运行的物质保障手段，"税收收入是国家财政收入的最主要来源"[②]，通俗地讲，税收最为直接的目的就是收钱。新征实习税，同样也不例外，其直接作用就是为国家聚财，为国家财政缓解实习资金短缺问题。

税收作为提供公共产品的最主要的资金来源，主要以满足公共欲望、实现国家

[①] 刘景溪：《把税收杠杆用到调解经济的支点上——关于对本溪市税收杠杆运用的调查与思考》，载《税收纵横》1992 年第 6 期，第 33 页。

[②] 张守文：《经济法学》（第 6 版），北京大学出版社 2014 年版，第 132 页。

的公共职能为直接目的。① 实习活动也属于一种比较普遍的公共产品，也属于国家公共职能的一个组成部分，实行税就是为了给实习之公共需求提供资金来源，在国家资金给付不足的情形下，实行税就可以直接起到有效缓解国家资金困难的作用，虽然这种作用不是开征实习税之主要价值目标，但是，也附带可以有效缓解实习经费之不足。

由于实习体量和数量之极其庞大，所需要的实习经费也相应的非常巨大，因此造成了实习活动之财力和物力的严重匮乏。无论是国家财政层面，还是实习派遣学校和实习单位层面，都严重短缺实习经费。实习经费之难已经成为"实习难"之重要表象，如何有效破解实习经费之难，需要各方主体共同参与、多措并举。

新征实习税（包括"学徒税"）将是不可或缺的重要手段之一，故此，缓解实习资金困难需要实习税。开征独立的包括学徒税的实习税，比在现有税收上进行减免或抵扣措施要好，前者更加具有法定性、长期性和稳定性，实际运行的效果也更加具有权威性；而后者只能算是一种临时性的措施，不具有长期性和稳定性，这种临时性的税收减免或抵扣，虽然也可以缓解实习经费之不足，但是，它的适用范围也非常有限，主要针对的是企业，而不具备一种新税种之普遍性，它常常只能减免或抵扣企业所得税；而如果开征一种独立的新税种，则征税对象将具有普遍性，也将更加能够体现税法之可预见性，也能更加体现税收之公平性。域外独立开征学徒税的先例和实践经验已经表明，其优越性远远超过了在现有税种基础上之减免或抵扣，我国借鉴域外的学徒税经验时，特别是在缓解实习经费困难上，应当特别关注并比较这两种不同制度之优劣，而笔者认为，最佳路径就是借鉴学徒税制度而将其改造升级为一种全新的"实习税"制度，该制度才是符合中国国情之有效缓解实习经费包括学徒经费的最佳选择。

任何税收都是"羊毛出在羊身上"，但是收税之后的资金分配，却是人们非常关注又无可奈何之事。税收是否全部用在"羊"身上？这需要国家层面的制度安排。因此，实习税收制度的构建，还要仔细考量此类问题。

三、实习单位减负增利之需

我国实习单位大多为企业，企业本身就以追求利益最大化为目的，实习活动必然增加企业的成本并影响企业的正常经营秩序，故此，许多企业出于利益方面的考

---

① 张守文：《经济法学》（第6版），北京大学出版社2014年版，第132页。

虑，都不愿意接受实习学生，即便是接受实习学生，也大多数要向实习派遣学校收取一定的费用，此即付费实习或"付费内推实习"之普遍现象，同时，这也成为我国"实习难"的重要因由之一。为了减轻企业在实习活动中的经济负担，同时也为了克服付费实习或"付费内推实习"之现象，"对症"之"药"就是为企业增加经济补贴、减轻企业经济压力。

开征实习税与减负增利之间表面上是"悖论"，实习税可以减负增利亦"疑似"假命题，实则完全不然。因为实习税与其他的税种不同，它是一种特殊的税种，它的主要功能是激励作用，即对依法依规认真履行实习义务和责任的单位（企业），是不征收实习税的，或者是减免或抵扣相关税费；而对那些没有履行或完全履行实习义务和责任的单位（企业），则全额征收，并将征收到的实习税款全部再分配给前者，以补充其实习经费。实行税的这种特殊运行模式，仅仅只是针对那些实习活动之"不良"企业，加重的税负也仅是这些企业的负担，不但不会增加实习活动之"好"企业的经济负担，反而还给予实习补贴，从而减轻了这些"好"实习单位之经济成本，以期达到激励社会各界特别是企业参与实习活动之积极性和主动性。

开征实习税不仅可以为实习单位减负增利，还能够有效减轻实习派遣学校经济负担，进而克服学校不得不实行的付费实习或缴费实习，特别可以成为打击非法或不当"付费内推实习"之有力手段。因此，开征实习税包括学徒税，不仅可以从源头上治理付费实习或"付费内推实习"，还能够从法律上规制并矫正其违法行为。源头治理之"源头"就是收费单位——实习单位（含企业），当然了，这还需要在实习法和实习税之制度设计中，特别明确规定付费实习或"付费内推实习"之违法性，实施了该违法行为的单位必须全额缴纳实习税，并不得享有其他任何税收减免政策，还要由有处罚权的部门对其违法行为进行其他处罚，包括没收违法所得和罚款等。

开征实习税（学徒税）还是从供给侧和需求侧"双管齐下"治标又治本之良策。不仅可以有效改变现行治理付费实习或"付费内推实习"往往只是从供给侧即实习派遣学校入手，要求派遣学校不要搞付费实习或缴费实习，但是，其效果非常不好，因为学校为了保障有足够的实习单位，为了完成实习或学徒任务，不得不采取付费手段，以减轻实习单位经济负担，还可以从需求侧治理付费实习或"付费内推实习"，实习单位不收实习费，才是治标治本之本。只有供给侧和需求侧双方之治标治本路径，才能克服付费实习或"付费内推实习"之积弊，而实习税制度恰恰具有此等供与需之双重治理功能，故开征实习税非常必要。

四、保障实习学生权益之需

实习税并非向实习学生征收的税种，而主要的纳税对象是实习单位，表面上看，其与实习学生没有直接关系，也似乎与保障实习学生权益无关，但是，实质上，二者关系极大，并非伪命题，实习税密切关系着实习学生权益保障与救济问题。

实习学生的权益即应然法上的"实习权"[①]，与实习单位具有直接的关联性，保障实习学生权益之义务和责任主体也主要是实习单位，实习派遣学校只是次要主体，或者说是第二"雇主"或"共同雇主"。因为实习活动的主要过程是在实习单位，保障实习学生的合法权益必然与之直接密切关联。前文已经阐释了实习税之杠杆激励机制，也主要针对实习单位，实习税的重要特征是对实习搞得好的单位免征该税，而对实习工作不达标的单位则全额征收，其激励作用比其他税种都要明显。因此，从"实习权"视野，需要即时开征实习税。

第一，从实习税逻辑关系上看，需要实习税。实习税之激励机制符合经济学原理，按照经济学理论，实习税具有特别的"假设"条件和前提，只有不"理性"的人，才需要付出额外的成本，而"理性人"无须支付；为了自身利益最大化，而免缴实习税，实习单位都会争先作"理性人"，积极参与并达标参与实习活动；而按照逻辑推理，实习单位之"理性人"的重要具象就是要保障好实习学生的各项实习权益，也就是说，在法治社会中，实习单位只有保障好了实习学生的各项实习权益，达到了"理性人"标准，才能够成为实习税之免征对象，依法实现其实习利益最大化，其博弈结果也间接地保障了实习学生之合法权益。实习税导致的实习单位这种"自发"而"内生"行为，比起外部的强制性"外生"行为的效果要好得多，因此，有效保障实习学生之合法权益更需要实习税。

第二，从实习权益内容上看，需要实习税。实习学生之实习权益主要包括人身权和财产权，财产权包括实习劳动报酬、实习加班费、实习保险、实习争议处理等，实习学生之人身权和财产权都与实习单位具有非常直接的联系，因为实习单位就是实习学生的第一"雇主"，是第一责任人。只有实习单位认真履行自己的法定义务和责任，才能保障实习学生的实习权益；而这些都需要实习单位拿出足够的经费作为保障，我国目前实习学生之无薪实习、付费实习或"付费内推实习"、无加班费

---

① "实习权"还只是理论上的概念，既没有定型化，更无法定化，实然法中还没有"实习权"一说；并且其理论研究也是非常薄弱，亟待加强。

实习、无保险实习特别是无工伤保险等，都严重侵犯了实习学生的各项实习权益，这些都是因为实习单位缺乏资金或者是不愿意出资而导致，破解路径当然也需"对症"，而开征实习税恰恰能够契合实习资金所需，故新征实习税具有较大必要性。

第三，从征税条件上看，可以"倒逼"实习单位履行自己的保障义务和责任。实行税的征收，具有特别的条件，当然都应当是法定的条件，不能随意而为，在其法定条件设置中，一项基本原则就是"区别对待"原则，即依据实习工作之好坏而区分不同的征收或减免或抵扣标准，并依据实习工作表现之变动而适时调整征收标准，这些都离不开对实习单位之实习考核评估，即实习考核评估结果是实习税之基本依据。这样，不仅可以从观念上改变实习单位对待实习工作和实习考核的态度，有效克服实习与实习考核评估之严重的形式主义；还可以"倒逼"实习单位履行自己在实习中的义务和责任，从而达到保障实习学生之实习权益之目的。可见，实习税不仅可以大力推动实习考核评估工作，克服形式化积弊；还可以"反推"对实习学生实习权益之保障，这可谓是实习税之又一双赢。

第四，从奖与罚关系上看，需要实习税。从经济奖励或激励与处罚辩证关系上看，实习税既可以发挥奖励或激励作用，又可以达到处罚之实效。虽然按照税法的一般原理，税收不具有"惩罚性"特征，如有人认为税收"并不具有惩罚性，因而与罚没收入是不同的"[1]，但是，笔者认为，从间接角度看，税收不一定完全没有"惩罚性"，或者说，至少在税收的具体操作环节层面比如免税或抵扣方面，就体现出了税收之"惩罚性"或间接"惩罚性"，没有享受免税或抵扣待遇的，即可视之为一种经济惩罚。另外，"惩罚"往往与"奖励"相伴生，没有奖励实则也就是惩罚，只不过奖励是正面效应，而惩罚为负面效应，它们之侧重点不同而已，其实二者在经济效益上是一个问题的两个层面，即没有经济上的激励或激励，也就是相对而言属于经济惩罚。具体而言，新征实习税，一方面，对于"好"的实习单位免征税费，实则就是一种经济奖励或激励措施；另一方面，对于"不好"或"坏"实习单位征收实习税，实则就是对其之经济惩罚。实习税的这种制度设计，能够将"好与坏"、"奖与罚"紧密而有效地结合在一起，从而能够更加有效地实现税收之杠杠作用，我们又有什么理由何乐不为地设置实习税呢！

第五，从开征实习税步骤上看，必要性还表现在"学徒税"试点上。为了节约社会资源，也为了更好地治理实习和学徒关系，实习税的开征应当将学徒税一并纳入进来，即我国的实习税是一种比国外的单独的"学徒税"范围要广的新税种，即实习税包括了学徒税，这也是完善"学徒税"之全新的中国式智慧与方案。其逻辑

---

① 张守文：《经济法学》（第6版），北京大学出版社2014年版，第132页。

基础是学徒本身就属于实习之一种，即实习包括了学徒。但是，由于学徒税具有可参鉴的国外成功经验，而实习税则完全没有可以参鉴的范例，因此，在实习税制度设计上，可以分两步走：第一步是先试行学徒税，积累制度和实践经验；第二步，统一学徒税为实习税，完成独立的实习税制度设计。我国开征学徒税的一个非常有利的条件是，教育部领导的现代学徒制度试点工作正在有序进行，并且已经取得了许多成绩，在此基础上试行学徒税，具有较大可行性。因此，有了学徒税试点，后续开征统一的实习税将更加具有可行性的成熟范式。我国及时试行学徒税制度，其必要性并不仅仅是针对学徒活动本身，还能够为实习税之先行先试提供非常有益的改革范例，也是我国进行税收制度之"深水区"改革之必需。

第三节　国外 "学徒税" 制度借鉴

一、法国"学徒税"制度

法国是世界上劳动法最为发达的国家之一，其法典式立法模式已经成为标志性的先进立法模式，《法国劳动法典》已经成为劳动法之立法楷模。法国既是世界上非常早的将学徒关系（包括学徒合同）纳入劳动法调整的范畴的国家，又是最早开征"学徒税"的国家，其名称又为"学徒培训税"，已经有近百年的历史，积累了非常成熟的经验，形成了独具特色影响较大的"学徒税"制度和实践运行范式，该制度不仅已经成为现代学徒制度之典范，还是现代税收制度改革可参照的重要制度，对其他国家都具有相当大的借鉴价值和意义。

1925 年 7 月 13 日，法国"学徒税"制度正式确立，其规定的纳税对象具有普遍性特征，它明确规定了所有人和公司都必须缴纳"学徒税"，税率是其工资的0.20%；税收的款项用于学徒教育。[①]

法国开征"学徒税"的目的就是解决学徒活动的资金问题，其征税对象是企业或个人。"法国解决学徒培训资金不足问题的办法是征税，企业必须将工资总额的

---

① 赵长兴：《法国学徒制教育研究》，载《中国职业技术教育》2016 年第 30 期。

1.5%用于培训，否则就要对差额征税。"①

　　法国学徒税制度的主要特征可以概述为：第一，征收对象的全面性与豁免性；第二，征收机构的统一性与多元性；第三，税率的固定性与灵活性；第四，税金分配的主导性和多样性；第五，税收的主流性和非唯一性。以下分释之。

（一）征收对象的全面性与豁免性

　　学徒税收法律关系的主体既是一般主体即所有公民和企业，又采取豁免条款而将特殊主体排除在外，有效实现了全面性与豁免性之兼容特征。一方面，法国学徒税的征收对象非常广泛，包括所有公民和企业，公民个人和企业都必须依法缴纳学徒税，体现了法律关系"相同的人相同对待"之平等性和公正性的基本原理；另一方面，又明确规定了免征学徒税的主体及其豁免条件，同样也体现了法律平等性之"不同的人不同对待"的基本原理，亦更加凸显了税收制度之杠杆激励机制，这也是笔者之所以大力推崇学徒税制度，并期盼能将其改造为中国式"实习税"制度的重要因由。

　　法国学徒税豁免性规定不仅非常明确而具体，还具有法定性，充分体现了法治精神，其总体豁免原则是：凡是已经依法参与了学徒培训活动的，不论是个人还是企业，都可以依法减免学徒税。该原则性规定具有法定化特征，体现了税收（包括豁免）之法定性精神，其立法依据是《法国劳动法典》第八章"财务规定"第L118-3条之规定：应当缴纳学徒培训税的个人或企业，如果证明其已经依法参与了学徒培训，或者以向国库交纳款项之方式或者以这两种形式参与了学徒培训，可依法减免数额。② 此规定可谓是学徒税法定的豁免条款，隐含其内的"言外之意"就是：只要依法参与了学徒活动，就享有学徒税豁免权。反言之，学徒税征收对象既是所有主体，又不是全部主体，逻辑"悖论"下，主要因由是学徒税制度之激励机制使然。

　　法国免缴学徒税即豁免条款在上述基本原则下，设置了具有较强可操作性的具体措施：一是如果雇用学徒的企业，其年纳税基数不超过"法定最低年工资"的6倍，则可以免交学徒税；二是完全以教学为目的的单位也免交学徒税；三是农民组成的雇主团体也免交学徒税；四是对应当缴纳学徒税的企业也有具体的免税规定，如缴纳学徒税的企业只要雇用学徒，就可以获得学徒工资的部分免税优惠，即"法

---

① Andrew Sharpe, James Gibson. The Apprenticeship System in Canada: Trends and Issues. CSLS Research Report 2005-04, P. 29.
② 罗结珍译：《法国劳动法典》，国际文化出版公司1996年版，第14~15页。

定最低工资"的 11% 的部分是不用计算学徒税的。[①] 这充分体现了法国学徒税之刚性与弹性、原则与规则相结合的特征。

（二）征收机构的统一性与多元性

任何税收都必须由国家法定的专门机构征收，其他任何单位和个人都无权收税，国家法定的专门税收机构就是国家税务部门。这就是税法之征收机构的特定性和统一性，学徒税也应当如此，但是，法国学徒税之征收机构，在特定性和统一性之税务机构上，还可以由其他有权单位征收，体现了法国学徒税征收机构的统一性与多元性特征。

法国学徒税征收机构很有特色，首先，由专门的学徒税征收机构收缴；其次，由其上交税务局。自 2016 年起，由"学徒制促进工业发展"部门负责收缴学徒税。[②]

学徒税征收机构的统一性与多元性，使得学徒税能够更加充分地发挥"专业的机构做专业的事情"。一方面，由专门的学徒管理机构征收，可以充分展示税法"区别对待"原理；另一方面，可以更加有效甄别学徒税豁免条件，防止"投机"行为，还能够有力打击"虚假学徒"（虚假实习）行为，更加有利于发挥学徒税之激励作用。无论由何种机构征收学徒税，首先都必须有法律明确的授权或赋权，否则就无权征收，因此，我国在构建学徒税或实习税制度时，都要考量征收机构一事，如果可以由税务部门之外的其他机构收缴，必须有法律明确授权或赋权。

（三）税率的固定性与灵活性

按照税法的一般原理，任何一种税收都要有一个非常明确的征收税率，学徒税也不能例外。但是，税率的固定也是相对的，随着时代的发展，税率还应当具有灵活性，而适时进行调整。法国学徒税的税率设置，就比较充分地体现了固定性与灵活性之基本原理。法国学徒税税率开始是个人和企业工资的 0.20%，1925 年"学徒税"确立时，所有人和公司必须缴纳工资的 0.20%。[③] 法国学徒税税率也不是固定不变的，2013 年将"学徒税"和"促进学徒制费用"二者合并，按照企业工资总额 0.68% 的税率征收。[④] 可见，现在法国学徒税的企业税率已经由原来的 0.20% 提高到了 0.68%，上升了 0.28%。

我国在借鉴法国学徒税制度时，也应当充分考量税率问题。可以先试行较低的

---

① ② ③ ④　赵长兴：《法国学徒制教育研究》，载《中国职业技术教育》2016 年第 30 期。

税率，待积累一定的实践经验后，再适度进行调整，不能开始时就实行较高的税率，让人们有一个慢慢适应的过程。另外，还要借鉴法国的经验，将学徒税中个人和单位（企业）的税率区别对待，不能适用一样的税率，原则上个人的税率应当低于企业。

（四）税金分配的主导性和多样性

法国学徒税之税金的后期分配也独具特色，税金分配的主导方面当然是集中用于学徒教育或学徒培训，但是，具体的分配方案却具有多样性，并非全部直接划拨给参与学徒活动的单位，即多个单位享有学徒税之税金支配权。2013 年法国将"学徒税"和"促进学徒制费用"合并之后，税金再分配比例也进行了调整，大区政府支配资助学徒制的 51％，学徒培训中心和学校学徒部为 26％，开展非学徒制的初始职业和技术培训学校获得 23％。[①] 可见，法国学徒税的一半以上即 51％ 是由大区政府所掌控，它是由税务局直接给大区政府划拨学徒税总收入的 51％。除此之外，税务局还将学徒税之外的"能源产品内部消费税"，也划拨一部分给大区政府。

学徒税所收税金是一笔非常可观的收入，其庞大经费的再分配，以资助学徒制为主导，其具体支配权为大区政府。同时，税金分配还要兼顾其他有关学徒培训的单位，呈现出多样性的分配特征。

由上可见，法国的学徒税税金分配具有主导性和多样性特征，主导性为多数分配给学徒制教育。另外，兼顾非学徒制教育之多样性，如初中、高中、大专、学士和硕士之职业教育。这种主导性和多样性的税金分配制度，既凸显了学徒制，又兼顾了其他职业技术教育形式，并且是全面地兼顾，形成了资助体系的全方位，即从初中到硕士阶段的职业教育都可以共享学徒税，为法国整个社会职业技术教育提供了有力的资金保障。笔者认为，其根本缺陷是没有将普通高等教育实习活动纳入进来，因为实习本应当是包含了学徒的实践活动，我国在借鉴法国的学徒税制度时，应当扩大学徒税适用范围，将实习活动一并整合进去，而开征包含学徒税之新税种——"实习税"，进而，拓展学徒税或实习税之税金分配的主导性和多样性，为包含了学徒的所有实习活动提供强大的资金支持，也为包含了职业教育的所有实践教学活动服务。

（五）税收的主流性和非唯一性

在法国，学徒税是学徒活动的主要经费来源，并且如上所述，学徒税税金分配

---

① 赵长兴：《法国学徒制教育研究》，载《中国职业技术教育》2016 年第 30 期。

具有多样性特征，所有参与学徒教育和其他职业技术教育的单位，包括学徒制以外的初中、高中、大专、学士和硕士的职业教育，那么，势必造成资助经费的严重不足，仅仅依靠学徒税是完全不够的，还必须另外征收经费作为补充。在此方面，法国充分展示了"税收的主流性和非唯一性"特征，值得其他国家学习与借鉴。

法国的具体做法为：一是在征收学徒税之外，另外向企业征收"学徒教育补充费用"。"学徒教育补充费用"的征收条件是：企业员工总数达到 250 人以上，并且其雇用的学徒数低于员工总数的 5%。另外还规定了豁免条款：对于雇用学徒人数增加幅度超过上一年的 10% 的企业，则免收此费。"学徒教育补充费用"的具体征收费率以企业雇用的学徒数为参照系，雇用的学徒数占员工总数的比例越小，则应当缴纳的费用越多。具体办法是：雇用学徒数量不到总数 1% 的企业，以及员工超过 2 000 人、雇用学徒数不到 0.6% 的大型企业，需要缴纳其工资总额的 0.4%；雇用学徒数在 1% ~ 3% 的，为其工资总额的 0.1%；雇用学徒数在 3% ~ 4% 的为 0.05%。[①]

二是从"能源产品内部消费税"中划拨一定税金。由税务局向大区政府直接划拨一部分"能源产品内部消费税"，以弥补学徒制经费不足问题。比如 2015 年划拨 1.46 亿欧元的"能源产品内部消费税"。

三是政府其他补贴或抵扣措施。对于雇用学徒数占其总员工数之 4% ~ 6% 的企业，政府就业中心将给予特别的补贴。雇用学徒数超过 4% 后，每一名学徒即可享受 400 欧元的补贴。法国从 2014 年起，这样的补贴还可以从企业缴纳的学徒税之配额外部分（即 23% 的那部分）中抵扣。

法国还特别规定：学生实习的费用可以免税，从配额外部分抵扣，但是，该抵扣不得超过学徒税的 3%。另外，企业以赞助教学设备的形式，也可以冲抵一部分学徒税，但只能从应当缴纳的配额外部分冲抵。[②]

法国在学徒税收制度的保障和激励下，一方面，学徒制的运作和发展获得了有力的资金保障；另一方面，也极大地调动了企业参与学徒制培训的积极性。[③]

法国学徒税制度在全世界范围内都罕见，学徒税制度创新不仅成为劳动法的重要制度，还为税法改革提供了全新的路径，也为解决"学徒难"或"实习难"提供了制度路径参考，其借鉴意义非常巨大。在法治社会中以国家税收的名义将"学徒税"纳入法治视野，完全符合法治社会的基本要义。在征收"学徒税"的同时，为了激励企业参与学徒培训的积极性，又出台了一系列明确而具体的豁免措施，不但

①② 赵长兴：《法国学徒制教育研究》，载《中国职业技术教育》2016 年第 30 期。
③ 负聿薇：《法国学徒培训中心与高等院校联合培养模式分析》，载《南方职业教育学刊》2019 年第 2 期。

没有特别加重企业或个人的经济负担，还非常有效地激励了企业和个人参与学徒活动的积极性和主动性；同时，还为学徒活动提供了可靠而稳定的资金保障，可谓一举多得。因此，法国"学徒税"的强制征收与豁免，使得企业都非常乐意参与学徒活动，既减轻了学徒培训的经济负担，又为企业发展储备了潜在人才或劳动力。法国企业能够积极参与学徒活动，这倒不是法国企业社会责任有多高，而是制度使然，特别是税收制度的杠杆激励作用已经在学徒制度中发挥了巨大作用。

二、英国"学徒税"制度

英国的学徒制度历史悠久，也比较成熟与发达，其1802年颁布实施的《学徒健康与道德法》就是人类进入资本主义社会的第一部"学徒法"，它也是公认的现代劳动法产生的重要标志，该法具有重要的里程碑意义。但是，后来英国的现代学徒制度发展远不如法国和德国，为了学徒制度的进一步发展，英国进行了一系列的现代学徒制度改革，其中的典范当数2017年4月推行的"学徒税"制度。虽然英国的学徒税制度晚了《学徒健康与道德法》两个多世纪，也比法国晚了92年，将近百年（法国1925年开征学徒税），但是，其学徒税制度仍然具有非常重要的参鉴价值。

英国通过征收学徒税，增加学徒制活动经费，学徒税以雇主为主导，形成了企业参与学徒制的长效机制。[①]

英国开征学徒税的直接目的之一，也和法国一样，是为了弥补学徒活动的经费不足。但是英国开征学徒税的目的，还不完全是这样，具有特别明显的激励目的。英国政府希望通过学徒税，不仅能够增加学徒培养的经费，更力求提升雇主参与学徒培养的积极性，保障雇主在学徒培养中的主导地位，"学徒税的首要任务是激发雇主参与学徒培养的积极性"[②]。英国学徒税的主要目的是更好地发挥学徒税激励作用，激励广大雇主积极参与学徒活动，并非仅仅是为了资金问题。英国重视学徒税制度激励机制，是其历来重视激励之"基因"的传承，英国现代学徒制与德国采取以"约束"为主的规制性制度不同，英国采取的更多是以"激励"为主的规制性制度策略。[③]

---

① 杨丽波、张桂芳：《英国学徒税政策研究》，载《河北师范大学学报》（教育科学版）2020年第1期。
② 郑坚、张晶晶、田春雨：《构建"雇主主导"型培训模式的新尝试——英国学徒税制度研究》，载《外国教育研究》2019年第6期。
③ 关晶：《英国和德国现代学徒制的比较研究——基于制度互补性的视角》，载《华东师范大学学报》（教育科学版）2017年第1期。

英国学徒税制度的特征可以概括为：第一，对象的限制性；第二，雇主的主导性；第三，导向的偏移性；第四，效果的局限性。以下分释。

（一）对象的限制性

英国学徒税纳税对象仅仅是雇主，并不向公民个人征收。其中的雇主也只是少部分的大雇主，占比非常小，因此，征税对象具有相当大的限制性，不像法国那样具有普遍性。

英国"学徒税"征收税率为雇主年度总薪酬单的 0.5%，雇主如果每年的工资总额超过 300 万英镑，必须从 2017 年 4 月 6 日起缴纳学徒税。[①] 另外，与其他公司或慈善机构没有关系的雇主每年可获得 15 000 英镑的学徒税津贴。此项津贴可使这样的雇主每年须缴付的学徒税减少 15 000 英镑。这意味着只有年收入超过 300 万英镑的雇主才会缴纳学徒税。[②] 因此，英国学徒税的征收对象仅仅只是年收入超过 300 万英镑的极少数大雇主，其占比仅仅为 2%，即只有 2% 的雇主需要真正缴纳学徒税，而多数的中小雇主是不用缴纳学徒税的。

在英国，只有 2% 的雇主需要缴纳学徒税[③]。可见，英国学徒税的纳税对象非常有限，不仅公民个人完全不用缴纳学徒税，雇主也只有极少数才需要缴纳学徒税，与法国学徒税之普遍性完全不同，明显缺乏税收之广泛性。

英国学徒税征收对象虽然不局限于企业（2% 的大企业），还包括公共部门和学校等用人单位，但是，它们也只是有条件地缴纳学徒税，并不具有普遍性，也并不能够改变英国学徒税之征收对象的局限性。

公共部门缴纳学徒税的比例并不高，这也说明了英国学徒税征收对象的非普遍性。因为要涉及雇员培训，公共部门也被要求同企业一样缴纳学徒税，分担学徒培训成本。如在 2017～2018 学年，公共管理和国防部门需纳税 1.15 亿英镑，纳税单位的数量占同行业单位总数的 10.4%。[④] 这表明只有约 1/10 的公共部门需要缴纳学徒税，学徒税征收对象仍然不具有普遍性。为了提高了学徒制经费的积累，并提高公共部门作为雇主参与实习活动的积极性，还应当不断扩大对公共部门征收学徒税的范围，这样也才能体现税收之普遍性、平等性和公正性基本原理。

---

① Apprenticeship Funding: How it Works (2019 – 03 – 13)［2020 – 12 – 07］. https：//www. gov. uk/government/ publications/apprenticeship – levy – how – it – will – work/apprenticeship – levy – how – it – will – work#contents.

② HM Revenue & Customs. Pay Apprenticeship Levy (2018 – 08 – 06)［2020 – 12 – 07］. https：//www. gov. uk/ guidance/pay – apprenticeship – levy#further – information.

③ 杨丽波、张桂芳：《英国学徒税政策研究》，载《河北师范大学学报》（教育科学版）2020 年第 1 期。

④ 岑建、楼世洲：《英国学徒税政策及其特点》，载《比较教育研究》2017 年第 12 期。

英国学徒税虽然还向一部分学校征收，但是，这也并不普遍，要具体根据学校的不同性质而论。学校的员工由谁雇用，则由谁纳税。如果学校或多校联合体的员工受聘于地方政府，如社区学校、受监管的民办学校，学徒税则由地方政府缴纳；而对于民办学校、基金会学校、免费学校和中等学校，员工是学校聘用的，学徒税则由学校缴纳；一些团体管理多所学校、多元化教育集团或多校联合体，则由学校所属的母体机构纳税。[1] 2017～2018 学年教育行业纳税最多，9% 的教育机构（2 590）纳税共计 3.85 亿英镑，其中的 52% 是由 250 人以上的大型教育机构承担。向学校征收学徒税使学校的办学成本增加了 0.4%。[2]

由上可见，英国向学校征收的学徒税，也与向部分公共部门征收一样，只有当它们具有雇主性质时，才需要缴纳学徒税，而且，它们在学徒税征收对象中占比都不大。故此，英国学徒税征收对象仍然不具有普遍性，学徒税收入也仍然不能满足现代学徒制之需。这也难怪英国政府不得不在学徒税之外，对学徒活动进行大量的资金投入，如果想要减少政府对学徒活动的投入，扩大学徒税的征收对象范围，将是有效路径，但是，其不利影响是增加了纳税人的负担。英国的学徒税制度提醒我们，如何在扩大学徒税征收对象与纳税人负担之间，进行合理均衡，将是我国借鉴英国学徒税制度时应当重点考量的问题之一。

（二）雇主的主导性

英国学徒税由于其适用对象仅仅是少数的大雇主，因此其筹措资金功能非常有限，但是，英国政府开征学徒税的主要目的并不在此，而主要是发挥雇主在学徒活动中主导地位，激励让广大雇主将主导性转变为主动性，以期达到学徒税之激励作用。雇主的主导性主要体现在两大方面：一是雇主学徒经费获得的主导性；二是雇主学徒经费使用的主导性。

1. 雇主学徒经费获得的主导性

开征学徒税，这里有一个"悖论"：缴纳学徒税的是极少数雇主，而雇主主导性作用之实现却是针对所有的雇主，如何解决这一矛盾，也成为英国学徒税的重要特色。

解构学徒税与雇主主导地位之"悖论"，首先应当从英国对学徒活动经费投入的历史演变中寻找答案。

---

① 岑建、楼世洲：《英国学徒税政策及其特点》，载《比较教育研究》2017 年第 12 期。
② Andrew Powell. Apprenticeships Policy in England：2017［EB/OL］.（2017 – 05 – 10）［2020 – 12 – 07］. http：//research briefings. files. parliament. uk/documents/SN03052/SN03052. pdf.

历史上，英国传统的学徒制教育主要属于行业的职责，政府很少给予财政支持，学徒经费主要由雇主自己负担。二战之后，英国的学徒制教育成为政府和企业共同的责任，学徒经费投入也由过去以雇主为主，转变为以政府为主，再回归到以雇主为主的三个阶段。第一阶段为二战后至 20 世纪 70 年代末期"以雇主投入"为主；第二阶段为 20 世纪 80 年代初期至 21 世纪第一个十年"以政府投入"为主；第三阶段为 2010 年至目前，雇主和政府共同投入。① 第三阶段的标志性改革举措就是开征了学徒税，形成了"以学徒税为基础、雇主和政府共同分担"的新学徒经费投入制度。② 该学徒经费投入制度，有三种主要方式：雇主单独投入、政府单独投入和政府与雇主之联合投入。其最为显著的特征就是强化了雇主的投入责任，并突出了雇主在经费支配方面的核心和主导作用。③

英国学徒税除了带来资金投入方式的转变之外，还在学徒经费的使用中，有力凸显了雇主之支配权。

英国除了通过不同经费投入模式让更多雇主参与学徒培养外，还通过让雇主管理学徒经费账户、制定学徒培养标准及自主选择学徒和所需技能来保障雇主在学徒培养进程中的主导权，从而有效地实现了雇主之主导权。④

英国一方面迫使符合征收条件的雇主依法缴纳学徒税外，对不需要缴纳学徒税的雇主，实行新的激励机制，共同增加对学徒的经费投入，基本模式就是如果雇主承担 10%，则政府就承担 90%。不用缴纳学徒税的雇主可以采取"政企共担"模式开展学徒培养及考核，雇主支付 10%，政府承担 90%。不用缴纳学徒税的雇主也可通过"雇主或慈善机构联合体"的名义申报缴纳学徒税，共同分担税费并共同使用学徒税津贴和学徒培养经费。⑤

这种雇主负担较小的投入，就可以换取政府财政的较大投入的激励机制，能够非常有效调动广大雇主参与学徒活动的积极性。另外，由于还赋予了雇主之经费主导支配权，使得雇主以小的代价就可以获得较大的效益，这种"以小博大"好事有谁不会参与呢！其激励机制非常有效。

在英国，国家公共财政对学徒制的投入非常大，英国学徒制培训的经费主要由政府直接提供，参加学徒制培训的各方主体如企业、培训机构、学校、学徒等都可以不同程度享受政府的专项学徒经费补贴。目前 18 岁以下的青年学徒制全部免收学

---

① ② ③　吴雪萍、杨莉萍：《英国的学徒制经费投入：演变、方式及特点》，载《中国职业技术教育》2019 年第 33 期。

④　郑坚、张晶晶、田春雨：《构建"雇主主导"型培训模式的新尝试——英国学徒税制度研究》，载《外国教育研究》2019 年第 6 期。

⑤　How to Register and Use the Apprenticeship Service as an Employer. （2017 - 02 - 13）［2020 - 12 - 07］. https：//www. gov. uk/guidance/manage - apprenticeship - funds.

费；19～25 岁青年学徒如果完成了 3 级水平职业资格，则免费培训；超过 25 岁时，根据项目所属行业决定资助程度。这些免费学徒培训措施对青年人极具吸引力。[①] 可见，英国对学徒的财政支持，十分注重发挥资金的激励作用，具体路径就是将扶持资金与培训青少年和职业资格有机挂钩，一方面对青少年实行免费的学徒培训；另一方面，为达到了相应职业资格的学徒也提供免费培训。

在英国，未成年学徒在企业中所有的培训支出，基本都是由政府负担，企业只需要支付学徒的工资，而学徒工资即劳动报酬实际上已经通过学徒的劳动进行了抵消，这更加有效激励了企业参与学徒培训的积极性。[②] 在英国，雇主需要支付学徒的劳动报酬即工资，这只是从表面上增加了雇主的负担，其实，并没有真正加重雇主的负担，因为，学徒的劳动完全抵销了其工资成本，并且还为雇主招聘员工和储备人才提供了捷径，减少了人才聘用成本，从而大大激发了雇主参与学徒活动的积极性和主动性。

2002 年，英国现代学徒制的学徒人数达到了 22.4 万人，占 15～54 岁劳动力的 0.9%，这还不包括国家职业资格学徒制新增的学徒。[③]

英国对现代学徒制投入的资金很大，英国 2015 年雇主在职业培训方面总支出为 454 亿英镑，比 2013 年的 433 亿英镑增长 6%，比 2011 年的 438 亿英镑增长 4%，雇主在培训方面的总投资相当于每人约 2610 英镑，每名雇员约 1 640 英镑。[④] 培训总支出的增长主要是在职培训支出的增加，从 2013 年的 213 亿英镑增至 2015 年的 223 亿英镑，尤其是培训管理支出从 2013 年的 65 亿英镑增至 2015 年的 77 亿英镑。[⑤] 2015 年被培训员工的工资（实习生劳动力成本）占所有培训支出的一半（48%），与 2013 年的 50% 和 2011 年的 49% 类似。[⑥]

英国实行学徒税制度后，政府仍然没有因为开征学徒税而减少专项投入，而是从三方面加大了投入：一是为雇主发放税收津贴；二是为雇主和培训机构提供扶弱

---

① 赵善庆：《英国学徒制，哪些经验值得借鉴》，载《中国教育报》2017 年 3 月 21 日。

② 关晶：《英国和德国现代学徒制的比较研究——基于制度互补性的视角》，载《华东师范大学学报》（教育科学版）2017 年第 1 期。

③ Andrew Sharpe, James Gibson. The Apprenticeship System in Canada: Trends and Issues. CSLS Research Report 2005 - 04, P. 30.

④ David Vivian, Mark Winterbotham, Jan Shury, Andrew Skone James, Jessica Huntley Hewitt, Mark Tweddle and Christabel Downing. The UK Commission's Employer Skills Survey 2015: UK Results, P. 109. https://assets. publishing. service. gov. uk/government/uploads/system/uploads/attachment_data/file/704104/Employer_Skills_Survey_2015_UK_Results - Amended - 2018. pdf.

⑤⑥ David Vivian, Mark Winterbotham, Jan Shury, Andrew Skone James, Jessica Huntley Hewitt, Mark Tweddle and Christabel Downing. The UK Commission's Employer Skills Survey 2015: UK Results, pp. 1 - 112. https:// assets. publishing. service. gov. uk/government/uploads/system/uploads/attachment_data/file/704104/Employer_Skills_Survey_2015_UK_Results - Amended - 2018. pdf.

性补助；三是为学徒支付英语和数学一级、二级培训费。① 其中的为雇主发放学徒税之税收津贴最为重要，不仅破解了收税（学徒税）加重负担与调动雇主积极性之间的"悖论"，还有力激励了广大雇主参与学徒活动之积极性。从具体的学徒税减免或抵扣措施中就可以"窥见"税收津贴之作用。英国《财政法》规定，雇主每年须按年员工工资的 0.5% 缴纳学徒税，政府每月为雇主发放最高金额为 1 250 英镑、全年最多 1.5 万英镑的税收津贴，用以抵扣雇主每月所缴纳的学徒税。以全年支付员工工资总额分别为 500 万英镑和 200 万英镑的雇主为例，二者每月获得的税收津贴分别是 1250 英镑和 833.33 英镑，前者抵消当月部分税额后，实际缴纳税额为 833.33 英镑；后者抵消当月全部税额后，则完全不用缴税。由此可见，政府学徒税发放的税收津贴免除了大部分雇主的学徒税义务，同时也大大降低了纳税雇主的税收负担。②

英国开征学徒税，因政府的大量资金投入，特别是学徒税之税收津贴而带来的税收减免或抵扣，不仅没有因额外增加广大雇主的经济负担而降低雇主的参与热情，反而因政府的经费支持和经费分配自主权的加大，而凸显了雇主主导性地位，更有利于构建现代学徒制度。

2. 雇主学徒经费使用的主导性

雇主因为学徒税的开征，不但没有额外增加经济支出而降低雇主参与学徒活动的主导性，反而因为雇主对这些学徒资金享有主导性的决定权和使用权，更加凸显了雇主主导性地位，进而激发出更大的参与学徒活动的积极性和主动性。

英国政府除了通过采用不同经费资助模式激发更多的雇主参与学徒活动外，学徒税制度还通过让雇主自主管理学徒经费账户、雇主决定经费使用标准和雇主自主选择学徒，来保障雇主学徒关系的主导权。③

英国雇主学徒经费使用的主导性主要表现在：一是雇主享有自主管理学徒经费账户的权利；二是雇主有权决定学徒经费的使用标准；三是享有自由雇用学徒的权利。

英国政府为了方便学徒税的缴纳、使用和管理，建立了两个网络在线的学徒专业服务系统（平台）：一是在线缴纳系统（PAYE）；二是数字化学徒服务系统（DAS），实现了学徒税的缴纳、使用与管理之网络远程化。雇主申报和缴纳学徒税非常方便，只需要通过网络在线缴税系统（PAYE）向英国税务海关总署（HMRC）

---

① ② 吴雪萍、杨莉萍：《英国的学徒制经费投入：演变、方式及特点》，载《中国职业技术教育》2019 年第 33 期。

③ 郑坚、张晶晶、田春雨：《构建"雇主主导"型培训模式的新尝试——英国学徒税制度研究》，载《外国教育研究》2019 年第 6 期。

办理即可。HMRC 每月都会通过 PAYE 收取税款，并将所得税与国民保险一起缴纳。而学徒制数字服务系统（DAS）于 2017 年 4 月正式开通，雇主通过此系统平台自己创建一个专用账户，学徒经费补助每月会按时打入该电子账户，雇主也通过该系统支付学徒培训费用和学徒评估费用。[①]

雇主享有自主管理学徒经费账户的主导性权利，表现在利用现代网络平台，构建雇主自己的网络账户。已经缴纳学徒税的雇主可以自主决定学徒培养经费的使用，雇主缴纳学徒税后，需要在教育与技能经费局（ESFA）的"数字化学徒服务平台"上建立账户用于收支学徒培养经费，账户上的经费有效期为 2 年，账户每月到账金额取决于该雇主月平均学徒税额乘以薪酬单中支付给英国居民的金额比例，再加上政府在此基础上提供的 10% 的补贴。[②]

网络学徒服务系统非常有利于雇主将资金灵活支配给其他雇主，包括学徒关系供应链中的小雇主和学徒培训机构，雇主在资金转移中的灵活性增加了学徒资金的利用率，体现了雇主使用学徒经费的主导性地位，避免了经费使用主体的固定化，有效提高了学徒培训的效率。[③] 企业无论是否需要缴纳学徒税，均可通过学徒制数字服务系统选择学徒框架或学徒标准、选择培训机构和评估机构、公布学徒空缺岗位、查询相关学徒资助信息以及支付培训与评估费用等有关工作，并于 2020 年全部实现网络在线支付。[④] 学徒经费的使用期限为 24 个月，否则就会过期，过期后雇主就不能再用，而由政府统筹使用。雇主会在经费过期前收到提醒，而且系统会自动安排使用最早进入账户的经费，以防止经费过期。这种制度安排，能够促使雇主及时安排使用学徒经费，提高了经费的有效性和执行率。[⑤]

可见，政府将学徒税和其他学徒经费的使用权充分下放给下面的雇主，并利用现代网络平台，方便快捷地支配学徒经费，不仅展示了雇主之主导性，还极大提升了学徒活动的效率。

英国学徒税和政府的专项补贴都由雇主自由支配，用于支付给培训机构开展学徒培训或用于评估机构开展考评，雇主有权视实际情况停止、暂停或更改经费支付，以保证学徒培训及考核符合雇主自己既定目标。[⑥] 这些都充分体现了雇主对学徒经

① Department for Education. Apprenticeship funding：How it works. （2018 – 07 – 04）［2020 – 12 – 07］. https：// www. gov. uk/government/publications/ apprenticeship – levy – how – it – will – work /apprenticeship – levy – how – it – will – work # pay – apprenticeship – levy.

② Department for Education. Apprenticeship Funding：Apprenticeship funding in England from May（2017 – 10 – 25）［2020 – 12 – 06］. https：//www. gov. uk/government/publications/apprenticeship – funding – from – may – 2017.

③④　杨丽波、张桂芳：《英国学徒税政策研究》，载《河北师范大学学报》（教育科学版）2020 年第 1 期。

⑤　岑建、楼世洲：《英国学徒税政策及其特点》，载《比较教育研究》2017 年第 12 期。

⑥　郑坚、张晶晶、田春雨：《构建"雇主主导"型培训模式的新尝试——英国学徒税制度研究》，载《外国教育研究》2019 年第 6 期。

费的主导权，极其有利于调动广大雇主参与的积极性。

雇主对学徒经费使用之主导性，有人称为"雇主领导模式"（employer-led model）。"雇主领导"包括三大方面：一是雇主作为投资者，享有学徒经费的使用权，有权决定经费的投向和规模；二是作为消费者，享有选择培训与评估机构的自主权，雇主能够根据自身需要，自主选择培训与评估机构；三是作为监管者，享有学徒制标准的制定权和培训效果评价权。雇主之领导地位，不仅能够激励雇主之积极性，还有利于提高学徒制培训的质量。① 无论名称如何，"雇主领导模式"的本质就是体现了雇主享有对学徒经费的管理和使用权，雇主在学徒活动中具有主导性。

英国网络学徒专业服务系统不仅实现了学徒税的缴纳、使用与管理网络远程化常态化，在特殊时期也更能展示其优越性，比如在全球新冠疫情大流行时更加具有现实借鉴意义。

（三）导向的偏移性

英国学徒税制度设计也还存在一些不足，虽然其另外一个重要目标是提升学徒培养的层次，但是，实际情况并非如此，学徒税之制度导向发生了一些偏移，使得学徒税的实际效果受到了影响。

为了有效提升英国学徒培养的层级，学徒税制度实施前后的一项显著变化是新增了学位层次的学徒岗位。英国学徒培养由此分为四个等级：中级、高级、高等级和学位级。由于高层次学徒岗位可以分别给学徒及培训机构带来更好的发展前景和更多培养经费，因此相比其他等级，高等级和学位级之学徒岗位的吸引力更强。在2018 年之前的三年中，高等级和学位级别的学徒总数为 56 200 人，2017～2018 年度为 17 900 人，仅仅占所有学徒总数的 10.2%。② 这些数据表明实行学徒税制度之后的高等级的学徒培养，仍然难以达到制度的理想目标，近 90% 的学徒仍然属于低层次的培养对象，雇主对高层次学徒的培养还严重不足，新税收对之的激励作用还有待进一步发挥。

这种制度导向带来的影响会继续扩大并产生一系列问题，主要包括雇主在培养学徒过程中的成本会进一步增加；学徒完成培训后是否会留下继续为雇主服务的不确定性也同时大大提高等。这些问题如果没有提前考虑周到，势必会影响雇主开展

① 岑建、楼世洲：《英国学徒税政策及其特点》，载《比较教育研究》2017 年第 12 期。
② The Complete Guide to Higher and Degree Apprenticeship. Upgraded for 2017/2018 ［2020 - 12 - 08］. https：//assets. publishing. service. gov. uk/government/uploads/system/uploads/attach － ment_data/file/607531/COMPLETE － GUIDE － TO － APPRENTICESHIPS － 201718. pdf.

学徒培养的积极性和成效，从而难以顺利完成高层次学徒培养计划。[1]

英国是世界上第一个实行国家职业资格证书制度的国家，英国学徒税之制度导向也与之密切关联，即学徒培训与国家职业资格（证书）紧密关联。

国家职业资格证书制度具有非常强的独立性，与学历教育和职业技术培训无关，自成独立体系。国家职业资格证书制度可以鉴定任何类型和任何级别的职业技能，该制度能够实现理论上的平等性与非歧视性。它没有高等教育学习的限制条件，完全不排斥没有获得正式教育证书的学习者。[2]

英国现代学徒制由低到高细分为中级学徒制、高级学徒制和高等学徒制，这三级学徒制与国家职业资格有着紧密联系：中级学徒制对应国家二级职业资格、高级学徒制对应国家三级职业资格、高等学徒制对应国家四级职业资格。国家职业资格是以国家职业标准为导向，以实际工作能力和表现为考评依据，它覆盖了所有职业，每个级别反映了实际工作中所需的知识和能力，以及工作中拥有的责任和权力。[3]国家职业资格针对不同职业制定出相应的行业标准，覆盖英国90%以上的职业岗位，是用人单位招聘、录用劳动者的凭证。学徒制与职业资格挂钩，一方面，学徒获得的资格可得到全国雇主的认可，增加学徒的就业机会；另一方面，学徒取得职业资格证书可以与普通教育证书互通，提高了其参与积极性。[4]

英国国家职业资格证书制度基于"能力"理念，得到了广泛好评和效仿，但是，它也还存在许多缺陷。职业资格证书不可能为进一步提升奠定基础；职业资格证书不如从学校获得的证书；职业资格认证常常与低水平技能相联系，持有者提升空间有限，从而产生新的不平等。职业资格证书的内容也存在问题：学习成果的概念、评估的模式、高昂的成本、烦琐的程序等。另外，从结果评价看，职业资格证书获得者得到的回报也不高，许多获得了二级或二级以下证书者并不能在收入或者职业地位上获得比较满意的回报，这表明，职业资格证书并不被认为是市场所需技能的有效保障。虽然许多三级或三级以上持有者获得了较好回报，但这种回报通常低于证书本身的学术价值。另外，等级晋升渠道也不畅通，由低一级向高一级晋升常常受到很多限制。[5]

为了保障学徒税制度的有效实施，英国于2017年4月开通了网络线上"学徒制数字服务系统"，雇主在此系统上创建一个自己的电子账户，进行税费管理和开展培训活动。雇主还可以使用"寻找学徒培训"来寻找合适的学徒培训和培训机构，

---

①　郑坚、张晶晶、田春雨：《构建"雇主主导"型培训模式的新尝试——英国学徒税制度研究》，载《外国教育研究》2019年第6期。

②⑤　李庶泉：《英国国家职业资格证书制度改革的取向》，载《职教论坛》2016年第28期。

③　王爱珍：《英国国家职业资格证书制度》，载《职业技术教育》2000年第21期。

④　王建梁、赵鹤：《英国现代学徒制的发展历程、成效与挑战》，载《比较教育研究》2016年第8期。

该服务既适用于传统的学徒制框架制度，又适用于新的学徒制标准制度。新的学徒标准是对传统的重要改革，每个学徒标准涵盖了特定的职业，并包括学徒所需的核心技能、知识和行为，还包括数学和英语等基础技能。大约有1/3的新学徒标准不包括强制性职业资格证书。新学徒标准区别于传统学徒制框架的主要方面是实行终端评价机制，即在课程结束时对学徒进行最终评估。随着学徒税的开征，新学徒制标准会成为未来发展的主要趋势，进而最终取代学徒制框架制度。①

企业选择的学徒制培训项目有两种，可以选择新的"学徒制标准"或者"学徒制框架"。每种"学徒制标准"将围绕某一特定的工种，涵盖学徒为胜任自己的工作并满足雇主需求应当掌握的核心技能与专业知识。而传统的"学徒制框架"通常指与特定工种相关的职业与专业资格证书的取得，以及实践培训与课堂学习。当前的学徒制体系正向以用人单位为主导的标准过渡，到2020年，政府将逐步淘汰传统的"学徒制框架"。②

学徒税制度虽然极力改变经费划拨完全基于资格证书的传统做法，转而要求经费划拨依据学徒培养标准确定，对学徒要进行综合性的考评，不仅要求学徒获得相应职业资格证书，还要具备可持续性发展能力并得到专业领域的同行认可。但是如何设计科学有效的评估机制，仍然是英国学徒教育中的又一重大课题。③

学徒税制度实施后的新学徒制标准，实行新的终端评价机制，有望矫正过去学徒教育与职业资格过度"捆绑"之导向，从而协调好学徒教育与职业资格（证书）的关系，推动学徒教育新发展。

英国学徒制度导向偏移，特别是学徒教育与职业资格（证书）之关系，是一个非常棘手的老问题，仅仅依靠学徒税制度之矫正而达到理想状态，仍然值得怀疑。

学徒税制度导向引起的偏差，不仅影响了学徒税制度之激励雇主参与学徒活动的积极性，还阻隔了提升学徒培养层次的目标，如何在学徒税制度导向上处理好培养成本上升和防止"搭便车"行为，如何均衡学徒教育与职业资格（证书）的关系，都是学徒税制度设计中应当特别关注的问题，否则，学徒税之目标将难以达到。这也是我国今后借鉴英国学徒税制度应当特别注意的问题之一。

（四）效果的局限性

英国开征学徒税的效果并没有达到预期目标，一是税收金额不足，其主要原因

---

① 杨丽波、张桂芳：《英国学徒税政策研究》，载《河北师范大学学报》（教育科学版）2020年第1期。
② 余晖：《英国政府征收企业学徒税指南》，载《世界教育信息》2016年第18期。
③ 郑坚、张晶晶、田春雨：《构建"雇主主导"型培训模式的新尝试——英国学徒税制度研究》，载《外国教育研究》2019年第6期。

就是上文所分析的征收对象之非普遍性；二是提高学徒人数的目标没有达到，英国开征学徒税的目的之一是到 2020 年学徒人数达到 300 万人，但自征税以来，效果并不理想，学徒的数量不增反降。这些都映射出英国学徒税之效果的局限性。

英国社会对学徒税制度的质疑声很大，从 2017～2018 年第一季度的数据看，新增学徒数量为 11.4 万人，比上年下降 26.5%。这使得人们对学徒税的吸引力和作用产生了怀疑，对 2020 年完成新增学徒 300 万之目标存在疑问。[①]

英国开征学徒税后，学徒人数的目标没有到达，其主要原因是 2017 年 4 月开始征税以来，25 岁以上人员接受培训的最多，许多雇主使用现有的和年长的员工，而不是招募新的员工，这就使得经验丰富、年龄大的员工已成为学徒培训的重点人群，对年轻人缺乏关注的问题仍然没有得到有效解决。德国、瑞士和奥地利，学徒制非常注重对年轻人的培养，几乎都提供给青年人，以帮助其成功就业，确保学徒能够胜任工作岗位，而不是向现有雇员提供更高层次的培训。[②] 英国的做法却与之相反，年轻人的学徒培训不受重视，从而导致了年轻学徒数量的减少。

开征学徒税后，有雇主抱怨学徒税不过是给他们增加负担的又一种商业税，虽然政府会返还了一些税款，但专款专用还是会限制雇主的自主性，政府的相关配套措施又会直接影响学徒培养的成效。对此，英国教育部门却持乐观态度，认为虽然新增学徒数量比上年下降，但下降的幅度较上年更小，毕竟学徒税制度刚刚实施，还有待雇主适应，效应也有待进一步发挥。[③]

英国学徒税带来的实际效果不够理想，还有一个重要原因是制度设计的导向出现了一定的偏差。

英国学徒税的征收对象主要是少数的大雇主，学徒税充分增加了雇主的主导性，相对应的也必然只是增加了少数大雇主的主导性，虽然不用缴税的其他雇主也可以从政府的专项学徒补贴获得一定的资助，也享有一定的主导权，但是，与大雇主相比就显得微不足道，加上大雇主本身对学徒有较大的吸引力，其结果就是"强者愈强、弱者愈弱"，中小雇主在招收学徒上更加缺少竞争力。

从总体上看，英国需要缴纳学徒税的雇主为 2%，但是它们却会吸收 60% 的学徒。[④] 不用缴纳学徒税的雇主虽然可以免税，但是，招聘学徒却面临更大的挑战，

① Apprenticeship Levy is Not Working, Employers Say. （2018 - 01 - 25）［2020 - 12 - 07］. http：//www. bbc. com/news/business - 42818613.
② 杨丽波、张桂芳：《英国学徒税政策研究》，载《河北师范大学学报》（教育科学版）2020 年第 1 期。
③ 郑坚、张晶晶、田春雨：《构建"雇主主导"型培训模式的新尝试——英国学徒税制度研究》，载《外国教育研究》2019 年第 6 期。
④ Chris Tarry. Three challenges of the apprenticeship levy. （2017 - 03 - 07）［2020 - 12 - 08］. https：//www. linkedin. com/pulse/three - challenges - apprenticeship - levy - chris - tarry.

直接影响了其招聘学徒的数量和质量。如果这些雇主无法招收到高质量的学徒，不仅会影响其参与学徒培训的积极性，也不利于产业的可持续性发展。[①]

学徒税如果运用得当，这项税收能够为雇主提供了一个宝贵的机会，让他们重新思考为企业各个层面的雇员提供培训和发展资金。学徒制不仅仅适用于刚开始职业生涯的人，它适用于所有年龄和所有阶段——从入门级到最高管理职位。[②] 英国学徒税制度设计的目的之一就是对所有年龄阶段的学徒进行培训，也包括了从低级职位到高级职位的培训，这样的制度设计没有任何理论问题，但是，实际情况则不然，自开始征税以来，接受学徒培训最多的却是 25 岁以上的人员，青少年之参与度不升反降，学徒税目标难以实现。

概言之，英国为了有效解决职业技术教育特别是现代学徒制的经费问题，一方面，加大直接的财政资金投入；另一方面，以国家法律规范强制开征"学徒税"，希望从这两个方面"撬动"现代学徒制度，不仅可以筹措大量的资金，还可以通过对参与学徒培训的雇主实行税收减免或抵扣措施，"倒逼"和刺激雇主参与学徒教育的积极性。开征学徒税不仅没有额外增加雇主的负担，还增加了雇主的经济效益和人力资源效益，能够树立雇主的良好社会形象。学徒税带来的可谓是"多赢"效果。

按照税收的基本原理，开征一种新税，是一把"双刃剑"，一方面可以增加公共财政资金，另一方面必然加重纳税人的负担，二者很难有效均衡。英国学徒税制度规定，一方面，所有符合征收条件的雇主都应当缴纳学徒税，实际上仅占 2%，这样就不会因为开征学徒税而加重一般雇主的经济负担；另一方面，凡是参与了学徒培训的雇主都可以获得国家的专项补贴。另外，雇主还可以采取"政企共担"模式参与学徒活动即雇主负担 10%，政府承担 90%。不需缴纳学徒税的雇主为了共享纳税雇主的待遇即政府补贴的 15 000 英镑学徒税津贴和每月政府返还给雇主的学徒培养经费，还可以联合其他雇主或机构共享学徒培养资源、经验和模式。[③]因此，英国的学徒税制度对解决学徒教育经费问题的影响主要是正效益的，负效益主要针对没有参与或有瑕疵的"不好"雇主。雇主"内生动力"不但不会因学徒税的开征而减弱，反而会增强。这样就充分体现了税收之杠杆激励功效，其理想结果是多方面的：一是增加了现代学徒教育的资金投入；二是"倒逼"雇主提升参与积极性；三是有效保障了学徒的权益，因为学徒不仅可以从中获得大量

---

①③ 郑坚、张晶晶、田春雨：《构建"雇主主导"型培训模式的新尝试——英国学徒税制度研究》，载《外国教育研究》2019 年第 6 期。

② Chris Jones. What can Carillion's collapse teach us about the current challenges facing UK PLC？（2018 – 02 – 27）［2020 – 12 – 08］. https：//www. linkedin. com/pulse/what – can – carillions – collapse – teach – us – current – challenges – chris – jones.

的培训机会，还可以增加自己劳动的报酬或补助和社会保险，进而调动了青少年参与现代学徒制的积极性。因此，学徒税制度完全可以用激励之杠杠"撬动""国家—雇主—受训者（学徒）"三者之现代学徒教育机制，实现总体上的学徒税之制度目标。

英国学徒税制度，虽然这不是英国的首创，但是，学徒税确实能让市场经济的真谛再次在"老牌"市场经济国家发挥"无形之手"的新威力，这是依靠"有形之手"之行政力量强制雇主或企业参与现代学徒教育所远远难以企及的目标，其启发与参鉴价值尤其值得我国反思，我国目前之所以实习或学徒单位难寻，企业参与学徒和实习活动的积极性不高，其重要原因之一就是缺乏"无形之手"之"倒逼"与杠杆激励手段——学徒税（我国还应当将其拓展为新的"实习税"），我们应当仔细思量法国和英国学徒税成功经验与不足，塑造中国式全新的并且涵盖了传统学徒税之新"实习税"制度。

第四节　"实习税" 制度前瞻性构想

我国实习税制度构想的基本理念是借鉴域外成熟而发达的学徒税制度，将其改造升级而新创建具有中国特色之包括了学徒税的全新的"实习税"制度。笔者具体构想是：第一，创建实习税收法律制度；第二，借旧学徒税为新实习税；第三，创构实习单位主导地位；第四，凸显实习税收制度导向。以下分释之。

一、创建实习税收法律制度

法治社会的建设和社会治理必须依法进行，其前提性条件是首先必须保证有法可依。任何一项正式制度的实施，也首先必须完成定型化和法定化过程，税收制度尤其如此，因为任何一项税收关系的主体都离不开国家，并都由国家以法律形式强制推行，税收制度更加具有法定化特征，因此，税收制度必须是一种通过法律而定型化的正式制度即税收法律制度，这样的税收制度才具有正当性和合法性。

上文所述国外的"学徒税"制度，也就是一种调整学徒关系的法律正式制度，无论是法国还是英国的学徒税制度，都是由明确的法律设置制度规范，没有学徒税相关法律就不能推行，也不能保障学徒税制度实施。为了我国现代学徒制度之构建，借鉴国外已经搞了近百年的学徒税制度，塑造新时代中国特色的现代学徒制度，已是迫不及待，因为我国的学徒关系和实习关系一直都还没有纳入法律的范畴，既无学徒法，也无实习法和就业见习法；既无学徒合同法，亦缺实习合同法；民法（包括《民法典》）既不调整学徒、实习和就业见习关系；劳动法（包括《劳动合同法》）也不规制这些关系；更无税法之调整规范即没有开征学徒税或实习税。简言之，学徒和实习都还没有"入法"；学徒税或实习税都没有开征，缺乏学徒或实习税收法律制度。

笔者通过仔细思量国外的学徒税制度，并结合我国的国情，一贯主张将学徒纳入广义实习之范畴，即学徒活动（关系）本身就应当划归实习活动（关系），简言为，实习应当包括学徒，学徒也是一种实习。在此逻辑前提下，为了节约社会资源，包括立法成本，完全可以将二者合并起来而独创一种全新的实习法律制度，这不仅高度契合了学徒和实习都还没有而亟待"入法"之共同现状，还完全符合我国是世界实习最大国之中国国情，而需要具有中国智慧之中国实习方案。更进一步，学习和参鉴国外的学徒税制度，我们不能直接照抄照搬，也应当结合我国的国情而创造出新的中国方案——改造升级国外"学徒税"为全新的"实习税"，此即独创出新的"实习税"制度。同时，这也是笔者研究实习税收制度之学术价值和目的之所在。

前文已经详释了我国开征实习税之必要性，这也是创建实习税收法律制度的必要性分析，此处不再赘述。创建实习税收法律制度的具体路径可以有三种选择。

一是综合立法模式。将学徒关系和实习关系一并立法为《实习法》，也可以称为《实习促进法》，其中专门设计独立的章节规定实习税收规范，当然也应当包含学徒税收规范在内。该立法模式最大的优点是节约立法成本，实现"借鸡生蛋"，借实习法而完成实习税收法律规范之设置，不仅可以丰富实习法的内容，还可以前瞻性地完成了实习税之制度凝练；既可以调整学徒税收关系，还能够创新性地独创实习税收制度；既可以从制度上破解"学徒难"问题，也可以有效化解"实习难"困局。该立法模式最大的不足是，必须以非常成熟的理论研究基础和实践经验为支撑，而我国目前的相关理论研究和实践都是严重的匮乏，甚至还是空白，因此，缺乏理论和实践之双重支撑，必然导致立法程序之复杂而漫长，立法启动在短时间内也将难以实现。有力有效加强理论研究和实践试点才是当务之急，实习立法还只能耐心等待。

二是单行立法模式。在还没有出台综合性的实习法律时，单独出台实习税收法规（条例或税收政策）。该模式的主要优点是具有较强的现实性，可行性比较强，既节约社会资源，又易于即时启动；可以充分发挥法规或政策之灵活性，极便于随时根据实际情况调整具体的实施规则；可以实行"边打边相"即一边试点一边改进，收到"立竿见影"之实效；还可以为出台正式法律提供有益的参考。该模式的主要缺点是：不具备长效性，只能算是临时性的调整措施，与法律正式规范还相去甚远；因其规范之低层级，效力和拘束力都非常不够，难以到达法律规范的正式效力和强大拘束力的程度，因此，该模式只能是"先行先试"之暂时性措施，不可长期而为。

三是修正案模式。在现行税收法律制度的框架下，增加有关学徒税或实习税之特别条款，以实习税之修正案的立法形式创建实习税收法律规范。该模式实质上处于前面的两种模式之间，其最大的优点是：既符合法律规范的要求，又可以克服立法程序之复杂性和长期性；既可以具有较高的效力和拘束力，又具备法规政策之灵活性特征；既有税收之法定性和稳定性，又具有较强的可操作性和实用性；既可以将实习税收关系变成了正式的法律规范，还最大限度地节约了立法成本。实习税之修正案模式也可以与上述第二种模式一样，可以收到"立竿见影"之实效，国家立法机构应当仔细思量，尽快启动实习税之立法程序，以到达实习税之税收杠杆之激励作用，实现学徒关系和实习关系之依法治理的目标。

还有一种选择就是完全参照国外学徒税制度，仅仅立法规制学徒关系，而不涉及实习关系。笔者虽然不赞同此做法，但是，由于国外学徒税制度之成熟性和可操作性比较强，移植和借鉴起来比较容易，国家也可以考虑将学徒关系先行"入法"，进而将学徒税之法律制度首先纳入法制的轨道，并可以依托我国目前教育部牵头组织实施的现代学徒制试点工作，先行试验学徒税制度，之后，待学徒税制度试行一段时间后再考量实习税问题。这也不失之为一种比较可行的方案，但是，其逻辑前提是，学徒关系必须首先"入法"，即构建单独的仅仅调整学徒关系之法律制度，而暂时仍然置实习关系之不理。没有学徒之法律关系，也就难以实现学徒税目标，因为税收之法定原则永远不可或缺。而单独的学徒立法可以考虑几种方案：一是单独出台《学徒法》或者是《学徒合同法》，并将学徒税作为其中的重要条款。二是修改现行《劳动合同法》，增加单独的章节为"学徒合同"，并规定学徒税之法律规范，此即将学徒关系纳入劳动法之视野，国外可供参鉴先例比较多，因为许多国家都是将学徒关系作为一种特殊的劳动关系，继而将学徒关系纳入了劳动法的调整范畴。具体参鉴典范是法国和俄罗斯，它们的劳动法典都特别设置了学徒关系之调整规范，特别是《法国劳动法典》直接规定了学徒税问题。三是增加学徒税之修正案，将学徒税直接以税法修正案的立法形式及时纳入税法的范畴。该模式的最大不足是：由于缺乏学徒关系之独立的法律规范，仅仅设计学徒税之规范，就显得法理基础过于薄弱，容易造成实践操作时之困难。比如学徒范围之法律界定、学徒关系之法律主体界定、各个主体之权利义务和法律责任、争学徒争议及处理等等问题，都非常难以在简单的"修正案"中阐释清楚，因而会遗留下大量的博弈空间，造成实际运行之困难和困惑，难以有效实现学徒税税收法定原则和达到学徒税激励作用。因此，笔者认为，选择此单独之学徒制度立法模式应当格外谨慎，笔者并不看好此模式，只有在不得已的情形下，才可以试一试，因为"有"毕竟比"无"要强要好。

无论选择哪种立法模式，也不论是直接采用国外传统的学徒税，还是采用包括了学徒税之新的实习税，实习税或学徒税法律制度的构建，都要明确而具体地规定相关条款。

第一，首先必须明确规定实习税或学徒税的纳税对象。我国的纳税主体是像法国那样针对全体成员包括单位和个人；还是像英国那样主要针对大企业（大雇主），还有部分的学校和公共部门，但是不对个人征缴学徒税；还是另外独辟蹊径。比如笔者建议，原则上永远不对个人征收实习税或学徒税，对单位包括企业征收，也可以分阶段逐步地分步实施：第一步，先对国有大企业征收，不对民办企业征收；对公共部门征收，不对社会团体和街道办事处征收；对部属院校征收，不对非部属院校征收。第二步，对所有的单位开证实习税或学徒税，对高校的税率应当低于对企业的税率；对大企业的税率应当高于中小企业。为了鼓励学校和中小微企业参与实习活动或学徒活动，实行税收减免优惠政策，或者给予额外的学徒或实习补贴，以冲抵其应当缴税的税款。

第二，明确规定实习税或学徒税税率。是采取比例税率还是累进税率，还需要进行分别的试点后，再行决定；也可以由各级人力资源和社会保障部门组织专门的调研，充分征求本辖区内单位的意见，试行符合本辖区的税率。最终，必须通过法律法规明确规定全国统一的实习税或学徒税税率。

第三，明确规定实习税或学徒税征缴机构。国外有关学徒税的征缴机构比较复杂，有的由税务部门收缴，有的由其他部门征收，并无统一的规定，但是，无论什么机构有权收税，都必须有法律之明确授权，以体现税收之法定性特征。笔者认为，我国实习税或学徒税的征收机构可以考虑各级人力资源和社会保障部门，其主要理由为：一是因为人力资源和社会保障部门与学徒活动或实习活动之关系最为紧密，学徒关系或实习关系都属于广义的劳动关系范畴，而管理劳动关系是我国各级人力资源和社会保障部门之法定职责；二是我国人力资源和社会保障部门也一直享有管理劳动就业和职业培训之法定权力，再增加一项学徒税或实习税之职权，也是顺理成章之事；三是现行有关学徒或实习活动之政府津贴的发放权，也属于它们，再赋权增加新的学徒税或实习税，将更加有利于政府对实习税或学徒税之统筹管理和使用；四是开征实习税或学徒税，税收减免或抵扣，或专项资金补贴等都需要对实习单位之参与实习活动进行考核评估，而对实习单位考核评估之最佳人选是非人力资源和社会保障部门不可。总之，开征学徒税或实习税，征收机构也必须通过法律明确赋权。

第四，明确设定实习税或学徒税减免或抵扣措施。依据国外征收学徒税的成功经验，为了充分发挥学徒税杠杆"撬动"作用，既保证国家的税收资金，又不额外增加各个单位的负担，还要调动纳税人的积极性，学徒税制度中不可或缺的重要制度是税收减免或抵扣制度。该制度之制度导向非常明确：一方面，对于学徒或实习搞得"好"纳税人，实行税收减免或抵扣，抑或给予另外的专项补贴，原则上是至少不会让这些"好"人，因参与学徒或实习活动而增加经济成本，反而，应当加大激励机制；另一方面，对于学徒或实习搞得"不好"纳税人，则全额征收，既不免税或抵扣，还不给予专项资金补贴。只有这样，才能"奖勤罚懒"，有效防止税收中"劣币驱逐良币"，还可以防止虚假实习或虚假学徒之道德风险。因此，实习税或学徒税减免或抵扣制度，也是学徒税或实习税制度不可或缺之法定性制度。

第五，明确设置实习税或学徒税纳税人的权利和义务，以及法律责任。因为任何法律规范之基本内容就是权利和义务，毋庸置疑与多言，实习税或学徒税法律规范设置也不例外。另外，任何法律规范也不能缺少相应的法律责任，对违反实习税或学徒税法律制度的行为，应当依法惩处，以儆效尤，这样也才能体现法律制度的强制性和权威性。

第六，明确规定实习税或学徒税之争议处理规则。在法治社会中，任何争议的处理也应当依法进行，税收关系也是如此。可以将实习税或学徒税争议处理，纳入相对应的实习争议或学徒争议中去，因为实习税或学徒税争议本身就应当划归实习争议或学徒争议。实习争议或学徒争议比较复杂，它们到底属于什么性质的争议类型，一直没有定论。笔者认为，应当根据具体的情况具体分析其争议类型，原则上可以将其划归广义劳动争议的范畴，按照我国现行《劳动争议调解仲裁法》处理。也有的学徒争议或实习争议应当按照一般的民事争议处理而适用《民事诉讼法》；还有的争议应当属于行政争议而适用《行政诉讼法》。总之，无论学徒争议（包括学徒税争议）或实习争议（包括实习税争议）如何定型化，都需要有非常明确的法定化界定，以根据不同类型的争议而适用不同的处理程序，以期实现"定分止争"，并进一步彰显税法之法定化特征。

二、借旧学徒税为新实习税

国外的学徒税制度比较成熟与发达，我国应当"洋为中用"，构建具有新时代中国特色的学徒税制度。借鉴国外的学徒税制度，我们应当结合我国的具体国情，不能照抄照搬。笔者及本课题组一贯认为，可以将国外比较成熟的学徒税制度改造"升级"，主要观点就是借用学徒税制度，塑造独特中国特色的"实习税"制度，即将学徒税有机融入新的"实习税"，不再单独开征学徒税。将国外旧的学徒税改造升级为中国式实习税，主要基于以下考量。

（一）从逻辑关系上，学徒税应当合并为实习税

学徒虽然主要属于职业技术教育的范畴，主要也是职业技术院校之实践或实践教学活动。但是，从本质上看，学徒实则也是一种将理论与实践紧密结合之知行合一的实践教学环节，与普通高校之实习活动并无本质上的区别：二者都是重要的实践教学环节，主要任务都是为了完成教学任务；二者都是为了培养和提升专业或职业水平和技能；二者都以在校学生即应届生为主要对象；二者都具有直接的功利目的，即为了完成学业或教育（普通高等教育和职业教育）；二者也都为了今后的就业和职业发展；二者都需要大量的接收单位即实习单位和学徒单位；二者都需要国家之大力扶持，特别需要大量的专项资金，学徒或实习税收都是非常有效的举措；二者都需要国家层面之正式制度的调整，即都需要"入法"而纳入法制的轨道，具体类型化就是需要学徒法或实习法；二者之社会关系的属性都与劳动和劳动关系密切关联，都需要劳动法或劳动合同法之特别规范，才能有效保障与救济广大实习学生（含学徒）之劳动权益保护等。因此，从广义上，二者都应当统一类型化为实习活动或实习关系，这就是学徒和实习之内在的基本逻辑关系；更进一步，学徒税制度完全也应当从属于实习税，而完全不必人为地将二者割裂开来，更不能仅仅构建狭义的学徒税制度而遗漏最为普遍的实习关系。故此，笔者创新性地主张将域外学徒税改造升级为中国之新的实习税，其主要因由之一就是学徒与实习之逻辑关系的内在一致性。

（二）从改变观念上，学徒税应当与实习税合并

学徒活动是人类社会一项具有悠久历史的传统教育活动，它远远早于学校教育，

而且即便是现代社会，学校教育虽然已经成为主流形式，但是它仍然无法取代学徒教育。我国的学徒活动在中华文明的历史长河中，也一直发挥着极其重要的作用，为人类进步作出了不可磨灭的贡献，但是，到了近现代，我国的学徒制度却停滞不前了，不仅没有用法制手段调整学徒关系，既没有将其入法，也没有开征学徒税，以激励和刺激学徒活动。其中一个重要因素就是对学徒的认识上出现了一些偏差，职业教育不被重视和看好之流弊严重"湮没"了学徒制度，社会上还普遍存在着对职业技术教育和职业技术院校之偏见，如成绩差的考不上普通高校之学生才上被迫读职校和"被学徒"，几乎完全没有家长和学生主动愿意上职业技术院校。另外，在我国普通高等教育和研究生教育大力扩招的背景下，职业技术教育处于严重的"边缘化"，而且在普通大学生和研究生就业都非常困难的局面下，职校学生更是看不到希望，学徒生（工）几乎完全被认为是"多余"的"边缘"人，虽然最近几年国家大力提倡并推动职业技术教育，大力推崇劳动精神、劳模精神和工匠精神，但是，历史长期积淀的偏见也仍然难以一时得到有效矫正，特别是学徒活动包括学徒生（工）之严重的歧视现象，短时间内还非常难以根治。我国台湾地区学徒制度（包括技术生、技术士制度和建教生制度）比较成熟与发达，但是，现在在台湾地区也存在将学徒视为"差生"之代名词，大有用其他称呼或制度取代学徒或学徒制度之趋势，正如台湾地区著名法学家黄越钦之言："台湾地区一般人对于'学徒'的评价均不高，'学徒制度'似乎是象征着贫穷与落后"，台湾地区"劳动基准法"将学徒正式改为"技术生"。[①] 改不改学徒之名称并不重要，关键是要改变对学徒及其学徒制度（包括学徒税制度）的认识和观念，借鉴域外之现代学徒制度也得首先改变对其存在的认识偏见，现代学徒制度是培养专业技术人才和大国工匠之重要制度，学徒教育也是职业教育发展之重要形态之一。我国借用传统的学徒税制度，而将之归并为新的实习税制度，不仅可以从形式上有效矫正人们对包含学徒在内的职业教育之偏见，至少可以从名称形式上借实习之"便车"而满足对学徒之"不良"偏好，还可以从思想观念上重新认识学徒及学徒税与实习及实习税之价值和意义。

（三）　从立法成本上，学徒制度应当与实习制度合并

我国目前学徒关系和实习关系都没有"入法"，其法律制度严重缺失，完全不符合法治社会建设之基本要旨，应当尽快启动立法程序，不能再让学徒关系和实习关系游离于法律之外。为了科学立法，更为了节约立法成本，应当将二者合并为一，

---

① 黄越钦：《劳动法新论》，中国政法大学出版社 2003 年版，第 117 页。

构筑新型的中国实习法律制度包括实习税收法律制度。因为学徒本身就是实习之一种，合并立法还因可以大大节约立法成本，而增加立法之可行性。有了统一的实习立法，包括了学徒税的实习税收制度才有了法定之基础，实习税之实施也才有了法定依据。实习税无论是采用单独立法模式，还是采取分散立法模式，都必须考虑立法成本，与之高度契合的最佳方案就是实行学徒和实习"一步到位"之合并立法模式，其中当然包括用统一的实习税制度取代学徒税制度。

（四）从治理机构上，学徒税应当类归实习税

学徒税或者实习税都必须明确具体的法定治理机构，主要应当包括专门的考核评估机构和征税机构。基于学徒关系与实习关系之内在逻辑联系，完全可以由同一个机构治理学徒关系和实习关系，既可以克服没有专门的法定机构治理的缺陷，还可以最大限度地节约社会资源，因为如果分开设置两个机构，社会成本显得太高，也不利于协调学徒和实习的关系；如果由某一机构附带治理，也不利于治理效果。最好的路径就是由一个专门的机构负责治理，该专门机构可以是某一机构之下设的一个特定部门。在税收管理中，还必须特别遵循税收法定原则，征收实习税的机构也必须法定化。具体路径为：一是可以由各级税务部门直接征收实习税；二是也可以由其委托授权给特定的机构征收并管理实习税收之经费。为了落实实习税征收中减免或抵扣措施，必须先对实习单位之"好"与"坏"进行比较准确的考核评估，而其考核评估之机构最好能够与征收和管理机构是同一个机构。另外，为了保障实习收税之专款专用，也需要实习税之考核评估机构与税收和管理机构属于同一机构。笔者认为，统一治理学徒和实习关系的机构，包括考核评估机构和税收机构完全不必分开设置，而应当统一设置为一个机构。笔者建议，可以考虑将各级人力资源和社会保障部门作为有权机构，并由其下设的专门机构如实习管理处，负责包括学徒活动之实习活动的一切事宜。

（五）从争议调处上，学徒税应当划归实习税

现代学徒制度和实习制度都应当包含争议处理制度，而学徒税或实习税产生的争议也相应地归类为学徒争议和实习争议。如果分开设置学徒争议（包括学徒税争议）和实习争议（包括实习争议）处理制度，必将造成社会资源的浪费，也不利于争议的有效处理。故此，将二者合并为统一的实习争议处理制度，具有相当大的可行性和可操作性。笔者建议，实习争议调处机构（不含司法程序）可以是各级的人力资源和社会保障部门，因为我国目前的基本现状是劳动人事争议处理就是人力资

源和社会保障部门的法定职责之一，劳动人事仲裁院本身就已经设置在人力资源和社会保障部门，而学徒和实习关系基本上也是一种特别的劳动关系，域外大多是这样的划分，因而，学徒争议和实习争议也可以基本上类推为劳动争议或特别的劳动争议，适用于劳动争议处理之"先裁后审"程序和一样的调处机构，传统即学徒争议和实习争议必须首先进行劳动仲裁，其专门的法定仲裁机构就是人力资源和社会保障部门的劳动人事仲裁院（少数仍然为劳动人事仲裁委员会），如果将学徒争议和实习争议分别由不同的部门处理，那将会造成社会资源的严重浪费，也不利于争议的有效解决。因此，从争议处理上看，将学徒税改造升级为全新的实习税，与之对应将学徒税争议归类为实习争议也非常具有现实的必然性和可行性。

三、创构实习单位主导地位

域外的学徒税制度都非常重视通过税收之杠杆激励机制，发挥雇主的主导作用，不仅让雇主在纳税包括税收减免或抵扣中居于主导地位，还特别注意让雇主在学徒税之税费和专项补贴管理和使用中享有充分的话语权。域外的经验告诉我们，学徒活动和实习活动都必须充分调动雇主的参与积极性和主动性，尤其在资金（税收和补贴）管理和使用上应当让雇主具有主导地位。我国在新建实习税收制度时，应当借鉴这一成功经验，让所有参与学徒活动和实习活动的主体，对实习经费都享有充分的管理和使用权，在新征实习税时，特别不能剥夺实习单位之主动权，否则不但达不到开征实习税的目的，还会反而影响实习单位之积极性，更不利于构建现代学徒制度和实习关系之治理。

我国创构实习单位主导地位的路径可以从五大方面实施：第一，从实习劳动关系上；第二，从实习税收关系上；第三，从实习考核评估上；第四，从税收管理平台上；第五，从实习责任形式上。

（一）从实习劳动关系上，构建实习单位之主导地位

实习或学徒活动虽然是学校教学活动之延伸，但是，本质上它也是一种劳动，并且是学生走出学校迈向社会的第一次实践劳动，因此，完全可以将实习和学徒关系视为一种特殊的劳动关系或准劳动关系，进而将实习或学徒关系纳入劳动法包括劳动合同法的调整范畴，域外的做法也多是如此。目前，我国学徒和实习都还没有纳入法律的范畴，更勿论纳入劳动法和劳动合同法；学界对实习关系和学徒关系是否应当作为劳动法语境下的劳动关系也是具有较大争议，难以达成共识。争议的焦

点是实习学生的法定身份界定和劳动关系认定。许多观点认为实习学生的身份为学生，而不属于劳动者；也有观点认为，实习学生兼有学生和劳动者之双重身份；还有一种观点就是劳动者或者是特殊的劳动者。笔者一贯认为，实习学生包括学徒生（工）之法定身份应当界定为特殊劳动者，实习关系和学徒关系都属于劳动法的劳动关系，应当属于劳动法调整的基本范畴，尤其在没有专门的学徒法和实习法情形下，更应当将其视为一种特殊的劳动关系，而由劳动法对学徒和实习学生权益进行特殊的保障与救济。即便是今后出台专门的学徒法和实习法，也应当将其类归于劳动法部门之下，参照劳动法治理学徒关系和实习关系。

既然学徒关系和实习关系都可以类型化为劳动关系，那么劳动关系的主体就是劳动者和用人单位，用人单位在劳动关系中占有绝对的主导地位，也居于强势地位；用人单位在实习关系中的另外一个表象就是实习单位，因此从逻辑上看，实习单位应当在实习关系中居于主导地位，实习派遣学校只是一种第三方性质的非直接主体。另外，从实习活动的主要过程也是在实习单位而不是学校，故学校不能在实习关系中占主导地位，占主导地位的应当是实习单位。实习单位之主导地位的确立，不仅是劳动关系之必然要求，还为实习税收关系奠定了基础。

（二）从实习税收关系上，确定实习单位之主导地位

在实习税收关系中，需要确立实习单位之主导地位，其基本理由有三：第一，从纳税主体上，实习单位是实习税或学徒税之最为重要的纳税主体，还可以将其设置为唯一的纳税主体；或者像英国那样以大雇主为主，以公共部门和学校为辅，法国学徒税之纳税主体还包括公民个人，但是，无论如何设定纳税主体，都应当是以实习单位为主导，其他主体只能是次要的。第二，从学徒税或实习税之税收减免或抵扣上看，实习单位又是税收减免或抵扣的直接主体。第三，实习单位还是政府专项实习资助之接受主体。因此，从这三个方面看，实习单位在实习税收关系中具有之"天然"的主导地位。

特别应当在实习税减免或抵扣上，确立实习单位之主导地位。前文已经阐述了新征实习税并不会加重实习工作"好"的实习单位之经济负担，因为实习税制度也应当与学徒税制度一样，其中不可或缺的制度就是实习税收减免或抵扣制度，又称为豁免条款，经过税收冲抵之后，再加上国家额外的专项实习补助和津贴，"好"的实习单位不仅不会多支付费用，还可以增加实习经费。实习税收减免或抵扣制度除了需要对实习单位进行考核评估之外，还要由实习单位自己主动申报进行，毕竟减免或抵扣措施都是一种被动的行为，需要被减免或抵扣单位的积极申报，再由税收征收机构进行复核之后，确定具体的冲抵数额。因此，在实习税收减免或抵扣环

节中，需要实习单位之主动参与与配合，此亦彰显实习单位之主导地位。其主导地位主要体现在实习单位在实习税收和减免或抵扣中的话语权上，实习单位可依据本单位学徒和实习状况之变动，随时申报减免或抵扣实习税的人数和相关经费，可以实行月申报制度，以便实习税收机构随时复核并减免或抵扣相应的税赋。

（三）从实习考核评估上，加强实习单位之主导地位

实习考核评估是实习活动重要的不可或缺的环节，笔者在"实习考核评估制度"专文中已经分析了我们目前对实习考核评估中的主要现状和缺陷，其中重要的一项是实习考核评估完全流于形式，并且只是结果考核评估，严重缺失全程化和全员化之考核评估。另外一项缺陷是实习单位在其中只是扮演"协助"角色，"协助"实习派遣学校对实习学生进行结果评价，遑论指导作用及主导地位。

在实习考核评估上体现出实习单位之主导地位，首先要厘清考核评估与实习税收制度之基本关系。表面上看，实习考核评估与实习收税是两个完全不同的概念，二者好像"风马牛不相及"没有多大的逻辑联系，但是，因为实习税收关系之特殊性，二者本质上却具有极大的关联性。因为，实习税收及其减免或抵扣需要以实习考核评估的结果作为依据，换言之，实习考核评估特别是对实习单位之考核评估是实习税收的基本前提和依据，故此，加强实习单位在实习税收关系中的主导性，必须首先加强实习单位在实习考核评估中的主导性。

加强实习单位在实习考核评估中主导地位，包括两大方面：一是在实习关系中，需要修正实习单位之辅助地位，我国目前有关实习单位在实习考核评估中的规定是协助实习派遣学校完成考核工作。① 此规定确立了实习单位在考核评估中的辅助地位，其缺陷非常明显，既不利于对学生实习活动进行全程而系统的考核，也不利于发挥实习单位之主导作用，应当及时修正，改协助实习派遣学校进行考核评估为主要负责，其原因很简单，因为实习活动之主要阵地就是实习单位；现实中我国目前对实习的考核评估主要针对实习学生，其考核工作是由学校负责完成，实习单位只是协助而已，基本上就是对实习结果粗略地填写实习鉴定和证明盖章，根本谈不上考核评估，更无系统化的考核评估指标体系。除了在对实习学生之考核评估中，实习单位居于主导地位外，在对实习单位之考核评估中，它既是被考核的对象，又是完成被考核评估工作的关键主体，为了调动实习单位的积极性，发挥其在实习活动中的关键作用，并对其进行全方位的考核评估，必须构建实习单位之主导地位。二

---

① 《职业学校学生实习管理规定》第二十八条规定："职业学校要建立以育人为目标的实习考核评价制度，学生跟岗实习和顶岗实习，职业学校要会同实习单位根据学生实习岗位职责要求制订具体考核方式和标准，实施考核工作。"

是在实习税收关系中，需要新确立实习单位的主导地位。在实习税收关系中，实习单位既是纳税主体，又是税收减免或抵扣主体，而实习税之减免或抵扣更离不开对实习活动之考核评估，特别需要对实习单位进行比较准确的考核评估，以确定国家对其的收税金额和实习税减免或抵扣数额。因此，从实习税收关系看，实习单位应当"天然"成为实习考核评估之重要主体，因为考核评估结果是实习税收和减免或抵扣之不可或缺的重要参考依据。

（四）从税收管理平台上，确立实习单位之主导地位

学徒税或实习税收制度离不开现代化的税收管理和服务平台，前文已经诠释了英国学徒税制度之成功经验，其中之一是确立了雇主在学徒税制度中的主导地位，我国新创实习税制度，应当充分借鉴英国的经验，其中重要一条就是借助于现代发达的网络技术，构建全国统一的网络实习税支付平台和实习服务平台，并由实习单位自己在这两大平台上创建自己的独立账户，在平台上完成一切实习收税工作，包括实习税收减免或抵扣申报工作和实习专项资金管理使用工作，国家的税费和实习补贴之划拨也在线上完成。通过现代网络技术构建起的专用实习税收平台，不仅可以充分体现实习单位对实习经费管理和使用之主导权，还极大简化了办事程序，也方便各方信息的沟通和互动，还可以及时掌控实习经费之使用动向，便于对实习经费之监督。根据英国的经验，网络实习税支付平台和实习服务平台还应当与实习税的开征同步进行，该平台不仅针对实习税，还要将国家对学徒和实习活动之所有的专项补贴经费一并纳入平台，以充分彰示实习经费之透明性和公开性，继而达到公正性。

网络实习税支付平台和实习服务平台还可以由实习单位建立各自的学徒和实习学生之链接端口，将平台功能拓展到每一个学徒（工）和实习学生，将对学徒和实习学生的全过程管理纳入现代网络平台，以发挥现代网络平台之强大功能。比如，设置学徒和实习学生之劳动薪酬支付、实习加班和加班费支付、实习保险支付、实习争议处理、实习评估等。

网络实习税支付平台和实习服务平台还可以设置实习派遣学校之链接端口，将实习派遣学校也一并纳入进来，以随时方便实习单位与实习派遣学校之互通和共享。

构建现代网络实习税支付平台和实习服务平台，既是共享经济背景下社会治理之基本的常态化一般性要求，也是特殊时期的特别手段和方式。

总之，我国构建实习制度包括实习税收制度时，应当参鉴域外的成功经验，充分借助现代网络技术，将国家管理机构、实习单位、实习学生（含学徒）和实习派遣学校四者全部融入网络管理平台，并将学徒关系和实习关系一并兼容进来；

今后还要逐步推行网络远程实习的改革，更需要将网络远程实习与网络实习税收平台和服务平台三者有机整合起来，构建以实习单位为桥梁纽带的现代实习治理平台。另外，构建实习税收网络远程管理或服务平台，应当做到普遍化和常态化，在特殊情形下更加应当注重发挥网络平台之特别优势，更加凸显实习单位之主导地位。

（五）从实习责任形式上，确立实习单位之主导地位

任何一项正式制度都需要通过国家立法而定型化和法定化为法律制度，在法治社会中更是如此，实习税收制度也应当是这样。任何一项法律制度也都不能缺少法律责任之设置，否则，制度就没有任何强制力和拘束力。法律责任简单地说，就是法律主体因违法行为而应当承担的不利后果，属于消极的调整规范。实习税收制度，也应当遵循法律责任规范的一般规律，确立实习税收法律关系各方主体的法律责任。而其中，最为重要的责任主体是实习单位，因而，从实习责任形式上看，需要确立实习单位之主导地位。

实习单位为实习收税法律关系之法定责任主体，主要表现形态为"雇主责任"之具体化。"雇主责任"是劳动法借用民法之侵权法而构建的特有制度，它主要是劳务派遣中派遣单位与用工单位之责任分配形态，其争论与分歧非常之大，其内隐含的基本逻辑是"一重劳动关系"与"双重劳动关系"之争。雇主责任是侵权法理论上的重要概念，意为"雇主或委托人有责任在雇用或委托范围内为其雇员或代理人的错误行为承担相应义务"[1]。雇主责任作为一种特殊的侵权责任规则，同样也适用于劳动法领域，日本、美国以及欧洲等大多数国家理论界与司法实务中都比较盛行。[2]

由于实习关系之复杂性和多元性，实习学生之法定身份既有学生身份，又有劳动者（雇员）身份，实习单位到底算不算是实习学生之"雇主"？一直存在较大争议而无有定论。"雇主责任"又分为单一雇主和共同雇主等形态，不同形态的责任分配和争议处理之举证也不相同，在实习关系中，实习单位应当是实习学生之单一雇主，还是与实习派遣学校一道共同构成共同雇主？都需要实体法和程序法之明确界定，以便更好地保障和救济实习税收关系各方主体的正当权益。

笔者认为，在实习税收关系中，如果考量实习税征税主体，是实行实习单位的单一雇主模式，还是实行共同雇主，可以有两种选择：一是我国如果不向学校征收

---

[1]　Bryan A. Garner. *Black's Law Dictionary*（8th ed.），2004，P. 4091.

[2]　凌林、林卉：《析劳务派遣中"共同雇主责任"的法律规制》，载《中国劳动》2016年第10期。

实习税，则可以将实习单位划归为单一雇主；二是如果像英国那样向学徒派遣学校征收学徒税，实习单位（包括学徒单位）则为共同雇主。另外，如果不考量实习税征税主体，则可以直接将实习单位确定为共同雇主（另外一方为派遣学校），其因由是基于实习活动与劳务派遣之高度相似性，二者都涉及三方关系，二者都具有在一方主体中"有关系无劳动"，而在另外一方是"有劳动无关系"。第二个理由是共同雇主模式已经成为劳务派遣之一般性原则，在实习收税关系中实行共同雇主模式具有历史传承性。"共同雇主"起源于美国，其劳务派遣的法律规制主要通过联邦法和州法构建，在联邦法体系中，依据《国家劳动关系法案》，倾向于用否对雇员实施了"重要控制"为标准来确认"共同雇主"的构成。在德国学界亦有"双重劳动关系"理论，派遣机构和用工方是劳动者的"共同雇主"，前者为形式上的雇主，后者则为实质上的雇主。日本采用"一重劳动关系"说，但是，随着"雇主"概念的扩展，"一重劳动关系"有向"双重劳动关系"转变的趋势，为同雇主责任打下了基础。在劳务派遣中，虽然各国立法模式不同，但在雇主责任问题上一致承认派遣机构之当然雇主身份，而要派机构（用工单位）则主要承担使用过程中的风险，即各国劳动基准法赋予实际用工中之用工者的劳动保护义务。[1] 劳务派遣之雇主责任问题包括其中的一重劳动关系和双重劳动关系一致存在较大分歧，立法也是模糊不清。我国《劳动合同法》中仅在第九十二条就派遣单位与用工单位对被派遣劳动者遭受损害的责任分担做了规定，并未真正涉及劳务派遣关系中"共同雇主"之责任分担规则。[2]

在劳务派遣关系中，无论采用单一雇主还是共同雇主，亦无论是一重劳动关系，还是双重劳动关系，实际用工单位都在雇主责任分配中居于主导地位，而派遣机构属于次要地位。基于实习活动（包括学徒活动）与劳务派遣之高度相似性，在实习关系中借用劳务派遣之雇主责任原理，还是比较可行的；相对应地，在实习税关系中，也可以参照适用雇主责任原理。只有确立了实习单位之税收关系的雇主责任，才能从源头上有效治理实习税收关系，也才能有效保障实习税之依法征收和依法管理和使用。具体而言，如果实习单位没有依法履行自己的法定缴税义务，就应当承担相应的雇主责任；并且，如果实习单位没有依法管理和使用实习税费（包括国家划拨的实习税及其减免或抵扣的经费、专项实习资金补贴），比如将实习税费专款经费挪作他用，也应当承担相应的法律责任，还将影响到下次的实习税收减免或抵扣数额。

---

① 王林清：《劳务派遣中雇主责任的分配》，载《清华法学》2016 年第 3 期。
② 凌林、林卉：《析劳务派遣中"共同雇主责任"的法律规制》，载《中国劳动》2016 年第 10 期。

四、凸显实习税收制度导向

从域外学徒税制度的成功经验看，学徒税制度之目标导向并非仅仅是解决经费问题，而主要是通过税收之杠杆激励与"撬动"各方参与学徒活动的积极性和主动性，不断提升现代学徒制管理和培养水平，并为国家和社会培养高水平的职业技术人才。我国借鉴学徒税制度，并将其改造升级为具有中国特色的实习税制度，也不能舍弃学徒税在制度目标导向上的价值取向，应当特别注意凸显实习收税制度之目标导向。

实习税收制度的基本目标导向并不是为了增加公共财政收入，而主要是为了实现对参与实习活动之激励，用税收杠杆激励社会各界积极参与实习活动，不断提升实习关系治理水平，不仅要为我国现代职业技术教育服务，还要为普通高等教育服务；不仅要为国家和社会培养高水平的职业技术人才和大国工匠，还要为现代大学教育培养合格人才服务。按照域外学徒税制度积累的经验和笔者之实习税制度设想，实习税收制度不同于一般的税收，像学徒税一样，它不会增加"好的"实习单位的负担，只会增加"不好"实习单位的经济成本，其主要功能是"奖勤罚懒"。在构建实习税收制度时，应当特别注意其制度导向，并以该导向为中心构建其他相关制度。

实习税收制度之激励导向，主要应当体现在实习税豁免制度即实习税收减免或抵扣制度上。只有合理可行的税收减免或抵扣措施，才能从经济成本上发挥实习税之激励作用，否则，就难以达到实习税之制度目标。设计实习税收减免或抵扣制度，基本原则是必须通过法律的明确规定，而由各地不能随意设置，以彰显收税之法定化。我国实习税豁免制度之导向的具体构想可以是：

第一，以实习单位的实习学生人数或占比为基数，核算实习单位应当缴纳的实习税和减免或抵扣数额。该构想的来源是学徒制度和学徒税制度的成功经验，因为域外的学徒制度，常常都将学徒（工）人数和占单位员工总数的比例，进行了非常明确的规定。我国台湾地区的工厂法规第 11 章专门为"学徒"立法，学徒的法定定义包括实习生（技术生）、见习生、建教生等，其关于招收技术生人数的限制为"不得超过劳工人数的 1/4，劳工人数不满四人者，以四人计"[①]，而工厂法规规定的学徒人数限制是"工厂所招学徒人数不得超过普通工人的三分之一"，学徒生比例相

---

① 参见台湾劳动法学会：《劳资圣经：经典劳动六法》，新学林出版股份有限公司 2011 年版，第 31 页。

对于实习生的比例要高，以便更好地防止滥用学徒生，"以免滥收学徒之流弊"。[①]

我国大陆还没有学徒法，也就没有学徒人数限制之规定。唯一的"实习法"是《职业学校学生实习管理规定》，其明确规定了实习单位接受顶岗实习的人数比例是：同期在该单位顶岗实习学生总数不超过在岗职工总数的10%；同期在该单位某一具体岗位顶岗实习的学生总数不超过该岗位在岗职工总人数的20%。[②]

虽然这些学徒数量和比例设置之目的主要是防止"假学徒真雇佣"之道德风险和保障学徒教育之质量，即预防学徒单位假借或滥用学徒教育（培训），而到达非法招用学徒而减少用工成本的目的，但是，学徒数量和比例也可以作为学徒税之减免或抵扣的重要依据，基本原则是达标者才能享有减免或抵扣之豁免权，否则，不但不能享有学徒税之减免或抵扣，还要承担其他法律责任，因此，域外的这些制度设计，启示我们不仅在构建学徒制度时，应当特别注意学徒之数量和比例，在新建实习税收制度时，也应当考量将实习单位之实习学生人数和比例作为"硬性"规定，不仅应当将其作为对实习单位考核评估的重要指标，还要将其作为实习税之减免或抵扣的直接依据之一。

在设定实习学生（包括学徒）人数或比例限制条款时，我们不能照搬域外之规定，而应当结合我国实际，创设新的"中国方案"。我国与域外学徒税限制性规定不同的是，我国是世界上最大的实习需求国，实习单位（包括学徒单位）严重不足，并已经成为非常难以破解的"实习难"之"实习单位难寻"之困局，故此，我国在设定实习单位接受的实习学生人数和比例时，不应当像域外那样进行"最高"限定，而应当结合我国国情而设定"最低"数额限定，以引导实习单位尽量多地接收实习学生，以有效缓解"实习单位难寻"之困局。具体数额或比例之设定，还需要通过试点工作进行实践尝试而确定，非主观臆断可以闭门确定。

第二，将实习税减免或抵扣与国家职业资格（证书）制度有机结合起来。域外为了激励创建现代学徒制度，并有效调动广大学生参与学徒活动的积极性，也为学徒教育谋划就业和发展"出口"，许多国家或地区将学徒教育与职业资格紧密关联起来，甚至就是直接"捆绑"，以便从形式上增强学徒教育的权威性和社会认可度，使得学徒们享有就业和职业发展之特别的"敲门砖"，增强职业技术教育与普通学历教育之平等性，此即所谓的"双证书"制度（学历证书和职业资格证书）。学徒税制度之重要的目标价值也是为了激励学徒活动之积极性，也不能脱离学徒教育之

[①] 台湾劳动法学会：《劳资圣经：经典劳动六法》，新学林出版股份有限公司2011年版，第31页。
[②] 《职业学校学生实习管理规定》第九条规定："实习单位应当合理确定顶岗实习学生占在岗人数的比例，顶岗实习学生的人数不超过实习单位在岗职工总数的10%。在具体岗位顶岗实习的学生人数不高于同类岗位在岗职工总人数的20%。"

形式要件，职业资格（证书）与学徒教育不可分离，二者是辩证的关系，属于形式和内容之不可分离的辩证关系，我们不能认为将学徒教育与职业资格联系起来就完全是为了功利性的目的，职业资格是学徒教育之外在的"物化"表现形态，它与学徒教育质量之提升不可分离；但是，也不能完全以追求职业资格为唯一导向，它只是对职业能力和水平的肯定和认可，应当将二者有机结合起来，正确处理二者的辩证关系。

英国开征学徒税的重要目标导向之一就是提升现代学徒教育的水平，其具体措施就是通过新的"学徒制标准"，既注重学徒教育的内涵发展，又不忘将学徒教育与国家职业资格等级结合起来，并且还要试图矫正过去学徒教育与职业资格"过度"紧密的缺陷。

英国国家职业资格证书制度基于"能力"理念，得到了广泛好评和效仿，虽然它也还存在许多缺陷，但是为了保障学徒税制度的有效实施，英国正在将传统的学徒制框架制度，改造为新的学徒制标准制度。新的学徒标准涵盖了特定的职业，并包括所需的核心技能、知识和行为，还包括数学和英语等基础技能。大约有1/3的新学徒标准不再包括强制性职业资格（证书）。新学徒标准区别于传统学徒制框架的主要方面是实行终端评价机制，即在课程结束时对学徒进行最终评估。随着学徒税的开征，新学徒制标准会成为未来发展的主要趋势，进而最终取代学徒制框架制度。① 传统的"学徒制框架"通常指与特定工种相关的职业与专业资格证书的取得，以及实践培训与课堂学习。当前的学徒制体系正向以用人单位为主导的标准过渡。②

英国学徒税制度企图极力改变经费划拨完全基于资格证书的传统做法，转而要求经费划拨依据学徒培养标准确定，对学徒要进行综合性的考评，不仅要求学徒获得相应职业资格证书，还要具备可持续性发展能力并得到专业领域的同行认可。但是如何设计科学有效的评估机制，仍然是英国学徒教育中的又一重大课题。③ 英国正式通过开征学徒税之新契机，将学徒经费（包括学徒税及减免或抵扣和其他专项学徒资助经费）之划拨与学徒教育质量紧密关联起来，极力推行新的学徒教育标准，加强其考核评估机制。

可见，英国新的"学徒制标准"之制度导向发生了变化，其与职业资格证书之间的关联性不再像过去那样紧密，更加注重学徒教育的内在质量，更加凸显了学徒的专业技能与专业知识。但是，新的"学徒制标准"也不能不考量其与职业资格的

---

① 杨丽波、张桂芳：《英国学徒税政策研究》，载《河北师范大学学报》（教育科学版）2020年第1期。
② 余晖：《英国政府征收企业学徒税指南》，载《世界教育信息》2016年第18期。
③ 郑坚、张晶晶、田春雨：《构建"雇主主导"型培训模式的新尝试——英国学徒税制度研究》，载《外国教育研究》2019年第6期。

关系。学徒税制度实施后的新学徒制标准，有望矫正过去学徒教育与职业资格过度"捆绑"之导向，从而更加有效地协调好学徒教育与职业资格（证书）的辩证关系，推动现代学徒教育的发展。英国学徒税制度、新"学徒制标准"和职业资格三者的关系，实则反映了学徒税制度的目标导向，其基本要义就是协调和调处好三者的关系，在宏观目标导向上，是为了发挥学徒税之杠杆激励作用；中观导向上，是推行新的"学徒制标准"；微观导向上，是既注重学徒教育与职业资格的关联性，又不能偏向"唯证书"论。英国学徒税开征后的实际效果还不是特别理想，但是，其学徒税激励机制之目标导向将会逐渐收到好的效果。

我国借学徒税而改造升级为新的实习税制度时，应当特别注意实习税制度之目标导向，积极探寻实习税制度与实习质量及职业资格（证书）之辩证关系，既要将实习税征收、减免或抵扣与实习质量紧密关联起来，又不能偏离制度目标设计；既不能忽略职业资格，又不能"唯证书"论。

第三，将实习税减免或抵扣与各种职业技能竞赛结合起来。为了充分发挥实习税之激励机制，可以将各类职业技能竞赛的成绩作为减免或抵扣实习单位之实习税的重要参考依据，这样不仅可以成为弘扬劳动精神和"工匠精神"的具体措施，还可以从经济利益上刺激各方参与职业技能竞赛的积极性，以便更有效地发挥实习税的激励作用。

我国台湾地区的经验尤其值得借鉴，其技术士制度具有较大的参鉴意义。技术士的基本属性是技能检定合格者称技术士，由主管机关统一发给技术士证。[①] 我国台湾地区技术士制度实则是一种职业资格认证与证书制度。台湾地区的职业技能检定及证书制度比较发达，技术士是职业技能检定及证书制度之类型化表象。技术士证书实行等级制，一般分为甲、乙、丙三个级别，呈现阶梯状特征。技术士的主体非常广泛，既包括在校学生，还涵盖了社会成员。专科以上学校或高级职校相关科系毕业者可参加乙级技术检定；在校生可免学科测试，以其在校相关专业科目成绩代替学科测试成绩。[②] 这样的规定非常有利于在校学生取得职业资格证（技术士证），既可以调动学生参加建教合作含实习的积极性与主动性，还可以为学生今后的就业和职业发展打下良好的基础，从制度上引导和保障了技术生或建教生的合法权益。

台湾地区技术士制度一个非常重要特色是职业资格认证与职业技能大赛紧密关联，即将技术士证书与技能大赛获奖证书整合起来。台湾地区《技术士技能检定及

---

① 台湾职业训练法规第三十三条。
② 承上：《台湾"建教合作"探微（续）》，载《职业技术教育》1994 年第 2 期。

发证办法》第 11 条具体而明确规定了三大类人员免于技能检定之术科测试：一是国际技能竞赛前三名或获得优胜奖，自获奖之日起五年内，参加同职类各级技能检定者；二是全国技能竞赛成绩及格，自及格日起三年内，参加同职类乙级或丙级技能检定者；三是经主管机构认可的机关（构）学校或法人团体举办之技能及技艺竞赛前三名，自获奖之日起三年内，参加同职类丙级技能检定者。

我国大陆为了提升职业技术教育水平以及培育工匠精神和"大国工匠"，也组织各种职业技能大赛，参赛对象主要是职业技术院校的学生，类似于普通高校之"挑战杯"大赛，这两大类比赛都存在严重的形式化和异化之弊端；另外，职业技能大赛都还没有直接与职业资格认定和证书挂钩，职业技能比赛被逐渐"异化"成"为名誉而战"、为比赛而比赛。

2020 年 12 月 10 日我国第一届全国职业技能大赛在广州举行。共有 2 500 多名选手、2 300 多名裁判人员参赛，是新中国成立以来规格最高、竞赛项目最多、参赛规模最大、技能水平最高的综合性国家职业技能大赛。技能竞赛是技能人才培养的"指挥棒"和"助推器"。我们应当高度重视职业技能人才工作，大力弘扬劳模精神、劳动精神、工匠精神，培养更多高技能人才和大国工匠。[①] 党中央、国务院对职业技能大赛的高度重视，将彻底改变过去存在的问题，为我国职业技术教育发展注入了新动力，也为我国今后将职业技能大赛与实习税收制度紧密关联起来提供了新的契机。

台湾地区将职业技能比赛成绩与职业证书相关联，特别能够提高学生的参与积极性和主动性，具有重要启发价值。除此之外，我们在实行实习税收制度时，不仅要将职业资格与职业技能竞赛相关联，还应当将其拓展为：将实习收税减免或抵扣与职业技能竞赛"捆绑"在一起，对不同层次的获奖成绩分别实行不同的税收减免或抵扣措施，职业技能竞赛获奖级别越高和越多，其参赛的实习单位则可以享有更多的实习税减免或抵扣。这样不仅可以将职业技能竞赛与职业资格关联起来，还将职业技能竞赛与实习税收制度有机整合起来，势必可以大大提升实习单位和实习学生参与职业技能竞赛的积极性，势必可以为实习税收制度之杠杆激励机制开辟新的路径。

---

① 张子璇：《新时代 新技能 新梦想——热烈祝贺中华人民共和国第一届职业技能大赛开幕》，腾讯网，https：//new.qq.com/rain/a/20201211A0891700，发布时间：2020 年 12 月 11 日，访问时间：2020 年 12 月 15 日。

第九章　网络远程实习制度

第一节　网络远程实习的概念界定

网络远程实习是与现场实习相对应，实习学生不需要亲自到现场而在网络上进行的虚拟性实习活动。疫情与后疫情时代随着线上教学之化"危"为"机"而可称之为"线上实习"，但是，它远远早于现行通俗称谓之"线上实习"。

网络远程实习是一种随着现代网络技术的发展而出现的新型实习类型，在现代互联网共享经济的发展中逐渐发展壮大。宏观上，网络远程实习应当划归为远程教育的范畴，与我国传统意义上的"电化教育"相似；微观上属于远程实践教学的一种。网络远程教育主要包括传统意义上的电大教育即广播电视大学教育，我国网络远程教育一直以来并不为社会所认可，属于业余性质的教育，其发展也一直非常缓慢，在我国高等教育实行扩招后，网络远程教育更难以有所作为。网络远程实习却与之不同，虽然其还是一种新生事物，但是，其现实需求比较旺盛，呈现出繁荣趋势。值得我们反思的是，与其现实繁荣相反，有关网络远程实习的理论研究严重滞后；国家、学校和单位之实习治理体系还极不成熟，法律规制也缺失，实习和网络远程实习都还一直没有纳入法律的范畴。

一、与传统远程教育比较

界定网络远程实习的概念，首先从历史逻辑上，寻找和梳理其来龙去脉，网络远程实习的历史渊源可追溯到传统的远程教育或教学，虽然，当今它与网络远程教育或教学最为紧密，但是，它的历史沿袭却与传统的远程教育或教学密不可分。

网络远程实习并非凭空产生的概念，它与传统的远程教育或教学，特别是远程实践教学关系密切。从教育或教学的媒介或手段上看，网络是现代远程的代表媒介之一，因此，从词义的内涵上，网络与远程之词义比较，远程应当包含网络，即网络只是远程的一种；从外延上，网络比远程的边界要小，远程是包括网络的大概念。网络远程实习的边界比网络远程教育的边界也小，仅仅是指其中的一个环节即实习活动。另外，网络远程实习与传统的远程教育或教学也有明显的区别，传统的远程教育或教学是以广播电视为基本媒介，呈现出逐渐衰退的趋势；而网络远程实习还属于极具发展潜力的新生事物，二者的发展走向呈现出严重的两极分化，二者的历史和未来并非一致。

实践教学是一个比较传统的概念，是指学生在实验室或生产现场，在教师指导下，以学生自我学习和实践操作为主，通过实践获得感性知识和技能，提高综合实践能力的一种教学形式。[1]

远程实践教学是实践教学派生出来的概念，只不过是实践的方式不同，不是要求学生亲临现场，而是通过网络进行模拟性的实践活动。有人指出，远程实践教学是指借助网络服务平台、网络实验室、虚拟实习、网络虚拟设计等平台和技术实施的虚拟性实践教学活动。[2] 还有人结合师范类学生实践教育的特征，认为远程实践教育就是"互联网＋"教育实践模式，是指充分利用大数据、虚拟现实等现代技术，帮助学生突破时间、场地的限制，开展教育教学技能训练、远程见习、远程实习和校内外协同研习等实践性的教育活动。通过现代网络信息化系统的支撑，远程实践教育能够实现学生技能实训与见习、研习和实习环节的深度融合。[3]

网络远程实习虽然是一种新型的实习方式，但是它仍然与传统的远程教学和实践类似，而实习的根本属性就是教学环节之实践环节，因此，从逻辑上看网络远程实习就是一种远程实践教学环节，属于远程实践教学的一种。

二、与电化教育教学比较

网络远程实习与传统的电化教育或教学也是关系密切，电化教育或教学也是一

---

① 汤百智、杜皓：《论高职实践教学过程的优化》，载《职业技术教育》2006年第1期。
② 方志刚：《远程实践教学：理念·环境·创新》，载《中国远程教育》2013年第1期。
③ 杜炫杰：《师范院校"互联网＋"教育实践空间建设的研究与探索》，载《电化教育研究》2017年第10期。

个传统的概念，属于传统的教学方式，是指在中小学课堂教学过程中采用电教设备手段如收录机、幻灯机、投影仪等现代设备，从视听感官上生动形象地进行教学。电化教育或教学的主要对象是中小学的普通教育，我国风靡于 20 世纪 80 年代，成为中小学教学改革的主要阵地，从中央到地方，各级教育机构下面都设有专门的电教馆（电化教育馆），负责领导辖区内的电化教育或教学，这一有专门建制的特别教育机构，现在仍然存在。我国电化教育及其电教馆在中小学教学改革中发挥了非常大的积极作用，其教育或教学理念一直都为我国的普通教育发展作出了历史性的贡献，只不过，随着社会的发展，电化教育或教学一词不再像原来那样风靡，更没有现代多媒体教学、网络教育、"智慧课堂"或"智慧教室"等词语之流行，但是，基本理念和手段并无多大区别。

有人对现代电化教育下的定义是：在教育教学过程中，运用投影、幻灯、录音、录像、广播电视、计算机、多媒体等现代技术手段，进行教学活动，并对这一过程进行设计、研究和管理的一种教育形式。[①]

随着现代通信设备和技术的高速发展，特别是互联网和人工智能的迅猛发展，给电化教育或教学带来了新的发展生机，电化教育或教学所带来的教学设备已经不再是原来的收录机、幻灯机、投影仪等，而是现代化的网络（5G 网络）、3D 技术、大数据、云计算、人工智能等，还包括新兴的"智慧课堂"或"智慧教室"。这些都使得传统的电化教育或教学提供了新的发展机遇，虽然电化教育或教学没有成为"热词"，但是，电化教育或教学的理念仍然根植其中，可以说现代网络远程教育或教学与传统的电化教育或教学，二者并无实质上的不同。

三、与模拟实习实训比较

界定网络远程实习的概念还要厘清其与模拟实习实训的关系。模拟实习又称为情景模拟实习或仿真模拟实习。

模拟实习实训在本质上属于模拟实践教学的一部分，它与模拟实践教学几乎没有多大区别，都属于理论与实践的虚拟性结合的教学环节。二者的主要区别是：一是参与主体地位不同，模拟实习的主导主体是学生即实习学生，而模拟实践教学既有学生，又有教师，并且以教师为主导地位；二是二者的时间节点有所不同，模拟实习完全是针对学生课程教学完成后的实践活动，而模拟实践教学主要是融

---

① 余兰霞：《推广电化教育设施应用，促进城乡学校均衡发展》，载《名师在线》2019 年第 27 期。

合在课程教学过程中理论与实践结合的教学；三是二者的考核方式不同，模拟实习属于课堂教学外的实践活动范畴，其成绩单列为学生的实习成绩，而模拟实践教学只是课堂教学的有机组成部分，一般是融入课程考试，并无单独的考核成绩要求。

模拟实习的适用范围呈现出不断扩大的趋势。模拟实习主要适用于经管类会计专业和医学或护理专业，医学或护理中的模拟教学也应当属于广义的模拟实习的范畴。在我国法学教育中，也比较早而且非常普遍地实行法庭模拟教学和模拟实习，有法学专业的院校一般都建有专门的"模拟法庭"，主要进行法学实践教学之模拟审判，现今的法学教学非常注重法律诊所教育，法律诊所教育实则是法学模拟教学的新发展，也可以认为是一种法学教学之模拟实习。当今，工科类院校或工科专业也开始注重模拟实习，许多院校都在校内建有实习实训基地，有的称为工程训练中心，主要就是进行工程类专业的模拟教学和模拟实习。

模拟实习的优势。模拟实习之所以受到学校和广大学生的青睐，是因为模拟实习确实有许多现场实习所不具备的优势。第一，实习成本低廉化，实习学生不用外出到实习单位，就在本校或家里就可以进行实习，既节约了时间成本，又节省了大量的实习费用，如实习交通费、住宿费和实习保险费，还可以省略实习协议或实习合同签订的成本。第二，实习关系简单化，模拟实习相对于现场实习而言，实习活动仍然是原来实习学生与学校二者之间的双方关系，不再涉及校外的实习单位，该实习关系简单明了，不存在现场实习之三方或多方之复杂的法律关系。第三，安全保障有效化，由于模拟实习在校内进行，学生仍然与平时一样，实习活动全部在校园内进行，这样更加能够有效保障实习学生的人身安全和财产安全。另外，模拟实习过程为虚拟性场景，也不会出现现场实习的安全事故，这样就能够有效避免对实习单位或他人利益的侵害。第四，考核评估简易化，模拟实习的考核与评估程序比现场实习简易，需要校内教师的考评，无须实习单位的过程管理与考核评估，程序简易。第五，模拟实习不需要直接到实习单位，不会影响实习单位的正常秩序，实习单位比较乐意，可以克服我国目前实习单位难寻之"实习难"问题。

网络远程实习除了具有以上模拟实习的优势外，还具有自己的特别优势。实习时间自由灵活、实习地点自由，有的网络远程实习还可以获得一定的劳动报酬，因此，网络远程实习特别受到年轻人的喜欢。

在许多发达国家中，网络远程实习也普遍受到欢迎，凸显了网络远程实习的独特优势。英国 BBC 报道，英国每年约有 7 万名实习生必须到办公室实习，其中很多实习岗位都没有实习报酬，这给许多实习生带来了不小的经济压力，他们可能负担不起在大城市通勤、购买合适的办公服装或者租房的费用，而远程实习的优势就凸显于此。①

　　网络远程实习的优势不仅是对实习学生，对企业来说，网络远程实习也有许多特别的好处。它不需要为实习生提供办公空间，也不需要支付差旅费和伙食费，还能更大范围寻觅未来的员工。包括毕马威和花旗银行在内的大公司都在提供远程实习机会。②

　　模拟实习的劣势。虽然模拟实习有好多好处，但是，也有许多不足，所以，模拟实习不被学校普遍看好，也不能作为实习活动的全部，一般只能作为一种辅助性的实习活动。第一，模拟实习缺乏现场真实感，模拟实习本身就是一种虚拟性场景，与实践还有相当大的差距，与理论与实践的结合也还有一定的差异，不能充分体现实习价值之知行合一；第二，模拟实习缺乏社会感，实习活动的本质是学生从学校走向社会的第一步，由于模拟实习仍然没有跨出校门，更勿论踏入社会和融入社会，因此，模拟实习不利于实习接触和认识社会；第三，模拟实习缺乏有效性，模拟实习难以提升实际能力，模拟实习并没有真正接触社会实践，难以有效提升学生的各种实践能力和业务水平，能力和水平的提升，特别是应变能力只能是在实践中逐渐实现，模拟场景根本难以实现理论与实践的有机结合；第四，模拟实习缺乏效率性，虽然从表面上看现场实习的成本比较高，但是，高成本带来的是高效率，现场实习的高成本也只是暂时现象，从长远看，现场实习远比模拟实习的效率要高，它可以直接为大学生就业服务，因为现场实习本身就为实习单位选拔人才提供了方便，也为大学生考察就业单位提供了机会，因此，现场实习的潜在价值和效率是模拟实习无法比拟的；第五，模拟实习缺乏认同性，由于模拟实习一般都是学生自己提供网络进行的个人活动，过程监管非常困难，加上一些实习学生缺乏实习契约精神，其社会认可度很低，制约了模拟实习的发展。

　　网络远程实习与模拟实习并不完全相同，二者的关系比较复杂。网络远程实习主要是模拟实习，但并非全部是模拟实习。有些网络远程实习属于模拟实习的范畴，有的却仍然属于现场实习的范畴，比如有的法学网络远程实习是真实法庭审判的现场视频直播，或者是录像，其实习虽然是在网络上进行，但是，实习内容却是真实存在的，与现场并无实质性区别，并非模拟的虚幻实习场景，因此，此类网络远程实习就不属于模拟实习，而属于兼具现场实习的网络远程实习。从实习场所看，有的模拟实习是在学校集中进行的，如多媒体教室、计算机教室或新兴的"智慧教室"；有的模拟实习是学生自己在网络上进行的，实习场所更加自由。简言之，有

---

① ② 《"远程实习"了解一下?》，中国青年报客户端，http://news.cyol.com/app/2019-10/21/content_1820 3206.htm，发布时间：2019年10月21日，访问时间：2019年12月21日。

的网络远程实习是模拟实习，有的网络远程实习却与现场实习类似，二者相互交织。

四、与网络远程教育比较

我国网络远程教育概念一词的词源多来自英文，网络远程教育有多种叫法。网络远程教育又称远程教育、网络教育或学习、电子教育或学习、在线教育或线上教育、互联网教育或学习、开放教育或学习等。[①]

关于网络远程教育的概念，一种比较普遍的观点是将其界定为开放教育或开放课程。维基百科 2012 年对开放课程的定义是，大规模开放在线课程就是一种在线课程，通过网络实现开放和大规模的参与，开放性是此课程成为现实的必要条件，这种课程是远程教育的最新发展，也是由开放教育资源运动倡导的开放教育理念之某种演进。[②]

美国将网络远程教育界定为在线教育或线上教育或在线学习，而在线学习（online learning）一词用得比较普遍。美国教育部 2009 年 5 月的综合实证评估认为，在线学习起源于传统的远程教育，至少可以追溯到 100 年前的早期函授课程。随着互联网时代的到来，网络为世界各地的学习者提供了巨大的潜力，今天的多种媒体的实时和异步通信为在线学习提供了丰富的教育资源和强大支持，高等教育机构和企业培训机构都在迅速采用此教育方式。在线学习之所以受到欢迎，因为它可以在任何时间、任何地点提供更灵活的学习内容和指导。[③]

美国教育部对多项有关网络教育的实证分析结果表明，总体而言，网络教育（在线学习和其他形式的远程教育）比面对面学习的效果略好一些，但差异并不显著。网络远程教育和面对面教育在效果上没有显著差异，这表明远程教育，如果是唯一的选择，可以成功地取代面对面的教学。在陈述性知识产出方面，在线学习优于课堂教学，而在程序性方面，二者是等价的。[④] 可见，网络远程教育与面对面的课堂教育，从效果上看，差异并不十分明显，这说明了网络远程教育具有大力推行

[①] 丁兴富：《网络远程教育概念辨析及中英文术语互译研究》，载《电化教育研究》2009 年第 7 期。
[②] ［英］约翰·丹尼尔著，丁兴富译：《大规模开放在线课程的发展前景——对由相关神话、悖论和可能性所引发困惑的深层思考》，载《开放教育研究》2013 年第 3 期。
[③] Barbara Means, Yukie Toyama, Robert Murphy, Marianne Bakia, Karla Jones. Evidence-Based Practices in Online Learning: A Meta-Analysis and Review of Online Learning Studies. U. S. Department of Education, 2009. 05, P. 1.
[④] Barbara Means, Yukie Toyama, Robert Murphy, Marianne Bakia, Karla Jones. Evidence-Based Practices in Online Learning: A Meta-Analysis and Review of Online Learning Studies. U. S. Department of Education, 2009. 05, P. 6.

的价值功能和相当广阔的发展前景，同时，也必然可以带动网络远程实习的发展。

网络远程教育的基本内涵是通过网络、计算机技术和无线通讯设施而进行的非现场教育，与传统的课堂教育或教学相对应，它随着现代科学技术的不断发展而发展。

网络远程教育与网络远程实习二者密切相关，二者往往相互交织和交融在一起。但是二者仍然有很大的差异，前者偏重"教育"这一大概念，是一种教育或教学形态；后者仅仅为"实习"这一小概念，是指教学的一个实践环节或一个过程，不能混同。

网络远程教育与网络远程实习的相同点：第一，目标相同，二者都是为了完成教育和教学目标，提高人们的教育素养、职业水平和专业技能；第二，手段相同，二者都要借助现代网络通信技术，都以网络为基本媒介、载体和平台；第三，二者都需要大量的课程资源，并且课程资源需要互联互通和共享，资源共建中的有偿和无偿比较纠结，课程资源建设和维护成本较高，投入和产出效益难以评估；第四，主体相同，二者都要借助第三方平台实施教师和学生的非直接的面对面的教学或互动；第五，情景相同，二者都属于一种非现场式的远程体验，都是对传统的师生面对面现场教学的突破；第六，二者都具有高度的时间和空间灵活性与方便性，准入门槛极低。

网络远程教育与网络远程实习的区别：

第一，教育类型不同。网络远程教育是一种独立的教育类型，通常是指与普通教学相对应的业余教育或成人教育形式如广播电视大学教育、电化教育等，它不仅教育或教学形态独立，一般还都要有独立运行的专门组织（院校等），如我国传统的广播电视大学，现代的网络教育学院等；而网络远程实习并非一种独立的教育或教学形式，它仅仅是普通教育或职业教育中教学之实践环节的一个组成部分。

第二，对象不同。网络远程教育的对象范围非常广，既可以是针对在校学生，又可以是社会所有成员，既可以是年轻人，也可以是老年人；而网络远程实习仅仅是针对实习学生，主要为在校应届学生（在校大学生和中职中专生），少数为已经毕业离校的往届生，还包括职业技术教育中的学徒，即学徒活动也是实习的一种。

第三，过程不同。网络远程教育是一个相对独立授课的过程，其授课以教师为主导，与传统的课堂教学并无本质区别，只不过授课教师与学生之间增加了间接的第三方平台；而网络远程实习不是一个独立的教育或教学过程，而是依附于普通高等教育或职业教育的一个基本环节，教师也不再在整个活动过程中居于主导地位，主要是实习学生自己的实践过程，实习单位的指导导师或师傅才是实习学生的直接"授课"者，学校实习指导教师仅仅是辅助人员。

第四，结果不同。网络远程教育的结果主要是完成有体系的教育，当然也有少量的单科培训式教育，直接目的形式是获得教育证书（如文凭）；而网络远程实习的结果是实现理论与实践的结合，完成教学的一个最后环节，最终完成整个学业，顺利毕业并获取文凭，但是，网络远程实习不是获得教育证书如文凭的必要条件，实习的主要形式仍然还是现场实习，网络远程实习仅仅还只是一种补充。

第五，制度沿袭不同。网络远程教育的历史发端比较早，它由远程教育发展而来，制度沿袭比较成熟，社会认可度比较高，社会普及面较广。

远程教育在 19 世纪中叶就已经存在，对于远程教育理论进行系统的研究是在 20 世纪 50 年代和 60 年代，西方国家对其研究比较发达，一些大学还成立了专门的远程教育研究中心，比如英国开放大学的教育技术研究所、德国哈根远程教学大学的远程教育研究所、美国宾夕法尼亚州立大学的远程教育研究中心，其中英国开放大学是各国远程教育的典范。[1]

我国的网络教育体系主要有两大模式：一是广播电视大学模式，由中央广播电视大学与地方电大共同构成；二是网络教育学院模式，由原有高校设立的网络教育学院以及校外中心。[2] 前者是传统沿袭模式，历史可以追溯到 20 世纪 50~60 年代。我国首创于 20 世纪 50 年代末 60 年代初的广播电视大学，比英国开放大学早 10 年，比日本放送大学早了 25 年。[3] 我国独创的广播电视大学模式，在中国高校扩招之前，为中国的高等教育作出了历史性重大贡献，正如专家之评价：中国电大是世界上规模最大的超级巨型大学，是中国远程高等教育的主体，许多地方电大也发展成为当地的远程教育中心。中国电大也为后来的网络远程教育奠定了良好基础，并提供了有益的制度和实践范式。后者是最近几年网络技术与教育融合发展的新产物，历史沿袭较短。

我国早期的广播电视大学是网络远程教育的原始形态，广播电视是其基本媒介，其发展到当今，现代网络通信技术的迅猛发展，为其提供了新的手段；而网络远程实习还仅仅是一种新生事物，还不是实习的主要手段，目前还没有完全得到学校和社会的承认，社会普及面还很狭小，社会认可度比较低，其制度构建还处于起步阶段，根本不能与网络远程教育相比。

第六，环境资源不同。网络远程教育和网络远程实习依附于大量课程资源及其虚拟性场景，但是二者依附度和虚拟度却不同，总体上网络远程实习都高于网络远程教育。换言之，网络远程教育虽然不是传统的现场教学情景，但是，其课程资源

---

[1]　丁兴富：《国际远程教育理论研究与主要成果综述》，载《开放教育研究》2005 年第 3 期。
[2]　张亚楠：《试论从国外远程教育看中国高校网络教育的发展》，载《教育教学论坛》2016 年第 1 期。
[3]　丁兴富：《从超级巨型大学到一流开放大学——中国广播电视大学 30 年发展历程回顾与未来展望》，载《开放教育研究》2009 年第 5 期。

往往仍然是现场教学的真实场景的远程再现如录像和视频，并不需要依附虚拟性场景；而网络远程实习一般要求有对虚拟性的实习环境，虚拟性场景的构建是网络远程实习的核心要素之一，与网络硬件环境共同构建起网络远程实习的支撑和支持体系，网络远程实习之虚拟性场景资源的开放和互联互通与共享，决定了网络远程实习的广度和深度。只有极少数的专业如法学实习，与网络远程教育一样对虚拟性场景资源要求不高，依托法庭的审判录像或视频资源，即可实现法学专业的主要实习任务，绝大多数的网络远程实习都要依附虚拟性场景资源，因此，网络远程实习对虚拟性场景资源的要求远远高于网络远程教育，这就直接导致网络远程实习的难度非常之大，严重制约了网络远程实习的发展和实习效果，进而直接导致许多学校几乎都不认可网络远程实习，更遑论像网络远程教育那样比较普遍的开展，笔者认为，这也是世界上网络远程实习一直滞后于网络远程教育的主要原因之一，网络远程实习要得到认可和发展就亟待有效解决这些问题。

概言之，通过上述梳理与比较，可见网络远程实习的产生和发展具有历史的必然逻辑，也有历史传承的根脉和基因，虽然它还属于新生事物，但绝非凭空产生。首先，可以将网络远程实习类型化为远程教育或教学之实践环节；其次，网络远程实习与传统的电化教育或教学关系密切，可以类型化为新的电化教育或教学之实践环节；再次，网络远程实习与模拟实习关系最为紧密，二者关系也最为复杂，边界呈现出交叉互融关系；最后，网络远程实习与远程教育、网络远程教育具有一定的关联性，但是区别明显，不能混为一谈。

笔者认为，网络远程实习可以简称为网络实习或远程实习，三者并无本质上区分，完全可以等同。网络远程实习是指与现场实习即到实习单位实习相对应的一种利用互联网平台进行的虚拟实习或模拟实习。网络远程实习属于传统远程实践教育或教学、电化教育或教学的范畴，也是其新的发展阶段；网络远程实习属于模拟实习之一种，但是又不能完全等同。网络远程实习的主要载体是互联网，实习终端平台主要包括电脑、手机 App 和 QQ、微信、微信公众号等现代新媒体网络技术手段，还包括正迅猛发展的人工智能等新技术手段。网络远程实习具有非常大的自由性和灵活性，极大方便了学生实习，但同时，网络远程实习也还存在诸多困局需要破解，其有序发展和有效治理还需要社会各方不断努力。

由于我国目前对网络远程实习的理论研究极其匮缺，实践中网络远程实习也还没有引起足够的重视，网络远程实习之基础理论研究严重滞后于现实，也滞后于现代高科技网络通信技术特别是 5G 和人工智能的发展和运用，网络远程实习之理论构建、制度范式和治理体系的形成，都还亟待加强，网络远程实习之供给侧和需求侧的改革路径都需要理论与实践的积极探寻。

第二节　网络远程实习现状和问题

网络远程实习虽然有一定的历史承继性，但是，它仍然还是实习活动中的新生事物，必然还存在许多问题，尤其是在世界上大学生数量和实习数量最为庞大的中国，更需要及时而有效地破解网络远程实习中的困局，探寻出新时代中国特色的网络远程实习方案。

目前，我国网络远程实习的基本现状和主要问题是：供给侧和需求侧矛盾突出；网络实习信息真实性较差；收费实习现象普遍；实习安全隐患大；实习认可度较低；管理和规制制度缺失。后文分而述之。

一、供给侧和需求侧矛盾突出

供给侧和需求侧是市场经济关系的两大主体，实习活动也属于市场经济下的社会关系，同样离不开供与需之博弈，博弈也必然会产生诸多矛盾。网络远程实习是随着现代网络通信技术的高度发展而产生的实习活动，由于网络远程实习的诸多优势，正在冲击着传统的实习方式，加之我国的实习学生人数极其庞大，实习需求极其旺盛，而实习供给侧所提供的实习岗位严重匮乏，实习单位难求之"实习难"现象极其普遍，导致实习供给侧和需求侧严重失衡，网络远程实习也正是在此背景下而更加具有较大的诉求。

与实习巨大需求相反的是，我国网络实习供给资源严重稀缺。网络实习供给平台、供给专业、供给人数和供给时间等却非常有限，从而加剧了实习供给与需求之矛盾。

网络远程实习首先需要大量的网络供给平台，这是网络远程实习的"硬件"环境，但是，我国目前有关网络远程实习平台的开放非常有限，缺乏国家和政府层面的法律和政策的支撑，更缺少资金的扶持，少有的网络实习平台也多是企业自发的行为，并且大多数网络平台都属于中介招聘组织。现在非常时兴的"慕课"平台，包括"学习强国"App 的"看慕课"平台，也几乎没有可以进行网络远程实习的课程或软件，足见网络远程实习平台的稀缺，更勿谈免费的公共网络远程实习平台。

据有关实证调查，通过网络平台寻找实习单位的为 115 人，占比为 14.9%；在对网络实习平台的调查中，网络实习平台主要是"智联招聘""实习僧""猎聘网"三家，使用人数和占比分别是 113 人/91.86%、108 人/87.80%、105 人/85.37%。另外两家"前程无忧"和"拉勾网"在这三家之后。[①]

我国目前的网络远程实习的主要平台基本上都是中介组织，很少有直接面向实习学生的单位或企业平台。上述实证调查都是中介招聘组织的网络平台，其最大问题是：第一，进入程序繁杂，实习学生必须经过网络直接组织寻觅实习单位，不能直接面对单位掌握真实的实习需求状况，实习学生心理感受和心理契约都受到严重影响。第二，实习机会成功率低，虽然许多实习学生可以通过网络平台寻找实习机会，但是，参加面试的多，而真正能够加入正式实习的却较少，成功率很低。实证调查显示，学生投递简历 10 次及以下，可以获得面试机会的仅仅占 17.07%，投递 11~20 次可以获得面试机会的占比 48.78%，20 次以上获得面试机会的占比 28.45%。[②] 这些数据表明的也还仅仅是参加面试的机会，并非可以参加正式实习的机会，许多学生都被面试而拒之门外了。第三，实习专业和岗位设置不够合理，实习学生需经过网络中介，才能进入实习面试程序，面试通过后，却发现能够与自己的专业对口的实习岗位极其偏少，直接导致实习学生"进退两难"，如果退出则意味着前期付出特别是所交纳的费用将白白失去，如果不退出，也因专业不对口而丧失实习价值。上述实证调查数据是：认为实习平台提供的专业和岗位不齐全的人数较多，占比高达 41.46%，而对专业和岗位满意的比例仅仅占 5.69%。[③]

二、网络实习信息真实性较差

我国目前网络远程实习平台主要是民间性质的中介组织，它们以营利为目的，没有义务和责任为实习学生的实习活动提供免费服务，国家还没有出台网络远程实习的相关法规，导致网络远程实习活动的无序和失衡，以营利为目的的中介组织，为了自身利益最大化，常常不顾道德伦理而丧失契约精神，提供的实习信息并不真实，可靠性极差，学生由于社会经验的缺失，最易上当甚至受骗。

网络远程实习信息真实差，不仅仅表现在平台中介组织和实习接受单位上，实习学生本身提供的信息也有时也不够真实，缺乏诚实信用之契约精神。供需双方的共同作用，形成了一定的"破窗效应"，影响了网络远程实习之信息的真实性和可

---

① ② ③　李芬、陈禹希、李静：《网络实习平台现状调研与分析》，载《经济技术协作信息》2019 年第 12 期。

靠性，对实习活动的双方当事人都带来了消极影响，实习中介平台和接收单位提供的不真实信息影响了实习学生，而实习学生提供的不真实信息又反作用于中介平台和接收单位，其结果是对双方都不利，都破坏了实习契约精神和契约制度。

三、网络监管困难安全隐患大

网络远程实习的安全隐患主要包括三大基本内容：实习学生的信息安全和财产安全，还包括实习学生的人身权。前两个为主要内容，后者为特殊情形，三者都处于非常重要的地位，一个也不能忽略。

网络的高速度、大容量和易复制，容易有意和无意导致实习学生信息的泄露和流失，为非法获取和盗用者提供了方便，加上网络监管比较困难，导致网络诈骗一直呈现高发态势，保护信息安全非常困难。还有的网络中介平台故意设置较高的实习准入门槛，要求学生提供非常复杂的信息资料，有的根本与实习毫无关联，有的还涉及隐私问题，学生为了获取实习机会，也被迫不得不按照要求予以一一提供，这就为某些组织和个人获取和利用信息直接创造了条件，实习学生的信息安全难以有效保障。

我国虽然有一些网络监管机构，但是由于网络的复杂性和多元性，加上交易的隐蔽性，很难实施有效的监管，还有一些网络"黑客"之高科技手段的恶意介入，网络信息的安全问题非常突出。另外，我国还没有负责网络招聘的专门机构，已有的机构职责不分，相互推诿。

网络远程实习中信息的不安全，容易导致实习学生的人身和财产损失。学生缺乏社会经验和防范意识，成为网络招聘的主要受害群体之一。前文所述的"付费内推实习""花钱保实习"等现象，其中许多就属于诈骗实习学生钱财的行为，往往导致学生既花了不少的钱，还不能找到自己满意的单位和岗位，有的完全就是骗钱钱财，根本就没有任何实习单位可以提供。还有一个严重的问题是这些付费实习往往都是通过网上银行或支付宝或微信支付的，实习学生银行账户极易泄露或被盗取，存在较大的安全风险。

四、道德风险高契约精神弱化

我国目前网络技术发展相当迅猛，但是网络监管法律法规非常滞后，监管机构和人员都还严重缺乏，网络弊端短时间内还难以有效掌控和遏制，网络风险呈现出不断加大的不良态势。网络远程实习属于非现场实习，特别需要实习学生和实习单位等主体的契约精神，以降低网络远程实习的道德风险，弘扬和培育实习契约精神。

（一） 实习学生的道德风险

由于网络远程实习主要是借助现代网络进行的非真实性的虚拟实习（少部分为视频直播之非虚拟性实习，如法庭审判），实习学生也不需要到现场接受实习单位和指导教师或单位指导导师的现场管理和指导，实习内容也主要是虚拟性场景，只需要实习学生在网络前台上进行操作即可，完全由实习学生一人自由掌控实习的全过程，具有极大的灵活性和自由性，网络后台的接收数据库也容易被电脑"高手"篡改，因此，网络远程实习的道德风险远远高于现场实习，为实习学生留下了足够的博弈空间，网络远程实习更需要实习学生严格遵循契约精神，特别是诚实信用和严守规则的契约精神。

网络远程实习中如果实习学生利用网络技术手段如虚假打卡、刷单、炒信等方式进行作弊，易于诱发虚假实习，实习效果的评估和考核也非常容易被不诚信的手段所欺骗，不仅实习效果难以有效保障，还从精神层面破坏了契约精神，更不利于培育大学生之契约精神，不利于人才的培养。

（二） 实习单位的道德风险

虚拟的网络空间，不仅易于诱发实习学生之实习道德风险，也同样给实习单位提供了博弈空间。虽然网络远程实习中的实习单位或者实习场景是虚拟性场景，但是，这并不代表着实习单位没有义务和责任为实习提供和创造良好的条件，相反，需要实习单位积极主动地构建有效的实习数据库，需要实习单位利用高科技手段将本单位的实体现场转化为虚拟的实习场景，这需要实习单位投入大量的人力物力，这些更需要实习单位的道德自律和积极担负起自己的社会责任，如果实习单位难以实现道德自律和弘扬契约精神之社会责任，则网络远程实习的效果将大打折扣。

网络远程实习之实习单位的道德风险还表现在网络实习招聘中严守诚信原则，特别是不能与招聘中介进行私下不当交易，我国目前比较普遍的"付费内推实习"现状的治理，更需要实习单位严守道德底线，坚决拒绝与中介的不当契约或默认。

五、实习效果欠佳与认可度低

网络远程实习主要是一种模拟性的虚拟实习，只有少数实习不是模拟情景。模拟实习本身就存在许多天生的缺陷。网络远程实习同模拟实习一样缺乏真实性，与现实状况还有相当大的距离，模拟实习难以真正接触社会实践，实习之知行合一目标难以达到，实习学生的各种实践能力和水平难以提升；网络远程实习同模拟实习一样还缺乏实效性，模拟实习的非真实性场景，直接导致网络模拟实习的效果远远还不能与现场实习相比，实际效果大打折扣；网络远程实习的效果不佳，必然会影响其社会认可度，进而导致学校认同感差，使得许多学校并不认可网络远程实习。加上网络远程实习是学生自己在网络上自由开展实习活动，过程控制非常困难，还由于网络远程实习本身存在着较大的道德风险，进一步影响了实习效果和认可度。某些网络实习中一些"作弊"手段，更加剧了实习契约精神之破坏，进而使得网络远程实习的社会认可度远远低于现场实习。

我国目前的大学生实习活动仍然是以现场实习为主流和常态，各个学校的实习评估和考核也相应地有一整套非常成熟的基本模式；而网络远程实习虽然有一定的优势，也一般为学生所追捧，但是，仍然还没有为学校所普遍接受，只能作为实习活动的一种补充形式，作为学生自由分散式实习的一种，学校基本上持"不闻不问"之放任自由的态度。因此，如何有效提高网络远程实习的效果和社会认可度，将是网络远程实习发展中的一个重要课题。

第三节　域外网络远程实习之参鉴

域外网络远程教育活动和理论研究和我国一样都比较繁荣，但是网络远程实习活动及其理论研究也同我国一样，一直比较滞后和匮乏。虽然网络远程教育活动和理论研究可以促进和带动网络远程实习，但是网络远程实习的理论研究却仍然远远落后于对网络远程教育的研究，因此，从实习的角度研究网络远程教育仍然是一个世界性新课题和新动态。

一、美国网络远程教育概览

美国已经成为全球网络远程高等教育的成功典范，网络教育的理论和实证研究也是非常发达。既可以值得我国网络远程教育和研究借鉴，还可以进一步将其纳入网络远程实习活动与研究之参鉴。

美国网络远程教育的主要特征可以从两大方面观察：一方面，网络远程教育活动的硬件和软件支持体系日趋强大，大规模的开放网络在线课程资源不断丰富，网络远程教育的效果逐渐被认可，学校和学生的参与度不断提高；另一方面，网络远程教育活动之理论和实证研究比较发达，研究方法、内容及研究规模和研究系统等也处于世界领先地位。

在美国网络远程教育活动之理论和实证研究中，斯隆联盟就是其中的典型代表。世界上著名的网络教育组织斯隆联盟（Sloan Consortium）自 2003 年以来每年都与在线教育中心（Sloan Center for Online Education）和百森调查研究小组（Babson Survey Research Group）联合开展调研并发布网络教育年度报告。该年度报告的权威性已经得到世界上的公认，成为美国网络远程教育的"百科书"，对网络教育全面而精细化分析反映了美国现代网络教育的基本情况和发展趋势。但是，笔者认为，其最大的不足是缺乏有关网络远程实习方面的跟踪研究报告，这也从另一方面折射和验证了美国对网络远程教育的理论和实证研究的发达，而网络远程实习的理论和实证研究仍然非常匮乏，目前也还只能够主要从其网络远程教育经验中发掘与获取对网络远程实习有益的参鉴之处，毕竟网络远程教育与网络远程实习关系紧密，可以比较而发现其对我国网络远程实习的诸多启示。

（一）美国网络远程教育的规模不断上升

美国越来越多的高校非常认同网络远程教育的战略价值，到 2012 年已有 86.6% 的高校参与开设网络课程。从美国网络高等教育的学生规模、高校的参与率以及高校对于网络教育的认同上看，美国的网络高等教育已经处于持续上升的稳定发展期。[①]

美国网络远程教育在十几年的发展过程中，许多高校逐渐从仅能提供零散的网

---

① 廖俐鹃：《美国网络高等教育十年发展历程及启示——基于斯隆联盟 2003～2012 年系列调查报告》，载《广州广播电视大学学报》2014 年第 1 期。

络课程发展到当今已经能够提供系统而全面的网络教育项目，其中网络开放课程的规模化数量增加，发挥了关键性作用，也为学校大规模招收网络学生提供了条件。

美国参与网络远程教育的高校主要是公立院校和大型院校，2012 年底提供网络在线教育的院校占 86.6%，其中超过 2 万人的大型院校高达 99.6%，公立院校的比例为 95.5%，其中 2 年制公立院校的比例为 97%。没有提供任何形式网络在线教育的院校多为学生人数非常少的小型院校。[①]

美国网络远程教育之如此高比例的参与，已经足够说明美国是网络远程教育的大国和强国，具有重要的国际参鉴价值，应当成为我国进行网络远程教育的典范。美国网络远程教育及其理论和实证研究的繁荣，也必将有力带动网络远程实习及其理论和实证研究，也可以成为我国网络远程教育和网络远程实习的参考典范。

（二）美国网络远程教育支持体系——网络课程（"慕课"）逐渐完善

网络远程教育的基本前提条件是网络系统，包括前端和终端，由一系列硬件和软件共同组建跨时间和空间的强大网络平台。

美国网络远程教育非常注重远程支持服务体系的构建，因为教学支持服务体系是远程教育的核心路径。美国在发展数字化支持服务体系时，让学习者全面了解远程教育的基本模式与内涵，让其能够把握通过自身学习可能获得的成果，美国高校普遍认为他们的远程教育同样可以能够取得良好效果。[②]

美国的网络远程教育不仅有比较先进的网络支持体系，更有丰富的网络课程资源以保障选择和供给，并且网络课程资源呈现出规模性、全面性和开放性特征，加上不断发展的现代网络通信技术，从而保证了网络远程教育的基础性条件供给，进而使得网络远程教育的效果逐渐显现并逐渐得到认可，从而形成了良性互动的大好局面。

美国许多世界知名院校已经开始积极参与网络远程教育，其提供的高水平网络课程更是吸引了不仅仅是本国学生，还极大地吸引了外国学生的广泛关注和参与。

美国的世界知名大学麻省理工学院已经开始丰富其"行为主义的大规模开放在线课程"。2012 年初，斯坦福大学提供了一门免费在线课程"人工智能"，非常火爆，有 58 000 人注册学习。[③] 美国麻省理工学院的大规模开放在线课程的名称，因为后来哈佛大学和加州大学伯克利分校的联合加入，而更名为"大规模网络开放教

① 梁林梅、夏颖越：《美国高校在线教育：现状、阻碍、动因与启示——基于斯隆联盟十二年调查报告的分析》，载《开放教育研究》2016 年第 1 期。
② 张亚楠：《试论从国外远程教育看中国高校网络教育的发展》，载《教育教学论坛》2016 年第 1 期。
③ ［英］约翰·丹尼尔著，丁兴富译：《大规模开放在线课程的发展前景——对由相关神话、悖论和可能性所引发困惑的深层思考》，载《开放教育研究》2013 年第 3 期。

育课程"。①

英国开放大学的著名教授约翰·丹尼尔通过比较研究认为，现代互联网和通信技术使得网络远程教育与之前的教育辅助技术有了本质上的区别，这是因为新技术可以自然地操作教育核心的各种工具如数字、公式、图像等；同时还能通过互联网，实现低廉的成本传播，并成为共享教育资源的绝佳载体。他的研究还指出，虽然互联网与通信技术能够降低教育成本，并有效改进和普及教育，但是网络远程教育也有巨大的缺陷就是其教育效果可能令人失望。②

我国流行的"慕课"，其一词的来源就是英文"Massive Open Online Course"，简称 MOOC，音译为"慕课"，实则就是美国等国外大规模的网络在线课程，是网络远程教育不可或缺的核心软件之一。从历史沿革和发展上看，美国毫无疑义是"慕课"的典型代表。

美国"慕课"的发展经历了一个"渐变"的过程，并非一开始就呈现繁荣景象。美国从 2012 年连续三年的调查数据表明，慕课对美国高等教育影响有限，大多持观望态度，只有极少数院校慕课数量增加，但无论是正在提供或计划提供慕课的院校都只占少数。③

斯隆报告调查显示：与 2011~2012 学年相比，2012~2013 学年认为慕课能够可持续发展的教学主管从 28% 降至 23%，而不相信慕课具有可持续发展能力的比率从 26% 增加到了 39%；认同慕课是一种变革教学方法的观点的，也从 50% 降到了44%，而不认同此观点的，从 18% 上升到 27%；认为在慕课上完成课程与相关学位项目而颁发证书将会引起学位混乱问题的比率从 52% 增加到了 64%。④

驱动我国高校大力开展慕课的内生动力和外生动力与美国都不相同。我国的动力是自上而下的政府推定，包括政府的各类计划项目之要求，还包括学校对于各类荣誉的追逐和对于"热点"的盲目跟风，这与基于自身发展目标之需要而务实推进还存在很大差距。⑤ 这是我国清华大学研究团队通过比较研究美国网络远程教育 11年系列报告而得出的重要启示之一，我国各个高校都应当特别注意，有效防止网络远程教育和慕课之"炒作"和走偏。

无论是"慕课"的实践建设，还是其理论和实证的跟踪研究，都应当遵循发展

① ② ［英］约翰·丹尼尔著，丁兴富译：《大规模开放在线课程的发展前景——对由相关神话、悖论和可能性所引发困惑的深层思考》，载《开放教育研究》2013 年第 3 期。
③ 梁林梅、夏颖越：《美国高校在线教育：现状、阻碍、动因与启示——基于斯隆联盟十二年调查报告的分析》，载《开放教育研究》2016 年第 1 期。
④ Allen, I. E. , & Seaman, J. Grade Change: Tracking online Education in the United States, Oakland: Bahson Survey Research Group and Quahog Research Group, LLC, 2014, pp. 27 - 28.
⑤ 朱永海、韩锡斌、杨娟、程建钢：《高等教育借助在线发展已成不可逆转的趋势》，载《清华大学教育研究》2014 年第 4 期。

规律，循序渐进，逐渐开展，特别不能搞"一窝蜂"和"一刀切"式的盲目跟风，"揠苗"又岂能"助长"这是谁都知道的道理，但是，实践中却常常被忽略。我国目前"慕课"虚假繁荣的现象应当引起教育部门和各个高校的充分警觉。网络开放课程及其理论和实证研究搞得都非常好的美国，不是短时间就取得的一日之功，而是经过了一个循序渐进的逐步发展和不断完善的过程，美国网络教育之课程资源的建设和跟踪调查研究的成功经验应当值得我国反思。

（三）美国网络远程教育的比较效果明显

网络远程教育的发展与壮大，离不开其效果的巨大影响，只有网络远程教育的效果得到社会认可，它才有发展潜力，才能进一步发展，而发展又会带来其效果的不断加强，二者相互影响和作用。

美国的网络远程教育实践活动的广泛开展和繁荣，带来了其跟踪研究的成熟与发达。不同学者关于网络远程教育效果的研究，在美国还不完全一致，有关网络远程教育的效果也是慢慢被认可，并非开始就完全被社会所接受。一般的观点还是认为网络远程教育的效果还是比较好的，社会认可度也还是比较高的。

有比较才有鉴别，美国的网络远程教育之效果的研究也是这样，其比较研究方法主要是两大方面：一是网络远程教育与传统面对面课堂教育之单一比较；二是网络远程教育与传统面对面课堂教育以及二者混合教育之多元比较。有许多学者都将网络远程教育与传统的面对面式的课堂教育进行对比。

关于网络远程教育的效果，单一的网络远程教育与传统面对面课堂教育之比较，比较权威的结论是美国教育部的实证调研报告，该报告指出，虽然早期远程教育的元分析发现它等同于面对面的课堂教学，但是一些评论者认为这种模式可能会改变，他们认为，就学习效果而言，21世纪的在线学习有望超越早期的远程教育。[①]

在网络远程教育与传统面对面课堂教育以及二者混合教育之多元比较研究中，采用了与纯粹的在线学习（pure online learning）和面对面教学（face-to-face instruction）相比，混合学习条件（compared blended learning conditions）比面对面教学的研究效果更大。调查同一问题的另一种方法是进行混合和纯在线条件的研究，以便对它们的有效性进行直接比较。[②]

在10项直接比较纯粹在线学习和混合学习条件的3类研究中，大多数研究发现

---

① Barbara Means，Yukie Toyama，Robert Murphy，Marianne Bakia，Karla Jones. Evidence-Based Practices in Online Learning：A Meta-Analysis and Review of Online Learning Studies. U. S. Department of Education，2009. 05，P. 7.

② Barbara Means，Yukie Toyama，Robert Murphy，Marianne Bakia，Karla Jones. Evidence-Based Practices in Online Learning：A Meta-Analysis and Review of Online Learning Studies. U. S. Department of Education，2009. 05，P. 38.

学生的学习没有显著差异。其中有 7 项研究发现两者之间没有显著差异；2 项研究发现纯在线教学在统计学上有显著优势；1 项研究发现混合教学有一定的优势。[①] 另外 6 项研究对比了纯粹在线条件和混合条件的研究，也未能发现学生学习的显著差异。鲁赫提和奥德尔（Ruchti and Odell，2002）比较了两组参加基础科学教学课程的学生的考试成绩，一组参加在线课程；另一组在常规课堂上接受指导，并辅以在线讨论板和日志。研究发现两组间无明显差异。[②]

美国斯隆联盟的 2003～2014 年的调查报告表明，研究者通过在线教学和面对面教学的质量比较，发现十多年来院校对在线教学质量的认可度维持在一定比例，且逐年缓慢提高。研究中认为"在线（混合）教学质量和面授教学一样好或高于面授教学"所占比例分别是：认同在线教学的由 2003 年的 57.2% 上升到了 2014 年的 74.1%；认同混合教学的比例 2012 年是 91.6%，2013 年是 92.1%，2014 年是 89.5%，可见，混合教学的质量明显高于单纯的在线教学。2012～2015 年的调查结果是：与在线教学相比，被调查者对混合教学质量的认可度明显要高出许多。此结论与美国《高等教育内部参考》（*Inside Higher Ed*）和巴步森调查研究小组联合开展的另一项调查结果是一致的：相对于在线教学这种全新方式，教师更愿意接受电子资源等在传统课堂教学中的混合应用。我国国内学者认为此研究结果和当前国内外高校正在普遍进行的混合教学改革模式相吻合，这表明高等教育从单纯面授模式转向在线模式或混合模式将是发展的趋势（朱永海等，2014）；有人认为，将在线学习和传统面授模式结合起来的混合式学习模式，更符合时代信息化、个性化发展之需（韩锡斌等，2015）。[③]

我国在网络远程教育改革包括"慕课"建设中，应当借鉴美国的经验，不能只从形式上追求规模发展，而应当将教学质量放在首位，质量是根本。将网络远程教育与传统面对面课堂教育结合起来，各个高校大胆地进行网络远程教育的改革试点，将在线教学与传统课堂教学模式有机结合起来，实行混合教学模式的改革，逐渐推广网络远程教育，并借鉴其经验试行网络远程实习。

（四）美国网络远程教育网络指导多

网络远程教育与传统课堂教育的根本区别之一是教师从前台退居后台，不再直

---

① Barbara Means，Yukie Toyama，Robert Murphy，Marianne Bakia，Karla Jones. Evidence-Based Practices in Online Learning：A Meta-Analysis and Review of Online Learning Studies. U. S. Department of Education，2009.05，P. 38.

② Barbara Means，Yukie Toyama，Robert Murphy，Marianne Bakia，Karla Jones. Evidence-Based Practices in Online Learning：A Meta-Analysis and Review of Online Learning Studies. U. S. Department of Education，2009.05，P. 39.

③ 梁林梅、夏颖越：《美国高校在线教育：现状、阻碍、动因与启示——基于斯隆联盟十二年调查报告的分析》，载《开放教育研究》2016 年第 1 期。

接与学生面对面适时的交流互动，而是间接的指导。教师指导方式的转变，势必带来许多新问题，这也就成为网络远程教育中的一个重要关注热点。

美国网络远程教育的发展过程中，实践者和研究者也都一直非常注意网络远程教育中的教师因素在其中的地位和作用。教师对网络远程教育的认可态度是制约网络远程教育发展的一个重要因素，只有教师首先认可了网络远程教育，才能激发广大教师参与网络远程教育的内生动力，才能解决网络教育最为重要的内核之一——教学资源如我国称为的"慕课"问题，没有海量的丰富网络远程教育资源，网络远程教育将是"无本之木"和"无源之水"。

美国斯隆联盟长期跟踪调查了高校教师对网络教育的认可情况，该组织从 2005 年开始调查高校教师对待网络在线教学的态度及认可度，发现大多数院校，特别是那些已经开展的院校，都认为网络在线教育不但没有减轻教师的负担，反而需要教师花费更多的时间和精力。斯隆联盟之后的一系列的实证调查数据表明：高校教师对待网络在线教学的态度及认可度不容乐观，十多年来被调查高校教师的认可度一直维持在 30% 左右，2014 年甚至下滑，2002～2014 年的认可度分别是 2002 年的 27.6%、2004 年的 30.4%、2005 年 27.6%、2006 年的 32.9%、2007 年的 33.5%、2009 年的 30.9%、2011 年的 32%、2012 年的 30.2%、2014 年的 28%。其中教师认可度最高的是 2007 年的 33.5%。这些统计数字有了说明了网络远程教育搞得最好的美国，教师的认可度也并不是很好，几乎近七成的教师并不认可。高校教师不认可和不愿意从事网络在线教学的根本原因引起了美国和学者的关注，主要原因是：第一，从传统的面对面教学到网络教学是对长期形成的传统教学理念、教学行为方式、教学过程等的新变革，因此，教师需要全部重新开始；第二，新型网络在线教育意味着教师需要投入更多的时间和精力；第三，外因上，学校缺乏激励机制，难以有效调动教师之网络教育积极性，网络教育之补偿费、激励和支持服务措施严重缺失制约了网络远程教育的发展。[①]

美国高校教师在网络远程教育中采用的主要教学指导方式有：一是协同方式，组成特定的学生学习小组，通过电子邮箱或 BBS 开展专题讨论；二是互教互学方式，学生在网上互相交流学习；三是拓展式方式，鼓励学生利用网络收集资料，解决问题；四是讨论式学习，师生、生生之间通过网络手段讨论解决问题。[②]

特别值得一提的是，美国的"交互式"学习与指导方式独具特色。"交互式"

---

① 梁林梅、夏颖越：《美国高校在线教育：现状、阻碍、动因与启示——基于斯隆联盟十二年调查报告的分析》，载《开放教育研究》2016 年第 1 期。

② 熊华军、李倩：《美国网络高等教育发展的特征及其启示——基于斯隆联盟报告的分析》，载《中国电化教育》2012 年第 2 期。

就是互动式学习，一方面，学习者通过与其他学习者基于探究的协作互动来构建知识。另一方面，教师成为共同学习者，并充当促进指导者。在交互学习中，通过同步或异步的技术协调方式调节人类的交互学习，学习是通过与其他学生和技术的互动产生。[①]

美国一些著名高校在网络远程教育中非常注重开放网络教学资源，对系统性、交互式指导和学习方式非常看重，并采取多种方式的有机融合，为网络在线学习的学生提供交互式人机合作界面，以保障网络远程教育之指导和学习中的师生互动，提升网络远程教育的实效。其中，美国波士顿大学的网络远程教育值得我们学习。

美国波士顿大学自 2002 年以来，一直提供在线学习项目，使世界各地的学生能够实现他们的教育目标，并获得波士顿大学的大学学位。通过波士顿大学进行网络在线学习，可以接触到世界一流的教师、积极上进的学生，以及在一些最具竞争力的行业提供专门技能的学术项目。无论是攻读硕士学位、完成学士学位、获得博士学位，还是寻求研究生证书，波士顿大学都提供了创新的远程教育方法。学生受益于最新的互动技术和强大支持。[②]

美国波士顿大学使用由 Blackboard 公司开发的"黑板学习"（blackboard learn）教学工具。黑板学习是波士顿大学最新的学习管理系统，它被广泛运用于校内和校外的课程、证书课程和临床实习中。学生可以在任何时间从任何联网的电脑上获取该课程资料。黑板学习为波士顿大学的网络在线项目提供了便利和灵活性的交流空间，成为提升现代校园课程的关键。教师在线管理所有的课程材料，学生可以立即获得这些材料。教师可以发布文档、发布公告、发送电子邮件、创建在线评估等。学生可以访问课程文件，发送文件给他们的导师，并直接访问成绩。黑板学习教学指导的主要特色是：第一，多媒体内容，提供大量学生喜欢的课程资料，以加强他们的学习经验，包括视频讲座和音频作业。第二，实时互动和交流，学生可以与老师和同学进行视频和聊天，并通过电子邮件、讨论板和博客保持联系。第三，高级测验和调查工具，教师可以创建练习测试和收集学生在线反馈。第四，提供与 Excel 兼容的年级课本，教师在线管理课程成绩，并下载它们与其他应用程序一起使用。第五，简单的文件共享，只需几次点击上传文件。第六，内置反剽窃服务，剽窃检测是自动化的安全标志。第七，全新的完全支持系统，黑板学习是 Blackboard 公司提供的最新的学习管理系统，它包含了许多新性能，并为新的浏览器、操作系统和

① Barbara Means，Yukie Toyama，Robert Murphy，Marianne Bakia，Karla Jones. Evidence-Based Practices in Online Learning：A Meta-Analysis and Review of Online Learning Studies. U. S. Department of Education，2009.05，P.4.
② Boston University BU Today. Online Learning at Boston University，http：//www. bu. edu/online/. 2020 – 01 – 05.

web 技术提供了更好的支持。[①]

国外和国内有关网络远程教育的指导方式，已经基本达成了共识并形成了所谓的网络远程教育之"交互理论"。网络教学交互方式是网络远程教育领域中的关键和突出问题。国外以穆尔（Moore）为代表的研究者强调师生交互、生生交互是影响网络远程教育成效的关键因素，交互方式是促进教与学重新整合的关键途径，教学交互也一直颇受网络远程教育研究者的特别关注，研究成果斐然。[②]

围绕相互作用的讨论的主要困难是，这些术语虽然被广泛使用，但没有明确或功能上的定义。辛普森和加尔博（Simpson and Galbo，1986）认为，交互就是个体和群体的相互作用。[③]

瓦格纳（Wagner）将交互定义为个体与小组间的交互作用，交互就是交互事件，需要至少两个对象和两个行动。当这些对象和事件相互影响时，就会发生交互作用。教学交互是发生在学习者和学习环境之间的事件。它的目的是以一种旨在改变学习者的行为以达到教育目标的方式来回应学习者。当环境反应改变了学习者对目标的行为时，教学交互就是有效的。教学交互有两个目的：改变学习者和使他们朝着要达到目标的前进。[④]

迈克尔·G. 摩尔（Michael G. Moore）认为，至少远程教育工作者需要对三种类型的交互关系达成一致，即学习者与课程内容交互（learner-content interaction）；学习者与教师交互（learner-instructor interaction）；学习者与学习者组件的交互（learner-learner interaction）。[⑤]

美国高等教育政策研究所（Institute for Higher Education Policy）曾经在 2000 年 4 月发布了一个非常有名的报告：《在线教育质量：网络远程教育成功应用标准》（Quality On the Line：Benchmarks for Success in Internet-Based Distance Education），提出了网络远程教育之质量保障的标准体系，包括七大方面的 24 条基本标准。[⑥] 其认定的高质量网络远程教育七大基本标准中的两大标准"教学/学习标准"和"教师

---

① Boston University Distance Education. Blackboard Learn，http：//www. bu. edu/tech/web/course – sites/black-board，2020 – 01 – 05.

② 徐亚倩、陈丽：《国内远程教育教学交互的研究热点与现状——基于 2012 年至 2017 年期刊文献的内容分析和社会网络分析》，载《中国远程教育》2018 年第 9 期。

③ Ellen D. Wagner. In Support of a Functional Definition of Interaction，*The American Journal of Distance Education*，Vol. 8，No. 2，P. 6.

④ Ellen D. Wagner. In Support of a Functional Definition of Interaction，*The American Journal of Distance Education*，Vol. 8，No. 2，P. 8.

⑤ Michael G. Moore. Editorial：Three Types of Interaction. *The American Journal of Distance Education*，1989. Vol. 3，No. 2，P. 1.

⑥ Phipps Ronald，Jamie Merisotis. Quality On the Line：Benchmarks for Success in Internet – Based Distance Educa-tion. The Institute for Higher Education Policy，2000. 04，pp. 29 – 30.

支持标准"都直接与网络远程教育的指导有关。其中的"教学/学习标准"（teaching/learning benchmarks）包括三大方面的要求：一是学生与教师和其他学生的互动是一个基本特征，通过多种方式促进教与学的互动，包括语音和或电子邮件；二是教师及时提供和反馈给学生作业和问题之建设性意见；三是指导学生正确有效的研究方法，包括评估资源的有效性。①"教师支持标准"（Faculty Support Benchmarks）包括三大方面具体指标：一是教师在课程开发方面可以得到技术上的帮助，并鼓励使用；二是在从课堂教学到在线教学的过渡过程中，帮助有问题的学生，并在此过程中对他们进行评估；三是在网络课程中进行培训和协助包括同行指导；教师提供书面资料来处理学生使用电子访问数据所引起的各种问题。② 这两大有关网络远程教育质量保障的支持体系标准，实质都是要求在网络远程教育中应当加强教师对学生的指导和互动。

我国有关网络学习与指导中的教学交互理论研究比较丰富，有学者认为教学交互是指学习者与学习环境之间的相互交流与相互作用，它既包括师生互动，还有生生互动（即学生与学生之间的互动）；还包括学生和各种物化资源之间的相互交流和作用。③

笔者认为，所谓的网络教育或教学之交互理论，与传统的面对面课堂教学一样都属于教学过程中的师生互动与交流，只不过网络远程教育或教学中，互动与交流的方式和载体发生了新的变化。在网络远程教育互动与交流中，学校教师不再居于直接的主导地位，而是变成了间接的指导；教师也不再是指导的唯一主体，行业专家和企业高管等教师之外的行家里手都可以成为网络教育的指导者；网络远程教育或教学中，学生变成了网络学习过程中的主导者，并位居交互中的中心地位；另一个区别就是网络指导和学习中，新融入了人与物的互动与交流，即学生与智能化计算机等资源的互动与交流。人与物的交流与互动，嵌入了现代高科技手段，其智能化的海量信息和计算速度，这也是现代网络远程教育指导的新特色和时代趋势。

（五）美国网络远程教育学生自律性强

网络远程教育的目标对象即学习者，主要还是学生，与传统面对面课堂教学中的学生主体一样，直接决定了教育效果的高低与成败，由于网络远程教育的诸多变化，导致面对面之现场环境的消退，进而主要是单一学习的个体虚拟性场景，即传统的课堂集体环境变成了学生的个体环境，私密性和间接性的学习环境导致学习过

---

① ② Phipps Ronald, Jamie Merisotis. Quality On the Line: Benchmarks for Success in Internet-Based Distance Education. The Institute for Higher Education Policy, 2000. 04, P. 30.
③ 陈丽：《术语"教学交互"的本质及其相关概念的辨析》，载《中国远程教育》2004 年第 3 期。

程的监控变得非常困难，这既影响了网络远程教育的质量，还大大降低了网络远程教育的社会认可度。这既是美国网络远程教育发展中的瓶颈，也是世界上整个网络远程教育发展的共同障碍。

美国联邦教育部的调查报告指出，网络远程教育需要网络学习的学生具有更强的自我管控能力。美国学者（Shen，Lee and Tsai，2007）从实践对比案例中发现了自我调节效应对学习效果的影响。他们比较了接受自我调节学习策略指导，如管理学习时间、设定目标和自我评估，与未接受自我调节学习策略指导的学生的表现，发现接受自我调节学习指导的小组在网络学习中表现得更好。总的来说，现有的研究证据表明，促进自我反省、自我调节和自我监控会带来更积极的网络在线的学习成果。说明在网络远程学习中，学生自我管理、自我解释和自我监控策略等功能已显示出改善在线学习效果的潜力。①

美国斯隆联盟，近十年来也一直在关注和跟踪研究美国的网络远程教育，其系列报告也对阻碍美国网络高等教育发展的因素进行了研究。

斯隆联盟2006年首次调查研究了影响美国高校网络教育发展的阻碍因素，主要包括：一是学生方面，需要更多的纪律约束；二是教师指导方面，需要更多的时间、精力和教师的接受度；三是在线教学开发与传输的高成本；四是潜在雇主的认可度。后来该组织又分别在2007年、2012年和2014年对这同一问题再次进行了调查。这四次的调查结果都表明，美国高校网络远程教育的主要阻碍因素是教师、学生和社会（雇主）认可度三大方面。②

斯隆联盟在2012年对高校的教学主管人员进行了调查，综合之前的调查数据进行对比分析，总结出了阻碍网络高等教育发展的主要因素主要包括四大方面，而排在第一的是学生的自控和自律能力，报告指出现代网络远程教育要求学生具有更强的自控能力。网络教育对学生的自主学习能力和自我控制能力等方面都有较高的要求，如果对学生的这些要求没有到达，将在一定程度上成为网络教育发展的障碍。

斯隆联盟的有关调查报告指出，影响网络远程教育之学生方面的因素主要有两个：一是学生自我管理和纪律约束；二是学生的课程完成率或称"学生保持率"。后者即课程完成率一直是困扰世界网络远程教育发展的未解难题之一。③ 笔者认为，这两大有关网络远程教育的学生因素，可以归并为一种，即可以将第二种影响因素的课程完成率划归第一种，因为课程完成率同样需要学生极高的自我管控和自我约

---

① Barbara Means，Yukie Toyama，Robert Murphy，Marianne Bakia，Karla Jones. Evidence-Based Practices in Online Learning：A Meta-Analysis and Review of Online Learning Studies. U. S. Department of Education，2009. 05，P. 45.

②③ 梁林梅、夏颖越：《美国高校在线教育：现状、阻碍、动因与启示——基于斯隆联盟十二年调查报告的分析》，载《开放教育研究》2016年第1期。

束能力，否则，网络学习课程就难以完成，也必然导致网络学生保持率的下降。

从以上美国教育部和斯隆联盟的系列权威调查报告中，完全可以得出这样的结论，学习者（主要是学生）的自控和自律非常重要，它直接关系到网络远程教育的成败得失，也直接影响着网络远程教育的社会认可度，二者的良性互动才能推动网络远程教育的不断发展。我国的网络远程教育应当特别注意学生的自我管控和自律能力的提升，不能放松对学生的管控，这直接关系到网络远程教育的效果和社会认可度，进而影响网络远程教育的发展。笔者认为更为重要的参鉴意义，还在于网络远程实习也应当特别注意对实习学生的自我管控和自律能力的提升，否则，网络远程实习也将会与网络远程教育一样受制于学生因素，更遑论网络远程实习的发展壮大，比较网络远程实习与网络远程教育有太多的相同之处。这也是笔者首先要重点分析美国的网络远程教育的原因。

（六）美国网络远程教育成本问题

美国拥有全球最顶尖的网络技术和设备，但是高昂的运行成本仍然长期存在，甚至还会成为美国网络教育发展的重要瓶颈障碍。为了有效解决这一问题，使网络教育更加普及，则必须降低网络教育或教学的成本。[1] 经济最为发达的美国，其网络远程教育中投入成本问题，都制约了其发展，其他国家更应当在降低成本上下功夫，我国也不例外，无论是发展网络远程教育，还是发展网络远程实习，都要特别吸取美国的经验教训，充分考量成本因素的巨大影响，应当量力而非不切实际地跟风盲动。

二、英国网络远程教育启示

（一）英国网络远程教育模式——开放大学

英国网络远程教育比较成熟与发达，它与美国网络远程教育最大的不同就是，它有专门从事网络远程教育的独立大学——开放大学，以此为龙头带队英国的网络远程教育。同时，英国也与美国一样，不仅网络远程教育活动处于世界领先水平，其理论研究也同样比较繁荣与发达。另外，特别值得注意的是英国的网络远程教育更加注重教与学的方法创新，实践教学方法多种多样，其跟踪研究结果也显示出这

---

① 耿乾：《美国高校网络远程教育的现状、发展趋势及借鉴的意义》，载《文教资料》2012 年第 21 期。

些诸多创新方法紧跟时代发展步伐并且非常有效。如此一来，理论研究与实践的紧密结合也更加容易将这些网络实践教学方法运用与融入网络远程实习之中，为发展网络远程实习奠定了良好基础。

英国开放大学在世界远程教育中独具特色，是世界首屈一指的成功远程办学模式，历史功绩非常显著，并得到了世界各国的普遍认可和借鉴。[①] 英国开放大学的成功模式和经验不仅被其他国家纷纷效仿，还带来了对其理论研究的繁荣景象。我国最近几年对英国开放大学的理论研究也开始盛行起来，但是，从实习之网络远程实习视角研究网络远程教育的却是凤毛麟角，英国开放大学之网络远程教育对实习的参鉴研究，将具有创新性的研究价值和意义。笔者认为，我国的网络远程实习同样可以参鉴英国开放大学的经验与模式，因为从逻辑关系上，网络远程实习与网络远程教育的关系极其密切，甚至可以从广义上说网络远程实习就是网络远程教育的一种特别类型，是网络远程教育实践活动或实践教学的环节之一。

英国开放大学的成功模式和经验不仅值得其他国家借鉴，其重视理论研究并将其融入办学理念，成为办学和治校的理论指导。这是英国开放大学成功经验的重要方面，也是在研究和借鉴其模式中最容易被忽略的地方。先进的大学必须首先有先进的办学和治校理念，英国开放大学的成功经验是以理论指导实践，用理论矫正和治理实践中的偏差。

英国开放大学自身一直以来就非常重视理论研究，英国开放大学在诞生之初就将理论研究作为自己的办学思想，并明确其重要地位。沃尔特·佩里（Walter Perry）副校长在学校成立的第一天就强调了研究在开放大学中的重要性，他鼓励克服困难，推动理论研究工作。开放大学宪章明确强调："开放大学目的在于建立一所能够通过教学和研究，来发展学习和增长知识的大学"[②]。开放大学的计划委员会报告也明确指出："开放大学的教职学术成员必须注重学术研究，使自身保持在本学科发展前沿；同时学校会保证提供包括实验室在内的必要的研究设施"。英国开放大学不仅将理论研究明确于学校章程之中，并且具体落实于实践，早在 20 世纪 70 年代和 90 年代，英国开放大学就成立了两个独立的研究机构：教育技术研究所（IET）和知识媒体研究所（KMI），从事进行各种理论研究，保证远程教育的顺利开展，并提

---

① 袁利平、陈川南：《英国一流开放大学的办学经验及其启示》，载《河北师范大学学报》（教育科学版）2019 年第 5 期。

② Perry，Walter. The open university：history and evaluation of a dynamic innovation in higher education. San Francisco：Josse-Bass Pub，1977. 转引自袁利平、陈川南：《英国一流开放大学的办学经验及其启示》，载《河北师范大学学报》（教育科学版）2019 年第 5 期。

高教学质量。①

英国开放大学除了有专门的研究组织架构外，还与合作机构每年紧密跟踪和研究开放大学的各种问题，并发布年度研究报告。该年度研究报告亦成为了与其学校品牌一样的世界知名品牌，而且这些集体协作而产生的年度报告也与开放大学一样，具有广泛的开放性，与现代社会之严格的知识产权保护截然相反，世界各国都可以免费从网上直接进行全文下载。这就与美国的网络远程教育特色一样，充分实现了网络远程教育活动与理论研究的"比翼双飞"，只不过美国的年度研究报告是校外独立机构之斯隆联盟所完成，并且美国的这些年度报告不具有英国的广泛开放性，知识产权保护比较严格，不能直接全文下载。

英国开放大学自 2012 年开始，与其合作机构每年都要发布一份《创新教学报告》（Innovating Pedagogy Report），讨论和研究教育中可能出现的新变化和教学创新。该报告逐渐形成了一种固定品牌，并享有较高的学术知名度。② 该年度报告已经成为了其他国家了解和借鉴英国网络远程教育的重要窗口，更是各国研究网络远程教育的不可或缺的资料来源。

英国开放大学的已经公开发布的 6 份《创新教学报告》宗旨都是：这些系列的报告探索了新的教与学形式、交互学习和评估，以指导教师和政策制定者进行有成效的创新。这第六份报告提出了十项创新，这些创新已经流行，但还没有对教育产生深远的影响。③ 这些系列报告重点关注了网络远程之教与学的创新，报告创始人指出，报告不关注正式教育中技术的应用，而是讨论新的教学、学习和评价方法。讨论研究和推广这些创新方法的目的是使正式教育更加完善，而不是取代已有的方法。④

（二）教学方法

1. 沉浸式学习法和大数据探究法

英国开放大学系列《创新教学报告》根据时代的发展提出了不同的创新方法，并进行了实践评估，为广大学习者提供了非常有益的帮助，也为网络远程教育提供了高度契合时代发展的新理念和新方法。笔者此文将重点分析与网络远程教育之实

---

① 袁利平、陈川南：《英国一流开放大学的办学经验及其启示》，载《河北师范大学学报》（教育科学版）2019 年第 5 期。

②④ 李青、张鑫：《十大创新教学法助力当今学习者发展——英国开放大学 2017 版〈创新教学报告〉解读》，载《远程教育杂志》2018 年第 3 期。

③ Rebecca Ferguson, Sarit Barzilai, Dani Ben-Zvi, Clark A Chinn, Christothea Herodotou, et al. Innovating Pedagogy 2017：Exploring New Forms of Teaching, Learning and Assessment, to Guide Educators and Policy Makers, 2019 – 01 – 02, P. 3.

践教学关系密切的创新方法，以期探寻其对网络远程实习将有主要帮助的实践经验，为网络远程实习提供有益的参鉴路径。

2017 年的第 6 份报告中新提出了沉浸式学习法和大数据探究法，这两种创新都与网络远程教育之实践关系密切，特别值得在网络远程实习中参考与借鉴。"沉浸式学习法"提供了逼真的环境，有利于学习者自身参与到学习中去。"大数据探究"则着重于培养学生使用数据思考和工作能力。这两种方法都强调"做中学"，都特别关注学习参与和体验。①

沉浸式学习法（immersive learning）是指基于实践经验和探索的学习。它可以让人们体验一种虚拟性情景，就像他们在那里一样，利用他们的知识和资源来解决一个问题或练习一种技能。该学习来自视觉、声音、动作、空间意识甚至触觉的多种融合。传统上，沉浸式学习要求学习者表演场景或参与调查，用演员和道具模拟现实。通过使用虚拟现实、3D 屏幕或手持设备等技术，学习者可以体验身临其境的效果。②

沉浸式学习法能够提供身临其境的体验，把我们带到了另一个地方，让我们感觉自己处于行动的高潮，对接下来发生的事情有一定的控制力。使用这种方法，沉浸式学习允许人们体验一个情景，就像他们在那里一样，使用他们的知识和资源来解决一个问题或练习一种技能。通过引入视觉、声音、动作、空间意识和触觉来强化学习，参与沉浸式学习很可能是令人兴奋和难忘的。③

沉浸式学习法的手段已经突破了传统的限制，在当今已经非常流行。在智能手机上玩视频游戏，或在虚拟现实头盔上看体育比赛都被设计成身临其境的互动体验。学生们可以使用智能手机、3D 电脑屏幕、大型显示器、内置屏幕的耳机或头盔，以及装有传感器的手套等技术，这使他们能够在教室、博物馆、工作环境中、家里或户外等进行体验性的沉浸式学习。在虚拟现实（VR）中，学习者可以成为虚拟角色与其他虚拟角色进行互动与交流，可以穿越时空，探索现实生活中无法建立的可能性。他们可以在日常生活中从事困难、危险或不可能的活动。④

2017 年《创新教学报告》得出的研究结论是：沉浸式学习是基于被带到另一个地方或环境的体验，可以通过多种方式实现。它非常适合学习与特定环境或情况有

---

① 李青、张鑫：《十大创新教学法助力当今学习者发展——英国开放大学 2017 版〈创新教学报告〉解读》，载《远程教育杂志》2018 年第 3 期。

② Rebecca Ferguson, Sarit Barzilai, Dani Ben-Zvi, Clark A Chinn, Christothea Herodotou, et al. Innovating Pedagogy 2017: Exploring New Forms of Teaching, Learning and Assessment, to Guide Educators and Policy Makers, 2019 – 01 – 02, P. 4.

③④ Rebecca Ferguson, Sarit Barzilai, Dani Ben-Zvi, Clark A Chinn, Christothea Herodotou, et al. Innovating Pedagogy 2017: Exploring New Forms of Teaching, Learning and Assessment, to Guide Educators and Policy Makers, 2019 – 01 – 02, P. 26.

关的内容，包括尝试和实践特定的技能和策略。沉浸式学习体验是有趣的、引人入胜的和令人信服的体验。沉浸式学习能够使更多的学生接受教育或培训，还可以支持那些学习落后或需要更多实践的人。沉浸式学习可以将现代先进技术与传统教学方法有机结合起来，如角色扮演和实地工作。①

沉浸式学习法的一个重要优势是"有机会在一个安全的环境中反复练习真实世界的技能。"② 从上述报告结论可以看出，沉浸式学习法最适合将理论与实践结合起来学习，此方法特别契合网络远程实习活动。笔者认为，沉浸式学习法另外一个重要优势就是为网络远程实习提供了最为有效的实习环境，可以让实习者与学习者一样借助现代通信技术手段，亲身参与和体验模拟性实习环境，以最为安全和最低廉的成本进行实践活动，以达到不断提高自己的专业水平和职业技能的目标。

大数据探究法（big-data inquiry）是指充分利用大数据，用数据思维和实践。③

新形式的数据、数据可视化和人类与数据的交互作用正在发生根本而迅速的变化。因此，"数据素养"的含义也在发生变化。在大数据时代，人们不应该只是被动地接受基于数据的报告，他们需要成为活跃的数据探索者，能够计划、获取、管理、分析和推断数据。其目标是利用数据描述世界，并借助数据分析工具和可视化工具解答令人困惑的问题。④ 大数据探究法的教育目标之一是帮助和培育学生学会用数据思考和用数据实践，以更好适应数据驱动的现代社会。⑤

2017 年《创新教学报告》认为大数据探究法可以让学生熟练地运用大数据进行工作和思考，可能会使得学习课堂产生深刻变化，让学生更投入，更有创造力，并取得更成功的结果。大数据教育通过为学生提供机会来开发数据创建、表示、测量、建模和推理的创新方法，虽然现在有一些工具可以方便地获取和可视化数据，但学生们需要在解释数据和理解可视化方面得到支持，他们还需要学习如何使用数据来

---

① Rebecca Ferguson, Sarit Barzilai, Dani Ben-Zvi, Clark A Chinn, Christothea Herodotou, et al. Innovating Pedagogy 2017: Exploring New Forms of Teaching, Learning and Assessment, to Guide Educators and Policy Makers, 2019 – 01 – 02, P. 28.

② Rebecca Ferguson, Sarit Barzilai, Dani Ben-Zvi, Clark A Chinn, Christothea Herodotou, et al. Innovating Pedagogy 2017: Exploring New Forms of Teaching, Learning and Assessment, to Guide Educators and Policy Makers, 2019 – 01 – 02, P. 27.

③ Rebecca Ferguson, Sarit Barzilai, Dani Ben-Zvi, Clark A Chinn, Christothea Herodotou, et al. Innovating Pedagogy 2017: Exploring New Forms of Teaching, Learning and Assessment, to Guide Educators and Policy Makers, 2019 – 01 – 02, P. 5.

④ Rebecca Ferguson, Sarit Barzilai, Dani Ben-Zvi, Clark A Chinn, Christothea Herodotou, et al. Innovating Pedagogy 2017: Exploring New Forms of Teaching, Learning and Assessment, to Guide Educators and Policy Makers, 2019 – 01 – 02, P. 32.

⑤ 李青、张鑫：《十大创新教学法助力当今学习者发展——英国开放大学 2017 版〈创新教学报告〉解读》，载《远程教育杂志》2018 年第 3 期。

调查问题，以及如何根据多个数据库和重复测量来证明自己的主张。[①]

2. 远程实验室研究学习法

2015 年《创新教学报告》中的第 6 种创新方法是"远程实验室研究学习法"（learning by doing science with remote labs）。实验室实验可以为学生提供直接与物质世界或来自物质世界的数据进行实验的机会，使用工具、数据收集设备、模型和科学理论。"实践实验室工作是科学的本质，是科学学习的核心。"这是美国国家科学院的一份报告得出的结论，英国科学技术协会的一份声明也印证了这一结论。但是，学校实验室的价值也受到了批评，因为在学校实验室进行的实验太注重实用性，而忽视了深度学习。[②]

学习创新的一个重要内容是为中小学和大学的学生提供远程访问真实科学实验的机会。在远程实验室里，学生通过互联网控制真实的材料和设备，这个过程可以由电脑完美地执行。因此，学生可以专注于智力技能和概念理解，教师可以花更少的时间进行材料和设备的管理，将更多的时间用来支持学生学习。学生也可以更容易地比较数据集，收集更大的数据集，并进行复制和扩展。比如，巴西的圣卡塔琳娜联邦大学的远程实验室，远程实验室可以解决实验室不够的问题，因此学生都有机会进行电路、力学、物理和计算机方面的远程实验。[③]

远程实验室可用于许多方面，包括天文学、生物学、化学、计算机网络、地球科学、工程学、水力学、微电子学、物理学和机器人技术。远程实验室的好处和不断增长的可用性，意味着现在是关注教学创新的理想时间，这对于发挥本地和远程实验室的全部潜力是非常必要的。[④]

远程实验室还有一大好处，有了远程实验室，学生们就可以在课外进行实验，从而改变在家和在校的时间分配。[⑤]

远程实验室还有一大特别优势。远程实验室为教师学习提供了新的可能性，远程实验为在大学学习的实习教师提供了机会，他们可以在大学校园的远程实验室进行实习，然后在学校的同一个实验室进行实践教学。远程实验室还为教师提供学生收集的样本数据集，这些数据集可用于帮助他们规划课程。此外，由于不同地点的

---

① Rebecca Ferguson, Sarit Barzilai, Dani Ben-Zvi, Clark A Chinn, Christothea Herodotou, et al. Innovating Pedagogy 2017: Exploring New Forms of Teaching, Learning and Assessment, to Guide Educators and Policy Makers, 2019 – 01 – 02, P. 35.

②③④ Mike Sharples, Anne Adams, Nonye Alozie, Rebecca Ferguson, Elizabeth Fitz Gerald, Mark Gaved, et al. Innovating Pedagogy 2015: Exploring New Forms of Teaching, Learning and Assessment, to Guide Educators and Policy Makers, 2015, P. 26.

⑤ Mike Sharples, Anne Adams, Nonye Alozie, Rebecca Ferguson, Elizabeth Fitz Gerald, Mark Gaved, et al. Innovating Pedagogy 2015: Exploring New Forms of Teaching, Learning and Assessment, to Guide Educators and Policy Makers, 2015, P. 28.

教师可以使用同一个远程实验室，他们可以更容易地讨论其讲授实验课的教学方法。[①]

英国 2015 年《创新教学报告》中总结此创新方法的基本结论是，在正常的工作时间里，做真正的、实践性强的科学实验，不再局限于学校实验室。通过互联网进行远程实验已经完全可行。在成本、安全、难度和时间等方面，学生可能会接触到原本无法接触到的实验设备和材料，这也使学生和教师能够专注于学习目标和科学的教学方法，而不仅仅局限于对仪器的实际操作。[②]

可见，远程实验室学习法不仅对网络远程学习的学生非常有用，对教师实习也有非常大的益处，其实验资源的远程共享、灵活的时间和实验方式，对网络远程实习都具有重要的参考价值，特别是工科院校或专业的实习学生，借助远程实验室及远程实验室学习法，都将具有非常大的可行性和可操作性，因此，笔者认为，不仅要在网络远程教育（含开放大学）中大力推行，还应当在网络远程实习中进行试点，随后再在网络远程实习普遍推广。

3. 翻转课堂教学法

英国 2014 年《创新教学报告》之翻转课堂教学法（flipped classroom），这一学习方法则为"翻转学习"（flipped learning），也是网络远程教育中的重要方法，其在英国和美国都比较流行，笔者认为，这种课堂或方法对网络远程实习都有非常高的参考鉴别价值，值得网络远程实习中推行。

翻转学习是为了充分发挥网络在线教学和面对面教学的各自优势，直接将学校或大学的教室里搬出来，放到网上，学生通过教学视频和演示在家里进行学习。[③]

研究者认为翻转课堂和翻转课堂学习是两个不同的概念，二者不能互换。翻转课堂不一定会导致翻转学习。比较权威的定义是："翻转学习（flipped learning）是一种教学方法，在这种方法中，指导教学从群体学习空间转移到个体学习空间，由此产生的群体空间被转换成一个动态的、交互式的学习环境，在这个环境中，教育者指导学生应用概念并创造性地参与活动。"[④]

在翻转课堂中，教师的指导发生了变化，但是，教师指导仍然是必需的，并不多余。乔恩·伯格曼（Jon Bergmann）强调教师的价值在于促进学习，而不是仅仅

①② Mike Sharples, Anne Adams, Nonye Alozie, Rebecca Ferguson, Elizabeth Fitz Gerald, Mark Gaved, et al. Innovating Pedagogy 2015: Exploring New Forms of Teaching, Learning and Assessment, to Guide Educators and Policy Makers, 2015, P. 28.

③ Mike Sharples, Anne Adams, Rebecca Ferguson, Mark Gaved, Patrick McAndrew, Bart Rienties, Martin Weller, Denise Whitelock. Innovating Pedagogy 2014: Exploring New Forms of Teaching, Learning and Assessment, to Guide Educators and Policy Makers, 2014, P. 15.

④ Flipped Learning Network (FLN). (2014) The Four Pillars of F – L – I – P™. What Is Flipped Learning? https://flippedlearning.org/wp – content/uploads/2016/07/FLIP_handout_FNL_Web.pdf. 2014 – 03 – 12.

提供内容，他驳斥了在翻转课堂中教师变得多余的观点。[①]

翻转教学在老师的指导下，教室变成了分享、讨论和探索这些内容的地方。[②] 翻转教学比传统的面对面课堂教学更具有吸引力，翻转教学课堂制学习环境互动性更强，也更加活跃。

翻转教学模式已经开始扩展到课堂之外，这样工作场所的会议和学习也可以进行翻转过来。在翻转会议中，与会者通常在网络上浏览选定的视频、文章和案例，然后在研讨会中讨论会前资源并分享个人经验。[③] 翻转教学的这种课外网络远程教学与网络会议的讨论，突破了传统面对面课堂教学和翻转式的课堂教学模式，属于完全的网络远程教育模式，因此，与网络远程实习具有了高度的契合性，网络远程实习借鉴这种教学模式将是一种可行的路径。

4. "自带设备学习法"

英国 2014 年《创新教学报告》的"自带设备学习法"（bring your own devices, BYOD），也非常注重学生的课堂外学习。学习者使用他们的个人工具来加强课堂学习，许多学生拥有智能手机、笔记本电脑和平板电脑。他们希望把这些带进课堂，既支持他们的学习，也用于个人其他用途。这给教育工作者带来了挑战，同时也为新的教学形式带来了机遇。学生们不仅拥有自己维护和改进的技术，而且还拥有自己的学习环境和社交网络。教师不再是知识和资源的提供者，而变成了网络学习者的指导者，这为课堂内与课堂外的学习联系提供了机会。[④]

"自带设备学习法"让学生利用自己的设备和技术进行独立的学习和实践，正如其研究报告所指出的"学生可以使用自己的设备来实现老师设定的目标，成为更独立的学习者"[⑤]。这表明了自带设备学习法一个重要的好处就是能够使学生更加独立地进行学习和实践，对培养学生的独立学习能力非常有利。

"自带设备学习法"与前文"翻转学习法"一样，教师的角色都转变为指导和管理，学习和实践地点和环境也更加灵活多样。教师可以把课堂上的活动安排在家

①② Mike Sharples, Anne Adams, Rebecca Ferguson, Mark Gaved, Patrick McAndrew, Bart Rienties, Martin Weller, Denise Whitelock. Innovating Pedagogy 2014：Exploring New Forms of Teaching, Learning and Assessment, to Guide Educators and Policy Makers, 2014, P. 16.

③ Mike Sharples, Anne Adams, Rebecca Ferguson, Mark Gaved, Patrick McAndrew, Bart Rienties, Martin Weller, Denise Whitelock. Innovating Pedagogy 2014：Exploring New Forms of Teaching, Learning and Assessment, to Guide Educators and Policy Makers, 2014, P. 15.

④ Mike Sharples, Anne Adams, Rebecca Ferguson, Mark Gaved, Patrick McAndrew, Bart Rienties, Martin Weller, Denise Whitelock. Innovating Pedagogy 2014：Exploring New Forms of Teaching, Learning and Assessment, to Guide Educators and Policy Makers, 2014, P. 17.

⑤ Mike Sharples, Anne Adams, Rebecca Ferguson, Mark Gaved, Patrick McAndrew, Bart Rienties, Martin Weller, Denise Whitelock. Innovating Pedagogy 2014：Exploring New Forms of Teaching, Learning and Assessment, to Guide Educators and Policy Makers, 2014, P. 18.

里或其他地方继续进行，然后在大学里与学生分享。学生有能力在不同的环境中，利用旅行时间和他们的家庭环境来获取资源，与其他学生和老师交流，并承担工作。学生的个人设备还可以成为数据收集的地方，并利用这些设备作为科学工具包来收集数据和进行实验。学生的个人收藏和社交网络可以成为学习的资源。①

在澳大利亚，BYOD 的讨论通常关注的重点是如何管理和支持设备；而在新西兰，讨论更多的是如何通过消费和学生的期望来重塑教学方法。②

从英国、澳大利亚和新西兰等国的情况看，"自带设备学习法"最大的障碍是学生的设备成本和管理与服务成本。学生的设备成本比较易于解决，智能手机学习还不会增加额外负担，但是如果都要求有平板电脑或笔记本电脑，再加上其他软件，则会增加学生的成本。解决这些问题，可以要求没有这些设备的学生到学校的计算机房或智慧课堂上集中学习，如果将"自带设备学习法"运用到网络远程实习中，也可以这样做，将缺乏网络实习装备的学生集中在学校实习，而有装备的则可以在校外自由实习。但是，"自带设备学习法"的环境成本、管理与服务成本却是隐性和巨大的，必然加重学校和指导教师的负担，全面推广起来将非常困难。

"BYOD 在教育中似乎是一个主要的趋势。然而，现实情况是，很少有学校真正采用 BYOD 模式。"③

因此，BYOD 模式一方面应当是一种发展趋势；另一方面，如果普遍推行将面临诸多难题。正如澳大利亚和新西兰有关 BYOD 教育模式研究的那样，每个人都在寻找"一种方法"来克服提供数字教育的所带来的麻烦（改变政策、注意义务、维护等），同时尽可能少地消耗稀缺预算。事实上，没有一种方法可以适用于所有的教育机构，甚至没有一种方法可以适用于整个学校。④

笔者认为，鉴于 BYOD 教育模式还存在目前难以解决的诸多障碍，在高校普遍推行将不现实，尤其是在发展中国家，成本问题更加突出，但是，可以先在网络远程实习中试行，局部性的改革成败将不会全面影响高等教育的质量。

5. 构建以学生为中心的支持服务体系

网络远程教育需要强大的支持服务体系，既要有现代的网络通信技术作为支撑平台，还需要大量的网络资源库（云数据库）可供学习之多元化的选择；既需要教

① Mike Sharples, Anne Adams, Rebecca Ferguson, Mark Gaved, Patrick McAndrew, Bart Rienties, Martin Weller, Denise Whitelock. Innovating Pedagogy 2014: Exploring New Forms of Teaching, Learning and Assessment, to Guide Educators and Policy Makers, 2014, pp. 18 – 19.

② Joseph Sweeney. BYOD in Education: A Report for Australia and New Zealand-Nine Conversations for Successful BYOD Decision Making. Intelligent Business Research Services Ltd, 2012.11, P. 7.

③④ Joseph Sweeney. BYOD in Education: A Report for Australia and New Zealand-Nine Conversations for Successful BYOD Decision Making. Intelligent Business Research Services Ltd, 2012.11, P. 27.

师等专业人员的指导或辅导，更需要技术服务和行政管理人员的服务支持，因此，网络远程教育的支持体系是一个非常庞大而复杂的体系，只有多方的共同协作才能完成支持服务。而强大的支持服务体系必须以人为本，以学生为中心。

英国网络远程教育的重要特色是一切以学生为中心。以学生为中心不仅是办学的基本理念，还在制度创新、支持服务、教学指导、教学方法、资金投入、过程管理和评估考核等实践中处处贯彻落实以学生为中心。

英国网络远程教育以学生为中心，具体体现在为学生提供强大的多方位支持上。

英国开放大学优异教学中心主任斯蒂芬·J. 斯威森比教授和白滨、陈丽等对英国开放大学 15 位专业人员进行了深度访谈，用 Nvivo 8.0 作为数据分析工具，结果发现，86.7% 的受访者认为学生支持服务对保证远程教育质量非常关键，其中学术性支持服务、社会性支持服务和个性化支持服务特别重要。在学术性支持上，导学服务可以帮助学生适应远程学习环境和学习特点，学习过程中的指导与监控能够监控和把握学生的学习动态，及时提供指导和帮助；53.3% 的受访者认为个性化支持是远程教育的要求和特色；社会性支持主要是情感性支持，其目的是培养学生的自信心和消除远程学习之孤独感。[1]

2014 年英国开放大学在原来 13 个地区学习中心的基础上还成立了专业的学生支持团队（student support teams，SSTs）。每一个支持团队负责 1~2 个专业，共涵盖了 17 个专业。学生支持团队的人员构成包括学术人员、兼职教师、教学顾问、地区负责人和管理人员等组成，各类人员分工明确，学术人员和外聘教师主要提供与专业知识有关的支持，教育顾问主要提供远程技能支持，包括指导学生选择课程，管理学习，并为陷入困境的学生提供帮助；数据分析人员根据学习动态的数据分析提供学习建议；支持管理人员主要提供信息和行政管理事务支持。支持团队主要通过网络在线协作完成，这种专业支持团队将学生与相关职能部门有效连接起来，既优化了支持服务的路径，提高支持效率，又实现了教学资源的最大化。[2]

美国高等教育政策研究所（Institute for Higher Education Policy）在《在线教育质量：网络远程教育成功应用标准》（Quality On The Line：Benchmarks for Success in Internet-Based Distance Education）中提出了非常有名的网络远程教育质量保障的"7 +24"标准体系。

网络远程教育之高质量判定标准最终为以下 7 大类、24 小类。这些标准对于任

---

① 白滨、陈丽、斯蒂芬·J. 斯威森比：《英国开放大学质量保证关键要素研究》，载《开放教育研究》2014 年第 1 期。
② 李娟、卢昕、薛晶洁：《英国开放大学学习支持的整合性实践及启示》，载《中国远程教育》2017 年第 3 期。

何机构的网络远程教育项目的成功都是非常重要的。这些标准可能对政府决策者、机构决策者、教师和学生以及其他网络教育项目非常有用。①

高质量网络远程教育的七大基本标准是：机构支持标准、课程开发标准、教学/学习标准、课程结构标准、学生支持标准、教师支持标准和评估和考核标准。②

其中的"学生支持标准"（student support benchmarks）是网络远程教育的重要标准。它包括四大方面：一是学生应当知道的课程信息，包括入学要求、学费和杂费、书籍和用品、技术和监考要求，以及学生支持服务等；二是通过电子数据库、馆际互借、政府档案、新闻服务和其他渠道，为学生提供实践培训和信息，帮助他们获取资料；三是在课程学习期间，学生可以获得的技术支持，包括使用电子媒体的详细说明，课程开始前的练习，以及与技术支持人员的联系；四是针对学生有疑问的问题，进行准确和快速解答，并有一个固定的制度和系统处理学生的投诉。③

由上可见，在网络远程教育中，学生应当成为各种支持服务的中心，这直接关系到网络远程教育的质量和发展。此观点已经被网络远程教育比较发达的英国和美国的实践和理论界所共同认可，对我国网络远程教育具有相当大的借鉴价值。虽然，英国和美国还没有有关普遍高等教育之网络远程实习的专门研究报告，但他们的有关网络远程教育之非常繁荣的理论研究和实证调查报告，对网络远程实习同样具有相当大的参鉴价值和意义。

总之，英国网络远程教育在教学技术支持、课程资源建设、资源开放、教学环境等多方面都构建了以学生为中心的支持服务体系，在师资队伍建设与辅导咨询服务等方面也体现了比较高的服务水平，有效保障了网络远程教育的进行和良好效果。④

6. 网络远程教育之校企合作

英国网络远程教育的另一个重要特色是注重与企业的合作，以充分利用社会资源构筑网络平台和网络教学资源，既极大地满足了网络远程教育的硬件和软件需求，又节约了成本；既加强了校企合作关系，又体现了理论与实践的紧密结合。其成功的校企合作模式不仅对网络远程教育提供了成功范式，也值得网络远程实习借鉴。

英国一直都非常重视高校与企业之校企合作。《大学和企业合作的兰伯特评论》（2003）和《利奇报告》（2006）等政策文件，都强调了校企合作的重要价值。校企

---

① Phipps Ronald, Jamie Merisotis. Quality on the Line：Benchmarks for Success in Internet-Based Distance Education. The Institute for Higher Education Policy, 2000. 04, P. 29.
② Phipps Ronald, Jamie Merisotis. Quality on the Line：Benchmarks for Success in Internet-Based Distance Education. The Institute for Higher Education Policy, 2000. 04, pp. 29 – 30.
③ Phipps Ronald, Jamie Merisotis. Quality on the Line：Benchmarks for Success in Internet-Based Distance Education. The Institute for Higher Education Policy, 2000. 04, P. 30.
④ 张亚楠：《试论从国外远程教育看中国高校网络教育的发展》，载《教育教学论坛》2016 年第 1 期。

合作在英国高等教育中的作用和发展引起了学者们的注意，校企合作经验、障碍、合作路径策略等系统理论研究随之加强。其中《企业参与高等教育》报告之"七因素"校企合作策略比较有名。①

英国《企业参与高等教育》（Employer Engagement With Higher Education）报告分析了 27 个校企合作的典型案例，该报告认为雇主（企业）与高等教育合作的主要动力是两大方面：第一，为了改善毕业生或某些技能的供应（to increase supply of graduates or certain skills）。第二，提高生产力和改进工作方式（to improve productivity or ways of working）。附加推动因素有四：第一，拓展终身学习路径（to improve productivity or ways of working）；第二，帮助创造和应用新知识（to help create and apply new knowledge）；第三，发展企业和鼓励创新（to help develop enterprise and encourage innovation）；第四，激励员工并建立关系（to motivate staff and build relationships）。②

报告指出在校企合作中，许多雇主（企业）都希望建立长期合作的关系，而不仅仅是把他们作为一个培训提供者；同时，许多高等教育机构也希望与雇主建立类似的关系。高等教育与雇主的关系就是高等教育与雇主之间的一种合作关系。③

上述报告认为，对于校企合作的促进和阻碍因素主要包括七个方面：寻找适合高等教育的合作伙伴，寻找合作伙伴和建立合作关系，设计并开放适当的学习资源，发展、维持和领导伙伴关系，员工资源和能力，支持协作的文化和系统，融资和投资。该七大因素分为三个层次：确定合作主题、维护合作关系和支持参与。④

英国《企业参与高等教育》报告通过 27 个校企合作典型案例的实践经验还特别启示我们，雇主（企业）与高校合作发展合作伙伴关系，首先可以从一些小的方面开始，例如雇主为高等教育学生提供实习机会；或者，他们可以直接通过一个或大或小的新提议来进行具体的教学。⑤ 由英国的经验看，实习是校企合作的基本方式和进一步合作的基础，因此，无论是普通高校，还是职业院校；也不论是面对面课堂教学，还是网络远程教育或网络远程实习，校企合作的基础和第一步都不能离

---

① 何杨勇、韦进：《英国高校校企合作的策略模型分析》，载《教育评论》2011 年第 6 期。

② Richard Bolden, Helen Connor, Anthea Duquemin, Wendy Hirsh, Gerorgy Petrov. Employer Engagement With Higher Education：Defining, Sustaining and Supporting Higher Skills Provision, A Higher Skills Research Report for HERDA South West and HEFCE, 2009. 07, pp. 14 – 15.

③④ Richard Bolden, Helen Connor, Anthea Duquemin, Wendy Hirsh, Gerorgy Petrov. Employer Engagement With Higher Education：Defining, Sustaining and Supporting Higher Skills Provision, A Higher Skills Research Report for HERDA South West and HEFCE, 2009. 07, P. 3.

⑤ Richard Bolden, Helen Connor, Anthea Duquemin, Wendy Hirsh, Gerorgy Petrov. Employer Engagement With Higher Education：Defining, Sustaining and Supporting Higher Skills Provision, A Higher Skills Research Report for HERDA South West and HEFCE, 2009. 07, P. 29.

开实习或学徒的合作，实习或学徒之合作是其他深度合同的基础和前提。

英国在网络远程教育中，校企合作的典范是英国开放大学与 Moodle 的紧密合作。他们之间的合作也印证了上述报告中有关校企合作的关键因素，构建了网络远程教育校企合作的成功模式，其中合作伙伴就是"Moodle"，明确的合作主题就是网络远程教育。笔者认为，今后还可以向网络远程实习发展，网络远程实习完全可以借鉴网络远程教育的成功校企合作模式。

当今世界上最为有名的网络远程学习平台是 Moodle。Moodle 项目由 Moodle 总部领导和协调，Moodle 总部由全球 80 多家 Moodle 合作伙伴服务公司提供资金支持。[①]

Moodle 为全球数以万计的学习环境提供了支持，受到许多机构和组织的信任，包括壳牌、伦敦经济学院、纽约州立大学、微软和开放大学。Moodle 在全球拥有超过 9 000 万的用户，包括学术界和企业界的用户，这使它成为世界上使用最广泛的学习平台。Moodle 经过 10 多年的发展，建构了一套强大的以学习者为中心的工具和协作学习环境，为教学和学习提供了非常强大的支持。

Moodle 最大的特色是免费提供开放软件。任何人都可以针对商业和非商业项目对其进行调整、扩展或修改，而无须支付任何许可费用，并且可以从使用 Moodle 中获取利益。Moodle 是一体化的网络远程学习平台，它提供最灵活的工具包来支持混合学习和100%的在线课程，通过使用其完整的内置功能，包括论坛、wiki、聊天和博客等外部协作工具，轻松集成课程所需的一切。[②]

网络远程教育需要海量的资源供应，这就要求有强大的网络学习平台，而构建这样的平台需要大量的投入。世界著名的网络远程教育典范英国开放大学，于 2007 年成为了 Moodle 的最大用户，开始了与 Moodle 的合作，为英国的网络远程教育提供了强大的支持，为网络远程教育之校企合作提供了成功经验。

英国《企业参与高等教育》报告的基本结论是：通过对实践案例的研究分析，确定了三个关键因素，即员工、文化和制度以及资金（staffing，culture and systems，and funding），它们影响着校企合作之成败。[③] 在长期和短期内，谁将资助我们与雇主的合作？我们能否找到方法，通过开发新的或现有的产品或服务，而使我们的投资最大化？[④] 这两大资金问题都是直接关系和影响校企合作的经济成本原因，网络远程教育和网络远程实习活动中的校企合作都应当特别关注资金投入对它们的影响和制约，多方位地保障校企合作的资金来源。

---

① About Moodle，https：//docs. moodle. org/38/en/About_Moodle，2018 – 12 – 04.
② About Moodle，https：//docs. moodle. org/38/en/About_Moodle#Built_for_learning. 2C_globally，2018 – 12 – 04.
③④ Richard Bolden，Helen Connor，Anthea Duquemin，Wendy Hirsh，Gerorgy Petrov. Employer Engagement With Higher Education：Defining，Sustaining and Supporting Higher Skills Provision，A Higher Skills Research Report for HERDA South West and HEFCE，2009. 07，P. 43.

英国开放大学与 Moodle 的合作为其开放性的网络远程教育提供了有力支持，也大大降低了其教育成本，极大地方便了世界各地的学生，但是，合作中也还有许多需要改进的地方。

英国开放大学曾经投入巨额资金来合并许多子系统以保障英国开放大学的有效运行，然而，运行这些多重 Moodle 设施时，大规模开放在线课程的各种行政管理工作，没有巨大资源的支持实在是不可能完成的。于是，大多数大学只能最终选择与营利性的服务供应商签署托管服务合同，而大学却只能享有控制数据的发布权。①

可见，从英国开放大学的实践经验来看，网络远程教育的关键核心是平台建设，而为了保障平台的开放性、先进性和免费性，巨大的资源支持是基本前提，如何在网络远程教育实现有效的校企合作之双赢局面，还需要与时俱进式的不断探索。

第四节　网络远程实习的方案设计

一、转变观念，将网络远程实习纳入正式实习制度的范畴

网络远程实习是伴随现代通信技术的迅猛发展而出现的实习新类型，虽然，它还不够成熟，也还存在许多问题，但是，它的优势也是比较明显的，特别是在智能化手机已经完全普及，人工智能发展前景无限光明的时代背景下，我们应当对网络远程实习这一新生事物持包容观念，只有首先从观念上包容和认可了网络远程实习，才能够积极探寻治理网络远程实习的制度范式，使实习活动得到新的发展。

我们应当首先对线上实习这一新生事物持包容态度，只有从观念上包容和认可了线上实习，才能够积极探寻治理的制度范式。

（一）学校转变观念

（1）逐步接受线上实习。目前我国线上实习虽然得到了许多大学生的认可，但

---

① ［英］约翰·丹尼尔著，丁兴富译：《大规模开放在线课程的发展前景——对由相关神话、悖论和可能性所引发困惑的深层思考》，载《开放教育研究》2013 年第 3 期。

是，学校仍然坚持以传统的现场实习作为集中实习的基本方式，学校实习的评估与考核也还没有将线上实习纳入学校的制度范畴和学生的培养方案。学校转变对线上实习的态度，并不是要求学校一下子就完全接受线上实习并进行全方位的实习方案修改，可以分步逐渐实施。从观念上至少应当将线上实习视为分散实习的一种方式，在传统集中实习的基础上，将少量的学分分配给线上实习，将线上实习视为传统实习的重要补充形式，而不是一概否定、完全拒之门外。

（2）开展线上实习试点。将线上实习纳入学校的教学及实习改革，可以在少数学院或专业进行线上实习试点工作。为了管理和监控的方便，试点可以借鉴集中实习的方式，将有意愿进行线上实习的学生统一集中在指定的计算机中心或计算机室或"智慧课堂"，在专门指导教师的监管下，进行线上实习试点工作，待积累一定的经验后再大面积推广实施。

（3）重新认识与利用手机电脑。学校要转变对学生使用手机和电脑的看法，防止大学生沉迷于手机或网络游戏，堵不如疏，不如引导他们将游戏时间用来进行线上实习，同样也是可以让学生在实习之虚拟世界中"遨游"，甚至在设计制作实习软件或 App 资源时，可以邀请学生中的网络高手参与进来，以便让虚拟性场景更加符合大学生的偏好和兴趣，增大网络虚拟实习的吸引力，让"手机族"向"实习族"转换，如此一来，既可以有效防止大学生沉迷于手机或网络游戏，又可以增加实习的积分和学分。

（二）学生转变观念

（1）树立诚信的实习观。线上实习更需要诚实信用和契约严守精神，更需要大学生自身的严格自律，要教育和引导大学生转变观念，网络虚拟实习不能"作弊"和投机取巧，应当通过实习提升自己的理论水平和专业技能，因为线上实习仍然属于实习，实习的目标与传统实习并无本质区别，仍然是教学的重要实践环节。

（2）坚决反对付费实习。线上实习还需要大学生转变"花钱实习"的观念，抵制与反对付费实习及付费内推实习。在线上实习招聘中，大学生一定要擦亮眼睛，不要轻信网络中介的花言巧语，不要相信所谓的付费内推实习或花钱保实习或包实习，更不能为了实习或就业而参与"校园贷"。付费内推实习不仅严重扭曲了大学生的价值观和人生观，还严重破坏了正常的线上实习秩序，因此，付费内推实习危害巨大，应当自觉抵制付费内推实习，自觉严守道德底线和法律规范。

（3）摆正实习与就业的关系。大学生要正确认识实习与就业的关系，实习是就业的前提，但是实习的目标不是为了直接就业，实习不是为了寻找就业单位。好的实习和就业都需要大学生努力学习和实践，没有捷径可走，只有在实习中坚持"德技并修"、崇实去浮，才能不断提高自己的专业水平、实践能力和职业技能，才是今后就业真正有效的"筹码"。线上实习与现场实习一样都是教学的重要实践环节，都可以为就业奠定基础，但是，实习不能以就业为功利化价值追求，否则难以实现实习的目标，也难以有力提升线上实习的认可度，更不能促进线上实习的高质量发展。

（三）实习单位转变观念

（1）加强社会责任。线上实习虽然主要是一种虚拟性的实习场景，但是，仍然需要实习单位的大力配合与协助，并不是不需要实习单位的直接参加，只不过参与的方式发生了新变化，实习单位仍然要转变观念，履行自己的应尽义务，进一步加强自己的社会责任。线上实习并不一定就减轻了实习单位的负担和压力，有可能还会加重，这些都需要实习单位转变观念，将线上实习与现场实习一样视为自己不可推卸的社会责任。

（2）加大资金投入。线上实习虽然不需要实习单位直接支付实习报酬，也不需要为实习学生购买实习保险，但是，仍然需要实习单位进行的大量资金投入，该投入主要是与学校和网络运营商联合开放网络远程的实习软件和 App 共享资源，特别是将实习单位现场实习的场景进行虚拟化情景仿真，需要大量的投入；并且还要在线上实习的全过程中，与学校一起实行有效的后台监管和前台指导。

（3）自觉抵制中介。实习单位在线上实习中还要特别弘扬契约精神和严守契约制度，端正自己与中介组织合作的动机和态度，不能为一些中介组织提供不当的实习招聘机会，更不能与之同流合污，搞所谓的付费内推实习或花钱保实习或包实习，实习单位应当提供真实的实习信息，拒绝一切虚假实习或实习招聘活动，同学校一道构筑线上实习的制度保障机制，以保障线上实习（含实习招聘）的公正和公平，实现现场实习与线上实习的共同治理和共同繁荣。

二、分层设计，针对不同的专业特点建构不同的实习模式

线上实习的最大优点之一就是可以弥补实习单位供给不足的问题，并可以减少对实习单位正常工作秩序的影响，但是，线上实习需要大量的模拟实习平台和网络资源数据库，以满足数量庞大和不同专业的巨大需求，虚拟实习数据库的建设是线上实习的第一要件，需要大量的人力物力共同参与其中，并实现实习资源的互联、互通与共享。线上实习数据库的建设需要进行分层设计，必须针对不同的学校和不同的专业分层设计不同的数据库及模拟性实习模式或模块。

（一）不同学校分层设计

线上实习数据库及模拟性实习模式或模块之分层设计，首先是区分职业院校和普通高校两大基本类别。

（1）职业院校。职业院校的数据库主要面向职业技术院校的实习学生，其中的分层设计应当特别注意将实习与现代学徒制度和劳动精神与工匠精神之培育有机融合，因为在职业院校更加注重学生实际技能的培养，学徒与实习就具有了一致的价值目标和价值追求，都属于重要的实践活动，二者完全可以合归为一，劳动精神和工匠精神应当成为职业院校和职业技术教育中的基本理念，无论是现场实习，还是线上实习，都不能离开这样的价值目标与追求。

（2）普通高校。普通高校的线上实习数据库更加复杂，分层设计既需要普遍化，也需要精准化；既要有学术型为主的实习模块，还要有运用型为主的设计；既要有针对工科院校和工科专业的，也要有文科院校和文科专业的；还要有特别针对医学院校和医学专业（包括护理等）的实习设计；法学、师范类和农学专业的实习也各不相同，这些都需要线上实习之数据库的建设，必须能够满足"大而全"的要求。另外，普遍高校的线上实习还要对学生分层，如本科生、研究生和外国留学生的实习诉求就有很大的差异，我国硕士研究生还分为学术型和运用型两大类别。因此，普遍高校的实习数据库建设将是一项非常浩大而艰巨的工程，它需要在教育部的统领下，全面整合各个高校的优质资源；还需要各实习单位的积极参与，集成线上实习大模块和分模块，其规模和难度可想而知。这样超大的线上实习模块，更需要分层次、分阶段、分步骤逐步实施，在对线上实习还普遍存在观念上的偏差时，启动这样超大数据库的建设工作将更加困难。

（二）不同专业分层设计

线上实习的分层，除了不同学校的分层外，还要特别注意不同专业的分层，不能搞"一刀切"。

大学法学专业可以率先推行线上实习。法学线上实习与一般的虚拟化实习有明显的区别，法学的线上实习场景一般不需要虚拟，只要将实践中的真实案例审判现场的视频包括现场直播和录像，构建成案例数据库就可以让实习学生从网络上进行实习。此类实习的指导也非常特别，它需要法院的法官在线上（直播除外）和线下对已经审判的真实案例进行说明和指导，还需要指导教师线上的分析与指导，因此，法学线上实习的指导模式一般是"法官—检察官—律师—教师—学生"五者的互动。另外，不同的争议类型，需要不同专业背景的教师参与指导。还有一种情形使得分类指导更加复杂，如果争议案件进入了二审程序，那么实习指导还要将两次审判结果进行对比分析，最好能够将一审主审法官和二审法官都同时纳入互动中来，这样才能真正提升实习学生的专业水平和实践能力。因此，笔者认为，法学专业的线上实习是最应当首先大力推广的专业类别，如果网络实习数据库搞得好，并能将法官、检察官、律师和教师通过网络组织在一起进行阐释、争辩和指导，其效果可能比现场实习还要好，甚至完全可以代替现场实习。另外，我国目前的法庭模拟实践教学比较成熟，模拟实习已经是比较完整的实践教学体系，内容丰富而全面。实习案例、模拟庭审程序、旁听学生点评和指导教师总结等实习程序环环相扣，能够大力提升学生的实践能力。

与法学专业的线上实习相反，医学专业的线上实习不宜大力推广。医学和药学实习事关治病救人的大事，其临床实习还是应当以现场实习为主流和常态。只要是有医学和药学专业的学校，一般都有非常稳定的实习医院，主要是大学的附属医院，其现场实习模式已经非常成熟。因此，医学和药学专业的实习还是应当坚持现场实习模式，不宜开展线上实习。另外一个重要原因是，我国目前在医学和药学专业的实践教学中，模拟实习或仿真实习也都开展得比较好，如果在模拟实习模式上，再推行线上实习就显得重叠，导致资源浪费。

（三）管控过程分层设计

线上实习的分层设计，还需要针对实习的全过程进行管控分层。既要有网络平台的台前指导，还需要台后的监管和控制；既要对实习的过程进行管控，又要对实习的结果和不同的考核体系进行适时评估和综合评估。这些复杂的网络化监管需要多个部门和多个主体的联动，包括网络运营商、数据库管理方、进行互动的学校和实习单位的指导教师及实习学生的终端，这既需要管理和干预的分层设计，更需要不同管理制度的构建，才能有效治理线上实习。

面对线上实习分层设计之巨大挑战，笔者认为，可以有计划地分步实施，分层设计为"校内平台—职业院校联合平台—普通高校联合平台—全国总平台"。第一步，由各个高校自行开发和构建线上实习的本地数据库试点，借助现有的校园网络如"智慧校园"，在具备条件的院系专业进行网络实习试点，待试行一段时间后，再在全校范围内展开；第二步，将全国范围内的职业院校进行实习数据库的联网工作；第三步，将全国范围内的普通高校进行实习数据库的联网工作，这样可以使得专业相同或相近的学生实行资源共享；第四步，组建和集成全国范围内的线上实习综合大数据库和共享平台。

三、分类指导，大力加强网络虚拟环境的后台和前台管控

建设网络远程实习数据库将是一个非常庞大的工程，在分层设计的基础上，还必须设计分类指导和监控的链接和区块链，以实现对网络实习环境的后台和前台管控，保障网络远程实习的有效性。

网络远程实习可以有效解决我国目前实习师资严重不足的问题，它不仅仅是大力方便了学生，还同时方便了实习指导工作，为更多的学校教师积极参与实习活动提供了可能，同时也极大方便了实习单位指导导师或师傅对实习活动的远程指导，更为实习之全方位的互动提供了平台。在网络远程实习活动中，应当充分发挥这些优势。

网络远程实习分类指导中，要区分和强化两大类和四小类人员的指导功能：一是学校的网络工程师和指导教师；二是实习单位的网络工程师和指导导师或师傅。只有这四类人员共同与实习学生的互动、指导和监控，才能有效保障实习的有序进行。网络远程实习有了这四类人员的分类指导，将能够克服网络远程实习之最大不足即实习指导较差的缺陷，对整个实习过程和结果的管控也将更加有效。网络工程师主要是负责与网络运营商的联系，并专门维护实习数据库，实习指导人员即教师和单位导师或师傅主要负责实习过程中的具体答疑解惑问题，指导手段可以充分发挥现代网络技术的优势，指导硬件可以是智能手机和电脑，指导软件主要包括 App、QQ、微信和微信公众号等。

网络远程实习的指导方式上，既要有明确的专业分类，还一定不可或缺相同或相似专业的"集团"化指导。要将实习指导人员即教师和单位导师或师傅进行"集团"整合和"打包"，充分发挥网络的集团优势，可以对某一学科专业进行跨校或地区的集体指导，实现多位不同学校和不同的实习单位的联合指导，对实习中的某些"疑难杂症"进行集体"会诊"。一方面，可以实现不同高校的师资资源共享，让广大实习学生都能够有机会平等地享受国家的优质资源，至少可以在实习这一环节上，率先打破不同级别不同地区之高校类型化的角度差异化，体现教育的平等性、公平性和平衡性；另一方面，不同实习单位的联合指导或"会诊"，还可以满足学生对大型知名企业和国有单位的实习愿望，让实习学生从网络上远程感受他们心目中的理想单位，最大限度地满足实习学生的诉求，提升实习学生的实践能力、专业水平和实践技能，从精神层面提升不同类别学校之学生的获得感和幸福感，从而有效克服实习中消极性和被动性。

在网络远程实习的指导上，还可以与域外的某些世界著名高校和知名企业联合，共同开发网络远程实习的资源，在实习领域内可以首先尝试实习资源的互联互通与共享共治，实现实习指导的国际联动机制，使得实习指导具有国际化的先进性水平。这样就可以让不同国家的学生，不用出国出境，就以最小的成本分享世界发达国家和地区的优质资源，进一步拓展实习学生的国际视野，体验国家交流与合作的经验和成果。具体实施路径可以先试行少数高校与国外著名高校或知名企业的网络远程实习合作，并将合作成果实现国内其他高校或专业的共享，待积累一定的经验后，逐步扩展合作范围。

职业技术院校的网络远程实习指导，可以与现代学徒制比较发达的国家如德国进行合作，联合开发现代学徒制度之实习数据库，并在实习指导中邀请德国著名高校教授和德国著名制造企业之工程师加盟实习指导，与国内指导教师共同进行网络远程实习指导和答疑解惑，将工匠精神之弘扬与培育融入国家合作之中，为构建我国的现代学徒制度提供参考范式。

我国职业技术院校的网络远程顶岗实习指导和普通高校的生产实习，都可以首先探寻与国外某些世界五百强企业的合作，共同开发网络远程实习资源库，将其顶岗实习的全程展示在中国学生的面前，让我国的实习学生与其进行网络互动，并让这些知名企业的指导导师也能够远程指导我的实习学生，待这两大类实习类型即顶岗实习和生产实习成熟后，再探寻其他实习类型之指导的国家合作。

以上网络远程实习的国际化路径，除了这些虚拟性的指导外，还应当根据网络远程实习的中外联合考核结果，推选优秀学生出国访学或留学进行现场实习，并将其纳入我国公派留学的范畴。这样，不仅可以有效融合网络远程实习与现场实习，兴利除弊，还可以构建起实习制度之激励机制，充分调动实习学生的积极性和主动性，培育和弘扬实习契约精神，实习榜样的力量远远高于空洞的说教。此方案的实施，还可以与国内和国外高校或企业进行协商，实行优秀实习生之互派制度，以体现平等互利和互惠的国际合作原则，实现网络远程实习和现场实习、国内实习与国外实习的国际联动机制，从实习领域为人类命运共同体之构建贡献智慧和方案。

普通高校的网络远程实习分类指导，还要注意几个比较特殊专业的指导，比如法学专业的网络远程实习比较特殊。法学网络远程实习与一般的虚拟化实习有明显的区别，法学的网络远程实习场景一般不需要虚拟，只要将实践中的真实案例审判现场的视频包括现场直播和录像，构建成案例数据库就可以让实习学生从网络上进行实习，此类实习的指导也比较特别，它需要法院的审判法官在线上（直播除外）和线下对自己已经审判的真实案例进行说明和指导，还需要指导教师线上的分析与指导。因此，法学网络远程实习的指导模式一般都是"法官—检察官—律师—教师一学生"五者的互动，参与主体的多样性是其他专业所完全不具备的，其网络互动是对真实的人对真实的案例的阐释和争辩，而非其他专业之虚拟性场景，互动的角色也都是真实的法官、检察官、律师和指导教师。另外，法学专业的网络远程实习之分类指导还表现在对不同争议类型案例的分类上，例如，有的案例是民事争议，有的是行政争议，有的属于劳动争议，有的属于社会保险争议，对于这些不同的争议类型指导就需要不同专业背景的教师参与，而不能仅选择某一专业的教师。还有一种情形使得指导更加复杂，如果争议案件进入了两审程序，那么实习指导还要将两次的审判结果进行对比分析，要向实习学生讲清楚一审和二审之不同结论的审判依据和法理基础，指导中最好能够将一审主审法官和二审主审法官都同时纳入互动中来，如果是公诉案件，还需要将检察官也加入进来，进行网络上的阐释和辩论，这样的网络互动才能真正提升实习学生的专业水平和法学实践能力。因此，笔者认为，法学专业的网络远程实习是最应当首先大力推广的专业，如果网络实习数据库搞得好，并能将法官、检察官、律师和教授通过网络组织在一起进行阐释、争辩和指导，其效果可能比现场实习还要好，甚至可以用网络远程实习代替现场实习。但是，其中最为关键的影响因素是法官、检察官和律师的"到场"，此三类主体的"到场"比较困难，因为他们各自都有自己的繁忙工作，学校几乎很难将他们请进来。可以将指导实习的义务和责任纳入法治的轨道。

法学专业可以大力推行网络远程实习，甚至可以以之取代现场实习，还有一个重要理由就是，我国目前的法学实践教学之法庭模拟教学比较成熟，而法庭模拟教学就是一种集中的模拟实习，法学专业的学校一般都会按照教育部的要求建立专门或多功能的模拟法庭，否则就不合格，这样，我国的模拟法庭实践教学非常普遍和成熟，法科学生通过模拟法庭的实践，已经基本上能够了解和掌握法律诉讼方面的程序性规定。

我国法庭模拟实习教学体系已经是一个完整的实践教学体系，内容丰富而全面。实习案例、模拟庭审程序、旁听学生点评和指导教师总结等实习程序之各个环节环环相扣，步步推进，最终能够达到锻炼和培养学生实践能力的目的。[①]

另外，我国许多法学专业的实践教学已经比较普遍地将校外法院或法庭的真实案例的审判，"搬进"了学校之模拟法庭进行真实的审判活动，模拟法庭就实现了"豪华转身"，让法学专业的大学生不用再到外面去现场体验如认识实习和毕业实习，这种"请进来"的实践教学或实习模式值得大力推行，并可以将之逐步规范化和制度化。因此，笔者认为，法学专业有了这两种实践教学和实习模式，已经将现

---

① 许维安：《"法庭模拟实习"教学体系的构建》，载《黑龙江教育》（高教研究与评估）2017 年第 9 期。

场实习和模拟实习融合在学校，加上法学网络远程实习之实施，可谓"三管齐下"，校外的集中现场实习完全可以淡化，或者将校外的现场实习改为以学生之分散实习为主要形态。

与法学专业的网络远程实习相反，医学和药学专业的网络远程实习不宜大力推广，医学和药学实习事关治病救人的大事，其临床实习还是应当以现场实习为主流和常态，并且医学和药学实习也是我国目前搞得最好的实习类型。只要是有医学和药学专业的学校，一般都有非常稳定的实习医院，主要是大学的附属医院，其现场实习模式已经非常成熟，因此，医学和药学专业的实习还是应当坚持传统的现场实习模式，不宜搞网络远程实习。另外一个重要原因是，我国目前在医学和药学专业的实践教学中，模拟实习或仿真实习也都开展得比较好，正如护理专业之模拟实习已经得到肯定那样，其实习方法新颖，形式活泼，能激发学习兴趣，还能够改变了以教师为中心的教学模式，既可以调动了学生的学习积极性和自觉性，启迪学生的创造性，还可以加强了基本技能训练，因此，模拟实习是可行而又有效的方法。[①]如果在模拟实习模式上，再推行网络远程实习就有些重叠，容易导致资源的浪费，因为网络远程实习本身就主要属于虚拟实习的一种，重复的虚拟性实习完全可以合并为一。因而，笔者认为医学和药学专业的网络远程实习不宜普遍推广，还是应当坚守传统的集中现场实习。

四、保障供给，不断丰富网络实习平台的资源供给与共享

网络远程实习需要全面而系统的网络实习资源，硬件主要包括网络平台和网络终端设备，软件主要是指实习资源数据库和终端使用软件。

硬件的供给和保障主要是开发网络实习平台，提供链接界面和技术支持。目前比较现实的做法是充分利用现有的技术，构建专门的实习 App、实习微信公众号等，这些问题都比较容易解决，随着现代 5G 和、3D 技术的普及以及人工智能和区块链等不断发展，网络远程实习所依托的技术载体将越来越强大，这都将为网络远程实习提供了大有作为的发展空间。网络远程实习的技术层面的供给和保障，虽然不会有技术障碍，但是，还需要学校进行大量的人力物力的支持，学校要拿出一定的专项资金投入网络远程实习的校园环境建设，并需要安排专门的技术工程师进行系统维护。在我国目前高校普遍不愿意或不能够对实习活动进行大量投入的现状困境下，

---

① 王小平：《基于护理人才培养的"模拟实习"实验研究》，载《成才之路》2015 年第 5 期。

首先，需要政府部门和学校自身转变观念，将网络远程实习视为实习的时代新发展和新要求，都应当积极地顺应时代的潮流，从内生动力上积极支持网络远程实习；其次，在思想观念转变后，还应当付诸实践，进行制度设计和资金投入，否则支持和包容网络远程实习则为妄谈；再次，各个高校因各自的条件不同，应当因地制宜地进行联合开发，逐渐组建本地的网络远程实习之本地链接；最后，长远目标是由教育部牵头，组建全国性的网络远程实习大系统，实现全国范围内优质资源的共享和共治。

软件的供给和保障主要是开发网络远程实习的数据库，为各个不同专业的实习学生提供比较全面而系统的网络实习环境资源，并逐步实现本地数据库和全国数据库的"联网"，这确实是一个非常庞大的国家工程，非一日之功和非一校之力可以实现，必须举全校之力（外部的全部高校和一校内部之全力），乃至全国之力，才有可能实现。

面对这样宏大的国家工程，我们不能一蹴而就，应当分步分层逐步实施。

（一）借助"国家智慧教育公共服务平台"

线上实习完全可以借助"国家智慧教育公共服务平台"之国家职业教育智慧教育平台和国家高等教育智慧教育平台，分别创建与共享职业教育与普通高等教育的线上实习平台。

2022 年 3 月"国家职业教育智慧教育平台"已经正式上线，覆盖了 19 个专业大类、396 个高职专业，汇聚了 660 余个专业教学资源库、1 000 余门在线精品课和2 000 余门视频公开课。该平台由四大板块组成：专业与课程服务中心、教材资源中心、虚拟仿真实训中心和教师服务中心，其中的第一个中心"专业与课程服务中心"已经上线，"虚拟仿真实训中心"将专门创建职业教育线上实习资源库。截至 7月 12 日，国家智慧教育平台之门户和 4 个平台的总浏览量已超过 30. 3 亿次，总访客量达 4. 3 亿人。[①] 国家智慧教育平台是全球课程规模最大、门类最全的国家高等教育智慧教育平台，下一步将致力于建立覆盖高等教育所有学科专业的一流核心课程体系、核心教材体系、核心实验实训体系，打造中国高等教育"金课堂"。[②] 国家智慧教育平台的发展计划"核心实验实训体系"，将可以成为线上实习大发展的新契机，从教育部的计划看，构建全国共享的实习平台，试行线上实习的目标还是可行的。

---

① 樊未晨：《国家智慧教育平台继续升级》，载《中国青年报》2022 年 7 月 15 日第 2 版。
② 张盖伦：《国家高等教育智慧教育平台上线首批推出 2 万门课程》，载《科技日报》2022 年 3 月 30 日第 2 版。

国家智慧教育平台二期已于 2022 年 7 月正式开通。此升级版在增设"试点省份"专区和"服务大厅"查询功能外，还新增了体育、美育、劳动教育、研究生教育和教师研修三大板块。[①] 但是，令人遗憾的是仍然缺乏线上实习板块，今后的升级版应当重点突出"虚拟仿真实训中心"，为线上实习提供强大的支撑平台。

（二）将线上实习纳入实践教学改革的范畴

（1）全面创建"实习慕课"和"实习金课"。线上实习应当融入大学教学特别是实践教学改革之中，特别是比较普遍的慕课和金课建设中，不能缺少实习类实践教学课程。可以将线上实习资源建设与平安校园、智慧校园、智慧课堂、慕课、金课等有机整合起来，特别是可以借慕课和金课，试行线上实习之"实习慕课"和"实习金课"资源建设，让不同的专业都有本校的"实习慕课"和"实习金课"数据库。

（2）"新工科"与"新文科"建设中凸显线上实习。我国从 2017 年开始，在教育部组织下，开始实施"新工科"项目，着力加强产学研和校企合作，以后又开始实施"新文科"项目，这些都为实习包括线上实习提供了新的发展契机，线上实习可以借此良机顺势而为，加强与企业（实习单位）的合作，让实习单位将线上实习之模拟实习融入校企合作，共同联合开发线上实习数据库。因为，毕竟现场实习含生产实习和线上实习都属于教学实践环节，"新工科"和"新文科"建设目标和模式必然都不可或缺实习这一重要环节，否则，知行合一、产学研结合、校企合作和技术成果转化将难以真正实现。因此，各类普通高校和职业院校都应当积极响应"新工科"和"新文科"计划，将线上实习有机融入其中，联合开发前沿性和实用性的实习资源，为培养合格人才特别是培养大国工匠而发挥实习之育人功能。

五、借力发力，将网络远程实习融入现代学徒制改革试点

我国为了有效推进职业技术教育，从 2014 年开始实施教育部"现代学徒制"改革试点工作，最近几年的试点范围逐渐扩大，并已经取得了一定的功效。"现代学徒制"早已是西方发达国家之职业技术教育的成功模式，其制度构建和治理体系都比较成熟和发达，我国虽然自古以来就有学徒和学徒制，但是，学徒制的发展却比较滞后，现代学徒制度还没有真正建立，国家大力推行现代学徒制必将为我国职

① 唐芊尔：《国家智慧教育平台二期上线》，载《光明日报》2022 年 7 月 15 日第 8 版。

业技术教育注入新的活力，而学徒活动的本质与实习活动并无多大区别，笔者的观察是，学徒活动是实习的一种，即学徒是一种特殊的实习活动，二者具有许多相同点，都是理论与实践的结合过程，都是知行合一的教学环节之一，都是为了提升学生的职业水平和职业技能，只不过，如果从实习之派遣看，学徒主要针对职业技术院校，而一般实习则是普通高校；学徒活动的时间一般比实习要长（医学实习除外）；另外，从网络远程实习与现场实习比较来看，学徒活动更加适合现场实习，网络虚拟实习只能作为一种补充形态，而不宜全面推行。因此，在网络远程实习方面，学徒活动虽然还不具备全面实施的条件，但是，对网络实习也不能完全排斥，应当持有包容的观念，并可以将网络远程实习视为传统学徒制度发展和改革的新方向，毕竟学徒制度的构建和发展是不能离开现代网络技术的，如果学徒制度罔顾现代科技，就会阻隔现代学徒制度的发展方向和路径，甚至或被时代淘汰。职业技术院校网络远程实习数据库的建设，具有重要的前瞻性时代意义，将网络远程实习融进职业技术教育"现代学徒制"改革试点，是"借力发力"，更是一举多得之有效路径和方案设计。

六、借点带面，将职业教育岗位实习纳入示范性试验类型

顶岗实习（现改为"岗位实习"）是我国职业院校最为成熟的实习类型，无论是顶岗实习的理论研究和制度构建，还是实践运行规则和范式，都走在其他实习类型的前列。因此，借鉴顶岗实习的成功经验并融入新的改革和发展理念，也是历史的必然要求。虽然顶岗实习还是应当坚持以传统的现场实习为主流形态，但是，辅助性地进行适当的网络远程实习试行改革，也是有必要的和可行的。在顶岗实习中，有一种比较普遍的观点认为，顶岗实习也可以借鉴现代网络技术进行管理和监控。比如，青岛酒店管理职业技术学院在此方面就进行了有益的尝试性改革，他们为了克服高职院校实习之量大、面广、地点分散、指导教师不足、管理方式传统等在教学、管理、质量监控等方面存在的薄弱环节和不足，学院把顶岗实习之网络课程以必修课和学分制的形式列入教学计划和教学模块，其设置的必修顶岗实习网络课程涉及职业指导、职业素养、职场心理健康、职业礼仪、沟通技巧、职业证书考试辅导等多个模块，学院建成了 200 余门普通网络课程供学习选择。[①] 青岛酒店管理职

---

① 张志东、刁洪斌：《高职学生校外顶岗实习网络化管理模式研究与实践》，载《中国职业技术教育》2010 年第 8 期。

业技术学院的顶岗实习网络化管理模式的本质就是网络远程实习的主要内容，只不过其偏重于网络化的远程管理和监控。换言之，顶岗实习的网络化远程管理和监控就是网络远程实习的一种具体化实现路径，二者具有高度的契合性。该校的校外顶岗实习网络管理平台使参与实习指导的教师学生有了更多的"接触"与互动机会，弥补了现场顶岗实习普遍存在的师生关系松散之缺陷，使顶岗实习中交流互动更加有效和及时。①

青岛酒店管理职业技术学院之网络顶岗实习管理的实践经验，表明和佐证了网络顶岗实习管理的优势：一是适应了管理的新形势，并创新了管理方式，实现了网络远程实习的互动性、实时性和有效性；二是提高了实习管理效率，节省了实习管理成本；三是促进了学校信息化建设，为学校教育教学远程化改革进行了有益探索。因此，随着现代网络技术的普及，校外顶岗实习网络化管理趋势已成为时代之必然，高职院校顶岗实习之网络化管理发展前景将更加美好。②

借点带面，并且首先在不会对整体实习效果产生影响的"侧面"进行网络远程实习的尝试性切入，顶岗实习无疑是最好的选择，因为这样的试点不会波及顶岗实习的整体效果，毕竟顶岗实习的主流和常态还是传统的现场实习，其网络远程实习只是一种无关大局的辅助性试验，待试验经验比较成熟后，再全面展开。

在顶岗实习中试验网络远程实习，要特别注意网络实习平台的建设。网络远程实习本质上是以网络平台为基本纽带，实现顶岗实习学生、指导教师、实习单位指导导师和网络管理员等多方主体的共同参与，组成顶岗实习共同体，更好地为顶岗实习提供远程服务。网络教学平台即实习平台决定着师生、生生和校企等互动方式，决定了顶岗实习远程服务的水平，网络教学平台服务水平的提升，主要有四点：一是要提升网络教学平台的易用性，简化教师在界面管理、菜单制定、资料上传、答疑解惑等操作程序；二是赋予学生更大的话语权，可以通过 Blog、Wiki、教学日志等 Web2.0 工具使学生不仅仅参与课程学习，并且使学生成为课程资源的建设者和学习发起者；三是顺应智能手机的普及，网络平台应当适应手机的学习要求；四是提升应用服务，网络教学平台除了提供技术咨询和培训服务外，还要提供思想理论、方法与策略等深层服务。③

在顶岗实习之网络远程实习中，依托网络教学平台并集成多种沟通方式加强实习的远程指导，还能完成顶岗实习资料的积累与展示，进而形成系统化的资源平台。通过不断完善和优化网络平台的硬件和软件环境，实行多网融合，以保障网络教学

①② 张志东、刁洪斌：《高职学生校外顶岗实习网络化管理模式研究与实践》，载《中国职业技术教育》2010年第8期。
③ 张振国：《顶岗实习远程指导问题探究》，载《河北师范大学学报》（教育科学版）2013年第2期。

平台访问的流畅性，提高使用效率，更科学地为顶岗网络远程实习服务。[①]

选择以顶岗实习之网络远程实习为试点的主要原因，除了顶岗实习的理论研究、实践范式和制度构建都比较成熟外，即顶岗实习是我国目前最为成熟和有法可依的实习类型，还有一个重要原因就是需求侧问题，按照市场经济的一般运行规律，市场经济下行为方式都应当符合与满足供给侧和需求侧动态平衡，网络远程实习也需要有需求侧的诉求，不能强制性推行网络远程实习试点工作。那么顶岗实习之网络远程实习的诉求状况又是如何呢？理论研究不能解决问题，这需要实证的调查报告予以说明。

随着这些年网络通信技术的飞跃式发展，如5G和3D技术、人工智能等，顶岗实习之网络远程实习的诉求会更加强烈，因此，在顶岗实习中率先试行网络远程实习具有强大需求侧之保障。

概言之，无论从顶岗实习之理论研究，还是实践范式；无论是制度构建，还是点与面关系之借点带面、主与辅关系之以辅促主；无论是供给侧，还是需求侧；无论是职业技术教育，还是普通高等教育，在顶岗实习中试行网络远程实习都具有可行性和可操作性，更易于创建我国网络远程实习之示范性方案。

---

① 张振国：《顶岗实习远程指导问题探究》，载《河北师范大学学报》（教育科学版）2013年第2期。

第十章　就业见习制度 *

就业是最大的民生工程，促进大学生等青年比较充分与高质量就业是当前的重要任务。促进就业当然不能离开就业见习制度，就业见习制度与大学生实习制度的目标具有高度契合性，宏观上都是为了"立德树人"，微观上都是为了促进大学生就业。因此，广义上，就业见习也是学生实习的一种，就业见习制度可以划归实习制度的范畴。

就业见习一般就是"高校毕业生就业见习"或者是"高校毕业生就业见习计划"的简称，也称为"职业见习"，域外的"实习生制度"实则是就业见习的范畴，其实习生本质上就是见习生，二者几乎完全等同。就业见习制度的目标虽然主要是针对高校毕业生，但是又不能仅仅指高校毕业生，还应当包括已经毕业但还没有就业的大学生和社会上其他未就业的社会青年，就业见习制度的概念用"青年就业见习"比较规范，即就业见习制度可以说是"青年就业见习制度"的简称。由于我国就业见习还没有纳入法律范畴，其概念界定亦未法定化。我国目前关于就业见习的制度完全都是政策规范，而且常常都冠名为"就业见习计划"或者是"就业见习岗位招募计划"，从"计划"之名称上可窥见就业见习之非正式法律制度属性，离法律规范还比较遥远。

有专家认为，就业见习不同于试用期和见习期，它是高校毕业生没有找到工作或者说未能实现首次就业而由国家提供的一项帮助措施。在就业见习关系中相对人不明确：以相关的政府部门作为相对人，则双方并不是劳动关系；以用人单位作为相对人，双方仍然没有建立劳动关系。因此，就业见习关系很难适用劳动法。① 就业见习的概念界定关系到就业见习制度之部门"归属"问题，由于就业见习关系的

---

* 笔者大胆而创新性地将"就业见习制度""现代学徒制度"都视为一种广义的实习制度。这些可能会"颠覆"传统的实习认知与理论而具有巨大争议，但是，笔者却仍然坚持自己的观点，此章力争在学界对就业见习制度研究极其匮乏的背景下，能够产生些许创新而足矣。

① 黎建飞：《高校毕业生就业中的法律问题》，载《河南省政法管理干部学院学报》2007 年第 2 期。

不确定与巨大争议，加之，法律规范的严重缺失，导致了就业见习关系认定的困难，它到底是劳动关系或劳务关系，还是教学管理关系？抑或是其他类型的劳动用工关系，或者是"不完全劳动关系"？就业见习概念的法定化与法律关系的认定与类归，是就业见习制度构建的逻辑基础，而我国目前都还一直缺乏这些基础，因此，就业见习制度构建还只能是一种学理上的尝试性理论研究。

见习与实习关系最为紧密，可以将见习视为广义的实习类型之一。笔者创新性将见习类型化为"教学见习"与"就业见习"两大类型。见习概念常常是指教学见习，本质上，教学见习几乎完全可以与认识实习等同；但是，就业见习却与教学见习区别较大，不可混同。

宏观上，就业见习偏重于"就业"二字，这表明其制度目标与导向就是为了就业而进行的尝试性实践活动，类似于职业训练或岗前培训；教学见习重于"学习"，完全属于学校教学的一个实践认知环节，其制度目标仍然是"教学"二字，属于学校认识实习的范畴，与就业没有直接关联性。微观上，就业见习与教学见习的主体、权益和规范等都存在较大差异。

我国目前大学生就业问题突出，党和国家非常重视大学生就业，不断出台各种促进就业的新举措。最为重要的措施之一是从上至下实施"就业见习岗位募集计划"，想方设法帮助大学生就业，使得就业见习及就业见习制度的价值和意义更加凸显，研究就业见习也相应具有十分重要的理论与现实意义。

第一节　就业见习之历史沿革

就业见习制度并不是新生事物，它已经有较长的历史发展过程。在域外，它是国家促进青年就业的一项重要就业促进制度，就业见习是政府、企业和高校之就业促进的重要义务和责任。从国际上看，许多国家和地区都将就业见习作为促进青年就业的重要措施，就业见习制度已成为国际社会促进就业的重要制度规范。

世界上许多国家和地区都将就业见习作为促进大学生就业的重要措施和重要经验。欧盟促进大学生就业的措施之一就是提供 1~6 个月的短期工作经历；英国"国家实习计划"对未就业的大学毕业生实行 3 个月的带薪实习；在加拿大，毕业生在就业前可以到企业或政府机关去实习，实习期间享有正式雇员工资 50%~70%

的报酬。①

有研究指出，就业见习制度源于英美国家在医师培养等领域实施的实地研修。比较典型的是德国的实务实习制度、日本的体验式就业、美国的"改善青年人项目"，我国香港的"职业展翅计划"也属于就业见习制度。②

德国的青年就业政策是成功的典范，其青年失业率一直很低，这与其完善的青年就业扶助制度有关。德国"实务实习"制度使得教育系统与劳动力市场之间实行了较为成功的整合，实习既包括进入公司后的正式训练，还包括在学校进行的以天或小时计算的间接训练。③

日本职业见习制度从美国引入，1997 以后在日本普及，它不同于以往的教学实习制度只局限于某个专业和学科，而是不分文理科专业，文部科学省、厚生劳动省和通产省将之定义为"学生在学期间根据所学专业以及将来的职业发展而进行的就业体验"。④

我国香港分别在 1999 年和 2002 年开展了"展翅计划"与"青年就业见习计划"。"展翅计划"包括单元培训课程及工作实习训练，"青年就业见习计划"将服务对象从 15～19 岁扩展至 24 岁，内容为导引课程、个案管理服务和在职培训三项，见习期满后可获得职业训练课程的证书及雇主签发的证书，为青年人就业奠定了基础。⑤

中国大陆就业见习制度的历史还非常短暂，就业见习制度的理论研究也还非常匮乏，就业见习制度在法学界的研究几乎还是空白，其理论研究的滞后，必然带来了立法的空白。2008 年实施的《就业促进法》，这样一部专门促进就业的法律，也没有对就业见习制度进行规定，排除了就业促进之制度规范，对就业促进特别是大学就业促进非常不利，是明显的重大法律遗漏。

目前，就业见习制度还属于我国针对大学生就业问题的临时性政策规范，还没有直接纳入法律的调整范畴。但是，关于就业见习的部门规章包括级别极高的中央文件也还不少，体现了党和国家对大学生就业及就业见习的高度重视，对全国大学生就业及就业见习具有非常重要的引领意义；在国家就业见习政策的引领下，各地也都出台了相应的就业见习地方政策规范，形成了自上而下的比较完备的就业见习政策规范，显示出中国特色社会主义制度之政策的强大号召力与执行力，为出台就业见习法律规范奠定了基础。

---

① 郑静：《高校毕业生就业见习制度的实施状况及对策研究》，载《思想理论教育》2011 年第 15 期。
②③⑤ 马晓慧：《青年职业见习制度的国际比较与借鉴》，载《江苏技术师范学院学报》2008 年第 1 期。
④ 乐燕子：《日本职业见习制度对中国的启示》，载《陕西师范大学学报》（哲学社会科学版）2007 年第 S2 期。

一、国家政策规范

对于我国什么时间开始实施高校毕业生就业见习制度，有人认为是自 2006 年开始实施[①]，但是，笔者认为应当起源于 2005 年的中共中央办公厅、国务院办公厅印发的《关于引导和鼓励高校毕业生面向基层就业的意见》的通知，2005 年应当是中国大陆就业见习制度的元年。

2005 年的《关于引导和鼓励高校毕业生面向基层就业的意见》明确提出"探索建立高校毕业生就业见习制度"，为构建就业见习制度发出了号令和原则规定，另外，还将构建就业见习制度与促进就业见习作为地方各级政府及其部门的重要职责："为帮助回到原籍、尚未就业的高校毕业生提升职业技能和促进供需见面，地方政府要创造条件，探索建立高校毕业生见习制度。地方政府有关部门可根据实际需要，联系部分企事业单位，为高校毕业生建立见习基地或提供见习岗位，安排见习指导老师，组织开展见习和就业培训，促进他们尽快就业。"该意见还明确规定了就业见习的期限即见习期"见习期一般不超过 1 年"，还规定"见习期间由见习单位和地方政府提供基本生活补助。当地有关服务机构要为这些毕业生提供免费的人事代理和就业指导等服务。"该意见虽然是政策规范，但是，其级别已经是非常高的中央政策规范，具有重要的引领价值和意义，为构建就业见习制度提供了重要遵循，特别是见习期规定，为有效防止一些单位假借见习之名，而实际剥削见习学生的劳动，发挥了重要的作用。

我国第一个关于就业见习制度的正式规范是 2006 年 2 月教育部、人事部、财政部、劳动保障部等六部门联合下达的《关于建立高校毕业生就业见习制度的通知》。它是我国专门为构建就业见习制度而制定的部门规章，可谓是构建就业见习制度的纲领性文件，为我国高校毕业生就业见习制度进行了初步的顶层制度设计。该部门规章首先确定了"见习单位和见习基地"的遴选标准："对于有一定规模、各方面条件较好且能持续提供较多见习岗位的见习单位，可以将其确定为高校毕业生就业见习基地，并予以挂牌。见习基地挂牌期限一般确定为 3 年。3 年期满，经考核合格的可继续挂牌。"第三条特别明确规定了见习期的最长期限为 1 年："见习期限一般为 6 个月，最长不超过 1 年。"第四条明确规定了见习生享有基本的社会补贴：

---

① 张朝霞、张安平：《高校毕业生就业见习制度现实困境与路径选择》，载《中央财经大学学报》2015 年第 S2 期。

"高校毕业生见习期间由见习单位和地方财政部门根据当地实际情况，对见习高校毕业生提供基本生活补助。"第五条规定了见习期间的各项服务保障事项：政府人事部门所属人才中介服务机构要为见习高校毕业生免费提供人事代理等服务；对参加见习高校毕业生的进行失业登记管理和就业服务；组织公益性的供需见面会、双向选择活动，帮助见习高校毕业生就业；进行就业指导和推荐就业等。

该《关于建立高校毕业生就业见习制度的通知》可谓是我国目前唯一的最高的就业见习之"大法"，其最大亮点是搭建了我国就业见习制度的基本框架，明确了就业见习制度的基本内容：见习单位、毕业生见习学生、见习期期限、见习管理和考核鉴定，还初步规定了就业见习各方主体的基本权利义务和责任，为构建就业见习制度奠定了基础和基调。

2009 年，我国教育部、工业和信息化部、国资委、工商总局、全国工商联和共青团中央又联合下发了《关于印发三年百万高校毕业生就业见习计划的通知》，计划自 2009~2011 年，用 3 年时间组织 100 万离校未就业高校毕业生参加就业见习，来缓解大学生就业难的现状。具体任务是：2009 年 30 万人，2010 年 35 万人，2011 年 35 万人。该通知明确规定了对见习单位的五大要求：见习单位应具有较强的社会责任感，管理规范，能够持续提供一定数量的见习岗位；见习单位的行业分布，应优先考虑当地重点发展的优势产业，同时尽可能吸纳不同行业的企事业单位参加；见习单位提供的见习岗位，应具备一定的技术含量和业务内容；见习单位应明确每年度所能提供的见习岗位数量、岗位职责、岗位要求和见习时间等有关内容；见习单位应能够为参加见习的高校毕业生提供部分基本生活补助，并办理人身意外伤害保险。这些规定基本明确了见习单位的"法定"义务和职责，具有较强的可操作性。

该通知还有一个重要亮点是首次提出了创建就业见习之合同制度——见习协议，这与《职业学校学生实习管理规定》之"无协议不实习"相呼应，对构建就业见习协议制度具有重要意义。"见习之前，要指导见习单位和参加见习的高校毕业生签订就业见习协议"，见习协议的主要内容包括：见习期限、岗位职责、见习待遇、见习计划安排，以及见习单位和见习人员的权利义务等。明确规定了在同一单位的见习时间一般为 3~12 个月；见习期间或期满后被见习单位正式录用的，单位应及时与高校毕业生签订劳动合同，并缴纳社会保险，该见习时间可作为正式工龄。

该通知还明确规定了就业见习关系主体的各自职责分工。一是人力资源社会保障部门，职责是见习的指导和协调，做好离校未就业高校毕业生登记、见习信息发布、见习单位的日常管理工作，还有见习过程的跟踪管理和服务；二是教育部门，职责是校园内就业见习政策宣传，指导高校将就业见习作为就业指导的重要内容；三是中小企业主管部门，职责是推荐经营管理规范、效益和信誉好的中小企业作为见习单位；四是国有资产监督管理部门，组织国有大中型企业作为见习单位；五是工商行政管理部门，动员引导一批管理规范、经营稳定、信誉良好的非公有制企业作为见习单位；六是共青团，做好"青年就业创业见习基地"创建工作，组织实施青年就业见习活动。

2022 年，人社部、教育部等 10 部门部署启动实施了新的"百万就业见习岗位募集计划"。该计划不仅面向高校应届毕业生，对离校两年内未就业高校毕业生和 16～24 岁失业青年也提供就业见习岗位。① 新"百万就业见习岗位募集计划"特别规定：对见习期满留用率达到 50% 以上的见习单位将适当提高见习补贴标准，以此激励见习单位留用见习人员，确保就业。"就业见习募集计划"得到了各级政府及其部门的积极响应，各级纷纷出台了本地的就业见习募集计划，并将就业见习岗位数量层次分解，将其作为各级政府促进就业的重要考核指标，落实力度空前，为全面开展就业见习工作提供了实际支撑。

2022 年 5 月，教育部启动了 2022 届高校毕业生就业"百日冲刺"活动，并发布了《关于开展全国高校书记校长访企拓岗促就业专项行动的通知》，成为大学生就业和就业见习的有力新举措。各地各高校持续举行招聘活动、万企进校、精准帮扶、访企拓岗、就业指导等专项行动，拉开了"访企拓岗"之"一把手"工程的大幕，为就业见习注入了新活力，并已经取得了非常不错的成效。

自 2005 年以来，我国大力推行高校毕业生就业见习制度，旨在缓解高校毕业生就业难，提升高校毕业生的就业竞争力。这项旨在促进大学生就业的就业促进制度，在我国开始建立起来并已经取得了不错的成效，2022 年的"访企拓岗"专项行动使得就业见习制度有了新的发展机遇。"访企拓岗"已经是各个高校最为普遍和重要的就业促进之"抓手"，高校一把手亲自上阵为大学生就业服务，必将为高校就业促进工作及其就业见习打开新局面，并可以为我国就业见习之制度构建提供实践参考经验。

莫荣表示，就业见习是国家在当前大学生就业形势严峻的情况下推出的一项帮扶措施，主要目的是通过见习给未找到工作的大学生补上"实践课"。② 就业见习不能只是针对少数就业困难特殊群体的临时性帮扶，而应当是整个社会层面就业促进之重要措施；不能只是临时性的就业帮扶措施，应当是常态化的就业促进工作。

---

① 孔德淇：《百万就业见习计划释放积极信号》，载《经济日报》2022 年 3 月 21 日第 5 版。
② 白天亮：《就业见习，能否缓解就业难？》，载《人民日报》2009 年 7 月 16 日第 17 版。

就业见习首先是各级政府及其部门就业促进的法定职责，也是精准扶贫工作的内容之一，更是贯彻落实习近平新时代中国特色社会主义思想的重要举措之一；其次，就业见习不仅是针对少数就业困难特殊群体的帮扶措施，还应当是高校就业促进的常态化工作，是高校的一项社会义务和责任；再次，就业见习也是各个企业社会责任的重要体现，企业是提供就业见习岗位最为重要的供给主体，就业见习岗位的质量和数量直接关系到就业见习的全局。

梳理就业见习的历史，我国目前存在的最大缺陷是就业见习的制度构建非常薄弱，各级政府及其部门、高校和用人单位都还没有足够重视这一制度，只是将之视为临时性工作之一，更无从论及就业见习制度的正式化与法定化，当今除了一些阶位偏低的部门规章外，法律还是空白，特别是没有将之纳入《就业促进法》的范畴，导致就业见习一直游离于法律之外。

二、地方政策规范

地方各级政府为了响应并落实国家促进大学生就业与就业见习的精神和要求，各地纷纷出台了大量的就业见习地方政策，几乎各县市（区）以上政府都有自己的就业见习政策。这一方面值得点赞，它充分反映了我国社会主义制度的优越性和国家政策的强大执行力；另一方面，也带来了"政出多门"与混乱之弊端，间接影响了国家政策的贯彻执行；同时，也从反面表明了出台全国统一的就业见习的正式制度规范即法律规范的必要性与紧迫性。

有研究特别指出，我国就业见习相关规范性文件立法层次低，地方各自为政，内容不明确、不严谨，权利义务和责任更不明晰。自2006年以来，几乎每年都有关于高校毕业生就业问题的文件出台，这些文件都涉及高校就业与就业见习制度。这些从地方到中央的规定，都是一些立法层次低的行政规定，在具体的实施中各地执行差距大；相关规定内容上不统一不明确不具体，制度实施难以保障。[1] 就业见习制度规范不是越多越好，关键是首先必须遵循法律制度的基本规律，必须构建统一的可预见性的法律规范，其次才是执行问题。我国目前最大的问题就是缺乏统一的就业见习之法律制度规范。

---

[1] 张朝霞、张安平：《高校毕业生就业见习制度现实困境与路径选择》，载《中央财经大学学报》2015年第S2期。

（一）广东省就业见习政策规范

2010 年 1 月 22 日广东省第十一届人民代表大会常务委员会第十六次会议通过了《广东省高等学校学生实习与毕业生就业见习条例》（以下简称《条例》）。有学者对该条例评价非常高："以地方性法规的形式规范就业见习，这是我国目前关于就业见习立法层次最高的规范性文件。"[①] 笔者赞同此观点，以"条例"立法体例构建就业见习正式制度规范，在全国尚属首例，其法定拘束力也是上升了一个阶位，属于地方立法的最高阶位，足以说明广东地方政府对高校实习与就业见习之高度重视，这为就业见习地方立法提供了非常有益的参考。

另外，笔者认为广东的上述《条例》还有一个最大创新，就是将大学生实习与就业见习二者紧密关联了起来，这在全国都是极其少见的创新，也从侧面佐证了笔者观点——教学实习与就业见习具有密切关联性。《条例》第二条明确界定了实习和就业见习的"法定"概念：实习是指高等学校按照专业培养目标和教学计划，组织学生到国家机关、企业事业单位、社会团体及其他社会组织进行与专业相关的实践性教学活动。

广东《条例》第三条还明确规定了教学实习与就业见习的基本原则："学生实习坚持学校组织、政府扶持、社会参与的原则。"就业见习的原则是"坚持个人自愿参与、政府扶持帮助、社会共同参与的原则。"就业见习之自愿原则非常重要，对规制当下有些高校为了完成见习指标任务而强迫或变相强迫学生参与就业见习，具有重要警示意义，同时，该原则也是教学实习与就业见习的主要区别之一，即教学实习遵循非自愿原则，而就业见习应当遵循自愿性原则。

广东《条例》第三十五条还规定了见习期："见习期限一般为三个月至六个月，最长不超过十二个月。"

广东《条例》还有一个亮点是明确规定了就业见习协议的基本内容即"法定"条款，其第三十四条规定的协议签订原则是"平等自愿、协商一致"；九大内容是：见习单位的名称、地址、法定代表人或者主要负责人，毕业生的姓名、住址、毕业院校；见习期限；见习计划安排；岗位职责；见习待遇；见习单位和见习人员的权利和义务；见习协议的解除条件；违约责任；争议的解决方式。此就业见习协议的原则和内容规定，也为其他地方立法提供了重要参考，还可为今后的中央立法即实习和见习立法提供了前期实践经验。

[①] 张朝霞、张安平：《高校毕业生就业见习制度现实困境与路径选择》，载《中央财经大学学报》2015 年第 S2 期。

广东《条例》还有一个亮点是明确规定了实习与见习各方主体的权利、义务和责任，特别是第 6 章专章规定了就业见习的"法律责任"，从第五十四条到六十三条，共计十个条文的法律责任，可谓详细之至。这不仅弥补了包括国家与其他省市有关就业见习制度一般都缺乏法律责任规定的巨大缺陷，还可以为国家出台《实习法》或《实习条例》以及《就业见习法》或《就业见习条例》提供前期的实践支持和立法经验借鉴。

（二）湖北等省份就业见习政策

在极其繁复的地方就业见习政策中，规范文本比较好的除了广东省外，还有湖北省等其他省市，尤其是湖北省。其理由有二：一是颁布了比较详细的制度规范，即湖北省人力资源和社会保障厅于 2013 年 8 月 9 日颁布了《湖北省高校毕业生就业见习管理办法》；二是颁布了与之配套的诸多系列文件，共同组成了系统性很强的格式合同（文件），包括七大系列：湖北省高校毕业生就业见习协议书；湖北省高校毕业生就业见习基地申报表，湖北省高校毕业生就业见习岗位年度计划表，湖北省高校毕业生就业见习基地牌匾制作标准，湖北省高校毕业生就业见习证明，湖北省高校毕业生就业见习人员情况汇总表，湖北省高校毕业生就业见习基地财政补贴申请表。这些都增强了就业见习制度的实际可操作性和规范性，值得借鉴。

湖北省就业见习政策规范的另一亮点是明确界定了就业见习的"法定"概念，具有较大的理论创新性。《湖北省高校毕业生就业见习管理办法》第二条规定：就业见习是指经人力资源和社会保障部门认定的高校毕业生就业见习基地，吸纳毕业两年内离校未就业的普通高校毕业生，在见习岗位上进行不超过 6 个月的见习，享受见习补贴，积累工作经验，提高就业能力的制度。该定义明确了就业见习制度的关系主体：人力资源和社会保障部门、就业见习基地和毕业两年内离校未就业的普通高校毕业生；还明确了就业见习的期限为不超过 6 个月；就业见习的制度目标或目的是享受见习补贴、积累工作经验和提高就业能力三大内容；还明确了就业见习为有薪见习。

《湖北省高校毕业生就业见习管理办法》第三条规定：就业见习工作的目标任务是帮助毕业两年内高校毕业生提升职业能力和综合素质，努力实现就业。该规定为就业见习工作的基本导向。其规定的"见习期间，见习基地与见习人员签订就业见习协议。"还具体发表了就业见习协议书之格式合同范本，这些都充分体现了中央政策"无协议不见习"的精神。

2011 年《北京市高校毕业生就业见习工作管理办法（试行）》第二条界定的就

业见习制度指：组织北京生源离校未就业高校毕业生，进入经认定的见习基地，享受政府补贴，在具体工作岗位上，进行 3~6 个月的全日制就业培训，积累工作经验，促进就业的制度。见习期间，北京市高校毕业生就业见习基地与进入见习基地的高校毕业生（见习人员）签订就业见习协议书，不建立劳动关系。该定义最大的不足是将就业见习的主体局限于北京生源地的未就业高校毕业生，与其他地方的许多规定一样，都以大学生生源地作为见习的基本条件，这样的规定都涉嫌"就业歧视"，并不可取。北京市最为可取的规定是：界定了就业见习协议的法律属性是"不建立劳动关系"；第六条还规定了"见习人员计划留用率不低于 30%"，硬性规定了就业见习与就业的转化问题，更有利于见习生就业。

2014 年《天津市就业见习管理办法》没有界定就业见习制度的定义，其第四条规定了就业见习的资格条件：就业见习人员为年龄不超过 28 周岁，无就业经历，且具有高职及以上学历的本市生源或本市院校外地生源高校毕业生以及毕业学年在校生（毕业学年指毕业前一年 9 月 1 日起至毕业当年 6 月末）。此规定的最大不足是将就业见习生进行了年龄限制（即 28 周岁）以下，涉嫌"年龄歧视"，应当纠正。该文件第十条规定了见习期"就业见习期限一般为 3~12 个月。"规定见习期的起始点为 3 个月，也不尽合理。第十四条规定了见习工资标准：生活费补贴按照本市最低工资标准的 70%，此见习工资明显偏低，可能会影响见习生的积极性。

2007 年上海市劳动保障局关于《进一步推进本市青年职业见习工作的若干意见》没有界定就业见习的概念，其规定的见习工资为"见习学员生活费补贴标准为当年城镇职工月最低工资标准的 60%"，比天津规定的 70% 还要低 10%。

上海于 2022 年启动青年见习新政，发布了《关于进一步加强本市青年就业创业见习工作的通知》，新政首次引入"学员推荐制"，旨在解决招录问题，提高公共就业服务机构在见习学员招录环节的参与度。还规定凡是直接提供就业见习岗位的就业见习基地及外派单位，与区人力资源社会保障部门推荐的见习学员签订 1 年及以上劳动合同并办理用工登记手续、依法缴纳社会保险费满 3 个月，可按实际留用人数给予见习基地 5 000 元/人的一次性带教费补贴。[①] 上海对见习基地的补贴为 5 000 元/人，这是比较高的补贴，对充分调动见习单位的积极性具有引领意义，但是，还应当通过见习生的见习工资，从供给侧与需求侧两大方面调动各方主体参与就业见习的积极性和主动性。

---

① 《上海：启动青年见习新政》，载《中国青年报》2022 年 1 月 27 日第 2 版。

第二节 就业见习之比较诠释

一、就业见习与教学见习

教学见习是学校教学的一个重要实践环节，它与实习共同成为学生理论与实践紧密结合的必备教学环节。大学生教学见习与实习一样都是大学教育"树德立人"不可或缺的重要教学环节，职业教育之实习与学徒更加凸显"德技并修"的育人理念。

有人依据"教学"是"教育"之下位概念，称教学见习或实习为"教育见习"或"教育实习"，笔者认为极为不妥。虽然"教育"的概念包含了"教学"，但是由于教育见习（实习）之内涵的特殊性与专门性，不能按照一般的逻辑关系将二者等同起来。加之教育见习（实习）特指是师范类学生所进行的教育类见习（实习），属于拟从事教师职业的职前见习（实习），为了避免歧义，用教学见习更加准确与科学。

教育见习是指"高等和中等师范学校的学生在教师指导下，到中学、小学或幼儿园，对教学和教育工作进行观摩，一般不参加实践。也有的学校把教育见习列入教学计划，规定专门时间进行"[1]。我国目前，教育实习被关注聚焦，而教育见习常常被忽视，教育见习是教师教育过程中具有非常特殊的前置环节，也是不同于教育实习的一种特殊教育实践。[2]

就业见习与教学见习虽然都属于见习的范畴，都是为了提高理论与实践相结合的水平和专业能力，都是在实践中观摩和学习，都与高校关系密切，但是，二者不能完全等同，还有许多区别。宏观上，就业见习并非高校的直接职责，只是间接的与就业促进有关的职责；而教学见习完全是高校的基本职责，与就业或就业促进没有直接的关联性。微观上的具体差异较为明显。

---

[1] 张焕庭：《教育辞典》，江苏教育出版社 1989 年版，第 756 页。

[2] 周仕德、黄荣彬、刘翠青：《改革开放以来我国教育见习研究 40 年审视》，载《兴义民族师范学院学报》2021 年第 3 期。

（一）目标或目的不同

顾名思义，就业见习是为了就业之见习，直接为就业而准备，相当于就业前的岗位培训，只是该岗位还不是正式就业的工作岗位，只是一种拟就业岗位；教学见习纯粹是教学的一个实践过程，它又不同于实习，它以参观观摩为主要形式，而不像实习那样亲自动手，教学见习就是单一地为了教学，而与就业没有直接关系。

2005 年的《关于引导和鼓励高校毕业生面向基层就业的意见》最先确定的就业见习的目标是"帮助回到原籍、尚未就业的高校毕业生提升职业技能，促进供需见面，使他们尽快就业。"该政策规定的就业见习目的有二：提升职业技能和促进就业。

我国第一个有关就业见习制度的正式规范是 2006 年的《关于建立高校毕业生就业见习制度的通知》（以下简称《通知》），它是我国目前唯一的就业见习"大法"，它对就业见习的目的规定是："帮助回到原籍、尚未就业的高校毕业生提升就业能力，促进供需见面，尽快实现就业"，将前文的"提升职业技能"改为了"提升就业能力"，虽然只是两个字的差异，但是，更加突显了"就业"二者，更加贴合就业见习之目的，毕竟"职业技能"只是就业能力的一种，它同时也是学校教学与教学见习或实习的制度目标，而"就业能力"的范围更加广泛，内涵也更加丰富，因此将就业见习的目标或目的确定为"提升就业能力"更加科学。

《通知》第二条进一步明确规定"帮助未就业高校毕业生通过就业见习扩展就业机会"，第五条规定"见习期满仍没有落实就业单位的高校毕业生，由政府所属人才中介服务机构、公共职业介绍机构和高校毕业生就业服务机构继续进行就业指导和推荐就业"。此规定将"继续进行就业指导和推荐就业"作为就业见习制度的补充目标，体现了就业见习目标或目的之连续性与常态化特征，对就业促进意义重大。

《通知》第六条还明确规定了就业见习的间接目标或目的是"改善本地人才队伍结构，满足本地区经济社会发展对人才的需求"，这也是见习单位或见习基地实施就业见习的内生动力，说明就业见习制度的受益人不仅仅是高校毕业生或社会未就业青年，用人单位或见习单位都可以从中受益，同时说明就业见习制度的目标或目的是促进就业，但是同时也可以为接收单位带来许多好处，即就业见习制度的目标或目的具有多样性，由此可以实现多方主体的共赢。

2013 年的《湖北省高校毕业生就业见习管理办法》第二条特别界定了就业见习的定义：就业见习是指经人力资源和社会保障部门认定的高校毕业生就业见习基地

(以下简称"见习基地"），吸纳毕业两年内离校未就业的普通高校毕业生，在见习岗位上进行不超过 6 个月的见习，享受见习补贴，积累工作经验，提高就业能力的制度。该定义已经明确规定了就业见习制度的制度目标是：享受见习补贴、积累工作经验和提高就业能力三大目标。第三条规定的目标任务是："就业见习工作的目标任务是帮助毕业两年内高校毕业生提升职业能力和综合素质，努力实现就业。"该规定的最终目标界定仍然是"实现就业"，故此，就业见习制度的基本目标就是为了就业和实现就业。

（二）主体不同

就业见习的主体是未就业的学生或其他社会青年，主要是已经毕业但未就业的大学生，其法定身份虽然还存在较大争议（学生抑或是劳动者），但是可以肯定的是他们已经不是在校学生；而教学见习的主体完全是在校的学生，主要是在校大学生和中职生，其法定身份为学生，与劳动者没有任何关系。

我国现行有关就业见习的政策和就业见习岗位的适用主体不仅是高校应届毕业生，还包括离校两年内未就业高校毕业生和 16～24 岁失业青年。[1] 我国各地的就业见习政策文件，虽然还没有形成统一的规范，就业见习的适用对象也极其混乱，但是，一般也都是将就业见习的适用对象限制为本地生源或本地高校的各类大学生和中职生，主要是离校几年而未就业的往届生。

教育部、人事部、财政部、劳动保障部等六部门联合下达的《关于建立高校毕业生就业见习制度的通知》规定的就业见习制度适用对象为：回到原籍、尚未就业的高校毕业生；同时补充规定"各地在做好回到原籍的未就业高校毕业生就业见习工作的前提下，可以根据本地区人才引进工作的需要，吸纳非本地生源毕业生参加就业见习"，这样就将就业见习的适用对象拓展到了"非本地生源毕业生"，但是，它是在解决原籍未就业高校毕业生之后，仍然涉嫌户籍歧视。该文件还列举了就业见习制度的主要主体：各级人事、劳动保障、教育、财政、国有资产监管、国防科学技术工业管理等部门，但是缺乏高校这一重要主体。

《"三年百万"高校毕业生就业见习计划》的规定是"离校未就业的高校毕业生"，还补充规定"要重点组织离校未就业的高校毕业生在入学前户籍所在地城市参加见习，并积极探索对尚未离校的应届高校毕业生开展见习。有条件的城市可探索开展非本地户籍高校毕业生和在校生的就业见习活动"，还明确规定了就业见习计划的主体为"由人力资源社会保障部牵头，教育部、工业和信息化部、国资委、

---

[1]　孔德淇：《百万就业见习计划释放积极信号》，载《经济日报》2022 年 3 月 21 日第 5 版。

工商总局、全国工商联、共青团中央共同组织实施"，并明确规定了上述各主体的职责。该规定仍然没有将高校直接纳入就业见习之主体范畴，但是，间接规定"有条件的城市"可以开展"在校生的就业见习活动"。

《湖北省高校毕业生就业见习管理办法》规定的适用对象是毕业两年内未就业的高校毕业生。《北京市高校毕业生就业见习工作管理办法（试行）》规定为北京生源离校未就业高校毕业生。《天津市就业见习管理办法》为就业见习人员为年龄不超过 28 周岁，无就业经历，且具有高职及以上学历的本市生源或本市院校外地生源高校毕业生以及毕业学年在校生（毕业学年指毕业前一年 9 月 1 日起至毕业当年 6 月末）。《广东省高等学校学生实习与毕业生就业见习条例》的规定是毕业后 1 年内尚未就业的毕业生。

按照一般原理，社会关系或法律关系的主体与适用对象是有一定区别的，不可等同，主体为某社会关系或法律关系之当事人即所有的参与者，而适用对象只是某规范对哪些人具有约束力的适用范围，对象属于主体之一，可见，主体包括对象，它的边界远远大于适用对象。由此法理，就业见习的主体不能只是适用对象即未就业的大学生或社会青年，还包括其他直接参与者，如政府及其部门（主要为各级人力资源和社会保障部门）、各个学校主要是高校、见习单位（包括各类形式的公私企业、事业单位、社会团体、街道办事处或社区等等）、见习基地等。

笔者通过比较分析国家和各个地方的就业见习政策规范发现了一个共同缺漏，即基本上都没有将学校主要是高校直接纳入就业见习的主体范围，很少设置高校在就业见习中的权利义务与责任，少有的规定也常常是关于见习基地的某些次要关系。笔者分析其原因，可能的逻辑基础是就业见习的适用对象为已经毕业的学生，这与学校已经再没有直接关系，学生既然已经毕业离校了，原学校就不再有任何义务和责任了。这种逻辑证成表面上看，很有道理，但是实质上却不尽然，因为：第一，从法理上讲，它将主体与适用对象混为一谈了。第二，从高校就业促进上讲，高校不得推脱自己的就业促进义务与责任，高校的主要制度目标是育人即"树德立人"，但是，育人与就业或就业见习具有不可分离的辩证关系，学校的高质量育人，必然会带来大学生之充分就业或高质量就业；相反，育人质量不高，必然导致大学生就业难或就业不充分或非高质量就业，因此，高校仍然是就业与就业见习之不可或缺的重要主体之一，可以概之为高校的就业促进之义务和责任。第三，从教学实习与就业见习的关系上看，二者具有某种"天然"关联性，虽然目前还缺乏相关的理论支撑，实践中也还没有将二者联系起来，更遑论"打通"与融合，但是，笔者一直创新性地认为二者关系紧密，应当"打通"与融合，特别是毕业实习与就业见习的关系更加密切，二者更加具有"打通"与融合的基础，因本章第二节"就业见习与教学实习"有详细阐述，在此不赘言。

可见，就业见习的主体比较广泛，远远大于教学见习的主体范围；就业见习的适用对象也不仅包括高校毕业而未就业的往届生，还包括未就业的社会青年。

（三）期限不同

就业见习的时间比较长，一般为 3 ~ 12 个月的见习期，它与劳动法规定的试用期不同，试用期的最长期限为 6 个月，但是，见习期并没有法律的强制规定，见习单位享有最终话语权，导致见习期期限非常混乱，并易于成为见习单位规避劳动法试用期的博弈手段，过长的见习期极不利于见习生，常常被异化为"廉价"劳动期或试用期；而教学见习是在校学习期间，一般为 1 ~ 2 周的见习，时间比较短，它不仅远远短于实习期，也短于就业见习期，它与就业或劳动期限特别是试用期完全没有任何关系。

2005 年的《关于引导和鼓励高校毕业生面向基层就业的意见》规定"见习期一般不超过一年"。《关于建立高校毕业生就业见习制度的通知》。我国专门为构建就业见习制度而制定的部门规章《关于建立高校毕业生就业见习制度的通知》第三条特别明确规定了见习期的最长期限为 1 年："见习期限一般为六个月，最长不超过一年。"2009 年的《关于印发三年百万高校毕业生就业见习计划的通知》明确规定了在同一单位的见习时间一般为 3 ~ 12 个月。

我国地方政策规定的最长见习期也是 1 年以下，与中央政策一致，但是，起点时间各异。《湖北省高校毕业生就业见习管理办法》为不超过 6 个月；《北京市高校毕业生就业见习工作管理办法（试行）》的规定为 3 ~ 6 个月；《天津市就业见习管理办法》第十条规定"就业见习期限一般为 3 ~ 12 个月"。《广东省高等学校学生实习与毕业生就业见习条例》第三十五条规定："见习期限一般为三个月至六个月，最长不超过十二个月。"

由上可见，我国目前就业见习的期限规定非常混乱，并且普遍为长于劳动法规定的最长试用期六个月。见习期不仅仅是见习的时间问题，它隐含的实质是就业见习之见习工资或见习补贴，因为就业见习是应当支付见习生见习工资或见习补贴的，其经费由见习单位与人力资源和社会保障部门共同分担，因此，就业见习的见习期非常重要，它直接关系到见习生的劳动报酬权，并且还直接影响见习生和见习单位的积极性和主动性。但是，教学见习就非常简单，一般为 1 ~ 2 周，也完全无关试用期或劳动报酬问题，时间完全由各个高校自由设置。

（四）权益不同

就业见习活动不是教学活动，也不是真正的职业劳动，本质上只能算是招聘培训或就业前的岗位培训，但是，它又不是真正的招聘或岗位培训，因为见习生还没有就业而无就业岗位可言，就业见习生的身份处于学生、培训者和劳动者之间，可谓是"准"招聘或岗位培训和"准"劳动或劳动者，因此，就业见习之权益保障问题非常复杂，劳动和社会保障的各项权益是否适用于就业见习生，一直还存在较大争议，加之法律规范的缺失，进一步使得就业见习之权益保障问题更加突出。

就业见习关系虽然不是劳动关系，原则上不受劳动法包括劳动合同法之调整，但是，这不等于说见习生就不享有基本的劳动权益，见习生的一些重要劳动权益仍然可以参照劳动法执行，特别是见习生的平等权（包括平等就业权和非歧视权）、劳动报酬权、社会保障权、休息权等劳动权益应当得到有效保障与救济，目前，见习生的见习工作或补贴虽然都有一点，但是，发放标准非常混乱，一般都是参照当地最低工资标准执行，不是100%，一般为其一定的比例如60%或70%不等。如此一来，就业见习关系中就存在一个"悖论"：就业见习不是劳动关系，见习生也不是劳动者，但是，调整就业见习关系与保障见习生劳动权益又需要参照劳动法执行。如何破解这一"悖论"，有效保障见习生的劳动权益，还需要理论研究与立法规范。

教学见习则完全是教学活动，与就业或劳动或培训没有直接的关联性，其见习生权益完全可以划归学校之学生，既不复杂，也无争议。有条件的学校发放一点教学见习补贴当然最好，没有发放见习补贴也不会引起学生不满，更不会因此产生争议。现行的普遍做法是仅仅向带队教师发放适当的补助，并报销全部的交通费用，少有向学生发放见习补贴的。

（五）规范不同

我国目前就业见习和教学见习都还没有直接的法律法规可以适用，现行劳动法与教育法都还没有将见习纳入法律的范畴，无论是就业见习还是教学见习都还没有正式制度规范。在此背景下，就业见习与教学见习也存在一定的规范差异，就业见习已经完全脱离了教学见习，更偏重于就业与招聘或试用劳动，教育法规范几乎不能适用，而应当适用劳动法（含社会保障法）规范，至少是参照适用劳动法规范；教学见习则还是应当完全划归教育法（主要是高等教育法和职业教育法），它与劳动法没有直接关系。

教学见习和就业见习目前的实然状态都还一直停留在政策规范层面，不仅不符合法治社会的基本要义，而且，现行政策规范严重"碎片化"，严重缺乏统一性和可预见性，即便是由政策规范调整，也应当出台统一的政策规范；另外，现行政策规范的责任条款严重边缘化，拘束力严重不足，直接影响了执行力。

在应然法状态下，就业见习应当划归劳动法或职业培训法的范畴，而教学见习应当归属于教育法的范畴。另外，单独出台《见习法》或《就业见习法》，抑或采用《条例》形式，不失为一条立法捷径；或者出台《实习法》，其中单列一章为"见习与就业见习"也可。无论如何，即时启动立法程序已经是当务之急。

二、就业见习与教学实习[①]

实习一般就是指在校学生的教学实习，新《职业学校学生实习管理规定》界定的职业教育之实习类型为认识实习和岗位实习两大类型，二者都属于职业教育的教学实习类型，在职业教育领域内暂时具有"法定"类型化价值；但是，普通教育却因为没有实习部门规章，其实习类型化严重缺乏定型化与法定化，分类极其混乱且争议巨大，但一般都包括认识实习和毕业实习，即普通教育之教学实习一般指认识实习和毕业实习。前文的研究阐述了笔者的观点，认识实习几乎完全等同于教学见习，而不同于就业见习；但是，教学实习却与就业见习完全不同，差异较大。

就业见习不仅与大学生实习具有非常强的关联性，而且从广义上讲，见习应当包括教学见习即认识实习和就业见习两大基本类别，因此，就业见习与学生实习即教学实习具有一定的关联性，特别是与毕业实习关系更加紧密。"从形式上看，就业见习与在校学生的实习相近。"[②] 学界关于就业见习与教学实习二者关系或关联性的理论研究几乎完全空白。实践中也几乎完全将二者割裂开来，罕有将二者关联与"打通"的建议。

（一）主体比较

从就业见习与教学实习的主体比较来看，二者区别明显。就业见习主体比较

---

① 笔者创新性提出的就业见习与实习的关联性，本身就像笔者将"学徒制度"与"就业见习制度"这两种制度都视为广义的实习制度一样，存在较大争议。因此，研究就业见习与实习或毕业实习之融合，在理论上具有非常大的挑战性，存在较大困难，在实践中也难以得到支持。

② 黎建飞：《高校毕业生就业中的法律问题》，载《河南省政法管理干部学院学报》2007 年第 2 期。

多元化，其中的适用对象仅仅是一方主体。就业见习的适用对象为离校毕业而未就业的学生（包括大学生与中职或职高学生），属于往届生范畴，还包括未就业的社会青年；而教学实习（含毕业实习）的主体仅仅为在校学生即应届生，与往届生和社会青年没有任何关系。就业见习除了服务高校毕业生外，还服务于青年农民工、失业青年等更大范围的青年群体。① 可见，就业见习的适用对象范围远远大于教学实习。

就业见习的主体还包括就业见习的各方参与者，并非仅仅指适用对象。还包括各级政府及其部门，主要是人力资源和社会保障部门、教育部门、财政部门、工商管理部门和税务部门等，这些都是就业见习的保障部门，为其提供资金支持；还有各类性质不同的就业见习单位和就业见习基地等，涉及面极广；但是，教学实习的主体主要是学校与实习单位或实习基地，比就业见习要少许多，几乎不涉及资金支持部门，如果普遍实施有薪实习，还是需要一些财税部门的支持。

学校（主要是高校）是教学实习的重要主体之一，这没有任何争议，因为从逻辑上教学实习本身就是高校的教学实践环节，属于高校育人的重要组成部分，因此，高校当然属于教学实习的重要主体；从法律法规上看，我国《职业教育法》和《职业学校学生实习管理规定》都已经明确规定了实习必须首先确定实习三方协议，其中一方即为高校，因此，高校是教学实习的主体，没有任何疑义或争议。但是，就业见习则不同，因为就业见习对象即见习生已经毕业离开了高校，与高校不再有直接关系，故此，就业见习关系中，高校不再是其主体，我国目前的关于就业见习的中央政策和地方政策也几乎完全没有将高校纳入其中，从理论与实践来看，高校都不是就业见习制度的主体。笔者认为，高校应当属于就业见习制度不可或缺的重要主体，实然之遗漏应当及时修正。

（二）内容比较

就业见习的内容与就业直接相关，主要包括以下内容：一是见习生的见习内容，总体上是为见习生今后正式就业与职业劳动进行的准备或"预演"，包括熟悉与自己专业对口或比较接近的岗位要求，通过实地向原岗位劳动者学习，不断提升自己的从业水平和实际工作能力；还包括了解见习单位的现实情况，对见习单位进行全面考察，为是否留用作参考，这与劳动法之试用期制度极其类似。二是见习单位的内容，见习单位应当为见习生提供与其专业对口或基本接近的岗位，并选派优秀劳动者作为见习生的"师傅"，全过程指导就业见习工作；见习单位还要对见习

---

① 滕飞：《青年就业创业见习基地建设的现状、规律和启示》，载《中国青年研究》2010 年第 1 期。

生的职业道德和职业能力进行全面考察，为是否留用即正式试用或聘用提供参考。三是社会各职能部门，如人力资源和社会保障部门、教育部门、财政部门、工商管理部门和税务部门等，它们都是就业见习的物质保障部门，主要为就业见习提供资金支持。四是高校包括普通高校和各类职业院校，它们负责的内容是就业促进，为见习单位提供学生信息，建立个人台账；还要与政府部门一道协同建立就业见习基地，保障见习岗位的供给；还包括为参加就业见习的学生和老师提供一定的资助；还要在签订见习协议中居间协商，或者直接成为见习协议签订的一方主体；学校还要对学生和老师进行思想政治教育，提高对就业见习的认识，培育学生正确的就业观和择业观；就业见习发生争议后，见习生的原学校还要作为"娘家人"，切实维护和保障见习生的正当权益，或者作为争议调解的一方当事人。

教学实习的内容不像就业见习因涉及多方主体而非常复杂，教学实习就是学校教学计划及培养方案所规定的内容，其内容因专业不同而不同，但是，都属于课程大纲与培养方案的既定任务，由于长期的积淀，一般都还比较成熟，其确定性、计划性、可预见性和长远性都远远大于就业见习。

教学实习与就业没有直接关系，只是为了将理论与实践相结合的教学实践环节，实习内容就是教学内容的计划内容，实习就是为教学服务的实践考察与学习。

如果将教学实习与就业见习"打通"与融合，就需要在二者的内容上进行互联互通，二者内容上的差异必将成为一大"阻隔"。是否可以将实习特别是毕业实习与就业见习合二为一？是否将就业见习提前到在校学生？是否在实习考核中纳入就业见习的内容？或者说就业见习也是实习考核的重要内容之一？等等。这些问题的必要性与可行性，都还属于理论研究与试验的空白地带，都还需要专门对就业见习制度进行深入论证，以待破解。

除了全面开展高校"一把手"访企拓岗外，各地还想方设法帮助大学生就业。浙大宁波理工学院，针对毕业生就业，学校"把车间搬进课堂"，与一些企业联合培养学生实操能力，并打造大学生"语商"质量提升平台"知言工作室"，从学生入校到离校，学校实施全过程职业生涯规划、就业指导，提前增强学生就业意识。[①]"提前增强学生就业意识"非常重要而且可行，只是还应当将其"提前"到教学实习的环境之中，将就业见习与教学实习进行有机融通。

---

① 钱祎、蒋欣如、徐子渊、李灿：《首批 00 后大学毕业生就业调查：求职路上，他们这样走》，https：//k. sina. com. cn/article_1784473157_6a5ce64502002kmze. html？from = edu，发布时间：2022 年 8 月 2 日，访问时间：2022 年 8 月 3 日。

第三节　就业见习存在的问题

就业见习制度虽然是针对未就业的青年学生，但是，它还直接涉及政府、学校和用人单位，其主体具有多样性。政府在就业见习中的主要职责是提供立法和政策支持，还要给予财政税收等方面的物质支持，还要对就业见习工作进行监督检查，并实施奖惩，政府是就业见习的坚实后盾。就业见习的关键是见习单位即用人单位提供的见习岗位，就业见习因见习岗位之需求侧为用人单位，需要用人单位提供充足的见习岗位，故此，在就业见习中，用人单位居于主导地位。见习岗位之供给侧主要为未就业的大学生（见习生），或是为就业作准备或者与毕业实习相关联的在校大学生。供需之外的高校，虽然不是就业见习的主导主体，但它是就业见习中非常关键的"桥梁纽带"，高校在就业见习中的作用也就是"桥梁纽带"作用。这些就业见习的主体都十分重要，每一个都关系到就业见习的实施效果，但是，现实是各个主体还没有完全履行自己的义务和责任，导致就业见习发生了许多偏离。

长期以来就业见习制度的缺失，使得实践之中发生了许多偏离，其效果非常不好，难以满足大学生的需求，社会认同度也一直不高。实施了就业见习的单位也多流于形式，主要是为了完成上级交办的任务，而不是真正为了促进高质量就业。

通过实践调查研究，我国目前就业见习还存在许多现实困境，影响了就业见习的就业促进的制度功能。

一、见习岗位稀缺且单一

就业见习的一方重要主体是供给方的见习单位，由于见习单位都要首先考量自己的经济效益，拿出的见习岗位常常比较少，并且常常为日常事务性的岗位，与见习生专业对口的比较稀少。各地大力推进的就业见习岗位招募计划和"访企拓岗"行动实际效果并不理想。就业见习岗位的常态化与制度化供给亟待加强。

实践调研表明：见习单位拿出的见习岗位一般都是日常工作岗位，与学生的专业或拟就业专业关联性不大，基本属于"打杂式"见习，对提升专业实践水平和就业的帮助不大，挫伤了学生的积极性。许多见习岗位与大学生学历、专业不相符，供求的失衡导致严重的空岗，就业率低和失业率高的专业却都缺乏见习岗位。

二、见习与就业转换不畅

见习岗位向就业岗位的转换率低，即"留用率"低，导致见习与就业的关联性不大，失去了就业见习的初心是为了就业，加之见习期一般都比较长，使得就业见习成为见习单位的廉价劳动，严重降低了就业见习的吸引力。2022年人社部、教育部等10部门联合启动实施百万就业见习岗位募集计划，"百万见习计划"特别规定：为了有效提高就业见习的吸引力，不仅要求见习单位暂时性留人，还进一步激励企业留用见习人员，对留用率达到50%以上的见习单位，提高补贴标准。① 十几年前见习生的留用率基本上为20%左右，总体偏低。尽管2006年的《关于建立高校毕业生就业见习制度的通知》没有明确见习基地的留用比例，但该政策的出台是为了促进就业，包括见习生在见习单位和其他单位的成功录用。基于这种考虑，重庆市于2009年10月要求见习基地留用比例不低于20%，见习后促进就业率不低于85%。《天津市高校毕业生就业见习管理办法》明确规定就业见习基地必须留用30%以上的见习人员。② 大连市开发区规定了30%的留用率，重庆市不低于20%，天津是30%以上，济南市50%以上，这些在制度建立之初或许可行，但是随着时间的推移必然会带来见习岗位稀缺的弊病，因为企业或许出于留用率的原因而退出见习单位，这将极大地限制用人单位参与就业见习的积极性。③

就业见习政策的目的是就业，而见习单位的留用率是其重要的指标，但是，其中存在一个让人困惑的悖论：留用率高对见习生当然最为有利，也达到了就业见习之目的；但这却对见习单位不利，高留用率不仅使得"门槛"过高，还直接加剧了见习单位的负担，进而使之望而却步，不再愿意参与就业见习，将从供给侧减少了就业见习岗位，反过来又不利于就业见习和拟见习人员，如何平衡留用率的高低，事关就业见习岗位的多少和就业促进之成败。

有研究指出：就业见习的留用率作为硬性指标，可能影响到用人单位的积极性，强制性规定的留用比例，在一定程度上可能侵害企业用工自主权。④

我国从就业见习政策开始实施至今，仍未破解就业见习"留用率"的悖论，要

---

① 孔德淇：《百万就业见习计划释放积极信号》，载《经济日报》2022年3月21日第5版。
② 郑静：《高校毕业生就业见习制度的实施状况及对策研究》，载《思想理论教育》2011年第15期。
③ 秦建国：《高校毕业生就业见习计划研究》，载《社会保障研究》2011年第2期。
④ 贺玲、陈岚君：《就业见习制度的剖析》，载《中国人力资源社会保障》2010年第8期。

不要强制设置就业见习的"留用率",以及比例多少为宜等问题都还是未解的难题。

三、见习期与试用期混杂

由于见习学生的身份界定缺乏法定化,许多见习单位都将见习者(见习生)完全视为学生,而不是劳动者或特殊劳动者,而将其完全排除在劳动法之试用期规范之外;许多见习单位都设置长于劳动合同法的试用期规定的见习期,有许多单位规定的最长见习期为1年,与劳动法规定的最长试用期为6个月不一致。其行为是否正当合法,争议较大而无定论。原因就是见习生的法定身份与见习劳动用工关系的界定。见习单位用见习期来规避劳动法,从而达到了降低用工成本的目的,但是,见习生的权益就难以保障。我国就业见习法律规范的缺失,使得见习生的法定身份仍然属于学生而非劳动者,劳动者享有的试用期权利就难以适用于见习生,为见习单位提供了博弈空间,却不利于见习生的权益保障,影响了未就业者参与见习的积极性。劳动法规定试用期最长不得超过6个月,而一些就业见习政策规定的见习期为3~12个月,如果用人单位利用制度漏洞,见习近1年后才留用,再加上另外的试用期,廉价使用见习大学生,将严重侵害其劳动权益。[1]

有劳动法专家指出,就业见习与试用期和见习期都不同,试用期或者见习期是高校毕业生已经与用人单位建立聘用(劳动)关系后的一种法律关系;而就业见习关系中,毕业生是待业者或失业者,属于非劳动关系。[2] 该专家还明确指出,就业见习制度不仅与试用期制度不同,还与见习期制度也不同,三者都不能混同。"见习期制度是我国针对应届毕业生进行业务适应及考核的一种制度,适用于政府机关及事业单位,招收应届毕业生的情况。"见习期制度是我国针对应届毕业生进行业务适应及考核的一种制度。[3]

我国见习期制度出自计划体制时期的见习制度,是国家对大学毕业生分配派遣到用人单位的一种实习、考核制度,适用于企事业单位。根据相关规定,用人单位招收应届毕业生后,原则上都要安排见习,大专、本科毕业生见习期限为1年,研究生没有见习期。我国在实行市场经济体制后,特别是在实行劳动合同制度后,见

---

① 秦建国:《高校毕业生就业见习计划研究》,载《社会保障研究》2011年第2期。
② 黎建飞:《高校毕业生就业中的法律问题》,载《河南省政法管理干部学院学报》2007年第2期。
③ 黎建飞:《中华人民共和国劳动合同法辅导读本》,中国法制出版社2007年版,第159页。

习期制并没有被废除，而是与试用期并存。① 现行就业见习制度规范（政策规范）中也有关于见习期限的规定，一般的见习期限为 1～12 月，与原来的见习期限规定几乎一致，但是此见习期限不能等同历史上的"见习期"制度。

如今见习期理应废除，但实际上仍有一些单位在招聘应届毕业生时见习期和试用期并存。因此，当 2006 年国家提出就业见习制度并规定见习期一般为 6～12 个月时，实习期、试用期、见习期和就业见习期，这些概念常常让毕业生不知所措。②

笔者认为，就业见习制度与劳动法试用期制度区别明显，现行就业见习之见习期也不同于历史上的见习期制度，原见习期制度产生于计划经济时代之大中专生毕业生国家包分配，它早于现行的就业见习制度。但是，过去的见习期制度已经过时，现今见习期是就业见习制度中的见习期限，二者不可混同。

与见习生身份界定密切关联的是见习劳动用工关系的性质问题，见习也是一种劳动，但它是民事劳务关系，还是劳动法调整的劳动关系，抑或是其他劳动用工关系，这是争议最大的问题。现实中一般都将实习视为非劳动关系，见习协议亦为民事合同而非劳动合同，其主要理由是见习生还没有正式就业，不属于劳动者。北京市明确规定就业见习"不建立劳动关系"，其他地区绝大多数都采取回避手段，既不是明确肯定也不是明确否定。

笔者认为，就业见习与教学见习与实习性质完全不同，它不再是学校的教学实践环节，虽然它还不能算是正式的劳动关系，但它应当属于临时性的劳动用工关系或者是灵活用工，或者采取人社部之"不完全劳动关系"说，将就业见习关系划归此类。2021 年 7 月，人力资源和社会保障部等八部委联合发布《关于维护新就业形态劳动者劳动保障权益的指导意见》，将平台用工分为三种：一是符合确立劳动关系的，二是不完全符合确立劳动关系情形但企业对劳动者进行劳动管理的，三是个人依托平台自主经营或从事自由职业的。此分类具有重大意义，标志着从传统"劳动二分法"向"劳动三分法"转型，关于"劳动关系—不完全符合确立劳动关系情形—民事关系"的制度建构，斩断了劳动者权益保障与劳动关系认定之间的"枷锁"。③ 此"三分法"已经得到了许多地方的积极响应，如《浙江省维护新就业形态劳动者劳动保障权益实施办法》也将新就业形态分为劳动关系、民事关系、不完全劳动关系三大类，并分别明确了各自的用工法律责任。借此机会，将就业见习纳入第三类"不完全劳动关系"规制完全可行。

克服就业见习期的现有缺陷，不仅需要正式的法律制度规范，还需要厘清见习

① 问清泓：《劳动合同法制度与实践研究》，湖北人民出版社 2011 年版，第 188～189 页。
② 郑静：《高校毕业生就业见习制度的实施状况及对策研究》，载《思想理论教育》2011 年第 15 期。
③ 任容庆：《新就业形态劳动者权益保障的逻辑进路》，载《人民法院报》2022 年 2 月 10 日第 7 版。

期与试用期的关系，不断探索打通见习期与试用期的有效路径。笔者认为，应当明确规定：第一，见习期不得超过 6 个月，以便同劳动法规定的最长试用期之 6 个月相统一；第二，见习单位留用的见习生不能再设置试用期，即应当以见习期代替试用期；第三，对本见习单位没有留用的见习生，应当提供见习证明，以供其他单位招聘雇用之用，并以此冲抵试用期，不再另外设置试用期。这样，就可以实现见习期与试用期的打通与融合，并倒逼学生和单位参与就业见习的积极性，可谓一举多得。

四、见习生权益保障困难

见习生成为一些见习单位的廉价劳动力，加之其非劳动者身份，而完全排除了劳动法与社会保障法的范畴，见习生的平等权含同工同酬权、劳动报酬权、休息权、社会保险权、争议处理权等都非常难以实现，其原因是缺乏见习与就业见习的法律规范，相关理论研究也非常薄弱，遑论凝练"见习权"理论范式。

目前就业见习现状表明，高校毕业生在就业见习中，同工不同酬、工伤难以救济、社会保障缺乏等现象时有发生，见习生难以充分享有休息权、同工同酬权、职业培训权、劳动保护权、社会保障权等权利，劳动权没有得到充分体现。[①]

由于就业见习的各项关系难以确定，就业见习关系既非正式的劳动关系，也不同于试用期关系。现行劳动法对见习生的权利、义务都没有具体的规定，因此，见习生的劳动就业及社会保障权益也难以确定。[②]

由于见习生没有与见习单位建立劳动关系，很多权益无法保障：一是见习报酬无法保障，一般劳动者的工资受到劳动法保护，但是见习生获得的不是工资，是基本生活补贴，难以受到劳动法的保护；二是见习生的医疗、保险和福利难以保障，由于现行法律中也有涉及见习制度，见习政策仅规定见习单位只需为见习生办理人身意外伤害保险，而无社会保险规定，见习生的很多合法权益得不到保障和实现。[③]

见习期既非正式的劳动关系，也无法律规范调整，共同导致见习生的许多劳动权益难以保障。见习工资或补贴太低，学生见习期间，见习单位虽然按照国家规定，以不低于当地最低工资标准向见习人员支付一定的基本生活补助，其中政府补贴原则上不低于当地最低工资标准的 60%，并根据实际情况适时调整补贴额度，工资水

---

① 李小琼：《高校毕业生就业见习权益的现状及维护路径探析》，载《教育理论与实践》2011 年第 10 期。
② 贺玲、陈岚君：《就业见习制度的剖析》，载《中国人力资源社会保障》2010 年第 8 期。
③ 郑静：《高校毕业生就业见习制度的实施状况及对策研究》，载《思想理论教育》2011 年第 15 期。

平只够日常开支，而且见习单位没有缴纳见习生"五险一金"的义务，一般只缴纳人身意外伤害险，因此，见习岗位难以留人。[①]

除了见习生的劳动报酬权与社会保障权同正式劳动者差别巨大外，同工同酬权几乎无从论及，另外，就业见习制度与帮扶密切相关，即帮助就业困难的大学生或未就业的社会青年，有些就业促进政策甚至将就业帮扶与扶贫或"精准扶贫"联系起来，其目的当然是好的，但是，非常容易加剧帮扶对象的心理障碍，他们更易产生害怕被人知晓而遭受歧视的心理，因此，就业帮扶影响了就业见习的就业促进目标，因此，就业见习不仅应当排除报酬歧视，还要注意帮扶与扶贫的方法，尽量消除心理歧视障碍。

笔者认为，就业见习关系可以参照劳动法或劳动合同法之试用期规定，将见习劳动视为一种特殊的试用劳动，参照试用期的规定设计就业见习的权利保障体系；还可以依据"不完全劳动关系"规定，将见习生纳入此类劳动用工关系，以排除歧视现象，进一步保障见习生的正当劳动权益。

五、与实习缺乏打通融合

前文已经阐述了就业见习制度与大学生实习（教学实习）具有非常强的关联性，就业见习与教学实习特别是毕业实习关系最为紧密。

但是，目前的基本现状是就业见习与实习或毕业实习几乎完全各自独立和各自为政，完全缺乏"打通"与融合，使得就业见习与毕业实习成为了大学生两个完全不同的实践活动，二者之较大的重复性一直没有引起关注，也成为了大学生漠视就业见习的重要因由之一；同时，还对毕业实习产生了许多负面作用，特别是边缘化了就业问题，使得毕业实习也严重虚化。

就业见习与实习或毕业实习之间因为逻辑和认识上的偏差，完全缺乏"打通"路径，更勿论有机融合，就业见习与实习或毕业实习之"阻隔"比较多，主要包括认识上、内容上、时间上、考核评估上、政策规范上等多种"阻隔"。

认识上的阻隔是第一位的，正可谓思想引领实践，认识上的阻隔祛除了，其他方面就变得比较容易。现行观点都认为就业见习制度的目标或目的是帮助高校毕业学生就业，或者拓展到已经毕业几年而未就业的大学生，属于就业促进的范畴，笔

[①] 刘晓彤：《高等教育大众化背景下大学生选择见习岗位就业问题研究》，载《劳动保障世界》2020年第9期。

者也持此观点，这没有任何疑义。但是，罕有将之与学生实习或毕业实习相联系起来的观点，笔者通过对就业见习制度和实习制度的长期关注与研究，发现现实中都在积极响应国家强化就业见习的政策措施，不断加强工作力度，不断拓展就业见习单位或就业见习基地，想方设法大力募集见习岗位，但是，几乎完全缺乏将就业见习与学生实习活动如何"打通"融合的观点，更无实践案例或措施，二者似乎毫无关联性。但是，笔者却认为二者具有非常紧密的关系，二者应当在实践中"打通"融合，这样才能成为促进大学生就业见习和就业的另一条"捷径"，而且不可或缺。改变现行认识上的偏差，不仅具有理论价值，更有实践意义。

就业见习与教学实习二者的内容虽然不同，但是完全可以统一在"就业"这一中心上，二者都可以共同为大学生就业服务；另外，从时间上看，二者完全可以合并，特别是同一单位的毕业实习与就业见习，没有必要重复进行，不仅耽误了学生的宝贵时间，本身大学毕业生的压力就大，时间非常宝贵，既要准备毕业论文，又要四处应聘就业单位，还要考研或考公务员，还有职业资格考试等；另外，还增加了实习单位或见习单位的负担，如果实行有薪实习和有保险的实习，还要加上见习工资或补贴，目前的政策规定都必须支付就业见习工资或补贴，这三重叠加之经济负担，对接收单位实在是不小的开支，虽然国家有一些就业见习补贴，但仍然是杯水车薪。最后，还可能影响多方主体的积极性，大学生因实习与见习之重复性，对就业见习难以有较大的积极性，实习单位或见习单位也会因经济负担而拒绝实习或见习，最终将导致实习与见习之单位或岗位更加稀缺。因此，从以上诸多影响因素上看，就业见习与教学实习之现实"阻隔"，负面影响较大，二者之"打通"与融合实有必要。

第四节 就业见习的纠偏策略

基于就业见习严重偏离的现状，就业见习制度的构建还任重道远。

一、拓展就业见习适用范围

从前文有关就业见习制度的政策规范中，可以发现，就业见习的适用范围一般包括两大类：高校毕业未就业的往届生和未就业的社会青年，有的政策对二者还有时间或年龄上的限制，如有的规定是高校毕业 2~3 年内未就业的往届生，18~24 岁的社会青年等，还有的特别限制条件是本地生源或本地高校等；另外，现行就业见习政策一般都是为了就业困难的大学生或社会青年，这样就将就业见习制度的适用范围限制于就业困难或扶贫对象；现行许多就业见习政策还非常普遍或明确的没有涉及失业者，将失业者排除在外。这些都严重偏离了就业见习制度之大众化与普适性，毕竟就业见习制度应当是一种为了就业的民生制度，应当普遍惠及未就业者或失业者，而不能局限于"帮扶"大学生和未就业青年，还应当将失业者纳入进来。

由于缺乏统一的制度规范，更没有法律规范，使得就业见习的适用范围也是各不相同，直接影响了就业见习的实施效果，对促进大学生就业也极其不利，亟待国家统一颁布实施就业见习之法律规范，亟待拓展就业见习的适用范围。

实践中也有值得借鉴的经验，如海南省从两大方面拓展就业见习范围：一是拓宽见习人员覆盖面，离校 3 年内未就业的全国普通高校毕业生（包括技师学院高级工班、预备技师班和特殊教育院校职业教育类毕业生）、省普通高校和中等职业学校所属毕业学年学生、省 16~24 岁未就业青年均可参加就业见习；二是扩大见习基地，事业单位、企业、民办非企业、产业园区、孵化基地经县级以上就业局认定均可设立就业见习基地。[①]

山东省 2022 年将就业见习的适用范围扩大为离校 3 年内有见习意愿的高校毕业生和处于失业状态的 16~24 周岁青年，外地高校毕业生、海外留学生和职业院校毕业生（特殊教育院校职业教育类毕业生、技师学院高级工班毕业生、预备技师班毕业生）都享受同等就业见习政策。山东省已提供见习岗位 10.28 万个，同比增长 112.84%，在岗见习人数超 1.89 万人。[②] 山东省也同海南省一样将就业见习的时间范围扩大到离校 3 年未就业的毕业学生，并将适用对象扩大到了其他非离校大学生，此经验值得全国借鉴。

《黑龙江省做好就业创业工作十二条政策措施》将就业见习补贴范围由离校未就业高校毕业生和中职毕业生扩展至 16~24 岁的所有失业青年，其将"失业青年"明确纳入就业见习的范畴，在全国范围内都是罕见的，倡导性价值非常值得肯定。

扬州市就业见习工作搞得较好，其中一条重要成功经验就是扩展就业见习的适用对象。他们将就业见习政策持续强化、聚力增效，将就业见习对象扩大到毕业两

[①] 《海南省就业见习政策解读》，载《海南日报》2019 年 12 月 14 日第 A03 版。

[②] 张春宇：《山东为高校毕业生提供就业见习岗位突破十万个》，https://sghexport.shobserver.com/html/baijiahao/2022/08/11/823636.html，发布时间：2022 年 8 月 11 日，访问时间：2022 年 8 月 15 日。

年内未就业的所有高校毕业生，包括非全日制的高校毕业生；将毕业时间不足 1 年尚未落实工作的全日制普通高校毕业生也都纳入见习的范畴。[1]

天津市在全国率先将普通高校、中等职业学校、技工院校毕业学生全部纳入就业见习的适用范围。天津市新增就业见习基地 325 家，累计达到 1 531 家，见习人数已经达到 1.44 万人，同比增长 2 倍以上。[2] 天津市就业见习的适用对象为未就业的各级各类学生，适用对象不断扩大。

辽宁省将为高校毕业生提供见习岗位，作为缓解高校毕业生就业压力、做实做细就业指导服务工作的重要举措。辽宁省出台"进一步促进高校毕业生等青年群体就业创业若干政策措施"，组织实施"青年见习岗位拓展计划"，该计划在全省开发不低于 2 万个见习岗位，帮助当年的毕业生、离校未就业高校毕业生和 16～24 岁失业青年实现就业。该计划鼓励企事业单位、社会组织、政府投资项目、科研项目、城乡社区和个体工商户等设立见习岗位。[3] 辽宁省的"青年见习岗位拓展计划"有效拓展了就业见习的岗位，这样的"计划"具有在全国范围内推广的价值。

概述我国目前许多地方拓展就业见习适用范围的经验，可以归纳为两大方面：一是将毕业离校大学生的离校时间由原来的 2 年扩大为 3 年；二是将见习生的年龄限制扩大为 16～24 周岁。笔者认为，目前这样的拓展还是比较切合实际的，但是，今后还要进一步拓展，如果经济条件容许，或者考量就业见习政府补贴的可能性，应当逐步放开时间与年龄限制。应然的理想状态是：只要是未就业的中国公民都可以享受国家的就业见习政策，而不再区分见习生的不同身份，这才是法治社会应有的非歧视性之平等权的体现。

二、明确高校的义务与责任

克服现行就业见习的问题，需要多方主体的共同努力，其中高校是就业见习不可或缺的主体之一，高校就业促进的一项重要义务和职责就是促进就业见习工作。理由是高校在就业见习活动中扮演着不可替代的多重角色，理所当然地成为了协调就业见习工作的最佳人选。高校在就业见习中的多重身份有：高校不仅是就业见习的主要派遣人，还是见习单位与见习生的中间人；高校不仅是见习工作的协调者，

---

① 扬人轩、陈高君：《我市见习培训留用率超 65%》，载《扬州日报》2022 年 1 月 14 日第 2 版。
② 武自然、商瑞：《用好见习机制畅通就业渠道》，载《经济日报》2021 年 10 月 12 日第 12 版。
③ 刘勇、李青坡：《岗位见习，推开就业之门》，载《光明日报》2022 年 8 月 13 日第 1 版。

也是见习争议的"调解员";高校不仅是见习学生的"代言人",还是见习单位的"推送者"与"监督员"。因此,微观上,就业见习制度的构建和克服就业见习的实践问题,宏观上,大学生就业创业,都需要高校的积极参与,高校的就业见习促进工作是高校就业促进的重要内容之一。

高校的就业促进义务和责任具体包括哪些内容,应当由法律法规明确设定为常态化的制度规范,而不能是临时性的短期措施。但是,我国目前一直没有这方面的制度规范,就业见习工作的随意性极大,更勿论规范化、制度化与常态化,克服这些缺陷可以有两条路径选择:一是修改《就业促进法》,明确高校在就业促进与就业见习中的法定义务和责任;二是在今后出台《实习法》或《实习条例》中设定高校在就业见习中的法定义务与责任。高校在就业见习中义务和责任主要包括两大方面:一是大学生在读期间的就业见习,或者是教学实习见习与就业见习相关联的义务,二是毕业后而未就业的就业见习。对于前者,高校有义务为大学生开展就业见习教育,为大学生安排合适的就业见习基地,督促见习单位与高校和大学生签订见习协议,为保障大学生的合法权益同见习单位进行交涉;而后者主要是为高校毕业生组织就业见习供需洽谈会,组织见习基地与未就业高校毕业生交流洽谈,为见习基地或单位提供需要参加就业见习学生的信息,并跟踪调查和提供后续就业服务等,今后还要将"访企拓岗"作为高校及高校领导的重要义务和责任。

高校的就业见习义务和责任中,最大的困惑有:第一,高校是否负有就业见习的法定义务和责任?此类义务和责任有没有年限的限制?如果没有限制对学校是否公平合理?是否正当合法?因为就业见习的见习生一般都已经毕业几年了,他们已经脱离了学校而成为了社会青年,原毕业学校应当再无对此类学生的义务和责任。正如专家所言:由于毕业生已不再是在校学生,故保障实习生权益的相关规定不适用,至少由学校应为实习生所承担的法律责任已不复存在。[①] 第二,即便是高校仍然负有就业见习的义务和责任,也至多只能是对刚刚毕业而未就业的应届毕业生,而不能是已经毕业的往届生,故此,学校对已经毕业而未就业1年以上的毕业生不再负有此类义务和责任。第三,高校负有的就业见习义务和责任应当只能是学生还未毕业即在校学生,学生毕业后应当就不再负有此类义务和责任,故此,学校(含高校)之就业见习义务和责任,应当只是学生在校期间的就业见习,这与目前就业见习一般仅指狭义的概念即已经毕业而未就业的学生相矛盾,学校的就业见习义务和责任只能是在校学生之就业见习,或者是与学生毕业实习相关联的就业见习。

关于高校的就业见习义务和责任,由于理论研究薄弱,立法亦为空白,意见分

---

① 黎建飞:《高校毕业生就业中的法律问题》,载《河南省政法管理干部学院学报》2007年第2期。

歧巨大，更遑论达成共识。主要为三种不同的观点：一是"无条件肯定说"，认为高校（含其他学校）应当无条件地负有就业见习义务和责任；二是"有条件肯定说"，认为高校只是有条件的负有就业见习义务和责任，即仅对在校大学生或者毕业后1年或几年内负有义务和责任；三是"无条件否定说"，认为高校完全没有就业见习义务和责任，其主要理由是就业见习制度主要针对已经毕业而未就业的学生和社会青年，与高校没有直接关联性。此三种观点都有其存在的合理性，需要理论研究的深入展开，还有待法律规范之"定分止争"。

笔者比较赞同第二种观点即"有条件肯定说"，高校应当有条件地负有就业见习义务和责任，即仅对在校大学生或者毕业后几年内负有义务和责任。笔者认为，一方面，高校对在校学生负有不可推卸的就业见习义务与责任，其原因非常简单，在校学生属于高校的法定教育职责范围，就业见习当然属于高校的实践教学环节，特别是它与实习具有许多相似性，都属于高校"树德育人"的范畴。另一方面，高校对离校1~2年内毕业未就业的往届生仍然负有一定的就业见习义务和责任，其理由是：第一，毕业未就业的往届生是高校的校友，从关心校友及校友资源的角度，高校仍然有义务促进校友就业，从民法视角，其法理基础为附随义务之后契约（合同）义务，以此对应，见习单位也负有对见习生的附随义务之前契约（合同）义务，即为雇用见习生而签订劳动合同之前契约义务；第二，从高校的社会责任上看，高校应当与企业一样负有一定的社会责任，就业与就业见习都是高校与企业的一种社会责任；第三，从校企合作与校企融合的主体和内容上看，高校是其当然主体之一，义务与责任当然不可或缺，就业与就业见习还都是校企合作与校企融合的重要内容之一，高校也负有义务和责任；第四，从校友资源之权利与义务上看，高校不能只享有校友捐赠的权利，还应当负有相应的义务和责任，这样才符合现代法理权利与义务之平衡关系，高校不能只享有权利，而罔顾义务和责任。

破解这些难题，并非易事，不仅需要成熟的理论研究作为支撑，还需要法律法规之正式制度的确认，但是，我国目前，恰恰缺乏这两大方面，因此，明确高校就业见习之法定义务和责任，还比较困难，笔者的建议也还多为空想。加大对就业见习制度的理论与实践研究，并为出台就业见习法律法规提供支撑，已经迫不及待。

三、固化就业见习培养方案

制定与实施就业见习计划不能仅是人力资源和社会保障部门的职责，各个高校都应当负有一定的责任，应当共同参与、共同制定与共同实施就业见习计划。

　　高校应当将"就业见习计划"纳入学校常态化的培养方案之中，将短期年度"计划"改变为中长期的发展目标与"规划"，制订本校的专门的就业见习培养方案，以克服学校就业见习计划临时性和短缺化之弊端。

　　高校的就业见习培养方案可分为两大类别：一是在校应届大学生的就业见习培养方案，二是已经毕业离校未就业的往届大学生就业见习培养方案。前者可以与毕业实习紧密结合起来，将就业见习纳入教学实习之中；后者应当没有任何疑义，可行性较大，但是需要学校转变观念还需要与见习单位和政府相关部门进行协商与协调，不能仅由学校一方"闭门造车"。

　　日本的就业见习制度比较成熟，新世纪又将职业见习制度（即就业见习制度）作为大学教育内部改革的新举措，将职业见习制度作为新型教育方法，很多大学开始把职业见习制度作为课程的一环来实施，课程设置也从重视专业教育转向注重实战能力。[①] 我们可以借鉴日本的经验，从大学教育改革之大学课程设置中固化与强化就业见习制度，将就业见习作为大学的常态化育人方案。

　　在校大学生的就业见习培养方案可以有多种选择：一是纳入思想政治课，在高校的思想政治课中明确就业见习的重要意义，对大学生进行就业观与择业观教育，从思想观念上改变大学生对就业见习的看法，为今后亲身参与就业见习奠定思想基础。二是纳入就业指导和职业规划课，我国目前高校都开设了就业指导和职业规划课题，但是，其内容比较抽象而枯燥，许多学生对之兴趣不大，往往只是为了方便获得学分，如果将就业见习纳入进去，不仅可以丰富教学内容，还可以提升学生的兴趣，更可以提升课程的实践价值与意义。三是在专业课中的"课程思政"中融入就业见习元素，丰富课程思政的内容和实践功能。四是在劳动教育课程中融入就业见习，就业见习本身就是一种理论与实践相结合的尝试性劳动，不仅可以为就业做准备，还可以培养大学生的劳动观念和锻炼并提高劳动能力，进一步增强就业能力。五是将就业见习与教学实习或见习有机整合。就业见习方案不仅需要实现校内以上各种方式的融通，还需要学校与校外的就业见习单位或见习基地进行沟通与不断优化，将校内就业见习方案与见习单位紧密联系起来，打通教学见习、毕业实习与就业见习的融通之路，共同为大学生就业服务。

四、提高补贴和见习生待遇

　　就业见习虽然不是劳动关系，但是，我国目前的就业见习政策基本上都规定了

---

① 　乐燕子：《日本职业见习制度对中国的启示》，载《陕西师范大学学报》（哲学社会科学版）2007 年第 S2 期。

见习生应当享有应当的劳动报酬即见习工资或补贴，这样的规定非常值得肯定，充分展示了就业见习与就业一样都是一项关系重大的民生工程，如果没有见习工资或补贴就难以直接体现其民生工程的价值，而且如果见习报酬太低，也同样难以体现，而且还有侵犯公民平等权如同工同酬权与非歧视之嫌疑。因此，提高见习生的劳动报酬和保险待遇完全符合法理，也是民生之需。

《海南省就业见习基地管理暂行办法》明确规定：就业见习工资不得低于当地最低工资标准，政府鼓励提高见习工资标准，按月支付见习人员见习工资，并在支付见习岗位工资之日起 30 日内，向当地就业局申请就业见习补贴。政府还按照每人每年 100 元的标准承担就业见习人员的人身意外伤害保险。要求有条件的见习单位为见习人员购买住院医疗保险等其他商业保险。①

根据深圳市专门下文《关于调整提高就业见习补贴标准的通知》提高了就业见习补贴标准：自 2016 年 10 月 1 日起，本市普通高等学校、职业学校和技工院校离校两年内未就业的毕业生（含户籍及非户籍）的就业见习补贴按照每人每月 2 500 元的标准执行，其中见习单位按照最低工资标准的 30% 承担，余下部分由政府承担。用人单位承担 708 元，政府承担 1 792 元。对见习期未满即与见习人员签订劳动合同的，给予见习单位剩余期限见习补贴政策延续至 2022 年底。就业见习补贴采取事后补贴方式，每名见习人员补贴期限累计最长不超过 12 个月。②

天津市将见习生活费补贴提高至每人每月 1 744 元，对见习后直接录用的企业，给予每人 3 000 元的一次性奖励。③

2022 年 7 月河南省人力资源和社会保障厅、省教育厅等十部门联合印发《关于实施梦想启航河南省就业见习岗位募集计划的通知》，特别提出三项支持政策，其中第一项是补贴支持。其具体规定是：对离校 2 年内未就业高校毕业生和 16 ~ 24 岁失业青年见习期间，由见习单位提供基本生活费，并办理人身意外伤害保险。政府对见习单位给予就业见习补贴，补贴标准为当地最低工资标准的 70%；对留用见习期满人员比例达到 50% 及以上的，补贴标准提高到当地最低工资标准的 110%；对见习期未满与见习人员签订劳动合同的，给予见习单位剩余期限见习补贴政策延续至 2022 年底。④

江苏丰尚智能科技有限公司就业见习工作搞得比较好，其中一条成功经验就是

① 《海南省就业见习政策解读》，载《海南日报》2019 年 12 月 14 日第 A03 版。
② 魏薇：《深圳高校毕业就业见习补贴每月可领 2500 元》，https://baijiahao.baidu.com/s? id = 1737867526 034476411&wfr = spider&for = pc，发布时间：2022 年 7 月 9 日，访问时间：2022 年 7 月 31 日。
③ 武自然、商瑞：《用好见习机制畅通就业渠道》，载《经济日报》2021 年 10 月 12 日第 12 版。
④ 《等你来！河南募集 10 万个见习岗位！》，https://www.163.com/dy/article/HDHT02HU051496JG.html，发布时间：2022 年 7 月 30 日，访问时间：2022 年 7 月 31 日。

通过提高见习工资而增加吸引力。该公司 2021 年共有 150 人参与就业见习，公司通过将原来的就业见习工资每月的 4 400 元提高到了 5 800 元，这对于中高端人才具有一定的吸引力。[1] 该公司原来的就业见习工资为 4 400 元，就已经算是比较高的，现提高到 5 800 元，可能在全国都是比较高的了，这对提高就业见习的吸引力具有重要意义。

2022 年 6 月 30 日，安徽省人民政府印发《深化高校学科专业结构改革服务产业创新发展实施方案（2022～2025 年）的通知》，其中规定"每年从高校遴选 1 万名工科大学生到企业见习 6 个月，每人给予最高 1 万元补贴"。[2] 安徽省的见习补贴最高 1 万元，按照 6 个月平均计算为每月约 1 700 元，也不算高，但是，如果再加上见习单位支付的见习工资，应该还算不错。该政策的不足是仅仅针对工科大学生，文科大学生毕业落实率本来就低于工科，他们更需要就业见习与提高见习待遇。

江苏省是高教大省，2022 年省财政拿出"真金白银"，开展"五万就业见习岗位募集计划"，鼓励中小微企业和服务业企业积极申报就业见习基地，按规定兑付就业见习补贴资金，对留用率超过 50% 的，每留用一人给予 1 000 元一次性奖励补助。截至 2022 年 5 月底，全省发放就业见习奖补资金 0.35 亿元，帮助 1.92 万名青年找到见习岗位。南京工业大学土木工程学院学生在中铁五局"南京地铁 6 号线"项目部见习，见习期间可以拿到每月 2 000 多元补贴，如果签约就业，还要奖励性补贴，每月工资待遇能达 7 000 元左右。[3] 这样的见习待遇比较符合见习生的预期，还为就业积累了实践经验；同时也表明，采取提高对见习单位的见习补贴与提高见习生的待遇之"双管齐下"措施，才是促进大学生就业见习的最佳良策。

五、以访企拓岗促就业见习

为了贯彻落实党中央、国务院关于高校毕业生就业工作的决策部署，开拓更多就业创业岗位和机会，落实就业"一把手"工程，教育部决定开展全国高校书记校长访企拓岗促就业专项行动。《教育部 办公厅关于开展全国高校书记校长访企拓岗促就业专项行动的通知》要求在 2022 年 3～8 月，全国高校党委书记、校（院）长，以及校级领导班子成员到用人单位大走访，创建全员联动促就业的新机制，自

---

[1] 扬人轩、陈高君：《我市见习培训留用率超 65%》，载《扬州日报》2022 年 1 月 14 日第 2 版。

[2] 《这个省重磅官宣："3 年内就业率未达 60% 的专业停招"！多个文科专业"高危"，工科最受宠》，https：//www. sohu. com/a/574042465_115362? spm = smpc. home. learning – news. 1. 1659577165589D4DKZsO，发布时间：2022 年 8 月 4 日，访问时间：2022 年 8 月 4 日。

[3] 王梦然、王静、李晞：《打好"组合拳"，稳岗扩岗促就业》，载《新华日报》2022 年 7 月 6 日第 2 版。

此，"访企拓岗"成为了 2022 年的一个新热词。笔者认为，其中具有前瞻性的规定是：一是将高校就业促进工作纳入了"一把手"工程，将高校的书记、校长及校领导班子作为了就业促进的第一责任人；二是将实习明确纳入了访企拓岗重要内容之一，将高校实习工作与就业促进和访企拓岗密切关联了起来，访企拓岗任务之一是"建立一批毕业生就业实习实践基地，为毕业生创造更多实习和就业机会"；三是要求以社会需求为导向，改革学校育人方案，增强人才培养的针对性和适应性，明确要求查找学校学科专业设置、人才培养、就业服务等方面的短板，充分吸收用人单位的意见，为学校学科专业调整、人才培养方案制订、招生计划安排和就业指导服务提供依据。

高校领导访企拓岗具有重要意义，将为高校就业促进工作开创新局面。高校书记、校长"走下去"更能发挥"指挥棒"作用，并带动全校促就业力量"动起来"。[①] 访企拓岗正式开始成为我国高校就业促进的重要举措之一，其"访企"之最为有效与最为捷径的路径就是"访实习单位"，学校既可以了解与推动实习工作，又可以促进就业，又将会是一个双赢局面，因此，"访企"的对象不仅是企业，还包括其他用人单位和所有接纳实习学生的单位；"拓岗"应当紧密关联实习岗位，这样才能将此"岗"与就业之"岗"形成良性互动，既完成了访企拓岗任务，又实现了就业促进目标，可谓一举多得。

据初步统计，全国高校书记、校长访企拓岗促就业开展以来，已有 2 169 所高校走访用人单位 5.8 万家，新增就业岗位 114.9 万多个、实习岗位 44 万个。[②] 广东开展活动以来，已有 140 所高校书记、校长通过线上线下方式走访 5710 家用人单位，促成新增就业岗位 7.6 万个，实习岗位 4.3 万个，达成实习实践基地合作意向 3 431 项。[③] 从这些数据上看，访企拓岗已经初见成效，特别值得一提的是拓展的实习岗位有 44 万个，占就业岗位的 1/3 以上，广东省拓展的实习岗位占比已达 57%，比例更高。这些从实践说明访企拓岗与实习、就业和就业促进都有着十分紧密的关联性，实证了高校实习与就业促进的高度契合，不仅是高校就业促进工作的创新性举措，还是大学生实习见习的基本目标和价值追求，必将有力助推实习活动的新发展，毕竟高校的领导开始深入"一线"了解实际情况，并将实习工作上升到了"一把手"工程层面，"指挥棒"在实习中的作用将得到更加充分的发挥，"重科研轻教学轻实习""重就业轻实习"等积弊有望破解。

"访企拓岗"虽然成效显著，成为了大学生就业与就业见习的强大"助推剂"，

---

① 周世祥：《校长书记"访企拓岗"，推动用人、育才精准匹配》，载《光明日报》2022 年 4 月 2 日第 14 版。
② 《做实做细就业指导服务》，载《人民日报》2022 年 6 月 19 日第 5 版。
③ 刘峣：《冲刺就业季，高校搭好桥》，载《人民日报》（海外版）2022 年 6 月 16 日第 9 版。

但是，还有一些需要改进的地方：一是此专项行动应当明确将就业见习纳入进来，应当将之与就业促进都作为高校领导的基本职责，压实其就业促进之主体责任，并纳入常态化的领导考核与年度测评之中；二是将高校领导"访企拓岗"常态化与扩大化，访企拓岗不能仅仅是临时性的工作，应当常态化，应当作为高校领导的重要职责之一，扩大化是指访企拓岗的访问主体的扩大，应当由校领导扩大到全校所有的行政干部，但不包括专业教师，因为他们的主要任务还是教学和科研，扩大的第二个内容是访问对象的扩大，不能仅仅停留在企业，还应当包括所有的能够为就业和就业见习提供岗位的单位或社会团体，这样才能破解就业见习岗位严重不足的现实困局。

高校"一把手"访企拓岗还是高校加强外联、拓展校外合作与融合之广深性的重要路径之一。访企拓岗具有重要引领意义，它不仅是为了促进大学生就业之具体目标，还是高校及领导重视就业促进工作之思想观念上的改变与引领，只有高校及领导充分重视了就业工作，才可能形成合力，有效破解"就业难""实习难""就业见习难"等困局。

高校"一把手"访企拓岗是促进校外合作、就业促进和就业见习的"良方"，今后的主要任务与关键是如何使之常态化及如何向纵深发展。

访企拓岗的职能应当向多元化拓展。访企拓岗的直接职能是就业促进，解决大学生就业问题，但是，它还有其他职能，主要包括加强校企交流合作与融合，了解企业人才需求而改进学校培养方案等职能，而就业促进是刻不容缓的当务之急，它主要包括拓展实习实训基地和就业见习岗位。

访企拓岗的主体应当向多元化拓展。访企拓岗是教育部规定的就业"一把手"工程的具体化，其实施主体是高校的书记和校长，包括其他学校领导都必须收入企业扩展就业促进工作，高校与企业双方"一把手"的对接与对话，就是为了就业提升解决大学生就业工作的重要性与紧迫性，供需双方领导的高度重视，是解决"就业难"的基础和保证。仅有"一把手"对接与对话还是不够的，毕竟"一把手"数量有限、时间和精力也有限，这就需要将访企拓岗的主体扩大化，扩大到院系的主要负责人，最好还要扩大到所有的行政管理人员特别是党员，将其作为时下正在开展的"党员干部下基层察民情解民忧暖民心实践活动"的重要措施，行政管理人员访企拓岗还是有效克服高校"行政化"问题和反对官僚主义的路径之一。但是，此工作可以不必考量扩大到专任教师，因为，专任教师还有重要的教学与科研任务，毕竟教学与科研也是高校育人的重要目标，是就业促进的间接而不可或缺的基础保障。

访企拓岗对象应当向多元化拓展。"访企"不能仅仅限于企业，更不能仅仅限于大型国有企业，还应当向中小微企业和私营企业拓展；不仅是企业，应当向社会其他组织和团体拓展；不仅要面向城市企业，还要面向广大的农村及乡镇企业，农村大有作为。访企拓岗必须克服高校领导只到著名企业"访企"，还要走向基础和边远地区，不断带头将访企拓岗对象扩大化，以防止领导"作秀"。

访企拓岗还应当从制度上将其常态化。笔者建议：一是将访企拓岗纳入高校的发展规划并写入大学章程之中；二是作为高校领导年度考核的重要指标，将其作为年终述职的重要内容之一；三是作为高校干部晋级晋职的重要参考，访企拓岗成绩显著的优先提拔重用；四是将访企拓岗与学校的各种奖励措施结合起来，从精神和物质两大方面进行奖励；五是将访企拓岗工作重心前移，将其前移到学生实习特别是毕业实习与见习阶段，使之与就业见习紧密结合起来，进一步推动高校学生实习与就业见习工作，为就业奠定良好基础。

第十一章　实习考核制度

第一节　实习考核的现状与问题

实习考核就是对实习活动的成效进行评估与考察，对实习活动中的各种主体进行绩效考核。实习考核关系到教学实践活动的质量与评估问题，不仅直接关系到学生之理论与实践相结合的学习成效，还是培养学生从事社会劳动的开始，更是培养崇尚劳动、热爱劳动、培育工匠精神的第一步。实习考核具有重要的价值和意义，不容忽视。实习制度中应当将实习考核制度作为重要的制度之一，从制度层面引导和保障实习的评估考核。

我国目前的实习活动由于实习体量和数量都极其庞大，"实习难"成为了一直难以有效破解的难题，加之，实习制度的严重缺失，实习参与主体观念上的认识不足，实习考核制度也是严重缺乏，多种原因叠加而导致了实习考核的虚无化和形式化，严重制约了我国的人才培养，成为了我国"大国工匠"培育的一大障碍。因此，研究并探寻克服实习考核中存在的问题，具有重要的价值和意义。

我国目前实习考核的主要现状与问题可以概括为两大方面：

一是宏观制度层面上。实习考核制度严重缺失，既无正式的法律制度，也无行政法规和部门规章；既无国家层面的统一考核评价制度或者评价体系，又缺乏各地教育部门的专门实习考核制度，还严重缺失实习派遣学校和实习单位之具体的实习考核制度或评价指标体系，实习派遣学校和实习单位的专门实习考核规章制度更是稀缺。总之，实习考核制度从上至下都严重缺失，无法从制度上引领和保障实习之考核。

二是微观考核层面上，各个实习派遣学校（含学徒派遣学校）和实习单位对实习考核都还存在着许多具体问题，可以简单概述为"走过场"式的"重结果轻过程"形式化考核，实习考核严重"虚无化"，缺乏实质性的全过程和全员参与的考核（全部实习关系参与主体）。其具体表象可以概括为五大方面：第一，缺乏全过程的实习考核；第二，缺乏实习单位参与的考核；第三，缺乏对实习导师的考核；第四，对实习派遣学校的考核简单粗略化；第五，实习考核内容缺乏体系化。

一、缺乏全过程的实习考核

我国目前的实习考核具有严重的形式正义，缺乏实习全过程的考核或评估。所谓"头重脚轻"是指注重"寻觅"实习单位和实习派遣，而不重视实习过程管控和实习结果评价，实习考核往往只是要求实习单位和实习导师在实习学生的实习报告上"签字"，并最终给予实习成绩即分数或等级，实习学生就可以获得相应的学分，这样就算完成了实习活动。实习指导教师也几乎完全没有到实习单位进行过全过程的指导和考察，往往只是凭借学生的实习报告而判定实习成绩；实习学生也仅仅注重最后的实习报告，有的甚至几乎没有真正到实习单位去认真实习，只是到了最后才到单位签字盖章，更有甚者，有的学生根本没有实习过，完全是"虚假"的实习，有的甚至连实习单位的签字盖章也是假的。正常情况下的实习考核都是如此，在新冠疫情和后疫情时代更是如此，加之网络远程实习还一直是新生事物，线上教学几乎就完全没有听说过线上实习一说，为了学生的安全和能够顺利毕业，更不会认认真真地进行实习和实习考核，"虚假实习"的理由和考核也更加充分。因此，实习考核具有极大的随意性，甚至是虚假性，并无实质性的考察指标体系或者是评分标准，更勿谈对实习全过程的考察与评估，这种现象已经非常普遍并已经成为一种"熟视无睹"的"明"规则。

我国目前实习活动搞得比较规范的是职业技术院校，其中的顶岗实习是比较成熟的实习类别。顶岗实习的考核同样也普遍存在上述问题，缺乏全过程的实习考核。

我国大多数高职院校对顶岗实习的考核方式是：实习鉴定加实习报告，其中，实习鉴定由实习单位导师填写，加盖单位公章；实习报告则由学生自己撰写。其最大缺陷是无论实习鉴定还是实习报告，都仅仅是结果的考核，注重的是实习鉴定或实习报告的形式化内容，而忽视了整个实习过程之考核。[①] 高职院校之顶岗实习的

---

① 费婷婷：《高职学生顶岗实习过程考核制度的建立》，载《职教通讯》2013 年第 8 期。

考核办法也已经成为了我国普通高校实习考核的基本模式，二者的共同之处还表现在都忽略了实习过程之考核，考核结果都难以克服严重的形式化缺陷。

多数高职院校对顶岗实习的考核内容是实习日志、实习总结、实习单位鉴定，既缺少对顶岗实习岗位工作胜任能力、团队协作精神等内容，又缺少学校对顶岗实习安排与管理方面的评价，难以全面考核评价顶岗实习效果。有些学校的考核只要求学生在实习结束后上交实习日志和实习单位鉴定即为合格。[①]

我国现行的顶岗实习考核现状和问题是既不完善也不严格，由于顶岗实习的特殊性，许多高职院校的考核比较粗放，缺乏行之有效的考核量化标准。顶岗实习往往只有实习单位的一张实习鉴定表就可以认定为合格，基本流于形式；实习教师也很少关心实习学生的实习过程，许多学生常常脱离实习岗位，外出找工作，造成了实习单位的不满，还影响了实习单位今后对实习学生的接收。[②]

我国目前的唯一"实习大法"《职业学校学生实习管理规定》第四章专门设置了"实习考核"（第二十八～三十一条），其最大不足是该考核规定非常粗糙简单，只有 4 个条文，其中只有前两个条文即第二十八条和第二十九条，是关于实习考核的规定；其他两个条文都不是考核规定：后面一个条文即第三十条是关于实习学生违规处理的规定[③]；第三十一条是关于实习材料归档管理的规定[④]，这两个条文根本就不是实习考核规定。该规定第二十八条原则要求各职业院校之跟岗实习和顶岗实习应当明确考核标准，细化考核方案，确定考核评价方式。[⑤] 该原则性要求仅仅是针对职业技术院校之跟岗实习和顶岗实习，而遗漏了另外一种常见的实习类别——认识实习；该规定第二十九条规定了实习考核的一般办法是：将跟岗实习和顶岗实习的考核结果以学分制形式纳入实习学生的学业成绩；其实习成绩按照优秀、良好、合格和不合格四个等级；合格以上等次者，方可毕业。[⑥] 此考核办法同样遗漏了认识实习；另外一大缺陷是仅仅规定了结果考核，并没有规定实习之过程考核。该实

① 赵宝芳、孙百鸣、刘立戎：《高职学生顶岗实习考核评价体系的构建》，载《成人教育》2012 年第 7 期。
② 刘晓刚：《破解难题健全顶岗实习考核机制》，载《中国高等教育》2008 年第 10 期。
③ 《职业学校学生实习管理规定》第三十条规定："职业学校应当会同实习单位对违反规章制度、实习纪律以及实习协议的学生，进行批评教育。学生违规情节严重的，经双方研究后，由职业学校给予纪律处分；给实习单位造成财产损失的，应当依法予以赔偿。"
④ 《职业学校学生实习管理规定》第三十一条规定："职业学校应组织做好学生实习情况的立卷归档工作。实习材料包括：（1）实习协议；（2）实习计划；（3）学生实习报告；（4）学生实习考核结果；（5）实习日志；（6）实习检查记录等；（7）实习总结。"
⑤ 《职业学校学生实习管理规定》第二十八条规定："职业学校要建立以育人为目标的实习考核评价制度，学生跟岗实习和顶岗实习，职业学校要会同实习单位根据学生实习岗位职责要求制订具体考核方式和标准，实施考核工作。"
⑥ 《职业学校学生实习管理规定》第二十九条规定："跟岗实习和顶岗实习的考核结果应当记入实习学生学业成绩，考核结果分优秀、良好、合格和不合格四个等次，考核合格以上等次的学生获得学分，并纳入学籍档案。实习考核不合格者，不予毕业。"

习考核规定既缺乏实习考核的具体规定，又没有可操作性，更无全过程的考核规则，难以称之为真正的实习考核制度。因此，我国现行职业技术院校之实习考核规定还存在许多问题，可以将之概括为六大缺陷：一是仅仅是针对职业技术院校，不能适用于高等学校；二是仅仅是跟岗实习和顶岗实习两大实习类别，而无其他类型的实习，如认识实习，更无其他重要类型的实习如生产实习、医学实习等；三是没有规定学徒关系的实习，因为学徒本身应当属于广义的实习范畴，学徒活动的考核也应当纳入实习考核的基本范畴；四是缺乏实习考核之过程考核规定，只有实习结果之考核；五是缺乏具体的量化考核评价指标体系；六是考核主体不全面，实习考核仅仅是针对实习学生的考核，缺乏对实习全部主体的考核，既没有对实习派遣学校和实习单位的考核，也无对实习指导教师或师傅的考核。

以上的实习考核规定，也是我国职业院校实习考核严重虚化和形式化的重要制度性原因之一。没有顶层的实习考核制度设计，下面具体的实习考核就没有参照标准，并直接导致了我国职业院校实习考核的严重缺陷，其顶岗实习之考核当然也难逃此窠臼。

二、实习单位考核特别弱化

实习单位考核包括两大内容：一是实习单位参与的考核，二是实习单位被其他机构考核评估。目前，这两大考核都非常弱化，特别是对实习单位的考核评估几乎完全缺位。

（一）实习单位参与的考核

实习接收单位是实习活动中最为重要和最为直接的主体，是实习考核中具有最为重要话语权的考核主体，因此，对实习学生的考核不能缺少这一关键主体。但是，现实中却不然，实习单位参与实习学生考核的力度非常小，难以深入参与实习考核。

我国现行实习单位参与实习考核的基本做法就是由实习单位出具学生参与实习的证明，该证明材料包括了实习单位的鉴定意见，并由实习单位签字盖章，实习学生以此作为参与实习的证明，并作为实习考核的依据，也是学校（教师）进行实习考核成绩评定的直接依据，甚至是学校的实习教师不用到实习单位去考察和考核，就仅仅凭借实习单位出具的实习证明或鉴定直接判断实习成绩，导致了实习考核的随意性。

以我国最为成功的顶岗实习为例，实习单位参与实习考核的基本方式就是出具实习鉴定。表面上看，传统的考核方式是将企业的实习鉴定作为考核依据，这就充分体现了企业（实习单位）在顶岗实习中的重要地位；但是，从实际操作来看，实习鉴定报告只能代表指导老师对学生的评价，并不能全面客观地反映实习单位的考核意见，即此种考核方式，指导老师个人的意见往往代替了企业对员工的考评标准，实习单位的考评标准并不能完全反映在鉴定报告上，一方面没有全面表达企业对实习学生的评价，另外一方面也不利于学生了解实习单位的考评标准。[①]

如此一来，实习单位参与实习考核的主要方式就是出具一份实习证明包括实习鉴定，其他具体的实习过程考核都被严重淡化，即实习单位参与实习考核的唯一表现形式就是一纸抽象而难切实际的实习证明或鉴定，并无其他要求。这也是导致"虚假实习"和虚假考核的重要诱因之一，更易产生所谓对实习单位没有影响或者降低实习成本。

实习单位参与实习考核应当以其深入地参与实习活动的全过程为基础和逻辑前提，而不能仅仅是最后的实习结果之简单的证明或检定，即实习考核之结果考核应当以实习过程为基础，没有过程考核就没有结果考核；实习结果考核是实习全过程的自然延伸，不能仅仅注重结果而忽略了一般过程。实习单位应当正确认识并处理好过程考核与结果考核之辩证关系，过程是考核之"前因"，结果只是考核之"后果"；实习考核不能只是实习单位之一纸证明或鉴定。否则就是"无因之果"；就会严重偏离考核目标和考核之价值追求。而目前的现实问题就是许多实习单位都没有处理好实习考核之过程与结果的基本逻辑关系，从而导致了实习单位参与实习考核的形式化而缺乏深入参与之问题。

（二）实习单位被考核与评估

我国目前对实习单位的考核评估极其缺乏，成为了实习考核中的最大问题之一。由于实习单位多种多样，既有各级政府及其职能部门，还有企事业单位和各种类型的社团组织，还有各类社会服务场所和社会实习基地等，这就给对实习单位的考核评估带来了极大困难，从而造成了目前对实习单位进行实习工作考核评估的严重边缘化。具体表象有：一是各级政府及部门在思想上观念上都没有对此考核评估重视与关注，观念上的偏差必然导致实践工作的极其弱化与边缘化；二是考核评估机构缺乏，考核机构难以明确，是由其上级主管部门考核评估，还是应当由统一的专门机构牵头组织，其他单位积极参与配合；三是考核评估内容即考核评估的具体指标体系没有建立，对实习单位实习工作的绩效考核几乎完全空白；四是没有与单位评

---

① 费婷婷：《高职学生顶岗实习过程考核制度的建立》，载《职教通讯》2013 年第 8 期。

优评级相关联，实习考核评估无关紧要而可有可无。

三、缺乏对实习导师的考核

实习导师在实习活动中扮演着重要角色，他们既是组织管理者和监督者，又是直接参与者，实习导师分为两大类别：实习派遣学校的指导教师和实习单位的指导老师（师傅），其中学校的指导教师还负有"带队"职能，因此，又称为实习带队教师。实习考核不能只考核学生，还应当对实习导师进行考核，但是，实践中，我国的现状和问题是缺乏对实习导师的考核，实习派遣学校和实习单位都没有将指导教师纳入考核范畴。

实习导师缺乏考核的主要原因是：

一是思想观念的偏差。派遣学校和实习单位领导在实习理念上都还存在着较大的偏差，从而导致对实习活动的重视程度极其不够，一般都认为只要将实习学生派遣下去和安排实习岗位就已经非常不错了，而对实习导师而言，只要能够安排一些实习就可以了，至于考核则认为没有必要。

二是稀缺资源的影响。对实习单位的实习导师而言，也与学校类似，实习单位的绩效考核也往往与实习无关，指导实习学生常常是义务责任远远大于权利，没有人愿意带实习学生，加之，实习学生数量偏大，导致实习单位的实习导师（师傅）严重短缺，如果还要再进行考核，将更无人愿意当实习导师，因此，实习单位也与实习派遣学校一样，"得过且过"而不对实习导师进行考核，更勿谈绩效管理。

三是缺乏实习激励机制。无论是实习派遣学校，还是实习单位，实习导师的工作量都非常有限，实习劳动难以真正得到学校和实习单位的承认，与激励机制缺乏相对应，就难以形成有效的考核机制，因为权利和义务是对等的关系，单位缺乏关于实习的激励机制，必然导致实习导师的缺乏，进而影响到考核；缺乏有效的考核（包括绩效管理），也反过来影响实习导师的参与积极性，使得实习导师更加缺乏，从而形成非良性循环。

四是缺乏专门的考核机构。对实习活动进行考核，首先必须解决考核机构问题，即解决由什么机构对实习活动进行考核。我国目前的实习考核现状是，无论是实习派遣学校，还是实习单位；也无论是对实习学生，还是对实习导师，一般都没有专门的实习考核机构。学校对实习学生的考核主要是由教学运行部门承担，高等学校一般由教务处或本科生院负责对实习学生的考核，其考核也只是负责实习成绩，现在都由教学管理系统自动完成，难以说成是真正的考核。实习学生的实习成绩登记过程是，先由指导教师根据学生的实习报告和实习单位的实习证明或鉴定，给出实习成绩（分数或等级）评定，绝大多数的指导教师都没有真正参与实习活动，而仅仅参照一纸报告或证明而判定实习成绩，再由其直接输入教务管理系统，这样就完成了对实习学生的考核。

四、对派遣学校考核简单化

我国目前的实习考核对象主要为实习学生，普遍缺乏针对实习派遣学校和实习单位的考核。实习派遣学校和实习单位都是实习关系中不可或缺的重要主体，因它们是实习活动的组织者和管理者，现在都还没有真正纳入实习考核的范畴，对其都还缺乏专门的实习考核。不过，相比较而言，对实习派遣学校的评估考核又略微好于对实习单位的考核。

我国不是没有国家层面的对实习派遣学校的实习工作的考核，而是考核太过于简单和粗略化，缺乏专门而系统的考核。教育部对各个高校虽然有一些评估考核，如本科教学评估、专业评估论证、学科评估、新工科和新文科建设等，但是，都仅仅是将实习（实训）作为一个权重非常轻的三四级指标，并且非常简单粗略，并无对各高校专门的实习评估考核。对实习单位之实习工作的评估考核更是严重缺失，几乎完全没有机构对其进行评估考核，就像教育部那样将实习评估考核"湮没"于其他形式的评估考核也没有，可以说对实习单位的实习工作的评估考核还完全是空白。相比较而言，对实习派遣学校的实习工作的评估考核还是远远强于实习单位的，但是，实习派遣学校之实习评估考核还存在许多问题。

（一）本科教学评估之实习考核的现状与问题

我国对各个高等院校综合评估考核的基本途径是"本科教学评估"。它也是教育部组织的对高校的最为重要的官方考核与评估方式，具有比较成熟的评估考核指标体系。

我国大规模的高校教学评估始于扩招之后的 2003 年，2003 年从上海大学开始，到 2008 年结束，一共评估了 589 所学校。这一轮评估对于扩招后的本科教学、改善办学条件、提高教学质量等都起到了重要的促进作用；但是，因其评估标准单一、方法简单而受到不少诟病。[1] 此轮评估中的指标体系中有关实习（实习实训）方面

---

① 瞿振元：《本科教学工作审核评估的常态化建设》，载《重庆高教研究》2020 年第 3 期。

的评价指标放在第 4 项的一级指标"专业与课程建设"中的第 3 项的二级指标"实践教学"之中，其中的"实习实训"为四个三级指标之一，其他三个三级指标为实验教学、社会实践和毕业论文（设计）与综合训练，"实习实训"主要是考察实习实训教学基地、实习实训经费、实习实训时间和效果等。表面上看，评估指标中并没有缺少"实习"，但是，实质上，实习的评估指标不仅不是一级指标，也不是二级指标，只是三级指标；并且在三级指标中也只排名第二，因此实习之权重非常不够；其具体考核内容即四级指标较为简单，主观评价成分较大；对学校的实习考核指标主要是基地数量和经费投入，完全缺乏对实习过程的考核；还缺乏对实习师资力量的考核。

2010 年开始新一轮评估，评估依据是《教育部关于普通高等学校本科教学评估工作的意见》，其明确提出了"五位一体"的新评估方案，要求以学校自我评估为基础，以院校评估、专业认证及评估、国际评估和教学基本状态数据常态监测为主要评估内容和形式。本轮通过对 630 余所高校的评估，效果得到了普遍的肯定，普遍认为这种评估是平静的评估、管用的评估。但是，还有人认为审核评估偏软，利益相关者参与度不高；信息技术、大数据等方法还用得不够充分；评估结果的公开程度以及使用不足等问题。①

新一轮的审核评估体系完整、理念先进、标准得当、方案科学、组织有力、纪律严明、培训到位、成效显著，促进了高等教育的内涵发展和质量提升，受到了高教战线和社会各界的高度评价。345 位审核评估专家中，有 71% 的专家对审核评估理念、科学方案予以肯定，72% 的专家对审核评估方式方法予以肯定。②

评估专家组对 357 所高校本科教学的审核评价意见统计表中，对"培养过程"的"实践教学"评估中，值得肯定的高校比例为 61.62%，而需要改进的高校占比高达 67.51%。③ 我国本科教学评估或审核评估，都还一直没有真正考量实习问题，无论是教育部的评估办法即考核评估的部门规章，还是各方面的评估专家之改进建议，都缺少"实习"评估之明确规则和改进建议，如此现状与问题确实值得我们反思。

从对这几轮的本科评估的批判意见来看，很少有关于实习方面的意见，而此类意见恰恰是评估中的最为重要的"短板"，由此亦可见实习在评估中的地位和价值。

从我国高校已经搞过了的几轮全国范围内的本科教学评估看，本科教学评估具有官方性、全面性和权威性等重要特色，对各个高校的办学理念、办学过程、办学

---

① 瞿振元：《本科教学工作审核评估的常态化建设》，载《重庆高教研究》2020 年第 3 期。
②③ 陆根书、贾小娟、李珍艳、牛梦虎、徐菲：《全国普通高校本科教学工作审核评估：成效、问题与发展策略》，载《大学教育科学》2020 年第 2 期。

效果、人才培养、社会影响力等方面都是一次比较全面的考查和检验；同时，考核除了具有正面和"正向"的积极引导作用外，它可以充分发挥考核的"倒逼"和"反推"功能，对各个高校的未来发展也具有很大的"反推"促进作用。因为这样的综合评估不是搞一次就完了的，还有后续的新的一轮的考核，各个高校都"被迫"积极改进其所存在的问题，否则将直接影响到新一轮的考核，还将直接影响到学校的排名，更将影响到学校之"双一流"建设目标和任务。故而，无论从正面和"正向"引导上看，还是从"倒逼"和"反推"促进上看，我国的本科教学评估具有相当大的价值和意义，应当值得充分肯定。

我国的本科教学评估也还存在一些不足，主要是形式主义比较严重，"千校一面"的评价指标体系更是一直遭到社会各界的诟病。存在"一把尺子量天下"等问题。[①] 有专家指出：在评价的内容和重点上，应当更加注重教学工作的实体内容，对教学工作的核心部分，诸如教学内容、教学过程、学生学习体验、学生发展等应当重点审核评估；同时，特别是在教师队伍建设、教学条件改善、实践基地建设等相对薄弱的环节，可根据实际情况予以强调。[②] 评估考核还不能对"薄弱环节"仅仅是"强调"，还应当直接纳入评估考核的重点；特别是不能遗漏或"淡化"与"弱化"实践教学环节的实习；也不能模糊或抽象地将实习评估考核指标"湮没"于其他指标之中，而是应当单独而非常明确地将实习列为定性和定量的指标体系；还应当改变现有的评价指标体系，至少应当将实习作为一级指标或二级指标进行比较细致的考察，并要加重其权重。

笔者认为，本科教学评估最大的不足之处是缺乏对实习活动的全面而有效的考核。本科教学评估的评价指标体系一直都缺少关于实习的详细评估内容，更勿谈实习考核评估的科学而系统的评价指标。

国家本科教学评估或审核评估都遗漏或缺乏有效考核学校的实习工作，必然易于造成恶性循环，势必进一步加大各个高校对实习活动的不够重视；进一步，也必然导致各个学校的实习活动更加被边缘化。笔者认为，国家本科教学评估虽然从总体上值得肯定，但是，其没有将教学中最为重要的实践环节——实习有效纳入主要的评估考核指标体系，应当引起教育部和各个学校的高度重视，并充分研究改进评价指标体系，还实习应有"一席之地"，从而达到实习考核正面和"正向"的引导作用，也可以发挥考核的"倒逼"和"反推"促进作用，以期实现实习治理体系和治理能力的有效提升。

---

① 李延保：《高校教学评估的偏差与改进——从"重视本科教学"谈起》，载《河北师范大学学报》（教育科学版）2020 年第 2 期。

② 瞿振元：《本科教学工作审核评估的常态化建设》，载《重庆高教研究》2020 年第 3 期。

（二）专业评估（认证）之实习考核的现状与问题

我国教育部目前组织的"专业评估（认证）"工作正在全国高校开展得轰轰烈烈，成为了我国高校评估考核的又一重大举措。虽然它没有像"本科教学评估"那样的针对高校之全面的评估，而是仅仅针对高校的某一些专业，但是，它也得到了各个高校的普遍重视和认同，并都非常积极地开展各个专业的"专业评估（认证）"，再次成为了我国目前各个高校的主要评估考核工作之一。

高等教育之专业评估认证制度不是我国的首创，美国的高等教育认证制度比较发达，已经有150多年的发展历史，成为了美国高等教育的一大特色。美国的高等教育认证制度包括两大方面：一是院校认证；二是专业认证，其中院校认证是对学校整体的评估，只有获得了学校的认证资格才有资格申请专业认证。[①]专业认可工作一般由专门职业团体或其授权的专业评估机构组织进行，一般由学校、工业界及其他相关方面人员共同组成，他们对专业有深刻的认识，因而更具发言权。[②]

我国于2004年成立教育部高等教育评估中心，现在各个高校几乎都设有专门的教学评估机构如"教学质量监控与评估处"，其编制为正处级单位，负责学校的评估考核事宜，也是各个高校专业评估认证的组织和领导机构。

我国目前搞得早并且比较好的专业评估认证是工程管理类专业，国家住房和城乡建设部专门成立了各个专业的评估委员会，如住房和城乡建设部高等教育土木工程专业评估委员会、给排水科学与工程专业评估委员会、建筑环境与能源应用工程专业评估委员会、工程管理专业评估委员会等。

我国目前的不同专业评估认证指标体系中，关于实习的指标体系同本科教学评估类似，都存在严重弱化和边缘化问题，实习工作的评估指标都非常简单，而且都没有独立存在，占比的权重也非常小，难以反映出各个专业的实习全貌。

下面以"土木工程""建筑环境与能源应用工程""建筑学""给排水科学与工程"和"工程管理类"四个专业为例，"解剖"我国高校专业认证之有关实习的评价标准和内容。

我国高校"土木工程"专业是评估认证工作开展非常早的专业，为其他专业评估认证提供了有益的实践经验和参考范式。自1993年以来，全国高校土木工程专业教育评估委员会已经对全国30多个高校的土木工程专业进行了专业评估，专业教育评估标

① 赵修渝、封丽娟：《美国高等教育专业认证制对我国专业评估的启示》，载《科技管理研究》2007年第8期。
② 李茂国、张志英、张彦通：《积极推进专业评估与认证引导工程教育协调发展》，载《高等工程教育研究》2005年第5期。

准包括教学条件、教学过程和教学质量三大部分，重点是教育质量的智育标准。①

《高等学校土木工程专业评估（认证）标准》（2017 年）之"通用标准"总的"课程体系"第 4 项评价指标是："工程实践与毕业设计（论文）（至少占总学分的 20%）。设置完善的实践教学体系，并与企业合作，开展实习、实训，培养学生的实践能力和创新能力。毕业设计（论文）选题要结合本专业的工程实际问题，培养学生的工程意识、协作精神以及综合应用所学知识解决实际问题的能力。对毕业设计（论文）的指导和考核有企业或行业专家参与。"② "支持条件"中的评价指标是："与企业合作共建实习和实训基地，在教学过程中为学生提供参与工程实践的平台。"③"补充标准"之规定是"实习含课程实习和专业实习，主要包括工程测量实习、工程地质实习、认识实习、生产实习、毕业实习等。"④"实践基地"指标是："有相对稳定的专业实习基地。实习基地所能提供的实习内容覆盖面广，能满足认识实习、生产实习和毕业实习的教学要求。"⑤ 由上可见，搞得比较好的土木工程专业评估认证，其中关于实习工作的考核也简单，权重和分值都非常低，实习与毕业设计（论文）一起的总分也不过占比为 20%，并且实习不仅没有成为一项独立的评估内容，既不是一级指标也不是二级指标，而仅仅是三级指标下的一个部分，可谓是一个小小的四级指标；不仅评价指标简略，而且还主要是主观上的抽象评价。概言之，该专业评估认证严重缺失对实习工作之评估考核。

"土木工程"专业评估认证是如此，其他专业也是一样。住房和城乡建设部高等教育"建筑环境与能源应用工程"专业评估委员会颁布实施的《全国高等学校建筑环境与能源应用工程专业评估（认证）文件》（2019 年版）中，"评估（认证）标准"之"通用标准"体系中的第 5 项"课程体系"中，第 4 项"工程实践与毕业设计（论文）"（占总学分的 20%）的规定是："设置完善的实践教学体系，并与企业合作，开展实习、实训，培养学生的实践能力和创新能力。毕业设计（论文）选题要结合本专业的工程实际问题，培养学生的工程意识、协作精神以及综合应用所学知识解决实际问题的能力。对毕业设计（论文）的指导和考核有企业或行业专家参与。"⑥ 第 7 项指标"支持条件"中还有"与企业合作共建实习和实训基地，在教学过程中为学生提供参与工程实践的平台"。该评估标准将实习（实训）与学生的

① 李茂国、张志英、张彦通：《积极推进专业评估与认证引导工程教育协调发展》，载《高等工程教育研究》2005 年第 5 期。

②③④⑤ 住房和城乡建设部高等教育土木工程专业评估委员会：《全国高等学校土木工程专业评估（认证）文件》（2017 年版），中华人民共和国住房和城乡建设部，http：//www. mohurd. gov. cn/jsrc/zypg/，发布时间：2017 年 6 月 21 日，访问时间：2020 年 11 月 18 日。

⑥ 住房和城乡建设部高等教育建筑环境与能源应用工程专业评估委员会：《全国高等学校建筑环境与能源应用 工程专业评估（认证）文件》（2019 年版），中华人民共和国住房和城乡建设部，http：//www. mo-hurd. gov. cn/jsrc/zypg/，发布时间：2019 年 6 月 26 日，访问时间：2020 年 11 月 18 日。

毕业设计（论文）放在一起进行评估，非常抽象地只是规定了"开展实习、实训，培养学生的实践能力和创新能力"和"共建实习和实训基地"。主观评价非常随意，并无详细的关于实习工作的评价标准，更难以有效评价实习工作，具有较大的缺陷。另外，在"补充标准"中规定了专门的"实习"标准："实习主要包括金工实习、认识实习、生产实习，生产实习应结合实际工程，并有实际操作环节，且有相对充足稳定的实习基地。"① 此规定可以算得上是实习评估中最为详细的评价标准，比起其他有些专业论证之有关实习的规定，这已经是非常"具体"的考核评价标准了，想要再寻觅更为系统的实习之考核标准，已经非常困难。

在"建筑学"专业本科教育评估指标体系中，在"教学实践"三级指标下，单列了实习工作的两大内容：一是"各类实习完备，安排合理，对学生有明确的教学要求。其中设计院实习不少于 3 个月，美术实习不少于 1 个月"。二是"有足够的师资力量指导，对设计院实习应有明确的实习成果评定标准，以保证教学实践质量"②。建筑学专业评估认证指标体系中，有关实习的评估内容也属于四级指标，其比较优点是：第一，将实习时间列为了客观指标；第二，将实习与毕业论文分列开来。其不足仍然与上述的土木工程和建筑环境与能源应用工程相同，实习评价指标粗略，没有将实习作为二三级指标，权重仍然偏低。

在"给排水科学与工程"专业评估认证指标体系中，"通用标准"之"课程体系"的第 3 项指标内容是："工程实践与毕业设计（论文）（至少占总学分的20%）。设置完善的实践教学体系，并与企业合作，开展实习、实训，培养学生的实践能力和创新能力。毕业设计（论文）选题要结合本专业的工程实际问题，培养学生的工程意识、协作精神以及综合应用所学知识解决实际问题的能力。对毕业设计（论文）的指导和考核有企业或行业专家参与。"③ "专业补充标准"中只有对实习基地的评价："实习应包括认识实习、生产实习及毕业实习，有相对充足稳定的实习基地。"④

在"工程管理类"（工程管理和工程造价）专业评估认证指标体系中，在三级指标"实践环节"下仅仅评估考核"配备足够的、具有实践经验的指导教师，切实

---

① 住房和城乡建设部高等教育建筑环境与能源应用工程专业评估委员会：《全国高等学校建筑环境与能源应用 工程专业评估（认证）文件》（2019 年版），中华人民共和国住房和城乡建设部，http：//www. mo-hurd. gov. cn/jsrc/zypg/，发布时间：2019 年 6 月 26 日，访问时间：2020 年 11 月 18 日。

② 全国高等学校建筑学专业教育评估委员会：《全国高等学校建筑学专业教育评估文件》（2018 年版），中华人民共和国住房和城乡建设部，http：//www. mohurd. gov. cn/jsrc/zypg/，发布时间：2018 年 6 月 22 日，访问时间：2020 年 11 月 18 日。

③④ 住房城乡建设部高等教育给排水科学与工程专业评估委员会：《全国高等学校给排水科学与工程 专业评估认证文件》（2016 年试版），中华人民共和国住房和城乡建设部，http：//www. mohurd. gov. cn/js-rc/zypg/，发布时间：2016 年 9 月 13 日，访问时间：2020 年 11 月 18 日。

保证实习、实验和课程设计质量"。① 在三级指标"教学资源"下还有关于实习基地的量化评估内容："具有相对稳定的校外实习基地 5 个以上，并与学生实习人数相适应，实习条件应满足相关实践环节的教学要求。"② 该评价指标中有明确的关于实习基地的量化内容，这也是我国专业评估认证中非常难得的有关实习评估的量化指标，不过量化的内容实在太少，只有实习基地数，还缺乏实习之其他的量化指标。

从上述"土木工程""建筑环境与能源应用工程""建筑学""给排水科学与工程""工程管理类"五个典型专业评估认证的评价体系中，我们完全可以窥见我国工科专业评估认证中的实习的评价现状和问题。

（三）"新工科"和"新文科"建设缺乏实习内容

我国高等教育改革的重大举措是 2017 年开始的"新工科"改革与建设，其发轫于 2017 年 2 月在复旦大学召开的综合性高校工程教育发展战略研讨，之后，教育部颁布了《教育部高等教育司关于开展新工科研究与实践的通知》，由此，我国的"新工科"的改革与建设拉开了序幕。

新工科研究和实践采用新的方式：以课题项目形式进行研究和实践。有关高校根据新工科建设和发展需要，自主设立研究课题；经专家论证后，由教育部正式立项。2017 年 6 月教育部颁布了《教育部办公厅关于推荐新工科研究与实践项目的通知》，并同时发布了第一批《新工科研究与实践项目指南》。共计发布了 24 项选题，没有一项包含"实习"二字，也没有直接与实习相关联的项目。其中的"新理念选题"和"新结构选题"各有 4 项，该 8 项选题都与实习没有直接的关联；"新质量选题"有 5 项："新兴工科专业人才培养质量标准研制""新工科基础课程体系（或通识教育课程体系）构建""面向新工科的工程实践教育体系与实践平台构建""面向新工科建设的教师发展与评价激励机制探索""新型工程教育信息化的探索与实践""新工科专业评价制度研究和探索"。

在所有的 24 项选题中，只有一项即"面向新工科的工程实践教育体系与实践平台构建"，选题的名称中仍然没有直接关于"实习"，但是，其内容要求中直接而明确提及了"实习"和"实习基地"。该项目的内容要求是："围绕工科学生工程实践能力培养的目标、课程设置、实习实训安排、经费投入、体制机制、雇主反馈等关键环节开展调查，深入分析我国工科学生工程实践能力的现状与问题；推进基于

---

① ②　住房和城乡建设部高等教育工程管理专业评估委员会：《高等学校工程管理类专业评估认证文件》（2017 年版），中华人民共和国住房和城乡建设部，http：//www.mohurd.gov.cn/jsrc/zypg/，发布时间：2017 年 6 月 21 日，访问时间：2020 年 11 月 18 日。

成果导向的工科学生工程实践能力培养，设计评价体系，指导改革实践；征选全国范围内的制造业企业和高科技企业，建立工程类大学生实习基地，形成校企间长期稳定合作关系；从政策配套、学校体制机制、企业深度参与等维度提出相关对策建议。"其中，在该项目的内容之一提及了"实习实训安排"和"实习基地"建设；应当与实习评估考核密切关联的项目"新工科专业评价制度研究和探索"却没有涉及实习的内容，这些都足以表明：我国的"新工科"改革与建设中仍然没有重视实习工作，实习工作及其考核也仍然被严重边缘化和模糊化。

2020年2月27日教育部颁布了34项《第二批新工科研究与实践项目指南》，这次的项目不仅数量上远远超过了第一批，而且在质量上有了较大的提升，特别是新增加了一项与实习制度建设直接关联的项目，为我国构建实习制度特别是实习法律制度提供理论和实践经验。其中的第23项课题"结果导向的实习实训保障制度体系建设探索与实践"，该选题是其中唯一一项直接包括"实习"二字的项目。本项选题终于实现了"新工科"项目建设中"实习"之"零"的突破，其导向价值和意义远远高于选题本身。该项目的基本目标是："完善行业企业、社会服务机构、研究机构等接受高校学生实习实训的保障制度和政策体系，开展区域性实习实训改革试点，为推动国家层面出台并完善大学生实习实践的法律法规奠定实践基础。"其预期成果令人鼓舞："建设集教育、培训、研究及生产为一体的共享型人才培养实践平台；紧贴行业人才培养要求，建设一批具有专业特色的实训实习基地；形成区域性大学生实习实训保障的法律法规的改革试点经验。"最值得一提的是该项目提出的"探索制定区域性产学研协同育人的法律法规，推进国家层面'大学生实习条例'立法进程"，如果该项目圆满完成，这将为我国实习制度特别是实习法律制度的构建提供有力的理论和实践支撑，也必将为我国《实习法》之立法启动工作提供比较可行的参考路径，其意义和影响将是非常大的。笔者认为，其存在的不足是：第一，还应当将实习考核制度直接纳入"新工科"改革与建设的项目中来，以弥补我国实习考核的缺陷；第二，还应当将文科院校考虑进来，有机整合"新工科"和"新文科"的共同参与实习制度的研究和试点，实习制度特别是实习法律制度之构建的理论和实践研究，还需要众多的文科院校，特别是法学院校或法学院的广泛参与实践，毕竟法学院校或法学院对实习法律制度之理论和实践更加具有全面性和专业性，实习法律制度理论研究和试点都不能缺少法学院校或法学院的直接参与。只有将文科院校与工科院校之有关实习的理论研究和实践全部纳入进来，共同为构建实习制度献计献策，才有可能构建起具有中国特色并具有前瞻性的实习法律制度。

我国"新文科"概念正式起源于2018年的中共中央文件，提出了"高等教育要努力发展新工科、新医科、新农科、新文科"（以下简称"四新"建设）；2019年 4 月，教育部、科技部、财政部等部门在天津联合召开"六卓越一拔尖"计划 2.0 启动大会，标志着"四新"工程正式开启。[①] 2020 年 11 月 3 日，教育部新文科建设工作组在山东大学举办了"新文科建设工作会议"，专题研究了新时代中国高等文科教育创新发展举措，并发布了《新文科建设宣言》，会议强调，新文科建设不仅影响文科本身、影响理工农医教育，更影响高等教育全局；新文科建设要遵循"守正创新、价值引领、分类推进"三个基本原则；要把握"专业优化、课程提质、模式创新"三大重要抓手；会议提出了"新文科"的人才培养要求是"培养适应新时代要求的应用型复合型文科人才"；宣言特别强调要"推动文科专业之间深度融通、文科与理工农医交叉融合"；宣言明确了"新文科"建设的基本任务之一是"夯实课程体系"："鼓励支持高校开设跨学科跨专业新兴交叉课程、实践教学课程，培养学生的跨领域知识融通能力和实践能力"。同时，我国全国新文科教育研究中心正式揭牌成立，[②] 标志着"新文科"建设进入了实质性的实施阶段。

令人遗憾的是《新文科建设宣言》没有直接提及"实习"二者，但是多次直接提到了"实践"或"实践能力"，这些都间接表明了实习之在"新文科"建设中的重要价值和地位。因为许多创新观点都离不开教学实践活动实习，特别是其"实践教学课程"和"培养学生的跨领域知识融通能力和实践能力"等都间接表明并契合了实习之重要性，其"文科与理工农医交叉融合"也应当离不开实习活动，最终的"新文科"建设任务也必然不能缺少对实习之评估考核，毕竟实习活动是培养学生"知识融通能力和实践能力"的主要方式之一，具体的各校"新文科"建设方案，以及"新文科"与"新工科"交叉融合，都不能缺少实习及其实习考核。

（四）学科评估缺乏实习评估指标和内容

我国官方组织的对高校的评估，还有国务院学位办组织的学科评估（委托教育部学位中心评估处进行具体的评估），该评估主要针对学位与研究生教育，凡具有研究生培养资格的学科均可申请参加评估。研究生教育评估即"学科评估"与"本科教学评估"相对应，组成了比较完备的高校评估考核体系。

自 2002 年开始，教育部学位与研究生教育发展中心对全国具有博士学位授予权、硕士学位授予权的一级学科进行整体水平评估即全国学科评估。其学科评估结

---

① 黄启兵、田晓明：《"新文科"的来源、特性及建设路径》，载《苏州大学学报》（教育科学版）2020 年第 2 期。

② 《〈新文科建设宣言〉正式发布》，中国教育在线，https://www.eol.cn/news/yaowen/202011/t20201103_2029763.shtml，发表时间：2020 年 11 月 3 日，访问时间：2020 年 11 月 19 日。

果为高校申请学位授权资格（硕士和博士）和学位点，以及申报国家重点学科（含重点培育学科）都提供了极为重要的参考指标，也成为了我国各个高校学科排名的较权威的官方机构、官方评价和官方排名，故此，各个高校都非常重视、看重和倚重学科评估，虽然学科评估采取的是自愿原则，并且还要缴费，但是，为了学校和学科的"名誉"，说白了就是为了排名，还是非常愿意参与学科评估。

"学科评估"指标体系，采用"客观评价与主观评价相结合、以客观评价为主"的评价指标体系，包括"师资队伍与资源""科学研究水平""人才培养质量""学科声誉"四个一级指标。

第四轮学科评估指标体系是最为科学的一次，得到了公认的好评。本轮学科评估指标体系在历时近两年的广泛深入的调研基础上，凝聚了广大专家、学者的智慧和共识，更加关注质量，构建了"培养过程质量""在校生质量""毕业生质量"的三维评价模式；更加突出成效，淡化条件因素，引导交叉学科及特色学科发展，促进高水平学术成果的产出；更加突出学科特色，避免高校"同质化"发展。特别是更加强化分类引导，将指标体系由之前的 7 类拓展到了 9 类。[1] 第四轮评估以"淡化名次、注重质量"为原则，在指标体系设计上作出了较大的努力。[2] 这一轮学科评估的指标体系将学科分为九大类（九大学科门类）三级指标，是最大的亮点。九大学科门类的一级指标都相同：都分为四大一级指标即"师资队伍与资源""人才培养质量""科学研究水平（含教师和学生）"和"社会服务与学科声誉"；三级指标下都有更为具体的评估内容即"三级指标说明"，可以称为四级指标。各个不同学科的二级指标和三级指标有所不同，如哲学、文学、历史学门类和经济学、法学、教育学门类都有 10 项二级指标、17 项三级指标；理学、工学门类有 11 项二级指标、18 项三级指标。

不论其理论研究，还是具体实践，研究生实习都还远远落后于本科生包括职业技术类学生，弥补这一缺陷需要全世界的共同努力，由于我国研究生扩招后，体量和数量都高居世界前列，更需要我国拿出中国方案和中国智慧。

（五）民间组织对高校的评估排名缺乏实习评估

我国对各个高校的质量评估考核除了上面的官方考核之外，还有民间组织对高校的评估考核。简单地说，民间组织对高校的评估考核主要就是高校排名（排名榜）。虽然民间组织的评估考核，完全是自愿性或自发的行为，但是，其排名也成

① 汤强：《以学科评估促进高校学科建设——基于教育部第四轮学科评估指标体系的分析》，载《中国高等教育评估》2018 年第 1 期。
② 马铁东、柴毅、甘思源：《高校第四轮学科评估指标体系的分析与思考》，载《大学教育》2018 年第 6 期。

为了各个高校比较看重的评估；加之，社会上许多人并不清楚其评估考核是官方还是民间，也成为了社会上评价一所高校的重要参考，特别对高校的招生工作带来较大的影响。

我国民间组织对高校评估排名比较复杂，主要包括软科版、瑞路版、校友会版、中国大学排行榜（CNUR）版、武书连版等，其中武书连和校友会搞得较好，认可度也较高。

我国目前中国大学排行乱象丛生，主要表现为排行榜泛滥成灾、排行榜缺乏信度和效度。我国从 1987 年开始的 20 多年间，先后有 20 家机构发布了 100 多个大学排行榜。[1] 民间机构进行大学排名反映了社会主动参与的愿望，其民间性和独立性弥补了政府单一垄断的缺陷，满足了多元主体的价值需求。[2]

不论民间组织对大学排名之中的商业化问题、道德问题、公信力问题等，仅仅从评价的技术操作层面，民间组织之评估考核的评估指标体系就普遍还存在着非常严重的缺陷。评估指标体系中偏重的都是科学研究方面的量化内容，教学方面由于比较难以量化，罕有对高校的实习工作进行评价的指标。科学研究方面的量化指标主要包括论文、科研项目、科研获奖、国际学术交流等指标。理工科的论文指标主要为三大检索论文，文科则是中文核心期刊和 CSSCI 期刊，以及《新华文摘》和人大复印资料转载情况。民间组织对高校的评估指标体系中也与官方的评估一样，都缺乏对高校之实习活动的评价指标，都没有将实习纳入量化评价的范畴。

五、实习考核内容体系化差

实习考核的内容就是考核指标或评估指标，它关系到实习的绩效评估，是检验实习效果的基本手段，是实习考核的核心部分。实习考核的内容即考核指标虽然因不同院校和不同学科而具有不同的内容架构，但是他们也都有共同的规律和指标体系。

我国目前实习考核内容方面共同存在问题是：无论是普通高校，还是职业技术院校，都普遍缺乏科学而系统的考核指标体系。实习及考核普遍存在着严重的形式主义，实习考核也仅仅是重（看）结果，而无全过程的考核；考核内容及成绩判定也具有很大的随意性，缺乏体系化的考核内容，更无基本统一的量化指标体系。

[1] 郑兴刚：《大学排行榜乱象——表现、成因及治理》，载《社会科学论坛》2010 年第 13 期。
[2] 翟亚军、王战军：《中国大学排行榜：如何才能走出误区》，载《清华大学教育研究》2010 年第 5 期。

首先，实习考核缺乏国家层面的比较统一的考核指标体系。教育部一直没有制定和颁布普通高校和职业院校的实习考核指标体系，也没有制定各个专业的实习大纲，导致各个学校各个专业的实习考核缺乏比较统一的考核内容，教育部的本科评估指标体系中也无详尽的实习考核指标。我国唯一"实习大法"《职业学校学生实习管理规定》第四章虽然专门设置了"实习考核"（第二十八～三十一条）条款，但是，其规定极其粗糙简单，仅仅只有两个条文是关于实习考核内容的：一是规定第二十八条原则要求各职业院校之跟岗实习和顶岗实习应当明确考核标准，细化考核方案，确定考核评价方式；二是规定第二十九条规定了实习考核的具体方法：将跟岗实习和顶岗实习的考核结果以学分制形式纳入实习学生的学业成绩，实习成绩按照优秀、良好、合格和不合格四个等级，合格以上等次者，才能毕业。这些简单的原则性规定仅仅是针对职业技术院校的，而不能适用于体量和数量都最为庞大的普通高校，其实习类型也只限定为跟岗实习和顶岗实习两种实习类别，遗漏了认识实习，无学徒关系之广义的实习类型，并且完全没有设定具体的考核内容，也无具体的考核指标体系，不具备考核内容的明确性，也缺乏实际可操作性。

其次，在没有教育部统一的实习考核内容的前提下，各个不同的普通高校和职业技术院校只能采用自己的标准，考核内容粗线条化，而且各校内部各个不同专业的实习考核也被学校的规章制度边缘化或弱化，学校章程罕有有关实习的规定，更很少有专门的实习考核规章制度，严重缺乏"学校—院系—专业—学校导师—实习学生—实习单位—单位导师"之全面化体系化的考核指标体系。实习学生的最终成绩也是由实习导师（许多实习导师根本就没有到实习现场去过，更说不上进行现场实习指导）依据所分配实习学生的实习报告和实习证明或鉴定而直接判定实习成绩，并无比较统一和体系化的评判内容或标准，一般都给予了合格的等次，实习之结果考核严重虚化和随意化，实习学生也一般都可以轻轻松松地获得相应的实习学分，罕有实习考核不通过的，更无因实习考核不过而影响毕业的。

再次，各个实习单位对实习学生的考核也是更加简单和随意。实习单位少有专门的实习考核规章制度，甚至有许多实习单位根本就没有实习规章制度；许多实习单位没有成立专门的实习管理机构，实习考核也随之缺乏专门的考核机构。实习考核也基本上都没有具体而明确的考核指标体系，常常只是给予实习之结果鉴定或出具实习证明，就算完成了实习考核，也完成了本次的实习过程；实习考核一般也缺乏对实习导师（实习师傅）的考核，更勿论考核指标体系。许多实习单位仅仅偏重安全方面的考核，将安全作为唯一的考核指标，只要不出安全事故，至于实习之其他内容如实习考勤、实习过程、实习日志、实习态度、专业水平、职业能力等，基本上不会进行考察，注重实习安全并实行"一票否决"本身都没有任何问题，但是，不能将其作为实习考核的唯一指标，而应当对实习进行全面而系统的考核；有的实习单位为了减少实习成本，还直接要求实习学生不必每天都来实习，可以自由活动，单位最终都会给予合格之实习成绩的。

我国实习活动搞得比较好的是职业技术院校，其顶岗实习的考核虽然也还存在许多问题，比如考核评价内容简单，缺乏全面考核，没有形成统一而非常成熟的考核指标体系。多数高职院校对顶岗实习的考核内容是实习日志、实习总结、实习单位鉴定，其中对实习日志、实习总结、实习单位鉴定等项目内容没有明确的规定，还缺少对顶岗实习工作胜任能力、团队协作精神等内容的考核，难以全面考核评价顶岗实习的效果。[①] 但是，各个职业技术院校基本上都有自己比较成熟的实习考核指标体系，相比较而言，在此方面还是非常值得我国普通高校参鉴的。

我国职业技术院校之实习考核（包括学徒考核）的理论研究，特别是顶岗实习考核之指标体系的研究都还比较繁荣，并已经形成了一定的实践范式，而普通高校之实习及其考核的理论研究几乎还都是空白，实习理论与实践紧密结合的实践范式更是严重匮乏；实践中，各个职业技术院校的实习考核也基本上都形成了自己的考核指标体系，基本上将考核指标体系的理论与实践结合了起来，虽然指标体系各不相同而缺乏统一性，但是，其理论研究并将理论与实践紧密结合之经验都值得其他职业院校和普通高校借鉴。这也是我国目前实习考核的基本现状和主要问题之一。

第二节　实习考核制度塑造对策

我国实习考核制度的塑造应当针对实践中存在的主要问题，"对症下药"，塑造科学而全面的实习考核制度。笔者认为，可以重点考量以下路径：思想理念全转化，考核过程全程化，考核对象全员化，考核指标全面化。

一、思想理念全转化

前文分析了我国目前实习考核中存在的主要问题，其产生原因首先就是各级教

---

① 赵宝芳、孙百鸣、刘立戎：《高职学生顶岗实习考核评价体系的构建》，载《成人教育》2012 年第 7 期。

育主管部门和各个学校对实习及其考核工作的极不重视，要克服这些问题和缺陷，构建实习考核制度，也必须首先从思想理念上入手，因为思想理念直接关系着实践活动，"思想有多远我们才能走多远"，只有有效转变了思想观念，才能切实将实习纳入学校教学质量和评估考核的基本范畴，也才能从正面引导和反向"倒逼"对实习及其考核的重视。

（一）国家层面

转变思想理念，必须从上而下全面展开。首先要从国家开始，国家应当将实习关系纳入国家治理的体系。国家层面的具体工作就是建立健全实习法制，构建统一的实习立法（包括学徒立法），将实习关系纳入法制和法治的正确轨道。而我国的现状和主要问题是没有出台《实习法》或《实习促进法》，前期立法准备工作也是严重滞后，基本上还没有启动，使得我国的实习关系（包括学徒关系）长期以来游离于法律之外，既无专门的实习法律法规，又无其他法律的调整，教育法、民法和劳动法也都一直缺乏对实习关系（包括学徒关系）的调整规范，新颁布实施的《民法典》也难以规制实习关系，这些严重影响了国家和社会的法治建设，也严重影响了实习关系和学徒关系的有序和有效治理，也使得我国的实习制度（包括学徒制度）一直难以构建起来。只有国家转变了对实习关系及其制度的思想理念，才能进一步推动和实现实习制度之顶层设计，具体而言，也才能适时启动实习之立法程序和试点工作；也才能够带动和指导地方各级政府或人民代表大会之实习地方立法工作。

（二）教育部门

各级教育主管部门是各个学校的直接"顶头上司"，教育部更是整个国家之最高的教育职能部门，它们都应当是实习关系治理的第一责任人，它们的思想理念直接关联和影响着各个学校对实习工作的基本态度，它们如果不重视实习工作，那么下面的各个学校也必然不会重视，因为各级教育主管部门就是"指挥部"和"指挥棒"。只有这些教育主管部门转变了对实习工作的态度，才能带动各个学校的实习工作；也只有它们建立健全了各项实习制度，才能引导和促进各个学校构建自己的实习规章制度；也只有它们将实习考核纳入对各个学校的考核范畴，才能"倒逼"各个学校的实习工作及其考核。

前文论述的我国目前对各个实习派遣学校之实习考核存在的"简单粗略化"问题，都属于各级教育主管部门（包括教育部）的问题，其产生的基本原因也首先就是思想认识上对实习工作的严重忽略，要改变这一现状和问题，当然也首先是"对症下药"，首先解决其思想认识问题，思想问题解决了，实践行动才有了明确的方向和努力的动力。

教育部在实习制度建设方面的主要职责是：第一，制定实习之部门规章，我国目前具有的规章主要是《职业院校实习管理意见》，其主要缺陷是将普通高校之实习排除在外，而又没有关于普通高校实习之规章制度。第二，教育部正在进行的"现代学徒制试点"工作，已经取得了一定的成效，但是，对学徒之重视程度仍然显得非常不够，特别是没有出台有效学徒制度的规章制度，更无具体的考核细则，因此，教育部应当尽快出台有关学徒关系的学徒制度包括学徒考核制度。第三，教育部主持的"本科教学评估"和"学科评估"都应当将实习和学徒直接纳入进来，并应当加大其权重。第四，教育部的"新工科"和"新文科"建设工程，都应当将实习和学徒直接纳入进来，学科交叉融合更应当考量实习和学徒关系。第五，在"双一流"学校和学科建设中，都应当设置有关实习之明确而具体的评估考核指标。第六，教育部在制定"十四五"发展规划时，不能或缺实习和学徒工作。第七，教育部应当督促各个高校修改《大学章程》，必须将实习工作列入其中；并要求和指导各个高校尽快建立专门的实习管理机构——实习委员会。第八，教育部应当或者督促其他部门切实加大对实习和学徒的经费投入力度，有效保障实习和学徒的专项经费，并不断提高实习和学徒经费在整个教育经费中比例。可见，教育部在实习制度和学徒制度之构建和实施中具有非常重要的地位和作用，因此，教育部首先转变对实习和学徒的思想认识也是非常重要，可以说"教育部转变了思想认识，其他院校才可能转变；教育部重视实习，其他院校才可能重视；教育部建立了实习制度（包括实习考核制度），其他院校才可能建立"。

教育部领导下的其他各级教育主管部门，应当积极响应并执行教育部的各种有关实习和学徒的工作计划和考核目标，制定并监督执行各个学校的实习规章制度，包括实习和学徒考核制度。

（三）各个院校

我国所有的普通高等学校和职业技术院校（含中专）都应当转变思想理念，将实习或学徒作为学校的最为基本的活动之一，在教育部的统一领导和部署指挥下，圆满完成教育部有关实习或学徒工作的各项任务，并构建起自己的实习或学徒规章制度包括考核制度。第一，将实习或学徒纳入学校工作的重要范畴之一，真正改变实习"走过场"之严重的形式主义问题。第二，成立各个学校之专门的实习或学徒管理机构如实习委员会或学徒委员会，将实习争议处理作为其重要内容之一，还将实习申诉制度一并纳入学校的申诉制度。第三，不断加大对实习或学徒的专项资金投入，并适当地给予实习学生和实习导师一定的补助或津贴。第四，各个学校还要详细制定各个不同专业或学科的实习大纲、实习规则和实习考核办法。第五，各个学校还要将实习或学徒工作纳入教师的考核和职称评定中，以有效彰显"教学为主"之基本价值理念。第六，加强与各个实习单位的联系或沟通，共同制定实习规章制度，并参与对实习学生的全过程管理与监控，以真正履行实习派遣学校与实习单位之实习关系"共同雇主"的基本义务和职责。第七，各个学校在参与各种评估考核和专业认证中，不论是参与官方组织，还是民间组织，都应当在自评报告中，充分展示自己学校在实习或学徒工作中取得的成效。第八，各个学校在"新工科""新文科"和"双一流"建设或共建活动中，都应当加大有关实习活动的建设力度和考核。这些具体目标和任务的基本逻辑前提都是首先需要各个学校转变自己的思想理念，只有高度重视实习或学徒工作，才能有效开展自己的实践活动，也才能取得好的效果。

二、考核过程全程化

针对我国目前的实习考核存在的"重结果轻过程"的缺陷，应当实行实习全过程考核。

实习的全过程包括三大阶段：一是实习准备阶段，即实习预备阶段，主要包括实习培训和实习派遣；二是实习进行阶段，这是学生在实习单位开始实习活动的主要过程，也是实习考核的重点；三是实习完成后的结果评定阶段，即实习之总结阶段。如果发生实习争议，还应当将实习争议处理纳入实习的过程考核，以评价实习学生、实习导师（师傅）和实习单位在争议中的过错和责任，并据此作为判断实习成绩的参考因素之一。

以我国实习类型比较成熟的顶岗实习为例，有人认为：顶岗实习应当采取系统论的观点和方法，全过程考核顶岗实习活动的各个要素，使影响顶岗实习教学质量的各因素、教学过程各环节紧密联系而形成有机的整体。[①]

我国顶岗实习，不论是三年制的还是五年制的，顶岗实习的时间安排一般都是安排在最后一年。具体时间安排是 11 ~ 12 月为实习准备期，包括岗前准备、岗前教育和岗前训练，下达实习教学任务、安排实习指导教师等；次年 1 ~ 5 月为顶岗实

---

① 王金岗、李玉香：《高职顶岗实习有效教学评价的研究与实践》，载《职业技术教育》2010 年第 23 期。

习、毕业论文（设计）选题和撰写；6月为毕业答辩和毕业考核及鉴定等。① 顶岗实习的全过程考核形式主要有：一是实习单位（企业）指导教师（师傅）对学生的考核，一般包括学生个人品格、工作态度、工作能力、纪律要求和创新意识；二是学校指导教师对学生的考核，主要有个人品德、实习态度、学习成果和纪律要求；三是实习单位其他员工对实习学生的考核。主要包括学习能力、工作态度、工作责任心、团队协作、服务意识和外表（着装）等。顶岗实习全过程考核的内容主要有：定性和定量两大部分，主要是考核实习学生的实习态度、实习内容、实习日志、实习总结、职业素养等。②

还有人将实习考核之全过程考核内容概括地分为三大块即"三维"顶岗实习考核模式：实践能力、创新能力和职业素养。这三大内容既是实习的重要目的，也是实习考核的基本构架。其中的实践能力是关键和重中之重，在整个实习考核中占比60%；创新能力是顶岗实习的重要目标之一，占比20%；职业素养的高低对学生职业生涯的发展具有重要意义，主要包括工作热情、工作态度、职业习惯和职业行为等，占比20%。③

考核内容的设置应当以能力考核为导向，既要有单项考核，又有综合考核。单项考核应充分考虑专业差异，将实习岗位的工作按照操作过程进行划分，分析每一过程中要求的知识内容和工作能力，并以此为基础设计考核内容；综合考核则要考查学生整个实习阶段的表现，如实习纪律遵守情况、是否听从指导老师安排、与其他员工相处情况、对工作是否有责任心等。④

笔者认为，对实习过程之全程化考核，应当从在学校实习的准备阶段开始，包括在实习单位的整个实习过程，以及最后的实习成绩鉴定，其中的重点是考核实习学生在实习单位的实习表现，此部分内容可以设定为总成绩的60%～80%，而实习前期和后期的权重可以适当减轻。同时，既要进行定性考核，也还是以定量（量化）考核为主；还要将单项考核和综合考核结合起来；既要有实习学生的全程的实习日志，还要有最后的实习报告和实习鉴定；既要凸显对实践能力的考核，也要注重职业能力的考察，为将来的就业和职业服务；考核方式既要有主观评价，还要坚持以客观评价为主导。总之，实习考核应当因不同的专业或学科，而制定不同的考核内容；还应当坚持多种形式并存，不能只凭一纸实习报告和实习鉴定或证明来评判实习学生的实习成绩。另外，我国普通高校的考核，还应虚心向职业技术院校学

---

① 石骏：《职业技术院校顶岗实习研究》，浙江大学出版社2013年版，第163页。
② 石骏：《职业技术院校顶岗实习研究》，浙江大学出版社2013年版，第164～167页。
③ 滕勇：《基于现代学徒制的顶岗实习教学模式研究》，北京理工大学出版社2017年版，第153～157页。
④ 费婷婷：《高职学生顶岗实习过程考核制度的建立》，载《职教通讯》2013年第8期。

习，借鉴其成功经验，不断完善普通高校的实习考核制度。有关实习考核制度的理论研究也应当如此，充分研究和借鉴职业技术院校之实习考核的理论成果，共同为实习制度包括考核制度之构建提供理论支撑，为我国普通高等教育和职业技术教育之"比翼双飞"作出贡献。

三、考核对象全员化

我们目前的实习考核对象几乎完全只是学生，严重缺乏对实习派遣学校及其指导教师和实习单位及其指导教师（师傅）的考核，不能全面评估实习关系中各个参与主体的基本情况，不利于构建和谐而有序的实习关系，亟待改进。具体路径是实行考核对象全员化，全员化考核对象主要有六大类别：第一，以实习学生为重点考核对象；第二，对实习派遣学校考核；第三，对学校指导教师考核；第四，对实习单位考核；第五，对实习单位之指导教师（师傅）考核；第六，对"双师型"教师考核。针对六类不同的考核对象都要制定各自的考核制度，并据此进行全员化的实习考核。实习学生已经是实习考核中的基本对象，从考核对象上看，这已经没有任何异议，因此，此处不再赘述；后文拟针对我国目前实习考核中存在的主体即考核对象问题，详释后五大考核对象，以探寻全员化之实习考核路径。

（一）对实习派遣学校的考核

前文已经详细地分析了实习派遣学校考核中的主要问题，具体为：本科教学评估之实习考核简单粗略；专业评估（认证）之实习考核简单粗略；"新工科"和"新文科"建设缺乏实习内容；学科评估完全缺乏实习内容；民间组织对的评估排名缺乏实习评估。针对这五大问题应当逐一整改。

笔者认为，这五大问题的基本共性除了对实习考核内容的严重"简单粗略化"外，还有一个重大缺陷：实习考核都是"湮没"于其他考核和考核制度之中，缺乏针对各个学校实习工作的考核（评估），更无专门的实习考核制度。因此，对实习派遣学校的实习考核，除了从这五大方面进行补充完善外，特别还应当建立专门针对各个学校的实习考核制度。这样才能让实习考核与实习考核制度从各种非专门考核和制度中独立出来，更加有效地考核实习派遣学校的实习工作，真正促进各个学校的实习工作，实现实习的价值和意义。

对实习派遣学校的考核，主要分为普通高校和职业技术院校两大类别，其中职业技术院校的考核还应当包括对学徒工作的考核，特别是教育部的现代学徒制试点学校。考核的组织机构应当是各个学校的教育行政主管部门。国家最高的教育行政主管部门是教育部，各省直辖市则是其教育厅。教育部除了统筹全国的实习考核外，还要具体组织和负责各个部属院校的考核工作；下面的省教育厅则应当负责本辖区范围内的各个学校的考核工作。

对学校的实习考核周期可以每 2~3 年进行一次，不必每年都搞。考核内容、考核结果和其他实习年度工作报告等都应当在教育部门和学校的网站上进行信息公开，以接受社会各界的监督。考核时由教育主管部门成立考核工作专班，抽调下面学校的工作人员组成，考核成员还必须有相关实习单位的人员参加，还要有一定数量的实习导师和实习学生代表参加。

（二）对学校实习导师的考核

学校对实习导师考核的具体路径可以是：首先，要建立专门而系统化的实习考核制度即"实习导师考核制度"，并纳入大学章程的基本规范之中，将其作为依法依规治校的一个重要内容，用制度管理和约束人，学校下面的各个院系（专业）也应当在学校实习制度之下，建立各个专业之具体的实习导师考核制度，将全部的专业课教师纳入实习导师的范畴进行考核，并规定实习导师到实习现场指导的具体要求。其次，对实习导师的考核也应当与对实习学生的考核形式一样，将过程考核和结果考核结合起来，综合评定实习导师的考核成绩。再次，还要将实习纳入与教师的年度考核和聘期考核的范畴，实习考核不合格的，年度考核也应当不合格。最后，各个学校应当建立相应的实习激励机制，一是将实习考核与教师职称和荣誉评定直接挂钩，将教师的实习考核作为晋级的重要指标之一，从而达到正面引导教师积极参与实习活动的目的；二是加大对实习导师工作量的权重或系数，使实习工作量大大高于课题教学工作量，并额外增加实习补助或津贴，从劳动报酬上刺激和调动教师参与实习活动的积极性和主动性；三是开展实习评优活动，大力表彰实习优秀教师，将实习考核结果作为评优的重要指标。

（三）对实习单位的考核

在我国目前的实习考核中，最为缺乏的是对实习单位的考核。其主要原因是：第一，"实习难"现象所制约，我国是世界上第一实习大国，实习需求极其旺盛，而实习供给严重不足，是"实习难"之实习单位难寻之基本具象，实习单位之稀缺性直接导致对其考核的严重缺乏，即使有考核也将是意义不大。第二，实习单位的复杂性导致对其考核之难，实习单位具有多样性，有的是政府机构，有的是企业包括国有企业和私营企业，有的是事业单位和社会团体，有的是街道社区，有的是民间组织等，不同的实习单位具有不同的性质，谁有权对其进行考核也是一个非常复杂而又必须首先明确的问题，因为，考核机构是考核的组织者和领导者，实习考核首先就是要明确考核机构，而这恰恰是对实习单位进行考核的关键，也是最难以破解的问题。

笔者认为，破解路径首先必须是进行顶层制度设计，完成考核权之"赋权"工作。"赋权"必须由国家统一进行，从国家层面确定实习考核权限和特定的实习考核机构。我国目前还没有专门对实习单位考核的机构，也是实行全员考核及对实习单位考核的最大障碍。

笔者建议，对实习单位考核的专门机构可以是人力资源和社会保障部门。由人力资源和社会保障部统领全国的对实习单位的考核工作，再由其将考核权赋予给各级人力资源和社会保障部门，具体由各级人力资源和社会保障部门负责本辖区内的考核。在我国目前还没有出台专门的《实习法》情形下，只能暂时先从其他相关法律法规中寻找法定"赋权"依据。

由人力资源和社会保障部门负责对实习单位的考核工作，其主要理由如下：

第一，从劳动关系上，应当由人力资源和社会保障部门负责，人力资源和社会保障部门就是由原来的劳动部门改制而来，是专门负责劳动关系管理的行政部门，其主要职能之一是劳动人事关系的调解与仲裁，其劳动人事仲裁院是专门调解仲裁劳动争议的行政机构，具有国家法律授权的法定劳动争议处理权，而实习关系和学徒关系也都属于一种特殊的劳动关系，实习和学徒争议处理在许多国家或地区也都将其划归劳动争议的范畴，因此，实习关系和学徒关系应当由人力资源和社会保障部门负责，其考核也相对应可以由其进行。

第二，从职业培训上，各级人力资源和社会保障部门都设有专门的"职业能力建设"部门，而实习关系和学徒关系就属于一种广义的职业技术教育或培训范畴，特别是职业技能方面的工作如制定职业技能培训制度，本身就是人力资源和社会保障部门的重要职责之一。另外，《中华人民共和国就业促进法》（以下简称《就业促进法》）已经对各级政府进行了"赋权"，其中还特别规定了县级以上人民政府应当加强统筹协调、鼓励和支持各类职业院校、职业技能培训机构和用人单位应当依法开展职业技术教育①；《就业促进法》还明确规定：县级以上地方人

---

① 《中华人民共和国就业促进法》第四十六条规定："县级以上人民政府加强统筹协调，鼓励和支持各类职业院校、职业技能培训机构和用人单位依法开展就业前培训、在职培训、再就业培训和创业培训；鼓励劳动者参加各种形式的培训。"

民政府和有关部门具有"鼓励、指导企业加强职业教育和培训"之权利和职责。①
而人力资源和社会保障部门本身就属于其政府下的职能机构，"天然"负有不可推
卸的此职责。

第三，从就业促进上，负责促进就业工作、制定就业援助制度、拟订高校毕业
生就业政策等，也是人力资源和社会保障部门的重要职责，而实习关系和学徒关系
都与就业特别是高校就业直接相关，而且实习单位也都有社会责任和义务促进就业，
特别是在就业援助和大学生就业方面更是如此，因此，由人力资源和社会保障部门
考核实习单位的实习工作比较恰当。另外，从法治的角度看，该部门之就业促进职
责已经有法律的明确授权，具有法定性和正当性"赋权"，我国《就业促进法》明
确规定了各级政府之就业促进的职责②，而人力资源和社会保障部门属于政府之职
能部门，"天然"具有就业促进之职责，无须另外"赋权"。

第四，从社会保障上，统筹推进建立覆盖城乡的多层次社会保障体系是该部门
的重要职责之一，而实习关系和学徒关系无不都直接关系到大学生群体和中职学生
的基本保障问题，特别是实习或学徒的劳动报酬、实习或学徒保险特别是实习之工
伤保险等都直接属于"多层次社会保障体系"的基本范畴，故此，实习之社会保障
和社会保险问题无不直接需要人力资源和社会保障部门的有效介入，这些方面的制
度构建更是不能离开这些部门，相关的实习或学徒的社会保障政策的出台更是该部
门的重要职责。

第五，从历史沿革上，不仅人力资源和社会保障部门的前身就是各级劳动人事
管理行政部门，而且，原来的技工学校评估考核认定工作就是由该部门直接负责，
具有管理考核职业技术院校的历史经验，因此，由该部门负责职业技术教育考核具
有历史的传承性。

第六，从劳动监察上，劳动监察和维护劳动者合法权益也是人力资源和社会保
障部门的重要职责之一，而劳动监察的重点对象就是各个用人单位，几乎完全涵盖
了实习单位，实习和学徒本身都属一种特殊的劳动，在实习单位的实习或学徒过
程就是一种劳动过程，也与其他劳动一样应当受到劳动监察部门的管制，以保障广

---

① 《就业促进法》第四十七条规定："县级以上地方人民政府和有关部门根据市场需求和产业发展方向，鼓
励、指导企业加强职业教育和培训。职业院校、职业技能培训机构与企业应当密切联系，实行产教结合，
为经济建设服务，培养实用人才和熟练劳动者。企业应当按照国家有关规定提取职工教育经费，对劳动者
进行职业技能培训和继续教育培训。"

② 《就业促进法》第五条规定："县级以上人民政府通过发展经济和调整产业结构、规范人力资源市场、完
善就业服务、加强职业教育和培训、提供就业援助等措施，创造就业条件，扩大就业。"《就业促进法》
第六条规定："国务院建立全国促进就业工作协调机制，研究就业工作中的重大问题，协调推动全国的促
进就业工作。国务院劳动行政部门具体负责全国的促进就业工作。省、自治区、直辖市人民政府根据促进
就业工作的需要，建立促进就业工作协调机制，协调解决本行政区域就业工作中的重大问题。县级以上人
民政府有关部门按照各自的职责分工，共同做好促进就业工作。"

大实习学生和学徒的合法权益。另外，从法制的角度看，人力资源和社会保障部门之劳动监察职责已经有法律的明确授权，具有法定性和正当性"赋权"，《劳动保障监察条例》明确规定了各级人力资源和社会保障部门享有的劳动监察权，[①]该条例还非常明确地规定了劳动保障监察的内容[②]，其中许多监察内容也与实习或学徒有关，特别是实习单位的内部劳动规章制度包括实习规章制度、劳动保护、劳动时间和休息休假、劳动报酬、社会保险和职业培训等，都直接关系到实习或学徒活动，这些劳动保障监察的具体事宜，也应当是对实习单位之实习考核的重点内容，而且其监察具有明确的法定性和权威性，在还没有专门的《实习法》时，《劳动保障监察条例》完全可以作为实习监察和实习考核的法定"赋权"，实习单位不得拒绝或变相执行。

对实习单位的考核，应当由人力资源和社会保障部牵头，由相关职能部门的人员组成，考核成员还应当吸收教育主管部门、学校代表（校实习委员会成员或工会成员）、财政部门、税务部门和法律工作者等共同组成。

对实习单位的考核，不仅仅考核其实习工作本身，还应当特别注意发挥考核的激励机制和"倒逼"作用，以彰显考核价值功能和社会效应。笔者认为，我国的实习激励机制可以参鉴法国和英国的成功经验，借用他们的"学徒税"或"学徒培训税"制度，并拓展为中国特色的"实习税"或"实习培训税"制度（其中涵盖"学徒税"或"学徒培训税"）。新开征一种税种，具有非常复杂的程序，在法治社会和"税收法定"原则下，必须完成立法程序，还要进行相关的试点工作，然后才能依法征收，"实习税"也不例外。虽然"实习税"开征需要这样复杂而漫长的过程，但是，成熟的理论是立法实践的前提，学界应当尽量加大理论研究力度，为尽早启动立法程序提供理论支撑，这样的理论研究不仅非常必要，也应当非常迫切；这也不仅是实习制度理论研究中非常有价值和意义的新课题，更是税务部门应当牵头组织调研和课题攻关的实践任务。

改造借用国外的"学徒税"制度，并升级为中国特色的"实习税"制度，这是笔者的首创，可以说是在理论界还是一项全新的新生事物，具有极大的挑战性。但

[①] 《劳动保障监察条例》第二条规定："国务院劳动保障行政部门主管全国的劳动保障监察工作。县级以上地方各级人民政府劳动保障行政部门主管本行政区域内的劳动保障监察工作。县级以上各级人民政府有关部门根据各自职责，支持、协助劳动保障行政部门的劳动保障监察工作。"

[②] 《劳动保障监察条例》第十一条规定："劳动保障行政部门对下列事项实施劳动保障监察：（1）用人单位制定内部劳动保障规章制度的情况；（2）用人单位与劳动者订立劳动合同的情况；（3）用人单位遵守禁止使用童工规定的情况；（4）用人单位遵守女职工和未成年工特殊劳动保护规定的情况；（5）用人单位遵守工作时间和休息休假规定的情况；（6）用人单位支付劳动者工资和执行最低工资标准的情况；（7）用人单位参加各项社会保险和缴纳社会保险费的情况；（8）职业介绍机构、职业技能培训机构和职业技能考核鉴定机构遵守国家有关职业介绍、职业技能培训和职业技能考核鉴定的规定的情况；（9）法律、法规规定的其他劳动保障监察事项。"

是，笔者认为其具有相当大的可行性和必要性，当然也一定是道阻且长。

首先，必须破除那种"想当然"的惯性思维模式，即认为开征新税种，必然加大实习单位之经济负担的思想，我国现在基本的实习国情本身就是"实习单位难寻"之"实习难"，社会各界尤其是用人单位（特别是企业）非常不乐意接受实习学生，因为实习增加了其各方面的负担，尤其是安全和经济负担，新征实习税是否会"雪上加霜"？笔者认为，不仅不会加重实习单位的经济负担，反而还会减轻其经济负担。因为按照国外"学徒税"理论和实践，对那些严格遵守学徒的法律法规的单位，学徒税不仅不会再增加社会各界和实习单位的缴费负担，反而，会直接减免或抵扣其税负；另外，还可以从其他没有遵守学徒法律制度而征缴的税费中，拿来奖励守法者，因此，可以说学徒税是一种具有"惩罚性"的税种。对守法者而言，学徒税不但不会加重经济负担，反而会获得额外的奖励即"守法"奖励。解构了国外"学徒税"的基本原理，笔者再创新性地将其拓展为"实习税"，即将"学徒税"纳入"实习税"的范畴，因为笔者认为，学徒本身就是一种广义的实习，即实习关系本身就包含了学徒关系，因此，从逻辑关系上，将学徒和实习之新税种合并为"实习税"具有可行性。另外的原因还有二：第一，我国的实习国情是体量和数量都是世界第一，"实习税"更加能够充分发挥税的杠杆作用，是有效破解或化解我们目前"实习难"的有效路径，提供征收"实习税"，不仅可以证明引导社会各界积极参与实习活动，还可以反推实习（包括学徒）之有序和有效开展；第二，可以节约立法成本，因为我国目前的学徒关系和实习关系都还没有纳入法制的轨道，既无实习立法，也无学徒立法，合并"学徒税"为"实习税"，可以首先将二者一并"入法"；第三，在目前和今后一段时间内，一时还非常难以启动实习和学徒的立法程序，而新开征"实习税"可以为今后的整体实习立法，提供"先行先试"的局部立法试点经验，此也是笔者关于实习立法之"分别走"的基本构想之一。

（四）对实习单位之实习导师（师傅）的考核

我国目前既缺乏对实习单位的考核，也缺乏对实习单位实习导师（师傅）的考核，相对而言，对实习单位之实习导师的考核工作还是比较容易一些，比较其考核完全可以由实习单位内部完成，不需要像对实习派遣学校和实习单位的考核那样需要外界的直接参与。

实习单位对实习导师的考核，首先也是要建立实习单位内部的考核规章制度，以制度管理人，以制度考核人；其次，实习单位还应当建立实习激励机制，以制度奖惩人，实习激励机制包括物质和精神奖励两大范畴，物质方面就是对实习工作搞得好的指导人员给予经济奖励，可以是一次性奖金，也可以是晋级工资；精神奖励主要包括荣誉称号和职务晋升，实习单位可以专门设置几名负责实习工作的干部职位，将实习工作特别突出的人员提升为中级职务，企业可以新增几名副经理岗位，并从实习工作搞得好的指导人员中选拔，专门负责实习工作包括实习考核工作。

为了保障考核的公正性，考核小组成员除了主要是实习单位的成员外，还应当吸收实习派遣学校及其实习导师、实习学生代表参加，应当将实习单位和实习派遣学校的工会负责人作为考核小组的成员。

实习单位对实习导师的考核也要实行全过程考核，从实习学生进入实习单位开始，将实习学生分配给每一个带队导师即师傅，从实习培训、实习开始到实习结束，都应当进行考核。考核内容也应当具体明确，既从态度上考察，也从实践指导上考察；既要从安全上考核，还要从提升学生实践能力和职业素养上进行考核。每年度还要评比表彰先进人员，用榜样的力量带动和促进单位的实习工作。

（五）对"双师型"教师之实习工作的考核

"双师型"教师之概念起源并盛行于职业技术教育和职业技术院校，但是，随着现代教育的不断发展，它已经不再仅仅是职业技术教育和职业技术院校的"专利"，现代应用型大学的师资队伍也需要大量的"双师型"教师。新时代背景下，我国的"双师型"教师更是严重短缺，亟待大力加强"双师型"教师队伍建设。

"双师型"教师是我国职业教育界特有的本土化概念，起源于 1995 年国家教委颁布的《关于开展建设示范性职业大学工作的原则意见》，其第一次正式提出了"双师型"教师。[①] 2019 年 2 月，国务院颁布了《国家职业教育改革实施方案》明确指出："'双师型'教师（同时具备理论教学和实践教学能力的教师）占专业课教师总数超过一半，分专业建设一批国家级职业教育教师教学创新团队。"该文件第十二条还非常详细地明确了我国"双师型"教师队伍建设的具体目标和要求："多措并举打造'双师型'教师队伍"；该文件明确界定了"双师型"教师的内涵是：同时具备理论教学和实践教学能力的教师；该文件还具体规定了"双师型"教师的资格条件：具有 3 年以上企业工作经历并具有高职以上学历的人员，特殊高技能人才（含具有高级工以上职业资格人员）可适当放宽学历要求。该文件还明确规定了职业院校、应用型本科高校教师的实习时间：每年至少有 1 个月的时间在企业或实训基地进行实习工作。[②]

"双师型"教师内涵界定和分类比较复杂，一直还没有凝练成比较成熟而规范

---

① 李宏伟、徐化娟：《新时期职业教育"双师型"教师队伍建设策略研究》，载《中国高等教育》2020 年第 9 期。

② 《国家职业教育改革实施方案》第十二条。

的理论体系。有人认为"双师型"教师包括双证书说、双职称说、双能力说及双素质说。此种分类的标准概括起来就是：一个主体之"双"字即同一个人而具有"双重"身份或"双重"素养，是一个主体所具有的这些"双"特性而称之为"双师型"教师，其教师数量仍然是一个。其最大的不足是没有从主体构成上揭示"双"字的内涵，而是将主体限定在同一个，认为"双师型"教师是一个单一（单数）概念，而排除了多个主体之"双"，即"双师型"教师还应当是一个集合（复数）概念——不同人员（二人以上）共同构成，比如"双师型"教师可能由企业实务人员通常为企业导师和学校的教师共同组成一个多主体之集合性概念，此时的"双师型"教师并不只是指一个教师（具有"双重"身份或"双重"素养的一位教师），而是由两位不同的人员组成的"双师型"教师，既有企业导师，又有学校导师。这种集合不同主体而形成的"双师型"教师，在我国目前的研究生教育特别是应用型硕士研究生即专业学位研究生教育中非常普遍，国家要求应用型研究生即专业学位研究生培养，必须有学校导师和企业导师共同指导，作为该生的共同指导教师，此即研究生教育中的"双导师"制。"双导师"制从本质上讲，也应当属于"双师型"教师的另一种形态。不仅研究生教育是这样，大学生（本科和专科）之实习活动也是要求对实习学生实行与研究生教育类似的"双导师"制，即实习学生既要有实习派遣学校的指导教师（并非仅仅是"带队"人员）——学校导师，还要有实习单位的指导教师（师傅）——企业导师，由这两类人员共同组成为实习学生之"实习导师"，实习学生之实习考核和成绩也由"实习导师"共同评定。

因此，研究生教育和实习关系中的"双导师"制，从实质上，都应当属于"双师型"教师的一种，我们不能将"双师型"教师仅界定为职业技术教育的范畴，普通高等教育（包括研究生教育）及其实习活动中也需要"双师型"教师。为了更好地培训人才，既需要某一位教师具有"双重"身份或素养，也需要具有不同主体身份的社会成员（主要是企业导师）共同参与、共同培养。

因此，笔者认为，解构"双师型"教师的结构，应当将"双师"界定为不同的"两个"教师或导师外，而不是一个教师或导师之"双面"。

另外，笔者认为，我国在实行"双师型"教师制度时，除了将其适用范围拓展到普通高等教育（包括研究生教育）及实习活动外，还要特别注意吸纳不同主体的专业人才进来，不能局限于招收和聘用所谓具有"双重"身份或素养的人才。最好的解决办法还是选聘不同的专业"精专"人才，共同集合而成"双师型"教师队伍，以便充分发挥不同优秀人才的特别作用。因此，笔者认为，无论是职业技术教育，还是普通高等教育；也不论是学校教育即主要是课题教学，还是校外实践教育即实习或学徒活动，都需要"双师型"教师；同时，"双师型"教师队伍建设，不但不能仅仅局限于某一位具有"双重"身份或素养的教师，更应当将实践中不同的专业人才吸收为"双师"之一的企业导师。

"双师型"教师队伍建设中的一个重要环节是对其工作进行全面的考核，这也是难度最大的工作之一，因为还缺少国家层面的考核办法，即缺乏统一的"双师型"教师考核制度，所以对"双师型"教师的考核，只能由各个学校和实习单位依据自己的规章制度进行，这就首先要求学校和实习单位制定自己的"双师型"教师考核办法，才能依规进行考核。但是，现实中无论是实习派遣学校（包括学徒派遣学校），还是实习单位（包括学徒接收单位），一般都还没有专门针对"双师型"教师的规章制度（包括考核制度），因此，如何对"双师型"教师进行考核，就成为了一个难题，也是一个有待破解的新课题。

笔者认为，对"双师型"教师的考核，应当偏重其在指导学生实习或学徒活动中的表现，不仅要定性考核，还要进行量化考核。对没有参与实习活动的，或者参与时间不达标的，实行"一票否决"制度。还要对其指导学生实习的全过程进行考核，包括从实习准备和培训，到实习结束；从实习指导，到评判学生的实习成绩。

"双师型"教师的考核机构应当视不同的"双师"构成情形，而成立不同的考核专班。第一，如果"双师型"教师只是某一位教师即单一主体，其考核就依据其身份归属单位进行考核，是学校的则有学校考核，是企业的则有其企业考核；第二，如果"双师型"教师为不同的主体，即由学校导师和企业导师共同构成，则应当分别由其对应的单位对他们进行考核；第三，对"双师型"教师（导师）之实习工作的考核比较复杂，既涉及学校导师，又涉及实习单位的指导导师（师傅），而应当成立联合考核小组，由实习派遣学校和实习单位联合进行实习考核，既要考核"双师型"教师在学校的表现，还要考核其在实习单位的表现。

"双师型"教师的考核还要特别将其考核结果与各类职业技能大赛（包括各类"工匠"评选）结合起来，真正实现以考核促建设、在建设中考核的目的，因为如果学生能够在不同层级的职业技能大赛中获奖，就能够最为有效地证明学生的实际职业能力和水平，同时，也反映了指导教师的指导劳动和指导水平，因此，在对获奖学生进行奖励的同时，应当对其"双师"都进行奖励，以表彰"双师"们的理论和实践相结合的劳动结果。其奖励应当包括物质和精神两大层面，对于获奖层次比较高的，如国家级职业技能大赛奖或国家级"工匠"类荣誉称号的，应当对获奖学生的"双师""一票肯定"，实习考核结果就是优秀，并可以作为直接晋升职务和职称的条件，就像高校奖励获得国家级科研成果一样对待。只有这样，才能充分体现学校对实践教学和实习（学徒）活动之高度重视，以期达到正面引导和激励广大教师参与实践和实习活动的积极性和主动性，亦可以"倒逼""双师"们参与实习之积极性。因此，考核与奖励挂钩、奖励与晋级挂钩，不仅可以在学生和教师中弘扬"工匠精神"，还直接为"双师"们打通了"上升"通道，知行合一之理论与实践相结合教育目标之下的实习活动，才能够取得实效；实习考核之目的和功能也才能够实现；也才能够有效克服实习考核"走过场"之形式化流弊。此亦实习考核制度之价值和意义之所在。

四、考核指标全面化

前文已经详释了我国目前实习考核内容方面存在的主要问题：无论是普通高校，还是职业技术院校，都普遍缺乏全面而系统的考核指标体系。实习考核普遍存在着严重的形式主义，缺乏全面而体系化的考核指标。

我国目前实习考核内容即指标体系存在的具体问题是：第一，缺乏国家层面的考核标体系。第二，学校层面缺乏全面性的系统化的考核指标体系，在没有教育部统一的实习考核内容的前提下，缺失"学校—院系—专业—学校导师—实习学生—实习单位—单位导师"之全面性系统化的考核指标体系。第三，实习单位缺乏实习考核，更遑论指标体系，实习单位很少有专门的实习考核规章制度，不能仅仅考核安全问题，还应当构建起全面而系统的考核指标体系。第四，职业技术院校之实习（含学徒）及实习考核工作普遍好于普通高等院校，其顶岗实习之考核是最为完善的实习考核，总体上应当值得普通高等院校和其他实习类别借鉴，但是，顶岗实习考核也还需要进一步完善，考核评价指标体系还需要全面化和系统化考核。

针对以上问题，为了实现实习考核指标全面化，需要各个相关单位的积极配合，形成自上而下的科学而系统化的考核指标体系。

（一）教育部构建顶层实习考核制度

教育部首先应当制定国家层面的实习考核规章制度，以制度治理实习工作，并将其作为依法依规治教的主要任务之一。

（1）制定颁布实习之部门规章，提供国家层面的定型化和法定化实习制度供给。我国目前已经有了关于职业技术院校之实习部门规章即《职业院校实习管理办法》，但是，却没有出台关于普通高校之实习管理办法，严重缺失体量和数量都最为庞大的普通高校之实习规范，应当及时制定出统一的实习部门规章；如果制定统一的实习部门规章比较困难，可以考虑先行出台"普通高校实习管理办法"，并不断完善和修改现有的《职业院校实习管理办法》，但是，最终还是应当制定统一的既涵盖职业教师教育，又包括普通高等教育的实习管理部门规章；还应当在已经展开的现代学徒制试点中，积累、总结和提炼出现代学徒制度之实施办法，包括制定学徒考核细则，以构建我国现代学徒制度之部门规章，引领和指导全国的现代学徒制工作。

（2）教育部应当制定各个专业（学科）之实习大纲，并专门制定实习考核大纲。我国目前各个专业的教学大纲都还比较完善，但是，缺乏统一而专门的实习大纲，更无专门的实习考核大纲，因此，教育部应当立即着手制定实习大纲，以引领和指导各个院校制定自己学校的实习大纲。

（3）成立专门的实习管理机构和考核机构。教育部还应当成立像各专业（学科）教学指导委员会那样的专门机构，比如可以成立"实习指导委员会"，专门负责各个专业（学科）之实习考核指标体系，并直接开展对部属院校的实习考核工作，间接指导其他非部属院校的实习考核工作。另外，教育部还要统一要求各个高校都要建立自己学校的实习管理机构，比如各个高校建立专门负责实习工作的"实习委员会"，学校下面再对应的成立院系级的"分实习委员会"。如此构建起我国自上而下的专门实习管理机构，负责实习制度的贯彻实施和实习考核。

（4）有机整合各类考核评估的指标体系，逐渐构建独立的实习考核指标体系。可以将现行"本科教学评估"和研究生教育的"学科评估"有机整合起来，构建实习工作在这两大考核评估中的评价指标内容，并要着重凸显实习之权重，以期弥补和加强研究生教育的实习工作。为了有效破解研究生的实习困局，可以先行构建起独立的研究生实习考核评估指标体系，独立运行一段时间后，再考量与"本科教学评估"之实习考核的整合与融合问题。

（5）有效整合"新工科"和"新文科"建设工程，将实习活动作为其研究和建设之专门课题，并在"新工科"和"新文科"之交叉融合中构建起新的有关实习考核评估指标体系。我国目前已经开展的"新工科"和"新文科"建设工程，在各自独立的建设课题中都严重缺乏专门的实习研究与建设课题（教育部"新工科"二期课题中仅有一项与实习直接相关），更无实习考核内容；而实习制度之构建更需要文科特别是法学之直接参与，故此，实习制度之构建必须纳入"新文科"建设的范畴；"新工科"和"新文科"的交叉与融合还是一个非常薄弱的课题，而如何构建"新工科"和"新文科"之实习方面的交叉融合问题，更是一个全新的课题。教育部应当在"新工科"和"新文科"建设及其交叉融合中，凸显"新工科"和"新文科"之实习及其考核工作，毕竟再好的"新工科"和"新文科"，都不能离开理论与实践结合即知行合一之实习环节，实习本身就是理论与实践相结合之最为重要的实践环节，无论是"新工科"建设，还是"新文科"建设，抑或是二者交叉融合，都必须加大实习工作的力度，而实习考核更是其中不可或缺的重要环节。

（6）将实习考核纳入教育部主办的各类竞赛和"大国工匠"评选活动中，提供竞赛和评选规则之制度供给。以检验和考核实习成果；还要与其他相关部门联合，谋划国家级的职业技能大赛之规则，并制定对学生和指导教师的不同奖励办法，将获奖成果纳入实习或学徒考核之中；职业技能大赛和"大国工匠"活动并不只是职业技术院校的工作，也应当成为普通高校实习活动的"试金石"，因为实习之目的也是提高实践能力，也需要为提升学生的职业素养和职业能力服务。

（7）丰富"劳动教育"内涵，将大学生"勤工俭学"和研究生"三助"活动直接纳入实习及考核的范畴。在教育部引领下的"劳动教育"改革和崇尚劳动、热爱劳动和弘扬劳动精神、劳模精神活动中，将实习或学徒活动纳入劳动教育的范畴，并将勤工俭学和研究生"三助"都视为实习活动之一种而纳入"劳动教育"和实习考核的基本内容之一。因为实习活动本质上就是学生的劳动活动，也是学生准备踏入社会而从事社会职业劳动的第一步，也是实验性劳动就业的第一步，因此，实习学生的劳动观念和劳动精神都直接关乎学生的劳动理念，将实习制度构建和实习考核与劳动教育紧密结合起来，应当成为一种新的思想理念和"落地"之具体举措。教育部应当在"劳动教育"之课程改革设计中，首先，要将大学生的实习或学徒活动作为其主要内容，并将大学生的勤工俭学作为重要的参考指标，一道纳入学分制中进行考核；其次，应当加大对研究生劳动教育之改革设计，在构建研究生实习制度中，应当特别注意将研究生"三助"活动（助教、助研和助管）作为研究生劳动教育之内容纳入进来，研究生"三助"活动本身就是一种特别的理论与实践相结合的劳动过程，也是属于广义的实习活动，教育部应当制定统一的"三助"制度，用制度号召和规范各个高校之研究生"三助"活动，并将其作为研究生实习活动和劳动教育之基本形态之一，还应当要求各个学校在教育部"三助"制度下，建立相应的"三助"考核制度。

（二）各学校构建实习考核制度

各个学校是贯彻执行教育部之定型化和法定化实习制度的第一责任单位，制度的关键在于执行，"徒善不足以为政，徒法不能以自行"，教育部进行的每一项实习制度顶层设计，都需要下面学校一项一项地贯彻执行，学校既要落实上面的精神，还要结合本校的实际，制定学校的具体实习规章制度，并依据该制度进行实习考核，逐渐形成全面而定型化的学校实习考核指标体系；各个学校既要制定对学生的实习考核制度，还要制定对实习导师（包括实习带队人员）的考核制度；既要对实习的全部过程进行考核，也要对实习结果进行可行评定，即笔者的全过程考核。

（1）修改大学章程，构建定型化实习规范。大学章程是大学治理的纲领性"大法"，它统领着全校的各项规章制度和运行机制，也是实习规章制度包括实习考核制度的基本制度渊源和定型化依据。但是，我国绝大多数的大学章程都还没有"实习"一词，更勿论将实习制度纳入大学章程的规范体系；学校已有的实习规章制度也是相当简单粗略，几乎完全没有专门的实习考核制度，导致依法依规治理实习关系制度的严重缺失，这也是实习活动及实习考核普遍存在"走过场"之严重形式主义的原因之一。完善大学章程之实习制度设置，首先，应当从办学理念和大学精神上，将实习活动作为理论与实践相结合之知行合一的主要价值目标和方式，特别不能认为实习仅仅是教学的一个环节，无论是培养人才，还是学术研究，都需要理论与实践紧密结合，而实习才是与之高度契合的最为有效的实现手段；其次，在大学章程中单列实习规范，改变将实习视为实践教学之一个环节的模糊现状，将实习从"湮没"于教学之中独立"显现"出来；再次，实习制度设计应当全方位考虑，既要突出"以本位本"之本科实习工作，也不能遗漏研究生实习，特别应当聚焦实习中最为普遍的缺陷——严重缺失研究生实习制度；最后，弥补研究生实习之短板时，应当将勤工俭学，特别是研究生"三助"工作纳入其中，不能认为"三助"仅仅是经济效能，更应当重视其实践功能和劳动精神之培育。因此，勤工俭学和"三助"都应当从劳动教育和实习视角上重新认识，并将其纳入大学章程的基本范畴，从定型化实习制度构建和劳动教育方面，将它们作为大学章程不可或缺的内容。

（2）建立专门的实习机构。各个学校都应当建立专门的实习机构治理体系，形成"学校—院系—专业（学科）"三级管理机构，具体名称上可以是"实习委员会"，包括校实习委员会、院系实习委员会和专业（学科）实习委员会，并从正式编制、人员配备、办公条件、专项经费等，将其与学校其他的常设机构一样对待。只有专门的实习治理机构，才能体现学校对实习工作的重视，也才能真正搞好实习工作及实习考核。组织机构也应当是执行路线的保证，建立各个高校之实习委员会实有必要。

（3）构建比较成熟的实习考核指标体系。为了克服我国目前缺乏比较成熟的考核指标体系的缺陷，在教育部统一制定实习考核指标体系的前提下，各个学校还应当制定更加符合本校实际情况的实习考核指标体系。我国目前的职业技术院校之实习考核工作普遍好于普通高校，因此可以借鉴搞得好的职业技术院校的经验，逐步构建起比较成熟的指标体系。

南京旅游职业学院顶岗实习的学生考核内容主要包括两大部分：一是企业指导教师对学生的考核，占总成绩的 40%；二是学校指导教师的考核，占总成绩的 60%。其中，企业指导教师的考核指标分为六大体系：工作态度（实习态度）、专业理论、专业技能、敬业精神、工作效果和创新意识，每一项指标分为四个等级，如强（高、好）、较强（比较高、较好）、一般和较差等；而学校指导教师的考核只有平时表现成绩、实习报告成绩两大基本内容，主要是抽象的评语式实习考核。① 以上考核指标体系将企业指导教师的考核指标分为了六大体系，还是比较全面的，但是，其不足如下：第一，只设计了企业实习导师对学生的考核指标，而缺乏对学校导师的考核指标；第二，只有一级考核指标，缺乏二级指标；第三，考核比重（权重）设置不够合理，实习单位的考核比重（权重）太低，只占 40%，而学校实习导师的考核却占了 60%，应当将实习单位的考核比重（权重）设计为大于学校的考核，可以调整为 80%～90%，因为实习的主要过程是在实习单位而不是实习派遣学校，实习考核也相应地应当以实习单位的考核为主。

有专门研究职业技术院校顶岗实习的学者认为，顶岗实习的考核内容可以分为定性和定量两大部分，其中定性内容包括实习态度、实习内容、实习日志、实习总结、职业素养等；定量内容包括与企业指导教师交流的频次、与校内指导教师交流的频次、与同事交流的频次、实习日志的篇数等。②

还有人提出了实习考核的"三三三"评价指标体系，三阶段评价（准备阶段、实施阶段、总结阶段）、三个评价主体（实习单位、学校和学生）和三级指标体系。实习考核的一级指标有 3 个：职业知识（30 分）、职业素质（30 分）和职业能力（40 分）；二级指标有 5 个：岗位任务、基本表现、职业素养、专业技能和综合能力；三级指标为具体的评价标准即得分值，包括 12 个：专业契合度（10 分）、实习内容（20 分）、遵纪守法（4 分）、服从管理（4 分）、工作态度（4 分）、道德品质（5 分）、身心素质（3 分）、敬业精神（5 分）、团队精神（5 分）、岗位技能（8 分）、完成任务能力（8 分）和工作效率（4 分）。③ 该理论研究成果具有一定的价值，该考核体系也得到了实践的检验，在实践中被运用于吉林铁道职业技术学院土建类各专业的 2009 级学生之顶岗实习的考核，取得了良好的效果。考核评价指标体系的导向作用也得到了较好发挥，使实习学生进一步明确了努力方向，大幅度提升了自己的职业能力，并获得了企业的好评。④ 笔者认为，其最大的启发意义是：实习考核应当通过构建具体的三级指标体系，科学、系统和全方位地进行考核，而不

① 方法林、印伟：《高职院校顶岗实习质量管理探索与实践》，旅游教育出版社 2015 年版，第 195～196 页。
② 石骏：《职业技术院校顶岗实习研究》，浙江大学出版社 2013 年版，第 167 页。
③④ 李东侠、闫晶：《高职教育顶岗实习考核评价体系的研究》，载《科技视界》2012 年第 26 期。

是没有具体考核指标的随意式、纯主观的考核；另外，从制度范式上看，实习考核的理论应当与考核的实践紧密结合起来，不能仅仅研究抽象的制度理论。在此方面，我国目前的职业技术院校之实习理论（包括实习考核）研究，并能够将理论研究与实践紧密结合，这些成功经验都可以为普通高校之实习理论研究和实践提供非常有益的参考，以弥补我国普通高校之实习制度理论研究以及理论与实践结合的不足。

还有人在有关职业技术院校顶岗实习的专著中特别研究了考核指标体系，提出了一种具有创新性的顶岗实习考核之"三维"考核评价系统（体系），并将此评价体系运用于实践之中，通过理论与实践的有力结合，取得了较好的成效，值得实习考核大力推广。"三维"为实践能力、创新能力和职业素养三大方面。[①] 实践能力的培养是关键和核心，在整个顶岗实习中，应当将学生的实践能力之考核作为第一目的，因此，实践能力的考核应当占整个实习考核的60%；创新能力是实习的第二个重点内容，创新能力对于提高学生竞争力，促进职业发展具有重大意义，实习不仅是培养实践能力的过程，也是培育创新能力的过程，因此，实习考核应当对创新能力进行专项考核，但是，由于创新能力具有不确定性和非专业性，在考核指标体系中可以将占比设计为20%；职业素养对学生职业生涯发展具有重要的现实意义，职业素养是从业者对职业的态度和精神状态，对学生的就业和职业发展都非常重要，因此，应当在实习考核中对职业素养进行考核评价，占比设计可以是20%。[②] 该专家还分别就以上三大指标即一级指标，进行了详细二级和三级指标量化设计，量化考核指标非常细致，具有相当高的操作性和普适性，实习考核时完全可以直接"拿来"使用。比如其设计的实践能力考核，分为"实践指导组"（30分）、"企业师傅"（30分）和"证书"（40分）三大二级指标；二级指标下再细分为更加详细的三级指标，"实践指导组"包括参加会议（12分）、月实习总结（3分）、作业（6分）、竞赛活动（5分）和其他表现（4分），"企业师傅"考核包括履职情况（20分）、技术技能学习（6分）、其他表现（4分），其中履职情况又细分为操作流程和操作规范（分为完全熟悉、熟悉和不熟悉）、完成任务情况、重大错误或失误（分为未出现、一次和多次）。[③] 该实习考核指标体系通过西安铁路职业技术学院的实践，已经证明其具有相当大的可行性，并取得了较大成效，特别是该校推行的"双证书"之"双评价"考核制度，得到了非常好的评价，该校成为了全国百所"职业资格证书制度试点院校"。"双证书"指学生在取得毕业证书的同时获得职业资格证书或者职业技术等级证书，通过"双证书"制度实现了对学生知识能力和技术能力

---

① 滕勇：《基于现代学徒制的顶岗实习教学模式研究》，北京理工大学出版社 2017 年版，第 153 页。
② 滕勇：《基于现代学徒制的顶岗实习教学模式研究》，北京理工大学出版社 2017 年版，第 154～157 页。
③ 滕勇：《基于现代学徒制的顶岗实习教学模式研究》，北京理工大学出版社 2017 年版，第 169 页。

的综合评价，也有力促进了学生实践技能的提高，初步实现了实习考核与职业技能及职业资格证书之良性互动，探索出了一条有效克服"为了考核而考核"、考核"走过场"形式主义之路径。其不足之处是考核中的主观评价仍然难以有效避免，由于考核评价的复杂性，主观评价导致了结果的不够客观、评价的权威性也受到影响，因此，实习考核评价的客观性、准确性和权威性有待提高。[①]

我国一些职业技术院校之实习考核指标体系的理论研究和实践，特别是顶岗实习之考核指标体系，虽然还存在一些不足，但是，其比较繁荣的理论研究和实践，都为普通高校之实习考核提供了成功范式，这些也恰恰都是普通高校的短板，普通高校不仅应当加大相关的理论研究，还应当将理论与实践紧密结合起来，学习与借鉴职业技术院校之经验，不断完善普通高校的实习考核指标体系。

（三）实习单位构建的实习考核指标体系

实习单位在实习考核上的主要工作是协助实习派遣学校完成对实习学生的考核，即实习单位无须构建单独的对实习学生的考核指标，只需要根据实习派遣学校的考核要求，协助完成即可。但是，与对实习学生的考核不同，实习单位应当构建起比较完备的针对本单位实习导师（师傅）的考核制度，还要将"双师"型教师之本单位的导师（企业导师）一并纳入其考核范畴。

1. 构建专门的实习导师考核制度

我国目前实习单位之实习考核制度非常缺乏，几乎完全没有专门针对本单位实习导师（师傅）的考核制度；另外，对本单位的"双师"型教师（企业导师）也没有考核制度。为了规范实习单位的实习活动，加强指导教师的责任，实习单位应当制定专门针对单位实习导师的考核制度，以定型化的实习规章制度管理和考核实习导师，克服考核形式化、考核内容及指标随意化等流弊。

实习导师考核内容指标的设计，可以考量以下主要内容：

第一，安全考核指标。安全是第一位的大事，为了凸显安全之重要性，避免人身意外伤害事故的发生，实习安全方面的考核内容不可或缺，并可以实行"一票否决"制。安全指标为一级指标，下面还要设置二级指标，如指导实习学生自身的实践安全，特别是生产安全；还要设置保障实习设备的安全指标、实习过程中保障他人（学生和单位其他员工）安全的指标、保障实习对象之安全的指标等，在这些安全考核指标中，实习导师都是第一责任人，各种安全指导和防护都应当纳入实习导师的主要考核内容。

---

① 滕勇：《基于现代学徒制的顶岗实习教学模式研究》，北京理工大学出版社 2017 年版，第 253 页。

第二，日常考核指标。安全虽然是第一位的大事，这没有任何疑义，但是不能只有安全这一项指标，还应当设置其他考核指标，日常考核指标体系主要有：指导学生数、指导时间（学时）、协助完成对实习学生的考核鉴定、实习总结等。

第三，职业能力指标。主要考查实习导师是否有效帮助和提升了学生的实践能力和职业能力。理论与实践结合是任何专业人才培养都必须遵循的基本规律，学生专业水平提升的同时，也就提升了其职业能力，而实习活动恰恰就有这些作用，因此，虽然，该考核指标比较抽象和主观而难以定量考核，但是，实习考核仍然不能缺少这些内容。

第四，职业资格指标。主要考核实习导师对学生获得职业资格认证或证书的指导和帮助，为了就业和职业发展之需，实习也不能完全摒弃功利性追求，趋利是人之常情，实习也不例外。在实习活动中，完成实践教学任务的同时，考虑对职业资格的获取，将实习活动与职业资格紧密关联起来，不仅具有正面引导学生努力实践而提升职业水平的功能，还特别能够"倒逼"学生参与实习活动的积极性和主动性；同时，从考核的可操作性上看，设置职业资格考核指标，也是提升学生实践能力和职业能力的外在表象，可以弥补提升职业能力考核的抽象化和主观化的不足。

职业资格考核特别应当成为各类职业院校对导师的考核指标，职业技术院校更加偏重学生的职业技能教育，职业资格的获取是检验学生职业技能的非常重要的"试金石"，也是弘扬劳动精神和工匠精神之物化形态，更是职业技术院校之比较优势所在。也正是基于上述主要原因，教育部正在大力推行职业教育与职业资格证书挂钩试点工作。

2019年2月，国务院颁布了《国家职业教育改革实施方案》，明确提出在职业院校、应用型本科高校启动"学历证书＋若干职业技能等级证书"制度试点工作。2019年4月，教育部、国家发展改革委、财政部、市场监管总局联合颁布实施《关于在院校实施"学历证书＋若干职业技能等级证书"制度试点方案》，自此，我国"1＋X"证书制度试点工作正式启动。试点工作重点围绕服务国家需要、市场需求、学生就业能力提升，从10个左右职业技能领域开始，稳步推进"1＋X"证书制度试点工作。通过试点，深化教师、教材、教法"三教"改革；促进校企合作；建好用好实训基地；探索建设职业教育国家"学分银行"。试点院校非常普遍，以高等和中等职业学校为主，同时要求本科层次职业教育试点学校、应用型本科高校及国家开放大学积极参与。把学历证书与职业技能等级证书结合起来之"1＋X"证书制度，既是《国家职业教育改革实施方案》的重要战略部署，也是职业教育的一项重大创新。"1＋X"证书制度凸显了职业教育的重要特征，它是落实立德树人、完善职业教育和培训体系、深化产教融合校企合作、拓展就业创业渠道、缓解结构性就业矛盾的一项重要制度设计。[①] 教育部将联合行业部门、行业组织，并积极发挥全国行业职业教育教学指导委员会等专家的组织作用，定期对职业技能等级证书有关工作进行"双随机、一公开"的抽查和监督，对培训评价组织行为和职业院校培训质量进行监测和评估。[②]

由上可见，将职业资格纳入实习考核的范畴，是一项既高度契合国家发展职业教育战略目标，又完全符合"学历证书 + 若干职业技能等级证书"制度试点的精神，因此，在实习考核制度中，将职业资格考核与国家职业教育改革有机结合起来，具有重要意义。考核制度的内容设计不仅在对学校、学生和教师进行考核时，必须特别注重职业资格方面，还要对实习单位及其单位导师进行此方面的考核。在"1 + X"证书制度试点中，应当考量具体而可行的职业资格之一级指标体系，还应当将其作为对实习导师进行考核的二三级指标。无论考核指标怎样设计，都应当将学生获得的职业资格等级证书与实习导师的考核相挂钩，如果学生获得了相关的职业资格等级证书，则其指导教师就可以获得相应的加分，具体而具有可操作性的考核指标体系，还需要在试点工作中逐步积累和不断完善。

2. 将实习考核与绩效管理结合起来

绩效管理是现代人力资源管理的重要范畴，绩效是指员工在一定时期内的工作中所表现出来的与组织目标相关的并能够被评价的工作业绩、工作能力和工作态度，其中的工作业绩是指工作结果。绩效管理是指为了实现组织的战略目标，运用人力资源的知识技术和方法与员工共同进行绩效计划、绩效沟通、绩效评价、绩效反馈以持续改进个人绩效，并最终提高组织绩效的管理过程。[③] 其中的绩效评价就是传统意义上的绩效考核，即绩效考核是绩效管理的一个重要环节，绩效考核不仅是组织的管理手段，还直接关系到组织内各个员工的晋级、晋职、工资、福利待遇等切实利益。

无论什么样的企业，都实施绩效考核制度，绩效考核制度是对企业员工开展或者完成任务程度的一种考评，绩效考核是一种常态化的内生管理工作。[④]

绩效考核就是绩效评价，是绩效管理的一个重要内容，是指对评价主体借助一定的评估方法，对员工的工作绩效作出总结性的评价，它是绩效管理体系中的正式

---

① 《教育部等四部门印发〈关于在院校实施"学历证书 + 若干职业技能等级证书"制度实施方案〉的通知》，教育部网站，http://www.moe.gov.cn/srcsite/A07/moe_953/201904/t20190415_378129.html，发布时间：2019 年 4 月 10 日，访问时间：2020 年 11 月 28 日。

② 《启动 1 + X 证书制度试点的工作考虑》，教育部网站，http://www.moe.gov.cn/fbh/live/2019/50294/sfcl/201902/t20190219_370018.html，发布时间：2019 年 2 月 19 日，访问时间：2020 年 11 月 28 日。

③ 杨河清：《人力资源管理》，高等教育出版社 2017 年版，第 145 ~ 146 页。

④ 许国栋：《现代企业绩效考核及激励机制探讨》，载《现代商业》2020 年第 11 期。

考核阶段。[①]

任何一个组织的绩效考核即绩效评价都非常重要，实习单位包括实习企业也不例外。但是，现实问题是，许多实习单位都将实习视为单位的额外工作，不属于单位的主要工作而是附加性的为社会尽义务的附属工作，也很少将实习考核纳入单位之绩效管理及绩效考核的范畴，更无专门针对实习导师（师傅）之实习考核制度及考核。实习单位因为没有对实习导师的绩效考核，从而导致没有多数人愿意当实习导师，即便是被安排为实习导师，也是"虚应故事"，因其无关自己的绩效考核，也就无关紧要，这些势必再次引起恶性循环，再使得实习活动严重的形式化和实习考核的虚无化，严重影响了实习的质量。为了改变这种比例局面，必须由实习单位将本单位的实习导师纳入绩效管理及绩效考核的范畴，以绩效考核制度和具体指标对实习导师进行全面的考核，并将考核结果纳入该实习导师的总体考核评价中，综合评判该员工的整体绩效，这样，才能有效地调动员工参与实习活动的积极性和主动性，为单位（企业）发展树立良好的社会形象，为员工构建全面的正面评价。

在将实习导师纳入单位绩效管理及绩效考核的实施过程中，除了一般性的考核指标外，如实行安全、出勤考核（出勤率）、指导人数、指导时间、实习结果鉴定、协助学校完成学生的实习成绩评定等常规性的内容即一般性的考核指标外，还要出台一些激励制度，制定实习之奖励指标体系，如指导实习学生获得职业技能大赛或各级"工匠"、辅导学生获得各种职业资格证书或认证、自己指导的学生获得实习优秀奖等，都应当将这些成绩作为实习导师考核的重要绩效，并给予精神和物质方面的奖励，以调动员工参与实习活动的积极性，以有效破解单位员工都不愿意带实习学生的难题。

3. 将绩效考核与惩戒权结合起来

对实习导师的考核，除了上面的正面清单外，还要建立实习"负面清单"考核与惩戒制度，将绩效考核与单位惩戒权结合起来，构建起比较完善的实习考核之处罚指标体系。

有奖还要有罚，实习单位还要建立非常明确的实习考核的"负面清单"，此即实习考核之处罚性负面指标，如可将安全事故作为"一票否决"的主要指标，出了实习安全事故，则实习导师的绩效考核就属于不合格；还可以将实习导师对实习学生之不当行为作为"负面清单"，进行相应的惩戒；考核不合格的不仅要取消实习导师资格或"双师"资格，还要进行适当的降级、降职，甚至开除等惩戒措施。

实习单位依据本单位之合法正当的内部劳动规章制度而享有对本单位员工之惩

---

① 杨河清：《人力资源管理》，高等教育出版社 2017 年版，第 147 页。

戒权，本单位的实习导师和"双师"之企业导师都属于用人单位之员工即劳动者的范畴，实习单位享有对其惩戒的权利。但是，对实习导师之惩戒权的行使，除了必须符合法律法规外，还必须符合惩戒权的一般原理，要遵循惩戒权之基本原则如明确原则和比例原则等。在制度构建与实践中，惩戒权与劳动规章制度天然不可分离，相辅相成；因劳动规章制度普遍是用人单位不可或缺的管理制度，惩戒权也就相应成为了用人单位的管理与处罚的基本手段。①

惩戒权是指用人单位享有的对劳动者违规违纪而实施处罚的权利，是用人单位针对劳动者单向的处罚措施，其基本依据就是用人单位的劳动规章制度或劳动纪律，即违规违纪之惩戒权。惩戒权一般类型化是指经济处罚和非经济处罚两种类型，惩戒权之经济罚主要是罚款、变相罚款如降薪等方式；非经济处罚类型较复杂，主要有荣誉罚如警告、记过、记大过、留党察看等形式。

惩戒权的主要原则是明确原则和比例原则。明确原则要求进行惩戒必须首先有明确的规章制度之规定，并且内部规章制度必须符合劳动法的相关规定，不仅要内容合法，还要程序正当。惩戒权之比例原则要求在行使惩戒权时，处罚力度应当符合相应的比例，惩戒措施应当与违规违纪行为相匹配。

惩戒权虽然为用人单位之单方所独享，但是其行使却有比较严格的限制，不能由用人单位随意行使，其效力也仅仅是在本单位内部有效，对外并无拘束力。宏观上，惩戒权的适用对象是本单位内部员工即内部劳动者，而不能是外部员工。微观上，惩戒权的适用边界，还应当明确排除两种情形：一是劳动者的非职业行为即私人行为不能纳入惩戒权的行使范围；二是劳动者之社会保障不能纳入惩戒权的范畴，即惩戒权的行使不得侵犯劳动者之社会保障权。②

既然惩戒权的行使还不得影响劳动者之社会保障权的实现，也不得干预与工作无关的其他私生活领域，那么，实习单位对本单位之实习导师的惩戒也是这样，因为从逻辑关系上讲，本单位之实习导师或者"双师"之法定身份，本身就属于本单位的内部员工，如果实习导师之行为符合实习单位之规章制度或者实习考核制度所明确规定的惩戒条件，实习单位就完全有权对其实施相应的处罚，"以儆效尤"和预防不良事件的发生。对实习导师或者"双师"之不当实习行为的惩戒，只有符合惩戒权基本原理的惩戒行为，才是合法正当而有效的。另外，对实习导师的惩戒必须具有正当的理由，而且还要有多次的警告或警示之后，才能行使实习之惩戒权；惩戒的形式和程度也不能超出必要的限度，必须符合一般惩戒权的比例原则。还要

① 问清泓：《共享经济下劳动规章制度异变及规制》，载《社会科学研究》2018 年第 3 期。
② 问清泓：《惩戒权之适用对象相对论》，载《中国劳动关系学院学报》2017 年第 5 期。

特别注意的是，有关实习的惩戒权，只能针对本单位的员工，包括本单位的实习导师或"双师"之本单位的员工，对实习派遣学校的实习导师或带队人员都不能行使惩戒权；即使是对在本单位实习的实习学生，也不能享有惩戒权，只能建议实习派遣学校给予惩戒的建议权。因此，实习单位之惩戒权的制度构建和具体实施都必须遵循法律法规和单位的规章制度，具有非常严格的限制条件，还要严格遵循惩戒权的一般原理和基本原则，否则，实习惩戒权就没有任何拘束力和法定效力。

只有赏罚分明的绩效考核制度及其考核，才能收到良好的实效，也才能实现科学的绩效管理及绩效考核。实习考核制度及其考核也完全如此，对实习导师之绩效考核与惩戒权的紧密结合，亦是从"负面"方面的绩效考核，对实习活动具有"反面"示范效应与反推作用力，实习单位之绩效管理与绩效考核都当仔细思量并普遍运用。

第十二章　实习争议处理制度

第一节　实习争议的现状与主要问题

实习争议就是实习纠纷，是指实习学生在实习活动中与实习单位或者是实习派遣学校或者其他第三人发生的各种纠纷。实习争议最为重要并不可或缺的主体是实习学生（域外常称为"实习生"），既包括在校学生即应届生，也包括已经毕业但仍然处于实习状态的学生即往届生，还应当包括学徒生（工）和见习生；实习争议之相对方则非常复杂，主要是实习接收或拟接收单位即实习单位，有时还可能是实习、学徒或见习派遣学校，有的还涉及社会中介组织，有时还可能是第三人，包括实习单位的第三人或者是社会上的其他第三人，也可能是其他实习学生等；实习争议有的是涉及商业保险或社会保险方面的争议，争议相对方则为保险机构或者机构工作人员；实习争议除了实习学生与单位之间产生的纠纷外，有时还可能是学生与其他自然人之间的纠纷，比如可能是实习学生与实习学生之间，或实习学生与实习导师（实习带队教师和实习单位指导人员或师傅）的纠纷，也有的是实习学生与实习单位之工作人员间的纠纷，还有的可能是实习活动中因第三人侵权而引起的争议，这些都导致了实习争议的复杂性及类型化的困难。

实习争议处理制度的理论研究和实践范式都还较为薄弱，我国目前也是如此。我国实习立法也是相当滞后，缺乏专有的实习立法。我国的劳动法和社会保障法，特别是社会保险法，都没有将实习包括学徒和见习纳入自己的调整范畴；争议处理程序法也一直与实体法一样，仍然是付诸阙如，我国《劳动争议调解仲裁法》也没有实习争议一说。实习立法之空白直接导致实习争议之类型及处理之定型化和法定化严重缺失，实习争议仍然难以形成单独的实习争议处理范式。实践中，实习争议处理非常混乱，现有实习争议常常按照一般的民事争议主要是侵权争议处理，或者按照行政争议处理，也有的极少数将实习争议按照劳动争议或社会保险争议处理。

我国实习争议的基本现状和问题主要是：第一，实习争议缺乏定型化和法定化；第二，实习争议严重缺乏实体权利之设置；第三，实习争议分类与处理极其混乱；第四，实习工伤保险救济严重缺失。

一、实习争议缺乏定型化法定化

我国实习争议最为普遍的现状和问题是严重缺乏定型化和法定化。实习争议无论是从学理上，还是在立法和司法实践中，都还没有定型化①，更遑论法定化。

我国实习争议缺乏定型化和法定化之问题，主要包括三大方面：第一，实习争议还不是一种特定的争议类型，其争议处理也还没有形成特有而统一的模式或制度规范，实习争议没有从一般的民事争议或行政争议中独立出来。第二，从劳动法视角少有将实习争议界定为劳动争议之法定类型的，其基本因由是实习学生之法定身份界定为非劳动者身份；实习关系也就相应地不属于劳动法语境下的劳动关系，故此，劳动法包括劳动合同法难以调整实习关系。第三，实习争议中还有一种涉及保险关系的争议，笔者谓之为实习保险争议，它更缺乏定型化和法定化；实习保险争议中，既有一般的商业保险争议（主要是实习学生人身意外伤害保险），也有社会保险争议（主要是实习之工伤保险问题），从而使得实习保险争议更加难以类归与定型，并且使得实习保险争议处理之制度范式严重缺失。

实习争议缺乏定型化和法定化之主要原因是多方面的，首先是对实习争议的认识问题，其认识还难以达成共识。实习争议是否有必要单设为一种特定争议类型？实习争议与其他争议的边界又将如何界定？实习争议的处理程序又将如何设计？这些问题都还一直没有引起学界和实践之足够重视，也极大困扰着实习之理论研究和实践，导致了实习争议处理制度之极度匮乏。

实习关系是一种非常重要的社会关系，在法治社会中，更应当将其全面纳入法制的轨道。加之，实习主体并非少数群体，实习关系之法律调整更加具有普遍价值和普遍意义，因此，应当将实习争议定型化和法定化，以寻求实习争议处理制度之中国方案。

---

① "定型化"为笔者拙言，法学界特别是劳动法学界并无此说。

（一）定型化问题

定型化之法学语境并不多见，在法学中能够经常用到的也仅仅是定型化契约，称为定型化合同或格式合同，其概念和内涵都具有特别的规定，属于合同的一种特别形式。定型化就是固定和定型，是指将某种规范或规则定格为特定的范式，形成特定的模式或制度，而具有普遍的价值和统一的可适应性。笔者认为，实习争议之定型化路径就应当将劳动关系及劳动合同从民事关系和民事合同中独立出来，而定型为劳动法（社会法）之新的独立的部门法，实习争议之定型化也应当如此，定型为特有的争议类型，并构建其特有的争议处理制度。

实习争议定型化是指将争议确定为一种特定的争议类型而固定下来，形成特有的争议形态及其处理模式或制度范式。首先要从名称上界定此争议类型，再从内涵上确定其边界或范围，并特别针对该争议类型而设计特定的争议处理制度，包括特定的争议处理机构和人员、特定的争议处理模式、特定的争议处理程序、特定的争议申诉机制等。

我国目前争议定型化的成功范例就是民事争议、行政争议和刑事争议的三分法之定型化及分类，与之对应的有民事诉讼法、行政诉讼法和刑事诉讼法三大程序法。在此定型化的基础上，我国劳动争议开始从一般的民事劳动争议中独立出来，定型化为独特的争议类别和特别的争议处理制度，并形成劳动争议处理之特别范式，如一般劳动争议之"先裁后审"模式、少数劳动争议"一裁终局"，劳动争议已经成了不同于一般民事争议（民事劳动争议）的一种新的定型化界分，与之对应的是我国于 2008 年出台了新的程序法，即《劳动争议调解仲裁法》，各地随之成立了专门处理劳动争议的特别机构——劳动（人事）争议仲裁院，有的仍然称为劳动争议调解仲裁委员会，其机构正式编制为国家各级行政机关。至此，可以说我国已经完成了"四大程序法"[①]，各种争议及其处理制度定型化体系日趋完善与成熟，为"良法善治"和程序正义提供了程序性法律支撑。

我国劳动争议及其争议处理制度"定型化"，虽然已经取得了一定的成效，但是还存在以下亟待破解的具体问题，同时也成为了我国实习争议严重缺失"定型化"的具体表象。

一是劳动争议及其处理制度还没有完全独立。相关的理论研究成果即学理观点与司法实践还存在较大差距，司法实践中仍然将劳动争议定型化为民事争议，或者是行政争议，从而导致劳动争议定型化的学理研究与司法实践严重脱节，劳动争议

---

① 此为笔者笨语，学界和实践并无此说。

处理也更加混乱，并且加深了劳动争议"先裁后审"或"一裁终局"之模式的迷惑性和适用局限性，劳动争议之调裁审衔接更是无法实现。

二是劳动争议及其处理制度没有定型与区分个体劳动争议和集体劳动争议。我国目前集体劳动争议处理的调解范式严重缺失，即集体劳动争议还没有定型化为"调解为主"或者"调解终局"模式；"维稳"思维处理集体劳动争议的弊端一直难以解决，集体劳动关系治理体系和治理能力难以得到有效提升，集体协商谈判制度难以有效"落地"，工会组织之劳动关系及劳动争议处理职能严重弱化。

三是国家还没有构建起专门的劳动法院或劳动法庭。劳动争议之诉讼程序（司法程序）一直没有专门的司法机构和专门人员，没有形成与专门的调解仲裁机构即劳动人事仲裁院之对接的司法机构，劳动争议"重仲裁轻诉讼"的传统思维模式仍然占据主导性地位，进而导致劳动关系及其劳动争议治理与处理缺乏完备的司法保障体系，同时也使得劳动争议处理之法定性与权威性不足。

四是社会保险争议定型化不足。我国目前通常是将实习保险争议定型化为劳动争议，但是，社会保险争议中还有一些属于行政争议，将其全部定型为劳动争议实属不妥。

五是实习保险争议定型化严重缺失。在上述社会保险争议定型化不足的背景下，实习之社会保险争议应当如何定型化，实习保险争议及处理制度既缺乏成熟的理论支持，又没有立法规范之保障，使得实习保险争议及其处理既游离于法律之外，更缺乏有效的实践范式可供参鉴。

六是学徒关系及其学徒争议处理缺乏定型化。学徒关系包括学徒合同及其治理与实习一样一直都是我国法律的空白，学徒争议及其争议处理制度更缺乏定型化类归，学徒关系治理包括学徒争议处理一直没有纳入法制的轨道，构建现代学徒制之职业技术教育制度仍然难以摆脱"重普通教育而轻职业教育"之窠臼，更罔论学徒生（工）之权益保障与救济，严重制约了我国现代学徒制之建立，还影响到了我国"工匠精神"和"大国工匠"之国家战略目标。笔者一贯主张，学徒关系应当定型化为广义的实习关系，与之相对应，学徒争议也就应当定型化为实习争议之一种；无论是理论研究，还是立法，或是实践，都应当将学徒关系一并纳入实习关系及其治理的体系中来，由此，学徒争议及其争议处理制度也应当定型为实习争议之一种；今后我国出台了实习法，亦应当将学徒关系一并纳入实习法的调整范畴，以实现学徒关系之定型化向法定化的转化。

七是缺乏将见习定型化为实习之一种。见习顾名思义主要是"见"与"看"，而不是亲自动手实践，见习也与实习一样是学生将理论与实践结合起来之知行合一的教学实践环节，我国有许多高校将"见习"定型化为"认识实习"，与"生产实习"相对应，此种做法比较可取，但是这还需要国家层面或教育部与各个高校达成统一的共识；在此基础上，见习争议及其争议处理制度也就可以定型化为实习争议之一种，统一纳入实习争议处理制度之塑造范畴；今后我国出台了实习法，亦应当将见习一并纳入实习法的调整范畴，以实现见习之定型化向法定化的转化。

（二）法定化问题

1. 定型化与法定化的关系

法定就是由法律确定和规定，法定化就是将某些调整规则和规范通过法律制度正式确定下来，并形成明确的法律规范和法律运行规则。法定和法定化是法治社会和良法善治的基本前提和要求，是成文法最为基本的特征。

实习争议法定化是指将实习争议通过明确的法律规范之调整，形成特定的争议类型即争议类型法定化，进而形成特定的争议处理范式即争议处理之法律制度。

定型化及其与法定化的关系问题研究一直非常薄弱，属于极具挑战性与创新性的新课题。定型化与法定化二者既有联系又有区别，不能完全等同。定型化与法定化关系密切，虽然定型化不属于法学专门用语，在法学中除了特有的"定型化契约（合同）"一说之外，罕有其他有关定型化之说法，但是，笔者认为，定型化也应当作为法学之重要的理论范畴，因为许多法律规范的形成和修正与完善的过程，都离不开理论和实践之渐进的定型化过程，任何法律规范的形成和执行都不会凭空产生，而需要以定型之理论和实践达成普遍的共识为基础，进而完成具有普遍意义的共同的社会规范和行为准则，包括道德伦理规范、宗教信仰规范、法律规范、公序良俗等。之所以"法定化"是法学界和实践界都非常认同的概论，而严重缺乏"定型化"之说，其主要原因就是法律过于注重结果，而常常忽略了法律规范是通过广泛的社会规范（包括道德伦理、宗教信仰、公序良俗等）在逐渐形成中的定型化过程，因此，法律关系包括法律规范的研究，还应当聚焦其定型化产生的过程和路径，紧密结合社会现实而不断矫正和完善社会关系之法定化，以期实现"良法"与"善治"。

定型化与法定化具有高度的契合性和一致性，定型化包括了法定化，法定化也属于定型化的一种。法定化也就是定型化的一种法定规范形式，法定化也是定型化之高级形态；法定化需要以理论和实践之比较成熟和一致的定型化后，通过国家法律关系之调整而实现；法定化规范具有强制拘束力和执行力。二者也有许多区别，不能混同：定型化的范围大于法定化，定型化的路径也多于法定化，定型化除了通过法律规范调整及立法活动实现外，还常常是通过道德伦理规范，或者是宗教信仰，或者是公序良俗规范，而定型化为社会之普遍行为规范和准则，法定化只是其中的一种路径；即便是当今之法治社会建设中，非法律规范之道德规范也仍然具有不可或缺的重要价值，即法治也不能离开德治，法律规范只是最低的"底线"或"红线"，而道德规范才是最高的理想化境界，我们不能因"法定化"而"一叶障目"。

另外，定型化除了法定化这一路径外，还有一个重要路径就是政策化。政策化也应当是定型化的一种方式，其与法定化类似，更加具有国家统一性和强制性，只不过政策弱于法律，效力层级也低于法律规范。定型化、政策化和法定化的理论逻辑基础就是传统法理问题——法与政策之辩，即法律与政策的关系问题。政策是社会关系定型化的一种重要方式，它不是法律，但它往往是实现法定化的基础和前提。在劳动关系治理中，国内国外的劳动政策都一直占据着非常重要的地位，许多劳动关系之法律规范都直接来源于劳动政策，劳动政策以其灵活性与易变性之优势成为广义劳动法的重要组成部分，这也是劳动法成为独立的部门法的重要原因之一。

笔者曾经多次论述过劳动法之劳动政策问题，世界上发达的劳动立法，其比较成熟的经验是将劳动政策与劳动立法天然联系起来，即劳动法一般都包含了劳动政策，使得劳动政策成为了劳动法的重要渊源。如何处理好劳动政策与劳动立法的关系，不仅仅是法理之政策与法关系的争辩，而是直接关系到一国劳动法之发达与否和劳动关系治理之成效。笔者一直认为"劳动政策＋劳动立法"模式应当是我国劳动法改革的创新路径之一，特别是在共享经济下新型劳动关系治理中。笔者认为，克服我国目前劳动法之立法缺陷最现实也是最为可行的办法不是修法（修改《劳动合同法》），而是加大劳动政策的制定与规制力度。"劳动政策＋劳动立法"模式具有新的用武之地。劳动政策由于其充分的灵活性和可操作性强的特色，更加适用新型的非典型劳动关系，亦更加适用实习劳动关系，毕竟实习劳动关系与典型的一般性劳动关系有所不同。理论和实践研究不能停留在政策与法律关系之博弈上，况且即使是从一般法理上看法律与政策也不一定就是根本对立的，二者具有较大一致性；从国家和社会治理的角度看，法律和政策也是具有同一性的。因此，应当将二者共同纳入研究的视野，特别是应当将劳动法规与劳动政策一起纳入集体劳动关系与集体劳动法的基本范畴，共同形成劳动法与劳动政策之有效范式。①

因此，劳动关系之"政策化"定型具有一定合理性和可行性，其更应当成为了劳动关系包括劳动争议处理制度法定化之特别路径，甚至是必经路径。实习关系及其争议处理制度之定型化与法定化都应当考量"政策化"定型路径，即便是今后出台实习立法，完成实习关系之法定化目标，其具体实施细则也不能缺少相关的"实

---

① 问清泓：《共享经济下劳动规章制度异变及规制》，载《社会科学研究》2018 年第 3 期。另外，还可参见问清泓：《"末位淘汰"之司法与政策应对——以最高法"指导案例号 18 号"和第 8 次〈纪要〉为视野》，载《中国人力资源开发》2017 年第 10 期。

习政策"之定型化规范。

在我国，虽然实习关系（包括学徒关系）是否可以法定化为劳动关系（劳动法语境之狭义劳动关系），还存在较大争议而难以达成共识，但是，笔者认为，首先从"非法定化"视域界定即定型实习关系为一种特殊的劳动关系（包括学徒关系和见习关系），待今后条件成熟后再行法定化即立法（实习立法或学徒立法），应当是一种比较可行的定型化方案。与之相对应，实习争议及其争议处理制度也完全可以如此定型化，即先从理论上和实践中将实习争议定型为劳动争议或者是特殊的劳动争议，或者是准劳动争议，包括实习保险争议（主要是实习社会保险争议），再在今后的立法或修法中实现其法定化。如此一来，就可以克服我国目前实习关系及其实习争议之定型化与法定化严重缺失问题，从而展示出实习关系及其争议处理中定型化与法定化之良好的互动关系，构建起实习争议处理之制度范式，进一步为实习立法提供法定化支撑理论。

2. 我国法定化现状与问题

我国目前实习争议及其处理制度之现状及问题是严重缺失定型化，既无成熟的理论定型化，又无司法实践之定型化；进而导致严重缺失法定化。实习争议及其处理制度一直还没有纳入法制的范畴，整个实习关系包括学徒关系都还一直游离于法律之外，更勿谈专门而统一的中央实习或学徒立法，实习争议处理之程序法规范也随之完全是空白，实习争议处理之法律制度构建还非常遥远。

我国实习争议缺失法定化的主要具象是：上述实习争议及其争议处理制度定型化七大问题都缺乏法定化，即实习争议定型化问题都还没有完成向法定化的转换，前面的定型化问题同时也是法定化问题，二者具有高度契合性，实习关系定型化问题延伸或衍生为法定化问题。从宏观层面还可以将实习关系及其争议法定化问题概括为以下几大方面：

第一，理论支撑匮乏，学科方向缺乏凝练。一方面，实习整体理论研究一直非常薄弱，实习争议处理制度的研究更加匮乏，无论是从教育法或教育行政法，还是从民法，或者是劳动法视域，对实习关系的理论研究都是严重不足，更遑论研究成果及其影响；另一方面，实习之理论研究处于非常尴尬的学科境地，实习关系是属于教育法抑或教育行政法的研究范畴，还是属于劳动法抑或社会法的范畴？实习争议及其处理制度是类归为教育争议，还是民事争议或者是劳动争议？实习保险争议又将如何界分？这些问题都表明了实习关系及其实习争议理论研究的匮乏，难以为实习立法提供成熟的理论支撑，亦难以为司法实践提供有益的参考路径。

第二，中央立法缺失。我国一直没有统一的中央实习立法或学徒立法，实习与学徒之行政法规也相对空缺，现行仅有的是 2016 年 4 月 12 日教育部颁布实施的

《职业学校学生实习管理规定》，其"前身"是 2007 年教育部、财政部联合颁布的《中等职业学校学生实习管理办法》。在缺乏中央立法的前提下，各地不得不出台自己的实习地方立法，导致各地立法之混乱，既无统一的实习规范，又不符合法之明确性与可预见性基本法理，实习争议处理更是五花八门而难以取得"定分止争"之实效。

第三，学徒争议没有法定化为劳动争议，也不是独立的法定争议类型。我国学徒关系及其制度一直都没有纳入法律的范畴，无论是民法还是劳动法与劳动合同法都没有有关学徒合同及学徒合同的法律规范，学徒争议更是缺乏法定类型化。法定化比较成熟的劳动争议也没有将学徒争议纳入进来，与世界上其他国家或地区一般将学徒关系与合同视为劳动关系与合同之基本做法相背，使得学徒关系及其治理只能按照一般的民事争议处理，并且民法也无此之特别规范，如民法中缺乏学徒合同这一有名合同或典型合同，即便是新出台的《民法典》也仍然没有将学徒关系增列进来。学徒争议之特别法定化的缺失，导致学徒关系治理之无法可依，难以有效保障与救济学徒生（工）之法律权益，制约了我国现代学徒制度的构建。另外，学徒及学徒争议没有法定化，还折射出我国目前的高等教育之"重普教轻职教"的历史惯性。宏观上，使得国家大力发展职业技术教育与培养大国工匠之方略难以"落地"；同时，还使得教育部目前正在大力推行的现代学徒制度试点工作缺乏法律支撑，与依法依规治校渐行渐远；微观上，学徒关系及其治理被"边缘化"，各个高校含职业技术院校也都基本上没有将学徒制度纳入学校章程（大学章程）的范畴。学徒治理之国家法律规范的缺失，也是各个学校内部治理缺失学徒关系的外部原因，只有国家从法律层面统一强制要求各个高校构建学徒制度，才能实现依法治校之依规治理学徒关系，才能实现学徒关系与实习关系、学徒争议与实习争议一并入法入规之法定化目标与任务。

第四，实习合同（实习协议、学徒合同）缺乏法定化，诱发了实习争议。我国实习合同包括学徒合同由于缺乏成熟的定型化，更无法律规范而没有法定化，实习合同（学徒合同）既不是民事合同中的有名合同（典型合同），《民法典》也仍然没有增设为新的有名合同；又不属于劳动法包括劳动合同法中的劳动合同或者特殊的劳动合同，因此，实习合同（协议）既无民法之法定化，也缺劳动法之法定化，进而引发的实习争议及其处理制度也无从定型化与法定化。另外，实习合同由于有多种形态而非常复杂，既有实习三方协议（实习学生、实习派遣学校和实习单位），又有二方实习协议，其协议之二方更加复杂，主要包括实习学生与实习单位、实习派遣学校与实习单位、实习学生与实习派遣学校等双方当事人，如此复杂的实习合同更需要定型化与法定化，无论是从合同形式，还是合同内容都需要法定化的规定，从而有效预防实习争议的发生，或者减少或降低实习争议的发生概率。实习合同法定化应当明确包括实习岗位、实习时间、实习劳动报酬、加班及加班费、实习保险、实习争议处理等等法定强制性内容，以达到限制约定条款、更好地保护弱者之实习学生权益的目的。总之，在实习协议法定化后，可以最大限度地减少任意性的自由约定性条款，就像劳动合同法定化后更有利于劳动者一样；而我国的现状恰恰相反，实习合同（协议）和学徒合同都严重缺乏法定化，随意性的自由约定条款根本难以保证其正当性、合法性和权威性，也成为了实习争议产生的重要诱因之一。

第五，实习关系缺乏集体劳动关系之法定化，工会与集体协商谈判制度完全缺失。我国目前的实习关系治理缺乏集体劳动关系之法定化，我国《集体劳动法》或《集体合同法》一直都没有出台，劳动法长期"重个体轻集体"之积弊没有改变，集体劳动法的缺位必然导致集体劳动权的法定化缺位，进而导致实习关系也缺乏集体劳动关系的法定化路径，实习关系治理包括争议处理也随之缺少集体协商谈判及其集体争议处理制度。按照劳动法一般原理，工会组织在集体劳动关系中扮演着不可或缺的重要角色，工会既是集体协商谈判及集体合同签订的法定主体，又是集体劳动争议处理中三方机制（或多方机制）之重要的法定一方，更是劳动者之"代言人"和法定代理人。我国实习学生和学徒生（工）之体量和数量都是世界第一，实习关系之集体属性与集体治理也最为显著，也最需要集体劳动法之法定化调整，但是，我国的现状是工会组织还完全没有介入实习关系中，更罔论发挥工会在实习关系治理中的巨大作用，故此，笔者在研究实习制度包括实习争议处理制度时，一直都在考量如何破解这一现状以及如何在实习关系中"唤醒"一直"休眠"的工会组织。在实习关系之集体劳动关系和工会职能法定化过程中，除了劳动法特别是《集体劳动法》或《集体合同法》之法定化路径外，还要修改《工会法》，进一步明确工会特别是教育工会包括学校工会之实习关系调整新职能；另外，如果今后出台《实习法》或《学徒法》，更不能遗漏实习关系之集体协商谈判及集体劳动合同制度，还应当特别注意赋予各级教育工会主要是学校工会在实习争议处理中的调解职权，还应当构建起学校工会与实习单位工会在实习争议处理中的联动机制，以便充分发挥中国工会组织之自上而下的强大行政组织力和影响力。

第六，实习关系治理缺乏"政策化"之法定化手段。前文笔者已经阐述了劳动关系之"政策化"在定型化与法定化中的价值和作用，"政策化"虽然不属于严格意义上的法定化，但是，国家层面的政策，尤其是我国的中央政策，作为法定规范或是至少是"准法定"规范还是符合法理基础的，也同样具备了法定化规范的普遍适用价值和意义，并有法定化的强制拘束力和效果。实习关系包括学徒关系是劳动关系或者是一种特殊的劳动关系，因此，其法定化路径也不能缺少实习关系之政策化手段，劳动政策之定型化和法定化同样可以适用于实习关系或学徒关系。但是，我国的现状和问题是，实习关系及其争议处理中却严重缺乏国家政策之法定化治理手段，有关实习活动或者学徒活动的国家政策特别是中央政策一直阙如，呈现出既无实习法和学徒法，又缺少实习和学徒之中央政策的情况，导致了我国实习关系治理中缺乏党中央"政策化"的法定化路径。

党中央和国务院一直非常重视劳动政策，为了全面贯彻党的十八大和党的十八届二中全会、三中全会、四中全会精神，构建和谐劳动关系，中共中央、国务院于2015年3月21日颁布了《中共中央　国务院关于构建和谐劳动关系的意见》，明确了目标任务是："加强调整劳动关系的法律、体制、制度、机制和能力建设，加快健全党委领导、政府负责、社会协同、企业和职工参与、法治保障的工作体制，加快形成源头治理、动态管理、应急处置相结合的工作机制，实现劳动用工更加规范，职工工资合理增长，劳动条件不断改善，职工安全健康得到切实保障，社会保险全面覆盖，人文关怀日益加强，有效预防和化解劳动关系矛盾，建立规范有序、公正合理、互利共赢、和谐稳定的劳动关系。"特别强调了"依法保障职工基本权益"包括：职工取得劳动报酬的权利；职工休息休假的权利；职工获得劳动安全卫生保护的权利；职工享受社会保险和接受职业技能培训的权利。党的十九大报告也明确指出："完善政府、工会、企业共同参与的协商协调机制，构建和谐劳动关系"的目标任务。这些高层次的中央政策，是引领和指导我国构建和谐劳动关系的基本路线和方针，也是我国劳动关系治理"政策化"之法定化的一种特殊表现形式。但是，其不足是没有直接而明确地将实习学生及其实习关系（包括学徒关系）列入进来，毕竟实习关系也属于劳动关系之一种，实习关系之和谐也应当是劳动关系和谐的重要构成要素之一。

二、实习争议缺乏实体权利设置

实习争议缺乏定型化和法定化的重要原因之一是实习争议缺乏具体而明确的实体权利设置，有关实习之实体权利完全"湮没"于其他权利之中，并且实习实体权利与诉权关系也无明确的理论和制度规范，实践中也难以形成有效的运行范式。

实习争议定型化和法定化必然涉及实习关系的特别实体权利问题，即是否应当创设并单列一项新的实体权利——"实习权"（包含"学徒权"和"见习权"）。按照一般法理，程序法必须以实体法为基础，即解决争议的程序规范应当不能脱离明确的实体法规范内容，此即诉权不能离开实体权利；虽然诉权可以独立存在，但是诉权不能离开具体的实体权利而泛在化。

关于实体权利与诉权的关系问题，德国学者（Savigny）认为诉权是权利受侵害的结果，诉权和权利受侵害二者之间具有因果关系，诉权是权利被侵害后的权利的变形。"任何诉权都必然有两个前提条件：其一是存在一项权利，其二是这项权利遭受侵害。如果权利不存在的话，也就不可能被侵害；没有侵害的话，权利便不能呈现出诉权的特殊形态。"①

此观点比较全面地揭示了实体权利与诉权的基本关系，诉权的前提性条件就是存在着一项明确而具体的实体权利，实体权利如果不存在，就没有相对应诉求的产生，亦无某项实体权利被侵害之说。实习争议之诉权也应当符合这些基本原理，实习争议之诉必须首先以某项实体权利为逻辑起点，从应然法角度，该实习之实体权利可以定型化为"实习权"，在此实体权利即实习权被侵害且有直接的因果关系的情形下，则产生实习争议之诉权。该诉权即为实习争议处理程序性权利之诉讼请求权的范畴；实习争议处理之制度构建也必须对实习诉权进行特别规定，才能有效保障和救济实习学生的实习权。

我国学者在研究物权之权利推定时，认为实体权利的实现离不开程序法的保障，而程序法上的保障制度又必须根据实体法制度予以规范。② 笔者认为，物权推定规则也同样适用于实习关系，即实习权之保障与救济也应当以实体权利为基础，没有实习之实体权利，则实习争议处理之诉权则难以依附。

我国司法实践中有法官通过实践案例认为，知识产权之诉权应当以实体权利为条件，无实体权利则无诉权。③ 实习争议之诉权也应当与知识产权之诉权一样，不能离开实习之实体权利。实习争议处理之司法实践中应当厘清实习之实体权利，并要以此作为诉权之基础，再研判该实体权利是否被侵犯，最后进行司法判定和执行。

实习争议法理基础虽然是这样，但是，实习之实体权利到底为何种类型之实体权利，抑或是现有权利之一种，比如受教育权或劳动权益等，还是新设一种实体权利如"实习权"？此类问题却一直无定论，相关理论研究不足，实践运行也难以定型和形成统一的范式，立法更是空白。这也是实习争议定型化、类型化和处理极其混乱的重要原因之一。

常见的实习侵权是实习争议的主要类型之一，构成侵权行为之争议必须搞清楚被侵犯的是什么实体权利，如是人身权还是财产权，并要类型化为具体的人身权或

---

① 吴奇琦：《论诉权与实体权利的合一与分流——从罗马法的 Actio 开始直至近代的路径追问》，载《北方法学》2013 年第 1 期。
② 王洪亮：《权利推定：实体与程序之间的构造》，载《法学研究》2011 年第 1 期。
③ 祝建军：《知识产权诉权以享有实体权利为条件》，载《人民法院报》2014 年 1 月 22 日第 7 版。

财产权，而不能抽象地泛泛而谈，之后再考察直接的因果关系；没有实体权利就没有侵权行为。另外一种比较常见的实习争议是违约争议，是指当事人因违反实习协议或合同而引起的争议，此类实习争议之诉，也同样首先必须梳理违约可能侵犯了何种实体权利；实习争议还往往涉及违约与侵权之竞合，更需要厘清其具体涉及的实体权利。

不论引起实习争议的原因是侵权还是违约，抑或二者竞合，实体权利都必须明确化和具体化。但是，这里还存在一个悖论让人迷茫。实体权利常常是既要具体化，也需抽象化，区分实体权利之具体化与抽象化并非易事，具体化的实体权利是抽象化的权利类型下的具体权利，即抽象与具体具有较大的矛盾性和相对性，有些权利非常难以界定是抽象的还是具体的，比如人身权和财产权，我们既可以认为它们是抽象的实体权利，也可以说是具体的实体权利，因为人身权和财产权之下还有许多具体的权利分类，如人身权分为人格权和身份权两大类别，人格权又具体化为生命权、身体权、健康权、姓名权、名称权、名誉权、肖像权等；身份权又细分为亲权、配偶权、荣誉权、亲属权等。如此一来，实习争议之实体权利到底是一种什么样抽象的权利？又是一种什么样的具体权利？换言之，如果同意设置"实习权"，那么它是属于抽象的权利还是具体的实体权利？"实习权"下位权利具体包括哪些？它们与现有的民事权利和劳动权利之关系如何？边界何在？等等。这些问题都是"实习权"设置的巨大问题与障碍，同时，也是实习争议定型化和法定化之重大难题之一。

我国目前有关"实习权"理论研究的现状和问题是，研究非常少，也特别薄弱，难以形成系统而成熟的理论体系，更一直缺乏法学家或著名学者的权威论断及其引领下的理论研究。

截至 2020 年 11 月 2 日，笔者在"中国知网"上以"实习权"为篇名检索的中文文献仅有 19 篇，其中硕士论文 4 篇，没有博士论文。其中从一般意义研究实习权的仅有 6 篇；其他比较权威的教科书也几乎完全没有关于"实习权"的论述。可见，我国对"实习权"的理论研究非常匮乏，亟待加强。

我国目前"实习权"还没有纳入法律的视野，无论是教育法，还是劳动法都没其定型化和法定化界定。

在极其少有的相关论述中，笔者能够找到的有关"实习权"的论述只有以下几种论述，笔者将其概述为两大基本类型：一是"复合说"，认为实习权是受教育权和劳动权或劳动就业权之复合；二是"单一说"，认为实习权就是一种受教育权，或者是受教育权的表现形式之一。

实习权"复合说"。有人认为实习权是指未毕业的大学生为就业而获取真实性工作劳动机会的权利，实习权既是一项受教育权，同时也是一项劳动就业权。它是公民受教育权与公民劳动权的交集而衍生出的一项新的权利。大学生实习权来源有二：一方面是公民的受教育权，另一方面是公民的劳动就业权。① 该观点将实习权界定为受教育权和劳动权或劳动就业权二者之复合，此说法不能说不对，但是，其将主体范围界定为"未毕业的大学生"即应届大学生，而排除了往届大学生和其他社会成员之实习，其局限性就非常明显了。笔者认为，先不论实习权是否应当既包括受教育权，又包含劳动权，仅仅从实习权之主体设置范围上看，缺乏严谨性，应当从广义的实习概念上界定实习权之主体，应当将大学生（应届和往届）、学徒生（工）和社会其他实习成员都纳入进来，以彰显权利设置之逻辑严密性和普遍性价值和意义。

实习权是学生在实习学习过程中应享有的受教育权和在实习工作劳动过程中享有的人身与财产的权利总和。② 该观点也仍然是将实习权界定为受教育权和劳动权两大基本内容，权利主体也仍然只是限定为学生，而排除了其他社会成员之实习。

实习权"单一说"。实习权不同于实习生权益，实习权是指学生遵循认识规律、进行实践学习的权利，是学生的受教育权在实习阶段的表现形式，实习权的本质上属于受教育权范畴。③

实习权尽管带有劳动就业权的某些外在特征，但在来源上、本质上应归属于受教育权，实习权是受教育权的重要内容和具体形态。④

实习权是受教育权的一个组成部分和具体内容表现、一个重要考查要素，也是实现教育权权利价值的支柱保障，实习权权利保障的实现依赖于劳动权。⑤

还有人结合顶岗实习，认为顶岗实习权属于受教育权的范畴，其尽管在形式上具有"劳动就业权"的某些特征，但就其本质而言，应该属于受教育权。⑥

实习权"单一说"仅仅界定实习权为受教育权，而无劳动权或劳动就业权之属性，明确排除了实习关系之劳动关系特性，具有相当大的局限性。

笔者认为，无论是实习权"复合说"，还是"单一说"，虽然观点各异、各有优劣，并且总体上都还显得比较粗糙，缺乏系统而深刻的理论阐释；但是，其抛砖引玉作用非常值得肯定，他们无疑为实习权之研究打开了一扇"新门"。笔者认为，

---

① 黄芳：《论大学生的实习权》，载《高教探索》2011 年第 3 期。
② 黄芳、范兰德：《职业院校学生实习权侵权问题研究》，载《现代教育科学》2011 年第 2 期。
③ 李文康：《高校学生实习权探析与立法研究》，载《西南农业大学学报》（社会科学版）2011 年第 12 期。
④ 刘敏、阮李全：《职业院校学生实习权的法律探析》，载《教育理论与实践》2014 年第 36 期。
⑤ 韦嘉燕、乐永兴：《实习权的权利价值与保护》，载《合肥学院学报》（综合版）2018 年第 4 期。
⑥ 黄亚宇：《职业院校学生顶岗实习权的司法救济研究——基于引入教育公益诉讼保障学生顶岗实习权的思考》，载《教育探索》2016 年第 10 期。

实习权研究才刚刚打开，亟待广大学者和实践工作者共同努力，只有在繁荣的理论争辩中，才能逐渐达成共识。

笔者的观点是，实习权还应当在受教育权和劳动权中不断凝练、提炼和升华，逐渐形成实习权独特的权利体系；不管实习权属性如何类归，都需要将实习权作为一种独立的实体权利提炼出来，尤其像我国这样一个实习大国更需要独立的实习权范畴，并能够为实习争议及其争议处理制度之定型化和法定化提供独立的规范体系，还要为实习争议之诉权提供实体权利之基础，共同治理大国实习关系。笔者认为，实习权应当加大从劳动法视角的系统研究，毕竟实习关系更加具备劳动关系之特性、实习学生也更加具有劳动者或准劳动者之身份，因此，实习权之劳动权属性界定必然不能或缺，受教育权只是其中的非主导要素，也不应当成为实习权的主要内涵。

另外，在理论研究中还应当特别关注两大问题。一是权利主体设置问题，实习关系并非仅仅是指在校学生（主要是在校大学生）即应届生之实习，还应当包括非在校生即往届生（社会成员）之实习，此即应当包括实习学生和非学生即社会成员，与之对应，实习权主体亦应拓展为所有类型的实习生，并包括就业见习生及学徒，而不能仅仅局限于在校的实习学生；二是实习关系不能仅指职业院校实习关系的岗位实习，还应当将普通高校实习纳入进来，实习权理论研究应当将普通高校和职业院校（含中等职业学校）全部涵盖，既包括实习关系，还应当包括学徒关系和就业见习关系，只有在实习实体权利之全面性前提下，才能使得实习权具有普遍性价值和意义，也才能使得实习争议之诉权更加具有全面性和普遍性，从而为实习争议处理提供科学的权利支撑体系。

三、实习争议分类与处理混乱

由于实习争议还没有引起人们的足够重视，加上实习争议分类之定型化与法定化的严重缺失，使得实践中实习争议的分类及处理非常混乱，实习争议类型化亟待构建。

我国实习争议既无法定名称之规范，也无争议处理之特别程序，实习争议的分类与处理完全泛化和边缘化于一般争议之中，主要是类归为一般的民事争议或行政争议，适用一般民事争议或行政争议之处理程序；有关实习劳动报酬、实习加班费、实习工伤保险等争议，也有将其划归劳动争议的。

学界和实践中实习争议分类非常混乱，分类标准各不相同。有的按照争议发生地分为两大基本类别：发生在派遣学校的争议和发生在实习单位的争议；有的按照争议主体分为实习学生与实习单位之争议、实习学生与学校之争议、实习学生与实习学生之间的争议、实习学生与实习教师或实习导师之争议、实习学生与实习单位员工之争议；有的则按照争议内容之性质类比为实习民事争议、行政争议、劳动争议和实习保险争议（主要是工伤保险争议）；有的按照涉及权利类型分为：受教育权之实习争议、劳动权（劳动就业权）争议和社会保障权争议；有的按照争议产生原因分为侵权实习争议、违约争议和侵权违约竞合争议；按照争议人数或诉讼请求分为集体实习争议和个体实习争议，此分类类似于劳动争议之集体劳动争议和个体劳动争议。

实习争议的不同分类，导致适用程序的各不相同，时效问题、举证问题、申诉问题等也是规定各异。特别是我国涉及劳动关系与劳务关系或雇佣关系之争议处理采取的是完全不同的"二分法"模式，即劳动争议之"先裁后审"与民事劳动（劳务或雇佣）争议处理之"或裁或审"，并且数额标的较小的劳动争议还实行"一裁终局"；劳动争议处理部门为行政部门之劳动争议仲裁院或仲裁委员会，而民事劳动争议处理部门为司法部门之人民法院。而实习争议常常涉及和密切关联到类似于劳动争议之实习劳动报酬、实习加班及加班费、实习劳动保险、实习劳动条件等，这样必然导致将实习争议是按照劳动争议，还是按照一般民事争议处理之争论不休和难以定论，直接影响了实习学生之权利保障与救济，弊端非常明显，极不利于实习关系和大学教育的治理。

学界和实践最常见的分类方式是将实习争议界定为侵权与违约争议，与之对应的是侵权之诉和违约之诉。最通常将实习争议分为三大类别：涉及侵权之实习争议、违约之实习争议和侵权违约竞合之实习争议。

1. 侵权之实习争议

我国目前实然现实中，一般认为实习争议主要就是侵犯实习学生权益的纠纷，甚至将实习争议类归为一般民事争议之侵权案件，完全遵循侵权法规则来处理，实体法依据是民法之《侵权责任法》，2021 年 1 月起将是《民法典》；程序法依据是《民事诉讼法》。

在实然法中，此种侵权之实习争议分类存在的较大争议是实习争议侵犯的到底是什么实体权利？有的认为侵犯的实体权利是"受教育权"；有的认为是"劳动权"或"劳动就业权"或"劳动权益"；有的认为既是"受教育权"，也是"劳动权"；实习保险争议侵权则是侵犯了实习学生之社会保障权或社会保险权。

在应然法中，还有的人认为是另外一种新权利——"实习权"，此即前文所述之实习实体权利"实习权"。无论是学界还是实践，其理论研究和实践范式还处于萌芽状态。我国目前实习争议处理还缺乏明确而具体的实体权利界定，特别的"实习权"之法定设置还是空白，实习争议也只能是参照一般的实然法处理，极不利于对实习学生的权益保护与救济，这既是目前实习争议处理制度之严重缺陷之一，也是今后努力的方向。

有人建议单独设置"实习权"并列出了几种常见的实习侵权之主要类别。实习权是实习学生在实习过程中应享有的受教育权和在实习工作劳动过程中享有的人身与财产的权利总和。① 侵犯学生实习权利类别有五种：政府侵权、学校侵权、教师侵权、实习单位侵权和中介机构侵权；实习侵权之侵犯的实体权利为受教育权、人身权和财产权。② 如此之实习侵权之界分，还需要学界进一步的研究，逐渐达成共识，形成比较成熟的理论体系；更需要定型化与法定化。

实习权不能仅仅局限于职业院校之实习（实则主要为学徒），普通高校之实习学生同样也应当享有实习权；实习侵权也不仅是发生在职业院校之实习（学徒）活动中，我国体量和数量都极其庞大的普通高校之实习更加容易发生实习侵权案件。因此，实习侵权争议应当将职业技术院校和普通高校全部纳入进来，并且还应当将实习侵权的范围扩大到广义的实习关系（即实习还包括学徒和见习）。

2. 违约之实习争议

违约实习争议是指违反实习协议而引起的争议，实施主体既有实习学生，也有实习派遣学校和实习单位，实习协议是违约实习争议存在的基础，无协议存在就无所谓违约，正如王利民教授所言："违约行为以当事人之间事先存在的合同关系为前提"③。

我国目前对实习约定采用的名称是"实习协议"，并未使用"实习合同"一词。"实习协议"之"法定化"为《职业学校学生实习管理规定》，其明确规定了"实习协议"及其主要内容，教育部还特别制定了《职业学校学生顶岗实习协议（范本)》，以规范实习协议。

实习协议的签订主体与违约主体都比较复杂，实习协议性质也比较复杂。有的实习协议属于民事合同，有的属于劳动合同。如果实习协议为三方协议，则为实习学生、实习派遣学校和实习单位，其中任何一方违约，就有产生争议的可能，实习三方协议之性质界定一般认为是民事合同，与劳动合同无关，此类争议也就只能按照一般的民事争议处理。如果实习协议为实习学生与实习单位之协议，该协议之性质则比较复杂，有的国家直接将此类实习协议视为特殊的劳动合同，其争议也相应地划归劳动争议，如法国等，也还有许多国家仍将此类实习合同界定为民事合同，

---

①② 黄芳、范兰德：《职业院校学生实习权侵权问题研究》，载《现代教育科学》2011 年第 2 期。
③ 王利民：《论违约责任和侵权责任的竞合》，载《法学评论》1988 年第 4 期。

其争议也仍然按照民事争议处理。如果实习协议为实习派遣学校与实习单位之协议，该协议之性质则为民事合同，其争议也就属于民事争议。如果实习协议为实习学生与实习派遣学校之协议，该协议之性质为行政合同或教育合同，其争议则为行政争议或教育争议。

违约之实习争议及实习违约之诉，最关键的问题是实习协议性质之类归，不能笼统地将违约实习争议界定为一种争议类别，而应当具体分析实习协议之性质，进而确定争议之性质，分别适用不同的争议处理程序。其中，应当特别注意将类似于劳动合同之实习合同界分出来，并将此类争议作为劳动争议之一种，适用劳动争议之特别处理程序，这样才更有利于保障与救济实习学生（含学徒）的劳动权益。

我国目前，由于学徒关系一直游离于法律之外，学徒合同制度也是空白，学徒合同之法律性质也无明确规定，其法定性质到底是属于民事合同，还是劳动合同？进而，学徒争议是一般的民事争议，还是劳动争议？这些未解问题，都直接导致了学徒争议之定型化与法定化，并直接影响了我国现代学徒制度的构建，既不利于保障与救济学徒之权益，也不利于调动全社会参与学徒活动的积极性与主动性，学徒争议之违约或侵权制度构建，亟待学界和实践之共同考量。可以在实习争议法定化过程中将学徒一并纳入进来，实现实习与学徒（含实习争议与学徒争议）的共同入法与共同治理。

3. 侵权与违约竞合之实习争议

实习争议之侵权争议与违约争议不是绝对孤立存在的，有时是二者之竞合，即当事人（加害人）违约行为的同时也构成侵权行为，其行为既违反了实习协议规定的义务，又违反了侵权法而应当承担侵权责任。比如，实习单位违反实习协议中的实习劳动报酬约定，或者是实习加班费约定，或者是社会保险（主要是工伤保险）约定，此类实习争议既涉嫌违背了实习约定即实习协议，还可能构成侵权——侵犯了实习学生之劳动报酬权或社会保障权（社会保险权），二者引发了违约与侵权之竞合问题，既有违约责任与侵权责任之竞合，还应当包括实习学生之违约与侵权之诉的请求权竞合即双重请求权。

表面上看，侵权与违约之竞合应当比较简单，即一种行为既是违反约定的行为，同时又是侵权行为。但是，实质上，侵权与违约之竞合问题一直是民法界的一个有争议的难题，国内国外都还长期存在着较大争议，不仅立法态度不同，而且司法实践中的处理方式也不尽相同，进一步加剧了其复杂性和不确定性。

侵权与违约之竞合主要包括两大方面：一是责任之竞合，即侵权责任与违约责任之竞合；二是请求权之竞合，指受害人的侵权请求权和违约请求权之竞合。侵权与违约之竞合，是民法领域中的重要问题之一，虽然已经具有比较成熟的理论体系，但是争议也一直存在。其他部门法如劳动法之有关侵权与违约之竞合问题，还完全没有形成自己特有的理论，只能借鉴民法理论；我国实习争议中的违约与侵权之竞合问题更是"新生事物"。

违约责任和侵权责任的竞合，是指行为人所实施的某一违法行为，具有违约行为和侵权行为的双重特征，从而在法律上导致了违约责任和侵权责任的共同产生。责任竞合和请求权竞合是同一问题的两个不同方面。①

在侵权与违约之竞合问题中，请求权竞合问题比较复杂，一是从受害人角度看，是否可以对违约和侵权之双重请求权进行选择或者如何进行选择，即违约之诉和侵权之诉是否可以选择及如何选择；二是从加害人角度，应承担双重责任还是仅为单一责任，其责任范围如何确定。因为不同的责任和请求权，直接关系到合同法和侵权法之不同法律规范的适用，以及不同的责任分配方式，在诉讼中还关系到举证责任问题，因此，违约与侵权之请求权竞合，并非仅仅一个理论问题，而是直接关系到争议处理的实际问题。

关于违约与侵权的双重请求权问题，各国态度不一，争论较大。主要有两种：第一，禁止受害人选择不同的请求权而提出请求和提起诉讼，如法国；第二，允许受害人选择不同的请求权，如德国，受害人既可以提起合同之诉，也可以提起侵权之诉，两种请求权相互独立，受害人可以在两者中选择一个提起诉讼，但不得同时提起两个单独的诉讼。②

王利民教授认为，我国从保护受害人的权利和制裁不法行为人的目的出发，应当允许受害人享有选择不同请求权而提起诉讼的权利。③ 该规定得到许多人的认同，笔者也认为，受害人应当享有在两个请求权中选择其一而提起诉讼的权利，法院无权剥夺。

我国《合同法》也是赋予了受害人享有选择违约或侵权责任的权利。④ 但是我国司法实践中，法院基本上不承认责任竞合，尽量对责任竞合加以限制和否定：一是允许受害人就两种责任同时提出请求，并使两种责任得到并用；二是由法院决定应当采用哪种责任，而不是由当事人自己选择。可见我国司法实践主要采取的是禁止责任竞合的制度。⑤禁止受害人就违约责任和侵权责任选择一种对其最为有利的责任方式提起诉讼，违反了民法之意思自治和合同自由的基本原则，其最大的缺陷就是不能充分尊重当事人的自愿意志，并且在许多情况下也不利于保护受害人的利益；

---

①⑤　王利民：《再论违约责任与侵权责任的竞合——兼评合同法第 122 条》，载《中国对外贸易》2001 年第 2 期。

②③　王利民：《论违约责任和侵权责任的竞合》，载《法学评论》1988 年第 4 期。

④　《合同法》第一百二十二条规定："因当事人一方的违约行为，侵害对方人身、财产权益的，受损害方有权选择依照本法要求其承担违约责任或者依照其他法律要求其承担侵权责任。"

在绝大多数情况下，受害人选择一种对其最为有利的方式提起诉讼，还能够使其损失得到充分的补救。

有学者结合我国的司法实践，指出违约与侵权之竞合并非人们想象的那么简单，理想与现实差别巨大。理想模式下违约和侵权能够被明确区分，二者竞合时可以择一而应对，应当没有多大困难和障碍；但是，现实中违约和侵权的界限常常模糊不清，责任竞合也经常遭遇一些难以克服的现实难题：一是违约和侵权之间存在模糊地带，违约或侵权所违反的义务类型经常模糊不清；二是现实状态下责任竞合还面临着选择之难，"择一处理"难以有效实施，司法实践中，当事人依法享有的选择权常常被淡化或弱化，相应地，法官职权被强化；受害人通常不知道如何选择才能更好地维护自身权益，有的反复选择或者拒绝选择；我国法院也常常径行决定，而不允许当事人进行选择。① 这些问题都导致了司法实践中对违约与侵权之竞合处理与立法的巨大偏移，使得立法精神难以有效"落地"，当然法院这样处理也有其合理性的一面，也从另外一面表明了违约与侵权竞合之复杂性和不确定性。

新颁布实施的《民法典》也仍然沿袭了原来《合同法》的基本观点，行文也几乎完全相同，再次明确规定了受害人享有自由选择的权利。② 同时，也再次表明了我国对违约与侵权之竞合问题的基本态度，立法既然如此具有连贯性和一致性，后面的问题就是如何执法及其严格执法，司法实践中应当有效纠正原来的"偏差"，积极探寻破解"如何选择"难题之具体的路径，而不是以各种理由强制剥夺当事人的选择权。

违约与侵权之竞合问题，在民法理论界及司法实践中都还一直存在着较大争议，我国相关立法包括《民法典》虽然也一直秉持明确的可以自由选择的态度，但是，司法实践中还一直存在着难以克服的诸多难题，使得应然状态和实然状态还有较大差别，破解路径还有待进一步的理论研究和司法实践的有效改进。

我国劳动法学界对违约与侵权之竞合问题的相关理论匮乏，劳动立法根本还没有涉及此类竞合问题，"第四大程序法"——《劳动争议调解仲裁法》还没有对竞合问题作出反应，劳动争议处理的实务界也没有相关的破解对策。

劳动法视域下的违约与侵权之竞合问题，相比于民法，未解难题更加复杂化和更加具有不确定性。因为，劳动法及劳动合同虽然起源于民法和民事合同，但是，它们已经发生了深刻的"变异"，已经形成了独立的部门法和合同，其民法之意思自治和契约自由受到诸多严格的限制，劳动合同之权利义务和责任设计已经经过了

---

① 张平华：《违约责任与侵权责任竞合：理想模式、现实状态与未来趋向》，载《北方法学》2019 年第 5 期。
② 《民法典》第一百八十六条规定："因当事人一方的违约行为，损害对方人身权益、财产权益的，受损害方有权选择请求其承担违约责任或者侵权责任。"

许多明确的法定化途径，劳动合同的许多条款已经不再能够自由约定，或者约定条款不能超越劳动法之强制性规范。如劳动者之工资不能低于当地最低工资标准；用人单位必须为劳动者购买社会保险之"五险一金"；休息休假必须依法进行；加班必须依法支付加班费；有些情形下不得解除劳动合同；劳动合同解除或终止还必须支付经济补偿；劳动争议必须"先裁后审"，等等，这些约定条款的限制，使得合同之约定完成不同于一般民事合同之约定，当事人的义务和责任也完全不同，因此，违约与侵权也与传统的民事违约和侵权不尽相同，从而导致违约责任与侵权责任及其诉讼请求权之竞合，也有别于民法。在民法之违约与侵权竞合问题，还存在诸多困局的前提下，劳动法之竞合问题将更加复杂而难解。可见，劳动争议处理之违约与侵权之竞合问题，亟待凝练自己的学科理论。

在以上情形下，不论是将实习争议定型化与法定化为劳动争议，还是一般的民事争议，实习争议之违约与侵权竞合问题，在民法和劳动法领域内都还是一个难题的大背景下，当然难免是"雪上加霜"，而同样成为实习争议处理制度中的一大未解难题。破解路径还需要民法学者、教育法学者和劳动法学者之共同努力，逐渐形成实习争议处理之竞合理论，为实习争议处理之实践提供有力支撑。

四、实习工伤保险救济严重缺失

我国目前实习争议中，侵权实习争议最为普遍，而其中涉及实习学生人身意外伤害之侵权争议又是其中的主要类型。实习争议处理中，当今最为普遍的做法亦是按照一般的民事侵权责任处理，实习学生之损害赔偿完全按照侵权责任赔偿处理，实习争议之工伤保险赔偿责任严重缺失，更加凸显了实习之社会保险制度的严重漏洞。

我国现行实习争议的主要类型是实习学生在实习过程中发生意外伤害而引起的争议，该类争议处理中最大的问题与争论是实习学生能否按照工伤保险获得救济（赔偿），此即学界侵权责任与工伤保险之责任竞合问题。此类实习争议有三大未解之难题：第一，实习学生此类争议是否可以按照工伤保险获得损害赔偿？第二，是否可以实行"双赔偿"——既可以获得侵权救济即民事赔偿，又可以获得工伤保险之赔偿？第三，是否只能仅选择其一之"单赔偿"？第一个问题是基础，也是关键，是后两个问题的前提性条件。

按照一般法理，侵权救济（赔偿）与工伤保险救济（赔偿或赔付）是两种不同的救济（赔偿）方式，二者边界明晰。二者之救济依据、救济程序、举证责任和救济力度都不相同。侵权救济（赔偿）属于民事救济的范畴，法律依据是《侵权责任法》；工伤保险属于劳动法与社会保障法之救济，法律依据是《社会保险法》。侵权损害赔偿属于民事侵权损害赔偿范畴，而工伤保险赔偿属于劳动法律范畴。① 二者救济原则不同，侵权救济遵循民事归责原则和补偿性赔偿原则，实行过错责任原则，即有过错有责任，而无过错则无责任，损害赔偿以被侵权人受到的实际损失为限，精神损害赔偿具有严格的限制条件；而工伤保险赔偿（赔付）遵循无过错责任原则，赔偿遵循社会保险赔偿原则，即赔偿与所缴保险费密切关系，保险费越高则赔偿越多，甚至还可以因重复投保而享受多重保险之赔付。二者举证责任不同，民事侵权之举证原则是谁主张谁举证；而工伤保险常常实行举证责任倒置。二者救济力度不同，侵权救济以补充受害人之实际损失为限，力度没有工伤保险救济力度大。因此，实习争议按照侵权处理和工伤保险处理，两条路径之结果明显不同，按照后者处理更有利于保障实习学生的权益，但是，由于实习学生之身份原因，常常认为实习学生属于非劳动者身份，而不能享受工伤保险；现实中，实习学生之人身意外伤害也往往只能按照一般的侵权处理。如此，实习学生被排除了社会保险之权利保障与救济途径，使得实习学生人身意外伤害救济制度存在严重缺陷，这也是实习争议按照民事侵权争议处理所带来的最大的问题，亟待克服。

典型劳动关系之正式劳动者的侵权赔偿与工伤保险赔偿中，最大的难题与争议就是"单赔偿"与"双赔偿"之争。

实习争议之赔偿问题的复杂性具象除了上述侵权与工伤之"单赔偿"与"双赔偿"疑难问题外，还有一个非常棘手的前提性问题——实习学生能否享受工伤保险。如果实习学生不能享受工伤保险，则罔谈侵权与工伤之"单赔偿"或"双赔偿"，只有在实习学生享有工伤保险的前提下，才能进一步考量"单赔偿"或"双赔偿"。我国目前基本现状是实习学生因其身份界定为非劳动者，即实习学生仍然是学生身份，所以实习学生不能享有社会保险包括工伤保险。

侵权责任与工伤保险之竞合、社会保险与商业保险之竞合问题，是一个长期性的具有全球性的疑难问题，并非仅仅存在于我国。世界上许多国家或地区的做法也各不一致，适用模式有多种，概括起来，可以归纳为两大基本类别：一是"单赔"模式，二是"双赔"模式。具体又可细分为五种主要形态，其中"单赔"模式包括三种：排除模式、自由选择模式、补充模式或"差额模式"；"双赔"模式包括两种：一是侵权赔偿与工伤保险之"双赔"，二是社会保险与商业保险之"双赔"。

---

① 张利余：《工伤保险与第三人侵权赔偿责任竞合问题解析》，载《中国劳动》2018 年第 8 期。

（一）"单赔"模式

第一，排除模式，又称免除模式或替代模式，实则属于"单赔偿"范畴之一，是一种强制性而不能选择的"单赔"。它是指受害人排除侵权损害赔偿而只能获得工伤保险赔偿，劳工遭受意外伤害，仅能请求劳灾补偿，而不能依侵权行为之规定，向加害人请求损害赔偿。① 此模式的典型代表为德国。在德国，受害雇员通常只能获得工伤保险基金的救济。② 该模式的优点是：可以使受害人免于诉讼，直接依据工伤保险规定获得赔偿；能够节约社会资源，提高工伤救济的效率。③ 该模式的不足是：剥夺了受害人的自由选择权，使得受害者不能获得完全的赔偿；免除侵权赔偿责任，有违民事侵权法精神，也不符道德现状和有效预防工伤事故。④

第二，自由选择模式。该模式实则为"单赔"模式的另外一种，即不同于第一种模式"排除模式"之强制性"单赔"，而是可以由受害人自由选择的"单赔"。

选择模式是指受害人享有在工伤保险赔付和侵权损害赔偿中任选其一的请求权。被害人仅仅能够于侵权行为损害赔偿与劳灾补偿之间，选择其一。⑤

在美国，受害的雇员可以向侵权第三人提起诉讼，也可以要求工伤保险赔偿，雇员无法获得双重赔偿。⑥

选择模式最大的优点是能够充分尊重受害者的意思，受害者可以自由选择对其最为有利的赔偿方式。虽然侵权之诉可以获得更多的损害赔偿，但从韩国、新加坡等国的实践看，多数人还是选择了工伤保险赔偿。其原因是侵权之诉讼存在着举证与执行方面的困难，而工伤保险赔偿无效诉讼之困与苦，可以直接而迅速地获得赔偿，赔偿数额虽然表面上低于侵权赔偿，但是，减去诉讼成本，还是非常划算的。因此，虽然受害人有两种选择，但是实践中选择工伤保险赔偿的居多。⑦

王泽鉴教授对此类选择模式也持反对意见，其论述相当精辟："此项制度表面上似属恰当，实则对劳工甚为不利。该侵权行为损害赔偿数额虽较多，但须经过漫长之诉讼；劳灾补偿数额较少，但确实可靠。劳工遭受伤害，急需救济以渡难关，故常被迫舍弃前者，而择后者也。其次，选择权行使之期间、撤回等问题在实务上亦滋困难。由此可知，选择主义诚非良制。英国及其他英联邦国家，曾一度采用此

---

①⑤ 王泽鉴：《民法学说与判例研究》，中国政法大学出版社 2005 年版，第 254 页。

②⑥ 谢增毅：《工伤保险赔偿与第三人侵权赔偿关系的再认识——基于实体和程序的双重视角》，载《法商研究》2011 年第 3 期。

③ 董保华：《社会保障的法学观》，北京大学出版社 2005 年版，第 336 页。

④⑦ 陈坚：《工伤保险赔偿与第三人侵权损害赔偿竞合问题之思考——兼谈对〈社会保险法〉第 42 条的理解与适用》，载《时代法学》2013 年第 5 期。

制度，今则业已废止，良有以也。"①

还有人认为该模式主要缺陷是实际上剥夺了受害人之侵权法上的救济权，不具有合理的社会正义。②

笔者认为，该模式表面上赋予了受害人之自由选择权，但是，实则由于受害人常常选择工伤保险赔付，而为侵权责任人打开了一扇"免受处罚"之门，结果就是弱化了义务人之注意义务，放纵了侵权行为，加大了侵权行为之道德风险，极不利于预防侵权行为的发生，因此，该模式对保障与救济劳动者合法权益非常不利，应当摒弃这种所谓的自由选择之单赔模式。

第三，补充模式，笔者称之为"差额模式"。其法理基础是民法之补充责任原理。所谓补充责任为二人以上共同承担责任中的一种责任形态，责任主体须为二人以上，且责任人在承担责任上有先后顺序之分，它属于共同责任中既不同于按份责任，也不同于连带责任或不真正连带责任的一种责任形态。在我国，责任人为二人以上的共同责任应包括按份责任、连带责任和补充责任。③

受害者可以先选择侵权损害赔偿和工伤保险赔偿之任何一种进行赔偿，当受偿不足时，再对另外一种提出差额赔偿请求，但其最终所获赔偿总额不得超过其所受损失。目前这一模式为许多国家所接受，日本、智利及北欧等国最为典型。④

董保华教授比较认同此模式，他认为：补充模式的优点是既可以避免受害人获得双份利益，又可以减轻雇主的工伤保险负担，节约有限的社会资源；另外，还可以保障受害人获得完全的赔偿，维持相关法律制度的惩戒和预防功能。⑤

也有从事司法实践工作的法官反对此模式，认为该模式的缺陷十分明显：一是"实际所受损害"难以确定，实际操作比较困难；二是不利于受害人权益保护，因为用人单位和侵权人可能相互推卸责任。⑥

笔者认为，补充模式或"差额模式"实则仍然是"单赔"之一种，表面上受害人享有自由选择权，但是实际操作上比较困难，"差额"认定也比较困难，"补充"往往因涉及多个主体之相互推诿而难以真正实现，并增加了受害人之救济成本，还不如自由选择模式之"以一而终"而间接方便，因此，此模式理论上虽然可行，但是实践中效果难以保证，应当摒弃此模式。

---

① 王泽鉴：《民法学说与判例研究》，中国政法大学出版社 2005 年版，第 254 页。
② 李清伟：《侵权行为法与社会保险法的冲突与融合》，引自沈宗灵：《法理学与比较法学论集》，北京大学出版社 1999 年版，第 1552 页。
③ 郭明瑞：《补充责任、相应的补充责任与责任人的追偿权》，载《烟台大学学报》（哲学社会科学版）2011 年第 1 期。
④⑥ 陈坚：《工伤保险赔偿与第三人侵权损害赔偿竞合问题之思考——兼谈对〈社会保险法〉第 42 条的理解与适用》，载《时代法学》2013 年第 5 期。
⑤ 董保华：《社会保障的法学观》，北京大学出版社 2005 年版，第 337 页。

（二）"双赔"模式

"双赔"模式又称兼得模式，它包括两大内容。

1. 侵权赔偿与工伤保险赔付之"双赔"

这是指工伤事故中如果存在侵权方，劳动者既可以主张民事侵权损害赔偿，还可以依据社会保险法获得工伤保险待遇之补偿。[①] 采用此模式的国家不多，英国是典型代表。该模式最大的优点是受害人可以获得侵权赔偿与工伤保险赔付之双重赔偿，能够充分救济劳动者合法权益，还能够有效防范侵权事故的发生；不足之处是，没有厘清两种责任的主次关系，有违责权利一致原则。[②]

此模式受到许多学者的反对，认为在侵权赔偿责任的同时，获得工伤保险赔偿加重了用人单位的负担，不符合工伤保险之分散与化解用人单位用工风险的目的。

王泽鉴教授对"双赔偿"就持反对意见。他认为："此项制度违反劳灾补偿制度之基本精神，而且就同一损害给予双份补偿，对受害人过分优遇，对社会资源及保险基金而言，则属浪费"。[③] 这也是一些国家不允许劳动者获得双重赔偿的重要原因。[④]

日本也不允许遭受工伤的劳动者获得双重赔偿。不能获得工伤保险和侵权责任的双重赔偿应当成为处理工伤保险赔偿与第三人侵权赔偿的一个基本原则。[⑤]

也有人赞同"双赔"模式，认为员工遭受伤亡事故，用人单位理应承担工伤保险赔偿，不能因为侵权赔偿而免除用人单位的责任。[⑥]

"双赔"模式的最大优点就是加强了对工伤劳动者的保护与救济，并且从法理上讲，工伤保险是法律赋予劳动者的权利，也是用人单位和赔付机构的法定义务。该法定义务并不能因劳动者已经获得侵权民事赔偿而减免或抵扣；同样，侵权民事赔偿责任和义务也不能因工伤保险待遇而免除或抵扣。兼得不会造成"多重受益""双重得利"，两个请求权都具备合法来源，而不会构成不当得利。[⑦]

笔者认为，双赔模式比较合理，应当成为劳动者权益保障与救济的一项明确原则，侵权赔偿与工伤保险赔偿是不同法律属性的救济途径，也是劳动者享有的两种权利，不能相互取代。"双赔"模式彰显了社会保障法对劳动者之倾斜保护的基本原则，也是有效加大义务人之注意义务而减少对权利人伤害的得力措施，其预防功

---

①⑦　杨慧：《侵权赔偿与工伤保险待遇兼得模式优化》，载《人民论坛》2012 年第 9 期。

②⑥　陈坚：《工伤保险赔偿与第三人侵权损害赔偿竞合问题之思考——兼谈对〈社会保险法〉第 42 条的理解与适用》，载《时代法学》2013 年第 5 期。

③　王泽鉴：《民法学说与判例研究》，中国政法大学出版社 2005 年版，第 264 页。

④⑤　谢增毅：《工伤保险赔偿与第三人侵权赔偿关系的再认识——基于实体和程序的双重视角》，载《法商研究》2011 年第 3 期。

能和价值不容小觑。

实习学生也与劳动者一样，同属于社会之弱者群体，也同样需要立法之特别保护；加上，实习学生也应当享有与其他正式劳动者一样的平等权，包括同工同酬权，因此，实习学生也应当享有侵权赔偿与工伤保险赔偿之"双赔"请求权，而并非仅仅享有一般民事侵权赔偿之请求权。实习争议"双赔"比一般正式劳动者之"双赔"更加困难的障碍是实习学生常常因身份界定为学生而难以享有社会保险权，现实中也常常仅仅只能是侵权赔偿之"单赔"，而且"单赔"也是非常艰难，故此，实习争议之赔偿与救济问题更加亟待理论研究为实践与立法提供有力支撑。

2. 商业保险与社会保险之"双赔"

在劳动争议和社会保险争议处理中还有一种责任竞合比较复杂而没有定论，即劳动者之商业保险赔偿与社会保险之赔偿问题，核心聚焦是劳动者既购买了商业保险，如人身意外伤害保险，又享有社会保险，主要是工伤保险，如果工伤事件发生，劳动者是"单赔"即只能是商业保险和社会保险之一种？还是"双赔"，即可以同时享有两种保险赔付？此疑难问题涉及重复保险之赔偿责任分配问题，学界争论很大。

重复保险是商业保险中的重要概念，社会保险领域中鲜有论及。重复保险又称复保险，复保险与单保险相对应，学理上又称为多数保险，是指数个保险人对被保险人的同一损失的补偿责任。[①]

商业保险之重复保险一些未解难题之"惯性"也直接影响到了社会保险，使得社会保险之重复保险问题更加复杂化。我国目前大多数的观点都是反对重复社会保险。因为重复社会保险导致了政府对参保者的重复补贴，造成稀缺公共资源的极大浪费。参保者重复享受保险待遇还严重影响到社会的公平性，损害了公平公正的价值观，还可能造成社会保险福利整体水平的下降。[②]

目前，我国部分险种间尚未完全实现有效衔接，社会保险各项制度是分人群而设计，相互间还没有明确而有效的衔接办法。我国社会保险之重复保险问题给我国社会保障制度带来了负面影响，亟待我国立法予以矫正。[③]

笔者认为，社会保险应当坚持以否定重复保险为基本原则，此原则主要针对养老保险和失业保险。社会保险中的工伤保险、医疗保险和生育保险是否可以容许重复保险？我国《社会保险法》并没有明确规定。笔者认为，社会保险的重复保险中

[①] 樊启荣：《复保险中损失分摊原则之现代整合——兼论〈中华人民共和国保险法〉第56条第2、4款之完善》，载《法商研究》2012年第6期。

[②] 张国栋、左停：《福利还是权利：养老保险"重复参保"现象研究》，载《社会科学战线》2015年第11期。

[③] 问清泓：《共享经济下社会保险制度创新研究》，载《社会科学研究》2019年第1期。

不能有社会保险的重复，只能是在社会保险的基础上，增加商业保险，即社会保险之重复保险为"社会保险＋商业保险"，而不能是"社会保险＋社会保险"。笔者从侧面推定我国政策层面上的基本态度是明确否定养老保险与医疗保险之重复保险，但是并没有否定工伤保险之重复保险。[①]

笔者认为，我国商业保险与社会保险之重复保险应当实行"双赔"制度，特别是劳动者因公之人身意外伤害赔偿，应当实行商业保险与工伤保险之"双赔"，这样，更有利于劳动者之权益保障与救济，也符合商业保险的一般法理，亦没有加重用人单位的经济负担，因为工伤保险是用人单位的法定义务，其缴费是必不可少的，而商业保险一般是劳动者自己缴费，不会额外增加用人单位的负担，当然也不完全排除用人单位自愿为劳动者购买商业保险。实行"双赔"的另外一个重要原因就是劳动者人身意外伤害之损失难以界定，即人身权赔偿费难以认定，即便是受害者获得"双赔"，甚至还包括侵权赔偿之"双赔"，往往也难以弥补受害人的人身损害，故而，"双赔"或"三赔"并没有导致受害人之不当得利，商业保险与工伤保险之"双赔"完全可行，立法应当及时跟进。

综上，回到实习争议处理中来，我国目前的基本现状是实习学生严重缺失社会保险。现实争议处理中，特别是实习学生之人身意外伤害争议，根本难以从工伤保险中获得救济，主要救济路径是侵权责任赔偿，工伤保险与侵权赔偿之"双赔"暂时还处于"休眠"状态。有的实习学生享有人身意外伤害之商业保险，则可以获得该商业保险之救济，但是，商业保险与侵权赔偿之"双赔"也暂时为"休眠"期。虽然我国目前实习争议处理中之"双赔"问题，与其他正式劳动者一样，"双赔"或者"三赔"都还是"休眠"状态，但是，立法却应当及时跟进并积极回应这些问题，以充分彰示立法的前瞻性与先进性。

第二节　实习争议类型法定化之必要性

实习争议还不是法定争议的类型，其定型化严重不足。实习争议缺乏法定，影响和制约了实习争议处理制度的构建，既不利于依法治理实习关系，也不利于实习学生之权利保障与救济，理论、立法和实践都亟待将实习争议类型法定化，构建起

[①]　问清泓：《共享经济下社会保险制度创新研究》，载《社会科学研究》2019 年第 1 期。

实习争议处理之正式法律制度。其必要性主要包括四大方面：弱势群体权益保障与救济之需，大学章程与大学治理之需，大学精神与大学生精神之需，法治社会建设与社会治理之需。

一、弱势群体权益保障与救济之需

实习活动是广大学生特别是大学生之重要的教学实践环节，立法规制实习关系，并将实习争议类型法定化具有非常普遍的价值和意义，也符合法律规范的普适性要求。庞大的实习学生群体还都是社会的弱势群体，他们基本上都属于学生身份，更需要国家法律的特别保护。故此，实习学生既属于大众"群体"范畴，又是"弱势"一方，实习关系立法并将实习争议类型法定化，完全符合法律规范特别保护"弱势"与"群体"之基本法理。

大学生在实习活动中缺乏社会经验和安全意识。实习争议处理时，由于实习学生之法定身份界定的限制，以及实习争议缺乏法定化处理程序，他们完全不能享有像一般劳动者那样的工伤保险之特别救济，只能按照一般的民事争议处理，受到伤害的实习学生常常难以获得充分的救济（赔偿），用人单位或实习派遣学校也仅仅出于人道主义而给予一定的经济补偿，权利救济极不充分，社会公平正义难以体现，这样的精神伤害或阴霾是对实习学生的"二次"伤害，不利于大学生之成长与成才，因此，实习争议处理之不当而产生的负面影响和精神效应应当引起全社会的高度重视，实习争议处理是关乎大学生之前途未来的大事，更不能因为实习中的偶然事件伤害而造成"二次"精神伤害。

在我国弱势群体保障体系严重不健全的情况下，通过法律救助而缓和社会矛盾，促进社会公正和平衡发展，是我国当下必须解决的课题。[1] 实习学生"弱势"与"群体"之特别保护的缺失，实习争议之非法定化处理，都暴露了国家和社会对实习关系、实习学生、实习争议及实习立法之"聚焦"严重不够的漠视态度和观念，显现出我国弱势群体之保障法律体系的"短板"，实习关系及实习争议处理制度亟待成为研究的重要课题。

在当代文明社会，弱势群体需要保护，而且特别需要起极其重要作用的立法的保护。[2] 实习学生既是"弱势"，又是"群体"，其权益保障亟待作为法律关系的特

---

① 朱媛：《论法律意义上弱势群体的相对性与确定性》，载《北京师范大学学报》（社会科学版）2014 年第 1 期。
② 于兆波：《立法视域中的弱势群体保护》，载《学习与探索》2018 年第 12 期。

别主体，权益事后救济之实习争议处理更需要法定化，这也是实习争议法定化的基本要求。

从法律正式制度构建上，世界上许多国家或地区都有专门的《青少年保护法》，比如德国，既有《青少年劳动保护法》，又有《职业训练法》。对青少年的保护，我国仅有特别法《中华人民共和国未成年人保护法》，但是，实习大学生往往因年龄超过 18 周岁而不再属于未成年人的范畴，该法难以普遍适用于大学生，加之，我国一直缺失学徒关系立法和实习立法，实习争议处理难以形成统一而有效的机制，实习争议处理制度缺失。

二、大学章程与现代大学治理之需

大学章程是大学治理的纲领性文件，是规范大学各项活动的规章制度。我国目前在教育部的统一部署下，各大学已经完成了大学章程的制定。

大学章程缺乏实习规则，其不利影响巨大，不仅直接影响了现代大学治理之依法依规治校，也不利于大学生实习活动及教学活动的有序开展；大学实习争议处理制度之缺失，不仅不利于保障大学生特别是实习大学生之权益，实习争议处理不当常常还严重影响了大学之声誉与和谐稳定。大学章程在高校中具有特别重要的地位，如同宪法之于国家，体现了学校方方面面的治理理念与态度，也在某种程度上决定了高校很长一段时间内的发展方向。①

我国高校在制定大学章程时，对学生权利非常重视，但普遍存在"千校一面"，特别是具体到学生之参与权时，各大学章程存在内容相似、规定笼统、救济手段不明晰等问题。②

2011 年 7 月教育部发布了《高等学校章程制定暂行办法》，其明确规定了大学章程应当规范大学生权益保障与救济机制，第十五条明确规定："章程应当体现以人为本的办学理念，健全教师、学生权益的救济机制，突出对教师、学生权益、地位的确认与保护，明确其权利义务；明确学校受理教师、学生申诉的机构与程序。"但是，许多大学章程并未充分体现上述精神，许多大学章程对大学生权益保障与救济并未具体化，更遑论实习争议之特别类型化与救济机制。

有关于大学章程的实证研究，113 所的大学章程中关于教师和学生权利保障与

---

①② 陆优优：《学生参与权在大学章程中的表达与完善——基于 21 所高校章程的文本分析》，载《思想理论教育》2020 年第 8 期。

救济、申诉制度等内容多为宣言式规定，缺乏明确而可操作性的制度设计，权利救济机制难以真正落实。①

现代大学治理必须转变传统的管理模式，实现学生、教师和学校之民主参与共同决策。我国大学治理更应当符合党中央提出的"治理"新理念新方略。现代法治社会提倡的治理新概论，尤其是党的十九届四中全会提出的"第五个现代化"目标是实现国家治理体系和治理能力现代化，也是习近平新时代中国特色社会主义理论的重要内容之一，具有时代引领作用，各个大学也应当将其治理之新精神真正落到实处，并成为当下"双一流"建设的重要目标之一。"治理"与传统的"统治"和"管理"都不相同，"治理"之主体不再是单一的而具有多元性，能够实现多方主体的积极参与并协商共治。

我国大学治理体系主要包括四大部分：党委领导形成的政治权力、校长负责形成的行政权力、教授治学形成的学术权力和师生参与形成的民主权力。大学内部治理能力是指通过健全和完善各种体制机制，正确协调处理好四种权力关系，提高规范管理学校和增强依法治校的综合能力。② 大学治理体系中的第四种"师生参与的民主权力"则应当包括实习学生参与实习争议处理的权利，还包括实习争议之申诉权，此申诉权在校内为实习学生向学校申诉机构申诉的权利，在校外表现为向实习单位申诉的权利，还包括劳动争议仲裁与诉讼的权利。

大学生参与实习争议处理，完全应当纳入大学治理的范畴，而实习争议处理恰恰需要的是争议主体各方之积极参与，让实习学生与学校（含教师）都成为实习争议处理的当事人，共同协商解决争议问题，共同维护大学正常秩序并保障与救济实习大学生合法权益，共同构建和谐稳定的大学环境。

大学治理中所涉及的争议类型主要包括大学生与学校及教职员工发生的争议，主要可以概括为三大类：一是教育教学中的教育行政争议，主要是因学生管理和学生违纪而给予处分而引起的争议，一般按照行政争议处理程序进行；二是学生人身意外伤害引起的民事争议，主要是学生自身被侵权或学生侵犯他人权利而引起的纠纷，主要按照民事侵权责任处理；三是实习争议，此类争议还没有定型化，更缺乏法定化，也成为了大学章程和大学治理之严重边缘化问题，实习争议类型化亟待凝练，实习争议处理制度亟待创建。前两种争议处理都已经形成了一定的范式，并且建立了专门而比较成熟的申诉制度，一般都有专门的申诉机构和工作人员，争议处

---

① 裘指挥、张丽：《正当程序：大学章程功能实现的价值基础——基于113所高校章程文本的分析》，载《高等教育研究》2020年第8期。
② 袁占亭：《治理体系和治理能力现代化："双一流"大学建设的重要保证》，载《中国高等教育》2019年第22期。

理程序公开透明，比较规范，基本能够满足争议主体之需求，绝大多数争议都能在学校得到及时处理和化解，只有极少数争议案件处理进入诉讼程序。

我国各大学治理中还有一个非常普遍的问题是缺少专门的实习管理机构。各个大学机构林立，各种类型的科研机构或实验室占据着绝大部分大学资源，缺少专门的实习管理机构和实习争议处理机构，使得实习及实习管理机构严重边缘化。

我国目前许多大学章程中都明确规定了学校应当建立争议申诉机构，如申诉委员会，但是，常常都是抽象表述而已，少有真正的专门而常设的申诉机构。有关113 所高校的实证研究表明许多大学的师生权利保护与救济机构不明确，大多数大学章程只是笼统写明"学校建立健全教职工和学生权利救济机制，设立师生申诉处理委员会，维护教职工和学生合法权益"，但是，普遍未明确具体的申诉部门，只有少数高校明确了申诉受理机构如校工会、监察室、校团委等；申诉机构的组成人员也罕有明确规定的；也只有极少数的大学章程载明了师生申诉处理程序。总体来看，大学章程中有关师生权益保障和救济机制的程序设计极不完善，申诉机构、时间、人员组成等重要内容较为笼统，具体明确的程序性救济条款严重缺失。① 笔者认为，我国的大学应当成立专门而常设性的实习管理或治理机构，可行性方案是新设独立的实习委员会，使之成为与学术委员会、学位委员会、招生委员会、职称委员会等平行的专门机构；大学章程中还应当明确实习委员会之基本职能、经费预算、组成人员和办事程序特别是实习争议处理与申诉程序等具体事项。

三、大学精神与大学生精神之需

实习学生主要来源于大学，大学是培养国家和社会建设人才的主要阵地，大学精神则是孕育大学生思想和成才的精神食粮。实习活动必然会产生一些争议，这是非常正常的事情，实习争议处理是否得当将会直接影响大学精神的实现，并对实习学生产生重要的影响，因为实习是他们从学校踏入社会的第一步，这一步非常关键，实习保险处理事关公平、公正和正义，也可能是他们人生中第一次面对的权益保障与救济问题，如果实习争议处理不当，其负面效应将会影响他们今后进入社会的发展，并造成不良心理负担，甚至会对进入社会感到害怕和渺茫，因此，实习争议处理是事关大学生培养的大事，而只有将实习争议法定类型化，才能够有效解决争议

---

① 裘指挥、张丽：《正当程序：大学章程功能实现的价值基础——基于113 所高校章程文本的分析》，载《高等教育研究》2020 年第 8 期。

和保障与救济实习学生的权益，让他们接受大学精神的熏陶并感受到法治社会之公平正义，为今后进入社会提供积极向上的人生观和价值观。

大学精神是各个大学历史传承、文化底蕴、发展内涵和价值追求的精神特质，是大学办学宗旨和办学特色的直接体现，是凝聚全校师生价值追求的精神力量。[①]

大学精神内涵丰富，主要包括科学精神、自由精神、独立精神、人文精神、创新精神和批判精神等。[②]

有学者总结英国著名大学之现代大学精神包括六大方面：精英精神、服务精神、科学精神、创新精神、提高大学参与率与民主精神、企业计划与企业精神。[③] 无论大学精神有多少，实践精神及实践活动都是贯彻所有这些精神的主线，没有实践就没有精英教育和精英人才的培养，没有实践也难以展示科学精神和创新精神，没有实践更无大学生积极参与之民主精神，没有实践也不可能实现大学教育之企业计划和培育现代企业家。

大学精神离不开大学的重要主体大学生，大学生精神与大学精神具有紧密的关联性。一方面，大学生是大学精神的接受者、传承者；另一方面，大学生是大学精神的传播者和创造者。大学生有时通过自己的思想、言行影响着学校的决策和发展；有时又通过自己的精神和行为影响着其他学生和教职员工。正是大学生富有创造性、开拓性的思想和行动使大学精神不断丰富和完善。大学生的价值取向、行为方式实际上就是大学精神的衍生、外化，离开了大学生，大学精神也就无从谈起，大学精神应该体现在大学生的言行之中。[④]实习活动是大学和大学生的重要实践环节，是大学生精神和大学精神之孕育场所，同时也是大学生精神和大学精神的外化形态，因此，实习活动与大学精神和大学生精神具有紧密的互动关系，实习争议的处理也可能从本质上映射出大学精神之"光芒"，处理得当则彰显了大学精神，特别是平等、公平和正义的法治精神；处理欠妥，则影响或丧失大学精神，使得实习学生难以感受到社会公平和正义，同时，实习争议处理还直接关系到大学生对待实习的态度并影响实习的积极性与主动性，因为实习争议处理不当，会直接成为实习学生和拟参加实习学生的心理障碍，甚至从反面"倒逼"大学生逃避实习或进行虚假实习，以免发生实习争议，造成不必要的麻烦或人身意外伤害事件，这对大学生的契约精神和劳动精神都有可能产生消极的负面影响。故此，实习争议法定化是大学精神"光芒"是否能够"普照"大学生个体之大学生精神的重要路径选择。

---

① 苏国辉：《大学精神与文化特质的凝练、创新与培育》，载《中国高等教育》2019 年第 22 期。
②④ 杨鲜兰：《论大学精神的培育》，载《高等教育研究》2004 年第 2 期。
③ 易红郡：《英国近现代大学精神的创新》，载《清华大学教育研究》2015 年第 5 期。

大学精神具有多元化维度，但是不论其维度多少，理论与实践紧密结合之知行合一的实践精神是不可或缺的精神。正如某学者所言，世界一流大学之精神维度包括三大架构：本体精神、知识精神和实践精神。① 据教育实践活动的内在目的与外在目的，教育实践活动的精神可以分为内在与外在两种形态，个性自由是内在的实践精神，胸怀天下则是外在的实践精神。

笔者认为，无论大学精神包括哪些内涵，实践精神都应当是大学精神不可或缺的重要部分。大学实践精神既充分体现了我国传统"知行合一"的人才培养理念，也符合马克思主义理论与实践相结合的基本原理，而大学实习活动完全契合了大学实践精神，实习是大学实践活动的基本形态和表现方式，没有实习就没有大学实践精神。实习争议处理是实习活动中的重要保障与救济程序，是实习活动不可或缺的保障环节，其重要价值和意义不仅仅是争议处理本身，它还从无形中影响着实习活动的有序和有效开展，因为如果实习争议处理不当，必然导致实习学生之实习权益问题，进而影响争议本人和其他实习学生之实习积极性和主动性，使得大学实践精神难以落地，更勿谈一流大学建设和人才培养。

四、法治社会建设与社会治理之需

任何争议的处理都必须按照法律的规定进行，并要求能够充分保障与救济权利人之合法权益，以实现程序公平与正义，这是法治社会和社会治理的基本要义，实习争议处理也不能例外，实习争议应当按照法定程序处理，而其首先条件是将实习争议类型之法定化，彰显不同争议不同处理的法治精神，让实习争议处理具有法定的特别程序，以便更好地保障与救济实习学生的合法权益。但是，我国实然社会中，实习法律制度还未建立，实习争议及处理还没有引起足够的重视，实习争议类型法定化还严重缺失。

实习活动不仅涉及各个普通高校和各类职业院校，还必然联系社会组织中各个实习单位，实习并不只是学校的教学环节，它具有广泛的社会性，是整个法治社会建设和社会治理体系中不可或缺的重要组成部分，实习争议处理是关系到社会秩序的大事，它不仅可以反映学校的治理能力，还可以展示实习单位的治理水平，因此，实习争议处理应当引起全社会的高度重视，特别是实习派遣学校和实习单位更应当将其纳入治理体系中并作为本单位法治建设的重要内容之一，构建和谐有序的实习

---

① 刘徐湘：《论世界一流大学的精神特质》，载《大学教育科学》2020 年第 2 期。

关系。

法治社会建设的首要任务是社会规范之法治化，即立法是实现法治化的前提，实习关系的法治化也应当首先是建立健全实习关系之法律法规，而不能让实习关系包括实习争议处理游离于法律之外，在实习之法治建设中，既要有实习之实体立法，还不能缺少实习之程序法，二者同样重要，缺一不可。实习争议处理法律制度是实习关系的最后一道"防火墙"，其程序立法的前提是将实习争议类型定型化，以实现实习争议之法定类型化，并构建特有的实习争议处理制度。

党的十九大报告已经明确了新时代全面推进依法治国、建设法治中国新的历史使命。新时代人民群众对民主、法治、公平、正义、安全、环境等基本公共产品的需求更加突出，制度性基本公共产品应当让人民群众在每一项法律制度、每一个执法决定、每一宗司法案件中充分感受到公平正义和幸福尊严。[①] 实习争议的法定类型化是满足广大实习学生的重要制度产品供给之一，法治建设和社会治理都不能忽略实习争议处理制度。

实习争议处理制度应当充分体现实习关系之"良法与善治"的良性互动关系，其实习之"良法"是实习之"善治"的前提，实习之"善治"表现依托实习之"良法"。法律是治国之重器，良法是善治之前提。进一步完善中国特色社会主义法律体系，是下一步立法工作的重点。[②] 完善新时代中国特色社会主义法律体系，还是国家治理体系现代化的制度基础，实习法律制度的缺失已经成为了其中的重要阻碍之一，亟待解决。我国实习立法应当顺应时代潮流，实习立法程序应当及时启动，以填补我国法治建设和治理体系的空白。

法治化手段是法治社会的基础，法制与法治具有高度的一致性，没有法制就没有法治，法治是法制之"良法"与社会治理之"善治"的结果。法治社会要求社会治理活动必须是法治的方式，而不能是自发无序状态的治理。社会治理法治化作为一种治理方式，要求用法律制度对社会活动进行规范和调节，通过立法、执法、守法、司法等一系列法治运行环节构建和维系公平、有序、稳定、规范的社会状态。实现社会治理法治化，要求构建比较完备的社会治理法律体系。[③] 实习关系的治理同样需要以实习法律制度为基础和前提，而实习争议处理制度是实习法律制度之事后救济制度，是保障和谐、有序、稳定、规范的实习社会状态的重要治理方式。

"维护社会成员的权益、化解矛盾纠纷是法治社会建设的最后保障性环节。"社

---

①② 　傅政华：《贯彻全面依法治国新要求推进法治国家、法治政府、法治社会建设》，载《行政管理改革》2018 年第 7 期。

③ 　方世荣：《论我国法治社会建设的总体布局及其战略举措》，载《社会治理法治前沿年刊》2017 年第 1 期。

会矛盾不可避免，随着我国社会阶层和利益诉求的多元化，各种社会矛盾不断凸显，法治社会要求有能及时、公平、有效化解社会矛盾的完备制度体系。[①]

许多专家认为多元主体参与的社会共治是社会治理的基本形式。社会共治是指来自政府、市场、社会等不同主体，在相互尊重的基础上，通过某种可持续的机制来解决公共问题或者提供公共服务。[②]"多元共治"就是"民主之治"，其核心问题是重构公共治理系统，实现治理权能的分化和转移，即由政府、企业、社会组织和公民对公共事务的共同治理。[③] 在多元共治模式下，治理主体由一元转变为多元，除政府外，其他公共机构、社会组织、公民个人都成为了治理主体，而非客体，多方共同参与社会事务，共同管理和维护社会秩序。

实习关系的治理，更能体现社会共治的特质，其主体更加多元化，特别是实习争议处理之主体比其他争议更加具有多元性，其他争议常常是当事人双方，而实习争议的重要特征是当事人的多元性，实习争议常常涉及三方主体，即实习派遣学校、实习单位和实习学生，实习关系之最为重要的载体即实习协议常常也是具象为"实习三方协议"，实习争议处理也就相应地不能离开这三方主体；即便是实习争议当事人为实习学生与实习单位之双方，实习关系之载体为双方协议或合同，但是，由于实习学生之法定身份仍然是学生，实习派遣学校仍然是实习学生的监护人或代理人，因此，实习派遣学校也还是实习争议之间接当事人，抑或是"第三人"的范畴，实习争议处理就不能少了这一方，否则遑论实习关系之共治，亦不能有效保障与救济实习学生之正当权益。

实习关系治理应当是社会共治之下的"多元共治"或"民主之治"，其直接参与当事人除了上面的实习派遣学校、实习单位和实习学生三大主体外，教育行政部门、社会保险机构、争议处理机关、工会组织、社会组织和学生家庭等，都应当成为实习关系治理的参与主体，实习争议处理更是应当是这些多元主体之"多元共治"，共同化解实习活动中的各种矛盾与纠纷，共同协商实习争议处理办法，共同维护和谐而有序的实习关系。

综上，实习争议法定类型化是法治建设和社会治理的基本要求，多方参与并共同治理应当成为实习争议处理的基本模式。

---

① 方世荣：《论我国法治社会建设的总体布局及其战略举措》，载《社会治理法治前沿年刊》2017 年第 1 期。
② 刘国翰：《增量共治的杭州实践》，社会科学文献出版社 2014 年版，第 5 页。
③ 吴汉东：《国家治理现代化的三个维度：共治、善治与法治》，载《法制与社会发展》2014 年第 5 期。

第三节　实习争议处理制度塑造架构

一、国家宏观层面

实习制度包括实习争议处理制度都需要法治化，都需要国家提供定型化和法定化的正式法律制度，我国目前还没有正式实习法律制度。现仅有的实习法规为《职业院校实习管理规定》，其适用范围仅是职业院校；其法律效力也严重不足；许多实习制度设计都不成熟；另外，它还算不上国家层面的法律制度产品，仅仅也只能说是部门规章，根本不能作为实习的正式制度。

国家层面的实习制度产品主要包括四大方面：第一，以《民法典》为契机，及时启动《实习法》立法程序；第二，以知识产权法院为范样，新设专门劳动法院或劳动法庭；第三，以劳动争议为参照系，整合实习与学徒争议处理程序；第四，以非诉讼程序为原则，新建实习争议之调解为主机制。

（一）以《民法典》为契机，及时启动《实习法》立法程序

实习活动是事关国家治理体系和治理能力现代化的大事，也是直接关系到培养国家和社会接班人的大事，不能没有专门的法律法规来调整和治理。我国《民法典》的出台，具有特别重要的意义，高度契合了国家治理体系和治理能力现代化之国家方略。但是，《民法典》的出台仅仅是立法与治理之新契机，其他具体的相关民事立法还应当积极响应与跟进，民事立法和民事权利保护永远"在路上"，只有这样才能实现《民法典》的价值和目标追求，实现法律治理体系之现代化。

我国法治建设中的大事《民法典》终于出台，其人格权之独立成编为世界首创，充分体现了保护公民民事权利之中国方案，具有重要的开创价值和意义，但是，也还存在一些不足。笔者认为，其不足之处主要是没有整合劳动关系、劳务关系、雇佣关系和新型劳动关系如平台经济之劳动用工，仍然没有改变我国劳动关系法律调整之"二分法"模式，即民法和劳动法分别调整劳动关系和劳务关系或雇佣关系，"二分法"模式的缺陷仍然没有克服，特别是没有具体将实习与学徒关系纳入

进来，缺乏对实习学生和学徒生（工）之权益保障与救济的特别制度设计。《民法典》的这些不足，也从另外一方面给实习制度和学徒制度之构建留下了足够的"博弈"空间，我们可以这样认为，也正是因为《民法典》没有直接而具体地设计实习制度和学徒制度，单独立法设计实习制度和学徒制度就更加具有可行性和必要性。换言之，在《民法典》之宏观框架下，单独出台实习法与学徒法也是对《民法典》的重要补充和完善。因此，国家不能因为已经出台了《民法典》而误认为不再需要出台实习法与学徒法，而应当及时启动实习法与学徒法的立法程序，以之为《民法典》之特别法，逐步构建起以《民法典》为中心的一般法、单行权利法为特别法的民事法律体系，更好地保障与救济公民之各种民事权利，更有效地调整和治理各种劳动关系（广义而非狭义的劳动关系），也更有效地保障与救济各种劳动权益。

以习近平同志为核心的党中央提出了新时代国家治理体系和治理能力现代化的战略任务，并且及时出台了《民法典》，这些都为我国出台《实习法》或《实习促进法》提供了新的契机，启动《实习法》或《实习促进法》的时机已经到来，相关理论研究和试验工作应当加大力度。

在实习制度包括实习争议处理制度之构建时，特别应当注意的问题是将学徒及学徒制度纳入广义的实习及实习制度中来，实习法定类型化应当包括学徒，即学徒也是一种广义的实习关系，实习争议处理制度也应当相应地将学徒争议包括进来；从国家立法层面上，应当将学徒关系纳入实习立法的范畴，即立法目标和任务应当是实现实习关系（含见习）与学徒关系一并入法，这样既符合实习与学徒之逻辑关系，同时还可以克服实习与学徒关系调整与治理之"无法"现状，并可以极大地节约立法资源，为实习学生和学徒生（工）之权益保障与救济提供相同的制度供给和路径选择。

实习关系与学徒关系之合并立法，还有一个重要因由是我国高等教育改革与教育公平之需。我国高等教育目前的问题之一是普通教育与职业教育（职业技术教育）之"失衡"，观念与制度问题导致了"重普通轻职业"现象极其普遍，职业技术院校面临严重的生源短缺问题。职业院校的社会实践活动主要是学徒活动，特别是在教育部大力推行的建立现代学徒制试点中，职业院校就是试点对象，进一步使得实习在职业院校的主要表现形态就是学徒活动，即实习以及完全被学徒所"掩埋"，由于学徒关系一直没有入法，其学徒争议处理更加难以有效保障与救济学徒的合法权益，进一步影响了职业技术院校及其学生参与实习活动的积极性和主动性，也加剧了职校学生之教育不公的心理感受。因此，实习与学徒之关系问题，映射出了普通教育与职业教育、普通高校与职业院校学生之平等与公平问题，实习关系与学徒关系之同时与合并立法更显重要和必要。

（二）以知识产权法院为范样，新设专门劳动法院或劳动法庭

改革是国家的基本国策，司法改革是我国法治社会建设的基本任务，任何法律制度的构建和实施都不能离开司法及司法机构。实习争议处理制度的构建，必然紧密结合司法实践，也应当纳入并融进国家司法体系中。

在我国司法机构改革中，非常成功的案例就是成立了专门的知识产权法院或法庭，为构建国家治理体系和治理能力现代化奠定了良好基础，为我国新时代共享经济建设提供了有力保障。

2014 年 8 月 31 日，第十二届全国人大常委会第十次会议通过《关于在北京、上海、广州设立知识产权法院的决定》，同年 11 至 12 月，北京、上海、广州知识产权法院正式成立。之后，最高人民法院还在南京等多地成立了专门的知识产权法庭，跨区管辖部分知识产权案件，形成"3 个知识产权法院 + 15 个跨区管辖"的知识产权专门法庭的司法保护格局（"3 + 15 格局"），地方知识产权法院（法庭）的设立，是完善我国知识产权专业化审判体系的第一步。① 最高人民法院 2017 年批复在南京、苏州等 11 个市设立跨区域管辖的知识产权专门机构，2018 年又批复在天津、郑州、长沙、西安、南昌、长春、兰州、乌鲁木齐 8 个市设立知识产权法庭。② 2019 年 1 月 1 日，最高人民法院知识产权法庭成立，成为了世界范围内首个在最高人民法院层面设立的专门化知识产权审判机构，行使统一审理全国范围内知识产权上诉案件的终审职能，进一步统一了技术类知识产权案件裁判尺度、提高了审判质量和效率、提升了司法公信力和国际影响力，为国家知识产权战略实施提供了司法保障，为世界贡献了中国经验和中国智慧。③

最高人民法院知识产权法庭的成立，将真正形成知识产权上诉法庭 + 若干家知识产权专门法院（法庭）的跨区域知识产权审判网络，打破了过去分散化、区域化的司法格局，审判组织的简化集中从审判组织层面解决了裁判标准不统一的最突出难题，将有效减少制度摩擦和成本耗散，为审判机制的深入改革带来了新的机遇。④

通过推进审判机构专门化、审判人员专职化和审判工作专业化，统一裁判标准，提高审判效率，对于提升全国法院知识产权审判水平发挥了引领示范作用发挥司法保护知识产权的主导作用。⑤

中国知识产权法院的建设，具有司法体制改革的先导作用和知识产权保护的主

---

① ④ 马一德：《知识产权司法现代化演进下的知识产权法院体系建设》，载《法律适用》2019 年第 3 期。
② 《2018 年中国法院知识产权司法保护概况》，载《人民法院报》2019 年 6 月 6 日第 5 版。
③ 《最高人民法院知识产权法庭年度报告（2019）摘要》，载《人民法院报》2020 年 4 月 17 日第 2 版。
⑤ 周强：《最高人民法院关于知识产权法院工作情况的报告》，载《人民法院报》2017 年 9 月 2 日第 2 版。

导作用。从司法现代化的要求出发，应着力于审判机构的专门化、审判人员的专职化和审判工作的专业化目标。这是北京、上海、广州知识产权法院的试点样本经验，也是中国知识产权法院建设的未来发展方向。①

吴汉东教授非常赞同设立专门的法院或法庭，他认为设置专门法院是司法现代化的重要标志："司法现代化的一个基本面向，就是司法专门化和一体化，专门法院对于现代诉讼具有专门性、统一性的优势，因而为现代法治国家所采用。"② 笔者认为，设置专门的劳动法院或劳动法庭也应当像设立知识产权法院或法庭一样，也是我国司法现代化的一个"面向"，是我国司法现代化的有机组成部分之一，知识产权法院或法庭之改革，已经为我国设置专门的劳动法院或劳动法庭提供了成功范例。

专门设立劳动法院或劳动法庭具有坚实的宪法与法律依据。吴汉东教授认为，专门法院的设立，有来源于宪法性文件的授权，其法律依据有二：一是例示主义立法规则，二是专门立法授权规则。《中华人民共和国人民法院组织法》第二十八条规定，专门人民法院的设置、组织、职权和法官任免，由全国人民代表大会常务委员会规定。这说明，我国的专门人民法院，包括但不限于军事法院、海事法院，这就为知识产权法院的设立预留了制度空间。专门人民法院随着国家经济与社会环境的发展变化，有的被撤销（如铁路运输高级法院），有的则继续保留（如海事法院与军事法院），但是，这些专门人民法院的构建与运行，都为知识产权司法体制改革提供了有益经验。③ 笔者认为，最后还有的加上劳动法院或劳动法庭，劳动法院或劳动法庭之设立同样与知识产权法院或法庭一样，也具有宪法和《中华人民共和国人民法院组织法》之授权，同样也都具有合宪性和合法性。

另外，与知识产权法院或法庭相比较，建立劳动法院或劳动法庭还更加具有必要性。知识产权法院的独立建立，不仅为我国建立专门的劳动法院或劳动法庭提供了参照经验与模式，还进一步加大了建立劳动法院或劳动法庭的可能性。

从争议数量上比较，劳动争议远远超过了知识产权争议，更有设立专门劳动法院或劳动法庭之必要。从争议数量上对比，劳动争议案件远远超过了知识产权争议，设立专门的劳动法院或劳动法庭更有必要，也更为紧迫。

从影响范围上看，劳动争议几乎关联到每一个劳动者，而知识产权之范围要小得多，因此，设置专门的劳动法院或劳动法庭更有必要。如果从处理复杂程度上讲，劳动争议远比知识产权复杂，劳动争议即包括一般的民事劳动争议，其主要是劳务关系及争议、雇佣关系及争议和合伙关系及争议，从债的产生性质还可以分为侵权

---

①②③　吴汉东：《中国知识产权法院建设的理论与实践》，载《知识产权》2018 年第 3 期。

争议、违约争议和侵权与违约之竞合争议；劳动争议还包括社会保险争议以及社会保险与商业保险之竞合争议；劳动争议既有民事争议，还有行政争议；笔者认为，劳动争议还应当包括实习争议、学徒争议和见习争议。故此，劳动争议远非知识产权争议可比，建立专门的劳动法院或劳动法庭更有必要。

从域外设立劳动法院或劳动法庭的成功经验上比较，我国完全可以及时启动设置程序。域外一些国家建立专门的劳动法院或劳动法庭的经验研究非常成熟，完全值得我国借鉴与移植。

全国总工会的积极态度让人看到了设立劳动法庭的希望，但是，笔者认为，仅仅在法院之中设立劳动法庭还是远远不够的，应当成立独立的跨区域性的"劳动法院"，或者是独立的劳动法庭，或者说在法院之中设立劳动法庭仅仅是第一步，最终还是应当设立"劳动法院"；也可以是将在法院中设立劳动法庭作为改革的试点，待积累一定经验后，再设置独立、跨区域性的"劳动法院"。

长期以来，我国学界和实务界都有建立专业劳动法律审判机构的期待，而且还在一些地方进行了尝试性试点，如成立劳动法庭、劳动争议巡回法庭等。[①]

实践中，我国有关设立专门的劳动法庭的改革试点已经展开。近年来，我国一些地方法院已经开始试点成立专门的劳动法庭或劳动争议巡回法庭等。比如，2010年北京市丰台区人民法院在成立了首家劳动争议审判庭，随后，北京市中、基层法院陆续成立劳动争议专业审判庭；2012年河南省高院在9个基层法院试点成立了"劳动者权益保护审判庭"；2015年厦门市劳动法庭在思明区人民法院滨海法庭成立；2015年沈阳市首家有编制的劳动法庭在铁西区人民法院成立；2015年宁夏石嘴山市在工会设立劳动法庭。[②] 这些试点工作，虽然还不是国家正式行为，也还不具有普遍性，并且还不能称之为真正意义上的劳动法院或劳动法庭，但是，其已经让我们看到了新的希望，毕竟已经迈出了改革的重要一步，为设置劳动法院或劳动法庭开启了第一步，其倡导性意义和价值大于机构设置本身。

我国香港劳动法庭的经验也可以为大陆设立专门的劳动法院或劳动法庭提供借鉴，香港工会联合会荣誉会长林淑仪认为在法院设立劳动法庭有助于劳动争议的高效解决，她说"劳动争议双方不用找律师，可以直接上劳动法庭申诉，而法官因为经常审理劳动争议案件，很有经验，判决案件时既专业又高效。而且，法官还可以帮助当事人达成和解。"[③]

我国设立专门的劳动法院，可以参鉴德国的成功经验。德国劳动法院已经有上

①　何平：《德国劳动法院评析》，载《工会理论研究》2020年第3期。
②③　《总工会界委员建议普遍设立劳动法庭》，中国工会新闻网，http://acftu.people.com.cn/n1/2019/0313/c67560-30973579.html，发布时间：2019年3月13日，访问时间：2020年10月8日。

百年的历史，积累了非常丰富的经验。德国劳动法院通过法官资格、程序、职权等保证了法院运行及判决的独立性和中立性，这一点非常重要，我国参鉴时应当从建立之初就要保证劳动法院的中立性。劳动法院只有具有独立的地位，并且劳动法院的法官还需要具有独立审判权，才能保证其中立之裁判主体，因此对于我国，劳动法院的中立性更有特殊价值。另外，德国实行的荣誉法官制度也值得我国借鉴。[①]

德国独立的劳动法院可以说是一种经典的模式，在我国也有观点认为应当以德国为蓝本建立独立的劳动法院。德国独立的劳动争议审判体制、劳动法院组织上的社会参与、快速化的纠纷解决、调解的优先地位以及劳动法院管辖的扩张与限制等都值得我国借鉴。[②]

笔者认为，我国在参鉴德国的经验时，除了应当注重劳动法院的独立性和中立性外，还要借鉴其立法经验，即参照德国《劳动法院法》立法新立中国《劳动法院法》，让劳动法院有自己的特别法律可依，使得劳动争议之处理更加具有规范化与法定化。德国1926年的《劳动法院法》第一次在德国实现了劳动法院组织法和劳动案件程序的统一；1953年的《劳动法院法》确立了独立的三级劳动法院，劳动法院、州劳动法院以及联邦劳动法院均为独立于普通民事法院；新法扩大了劳动法院的管辖范围，将团体协议争议等纳入劳动法院管辖范围；重新设计了劳动争议裁定程序。该法虽经多次修改，但总体保持稳定。德国不断完善的《劳动法院法》为德国劳动法院之独立性和中立性原则提供了有效保障，也保障了劳动争议处理的合法性与正当性。我国在设立劳动法院或劳动法庭时，应当首先立法颁布实施《劳动法院法》，再依法设置跨区域独立的各级劳动法院或劳动法庭，这样才能够从立法上确保设立劳动法院或劳动法庭的合法性，并保障全国范围内设置劳动法院或劳动法庭的统一性和规范性，克服试点中"各自为政"甚至连法院名称都不一致的缺陷。

在贯彻落实党中央提出的国家治理体系和治理能力新思想的背景下，更加应当及时成立劳动法院或劳动法庭，以构建完备的劳动关系与劳动争议治理体系，国家法律制度体系中不能缺少劳动争议处理制度；有效提升劳动关系与劳动争议治理能力也不能缺少劳动争议治理能力。因此，新时代之治理体系和治理能力都应当考量劳动关系及劳动争议，劳动法院或劳动法庭应当成为治理之"硬件"，也应当成为国家层面的产品供给之一。

构建专门解决广义劳动争议之特别机构——劳动法院或劳动法庭，应当特别注

---

① 何平：《德国劳动法院评析》，载《工会理论研究》2020年第3期。
② 沈建峰：《德国劳动法院的历史、体制及其启示》，载《中国劳动类系学院学报》2015年第6期。

意将涉及劳动关系与劳动争议全部纳入其管辖范围，即无论是民事劳动关系及争议，还是劳动法语境下的狭义劳动关系及争议，以及新时代下共享经济（平台经济）之新型劳动关系及争议，都应当将其纳入劳动法院或劳动法庭的管辖；还应当将涉及劳动者之社会保险关系及争议纳入劳动法院或劳动法庭的管辖范围。

回到实习争议处理制度中来，劳动法院或劳动法庭还应当将实习关系及实习争议、学徒关系及学徒争议、见习关系及见习争议一并纳入劳动法院或劳动法庭之受案范围。如此一来，才能够有效实现这三大类争议处理之法定化与程序化，不再让它们游离于法律之程序法外，结束这三类关系及争议处理无法可依之局面；如此一来，还可以大大节约立法成本和资源，并更为有效地弥补立法之缺陷，包括克服《民法典》缺少对劳动关系之规范的不足；如此一来，才能实现所有劳动关系及争议处理制度之全面而有效的整合，以设置劳动法院或劳动法庭为"硬件"，为包括实习、学徒和见习之所有劳动关系及争议处理提供强大支撑。

（三）以劳动争议为参照系，整合实习与学徒争议处理程序

我国现行劳动争议处理制度一直实行非常特殊的"二分法"和"先裁后审"模式，即劳动争议具有不同于一般民事争议和民事劳动争议的特色程序。

"二分法"模式是指劳动争议分别由劳动法和民法调整，适用不同的处理程序，即民事劳动争议与劳动法意义上的狭义劳动争议分开调整，前者属于民法调整的范畴，后者则为劳动法的范畴。前者主要包括劳务关系及争议、雇佣关系及争议等非典型或非标准劳动关系及争议，后者为典型或标准劳动关系及争议；前者实行"或裁或审"模式，后者实行"先裁后审"模式即仲裁为前置性的必经程序，仲裁后才能进入司法之诉讼程序，有些劳动争议还实行"一裁终局"；前者处理机构为司法机关即人民法院，后者为行政机关即专门的劳动（人事）争议仲裁院（少数仍然是原来的劳动仲裁委员会）。

我国独特的劳动争议处理"二分法"及其劳动争议"先裁后审"模式，一直遭到学界和实践界的诟病，但是，立法者也一直不为所动，仍然坚持不改，这也说明了"二分法"模式之存在合理性和优越性，并在争议处理机构上进行了改革，即全面设立了专门的劳动争议仲裁机构即各级劳动人事仲裁院（少数仍然为劳动争议仲裁委员会），该模式最大的优点是可以分流劳动争议，减少"诉累"，极大减轻了法院的负担，也有利于保障与救济劳动者的权益，还可以减少劳动者维权的成本，因为劳动仲裁免收仲裁费；其不利面也一直遭到长期诟病，成为了反对该模式的因由，主要缺陷是争议类型难以界分，程序烦琐，仲裁与诉讼难以有效对接，剥夺了劳动者的选择权，增加了维权成本，不利于保障与积极劳动者的权益，仲裁与诉讼时效

也常常成为了争议处理的障碍等。笔者也是一直反对"二分法"模式，但是，我们也不能不顾现实，在现行制度没有改变的前提下，我们只能适应，劳动争议处理也仍然不得不这样。我国目前实习争议更加复杂，实习关系及其争议都还一直没有定型化和法定性，实习关系及其争议（含学徒和见习关系及其争议）都还没有纳入法制的轨道。因此，实习争议是否可以纳入劳动争议的范畴，而适用"二分法"和"先裁后审"模式，都还是具有较大争论而难以确定的问题。

实习争议处理如果法定类型化为狭义的劳动争议，则只能按照此模式处理，否则就不具有合法性与正当性。

笔者认为，在我国目前的现状下，实习争议之法定类型化仍然只能将其划归为劳动争议，即便是出台《实习法》或《实习促进法》，也应当明确规定实习争议处理的程序法规范，并将实习争议界定为劳动争议或者是特殊的劳动争议。这样也才符合现实现状，也更具有可操作性，也能够更有效地保障与救济实习学生的合法权益。

我国目前实习争议处理之最大障碍是：第一，思想观念上，聚焦严重不足，实习关系及其争议都还没有引起社会的重视和特别关注，学界和实务界也基本上都是漠不关心。第二，制度设计上，边缘化特别严重，实习争议严重缺乏定型化和法定类型化，即实习争议还不是值得法律制度特别关注的争议类型，更勿论将其类归劳动争议之范畴。第三，司法实践中，有的实习争议按照一般的民事争议处理，有的按照教育行政争议处理，有的按照劳动争议处理，总之，将实习争议纳入劳动争议的范畴还非常难以达成共识。

笔者认为，在将实习争议纳入劳动争议调解时，应当特别注意将学徒争议有机整合进来。

学徒关系及争议是否应当与实习关系及争议相关联，即是否应当将学徒关系及争议纳入实习的范畴，此实则是实习类型化问题，由于我国目前实习和学徒都还没有立法，加上学界的研究也非常薄弱，二者之类型法定化也就无从谈起，笔者认为，无论是理论研究还是立法，都应当将学徒作为实习的一种，即实习应当包括学徒，或者说学徒是实习类型化之一；今后的立法也应当将二者同时纳入其中，即实行实习关系与学徒关系之合并立法，其优点是既可以节约立法成本，又能够同时将实习关系与学徒关系纳入法制的轨道，还可以有力彰示国家对职业技术教育与构建现代学徒制度的重视；二者合并立法，还能够实现普通高等教育与职业技术教育的共同发展目标，并能够有效保障与救济普通高等教育学生与职业技术教育学生的平等受教育权和平等实习权；二者合并立法，还可以克服我国职业教育或培训之立法空白，因为无论是实习还是学徒或见习，都与职业教育或培训直接关联，而我国目前还缺乏职业培训法，实习争议处理也可以与职业教育或培训之争议进行整合，为我国职业教育发展保驾护航。

将学徒关系及其争议纳入劳动法的调整范畴，域外已有成功的经验可以借鉴。法国劳动法之《法国劳动法典》第一卷第一编就是"学徒合同"制度，将学徒合同放在劳动合同之前，第五编的"罚则"首先也是"学徒合同"。其第 L117－1 条首先明确规定了学徒合同之劳动合同的性质："学徒合同是一种特殊类型的劳动合同。"① 第 L117B－1 条明确界定了学徒的定义："学徒是指有特殊类型劳动合同、正在接受初级职业轮训的青年劳动者。学徒享有适用全体受薪雇员的法律规定的权益。"② 可见，学徒就是劳动者之一，与一般劳动者一样享有各项劳动权益；学徒合同也是劳动合同之一种，只不过学徒合同不仅与教育教学密切关联，还与职业培训密切相关。

《俄罗斯劳动法典》将学徒作为职业培训或再培训的范畴，其第九编"员工的职业培训再培训和技能提高"第 33 章专门规定了"学徒合同"。其第 198 条明确规定了学徒合同的定义及法律属性："学徒合同是劳动合同的补充合同"③；第 205 条明确规定："学徒适用劳动法"，"学生适用劳动法，其中包括劳动保护法"④。

学徒与实习是否享有劳动报酬权，一直都是实习争议和学徒争议中的重要而未解难题。俄罗斯的立法非常明确，也值得我国借鉴。

《俄罗斯劳动法典》第 204 条特别规定了学徒的劳动报酬问题："学徒期间向学徒支付助学金，其数额由学徒合同规定，并根据所取得的职业专业技能确定，但不得低于联邦法规定的最低劳动报酬。"⑤ 该条还具体规定"学徒在实习课上所完成的工作，按确定完成的工作量计件付酬"，此立法表明了学徒实习时也享有获得相应劳动报酬的权利，同时，该规定也为解决实习争议和学徒争议之有的劳动报酬争议提供了直接的法律依据，既具有立法明确性，也具有可操作性，并且非常明确地将实习与学徒有机整合在一起了，借鉴价值更加突出。

意大利明确规定"学徒合同是一种特殊的劳动合同"。⑥ 意大利 2003 年的第 30 号法案第 47 条还以年龄为标准，规定了 3 种法定学徒类型：第一，学徒的目的在于

① 罗结珍译：《法国劳动法典》，国际文化出版公司 1996 年版，第 6 页。
② 罗结珍译：《法国劳动法典》，国际文化出版公司 1996 年版，第 12 页。
③ 《俄罗斯联邦劳动法典》第 198 条。参见蒋璐宇译：《俄罗斯联邦劳动法典》，北京大学出版社 2009 年版，第 117 页。
④ 《俄罗斯联邦劳动法典》第 205 条。参见蒋璐宇译：《俄罗斯联邦劳动法典》，北京大学出版社 2009 年版，第 119 页。
⑤ 《俄罗斯联邦劳动法典》第 204 条。参见蒋璐宇译：《俄罗斯联邦劳动法典》，北京大学出版社 2009 年版，第 119 页。
⑥ ［意］T. 特雷乌著，刘艺工、刘吉明译：《意大利劳动法与劳资关系》，商务印书馆 2012 年版，第 49 页。

与学校教育中的相关权利和义务相一致，根据职业资格的要求，15 岁以上的青年可以接受职业培训，期限最长为 3 年；第二种类型的学徒为超过学龄的青年工人，年龄是 18 岁（特殊情况为 17 岁）到 29 岁，其目的在于获得具体的职业技能和职业资格，期限为 2~5 年；第三种学徒类型是愿意获得正规学历的年龄在 18~29 岁的青年工人。[①] 同时，意大利还规定了实习的有关规定，实习也可以得到工资，但是比正式工人要少，工资由集团谈判确定，雇主有义务付给实习生的报酬。[②] 这为解决实习争议之劳动报酬争议提供了明确规范，也再次说明学徒的职业教育或培训属性，也再次佐证了学徒合同之劳动合同属性。意大利之立法也同其他国家一样，充分表明学徒关系与实习关系都可以用劳动关系这一"主线"有机整合起来，也说明学徒争议与实习争议也可以并入劳动争议之范畴。

实习争议和学徒争议中有关社会保险特别是工伤保险问题之争议，一直是非常棘手的难题。整合实习争议和学徒争议，也绕不开此类问题。处理此类争议，我国也同样可以参鉴法国的经验。

《法国劳动法典》第 L117B-7 条特别明确规定了学徒之社会保险问题：学徒在培训中心学习期间，"自然享有作为受薪雇员可以享有的有关工伤事故和职业性疾病的社会保险立法规定的待遇"[③]。此规定完全可以作为学徒之社会保险争议处理的法律依据，其"定分止争"功能值得我国借鉴。

（四）以非诉讼程序为原则，新建实习争议之调解为主机制

除了公诉案件之争议外，一般争议的处理原则都是首先进行协商和调解，尽量避免进入司法程序，以免增加处理成本和烦琐程序。劳动争议常常分为个体劳动争议和集体（团体）劳动争议两大基本类别，个体劳动争议处理首先就是协商，再是调解、仲裁，最后才是司法程序之诉讼，协商和调解虽然都不是强制性的前置程序，但是，它们是化解矛盾解决纠纷最为常用和最为普遍的手段，是构建和谐劳动关系不可或缺的基本路径。

前文已经论述过域外许多国家或地区，都将实习关系和学徒关系及其争议纳入了劳动法的范畴，依此逻辑推理，实习争议包括学徒争议和见习争议也应当遵循劳动争议之一般处理规则，首先是协商和调解程序；其次是劳动者仲裁，仲裁在我国是必经性前置程序，最后才是诉讼，有的劳动争议如金额不大的争议是"一裁终

---

① ［意］T. 特雷乌著，刘艺工、刘吉明译：《意大利劳动法与劳资关系》，商务印书馆 2012 年版，第 50~51 页。
② ［意］T. 特雷乌著，刘艺工、刘吉明译：《意大利劳动法与劳资关系》，商务印书馆 2012 年版，第 50 页。
③ 罗结珍译：《法国劳动法典》，国际文化出版公司 1996 年版，第 13 页。

局"而不得进行诉讼。

笔者认为，实习争议处理程序除了遵循劳动争议处理基本原则外，还应当结合实习争议自身的特色，新创设计实习争议之具体处理规则和运行程序，不能"一刀切"式完全照搬劳动争议处理程序，其中对劳动争议处理制度中的不足和缺陷更是应当修正。

笔者认为，实习争议处理制度之创新，主要具象是：第一，将协商与调解合并为一个程序；第二，确立以非诉讼程序为原则；第三，新塑以调解为主导性和前置性程序；第四，纳入集体争议处理的范畴；第五，拓展三方机制为多方机制。

1. 将协商与调解合并为一个程序

在劳动争议处理制度中，笔者曾经阐述过协商与调解不能作为两个程序，应当合并为一个程序。

笔者曾经发文认为，协商与调解不能分离成为二个程序，协调更不应当成为解决劳动争议即使是集体劳动争议的一个程序。协商不应当成为一个独立的程序，协商应当包括在调解程序之中，我国立法应当将协商、调解与协调三者合并，统一为调解程序，其主要理由是：第一，协商、调解程序分离不符合基本法理，任何争议的处理都不能摒弃协商，协商是法治社会基本价值追求之一，协商也是法治社会之契约精神的重要表象之一。第二，单列协商程序的实际操作性较差。我国劳动争议处理的立法虽然规定了有关三方机制的原则，但是并没有明确规定协商的具体操作程序，更没有规定协商是否应当有第三方加入，也没有规定协商程序中是否需要特定的主持人。第三，单列协商程序增加和延长了劳动争议处理时间，违背了劳动争议处理"及时处理"的原则。第四，协商与调解的分离非常容易误导协商程序之可有可无。第五，集体劳动争议所谓"协调"处理程序缺陷巨大，将协调与协商并列，从语境上也看不合逻辑。①

因为协商和调解都属于解决纠纷的非诉讼程序，都属于当事人之协商谈判，本质上属于"私了"性质，"私了"不能违反法律和公序良俗原则，基于协商与调解之共同属性，完全可以合并为一个程序，只不过协商一般是指纠纷当事人之直接协商谈判，而调解还需要第三方介入，如劳动争议调解机构的介入，但是，调解也必须是争议当事人之协商谈判，只不过多了另外第三方作为"召集人"和调解人，调解的过程仍然是当事人双方之协商谈判并达成一致意见，即协商也是调解中不可或缺的基本方法或手段。

---

① 问清泓：《劳动争议"小调解"制度重塑路径新探》，载《武汉科技大学学报》（社会科学版）2019 年第 3 期。

从协商与调解的关系上看，调解就是协商而不能直接干预，协商也需要第三人的调解才更有效，二者完全不可分离，更不宜列为两种不同的处理程序，完全应当合二为一。

从调解与"三方机制"的关系上看，调解程序与劳动争议处理之"三方机制"具有很大的重复性，既然劳动争议处理中必须有"三方机制"，那么劳动争议处理中就必然有第三方介入，而调解也是必须有第三方的介入，这样势必造成第三方之重复，也即调解程序中的第三方显得多余，故而应当简化，从而使得调解与协商都无须再增加新的第三方，因此，从"三方机制"的角度，协商与调解也应当合并为一个程序。

2. 确立以非诉讼程序为原则

非诉讼程序又称为非诉讼纠纷解决机制，是对诉讼以外的其他各种纠纷解决方式、程序或制度的总称，目前世界上一般用英文 ADR 即替代性纠纷解决方式（或机制）来表述这一概念。①

争议处理之协商、调解和裁决等是非诉讼程序的基本方式，协商调解的效果和程序优势都得到了社会的广泛认同，协商调解既有利于快捷、经济、平和地处理各类纠纷，又可以维系社会关系的和谐稳定，还可以有效缓解由于法律缺失与滞后而影响处理结果的缺陷，非诉讼程序更能达到圆满解决纠纷的良好社会效果。②

非诉讼程序解决劳动争议具有许多好处，更符合中华民族传统文化和为贵之精神，也是社会劳动关系和谐的重要手段之一；而诉讼只是不得已的最后手段，其成本较高，程序复杂，时间较长，并非解决劳动争议的最佳手段。实习争议既涉及实习学生的利益，也涉及实习派遣学校和实习单位之多方利益，更需要这三方关系的和谐，因此，非诉讼程序应当成为实习争议处理的基本原则。另外，基于实习争议一方主体为学生，实习学生属于弱者群体，争议处理实行非诉讼程序，对他们也是更为有利，因为诉讼程序既浪费时间，又需要金钱，还要投入大量精力，并不有利于实习学生，学生们还需要将有限的时间投入到毕业和就业中去，根本没有时间和精力来打官司，故此，非诉讼程序解决实习争议也是实习学生之最佳选择。概览之，从实习派遣学校、实习单位和实习学生之三方考量，非诉讼程序都是处理实习争议的上佳选择。

3. 新塑以调解为主导性和前置性程序

笔者曾经发文阐述了我国劳动争议特别是集体劳动争议处理制度应当"新设前置程序，强化调解原则"。我国劳动争议（含集体劳动争议）的处理，应当让调解

①② 范愉：《中国非诉讼程序法的理念、特点和发展前景》，载《河北学刊》2013 年第 5 期。

成为解决劳动争议的主要程序，即便是劳动争议不得不进入仲裁或诉讼程序，其中仍然要坚持和坚守以"调解为主、裁审为辅"的原则，特别是集体劳动争议的调处更应当"重调解轻裁审"。笔者认为，我国劳动争议调解应当将调解之自愿程序改为必经性前置程序，这可能是我国有关劳动争议特别是集体劳动争议或群体劳动争议的理论研究中最具有挑战性的创新观点，笔者一直认为其具有可行性和必要性。我国劳动争议调解程序因为没有法律强制力而可有可无，这就使得国家劳动法律和劳动政策一贯倡导的"着重调解"和"调解为主"的原则常常为"休眠"原则，实现劳动争议调解之前置性强制程序将是破解这一困局的有效手段之一。[1]

劳动争议之调解优先原则已经是域外许多国家或地区劳动法成熟与发达之重要标志之一，其为我国实施"调解为主、裁审为辅"原则提供了理论依据和范例。

俄罗斯法律对个别劳动争议并没有规定调解为必经程序，但是对集体劳动争议却明确规定了调解是必经程序，该立法值得我们思量和借鉴。[2]《俄罗斯联邦劳动法典》第401条第3款明确规定：调解委员会的调解是必经程序[3]；其第4款还明确规定：集体劳动争议的任何一方都无权回避参加调解程序。[4] 第402条还明确规定"在调解委员会未能达成一致的情况下，集体劳动争议的双方即可就邀请调停人和（或）建立劳动仲裁庭进行协商。"[5] 第403条还规定"如果在3个工作日内集体劳动争议双方对调停人候选人未达成一致意见，则他们即可对建立劳动仲裁庭进行协商"。[6] 第403条第2款规定"自调解委员会或调停人结束审理集体劳动争议之日起3个工作日内，由集体劳动争议双方和调解集体劳动争议的有关国家机关建立劳动仲裁庭。"[7]这些立法规范都表明，在俄罗斯集体劳动争议之调解是劳动仲裁的前置程序，只有在调解之后而对调解结果不服的情况下，才能进行劳动仲裁程序。[8]

德国《劳动法院法》和劳动法院之实践确立了"调解的优先地位"。劳动法院程序的最大优势和目的是心平气和的合意优先于对抗性的争议判决（调解而不是判决）。合意的思想在调解这一关键词下，已超越法律救济途径而成为一般的财富。[9]

① ② 问清泓：《劳动争议"小调解"制度重塑路径新探》，载《武汉科技大学学报》（社会科学版）2019年第3期。
③ 《俄罗斯联邦劳动法典》第401条。参见蒋璐宇译：《俄罗斯联邦劳动法典》，北京大学出版社2009年版，第215页。
④ 《俄罗斯联邦劳动法典》第401条。参见蒋璐宇译：《俄罗斯联邦劳动法典》，北京大学出版社2009年版，第216页。
⑤ ⑦ 蒋璐宇译：《俄罗斯联邦劳动法典》，北京大学出版社2009年版，第216~217页。
⑥ 蒋璐宇译：《俄罗斯联邦劳动法典》，北京大学出版社2009年版，第217页。
⑧ 问清泓：《劳动争议"小调解"制度重塑路径新探》，载《武汉科技大学学报》（社会科学版）2019年第3期。
⑨ Volker Rieble, Arbeitsrechtfpflege unter Modernit? tserwartung. in：Zukunft der Arbeitsgerichtsbarkeit, Munchen：ZAAR Verlag,（2005），P. 22. 转引自沈建峰：《德国劳动法院的历史、体制及其启示》，载《中国劳动类系学院学报》2015年第6期。

在劳动争议处理上，德国劳动法院始终将善意谈判和协商解决作为纠纷解决的重要思路，善意谈判已经被《劳动法院法》确立为调解的优先地位。① 我国虽然还没有建立劳动法院，但是，德国《劳动法院法》和劳动法院所确立了"调解优先"，仍然具有重要价值。

法国非常重视集体劳动争议的调解，集体争议处理的程序和机构与个人劳动争议处理不同，集体劳动争议的处理机构是地区或全国调解委员会，调解委员会除了有雇主组织和雇员组织人数相等的代表外，还有公共权力机关 1/3 的代表参加。一般情况下，集体劳动争议应当经过调解程序。② 法国之强制性集体劳动争议调解程序，特别强调加强和完善基层劳动争议调解委员会和各级劳动行政部门在实施强制性争议调解中的作用，以最大限度地化解劳资纠纷，疏导和预防集体劳动争议行为。

意大利对集体劳动争议的处理，通常是以和解方式解决。"大多数国家集体协议中规定的和解程序在处理大多数冲突中通常是有效的。""作为解决权利争议的一种方式，仲裁虽然得到法律的认可和规范，但几乎不可能在集体协议中有规定并且被当事人使用。"③ "为了解决权利争议和利益冲突，公共和解和调解起了重要作用，即更新了集体协商。"④ 可见，意大利劳动法也是非常重视劳动争议调解的，其本国劳动法专家也是对其劳动争议调解机关和调解中的问题进行了批判，并提出了改进建议："要使意大利的劳动关系制度现代化，一个有效的调解机构是其中最重要的因素之一。"⑤

英国的劳动争议处理机制非常完备，主要包括雇主内部的协商机制、雇主外部的调解、仲裁程序、专门的劳动法庭、劳动上诉法庭和普通法院的审理程序，劳动争议处理程序完备、运作高效，在发达国家中颇具典型意义。⑥ 英国有关劳动争议调解最大的特色是设立了非常独立的劳动争议调解机构——咨询、调解与仲裁服务局即 ACAS。它是对集体谈判予以法律支持的"社会合同"系列举措的核心内容，其职责是优化劳资关系，并取代雇佣委员会行使调解、仲裁和协商的职责。其最初的职权范围包括对集体谈判机制的扩展、发展和必要的改革。⑦ 英国的 ACAS 有三大特征：一是重视自愿解纷的价值，在介入个人或集体纠纷前必须尊重当事人使用自愿解纷的愿望；二是该机构独立于政府；三是持续性的三方机制。⑧ 通过 ACAS

① 沈建峰：《德国劳动法院的历史、体制及其启示》，载《中国劳动类系学院学报》2015 年第 6 期。
② 潘泰萍：《集体劳动争议调解制度构建中存在的问题及对策建议》，载《科技情报开发与经济》2011 年第 2 期。
③ ［意］T. 特雷乌著，刘艺工、刘吉明译：《意大利劳动法与劳资关系》，商务印书馆 2012 年版，第 257 页。
④⑤ ［意］T. 特雷乌著，刘艺工、刘吉明译：《意大利劳动法与劳资关系》，商务印书馆 2012 年版，第 258 页。
⑥ 谢增毅：《劳动法的比较与反思》，社会科学文献出版社 2011 年版，第 202 ~ 203 页。
⑦ ［英］史蒂芬·哈迪著，陈融译：《英国劳动法与劳资关系》，商务印书馆 2012 年版，第 55 页。
⑧ ［英］史蒂芬·哈迪著，陈融译：《英国劳动法与劳资关系》，商务印书馆 2012 年版，第 56 页。

的调解程序，超过 70% 的案件在进入劳动法庭审判程序之前都解决了。值得特别关注的是，在个人争议中，ACAS 如果调解成功，双方达成和解协议的，和解协议具有法律约束力，如果一方当事人不履行和解协议的，另一方当事人可以请求法院执行协议的内容。这样一方面确保了调解的权威性，又有利于争议的及时解决。① 英国之个人劳动争议调解的这一特色，笔者将之概括为"调解自愿，但调解协议具有强制力"。这也是我国在重塑劳动争议调解制度时，可以借鉴的地方，因为，我国目前的劳动争议的调解虽然与英国一样都是属于自愿的，调解还不属于带有强制性的前置程序，但是，我国调解之效力就没有像英国那样具有法律拘束力，使得我国目前的劳动争议之调解根本不具备权威性，更难以实现及时处理和化解劳动争议的价值追求。英国 ACAS 除了参与个人劳动争议的调解外，还参与集体劳动争议的调解。近年来，大约90% 的案件最终都是以和解方式解决。② 英国的劳动争议处理实践表明"协商和调解特别是调解成为解决纠纷的主要方式"③，这说明调解即使是自愿程序，也要确立调解协议的强制拘束力。

英国劳动争议解决机制的最大特点在于在法院的诉讼程序之外建立了复杂而完备的劳动争议处理程序，其目标就是通过协商和调解等非正式程序，公正地解决劳动争议。④ 英国调解制度及其调解功能的有效实现，值得我国借鉴，当然其基本前提是需要建立一个非常权威而独立的调解机构，而不是像我国目前的调解机构之设置；同时还需要赋予调解协议的法律强制力，即使将调解规定为自愿行为也是如此，这恰恰是我国现行劳动争议调解制度所欠缺的地方。因此，在借鉴英国调解的成功经验时，如果不改变调解的自愿和非强制前置程序，就必须由法律赋予调解协议的法律强制力，否则，调解就会徒劳无益，调解之价值和功能也难以体现。

日本也是尽量鼓励劳动争议当事人首先利用调解解决纠纷，并且提供了一些能够诱导当事人选择调解的激励机制。例如，申请调解需要缴纳申请费，但这笔费用与起诉时缴纳的诉讼费相比，前者大约只有后者的一半。如果当事人在两周内又起诉的，已经缴纳的申请费可以折抵诉讼费。日本还在民事调解中适当引入了强制性因素，即在由一方当事人向法院申请进行调解而开始的程序中，即使另一方当事人并不情愿，法院也可以强制其进入调解程序。⑤ 日本劳动争议调解之激励机制、自愿性与强制性相结合的做法，都可以有效发挥调解的功能。

韩国劳动争议分为个体争议与集体争议，一个集体争议被公开之后，必须首先

---

① 谢增毅：《劳动法的比较与反思》，社会科学文献出版社 2011 年版，第 206～207 页。
② 谢增毅：《劳动法的比较与反思》，社会科学文献出版社 2011 年版，第 207 页。
③ 谢增毅：《劳动法的比较与反思》，社会科学文献出版社 2011 年版，第 208 页。
④ 谢增毅：《劳动法的比较与反思》，社会科学文献出版社 2011 年版，第 209 页。
⑤ 章武生：《论我国大调解机制的构建——兼析大调解与 ADR 的关系》，载《法商研究》2007 年第 6 期。

提交调解程序，且调解是强制的。"在韩国，无论是个体争议还是集体争议，均归入劳动关系委员会的授权范围。"① 韩国《工会与劳动关系调整法》规定：劳动争议各方中的一方被依法要求提出调解申请。在调解期限内（私营部门为 10 天，公共服务部门为 15 天），产业行动是被禁止的。韩国的调解机构是劳动关系委员会，劳动关系委员会由工会、雇主与政府代表组成。在调解申请书提出后，劳动关系委员会主席任命一个调解委员会，从秘书处指定一名调解员来处理这个案件。

韩国集体劳动争议调解主要特色是：第一，调解是强制的程序；第二，将调解分为"公共调解"与"私人调解"两种类别。"公共调解"就是指由劳动关系委员会进行的调解；"私人调解"是指发生在劳动关系委员会之外的调解。如果各方同意，或者倘若一份协议预先订立了而如今受到质疑，工会与雇主可以请求劳动关系委员会之外的一个第三方来主持调解过程，其与"公共调解"具有同等的效力。② 在韩国，集体劳动争议也会可以进行仲裁，但是条件是争议双方均需申请仲裁，或倘若集体协议明确要求仲裁。③ 任何对全国劳动关系委员会最终裁定的异议，均可以上诉法院，以及随后诉诸最高法院。

我国香港将调解作为一部分劳动争议案件仲裁的前置程序，并且仲裁也是案件提交到法院的前置程序。④ 我国香港地区法律规定，凡到小额仲裁处申诉的案件，必须经过劳动关系科的调解，未经调解的不予受理。⑤ 我国香港的劳动争议处理机制的目的是尽量使案件通过法院之外的程序解决，促进了案件的及时解决。⑥

综上，劳动争议处理无论是个体劳动争议，还是集体劳动争议，普遍实施"调解为主、裁审为辅"原则，并且还可以将调解作为仲裁与诉讼之前置性程序，具有相当的可行性。那么回到实习争议上来，如果将实习争议类型化为劳动争议，则就应当遵循劳动争议处理的基本规则，相应地也应当以调解为主，并且将调解作为前置性必经程序。实习争议处理以调解为主，除了上面的逻辑必然性外，还有一个重要因由是：实习争议之调解更符合实习关系的特征。实习关系主要涉及三方主体，即实习派遣学校、实习单位和实习学生，实习争议往往发生在实习单位与实习学生之间，而实习派遣学校正好可以作为争议发生后协商调解之直接的"居间人"，其居间调解是顺理成章之事，无须另外寻找调解人；另外，从争议处理效果上看，实

① ［韩］尹英模：《韩国的劳动争议与争议解决机制》，引自［德］鲁道夫·特劳普－梅茨、张俊华编：《劳动关系比较研究：中国、韩国、德国/欧洲》，中国社会科学出版社 2010 年版，第 83 页。
② ［韩］尹英模：《韩国的劳动争议与争议解决机制》，引自［德］鲁道夫·特劳普－梅茨、张俊华编：《劳动关系比较研究：中国、韩国、德国/欧洲》，中国社会科学出版社 2010 年版，第 84 页。
③⑥ 问清泓：《劳动争议"小调解"制度重塑路径新探》，载《武汉科技大学学报》（社会科学版）2019 年第 3 期。
④ 谢增毅：《劳动法的比较与反思》，社会科学文献出版社 2011 年版，第 212 页。
⑤ 香港《小额薪酬索偿仲裁处条例》第十四条。

习派遣学校作为直接调解人，比从社会上另请调解人的效果要好许多，因为，实习派遣学校与实习单位之间的关系一般都是非常好的，否则，二者的合作根本是不可能的，即实习活动本身就是基于二者之良好的关系而进行的，这更是实习争议处理之良好的基础；实习派遣学校与实习学生的关系也是非常融洽的，学校也是学生的"家长"，将实习派遣学校作为居间调解人，无论是实习单位还是实习学生都是非常乐意接受的，调解协商的结果也会得到争议双方当事人的接受并执行。因此，实习争议处理之调解程序（含协商）更加符合争议双方当事人的意愿，也更加具有实际效果和执行力，调解应当成为实习争议处理的基本原则，并应当成为实习争议处理中的强制性前置程序，即调解应当成为仲裁或诉讼的前置程序，即使是实习争议还不能够法定类型化为劳动争议，也并不妨碍调解之原则的施行。当然，将实习争议法定类型化为劳动争议更加有利于争议之处理，也更加符合法治社会之精神。

4. 将实习争议纳入集体争议的范畴

按照劳动法的一般原理，劳动争议可以分为个体劳动争议和集体劳动争议两大基本类别，集体劳动争议处理以集体协商谈判为基础，更能够有效保障与救济劳动者的权益，集体的力量远远大于个人，并且从集体劳动争议处理程序上看，调解更加有力和有效，前文所述的域外经验也表明了调解之重要价值和功能。

将实习争议纳入集体协商谈判的范畴，对解决实习中属于普遍性的问题，例如实习报酬、实习加班费、实习社会保险等争议，更应当视为集体劳动争议，由实习派遣学校与实习单位进行集体协商谈判，以到达争议解决的目的，并能够有效均衡实习单位与实习学生的利益。

从立法上看，将实习争议纳入集体劳动争议的范畴具有较大的可行性，因为我国实习立法与集体劳动法一样，都还没有出台，将二者一并纳入法律制度，可以最大限度地节约立法资源。也可以是谁先立法，谁先设置实习争议之集体劳动争议处理规则；可以不是同时规范，但是，二者一个都不能"缺席"。另外，还应当将学徒争议和见习争议一并纳入集体劳动争议的范畴，共同构建起实习争议处理之集体协商谈判制度。

5. 拓展三方机制为多方机制

三方机制是劳动法和劳动争议处理的一项基本制度，是和谐劳动关系的重要保障，其三方为政府部门、用人单位、和工会组织，其中工会组织为劳动者之"代言人"。三方机制的价值和作用无须赘言，关键是实习关系是否也应当纳入其中？如果可以纳入，又将如何建立实习关系及实习争议处理之三方机制？

第一，关于实习关系及实习争议是否应当纳入三方机制的问题。如果实习关系及争议属于劳动关系及争议的范畴，那么将其纳入三方机制，就不会有任何问题，但是，问题恰恰就在实习关系及争议是否属于劳动关系及争议上，此问题的争论以及实习法律制度之缺失，加剧了不确定性。笔者认为，实习关系及实习争议应当纳入劳动关系及争议的范畴，进而，实行三方机制应当没有异议；即便是不能将实习关系及争议纳入劳动关系及争议的范畴，在实习争议中"借用"三方机制也是可行的和必要的。实习活动中，实习学生之弱势群体地位明显，实习争议也多发生于实习单位与实习学生之间，三方机制更有利于保障与救济实习学生的权益，对实习单位也有好处，因此，实习争议处理中借用三方机制可以实现各方多赢。

第二，关于如何建立实习争议处理之三方机制问题。笔者认为，实习争议处理中"借用"三方机制，应当拓展"三方"为"多方"，因为实习关系涉及多方主体，特别应当将实习派遣学校作为争议处理之一方，具体方案可以是：将实习派遣学校之工会组织作为学校的代表；也可以直接将学校实习委员会作为代表一方，这需要实习派遣学校成立特别的实习管理机构——实习委员会，没有实习委员会的可以派遣学校申诉委员会参加，因为学校一般都有申诉委员会；如果实习争议发生在实习学生与实习派遣学校之间，则可以将实习派遣学校之教育主管部门作为新的一方，参与实习争议处理，具体是如果实习派遣学校属于部属院校，则由教育部派代表参与，如果实习派遣学校属于省市，则由省市教育厅局参与。实习争议处理之多方机制，还可以考虑将非政府组织即 NGO 列为一方，但是，非政府组织必须是依法成立的组织。

二、派遣学校层面

实习派遣学校层面构建实习争议处理制度，主要内容有：第一，将实习争议处理纳入大学治理的范畴；第二，将实习争议与学校申诉制度结合起来；第三，新建实习争议处理机构即实习委员会；第四，依托大学城构建争议处理之联动机制；第五，试行网络远程实习减少争议发生概率。

（一）将实习争议处理纳入大学治理的范畴

现代大学制度之构建是大学治理的制度基础，大学制度主要是教学制度即人才培养制度，而实习活动则是教学的重要实践环节，也是事关培训人才和接班人的大事，因此，大学的实习制度及实习争议处理制度都应当成为大学不可或缺的基本制度之一。

我国高等教育普遍存在着一个突出问题，就是没有真正体现"以育人为本"的根本宗旨，而常常为了追求某些功利目标。许多高校以学术或科研为导向，偏离了教育作为培养人之社会本质，我国现行大学制度构建中人文缺失现象严重。[①]

现代大学人文精神就是坚持以人为本，以人为本也是一流大学的重要表象。以人为本是教育最基本与最高的价值目标和追求。从大学制度建设上看，世界一流大学普遍都秉持"以人为本"的教育理念，都重视对师生的权益保护和行为规范，通过制度建设尊重和保障人权，关注弱势群体。世界一流大学大多具有相对完善的人性化制度，并在制度建设中充分体现人道主义精神。[②] 学生是教育的主体，学校制度更加应当关注这些弱势群体的权益，以体现人道主义精神，而实习争议处理制度事关实习学生的权益保障与救济，实习争议发生后，是最需要"雪中送炭"的人文关怀时期，实习争议处理是否得当，更是大学尊重和保障学生人权的"晴雨表"，因此，我国目前大学之"双一流"建设不能缺少实习制度及实习保险处理制度。

在新时代，现代大学制度构建必须充分体现人文精神，现代大学精神不能缺少人文精神。人文精神作为现代教育的基本逻辑起点，应当从公平、权利、潜能、主体性、可持续等人文价值上，深刻彰显教育的人文性。[③]实习活动是大学生踏入社会的第一步，也是大学生亲身感受社会以及公平和正义的第一步，而实习争议处理更能体现社会公平和正义，更能体现出学校和社会之人文关怀，更关系到大学生未来可持续发展问题，因此，实习争议处理并非维权之本身，而是关乎大学生对学校和社会之认识和认可的"标尺"，实习争议处理结果之影响应当引起我们的足够重视，不能给大学生留下任何负面阴影，更不能留下心理和生理"伤害"。

中国特色现代大学制度是一个制度体系，但是，这些制度体系中普遍缺乏实习制度包括实习争议处理制度。现代大学制度体系中，根本制度是党委领导下的校长负责制，基本制度包括学术委员会制度、教职工代表大会制度、理事会制度、学生代表大会制度等，重要制度包括决策议事规则、人事管理、财务管理、学生管理、招生管理、合作办学、后勤管理等治校办学的方方面面。[④] 我国目前的大学制度体系中严重缺失实习制度，更遑论实习争议处理制度。现代大学制度体系中不能缺少实习制度及实习争议处理制度，它们应当作为一项独立的基本制度，成为大学治理体系中的重要制度。

我国目前"双一流"建设高校已完成大学章程核准工作，当务之急是设计建设

---

①③　卢晓中：《现代大学制度构建的人文向度》，载《中国高教研究》2020 年第 5 期。

②　张照旭、李玲玲：《世界一流大学制度体系：内涵、特征及启示》，载《国家教育行政学院学报》2020 年第 7 期。

④　邓传淮：《推动中国特色现代大学制度建设》，载《中国高教研究》2020 年第 2 期。

与之配套的内部制度体系，将法治落实于学校治理的各个方面。① 大学章程非常重要，是大学治理之制度体系的"纲领"，但是，我国的大学章程都存在遗漏实习制度，实习制度还没有纳入大学章程的基本范畴，随之与大学章程相配套的制度体系中也将难以提及实习制度。我国的大学章程应当及时修正这一缺陷。

（二）将实习争议与学校申诉制度结合起来

我国高校普遍设有学生申诉制度，并有相关立法明确规定并赋予了学生享有基本的申诉权。如此，使得学生申诉制度成为了我国高校的重要制度之一，对依法依规治校、维护学校秩序和保障学生权益等都具有重要价值。

高校学生申诉制度，指高校学生在接受高等教育的过程中，对学校给予自己的处理决定不服，或认为学校和教师的行为侵犯了其合法权益时，请求有关申诉受理部门改变、重做或采取其他措施维护其受侵害权益的一种行政救济方式。② 高等学校的大学生申诉是指大学生在接受教学管理的过程中，对学校给予的处分或处理不服，或认为学校和教师侵犯了其合法权益而向有关部门或机构提出要求重新审查、审议并作出相应处理决定的制度。③ 从这些对学校申诉制度的界定可以看出，现行校内诉讼制度的对象是学校或教师对学生的处分或处理结果，而与实习争议及处理没有任何关联性，笔者认为，这样界定校内申诉和申诉制度非常不全面，范围太过狭窄。正如有学者指出的那样：应该可以将申诉的受案范围作扩大解释，将学生的校内或者校外的各种违纪行为而对学生所作出的涉及人身权和财产权的各种处分或处理决定都纳入进来。④ 笔者认为，申诉的受案范围还应当不能仅仅限于校内和校外之纪律处分，还应当扩展到校外实习活动。将学校非常重要的教学实践环节之实习完全排除了适用范围，不利于学校制度的健全和完善，既不利于学校管理和治理，更不利于保障与救济学生的实习权益。

我国高校学生申诉制度的制度依据是《教育法》（1995 年颁布，2015 年第二次修正）和教育部颁布的《普通高校学生管理规定》（2005 年颁布，2016 年修正）。《教育法》第四十三条第 4 款明确规定，受教育者享有下列权利："对学校给予的处分不服向有关部门提出申诉，对学校、教师侵犯其人身权、财产权等合法权益，提出申诉或者依法提起诉讼"。教育部《普通高校学生管理规定》第六章第五十九至

① 张照旭、李玲玲：《世界一流大学制度体系：内涵、特征及启示》，载《国家教育行政学院学报》2020 年第 7 期。
② 周叶中、周佑勇：《高等教育行政执法问题研究》，武汉大学出版社 2007 年版，第 295 页。
③ 湛中乐：《高等学校大学生校内申诉制度研究（上）》，载《江苏行政学院学报》2007 年第 5 期。
④ 陆优优：《高校学生申诉制度的现状与创新路径——以新修订的〈普通高等学校学生管理规定〉为视角》，载《思想理论教育》2018 年第 1 期。

六十五条详细规定了"学生申诉"的重要内容和程序，可谓是高校学生申诉制度构建的统一规范，为各个高校提供了具有较强操作性的制度示例。依照上述法律法规，校内申诉的对象或者说是申诉前提与条件只能是"对学校给予的处分不服"，而实习争议的产生与处理往往是实习学生与实习单位之间的纠纷，与学校一般并无直接关系，当然也有极少数实习争议是与学校有关的，也不能完全排除学校因实习而给予学生处分的，但是，这些都不属于实习争议的主要形态，因此，可以说我国目前之高校学生申诉及申诉制度基本上与实习及实习争议没有直接的关联性，这样就凸显了学校现行申诉制度之立法的不足，应当及时修正，首先从立法上赋予大学生比较全面的申诉权，将实习争议处理之申诉纳入法制的轨道。

我国目前的高校学生申诉制度还具有相当大的不足。第一，法律规范过于原则，缺乏具体程序，未对校内申诉制度作出实质性规定；第二，受理校内申诉的机构法律责任不明晰，缺乏责任约束，有可能导致权力的滥用，还可能导致消极的不作为；第三，校内申诉与行政申诉、行政诉讼的衔接欠妥，校内申诉制度是重要的救济途径，但能否将其作为行政申诉或者行政复议或行政诉讼的前置程序，理论界与实务界都还存在不同的看法。①

还有学者认为，我国申诉制度存在的问题是：第一，规定较为陈旧，且多年未修订；第二，申诉处理委员会案件受理范围比较狭窄；第三，申诉委员会的定位、具体设置、人员组成等缺乏明确规定。② 还有一个重要缺陷是申诉处理规程不明确，我国大部分高校都没确立申诉处理的具体原则和规则，只有部分高校对学生申诉的审查程序作了具体规定。③

笔者认为，我国目前校内申诉制度除了上面的一些缺陷外，还有一个重要缺陷是没有将实习争议的申诉列入进来，毕竟实习争议也与学生权益密切关联，虽然，实习争议类型主要是与实习单位有关，但是也不能排除有些争议是直接与实习派遣学校和学校教师有关的，话说回来，即便是实习争议与学校无关，但是，学校作为派遣单位，也同样有义务和责任参与实习争议处理，因此，即使实习争议与现行校内申诉制度的对象是学校与教师而不同，也应当纳入学校的申诉制度，概言之，申诉权是学生在学校享有的基本权利，不能因争议不是发生在学生与学校或教师之间而丧失，即实习争议处理之申诉权也应当与其他校内诉讼权一样，实习学生当然可以向学校申诉机构进行申诉。

---

① 湛中乐：《高等学校大学生校内申诉制度研究（上）》，载《江苏行政学院学报》2007 年第 5 期。
② 陆优优：《高校学生申诉制度的现状与创新路径——以新修订的〈普通高等学校学生管理规定〉为视角》，载《思想理论教育》2018 年第 1 期。
③ 李玲玲、蔡三发：《建设支撑一流大学成长的章程制度体系》，载《中国高等教育》2018 年第 17 期。

将实习争议纳入高校校内申诉的范畴，还应当成为我国目前"双一流"大学建设的主要目标之一。

我国高校制度体系建设的实践积累还比较薄弱，在制度文本制定与程序性规定上还亟待规范，对现有大学配套制度进行梳理、清查、补充，推动制度体系化建设是我国高校支撑世界一流大学建设目标的首要工作。世界一流大学制度体系建设实践已经证明，制度体系是大学历史传统、精神理念、办学特色的集合。① 我国建设世界一流大学，需要有非常完备的大学制度体系，而学校实习制度及实习争议处理制度也是其中制度体系中的重要组成部分，但是，我国现行"双一流"大学建设的主要目标中，都缺少了学校实习制度及实习争议处理制度；现有的学校校内申诉制度也具有许多缺陷，难以有效保障与救济学生的权益，更直接排除了学生实习争议处理之申诉权，亟待修正。笔者认为，即使是学校暂时难以出台特别的实习争议处理制度，也应当将实习争议处理纳入学校申诉制度的范畴，让实习学生有一个表达实习诉求的申诉渠道。此法虽然不是长远之计，但是，其可操作性比较强，各个高校都很容易做到，可以达到"立竿见影"之效；在将实习争议处理纳入学校申诉制度时，还可以考虑将校内实习争议处理机构与申诉委员会合并起来，以节约学校资源。

（三）新建实习争议处理机构即实习委员会

我国各大学制度体系治理中，不仅缺少学校实习制度及实习争议处理制度，还有一个极其普遍问题是都缺少专门的实习管理机构，更无单独的实习争议处理机构。我国目前各个大学机构林立，各种科研机构（平台）、实验室占据着绝大部分大学资源，而唯独不见实习管理机构和实习争议处理机构，专门的实习管理机构与人员、实习争议处理机构与人员严重缺失。

笔者认为，各个大学包括普通高校和职业技术院校都应当成立专门的常设性的实习管理机构，并配备专门的人员，其活动经费也应当纳入学校的预算。

比较可行的方案是新设独立的学校"实习委员会"，使之成为与学术委员会、学位委员会、教学指导委员会、招生委员会、职称委员会等平行的专门机构；大学章程中还应当明确实习委员会之基本职能、经费预算、组成人员和办事程序特别是实习争议处理与校内申诉程序等具体事项。

职业技术院校主要的实践环节是学徒活动，尤其是在目前教育部大力推行现代

---

① 张照旭、李玲玲：《世界一流大学制度体系：内涵、特征及启示》，载《国家教育行政学院学报》2020 年第 7 期。

学徒制试点的情形下，为了更好地构建现代学徒制度，更应当借此"东风"而设置专门的管理机构和争议处理机构。职业技术学院可以与普通高校一样新设置实习委员会，也可以设置学徒委员会。不论如何设置，都应当将学徒活动纳入广义实习的范畴，由专门的机构负责管理实习或学徒工作，以及实习争议或学徒争议的处理。

无论是普通高校还是职业技术院校，在设置实习委员会或学徒委员会时，都应当将见习一并纳入其管理范围，即笔者一贯主张之学徒与见习都应当类型化为实习或称为广义的实习。这样，既可以将所有的实习活动包括争议纳入治理的体系，又可以节约学校资源，从而使得学校之实践教学活动都有专门的机构负责，进一步全面提升学校的治理能力，为构建我国现代大学制度和现代学徒制度提供组织和制度保障。各个普通高校和职业技术院校都应当重视实习机构设置的重要意义，及时完成实习委员会或学徒委员会之组织构建和制度建设。

（四）依托大学城构建争议处理之联动机制

我国随着高校之扩招，以及国家大力发展职业技术教育，各省份的大学城已经具有相当大的规模，完成了投资巨大的中国大学扩张，各个大学的硬件得到了前所未有的大发展，中国大学之"大"为世界瞩目，我国高校集约化发展思路也逐渐成型，为中国现代大学"双一流"建设提供了充分的物质基础。我们更应当化弊为利，充分发挥其集约化功能。

高校集约化建设与发展可以让不同高校优势互补、资源互用、成果互享，目前大学城最为成功的经验是大学城的各个大学可以非常便捷地相互选修课程，并相互承认学分，还可以授予第二大学之第二学位，给大学生提供了更多的选择，也极大丰富了不同高校和学生之融合。

除此之外，笔者认为还应当拓展大学城的功能，其中就是依托大学城构建各个高校实习活动之联动机制，特别是构建起实习争议处理之联动机制。

构建各个高校实习争议处理之联动机制，具有多方面的好处。第一，节约资源，充分利用大学城之集约化优势，可以将各高校之实习委员会联合起来，共同治理和处理实习争议，还可以将实习争议处理与学生申诉结合起来，一并实行各个大学之联动；第二，更加公平，由各高校实习委员会联动处理实习争议，可以更加体现公平和正义，能够实实在在地让每一个实习学生都感受到争议处理的公正性；第三，路径更多，可以为争议处理提供新的可供学生自由选择的新路径，特别是对实习学生与实习派遣学校之间发生的争议及申诉，当事学校更应当主动回避，而应当由另外的第三方学校实习委员会负责处理；第四，力量更强，建立实习争议处理联动机制，还可以集中各个不同高校的力量，加强实习争议处理的队伍建设，特别是可以更好地发挥有法学专业院校的法律师资，提升实习争议处理之专业水平，还可以对进入了司法程序之实习争议提供有力的法律援助和其他服务。

构建各个高校实习争议处理之联动机制，应当坚持几个联动处理原则。第一，坚持依法依规处理原则，实习争议处理应当依据法律进行，如劳动法和教育法，还要特别依据未来的《实习法》，还要参照各校的大学章程；第二，坚持方便学生原则，实习争议处理应当尽量方便学生，联动处理争议可以以实习学生所在高校为调处地，另外，可以由联合争议处理机构直接与实习单位协商谈判，而实习学生可以缺席，当然了，只能是学生自愿而不能强制；第三，坚持回避原则，不仅实习派遣学校应当回避，而且还可以听取学生的意见，要求某些争议处理人员回避；第四，及时处理原则，我国劳动法就有一项有关劳动争议应当及时处理的原则，虽然实习争议是否属于劳动争议还存在较大争论，但是，在实习争议处理中实行及时原则，还是可行的，因为，实习争议往往发生在大学生临毕业时段，学生的事情非常多，特别是面临就业的巨大压力，因此，实习争议应当及时处理，以免耽误其他重要事情如就业、毕业、考公务员、考研等。

构建各个高校实习争议处理之联动机制，可以考量实行"换位调解"机制。笔者一贯主张，为了充分发挥我国工会组织之劳动争议调解职能，有效发挥三方机制或多方机制之功能，更加公平和公正地处理劳动争议，可以实行工会组织之"换位调解"新路径。

我国工会制度已经形成了非常稳定的中国范式，在暂时不能对其进行顶层改革设计的大前提下，工会制度仍然具有较大的"可塑性"，比如，在劳动争议调处三方机制中，可以实行"换位调解"。"换位调解"是我国劳动争议调处之改革新举措，笔者的基本构想是：在我国工会现行体制不变的情况下，可以考虑在统一地方总工会或行业工会的领导下，在调处劳动关系时，对其下属工会进行"对调"换位，即由甲单位工会参与乙单位工会的集体协商谈判和劳动争议的调处，而乙单位工会参与丙单位工会的劳动争议调处，以此类推。[①] 实习争议处理之"换位调解"不仅仅指学校工会之间的"换位"即甲学校工会参与乙学校实习争议之调解，还应当包括甲学校之实习争议处理机构（实习委员会或学徒委员会）参与乙学校之调解，以此类推，这样，实习争议之"换位调解"既有学校之间的"换位"，又有工会组织之"换位"；既可以发挥各个学校之联动作用，还可以充分发挥我国工会组织之争议调解职能。

---

① 问清泓：《劳动争议"小调解"制度重塑路径新探》，载《武汉科技大学学报》（社会科学版）2019 年第 3 期。

实行"换位调解"不仅可以改变工会组织社会认可度低的现状，还可以更加取得劳动者的信任并保证调解程序之正当性和公平性，使得工会在参与劳动争议调解中保持独立性和中立性，以便克服我国目前工会"既是裁判员又是运动员"的缺陷，还可以使工会从"单位代言人"变成广大劳动者的"代言人"。① 在实习争议中同样可以使工会组织成为广大实习学生的"代言人"。

如此实习争议处理"换位调解"之联动，在大学城之集中的"地域"和人才优势下，比"跨地域"的"换位调解"更加方便而可行，同时也是化大学城之弊为利的重要路径之一。

高校实习争议处理之联动机制还不能仅仅限于各个高校的"横向"联动，还应当实行与社会之"纵向"联动。"纵向"联动是指各高校实习争议处理机构即实习委员会与社会调解组织、劳动争议调解仲裁机构（劳动人事仲裁院或仲裁委员会）、法院或法庭等进行联动，共同参与实习争议之处理，并让学校真正成为实习学生之"代言人"和代理人，以便更好地维护学生的合法权益。"纵向"联动还可以是大学城各个高校之联合组织与社会机构的联动，如大学城的各个高校可以成立实习争议处理与申诉联盟组织，高校联盟组织再与社会机构进行联动，共同协商解决实习争议，为大学城各个高校实习关系之同治同管、共同发展提供新的依赖路径。

（五）试行网络远程实习减少争议发生概率

笔者在新冠疫情还没有发生时，就撰文认为，为了有效解决我国实习单位难寻之"实习难"问题，可以试行网络远程实习，让实习学生不出校门就可以完成实习活动。在全球新冠疫情大流行时期和后疫情时期，更是应当大力发展网络远程实习，并将其与网络远程教育（线上授课）一样作为最为基本的教学手段，毕竟实习也属于教学环节之一。新冠疫情大流行时期，已经凸显了网络远程实习之重要性和必要性，但是，由于是"仓促应战"，网络远程实习还难以实现，但是，在后疫情时期，我们应当改变传统实习思维方式，创建新的实习模式，其中就应当特别注重网络远程实习，及时试行网络远程实习，其最大好处是既可以克服新冠疫情带来的不能实地实习的弊端，还可以常态化地有效破解"实习难"之实习单位难寻的重大难题，此可谓是新冠疫情给大学实习带来的新挑战，也可以成为高校化"危"为"机"之新路径。

---

① 问清泓：《劳动争议"小调解"制度重塑路径新探》，载《武汉科技大学学报》（社会科学版）2019 年第 3 期。

各个高校应当首先转变观念，积极探寻并及时试行网络远程实习，为网络远程实习提供"硬件"和"软件"支持。网络远程实习"硬件"包括校园网、智慧校园综合机房（控制端）、校内实习（实训）中心、模拟动画实习场所、模拟法庭（流动审判法庭）、智慧实习课堂、机器人实验室等建设，主要是针对不同的专业建设虚拟性的实习场景，集中发挥大学城各个大学的优势，组成不同专业的虚拟"实习联盟"，一个学校负责建设 1～2 个，让大学城的学生共享实习资源。实习"硬件"建设还可以将校企合作单位或实习单位纳入进来，共同建设虚拟性的实习场景，特别是尽量与世界五百强企业和大型国有企业共建网络远程实习基地，利用实习机会为企业解决科研难题，或者提供其他服务，力争双赢。虚拟性实习场所可以建在校企合作单位或实习单位，也可以建在学校；既可以独立建设，也可以依托现有资源拓展实习领域。网络远程实习"软件"主要是制作实习课件并且链接到校园网上，让实习学生能够免费参与，如现行的智慧课堂和慕课一样，实习软件也可以发挥大学城或者高校联盟的优势，不拘于一个地方的大学城或大学，而是在全国范围内实现网上之实习资源共享，并让不同学校的学生自由选择线上实习软件，这样，不仅可以大大节约成本，还可以让学生共享到优质实习资源，实现大学教育之平等受教育权和平等之实习权，让所有的大学生都能够在网络远程实习中分享到名校和名专业的优质资源，让大学和大学生之契约精神都能够在线上实习活动中得到充分实现。

网络远程实习除了上面的优势外，还有一个非常重要的优势是能够最大限度地减少或避免因实习而带给实习学生的人身意外伤害，进而减少实习争议的发生概率，更加充分地保障实习学生的人身和财产安全，因此，网络远程实习可以从源头上减少或避免实习争议的发生，可谓是实习争议处理治标治本之良策。

网络远程实习还一直是新生事物，有待国家教育主管部门统筹安排，从国家层面进行顶层制度设计，再由各高校执行。目前，可行性方案是先由教育部在一些部属院校试点，积累经验后，再在全国范围内普遍推行；也可以将决定权交给高校，由各个高校自由决定是否进行网络远程实习试点。笔者认为，后者更加可行，每一所高校都可以开展网络远程实习，或者是将网络远程实习作为现场实习的一种补充，即仍然坚持以往的现场实习办法，辅之以网络远程实习。但是，无论如何，为了有效解决实习单位难寻之"实习难"问题，也为了新冠防疫等公共安全之需，各个高校包括职业技术院校都应当及时加强理论研究和制度设计，在本校内启动网络远程实习试点工作，而不能消极等待上级教育主管部门的"命令"。职业技术院校更应当利用现代学徒制度建设试点之契机，融入网络远程学徒活动；普通高校可以依托"新工科"、"新文科"建设过程，并将网络远程实习纳入"双一流"建设的目标体系中，逐步实现大学实习之"良治"和"善治"。

三、实习单位层面

实习单位应当构建专门的实习争议处理制度，其主要内容是：第一，建立实习争议内部预警制度；第二，创建实习争议处理规章制度；第三，构建实习争议处理联动机制。

（一）建立实习争议内部预警制度

实习关系的重要主体之一是实习接受单位，简称为实习单位，包括各级政府机关、各种企业、事业单位、社会团体、社区、街道等，实习单位具有广泛的社会性，除了公立性质的机构外，私立性质的单位也是实习单位的基本范畴。实习争议的发生也主要是在实习学生与实习单位之间，既有违约之争议，也有侵权之争议，或者是二者之竞合；实习争议当事人还包括非实习单位，而是第三人侵权引起的争议，其中包括实习单位内部的第三人侵权而引起的争议，实习单位在构建实习争议处理制度时应当特别注意将此类争议纳入进来，因为，毕竟单位内部第三人侵权之实习争议，其当事人一方属于实习单位的工作人员，实习单位对其享有直接的管理权限，更方便也更有效地处理实习争议。

预警制度是指预先发布警告的制度，通过提供警示的机构、制度、网络、举措等预警系统，实现信息的超前反馈和预防，及时布置、防风险于事故发生之未然。企业劳动预警机制是指由企业人力资源负责日常管理，通过各种政策手段及时发现可能诱发劳动争议的因素，并预防各种突发事件。[①]

企业劳动关系预警机制主要有三大功能：有效预防劳动争议；保持社会稳定；减少损失。[②] 劳动关系预警机制是顺应时代和谐劳动关系之要求，其目的既涵盖了劳动关系内部因素，即保护劳动者权益和维持企业的正常活动；还扩展到劳动关系的外部因素，即关系到安定的社会秩序，特别是政治秩序。[③]

实习争议预警机制除了上述这些功能外，还关系到国家社会之接班人培养的教育"大计"；还关系到学校和实习单位之和谐与稳定，进而影响到整个社会劳动关系之和谐；实习争议预警机制之减少损失，除了能够减少实习单位直接经济损失外，

[①②]　邹晓红、关凤荣：《企业劳动关系预警机制研究》，载《长春理工大学学报》（社会科学版）2017年第1期。

[③]　刘金祥、高建东：《劳动关系预警机制的法理分析》，载《华东理工大学学报》（社会科学版）2012年第1期。

还能够减少实习学生乃至整个大学生之远期的"预期"损失特别是精神损失。因为实习活动是普通高等教育和职业技术教育之重要的实际教学环节，没有实践的理论既不是真正的理论，也是无用的理论，只有理论与实践之紧密结合，才能培养出有用的国家社会建设人才，而实习争议的产生及处理更是直接关系到实习活动的成败，并会对实习学生并扩大到所有学生产生最为直接的现实影响和长远的"预期"影响，实习争议与不当处理更会影响到实习学生的心理和精神层面，负面影响与不良情绪极不利于学生成长和踏入社会，实习争议之预警恰恰可以有效预防这些不利因素，因此，构建实习争议预警机制具有重要的现实价值和长远意义。

预防也是最好的权益保障与救济手段。为了有效预防实习争议的发生，最好的途径也就是构建实习争议之事先预防制度，即实习单位内部预警制度。预警制度最大的好处就是可以最大限度地避免或减少争议的发生，也能够更好地保障实习学生的人身安全和财产安全，也能够有效保障实习单位的正常秩序，还能够节约社会资源。因此，实习单位应当建立实习争议之内部预警制度，以便更好地保障与救济实习单位的权益，同时也能够保障与救济实习学生的权益。

建立实习争议内部预警制度，可以从以下几个方面进行。

第一，将实习争议之预警一并纳入劳动关系预警体系中，实习单位（企业）一般都有劳动人事争议调解委员会，可以将实习争议纳入劳动争议的范畴，从而使得实习争议之预警也成为劳动争议预警的一个有机组成部分，这样既可以构建起实习争议预警机制，又可以节约实习单位的成本。

第二，构建五个"单独"：单独的实习管理机构如单位（企业）委员会、单独的实习管理人员、单独的实习管理规章制度（包括实习争议处理规章制度）、单独的实习指导老师（师傅）、单独的实习争议调解人员。

第三，拓展实习单位沟通渠道，将实习事宜特别是实习岗位、实习薪酬、实习保险、实习时间、实习争议等，纳入实习单位集体协商谈判的范畴，构建实习沟通机制，及时化解实习中的矛盾和问题，预防争议的发生。

第四，在实习关系调整中拓展三方机制为多方机制，由于实习关系主体的多样性和复杂性，原有的劳动关系调整三方机制之参与主体也应当更加多元化，特别应当增加实习派遣学校（实习委员会）及其工会组织、实习学生代表等，可以由独立的实习管理机构与单位工会组织、实习派遣学校工会共同参与单位劳动关系之多方机制。

第五，发挥工会组织在实习关系治理中引领作用，我国各级工会一般都是官方性质，其行政权力在治理劳动关系中具有独特的优势，在劳动争议处理中也具有重要作用，实习关系及其实习争议处理都不能离开工会组织，实习关系治理中工会组织既包括实习单位的工会，还包括实习派遣学校的工会，由这两大工会组织共同引领实习关系治理将更加有效，也更加公平合理，而且更加具有实际可行性。

（二）创建实习争议处理规章制度

用人单位劳动规章制度又可称为劳动规章或劳动规则或内部劳动规则、劳动纪律。劳动规章制度是劳动法的重要组成部分，也是用人单位现代人力资源管理的重要手段。在劳资关系中无论是冲突关系，还是合作关系，劳动规章制度都已经成为了用人单位与劳动法、用人单位与劳动者之间博弈的常见手段。①

单位规章制度是单位内部治理的基本章程，规章制度的内容和制定程序，都必须依据法律的规定进行，并要向上级主管部门备案，否则就不具有合法性和正当性。用人单位的劳动规章制度必须符合劳动法（含劳动合同法和集体合同法）之规定，通过集体协商谈判而达成一致意见，并依法公示，还要向劳动行政管理部门备案。用人单位劳动规章制度之性质具有较大争议，但是，一般都认为它虽然不是法律法规，但它具有法律法规的效力，对单位内部所有劳动者都具有拘束力，还可以直接作为劳动争议处理的"法律"依据。

用人单位劳动规章制度是劳动法包括劳动合同法的基本内容之一，其在劳动争议处理中也具有重要价值和意义。劳动规章制度是用人单位用工自主权的表现，用人单位虽然享有比较绝对的制定权和变更权，但是，其必须满足法律规定的民主程序、告知程序及通知程序即形式正义，否则无效。在劳动争议处理中，劳动规章制度不是法规，更不是法律，但是，法律法规又赋予其可以作为解决劳动争议的"法定"依据。②

实习单位之实习规章制度包括实习争议处理制度，属于单位内部规章制度之一种，其内容和制定程序也应当完全遵循单位劳动规章制度的一般规则，其效力也应当对一般的劳动规章制度一样，对本单位之实习生都有拘束力，并可以作为本单位实习争议处理之依据。当然了，这些都还是法治社会之应然要求和追求，还亟待法律之明确授权，而使得实习规章制度具有合法性和正当性，也使得实习争议类型化及其处理制度法定性。

我国目前实习单位之实习规章制度的基本现状是严重缺失，单独的实习规章制度更是罕见。其主要原因首先是因缺乏实习法律法规，而无法律之明确授权，实习规章制度之法律授权的缺失，还会导致实习规章制度内容和实施之混乱，进而直接影响实习争议之处理；其次，是实习单位还不够重视实习活动及实习争议处理，更缺乏将实习关系视为常态化和正规化之劳动关系治理手段；再次，实习单位严重缺失将实习关系及实习协议纳入集体协商谈判与集体合同的范畴，许多实习争议都涉及实习报酬（实习工资或补贴）、实习保险（特别是实习工伤保险）等事关实习学生劳动权益的事项，而这些问题对于一般劳动者而言往往又都是集体协商谈判和集体合同的主要内容，因实习学生之法定身份界定缺失，而实践中常常将其界定为学生身份而非劳动者，故实习关系是否属于劳动关系还极具争议，实习报酬和实习保险等主要问题也就相应的缺失并导致纠纷的发生，劳动关系之集体协商谈判制度几乎完全与实习无关，因此，实习规章制度与集体协商谈判和集体合同为完全被"割裂"。

实习单位建立单独的实习规章制度和实习争议处理制度，应当注意以下问题。

第一，将实习协议纳入集体协商谈判和集体合同的范畴。实习协议是实习关系之重要且不可或缺的外在形式载体，也是实习争议处理的依据之一，实习协议的签订，特别是三方实习协议更应当实行集体协商谈判制度，将其纳入集体合同的范畴，具体路径可以是：一是可以单独订立实习集体合同，订立时完成遵循国家有关集体合同的签订规范，如遵循《集体合同规定》和《劳动合同法》之集体合同规定，实习集体合同的内容既要合法，还要符合公序良俗原则，更好程序正当，特别还要聚焦实习劳动报酬、实习保险、实习争议处理等重要问题；二是可以在实习单位的一般集体合同中增加单列实习条款，其内容和程序与一般集体合同一样；三是联合其他同行业的实习单位，共同研讨和订立某行业实习集体合同制度或者专项实习集体合同，如新闻媒体类实习、医学类实习（包括医师和护士类实习）、师范类实习、顶岗实习等等，此类专项或行业集体合同应当参照实习学生的专业，尽量专业对口；四是将实习争议处理制度一并纳入集体劳动争议处理的制度范畴，参照一般劳动者之集体劳动权设计实习学生的劳动权益，因为实习关系也常常类似于集体劳动关系，涉及实习学生之群体关系特别是集体劳动权益。

第二，兼容实习派遣学校之实习规章制度。实习单位之实习规章制度与实习派遣学校具有高度的关联性，特别是在实习派遣、实习薪酬（补助）、实习保险（学生人身意外伤害保险）、实习考核（成绩或学分）、实习争议等方面关系极其密切，因此，实习单位之实习规章制度的制定和执行都应当保持与实习派遣学校之连贯性和一致性，这样可以增强实习规章制度的规范性、统一性和可预见性，减少或避免有关实习争议的发生；这也是实习单位之实习规章制度与一般劳动规章制度的重要区别之一，亦为实习单位制定单独的实习规章制度与实习争议处理制定的基本因由之一。

第三，建立实习规章制度和实习争议处理之多方参与主体。实习关系与单位一般劳动关系的主要区别是实习关系之主体多于一般劳动关系，它常常涉及是三方关系：实习派遣学校、实习单位和实习学生，而一般劳动关系仅仅是劳动者与用人单位之二方，因此，实习规章制度也应当比一般劳动规章制度更需要多方主体的积极参与。具体路径可以是：一是将实习学生（代表）纳入实习规章制度和实习争议处理制度制定之参与者；二是将实习单位之实习导师（师傅）与实习派遣学校之实习带队教师一并纳入实习规章制度和实习争议处理制度制定之参与者；三是将实习派遣学校之工会和实习委员会纳入进来；四是可以将部分学生家长请到实习单位，听取他们的意见，共同参与集体协商谈判和集体合同订立等有关事宜。

第四，建立健全实习前安全培训教育制度。实习争议常常与安全隐患和安全事故有关，许多实习争议涉及实习学生在实习过程中，因为安全问题而引起人身意外伤害事件，为了有效预防此类事件和争议，实习前的安全培训教育就显得尤其重要，无论是实习派遣学校还是实习单位，都应当将安全培训教育作为其内部实习规章制度的重要内容之一。从学校到实习单位，再到实习学生个人；从实习派遣学校的指导或带队教师，到实习单位的指导老师或师傅，都要牢固树立安全意识，将实习安全作为头等大事，并将实习安全培训教育作为实习活动开展的首要环节，同时还应当将其纳入实习过程管理和实习考核的重要指标，真正而全面做到像"有协议有实习"那样："有培训有实习""无培训则无实习"。

（三）构建实习争议处理联动机制

实习单位应当创建实习争议处理联动机制，其联动应当是多法联动与互动。主要包括：与实习派遣学校联动、与各级工会组织联动、与保险机构的联动、与劳动人事仲裁院和法院或法庭联动。

基于实习关系及其实习争议主体之多样性，实习活动之契约化和法治化表现形态之实习协议也具有多元性和复杂性，既有三方实习协议，即实习派遣学校、实习单位和实习学生三方签订的协议；又有双方实习协议，既包括实习派遣学校和实习单位之协议，还有实习单位与实习学生之协议，还包括实习派遣学校与实习单位之协议，有的则是由合作协议（校企合作、校医合作等）所涵盖。实习争议也因此变得比一般的劳动争议更加复杂，争议处理也更加困难，因此，实习争议处理更需要构建起多方联动机制，而实习单位将是有效串联实习争议处理联动机制的中心和关键。

构建实习争议处理联动机制的路径可以考量这些方面：

第一，与实习派遣学校联动。实习派遣学校在实习关系及实习争议处理中扮演着不可或缺的主要角色，构建实习争议处理联动机制当然不能缺少实习派遣学校，实习争议处理无论是以学校为调解人，还是由实习单位作为调解人（主要是第三人侵权而引起的实习争议），都需要学校与实习单位之共同参与，二者的联动对争议的处理具有特别重要的意义，即便是实习争议进入到诉讼程序，也同样需要二者的共同参与；实习之安全培训教育也需要二者的联动，既要在学校教学实习安全教育，更要在实习单位进行详细的安全培训教育；实习争议之预警机制也需要二者之联动。总之，实习单位与实习派遣学校之联动是实习争议处理制度中不能缺少的内核。

第二，与各级工会组织联动。工会在劳动关系和实习关系治理中具有不可替代的重要作用，它既是单位的管理者，又是劳动者与实习学生之"代言人"；工会既是实习争议的调停人，又是实习规章制度之集体协商谈判和实习集体合同的参与者和签订人，还是劳动规章制度和实习规章制度的"审查人"，因为按照劳动法之有关规定，用人单位的规章制度以及重要事项都必须经过工会的协商同意[1]；劳动争议处理中虽然我国立法并没有规定工会必须介入而是"也可以"介入[2]，但是工会在劳动争议处理三方机制中是不可或缺的一方[3]，因此，工会不能缺席劳动争议处理。虽然我国目前，实习争议还没有法定类型化为劳动争议，但是，从法理上和实务上看，实习争议都还是可以划归劳动争议范畴的，故此，工会也不能缺席实习争议之处理，实习争议处理之工会联动还是具有正当性的，并且具有可行性。在与工会的联动中，既要有本单位的工会，还需要与实习派遣学校之工会的联动，也需要与本行业上级工会的联动。

第三，与保险机构的联动。实习争议中常常涉及实习学生的保险问题，特别是实习学生之实习人身意外伤害争议，实习保险既涉及商业保险及其机构，还涉及社会保险及其机构；即关联到保险缴费事宜，还直接关系到保险理赔问题；即有实习学生之人身意外伤害保险，还常常涉及工伤保险；既有实习途中的保险问题，又有实习过程中的保险问题。因此，实习争议处理制度之构建，应当建立与商业保险机构和社会保险机构的双重联动，才能保障有关实习保险争议处理的正当性和全面性。实习保险争议处理之联动，应当特别聚焦的是重复保险之巨大争议性难题，其重复

---

[1] 《劳动合同法》第四条第2、3项规定："用人单位在制定、修改或者决定有关劳动报酬、工作时间、休息休假、劳动安全卫生、保险福利、职工培训、劳动纪律以及劳动定额管理等直接涉及劳动者切身利益的规章制度或者重大事项时，应当经职工代表大会或者全体职工讨论，提出方案和意见，与工会或者职工代表平等协商确定。在规章制度和重大事项决定实施过程中，工会或者职工认为不适当的，有权向用人单位提出，通过协商予以修改完善。"《劳动合同法》第六条规定："工会应当帮助、指导劳动者与用人单位依法订立和履行劳动合同，并与用人单位建立集体协商机制，维护劳动者的合法权益。"

[2] 《劳动争议调解仲裁法》第四条规定："发生劳动争议，劳动者可以与用人单位协商，也可以请工会或者第三方共同与用人单位协商，达成和解协议。"

[3] 《劳动争议调解仲裁法》第八条规定："县级以上人民政府劳动行政部门会同工会和企业方面代表建立协调劳动关系三方机制，共同研究解决劳动争议的重大问题。"

保险包括商业保险与社会保险之交叉重复问题，保险理赔上是实行"单赔"即商业保险和社会保险只能选择其一，还是"双赔"即商业保险和社会保险各地独立赔偿，抑或是"补赔"即以一个保险为主而另外的保险为补充的赔偿，这些未解之难题亟待立法之"定纷止争"，我国未来的实习立法应当高度重视此问题。

第四，与劳动人事仲裁院和法院或法庭联动。单位实习争议处理制度的构建除了依法进行争议的协商和调解外，还要考虑与国家仲裁和法院机关的对接问题。实习争议如果进入仲裁和诉讼程序必然与劳动人事仲裁院（或劳动仲裁委员会）和法院或法庭具有密切的关系，如果是劳动争议还必须先经过劳动仲裁程序，后才能进行诉讼程序，少数标的较小的争议还要实行"一裁终局"。我国目前虽然实习争议还没有法定化并还存在较大争论，但是，笔者认为，有些实习争议完全可以纳入劳动争议的范畴，如实习薪酬争议、实习加班费争议、实习社会保险争议等等，因此，实习单位之实习争议处理制度必然应当涉及与劳动人事仲裁院（或劳动仲裁委员会）和法院或法庭的关联性，即应当设计单位实习争议处理制度与仲裁或诉讼衔接机制，而不能孤立地只顾本单位内的协商和调解。

实习单位与仲裁院或法院的联动主要包括：第一，构建常态化法治教育培训制度，定期邀请仲裁院或法院工作人员到实习单位进行法治教育培训，增强法律意识，并将其纳入实习单位争议预警的基本范畴，对实习指导人员（师傅）和实习学生进行法律培训，提升实习单位依法治理能力和单位员工的法制素养；第二，构建特别法律顾问制度，聘任仲裁院或法院工作人员兼容实习单位之特别法律顾问——劳动关系法律顾问，也可以作为实习单位之专门负责劳动争议包括实习争议之联系人；第三，构建劳动争议包括实习争议处理之"流动"巡回调处或审判制度，将一些劳动争议包括实习争议之劳动仲裁或者是审判，"搬到"实习单位进行现场办公，让每一个员工和实习学生直接在本单位就能体验劳动争议含实习争议之仲裁或审判的真实场景，也为仲裁院或法院之"送法下基层（乡）"提供新的有效路径。这些联动都需要实习单位将其作为实习规章制度的重要内容之一，并形成常态化的劳动关系及实习关系之治理机制，还要提供专门的活动经费作为物质保障。

后 记

　　本学术专著是国家社会科学基金教育学一般课题"实习制度创新研究"（课题批准号 BJA190101）的最终成果并被评为优秀成果。本书重点研究了十大实习制度：实习契约制度、实习知情制度、实习内部规章制度、实习劳动薪酬制度、实习保险制度、实习税收激励制度（含学徒税制度）、网络远程实习制度、实习考核制度、就业见习制度和实习争议处理制度，是我国首部系统研究实习制度的学术专著。

　　参与本书撰写的作者是：

　　问清泓（武汉科技大学法学与经济学院二级教授，博士生导师）：第二、第三、第四、第五、第六、第十、第十二章；

　　宋晓波（武汉音乐学院舞蹈系副书记，华中师范大学博士生）：第一、第十一章，计 10.2 万余字；

　　问珊珊（湖北长江云新媒体集团有限公司中级会计师）：第七、第八章，计 10.5 万余字；

　　王超玲（武汉轻工大学党委组织部组织科科长）：第九章，计 5.3 万余字。

　　全书由问清泓统稿，宋晓波校对。丁关东、肖鹏、胡学斌、詹妍、黄淑莹、胡浩等研究生参与了研究。武汉科技大学法学与经济学院及袁年兴院长对本课题的研究与成果出版给予了大力支持。经济科学出版社的编辑为本书的立项与出版做了大量工作，在此一并致谢。由于时间和水平所限，难免有不妥或谬误之处，敬请各位同仁与读者批评指正。

问清泓

2024 年 1 月于武汉科技大学